Writings as Traces
against Time

侯仁之文集

侯仁之 著

唯有书香留岁痕

生活·讀書·新知 三联书店

Copyright © 2019 by SDX Joint Publishing Company.
All Rights Reserved.
本作品版权由生活·读书·新知三联书店所有。
未经许可，不得翻印。

图书在版编目（CIP）数据

唯有书香留岁痕／侯仁之著．—北京：生活·读书·新知三联书店，2019.12
（侯仁之文集）
ISBN 978-7-108-06329-8

Ⅰ.①唯… Ⅱ.①侯… Ⅲ.①侯仁之－文集 Ⅳ.① C53

中国版本图书馆 CIP 数据核字（2018）第 101156 号

责任编辑	李　佳	
装帧设计	康　健	
责任印制	徐　方	
出版发行	生活·讀書·新知 三联书店	
	（北京市东城区美术馆东街 22 号 100010）	
网　　址	www.sdxjpc.com	
经　　销	新华书店	
印　　刷	北京隆昌伟业印刷有限公司	
版　　次	2019 年 12 月北京第 1 版	
	2019 年 12 月北京第 1 次印刷	
开　　本	720 毫米 × 1015 毫米　1/16　印张 39.25	
字　　数	577 千字　图 63 幅	
印　　数	0,001-3,000 册	
定　　价	99.00 元	

（印装查询：01064002715；邮购查询：01084010542）

侯仁之与学生在一起(1962年)

一、我所从事的，是现代地理学的一个分支学科，叫做

(1) "历史地理学"

这是研究人类历史时期地理环境变化情况的一门学科。

(2) 这里所说的"历史时期"，

主要指的是近一万年以来。——特别是从原始农业开始出现以来的历史时期

(3) 原始农业的开始是人类发展史上划时代的重要事件。
　① 在此以前，人类生活在地球上，已有二三百万年时间。
　　　纯粹依靠自然界为生存，对于地理环境的影响微乎其微
　② 自从原始农业开始发展以来，人类加工于自然，影响和改造
　　　地理环境的作用与日俱增；
　　　同时也改造了自己。

(4) 从人类的活动对地理环境的影响来说：
　① 不仅创造出日益丰富的新事物、新景观。
　② 同时也带来了地理环境上的新问题，甚至新灾害。

(5) 因此，函需进一步探讨自原始农业出现以来人类活动
　对地理环境所产生的日益显著的变化。弥补
　　　古地理环境与现代地理环境不断发生变化之间的
　一段时间上的空白，
　正是现代历史地理学研究的最大难题。

以上是我个人对于历史地理学的性质和任务的一些看法。
正是在这一认识下，我进行了一些具体的研究工作。

不能满足文献堂料
实地考察和比较研究
开阔十多年来
曾改过记

《我所从事的历史地理学研究》手迹首页

THE AMERICAN GEOGRAPHICAL SOCIETY

120 Wall Street • Suite 100 • New York, New York 10005-3904
Telephone: (212) 422-5456 • Fax: (212) 422-5480 • E-Mail: amgeosoc@earthlink.net

CITATION FOR HOU RENZHI

Born into one world, this honoree helped shape another, both literally and figuratively. He entered scholarly life in pre-liberation China and returned home with a doctoral degree from Liverpool University on the eve of the founding of the People's Republic of China. As the long-time geography department head and academic administrator at Beijing University and member of the Chinese Academy of Science, he was singularly influential in developing modern geography in his homeland.

His scholarly contributions have spanned Chinese historical geography, historical archaeology, and urban planning history, and he has increased our understanding of ancient Chinese geographical thought. After the Cultural Revolution, he pioneered work on human use of deserts, emphasizing the role of historical geography in understanding environmental change.

He also brought scientific research, along with an eye for a critical inheritance from the past, to the service of re-construction after 1949, including redevelopment of irrigation and water conservation systems and the enlarging of Tian-an Men Square to accommodate public political activity.

Our honoree remains active today, at age eight-eight, compiling facsimile historical atlases and planning for sensitive redevelopment of the Beijing neighborhood where he has lived for sixty-five years. Eminent scholar, engaging teacher, caring advisor, thoughtful planner, and enthusiastic colleague, he epitomizes the very best of professional geographers.

In acknowledgement of exceptional achievement in geographical exploration and research in China and of a professional life of remarkable perseverance, The American Geographical Society proudly bestows the George Davidson Medal upon Hou Renzhi.

Richard H. Nolte, Chair Emer.   John E. Gould, Chair

Alexander B. Murphy
Chair, Honors Committee

Mary Lynne Bird
Executive Director

November 11, 1999

Geographical Leadership Since 1851

美国地理学会授奖

National Geographic Society

At a meeting of the Committee for Research and Exploration of the National Geographic Society held in Washington, DC, on the ninth day of July 2001, the Chairman's choice of

Hou Ren-zhi

as a 2001 recipient of the Committee for Research and Exploration Chairman's Award was unanimously approved. This award recognizes the excellent work of grantees of the National Geographic Society who have provided us with new knowledge of our world.

Professor Hou laid the foundations of modern Historical Geography in China, and carried its development to an outstanding level of precision and comprehensiveness, manifested in a series of influential articles, monographs, and collected works. Born in Shandong Province in 1911, Hou undertook early training at Yenching University in Beijing. He completed doctoral training at the University of Liverpool in 1949, and took up a post at Beijing University. It is no exaggeration to say that his studies of desertification in northwestern China placed Chinese historical geography in the forefront of such research throughout the world. His research, writing, and teaching established him as a global leader in the nature/society component of modern geography, and his work smoothly transcended the boundaries of natural and social science. Hou's magisterial monographs on the Beijing region exemplify the creative use of data from climatology, geology, paleoecology, archaeology, history, remote sensing, and other disciplines to establish an understanding of regional development in deep time. In addition, Professor Hou was a key figure in efforts to preserve the architecture and cityscapes of old Beijing, and to integrate them with the emerging modern metropolis. He remains active in publication and geographical training to this day.

In witness whereof, we have affixed our hands and the seal of the Society this 25th day of July 2001.

Peter H. Raven
Chairman, Committee for Research and Exploration

John Francis
Executive Director and Vice Chairman,
Committee for Research and Exploration

美国国家地理学会研究和探索委员会授奖

目 录

序　　1

1949 年以前作品　　1

基甸救国　　3
从欧战后印度民族的自治运动说到独立运动　　18
民族的反省　　27
最爱藏书的胡应麟事迹考略　　30
读《房龙世界地理》　　35
初中历史教材设计举例　　40
燕京大学一九三六届班史　　46
明代宣大山西三镇马市考　　55
从旅行说起　　103
故都胜迹辑略　　107
北京的地理背景　　145
《天津史表长编》拟例　　157
乱世怀业师及诸同窗　　158
给天津工商学院毕业班学生的临别赠言　　159
黄河故事　　160
沧海桑田　　169
玉泉山　　173

研究地理学应有之基本观念　176

地理学的理论与实践　179

悼罗士培教授　194

1949 年以后作品　199

北　京　201

北京是一座伟大美丽的城　203

迎接北京建都八百周年　213

海淀镇的起源　228

海淀园林的兴替　232

历史上的北京城　235

卢沟桥与永定河　244

北京古代河流水道的复原和城市建设　247

紫禁城——回顾与前瞻　250

两方北京城砖远渡重洋记　253

保护文物、建设首都人人有责　257

论北京建城之始　259

保护北京历史文化名城要抓哪些问题　263

莲花池畔　再造京门　267

试论元大都城的规划设计　273

关于保护海淀镇以西六郎庄一带城市绿地的建议　282

在万柳工程奠基仪式上的讲话　284

莲花池畔再论古代西湖与北京城址的演变　285

御河北段修复工程意义重大　289

地理学史　291

时代先进的地理学家刘继庄的地理思想，兼论顾祖禹和孙兰　293

刘继庄的地理思想　307

访徐霞客故乡　313

献身科学　尊重实践　318

《中华古地图珍本选集》序　322

《中国古代地理名著选读》再版后记　325

理科学生也应该注意写作　327

同记者同志谈谈地理学　331

书　序　339

《北京的城墙和城门》序　341

《北京考古四十年》序　344

《什刹海志》序　348

《东华图志》序　353

新《燕京学报》发刊词　355

复制米万钟《勺园修禊图》略记　358

北京大学校园本部在规划建设上的继往开来　361

自　述　375

我们学习在伟大祖国的原野上　377

我爱旅行　381

积极参加改造沙漠的伟大事业　384

塞上行　387

北京——知之愈深，爱之弥坚　389

学业成长自叙　396

学业历程自述　399

小　传　415

老牛自知黄昏晚　424

学如逆水行舟　不进则退　426

重觅石渠记　435

回　忆　*443*

我的母亲　*445*

《宇宙之大》再版序　*449*

儿时的回忆　*457*

读冰心师《我和北京》　*463*

最后告别冰心师　永难忘怀的纪念　*466*

忆洪业师兼为《六君子歌》作注　*468*

《洪业传》读后题记　*470*

谊在师友之间　*478*

喜在华荫下　情结日益深　*482*

燕京大学被封前后的片断回忆　*490*

往事回忆　*510*

购《尼罗河传》(*The Nile*) 书题三则　*514*

一位患难中的良师益友　*518*

音容宛在　*524*

永恒的怀念　*527*

深情怀念王金鼎同志　*529*

回忆孙冰如先生　*535*

唯有书香传后人　*538*

译　文　*543*

史前期的环境、地理学与生态学　*545*

真实的、想象的和抽象的过去时代的世界　*555*

国际获奖　*585*

在英国利物浦大学毕业典礼上代表应届毕业生及荣誉学位获得者致辞　*587*

在美国地理学会（AGS）荣誉委员会授奖仪式上的致辞　　*592*

在美国国家地理学会（NGS）研究和探索委员会2001年度主席奖授奖仪式上的致辞　　*596*

侯仁之文集（四册）总目录　　*598*

图片索引

图1 明代宣大山西三镇马市图 95

图2 北京湾 203

图3 北京道路系统略图（舒化章绘） 205

图4 北京内城中心线图（舒化章绘） 206

图5 北京内城的几何图案（舒化章绘） 207

图6 元大都城与金中都城以及明清北京位置比较图 215

图7 金大宁宫位置意想图（大宁宫湖中小岛即琼华岛） 216

图8 元大都城平面简图 217

图9 金中都城运河意想图（一）（参看图11） 219

图10 玉泉山天然源流意想图（参看图13） 221

图11 金中都城运河意想图（二）（参看图9） 222

图12 白浮堰意想图 225

图13 人工改造后的玉泉山源流图（参看图10） 227

图14 金元明北京城址变迁示意图 243

图15 两方北京城砖 254

图16 西南三环路以内金中都遗址示意图 272

图17 金中都城与太宁宫位置略图 274

图18 元大都城平面复原图（本图以《北京历史地图集》"元大都"图为底图） 276

图19 辽陪都南京城图 286

图20 金中都城图 287

图 21　元大都城图　*287*

图 22　明清北京城图　*288*

图 23　北京大学校园略图　*362*

图 24　北京大学主校园航空遥感影像图　*362*

图 25　畅春园与自怡园略图　*363*

图 26　畅春园与自怡园图　*363*

图 27　畅春园与淑春园位置图　*363*

图 28　淑春园石舫，今未名湖仅存石船　*364*

图 29　燕园湖光塔影　*364*

图 30　燕京大学校园本部核心区略图　*365*

图 31　原燕京大学未名湖区保护碑　*367*

图 32　燕京大学校园地图　*367*

图 33　西校门内桥下方塘　*367*

图 34　赛克勒考古与艺术博物馆　*367*

图 35　鸣鹤园水榭　*368*

图 36　鸣鹤园题字　*368*

图 37　朗润园桥　*368*

图 38　朗润园小亭　*368*

图 39　万众楼正面　*369*

图 40　万众楼游廊　*369*

图 41　万众楼前全景　*369*

图 42　中国经济研究中心透视图　*369*

图 43　篓兜桥燕园入水口（据1920年实测燕京大学地基图）　*371*

图 44　篓兜桥校内水口　*371*

图 45　畅春园东北界碑（2001年11月9日摄）　*371*

图 46　篓兜桥进水口水关　*371*

图 47　北墙内一级抽水口　*372*

图 48　校内二级抽水口　*372*

图 49　梁思成设想中的立体环城公园 [本图引自《梁思成文集》(四)]　393

图 50　1933 年侯仁之与燕京大学附属中学学生在梁启超墓前合影(后排左起第一人为曹天钦)　436

图 51　2003 年 7 月 22 日侯仁之与夫人张玮瑛及学生重访梁启超墓　437

图 52　清代北京西郊园林图　438—439

图 53　清代利用引水石渠汇集西山诸泉示意图　441

图 54　卢慎之先生信(1961 年国庆节后三日)　541

图 55　英格兰与威尔士人口的变迁　566

图 56　Nova Scotia 猪羊比例的变迁　567

图 57　地图制作者的影像　572

序

　　仁之和我相识在七十五年前的燕园。我于1931年先入燕京大学历史系，仁之晚我一年入学。在位于适楼（现名俄文楼）一层的西南角的那间课室里，我们听洪业（煨莲）教授讲授"史学方法"。共同的课业和志趣使我们逐渐接近，课余有时在适楼南门外会面，而最常去的地方自然是图书馆。从图书馆出来，仁之总是先送我回到女生二院，再返回未名湖北岸的男生宿舍。

　　从1932年作为新生踏进燕京大学校门起，仁之在学贯中西的洪业教授极为严格的治学方法训练下，在积极开拓中国沿革地理广阔领域的顾颉刚教授启发下，一步步进入学术研究领域。清初学者顾炎武"经世致用"的学术思想和所提倡的"国家兴亡，匹夫有责"的爱国精神，也深深影响着仁之的学业探索。1932年顾颉刚教授开设了"中国疆域沿革史"这门课程，探讨历代疆域和政区的演变，后又发起成立以研究古代地理沿革为中心的"禹贡学会"，设在位于燕大东门外蒋家胡同3号寓所。仁之在这里参加过学会的活动，聆听过顾先生的教诲。学会的同名刊物《禹贡》半月刊也于1934年3月出版，成为交流学习心得和信息的学术园地。仁之学生时期在《禹贡》上先后发表过十余篇文章。

　　1935年长江中下游大水，天灾人祸民不聊生，他深受震撼，写了《记本年湘鄂赣皖四省水灾》一文。由此，他开始关注历史上水利的兴修并阅读水利史的典籍。他的学士论文便是关于清代黄河的治理，题目选为《靳辅治河始末》。在写作过程中，他注意到辅佐靳辅治河的陈潢起了重要作用，却被诬陷入狱、迫害致死。洪业教授了解到这个情况后，便要仁之以《陈潢治河》

为题，结合现实，著文宣扬为民除害、以身殉职的陈潢，并将这篇文章刊登在他自己参与主编的《大公报·史地周刊》上。

仁之本科毕业后的暑假，参加了禹贡学会组织的"黄河后套水利调查"。这第一次大规模野外考察，影响到他日后对水源水系研究的重视。留校后，仁之担任顾颉刚教授的助教，协助开设"古迹古物调查实习"班，从1936年9月到1937年6月，每隔一周的周六下午，都要带学生到事先选定的古遗迹或古建筑物所在地进行实地考察。仁之根据参考资料，写出简要的介绍文章，铅印出来发给学生，人手一份，作为考察的参考。我每次参加，受益良多。这项工作使仁之进一步认识到野外实地考察的重要。他后来多次徒步跋涉，跑遍了北京大半个郊野，尝试将文献的考证和野外考察结合起来。

"卢沟桥事变"爆发后北平沦陷。顾颉刚教授为躲避日寇追捕，被迫离校出走。仁之转为洪业教授的研究生。爱才惜才的洪业教授注意到仁之的学术思想开始向研究历史时期地理学的方向发展，便着手为他安排去英国利物浦大学地理系学习的计划，后因欧战阻隔，未能按时成行。

1939年8月，我们在燕京大学临湖轩东厢结婚。国难当头，婚事不张扬，仪式从简，只备便宴。司徒雷登校长是证婚人，我们的老师洪业教授、李荣芳教授及他们的夫人在座。从此，仁之和我相随相伴，从二十岁时的同窗，到现在九十多岁的老伴，走过了漫长的人生路程。

仁之在洪业教授指导下完成论文《续〈天下郡国利病书〉山东之部》，于1940年7月获燕京大学文硕士学位后继续留校任教。引导仁之走上治学之路的洪业教授、顾颉刚教授、邓之诚教授教学有方，传业授徒，循循善诱。言传身教之间，给学生以熏陶。仁之亲炙教益，承继治学之道和气节操守，为日后学业和持身律己立下了根基。我师"育我之亲，爱我之切"，仁之一生对此感念不忘。

华北沦陷后，为资助生活困难的学生继续学业，同时秘密协助爱国学生离校前往解放区和大后方参加抗日救国运动，司徒雷登校长任命仁之兼任"学生生活辅导委员会"副主席，以协助委员会主席、美籍教授夏仁德（R. C. Sailer）。辅导委员会的工作持续了一年多的时间。1941年12月7日，日寇偷袭美国珍珠港，太平洋战争爆发，燕京大学立即被封。师生二十余人，包括司徒雷登校长、陆志韦教授、洪业教授等先后遭到逮捕。刚刚度过三十岁生日的仁之，在天津被日本宪兵队戴拷押至北平入狱。十一名燕京大学教员在狱中表现了坚贞的民族气节，仁之是他们中最年轻的一个。

1942年6月，仁之被日寇军事法庭审讯，以"以心传心，抗日反日"的"罪名"判处徒刑一年，缓刑三年，取保开释，无迁居旅行自由。仁之只得随我寓居天津我父母家。为避免日伪不断上门纠缠，仁之先后在达仁商学院和天津工商学院任教，继续写作因被捕入狱而中断的专题论文《北平金水河考》，并对天津聚落的起源做进一步的研究。

1945年8月15日，日本投降，抗战胜利。作为燕京大学复校工作委员会五名成员之一，仁之立即回校接管燕园，清查校产，筹划复校。五十六天后燕京大学复学。仁之奔波在京津之间，同时在燕大和天津工商学院任教，已无暇写作。

1946年8月，按照七年前洪业教授为他制订的计划，仁之负笈远行，乘船前往英国利物浦大学，就教于当代历史地理学的奠基人之一达比（Henry Clifford Darby）。当年书信往来走海运，总要两三周的时间，真是家书抵万金。仁之在给我的信中这样描述他第一年的紧张生活："我现在每周换三个人：第一个'我'是大学一年级的fresher，从星期一到星期五上午，到学校读书上课，做制图实习；第二个'我'是研究院的'博士待位生'，从星期一到星期五下午与晚间，在宿舍做个人的研究工作；第三个'我'是《益世报》的驻英通讯员，星期六读一周报纸杂志和做参考笔记，星期日用整天写通讯。"仁之以充沛的精力，在三重身份中转换。随课业的深入，达比教授的学术理论及其对当代历史地理学发展的实践，使仁之愈受启迪，并进入北京历史地理研究的新领域。1947年7月5日，仁之接我信后感触甚深，前往书店购得《普通制图学》（General Cartography）一册，题签以志纪念："今晨得瑛来信对于治学为人多所勖勉。有'大学府需要第一流有品有学有识的人才，兼而有之者惟洪师也……愿我临学成归来继续努力，有如大学者之终身孜孜不息，当以国际最高学术标准为标准，勿为目前局促狭窄眼光所范限'

等语。"（按：侯仁之称张玮瑛为"瑛"，张则称侯为"临"，因其小名为"光临"。）仁之愈发努力，倾注三年心血，对数年来积累的有如"砖头瓦片"般的资料和思考重新加以审视、提升，从现代历史地理学的角度构建写作了论文《北平的历史地理》。1949年夏，仁之获得博士学位。博士论文的原本保存在利物浦大学图书馆，仁之随身携带副本回国。虽然历经半个世纪沧桑和"文革"抄家的劫难，文本居然保留至今而大体完好。

仁之获得博士学位后，赶在9月27日，新中国成立前三天，回到了祖国，并立即以满腔热情投身到祖国的文教事业中。1950年7月，他发表了回国后的第一篇文章《"中国沿革地理"课程商榷》。当时仁之在燕京大学历史系教授地理学，又应梁思成教授之邀在清华大学讲授"市镇地理基础"课程，兼任清华大学营建系教授。由梁思成教授推荐，1951年4月，政务院任命仁之为北京市人民政府都市计划委员会委员。这使仁之得以立即展开首都都市计划中西北郊新定文化教育区的地理条件和发展过程的实地考察，提交了《北京海淀附近的地形、水道与聚落》一文。此时，仁之产生了编纂《北京历史地图集》的设想，并得到梁思成教授的鼓励和支持。1951年5月，梁思成教授亲自给中国科学院写信，申请为仁之配置一名专职绘图员，以协助他工作。

1952年院系调整，燕京大学撤销，北京大学迁入燕园。仁之任教于北京大学，又担任了繁重的行政工作。1951年，我到中国社会科学院近代史研究所工作。平日我住在王府井大街东厂胡同近代史所的宿舍，只有周末才回家。那时，仁之虽然年富力强，但长期负荷繁重，使他患了三叉神经痛，痛得不能入睡，不得休息。不过，只要有些缓解，他就又忙起来。白天的课程、会议、社会活动总是排得满满的，只能挤晚上的时间写作。当时，我们住的燕南园没有接通学校的暖气管道，各家各户靠自己烧煤取暖。在楼上靠近楼梯口的地方，我们支起一个很高的洋铁皮炉子，烧煤块加煤球，火力很大，楼上各房间的供暖都靠它。仁之很会"伺候"这炉子，自己添煤、通火、铲灰，控制火候。晚上，先把孩子们住的房间门打开，让暖气进去。等孩子们睡了之后，仁之再把各房门关上，让热气集中在楼道里。夜深人静，坐在楼道角落的一张小枣木桌前，摊开纸笔，文思流畅，时常到午夜或凌晨才搁笔。

围绕着古代北京的地理环境、北京城的起源和城址选择、历代水源的开辟、城址的变迁沿革、古都北京的城市格局与规划设计等方面，仁之热情饱满地写了大量文章。50年代初崭新的大规模经济建设对水的需求急剧增长，仁之深感水源的开发是北京城市发展过程中面临的首要问题，撰写了《北京都市发展过程中的水源问题》一文，发表在《北京大学学报》上。昆明湖的拓展，十三陵水库及官厅水库的建设使仁之兴奋不已，不但屡到现场，还写了多篇短文欢呼水源的开辟，讴歌战斗在水库工地上的英雄们。

由于西北沙漠地带的扩大和蔓延日益严重，如何治理改造沙漠成为亟待解决的问题。1958年10月，国务院在内蒙古呼和浩特召开"西北六省区治理沙漠规划会议"。仁之代表北京大学地质地理系出席，会后组织多学科力量投入沙漠考察。从1960年到1964年，除教学和行政工作外，他年年暑假都带领学生和年轻同事进沙漠。1960年夏赴宁夏河东沙区，1961年夏赴内蒙古乌兰布和沙漠，1962年夏赴内蒙古及陕西榆林地区毛乌素沙漠。1962年年底，由国务院农林办公室领导的治沙科学研究小组，考虑用十年时间（1963—1972）完成从内蒙古西部到新疆南部的沙漠考察设想。仁之根据这个计划，1963年夏再赴内蒙古乌兰布和沙漠，1964年夏又赴陕西榆林地区及毛乌素沙漠。那几年正处在国家"三年困难时期"，在北京，粮食、油、糖定量，进西北荒漠条件更是艰苦。仁之凭着自己身体底子好和坚韧不拔的精神，始终斗志不减。一次乘坐的吉普车出事故翻进沟里，插在胸前口袋里的两支钢笔都折断了，他万幸没有受伤。白天冒酷暑出没沙丘，晚上和当地的老乡交谈。在旅途中随手写下的《沙行小记》及《沙行续记》是那一段经历的生动记录，充满了乐观与豪情。平日烟酒不沾的仁之，为了表示对当地习俗和地方领导的尊重，还在主桌席上敬酒回酒，直到主人和宾客一个个醉倒被搀扶而去，他还能应付自如——这还是最近我从当年随他进沙漠的学生那里听到的。

1966年6月"文革"开始，仁之被打成"资产阶级学术权威""走资本主义道路的当权派"，被批斗、抄家、关押，遭受到人身迫害和种种不公正待遇，我也受到牵连。1969年仁之从"牛棚"出来，又到江西鄱阳湖鲤鱼洲劳动两年，我随社会科学院去了河南"干校"，孩子们在北京。那三四年的时间里，全靠写信寄包裹传达互相的惦念，每封信都是在三地之间转一圈传阅。仁之很惦记我下到"干校"后出现的心绞痛毛病。直到1973年我从河南息县回来，我们才得以团聚。那时的我们，已经是六十岁的人了。

从江西回来后，仁之继续受监管在校内劳动，不过多少可以有一些自己支配的时间了，他迫不及待地拾起中断的研究。"文革"后期，"四人帮"的政治蓄谋加紧实施，四处发展势力网罗人才，学校的知识分子也不能幸免。1974年年初，仁之还在劳动着，突然接到通知，紧急集合上火车，也不知道要去哪里。下车后才知道是到了江青树立的典型——天津小靳庄。几天后返校又被召去开"座谈会"。仁之警觉到情况不好，想走。我们对于江青在"文革"中历次来北大的所作所为非常反感，每每议论总以"三点水"代其名。面对这突如其来的局面，不愿从命，然而又脱身不易。仁之进城去看我们信赖和尊敬的燕京大学学长翁独健。独健先生已从旁知道仁之被点名去了小靳庄，对他说了一句话："三十六计，走为上！"正好这时有报道，邯郸在战备"深挖洞"时发现地下城墙夯土和战国时期文物，北大地理系的师生要前往"开门办学"。仁之借此机会立刻出走，及时避开了"四人帮"的纠缠。那两年，他大部分时间在河北和山东。虽然还戴着"有问题"的帽子，但是重新获得了工作的机会，于是他便全力以赴，先后对邯郸、承德、淄博三座城市做了实地考察。1976年唐山大地震时，仁之在承德。赶回北京后，看到由于余震，人们都在户外露宿，仁之便在院子里一棵大槐树下支了个棚子，架起一条水泥板当桌子，即伏案工作起来。

"文革"结束后，教育界和科研系统同样是百废待兴。1972年，仁之从江西鲤鱼洲回校后半年，曾写了一份意见书，正式提出希望能有机会继续进行西北沙漠历史地理考察。因为如果按照1962年国务院农林办公室治沙小组当初的设想，1972年本应是完成西北沙漠十年考察的时候。然而在当时的政治形势下，他的意见书根本无人理会。直到六年后的1978年全国科学大会召开，仁之才得以重整行装，奔赴十多年来一直不能忘怀的大西北沙区。当6月4日火车奔驰在包兰线上，仁之在随笔《塞上行》中兴奋地写道："科学的春天终于来到了。浩荡的东风把我送上再次前往大西北沙区的征途。"这次他参加科学院沙漠综合考察队，对从内蒙古西部到甘肃的河西走廊古阳关一带沙区的成因和治理做了综合考察。走上沙漠考察的道路使仁之更加坚定："历史地理工作者必须勇敢地打破旧传统，坚决走出小书房，跳出旧书堆，在当前生产任务的要求下，努力开展野外的考察研究工作。"

从大西北沙区回到学校，仁之迎来了"文革"以后的第一批研究生，立刻带领他们去安徽芜湖进行历史地理与城市规划的专题研究。在1978年北京大学庆祝建校80周年的"五四科学讨论会"地理系分会上，仁之提交了论文《历史地理学的理论与实践》。为结合生产实际，力求解决现实问题，建议北京大学历史地理学研究选择北京地区作为基地，从历史时期北京附近河湖水系的变化入手，探讨区域环境演变，同时继续西北干旱区历史地理考察。

北京是仁之心中的"圣城"。仁之说，他对北京"知之愈深，爱之弥坚"。他写了多篇学术专题论文和科普读物介绍古都北京，阐述北京作为帝王之都的规划设计有其鲜明的帝王至上的主题思想，在进行旧城的改造和城市规划建设中，应以新的主题思想"人民至上"取代，既要继承历史文化传统，又要有所创新，体现人民首都的新面貌、新格局。

1980年起，仁之利用出国开会讲学、做学术研究、进行文化交流的机会，向国外宣传介绍中国，介绍北京，介绍历史地理学在中国的现状和发展趋势。在此期间，仁之从美国同行中获悉联合国教科文组织《世界文化和自然遗产保护公约》的情况。世界文化和自然遗产委员会于1976年正式成立，而我国还没有参加这个公约。回国后，仁之立即为此事多方奔走。1985年4月，在第六届全国政协第三次会议上，仁之起草，征得阳含熙、郑孝燮、罗哲文三位委员的同意，联合签名向大会提交了"建议我政府尽早参加《世界文化和自然遗产保护公约》"的提案。起草后，仁之随即在《文物》上发表《万里长城》一文，表示："殷切希望我政府能早日批准参加《世界文化和自然遗产保护公约》提案，并争取参加世界遗产委员会。"提案送交全国人大常务委员会，后获得批准，中国成为了公约的缔约国，从1987年起开始进行世界遗产申报工作。

1993年，北京铁路西客站工程破土动工。最初有选址在莲花池的意见，后来主楼东移，使莲花池得以完整保留。仁之一直惦记着莲花池。在主体建筑基本完成后，就要亲自去看。我陪他去，那时还没有安装电梯，扶着他爬楼梯一直到顶，看到的是个干涸的莲花池底，而且已经成了堆放建筑材料的大仓库。莲花池的命运使他非常担忧，他立刻写了《莲花池畔　再造京门》一文，建议进一步开发莲花池的水源。在北京城里，另一处令他萦绕于怀的地方是什刹海。没有当初的什刹海，就没有北京城南北的中轴线及沿中轴线的整个城市布局。仁之说，什刹海及其周围一带，是老北京最具有人民性的地方；作为新时代文化生活活动中心，什刹海的开发应该提到全城社会发展的战略高度加以考虑。他一次又一次去什刹海、汇通祠、钟楼、鼓楼、后门桥一带，对这一地区的改造给予了深切的关注。

1993年，仁之再次讲授全校选修课《北京历史地理》，作为一生教学的"结业式"。随后，便在暑假带领学生去内蒙古赤峰市考察。不料大雨冲垮了路基，火车只到京郊怀柔就返回了。最后一次野外考察就这样结束了，那一年，他八十二岁。

算起来，从1936年大学毕业留校任教起到1966年，是仁之工作生涯中的第一个三十年。"文革"开始，全部工作戛然而止，他抱憾不已。而经历了这场劫难之后，仁之又获得了生命中的第二个三十年，他对此无比珍惜。他本是勤奋之人，他的第一篇作品发表在济南齐鲁大学出版的刊物《鲁铎》上，那是1929年他中学时代的习作。自此，除了特殊境况外，他几乎每年都有作品发表。然而一生写作的高峰期竟是在七十几岁，从1980年到1990年的十年，他发表文章百篇之多。年过八十，仁之更以"不待扬鞭自奋蹄"自勉。他的习惯是，清早三四点起床之前，把想到的当天要做之事扼要记在小卡片上。这些"卡片"其实就是剪开的厚信封或是药品包装盒，只要背面是浅色的即可。他的枕头下总有这些笔头和纸片，"一日之计在于晨"正是借助了这些"卡片"。到中午时分，他有时会说上一句："我已经工作了八小时了。"在复印和扫描技术未出现和普及的年代，仁之在完稿之后，总要缮写誊清一遍。如果再有修改，就再抄一遍。这很费时间。以前他自己做，后来我帮他做。不仅抄写，我也帮他在内容上"把关"，帮他整理保管校对，查找图书馆资料。当然我还是他的"收发室",处理来信,去邮局寄稿,事情总是排得很满,遇到催稿,就更是早晚赶工。在我看来,这第二个三十年中,他几乎是全速奔跑,孜孜不倦,以勤补拙,不敢稍自懈怠,完全忘记了自己的年龄。他的旺盛精力一直延续到近九十岁。

十年之前,一个已有秋意的黎明,仁之和我在天光云影中,携手漫步在未名湖边。对于身旁的他,我想到了四个字:勤奋坚毅。正是由此,我佩服他。近年来,走路困难加上视力衰退,不能出远门,他的目光回归到了早年学术道路的出发地,围绕海淀和燕园,完成了《未名湖溯源》《海淀镇与北京城——历史发展过程中的地理关系和文化渊源》等论文。现在,他再不能像以往一样地投入工作了,失却了生活的重心,使他伤感。有幸的是,我们仍然还在燕园,从青年到晚年,七十多年来相依相守。仁之每天坐在轮椅上去看他心爱的未名湖,享受着它那独有的美。

张玮瑛

2007年12月于北京大学燕南园

1949 年以前作品

基甸救国

第一幕　老仆魂

时间：一日的早晨，旭光穿薄雾透入深林。

地点：耶斯列平原一个森林的旁边接近米甸军营。

布景：树林深处隐约可以望见积物累累，以及布帐行营，且时闻牛驴的号叫、驯羊的哀鸣。

登场人物：米甸王，米甸王的心腹谋士，奸细太耳（以色列人），基甸的忠实老仆弗达，米甸王的卫士四人。

幕启时米甸王与其心腹谋士徘徊在林旁的小径上。

王：（止步遥望）这可恶的东西，命他在此遇会，为什么还不见来，（顿）可是，（转变口吻，复伏首前行，谋士随其后）按爱卿的看法，这种计划，究竟有没有实行的必要？我虽已着手进行，可是还不能相信有什么很大的效力，不妨爱卿再给我讲个仔细，就此坐下来讲吧。（两人同坐地下石上）

谋：好！俗语常说："能远谋者是英雄。"目下我们虽然是百战百胜，势如破竹，然而这不过是以色列暂时的失败罢了，将来的事情，谁能知道？五年十年五十年……之后，说不定要有个以笏第二的再生，像杀摩押人似的，来制服我们了！所以现在我们不要只顾了目前战胜的荣耀，同时也要顾虑到将来以色列再兴的可怕。陛下既欲毁灭以色列，也就毁灭他到底，不但只要有眼前的胜利，就是将来，也绝不让他有什么能统领以色列的志士产生，为此我们来杀尽他们的知识分子；把他们的爱国志士"斩草除根"，像这种绝好的计划，即时做去，已有"失之太晚"之虑，何况又要犹豫不决呢？望陛下三思！

王：那么依爱卿的看法，这个计划，不但有采取的必要，而且有积极完成的必要了？

谋：正是。（顿）据奸细的报告，俄弗拉城的一个什么基甸吧，倒是很可留心些。

王：当然，只听他这次回来的报告了。盼望基甸能背弃耶和华，以破坏了全以色列的中心信仰，和他们统一的力量。……可恨！他到现在，还不回来。（起立遥望，直至望到为止）

谋：果真有这种人才，一定要把他"碎尸万段""斩除草根"，免得以色列有再兴的希望。（王只是张目四望，似乎没有理会他的话）

王：哦！看！（遥望远方）那不是奸细太耳来了么？（奸细上）

谋：（起立顺王的手指望去）正是！坐下来听他的报告吧。（同坐原处）

太：（行至近前，匍匐在地）不知大王在此，有犯尊颜。

王：早已令你来这里难道忘掉了么？快将你探查基甸的结果，据实奏来！

太：奉命调查基甸的情形。他敬拜耶和华的热忱，不但毫不减少，反形增加。至于他最近的活动，要借耶和华的名号召玛拿西、西布伦、拿弗他利各族的代表，共同磋商什么……（似要说而又不敢说的状态）救国的运动……

王：哎呀！（惊恐的表情）

太：说到以色列的民众呢，还是多数归心。

王：（紧锁双眉）好！（声低沉）你暂且到林内营中休息一下。

太：是。（下）

王：（垂头丧气）嗳！可怕，真真的可怕，他怎么更亲近起耶和华来呢？……受着这种压迫，而竟有这样坚决的信仰，呵！真是难得其人；难得其人！并且还要做救国的运动，甚而还是民众归心。嗳！……嗳！……以色列竟有这么坚忍伟大的人物，真太出人意料，不免要叫我五体投地了！啊！（连连摇头）这样伟大的人物！（音渐细微而颤动）

谋：陛下何必气馁。基甸英雄，也不见得生成的三头六臂，而且陛下要

他效犬马之劳，也正是"易如反掌"呢。（毫不介意的神气，十足地表现着谋士的架子）

王：真的么？爱卿？（半惊半喜似信似疑）你有什么法子？

谋：陛下欲知道详细，等臣先把奸细招来。（下）

王：啊！（有半丝笑容）我如果得着这人，真万幸了！（仰天默思）

（谋士偕奸细上，各归原地）

王：（向谋士）爱卿有话请讲。

谋：（向太耳）据你探查基甸，有什么最心腹的人没有？

太：禀大人，他最心腹的人，不敢说有。（伏首默思片刻）不过他倒有一个忠实而干练的老仆弗达，很为他所信靠。

谋：（面有喜色）这更好了，那么他对这老仆的待遇怎样？

太：很好。差不多并不拿他当仆人，并且还常常地领教他，因为他说"老人的经验是丰富的"。

谋：这老仆现在住基甸的家么？

太：正是，（顿）但是听说最近要到亚设族去，做一件机密的事情。

谋：好！那么……

王：（急得不耐烦的样子，等不到谋士再往下说，便插嘴问道）你问的这些，有些什么意思？（纵眉）

谋：因为时间的关系，现在无暇细讲，即时请陛下赶快派遣几个卫兵，跟随太耳到俄弗拉城，把基甸的老仆弗达拘来，事不宜迟，愈速愈妙，卫兵出发以后，我自然给陛下讲个明白。

王：（犹豫的态度）这太离奇了，我要的是基甸，而不是基甸的老仆呀！寡人尽有些仆人用呢！

谋：王切不必疑心，最近这老仆是要远行的。时间没有耽搁一刻的可能了，陛下如不相信于臣，臣敢以命作赌。

王：好，那我便照你的话做吧……（鸣笛）

（卫士五人上）

队长：陛下有何吩咐？臣仆听命。

王：你们赶快跟随太耳，到俄弗拉城，把基甸的一个老仆弗达拘来，快去快来，不得有误！

卫士五人：是，领命……（五人及太耳同下）

谋：（向王）恕臣方才的唐突。（顿）陛下的希望，和臣仆的计划，都成就在这老仆的身上了！（得意扬扬）

王：（攒眉）怎么？快讲明白。

谋：陛下不是愿意基甸投诚么？但是像基甸那种刚果的精神、伟大的毅力、敬畏耶和华的热忱，绝不是武力所能屈服的，兵书云："不能力敌，可以智取"，他既然很信靠他的老仆，我们倒不如把老仆拘来，贿赂他拿财禄煽惑基甸，不怕基甸不前来拜服，这样以色列的救国运动，不但可以"烟消云散"，而基甸呢，也自可归为陛下所有，这不是一条绝好的妙计么？

王：计虽然好，（沉思状）然而这不过只拘得基甸的身体，而不能减煞他敬畏耶和华的热忱罢了，只能拘得他的肉体，而不能拘得他的精神，我看那终是无济于事！（摇头）

谋：怎么？只要他肯归顺，不难拿财色爵位来诱惑他离弃耶和华了，陛下听见说么？"金钱万能"，只要把许多金钱来拿给他，不怕他不把敬畏耶和华的热忱，拿来敬畏陛下了，怎么还会虑心到这里？

王：（眉飞色舞）正是！还是爱卿高明得多，假若把这老仆拘来，就请爱卿代为设计，全权处理吧！

谋：那当然要叫陛下坐享其成了。臣子虽赴汤蹈火亦所不辞。

王：难得爱卿这么忠实，（笑容）他们回来，至少要用少半天的工夫，不如暂且回到林子里休息一下去吧！

谋：正是。

（两人行不数步，忽见太耳及卫队，蜂拥一人而上）

王：（惊奇）怎么回来得这么快……（看弗达）这个人是谁？

长：禀明陛下，事正凑巧，臣仆等方行至小山脚下，便遇见这老仆弗达（指弗达，弗达正在累得咳嗽）过此到亚设族去，顺便把他带来了。

王：哦，原来，就是弗达老先生，还不给我松绑。（假装怒容，众动手）

达：（咳嗽渐歇但气息尤其喘息不定）今……今天，既然落……落在你……你……们手里，要杀便……杀，要……打就打。何必如……如此鬼鬼祟祟……干些什么？（咳嗽又起。雪白的胡子，银丝一般的头发，精神矍铄，面庞上流露着正直的光芒。身子旁边，丢着一把雨伞和一个包裹）

王：（强作笑脸，既不杀，也不打）今天特意把先生请来，谋士有话要讲。

达：我清洁的脚，（吁气）决不愿意踏进你们这恶人的污地，（声音稍洪亮）有话即赶快讲来，我还有公事要办呢。

（气喘渐定）

谋：老先生，据这位（手指太耳）贵国朋友的报告，晓得令主人基甸是位英雄，我王居心仁爱，宽大为怀，谦心下士，不分种族，不问国界，欲尽纳天下志士，以张德政，今天把您请来，愿意您做个介绍，招他速速前来，我王自是十分欢迎，并且还有您相当的报酬，这是今天招您来的主旨。

达：（冷笑）以基甸那样人便肯……

谋：（不等弗达讲完）那当然是有他很大的恩赐，官位任他选择，国财也尽他使用，以色列的王位也尽可为他所有，但只要他肯拜伏在我王的足下。

（王在一边扬扬得意）

达：你们尽是些什么东西！（冷笑）也竟会说出这样的话，来藐视我主耶和华的仆人基甸么？……呸！（转急）你们要知道，基甸乃是贫贱不移、富贵不淫、威武不屈的英雄！拜倒在你们的足下！（藐视的神气）……他只知道真理之主，是他的王，是配得他来拜伏的，你们是些什么东西，也配得他来拜伏！你们的诡诈，我早已晓得了！（稍歇，这时王只是攒着眉，谋士似乎有点不寒而栗的样子，诸卫士也似乎是被慑于弗达威严之下，木鸡似的站在一旁发呆，奸细伏首椎胸，若有所感，而老仆的语气，反而激昂起来）不要做梦吧！你们未曾听见有话说么："被俘虏的要得释放！被压迫的要得自由！"（王冷战，谋士的全身哆嗦起来，满旷野里，恰如被弗达大无畏的精神，正义的发扬，给包围了似的，一味的肃严沉静）以色列虽被你们暂时地侵略，然而也自有它再兴的可能，你们不是疯了吧！也竟敢封起以色列的王位来。你们这万恶的东西，灭亡的时候到了；……（终于因为急愤太过，又咳嗽了一阵，但声调也愈发激昂了）正义终于要实现！真理也终于要大放光明！我们宁肯为真理正义而牺牲！也决不肯做你们君国主义的走狗！（转向奸细太耳）可恨以色列竟也有你这种没有廉耻的东西，丧失天良的败类！（大大地咳嗽起来）（太耳至此，感动已极，夺卫兵腰间佩刀，以自刎，扑地）

王：（兽性大作）好！好！（站起，手指老仆）寡人好意招你，你却如此无礼，凭你，要杀掉基甸的全家，你们快来（指兵）先杀掉这万恶的东西！（众卫士齐拥上）杀掉这万恶的东西！

达：我们要为正义而牺牲！为真理而奋……（头下）（一幕终）

——幕下——

第二幕　英雄泪

时间：麦秋中一天头午。

地点：酒酢间。

布景：以蔚蓝的布帐作背景，使台的中心特别低下，以为酒榨之地势。

登场人物：少年基甸，普拉（基甸小仆）。

幕启时，少年基甸，清秀的脸上，深深地罩上了一层灰白的颜色，垂头丧气，徘徊台上，长吁短叹，似含了多少心事。

甸：（止步仰首望天）宇宙竟是这样的浑暗么？（沉痛）真理飞到哪里去了？正义也不见它一丝的光阴！耶和华啊！你弃离了我么？你甘心把你的选民抛到九霄云外么！（伏首坐地下）嗳！我可敬爱的以色列的烈士，我的弗达！你的血，是白白地流了；你的头，是轻轻地掷掉！（哽咽）我……我……我的弗达你做了无代价的牺牲了……（泪涌下，稍歇）弗达呀！亲爱的弗达！当我得着你殉难的消息，我着急，我难受，（声低微而悲哀）我誓要踏着我弗达的血迹前进，我誓要为我弗达复仇，（声音激昂沉痛）可是呀！可是，我的勇气哪里去了？（音转微颤）弗达你知道吗？……我明白，我十分地明白，我的勇气，的确是被亲爱的妈妈、可爱的弟弟、挚爱的妻子的热血——鲜红的热血，冲去，深深地，深深地,（更微更颤）埋丧于地下了？（眼只是直视，掉不下半颗泪珠来）他们才是以色列的健者！（声转高）在你殉难之后，他们便紧紧地随你去了！啊！去了！我亲爱的妈妈！可爱的弱弟！挚爱的妻子哟！去了！你们永远地去了啊！（恸极泪涌下，稍歇）妈妈！你生得这样无用的儿子！（顿）弟弟！你碰到这样无能的哥哥！（顿）爱妹呀！你……你遇得这样，呜……呜……懦弱的……（呜咽不能成声）我的不忠，比山还高。（声调转高，含无限悲愤）我的不孝，比海还深，我对弟不友，对妻不爱啊！啊！我……我真灰心！（小仆普拉上）

普：（肩上麦子一捆跳跃而来，现出毫无心事的样子，一派天真）上场打麦子，下场吃饱饭，完了一天又一天。（走至基甸跟前，见基甸正在掉泪，顿时快乐的心情，烟消云散，红润的脸上，渐渐满是泪珠，不期然坐在基甸旁边，把麦子随便丢在地下。）

甸：（擦干眼泪）孩子！你哭什么？（他似乎受了些感动）

普：主人！你为什么哭？（抬头望基甸）我见你哭，所以我也哭了。

甸：好，（很感激地站起来，俯身就普拉，左手抚其背，右手为之拭泪）天真的孩子，我们去打麦子吧！（两人下手打麦子）

普：为什么你一定要我上这里来打麦子？地方这么低湿，四外（抬头向四外张望）一点东西也看不见，像下在井里似的闷得难受，（抱怨的口吻）我下次再不来了！

甸：哎！孩子，你真半点人事也不懂么？我们要不受着米甸人的逼迫，还会有人来替我打呢，在外边打的话不但麦子要打不成，恐怕性命也难保得住，你没听见说么？米甸王在各处捉拿我，前几天母亲弟弟妻子也竟遭了他们的毒手！哎……

普：我觉得怪想他们呢，他们待我那么好！（伏首）

甸：哎！我要不是赶巧到玛拿西族去，恐怕也已做了断头之鬼了。米甸的奸细死去，也恐怕是一大原因，哎！但是……（伏首沉思，无言，哑场半分钟，普拉举目望他）

普：你又在想什么呀？（很真挚的表情）

甸：我的心跳得厉害，你先回家去吧。（说时转过脸去，似乎不让普拉看出他忧郁的样子，普拉一声不响地下去了！嗳！）以色列也就有这么纯真坦白的孩子，也就有那种寡廉鲜耻的奸细，更还有一般麻木不仁、不知不觉、离弃耶和华的民众，（义愤填胸）我为救国救民，反而遭了卖身累冢，家破人亡！我为破除迷信，打毁巴力的祭坛，竟遭国人的驱逐！真是叫我上天，天无路，入地，地无门！（俯身而叹，艰困至极）呵！我的声已嘶，而力已竭了！（气喘而渐微弱）只可惜老人弗达，（昂首，顿足，声高）白白地为国牺牲！亲爱的母亲、弟弟、妻子，白白地做了刀下的断头鬼！（切齿）也罢！说什么拯民救国，（语句转急，字字清晰）倒不如离乡背井遨游天下，步听流水，卧看行云，也落得满身潇洒，一脉风流，三餐饱饭，四时美景，也尽可以欢乐余生了！（面庞上似乎飞上了一丝笑容）也省得忍辱受骂，度这种无味的生涯，亡国也亡不着我，压迫也压迫不着我，（思潮一味地堕下去）俄弗拉，我的故乡，（双手拱起，呆望着俄弗拉颓败的城垣）以色列我的祖国！（张目四望，连连拱手）别了！永别了！（音调似乎有点感伤的意味）此去遨游不复返，（转身欲行）哎！（复回头有惜别意）只是这离时容易见时难了！（一声泪下，稍住，甩袖而去。但行不数步，又遄返，有了些歧途徘徊莫知适从的意味）哎！我不是疯了吧？（觉悟状，似有一种新观念发生）又何必逃避呢！自己去干着悠悠自得的生涯，眼里看着同胞们受苦受难，（摇头）这绝不是我基甸——我堂堂的基甸（顿足）干得来的事体！好！（坚决的口吻）事到如今，还说什么？生既不得于时，死或可安于后，可敬的弗达，亲爱的妈妈，可爱的弱弟，挚爱的妻子，我们相会了，万军的耶和华！求您接受我的灵魂。（拔腰间佩刀，方欲自刎，忽有幽沉而激奋的歌声，发自幕内，顿触基甸感人心怀，不禁持刀以待，细聆歌音）

甸：（歌中，甸逡巡四顾，似有疑色，以后慢慢将手放下、将头低垂，若有所感，有顷，以极沉静的声音徐徐说道）耶和华么？（仰首望天）弗达么？母亲么？弟弟么？妻子么？全以色列民众的呼声么？（沉思）哪里来的歌声，刺透了我的心怀？（默想）呵！（似有所悟、大声）耶和华或没离弃我，成功便在眼前，弃世是愚昧人的动作；（顿足）自杀也绝不是聪明人的行为，诱惑人的东西！（反复视刀）去吧！（抛向地下）我的心，还在跳，我的血，还在流，（激昂）以色列的复兴的希望，便在我基甸的身上，我可爱的母亲、弟弟、妻子，我可敬的老人弗达！以色列复兴的花，要发芽在我们的血里，要培植在耶和华的手中！天已近黎明了！（高声）"被俘虏的要得释放，被压迫的要得自由！"我要走遍各族，联合同志，共同奋斗。（音清亮而缓慢）（二幕终）

——幕下——

第三幕　会议室

时间：在基甸受感后几日的过午。

地点：俄弗拉城附近，一个僻静的所在。

布景：一个客厅式的屋子，布作会场的情形。

登场人物：基甸，玛拿西并设两族代表各一人，年约五十上下的老人，西布伦代表一人，年约三十上下，拿弗他利族代表一人，二十余岁青年。

幕启时，诸代表已等候基甸多时，彼此闲谈。

玛：（岸然道貌）基甸可以说经验不足，而勇气有余了。

设：咳！（藐视）孩子家，哪里谈得上经验！

拿：我看你们这些昏庸老朽，（气愤不平）叫经验熏透了的老古董，不是怕这个，就是怕那个，什么"经验"简直是一个"怕"字！你们整个的都被经验弄遭了！

设：我说你们青年人，总是爱动义气。（拿腔拿调，慢调细理）

玛：（支吾）啊！可是基甸的母亲、弟弟、妻子、老仆不是都被米甸人杀了么？基甸莫不是利用我们去报私仇吧？（鬼头鬼脑）

西：（也按捺不住了）我说你们这些老奸巨猾，就知道玩手段、弄心思，以小人之心，度君子之腹，这未免太抹杀了基甸的人格。你说基甸为家族而报私仇，那么他家族没被杀以前，他的运动爱国、奔走呼号，又是为谁报仇呢？莫非也是报私仇？

拿：那当然的，（似乎调戏两老人）报以色列全国的私仇。

（四人同笑。基甸上）

甸： 久候了，久候了。（走至主席的位、众起立）

甸： 诸位请坐，（众落座）敝人有事来迟，望诸位原谅，今天我们能在此重会，实在是可庆幸的事情，也是我们民族无上的光荣，（由光荣联想到耻辱，不期然而转）然而就实际上讲来，现在我们以色列国，还有什么光荣可言？土地任人宰割是光荣？百姓任人蹂躏是光荣？试看同胞中的少数觉悟分子，莫不如"油锅上的蚂蚁"一般，徘徊愤慨，莫知适从，最可恨的是米甸人等，更要杀尽我们中间的觉悟分子，以杜绝以色列复兴的希望，欲使我全国同胞，永久晕迷在睡梦之中，米甸君国主义者的暴戾行为，敝蔑人道，无以复加了，然而转顾我们的同胞呢？依旧是"自暴自弃"，不但不知救国，反而背弃耶和华以误国，想我以色列本是耶和华的选民，而今呢？不只背弃耶和华，反倒大拜而特拜地拜起巴力来，罪恶昭彰，可以断言，今天请诸位来，也就是来重谈我们以色列的兴亡问题，以决定我们最后的方针，前此的意见完全丢下，今天重新估定我们运动的价值，现在可以取谈话的形式，随便发表意见，地方僻静严密，我们开会的消息，米甸人半点都不晓得，有意见就请尽量地发表。（坐下）

设： 以先生说来，我们对于米甸要有积极的反抗了？（冷笑）以米甸那样的强大，我以色列这样地渺小，正如以卵击石，败在意中了，这简直是笑话，也只是说说玩罢了。（轻视基甸之轻举妄动）

玛： 正是吗！（俨然结成一条战线）何况国的兴亡，在乎天命。天要叫亡，谁也不能叫兴，天要叫兴，谁也不能叫亡，我看还是听天由命，何必来干这些无意识的举动！

甸： 老先生！（向玛，揭穿他的话头）话不是这么讲，固然人是要听天命，可是紧接着还有"以尽人事"呢！而况耶和华已经启示我们："被压迫的要得释放，被俘虏的要得自由。"以色列是被压迫的，所以以色列要争自由，我们这正是应天命而去争自由，因此不怕米甸国再大些，兵再强些，我们死也去争，唯有死是我们最后的牺牲，求得自由唯一的代价！

西： 诚然，（同情中而带疑虑）我们的反抗，绝没有犹豫的余地，可是对于我们反抗他的实力上，未免太薄弱了，现在他们已是杀进国境，势如破竹。而且我们又当失败之初，民心不定，不如先有了相当的训练，再作最后的计划。

甸： 这也确是应当顾到的。但是耶和华一定在暗中帮助……

玛： 不一定，不一定，耶和华既能帮助我们，为什么又把我们交在米甸人手里呢？似乎太不准当吧？

设： 是呀！对呀！（一味回附）

甸： 且听！（一语喝住，气正色厉，大有力排众议之慨）耶和华所以把我们交在米甸人手里，乃是因为我们背弃了他，这正足以表明他是爱我们的，例如：父亲本来是爱儿子，若果儿子犯了错，父亲便立时责罚他，但是我们不能说因为父亲责罚儿子，便是不爱儿子，只可说是更深爱他的儿子，促其痛改前非，所以说耶和华是会帮助我们的，至于谈到要有相当的训练，充实实力，固然是好，但是时间不许，又将奈何？灭亡一步一步地走向头顶，等不到我们训练成功，便已做了刀下的断头之鬼，纲中之鱼。因此我们应当从速招集民众，起来反抗，并且在事实上，还有我们得胜的可能，因为米甸人远途跋涉而来，我们正是以逸待劳，可胜之一；米甸小胜，心骄气傲，军心懈怠，兵书云"将骄必败"，如今他们不但将骄，而且兵也是骄，可胜之二；最后，他们不过是野蛮民族，乌合之众，不能力敌，尚可智取。诸位不会以为我信口妄谈吧？（言次用诚恳的眼光期待同情的响应）

拿： 好！这才是唯一的办法，立时招集民众，把米甸人杀个干净，攻进他们的国境，杀个鸡犬不留，以后我们以色列便可统领全天下，做他们万国的首领，直到永远！（兴奋）

四代表：（齐声高呼）正是！正是！这才是我们以色列的光荣！（觉悟了）

甸： 各位同志！（稳重之言、面和气缓，似乎胸有成竹，极见其干练）我们也不要这么过激，须知道我们这次大反抗，所负的最大使命，是要把正义从人间再发掘出来，使真理重放光明，叫凡一切"被俘虏的都得释放！被压迫的都得自由"！我们不要受米甸的压迫，也不要去压迫人，我们要根据人类平等的原则，要求独立，我们要本着耶和华的吩咐，毁灭一切假神。时间不久，最末后有一句话，不得不趁此说明，方才我们所说的"招集民众"，这恐怕是没有希望的，（四人顿然失色）临阵磨枪，断然来不及的，况且乌合之众也无济于事……

四人：（顿足）那么这如何是好？（惊疑失望）

甸：恕我刚才未敢明言，（微笑，安慰众人）今想必得诸位同意，不妨直说，我已暗中联合三百青年勇武的同志，甘心作此最后的奋斗，唯恐透漏消息，所以未便早谈，现在只希望民众给我们些同情而已。

四人：（同声）基甸！我们仅祝你和你的青年同志万岁！（感激而悲慨）

甸：我们当称颂耶和华！（顿）我们明天便可起事，各同志回去，盼望能激起民众，一齐努力。

西：先生既奋命于前，我们怎敢不追随于后？我们誓必唤醒同胞，共同奋斗！

甸：好！就此散会，盼望这伟大的时候，快来！（众起立）

四人：（同声）快来！是！快来！

——幕下——

第四幕

第一场　敢死团

时间：开会翌日的傍晚。

地点：俄弗拉附近哈律泉旁。

布景：蓝色背景，映成原野的光景。

登场人物：以色列军一队，基甸，普拉。

幕启时，基甸身着武装，正在训话，普拉侍其旁。

甸：……你们是以色列的战士，弱者的救星，你们负有耶和华最大的使命，使一切人类得享自由平等的待遇和幸福！今天晚上，我们的出发，是关系本国的存亡；是关系天下的和平！我们不要怕，"不自由，毋宁死"。拿自己的热血和头颅，去换得全人类的自由和幸福，是值得的！因此万望我们各位武装同志，同心协力，共同死战，我会相信耶和华是帮助我们的，太阳已经西坠，你们暂且回营，略略预备，以待我暗暗前去，侦探一下，回来全体出发。（军队下，只留基甸、普拉台上）

普：主人，（以恳切之言忠告基甸，似含无限义气，爱基甸，并为成功计算）我看你身为主帅，万难擅离职守，而况你自身的生存，关系全国的兴亡，并且此去，凶多吉少，依我看来，不如我去，倒是妙策，就便我死在那里，也算得捐躯报国，也不枉生一世，假如主帅不能相信于我的本领，我也只好自刎于主帅足前，这是我深爱以色列，我不得不说的话。

甸：（悲惨的表情，双手拉住普拉的手）哎，我怎会知道你变得这样快！我平常只拿你当个孩子，你的确也是个孩子，谁知道你却具了一副侠者的心肠，你的话，何尝不对？你的做事，我又何尝不信靠？只是我觉得这是我当尽的责任，并且还能激发我们一般同志的勇气，况且这重大的事工，我岂可推诿，胜败在此一往，你若愿意去，我们两便同去不更好么？

（普拉点头，允许，两人下）

——幕下——（一场完）

第二场　自由歌

时间：夜半。

地点：米甸营中。

布景：漆黑天气，静无人声，米甸军的行营，漫山遍野，间或有惨淡闪耀的灯光，从营帐里透了出来。远远听见几响更声，移时渐消，四野依然如死般地寂静，显然表示着米甸人的骄懈。

人物：米甸营更夫二人，基甸，普拉，以色列军队。

更声方罢，幕乃启，基甸、普拉隐身一更房外，屏息静听，二更夫畅谈房内。

更夫甲：（刚刚醒来）哎呀！好厉害的一个梦！（深深地吐一口气）

更夫乙：你这东西，我以为什么事哩！原来一个梦，也值得这么大惊小怪！（正在打盹儿）

甲：不！不！这个梦确乎是太离奇了，我梦见一个很大的大麦饼，滚入我们营中，把所有的帐幕都给弄得翻转倾覆了，幸而我跑得快，不然早成了一团肉泥烂酱，这么一来，我却醒了。

乙：如此说来，这并不是好兆头。我早想脱离这里，总是没得决心，况且前些日子，大王杀的俄弗拉城基甸的那个老仆，不是说么："被压迫的要得自由"被……什么……"要得释放"。我们压迫以色列，以色列就来给我们争自由了，并且事后，大王不让谈说这件事情，和那两句话，这显然里面是有些不对头，何况基甸又是个大英雄。耶和华也已把我们交在他手里了，我们还在这里等死么？

甲：好迷信的家伙，这一下倒叫你把我吓得不轻，这不过仅只是一个梦罢了！"在这里等死？"任凭基甸他天大的英雄，也不是铜头铁臂，不怕死的东西，只要他肯来，便叫他一刀做鬼！

乙：得啦！伙计别再吹大气，因一个大麦饼竟吓得三跳，我的主意是拿定了，不回家，便投降，反正不再在这里干这种老攉式的军队，害天良的差使，伙计，快！拿主意！怎样？即便没有什么危险，我也不干了。

甲：（看出乙的坚决，心里又在局促不安起来）哎！我说千万别走，等我们再商量一下。

乙：你可吹呀！如今又吓得避猫鼠一样了，走吧！三十六着走为上着。趁此夜深人静，先逃到营外，再定去向。

（执甲）

（基甸仗刀在手，偕普拉入）

甲乙：（匍匐在地）老爷饶命！老爷！饶命！

甸：不要怕，只管信，耶和华已将米甸全军交在我手里了，（两人战栗）我就是你们谈论的基甸，等一会儿我的军队，便要前来抄营，你俩快拿主意，是逃！是降！任其自便。怎样？站起来讲！（二人立）

甲乙：我们愿降。（声音颤微）

甸：好！我也不加害于你们，今晚我领兵前来抄营，委你二人作为内应，听见他们喊什么，你们也要喊什么，自然在浑迷之中，米甸兵便自相残杀起来，趁机你们可引领我的军队，去捉拿米甸王，在此好好相候，静待我前来，盼望你们是不会走漏消息的。

甲乙：是！是！我们唯命是听！（基甸偕普拉下）

甲：（深深地吐了一口气）哎呀！真厉害。（摇头）真厉害。

乙：伙计！怎么样？降不降？还是我老二高明得多，要不是基甸温厚，伙计！将就着尝尝分家的滋味吧。你那英雄呢？基甸怎么来的，又怎么回去了，也没见他一刀做鬼，哼！哼！

甲：得啦，别说啦，不是俏皮人的时候了，（出门望外）你看！老二，（指营中熟睡的兵士）这些东西，睡得像死猪一样，不知道死就在眼前了。啊！可是基甸怎么竟会放心我们不走漏消息呢？

乙：我们自己还不会感觉么？并且他已听我们谈话多时了，由此才正见他是位将才呢，啊！……你听……（侧耳）来了！（里面喊声起）真来了！（以色列兵拥上，左手火把，右手执刀，连连高呼："耶和华和基甸的刀！"二更夫亦同声叫起，米甸兵睡梦中爬将起来，自相残杀，火光遍野，叫苦连天，此时幕宜徐徐下落，正当外幕下落之际，基甸复偕众高呼万岁："耶和华万岁！全人类自由万岁！被俘虏的终于得释放了！被压迫的终于得自由了！"）

——幕全闭——（基甸救国全剧终）

这篇处女作，在此算是完结了，但让我这不知趣的孩子再多来累赘几句：的确戏剧是太难作了，尤其是在我这半点戏剧都没研究过的，更是难乎其难，像这样"闭门造车"，出门怕是不会合辙的。但我自恃于年小学浅，自当受诸先进的教导，因此毫不忌惮地发表在这里。

末后的几句话：这稿子的产生是在暑假期间，为迫于表演匆匆写成，至今未得修正，自然有好多不尽情不周密的地方，尤其是其中最重要的一曲歌子，我终于没有找到合适的来备用，我自己又嫌于门外"孩子"的忌讳，未敢妄自胡闹，所以缺了下来。这是不得不引以为大憾的，至于它的形成，乃是脱胎自《旧约·士师记》六七两章，任凭我放荡无忌地演义出来，未免失掉了庐山的真面目。最后，这篇不成东西的东西，乃是偏重于表演，和易于民众的领会，所以是更谈不到艺术的！

（原载齐鲁大学《鲁铎》半年刊第1卷第2期，1929年秋）

从欧战后印度民族的自治运动说到独立运动

（一）绪　言

　　自从今春印度民族运动转剧以来，在男部几次文学会上，曾经同学们一度热烈地讨论和报告了当时的运动状况之后，这个——印度民族运动——问题，便始终和我结下了不解缘，诚然，在推翻帝国主义的势力，与争取民族利益的立场上，我们东亚两大"弱大"有色民族，实有休戚相关之点。在关心中国革命运动以及世界弱小民族命运的朋友，实有注意到印度民族运动的必要。然以我向来昧于印度民族运动的情形，骤然间中道尝试，很难发生兴趣。因此当时我便以为有检察印度民族运动的历史的必要，经了几个月来散漫的检阅，已稍微有了一些系统。但同时复虑到和我发生同样困难的同学，想必不在少数，所以又定下了写这篇文字的决心！

　　本文特别着重于印度民族自治运动之演进的叙述，而作为独立运动之发展的前提。因为当前的印度民族独立运动的口号，绝不是凭空喊出。只有彻底地看到印度自治运动的失败，才能真实地领会到印度民族之即待觉醒——独立运动——的可歌可泣。叙述年代，从欧战爆发后起（*战前关系较浅，从略*）至一九二九年十二月二十九日印度国民大会年会议决以非武力抵抗运动以达到完全独立的目的为止。至于年来非武力抵抗运动情形，已经报告，恕不赘述。

（二）自治运动的径路

（甲）自治运动与英政府之态度

一九一四年世界大战的勃发，英国一方虽以全力参战，他方又不得不兼虑到印度的民族运动，无可奈何，即狡言以战后自治的给与，骗得印度民族运动的缓和。印人醉心自治欣然承认，于是以甘地（M. K. Gandhi）忘形的奔波，乃有一百二十五万的黑色健儿开赴前线，一亿金洋和数十亿元食料品的援助，这在印度总算是十分信任过英政府了。然而，良善安足以使得豺狼点头！结果是除开无数头颅之毫无代价的牺牲外，便一无所有了。况且协约国既公然承认为"自由"而奋斗，印度既属协约国之一部，自当享受自由的报酬，执意强权无公理，印度自治的希望，竟成泡影！

虽然，印度的自治运动，自遭此一番波折，乃愈见其不可收拾，一九一六年十二月，国民会议即与回教同盟（Indian National Congress & Moslem League）之联席会议上，发表其自治运动之最要主张：

Ⅰ 印度须为一自治国家。

Ⅱ 印度与其他英国自治殖民地同，须受公平待遇。

Ⅲ 印度应有充分代表以计划其本国之改造问题，印度在立法、司法、行政以及财政上俱应自主。

至此，英政府不复能置若罔闻，于是仍不惜卖弄其圆滑狡诈的缓和手段，暂作应付。

一九一七年印度事务大臣蒙德谷于英国下院中根据此种缓和应付的原则，发表其印度自治的法案，几经修改，乃宣布印度政府仅是一种责任的政府。而造成一九一九年英国会改组印政府的蓝本。

一九一九年英国曾改组印政府的结果，就是"改革法案"（Reforms Bill）的产生。所谓"改革法案"者，亦不过区分限定内之八大州的统治权，一则仍操纵于英人之手，如外交、军事、交通等。至其他农业、工、商、教育、卫生则悉让诸印人自治。非但如此，即该法案的实施，仍须待十年的试办，再定印度自治的去从！

(乙) 圣雄甘地之不合作运动（Non-Coperative Movement）

诸如上述，苟则苟矣，然而，印度人民，苟有热血，岂甘罢休？加之是年三月印度国会通过革命罪犯的惩治条例；旁遮布省（Puniab）无理屠杀集会的民众，事到如今，残英之不可理喻，固属显而易见，而印人之激愤疑厌的感情亦复被激动于事实。于是甘地登高一呼，势成燎原，不合作运动，从此爆发。

一九二〇年十二月印度国民会议通过甘地之不合作主义，计有八欵！

Ⅰ 印度人对于英政府发生关系的头衔荣誉和职任，都当放弃。

Ⅱ 不购买英政府任何公债券。

Ⅲ 排斥英国司法制度及英国式之法庭与律师。

Ⅳ 印人不准入英政府所设立的学校，其已入者，立刻退出。

Ⅴ 不参加无论任何公众议会。

Ⅵ 完全脱离各种政党和政治上的关系。

Ⅶ 英政府所委任的文武官职，均不接任。

Ⅷ 一致赞同宣扬印度自治大纲。

照此看来，像这种不合作不暴动的主张，实是过于温和，而其实它的演进，却是意外地激烈，这种现象，在一个久被严重压迫的民族运动里，当是不可幸免的事实。

一九二一年二月排英声浪未尝稍减，英人乃复以根据"改革法案"而产生的印度咨询院（Advisory Assembly）开幕于德里，在此次会议结果之下，印度人民虽然可以选举议员，参加政府的部分工作，但卒以英政府轻于丧失信义，已难获得印度人民的信仰，排英运动非但不见缓和，而反因之愈趋严重。

（丙）回教同盟与甘地出狱之关系

一九二二年十月亚梅达巴特的全印回教徒会议席上竟高唱出建设印度合众国的口号，这在英国当道，实有些毛骨悚然。于是乃不得不稍减其若即若离的圆滑应付，而复代之以蛮辣的铁蹄政策，且于同年五月间，有甘地以"谋叛"的罪名被判禁六年徒刑，甘地夫人并班克尔（Banker）同时被捕入狱，自此甘地的不合作运动，遂失其主要的精神力量。

甘地既入狱，同党达斯（C. R. Das）遂即分道扬镳，乃建立自治党（Swaraj Party）。自治党之成立，实是印度民族运动更加急烈演进的象征。他们志在破坏立法机关。然欲立法机关的破坏，又非先夺取立法机关不可。于是达斯乃一再运用其优越的统治力，以进行实际的政治工作。因此在一九二三年立法会议下院议员的选举中，自治党竟占了很大的势力。

一九二四年春，英国劳工政府在麦克唐诺首相的领导下执政之时，甘地被释出狱，久已偃兵息武的不合作运动，又因之卷土重来，惜与自治党之主张几成冰炭不能相容之势，但卒以外力压迫之共感，以及双方领袖竭诚的调解与利害的共同认识，终成合作局面，并发表下列规定：

Ⅰ 为抵抗外国棉布，全体一律服用国产。

Ⅱ 每日有织二百码之能力者，始有选举权。

Ⅲ 实行解放贱民族。

Ⅳ 中央及州议会应与国民会议携手共同谋求贯彻其预定目的。

一九二五年一月，各政党会议发表自治计划的主要原则，甘地任大会主席，毕善博士（Dr. Besant）任副委员会主席，四月间更开会作最后的修订，决取印度应与其他自治殖民地立于平等地位的原则，并须享受自治殖民地的责任与权利，且更发表权利宣言：

Ⅰ 人身居住及财产的自由不能侵犯。

Ⅱ 良心与宗教习惯的自由，但以不妨害公共秩序及道德为限。

Ⅲ 意志的自由发表及开会（和平及无武器的）与组织会社的权利，但以不妨害公共秩序及道德为限。

Ⅳ 实行小学义务教育。

Ⅴ 道路公用，法庭等亦然。

Ⅵ 不论民族的势力，在法律上一律平等。

Ⅶ 男女平等。

此外更有立法司法行政的详细提案，一并由毕善博士远途跋涉送到英国去，不过这次提案的失败已是大多数人民的意中事，所以提案只是经过具名的印度人民签字的，这在甘地当时的讲话里更能看得清楚："还有其他的人没有签字，这不是因为他们对于提案的不满意,只是因为他们知道废纸篓即是提案的命运……他们不愿意分担将来提案完全被拒绝所给与国家的侮辱……"果然提案的结果,除了换得英人一些冷讽热讥之外,便永被丢在废纸篓里而无人过问了!

一九二六年伊尔文(Irwin)调任印度总督后,印度民族运动似已日渐和解,以致演成了印度民族运动史上之极端沉默与冷静的一页,然而实际上这个极端沉默与冷静的时期,已充分地显示了暴风雨之前夕的暗淡与苦寂的情调,在一切敏感的人们,当已觉得那是多么含有强烈爆炸性的危险与恐怖呢!

(丁)西门调查委员会(Simon Commission)赴印之因果

适当这个一触即发的危险时机,有眼无珠的英人,百无聊赖地又提出了调查一九一九年"改革法案"的问题,于是在一九二七年十一月由伦敦遣派了七名英国人员负责来调查印度的政治情形,依据调查的结果,以制定新的宪法,这便是所谓"西门委员会",不过该委员会的成立,根据印度事务大臣盘根哈特爵士(Lord Binkenhead)的主张绝对排斥印度代表的参加,因此在印英两民族隔阂正深的时候,该委员会自始即为偏于民族的,无论它如何努力于正式文献的研究,而它的组织与目的是完全蔑视了印度民族主义者的意见。于是含愤已久的印度民气,遂一发而不可遏,十二月印度国民会议招会于马唐拉斯,首先发出反对该委员会的呼声,自治党的机关报亦大声疾呼:"承认西门委员会即等于署名于死刑宣告书上!"

一九二八年二月,西门委员会二次光降,然而到处所会到的示威运动,也就更甚于前,黑色的国旗上满写着:"西门哟!请回去吧!""印度的宪法由印度人来自订!""印度不得完全自治是不满足的!"冷嘲热骂的啸喊,弥漫了这个狂热的民族,且于是年五月间,印度各政党会于孟买,历时三月,制成了宪法草案即"各党报告书"(All Parties Report),其内容主张印度政权自主为完全自治区域。

(三)独立运动之酝酿

(甲)独立运动之准备

一九二八年十二月,特在加尔各答举行印度国民大会。甘地提出了至一九二九年十二月三十一日以前，如英国仍不承认"各党报告书"而给与印度以澳洲加拿大等同样的自治权时就主张印度完全独立的议案，全场遂一致表决。

一九二九年十月三十一日，总督伊尔文发表印度统治方针宣言谓："英国以给与印度以自治地位为其政策的目标"，并同时主张在伦敦召集会议，请印度代表参加讨论宪法改革问题，宣言发表后颇惹印度民族运动领袖分子的注意，急进者虽表示不满，而甘地及其他缓进者却大都表示愿意赞助政府，于是在十一月三日印度全国大会议员三十人，并其他重要分子如甘地等，共同制订适合印度需要之殖民地宪法大纲。

然而太老实了的印度朋友，终于又受了欺骗！原来所谓"英国以给与印度以自治地位为其政策的目标"，依然是笼络手腕，羁縻政策！这在英议会保守党的机关报每日新闻未曾识透这套把戏之先，竟自认真地说："如果这个声明就是变更印度政策的意见，保守党就要马上提出内阁不信任案，因为伊尔文的声明，将成急促印度自治的动机。这不但于印度不幸（？！），即于英国也属不利。"哟！这是多么传神的话头呢！从这类责难的言辞里看来，即使英国工党政府一旦要改变对印政策，也是非常棘手，仅自是"自治"的要求，固已非印度"独立"主张者所乐道，然即使这是低限度的"自治"；这一品老百姓地位的要求，都要被斥骂为"不够资格！"噫，何其挫丧，这未来的一线光明，只是愈发反映了前途更大的黑暗！

他们失望了，在一切急进的分子，便想索性乘机贯彻独立的主张，而一般缓和的领袖，仍妄想以法律的手续谋求自治。因此于十二月二十日印度中央委员会宣布印度最低的要求：

Ⅰ 明白宣布英政府的目的在予印度以自治殖民地的完全地位。

Ⅱ 立即切实设法以求达到此目的，其道即在予印度各省以宽大的自主权，并使印度政府对立法议会负责。

Ⅲ 修改"改革法案"以便不再经西门委员会调查即可达到自治殖民地地位。

这项宣言既经发表，伊尔文为缓和他们兴奋的感情起见，有意事先私自疏通意见，乃决定会见甘地，于是于二十二日乘火车返德里，途中曾遇炸，幸未受伤，遂于二十四日接见甘地，共讲筹开前此所提伦敦会议的事情，但终因伊尔文态度暧昧，对于该会议的旨趣，终不肯预先声明，于是会议又宣告破裂。

然而"改革法案"的试办期——一九二九年十二月三十一日——终于来到，"各党报告书"是否有效，端在此时，不过西门委员会的组织，至终是为印度人民所不齿，而伊尔文欺骗的空谈与暧昧的态度，又着实教训了一番印度人民的"忠厚"与"老实"，于是这可怜的印度朋友，在备受侮辱与欺骗之下，他们觉悟了！原来若欲自己解放，还得自己拼命！

（乙）独立运动之先声

不得已，印度国民大会即将于二十九日举行，事先由甘地等草拟提议案一则，以为讨论的根据，内容如下：

Ⅰ 申斥十二月二十三日以炸弹轰击印督火车之举动。

Ⅱ 取消国民大会对于去年"各党报告书"之束缚（该报告书载有根据自治殖民地位之印度宪法草案，印人对此报告书颇有不满意者尤以回教徒为甚）。

Ⅲ 说明印度自治乃印度完全独立之解释。

Ⅳ 请隶属国民大会者退出立法会而抵制之。

Ⅴ 授权印度大会委员会于必要地方及必要时期开始不缴捐税及做非武力抵抗运动。

在这里印度之独立的要求已完全明了了。该草案经印度国民会议的行政会通过以后，便预备于十二月二十九日提交印度国民大会。

这个严重的大会，终于开幕了，二十九日的清晨在拉贺尔（Lahore）的城市里已满聚了男女与会的民众，三万余民众的一呼一吸，满含着激昂的情调，就在这种即待爆裂而间不容发的空气里，大会会长尼赫鲁（J. Neru）氏和着民众"革命万岁"的狂热的呼叫，扯起了印度的国旗说："此旗既经展开，只要印度有一人存在，则此旗必不卷下！"随着是甘地独立提案的通过。就在这种汹涌澎湃的革命怒涛中，就在这种震天撼地的独立运动声中，一九三〇年的春天降临了！他带来的是非武力抵抗运动；是世界五分之一的民众要求独立的呼声；是我们同学年来所非常注意的印度民族独立运动。二十世纪之非常悲壮惨淡，惊心动魄，可歌可泣的一幕活剧便从此开演了！

（四）结　论

印度的民族运动，决非一朝夕间所能道尽，在纵的方面它已有了七十年悠久的历史（按：自一八五八年印度士兵叛乱实已具了民族运动的意识）；在横的方面它曾演成了非常复杂的事实。但是，无论如何，其一贯的动向是只有前进而永无后退的，这是事实。然而他方面英国之决不放弃印度，又是不可讳言，在经济上：印度是世界上著名的宝藏，他富育了英帝国主义的枯骨，无论是在农业，在畜牧，在矿产，在森林，在一切其他原料，都足以使英帝国主义的寿命无虑延殖。在军事上："英国以印度的基础作背景去征服比尔麦，占领马来半岛，扶植在阿拉伯波斯阿富汗的势力，侵占中国的领土，损害了西藏的独立权。"去年英国又获得由西藏到四川边境的铁路敷设权，设此计划一旦实现，则中国将立地因此铁路与新加坡海边根据地的夹击；以及长江势力因此铁路的直接贯彻而陷于不可动弹的地位，加之太平洋汹涌的波涛，已预示了这未来的第二次世界大战，在野心勃勃的英国岂肯放掉这控制太平洋上唯一的根据地而轻易寻死呢！那么，印度人民的恳求独立，不啻于苦求强敌的"自杀"，这是多么滑稽的勾当！在这里我们当已认识印度民族与英帝国主义两者的生命，已是绝望的冲突而终不能并存了！

总之，在印度自治运动的前半期中，英国纯系改良评奖的笼络与应付，其目的是在缓和民族运动的发展。而在印度民族运动者，又终不能满意这种假意的应酬。这两方当然的冲突，酿成了英国改良主义与印度民族运动相应的激变，因此在自治运动的后半期中，两方冲突的严重，已是与日俱进！这时期中，在英国是欧战告终所给与他武力的余裕与精神的专注，使他可以一心来对付愈闹愈凶的印度民族运动，而加以不客气的武力制裁，在印度是民族运动影响的深入与普适而激成的工人运动和民众运动迅速的发展，但从另一观点着眼，则印度工、民运动之所以这样迅速的发展，又完全反映了英帝国主义者之经济侵略的尖锐化而速成了印度的贫民阶级以及其觉醒的事实。至此独立运动的呼声终于被激迫而响亮的爆发了！然则非武力抵抗运动却不是最终的办法，凡留心年来非武力抵抗运动情形的同学，当不会说我这是盲目的武断。印度如欲求得真的独立非抛弃非武力的抵抗而操执武力的争取不可。所以今春五月间甘地在布立维的演说中已似有了一点觉悟地说："……单有钱不能赢得独立……独立之所需者，乃诸君之血！……"

（原载德县私立博文中学《博文季刊》，1931年2月）

民族的反省

事到如今,凡我同胞之莫不顿足切齿以期有以报复以至于打倒日本帝国主义者,简直是不容讳言的事实了!风起云涌,全民鼎沸,其势焰之盛大有将弹丸日本一吞而下之概,然而事实上能让你只作了一时感情的发泄便可永奏凯旋之歌么?恐怕不会这么容易。

"知己知彼,百战百胜",要打倒日本帝国主义,固不如此容易,要认识日本帝国主义,却更困难。原因是一切事实的真相,都被一层层痛恨的气焰笼罩了!

"霸道、凶暴、偏狭、残酷",这不是我们每一想到日本便会立刻唤起的整个印象么?是的,"霸道、凶暴、偏狭、残酷",这固是日本,但是同时打破这层痛恨的成见再来看看:

"大正十二年东京地震,迄今不满十年,非特恢复旧观,并且建筑益加伟大",坚毅卓越,这也是日本。

"明治维新,不六十年,一跃而与英美的政治媲美,与法德的军备齐趋",实践奋斗,这也是日本。

"国民的起居:木屐、铺席、饮食烹调法不满十项,衣服缝制法亦不出十种",勤节刻苦,这又是日本。

"一个日本青年要作一千里的旅行,能以前五分钟整装上路",其敏捷若是!"一个日本大学生以一身制服自入大学穿起,期满四年,破污不计,而仍欲着之以赴毕业典礼",其俭朴之风若是!

明乎此,则"霸道、凶暴、偏狭、残酷"虽是日本,然而这不是整个的日本，若果日本只是"霸道"，只是"凶暴"，只是"偏狭"，只是"残酷"，则弹丸日本尚复何惧？只怕的是日本"坚毅卓越""实践奋斗""勤节刻苦""敏捷朴质"的新兴民族性断非衰老、颓唐、萎靡、丧志的老大中国以及其浮躁、淫侈、怠惰、放浪的士气堪与颉颃！

是以，在工业势力上：今日潞河作制服，明日在仇货的抵抗中，马上就可以没有合适的纽扣和帽缘；今日协和湖编辑妥当，明日在仇货的抵抗中，马上就可以没有美丽而便宜的纸张印刷。在学术上：以中国发达最早且以富丽堂皇著称于世的文学界而论，近年比较成熟的纵的讲述中国文学的发达变迁与横的说明文学的性质种类的一部《中国文学概论讲话》，却还是一位日本学者盐古温先生的著作。即以吾国民平日所最蔑视的日本人身材弱小而戏呼之为"倭奴"的一件事说吧，我同胞苟不健忘，在上次远东运动大会，我泱泱大国民是否以一与一百余分的悬殊比例甘拜"倭奴"下风？织田干雄以一年间之不断的努力而握得世界撑竿跳的牛耳，而我神州是否敢与世界群雄一相角逐？最后尤可痛心的是我国向称"农立国"，吃食自信是地道的国产，孰料今一顿饭偶一坚决抵抗仇货，下一顿饭马上可以影响到潞河的食堂改米更量，这真叫我怀疑：中日的经济绝交，到底是要饿死日本鬼，还是要饿死中国人！

诸如此类，我真没勇气再写下去，像这样一个具有新兴民族性的"大和"民族，怎能不叫我们这个破落的"天朝"低头？！人家以一衣带水的弹丸小岛，居然以六十年不断的努力，无论政治军备学术事业，都堪与世界先进一较雌雄，他们之有今日是因为得天独厚么？抑或是依靠国联呢？"他们奋斗的精神蓬蓬勃勃和太平洋上的飓风大浪一样的不可遏抑，海啸地震，定期的将这渺小的岛国，颠簸震荡，但他们毫不畏怯，才遭大劫，立即复兴，每一个日本人都振刷着精神准备和不仁的造物以及自己不可逃免的厄运争胜负"，这种坚强的"人格"与"血性"不应该"大和"民族举以自豪吗？不应该中国民族痛心羞愧吗？要抵抗日本，就得马上准备一切力的条件，我们看见日本的残暴固足痛心，然而我们看见自己民族的相形见绌，岂不更是痛心！

最后，我不是来替日本宣传，而是要我们更加清楚地认识日本，要在日本的欺辱之下来反省反省自己，亲爱的读者：我们不要再把"打倒日本帝国主义"悠然地喊在口里而又轻轻地贴在墙上，要把它看成一个非常困难而严重的问题刻在心上，努力于一切力的准备，扫除旧日浮躁、淫侈、怠惰、放浪的恶习，从每个人的日常生活上建设起来，殷勤、刻苦、实践、奋斗——造成整个民族生活的中心，产生整个中心生活的信仰，巩固整个民族"生活""做人"的力量，这不仅是为了对付日本而更是为了中华民族在人类历史上所负的社会的任命。不这样不足以领导世界的弱小，不这样中华民族便失掉了他领导世界被压迫阶级打倒少数剥削阶级以共同建设社会主义社会的职务与责任！

每一个潞河同学，每一个中华国民，就请从自己的生活习惯上根本破坏，再从新建设！

一九三一，十，二十五，于潞河

（原载潞河校刊《协和湖》第六期，1931年11月6日出版）

最爱藏书的胡应麟事迹考略

  胡应麟,字元瑞,一字明瑞①,自号少室山人。浙江兰溪县人。生明嘉靖三十年(一五五一)②。卒年待考。父名僖,字伯安,母宋氏③。因慕乡人皇初平叱石成羊的故事,更自号石羊生④。写自传一篇,即题作《石羊生小传》⑤。

  元瑞天资聪颖,年五岁,父亲口授书,往往能成诵。家中时有客来,父亲叫他去侍奉客人,与客人作联对的游戏,他却能对得十分工整。七八岁时,他在家中天天出入于父亲的宾客中,侧立一旁,聚精会神地听他们高谈阔论。一帮文人墨客集到一起,自然要常常把品评书籍,当作茶余饭后闲谈的资料。一时兴会所至,大家你一言,我一句;穆穆容容的畅谈中,不时也激起了一阵剧烈的争辩。这既没有做文章时心理上那样的严重,谈吐自然也就要由心得多。也唯其在这种自由无忌的心情下,人们才能吐露几句老实话。这样一天天的继续下去,小孩子耳熏目染,渐渐能理解他们的谈论,而终于发生了无限的兴趣。这样有声有色的活教育,养成了他一生收藏书籍的嗜好还是小事,启发了他独立的思考力,却是一种不可估价的恩赐。

---

① 明瑞一字,仅见《兰溪县志》卷五页三十四《胡应麟传》,他处概不见此称号,因特告之。
② 《少室山房全集》(后简称《少山全集》)类稿卷九十,自撰《二酉山房记》有"戊辰(隆庆二年,一五六八)复上京师,时余年十七"句。但据《弇州史料后集》卷八页一《胡元瑞传》(后简称《王传》),王世贞自称长湖二纪。王生嘉靖五年,一五二六年。则胡当生一五五〇年,中差一年,想此系阴中西历推算所不免耳。
③ 《少山全集》类稿卷八十九页六,有笔撰家火人历复迹一篇,可供参考。
④ 《王传》页一。(该传转载《少山全集》改题《石羊生传》。)
⑤ 见《少山全集》卷八十九页十三下。《王传》前半似即据此而作。

对于书籍的一种泛爱,一种感情,从这时起已经在他幼小的心中燃烧着了。刻板的,拘执的,毫无理性的科举教育,哪能再满足他如饥如渴的读书的热望?因此他九岁受命就学于里中师时,对于自己的课业,丝毫不感兴趣。于是自己只有别辟蹊径了。从大人们那里听来的关于书的一些知识,向导着他翻笼倒箧,把父亲收藏的几十部书,都给他偷偷地翻了出来。这些书在其自传中记的有古《周易》、《尚书》、十五国风、《檀弓》、左氏以及庄周、屈原、司马迁、相如、曹植、杜甫诸家的写作,一随兴趣之所至,恣意烂读。这比起私塾中整年都在捧着一部书,一知半解的生吞活剥来,有益多了。

十一二岁时,他又从父亲宦游燕京,这又给他一个修活学问的绝好机会。因为自浙江到京都,一路风光,目击耳闻,胸襟自然敞阔了不少,眼界也开阔了不少。想到那时旅行之难,真不免要为他击掌称庆了。尤不止于此者是那时的北平,因为国都所在,已经是人文荟萃的文化中心了。他有一段话论到当时天下图书文献散集的情形说:"今海内书凡聚之地有四,燕市也,金陵也,间阎也,临安也。闽、楚、滇、黔则余间得其梓;秦、晋、川、洛,则余时友其人,旁诹历阅,大概非四方比矣。……"① 燕市既是天下四大聚书处之一,自然更容易助长他的嗜好。又恰巧父亲也是嗜好藏书的人,因此门庭间就不绝燕市书贾的足迹了。不幸这时当世宗末年,天下旱蝗迭见,② 祖父母又就养京都,俸入不足,不得不告贷乡里,养家已经是问题了,哪里再有闲钱去买书?所以虽有稀世珍本送上门来,父子也只好相对太息。

后祖父母相继去世,元瑞随父母归丧故里。十六岁在乡补邑庠弟子员(《王传》称十五补传士弟子员)。③ 十七岁完婚,适逢父亲升任尚书礼部郎,于是携妻子随父母再北上入燕都。这次北上,正当他少年时期,是每个青年人多愁善感的时期,况且他对人生世故,已有了相当的体验,咏诗的本领也长进了不少,因此旅途上凭空添了不少浪漫的情调。这至少可以在他的追忆中看得出来:"已挟书,从宪使公北下钱塘,浮震泽,并吴会金陵楫大江益东

---

① 《少山全集》笔从甲部,《经籍会通》四页四下。
② 参看《明史》卷十八本纪,第十八页十至十二,嘉靖三十九年至四十五年纪事。
③ 《王传》页一下。

走青、徐、齐、鲁境，逾赵入燕，乞食长安市，悲歌蓟门／易水间，所至与会感触，一发于诗。"① 这样一来，他的诗名竟一时大噪，传播京师内外，因之结识了当时不少的名流墨客②，京中贵人也多来折节请交。

这次来到京都，父子自然没有忘掉继续买书。不但没有忘掉，同时更因为俸入稍优，益法加意购访。这样，直到五年后父亲贬官湖北，再离京都为止。起行之日，家中除书籍几十箱外，几乎一无贮蓄，甚至妻子的首饰，也都典当殆尽。他在自撰《二酉山房记》中写当时凄凉的情形道："束装日，宦橐亡锱铢，而余妇簪珥亦罄尽，独载所得书数十箧，累累出长安。"③看到这样轻描淡写的几句，真叫人啼笑皆非。

父亲贬官后，元瑞伴同母亲归还故里。不幸母亲又忽患头风，病状十分严重。他躬身为母亲侍奉汤药，日夜不休。既待母亲病稍愈，自己却又因为操劳过度，得清羸疾，于是退养金华山中。这时有大司空朱衡过兰溪，先在京都已久仰元瑞诗名，乃泊舟待三日，希望和他会面。他觉得客人如此盛意，再不会见，于情于理，都有些说不过去，于是把朱公治水颠末，赋昆仑行六百八十言④，答赠朱公。

朱公得元瑞赠诗，喜出望外，恰巧此时有督学使者滕公伯轮驻杭州，朱公出示元瑞诗说道："天下这样的奇才，哪能使他湮没无闻！"滕公读罢，亦赞叹不止。于是一面移文博士廪生，一面请元瑞去杭州。会萧公万合试越东西士，达千人左右，而结果元瑞竟为诸生冠而得中举人。这是万历四年（一五七六）的事。

次年丁丑，元瑞以经义荐于乡。但是本心淡泊名利，无心宦途，所以不敢毅然绝去者，也不过是因为不好违背父母之命而已。所以他在自传中自开玩笑道："每摄衣冠，则揽镜自笑，是楚人猴而沐者，然用二尊人，故未敢遽绝去。"是年夏，归还故里，会王世贞（元美）弟敬美过兰溪，与元瑞促膝畅

---

① 《王传》页十四上。
② 同上，页十四下。
③ 自撰《二酉山房记》页二上。
④ 诗见《少山全集》卷二十一页三上。

谈两昼夜，临行，两人握手恋恋不忍别。时元瑞已久慕王世贞名，读《弇州四部稿》，尝叹谓："古今文章，咸总萃是。"于是访世贞于县阳观。世贞久已谢客不会，闻元瑞来，喜不自胜。知心相遇，分外情深。于是朝夕优游山水间，吟咏唱和，入京会试的事情，早已抛在九霄云外了。直到五年后，因了父亲的一再督促，才又勉强整装入京。

万历十一年（一五八三）会试不第，还里。逾三年，再试，又不第。两次失败，就此终结了他一生最不高兴的会试生涯。这在他也未始不是一桩幸事呢。

从他简略的事迹中我们知道元瑞之嗜书，绝非偶然，而其爱书的动机，又绝不同于一般一味摩挲古物者的变态心理，而是基于他如饥如渴地读书的狂热，这可以从他自己的记述中看出来："每耳目所值，有当于心，顾恋徘徊，寝食偕废。一旦持归，亟披亟阅，手足蹈舞。骤遇者，率以为狂，而家人习见，弗怪也。"[①] 所以他不但是一位最爱藏书的人，而且是一位极爱读书的人。隋唐而后，为了科举制度的作孽，不知杀害了多少忠心学术的人。所以能如元瑞这样摆脱科举制度的束缚，而独辟蹊径，不肯趋附时相的人，也就不多见了。他治学的方法和态度，可在以下两段中，略见一斑："读书大患，在好诋诃昔人，夫智者千虑必有一失，昔人所见，岂必皆长，第文字烟埃，纪籍渊薮，引用出处，时或参商意义，重轻各有权度。加以鲁鱼亥豕，讹谬万端，凡遇此类，当博稽典故，细绎旨归，统会殊文，厘正脱简，务成曩美，毋薄前修，力求弗合，各申己见可也。"[②] 又继续说："昔人之说，有当于吾心，务著其出处而题之。亡当于吾心，务审其是非而驳之。毋先入，毋迁怒，毋作好，毋徇名，此称物之衡而论之极也。今明知其得，而掩为已有；未竟其失，而辄恣讥弹，壮夫不为大雅当尔耶。"[③] 他的三卷《四部正伪》，正是这种治学精神的结晶。

他购访典籍的故事也很多，我们只钞其一，以见他热心访求的一斑："张文潜《柯山集》一百卷，余所得卷仅十三，盖钞合类书以刻，非其旧也。余尝

---

① 自撰《二酉山房记》页二下。
② 《少山全集》华从卒部，《华阳博议》下页三二上、下。
③ 同上。

于临安僻巷中，见钞本书一十六帙。阅之，乃文潜集，卷数正同，书纸半已漶灭，而印记奇古，装饰都雅，盖必名流所藏，子孙以当鬻市人，余目之惊喜。时方报谒臬长，不持一钱，顾奚囊有丝罢二匹，代羔雁者私计不足偿，并解所衣鸟系直掇青蜀锦半臂罄归之。其人亦苦于书之不售，得直慨然。适官中以他事勾唤，因约明旦。余返寓，通夕不寐。黎明不巾栉，访之，则夜来邻火延烧，此书倏煨烬矣，余大怅惋弥月。因识此翼博雅君子共访或更遇云。"①

他收罗的地方既广，搜罗的苦心又无微不至。他自记说："余自髫岁，夙婴书癖。稍长，从家大人宦游诸省。遍历燕、吴、齐、赵、鲁、卫之墟，补缀拮据垂三十载。近辑山房书目前诸书外，自余所获，才二万余，大率穷搜委巷，广乞名流，录之故家，求诸绝域。中间节衣缩食衡虑困心，体肤筋骨，靡所不惫，收集仅兹。至释道二藏竟以非力所及，未能致也。"②又说："……自是余奉母宋宜人，里居十载。中间以试事入杭者三，入燕者再。自所涉历，金陵、吴会、钱塘，皆通都大邑，文献所聚，必停舟缓辙，搜猎其间，少则旬余，大则经月……"③这无怪乎他在《经籍会通》中把当时天下典籍的散布以及市况、版式等写来那样的烂熟，那样的确凿有据了。

及至晚年，嗜书日笃，聚书日富，而家道也日贫。敝庐仅蔽风雨，乃更节衣缩食，另建屋三楹，列二十四度，把历年收集的典籍，按照刘氏《七略》分别部类，列置其中，统计四万余卷。自云："入余室者，梁柱榱桷墙壁皆无所见。"④黎惟敬为大书曰二酉山房。除自撰《二酉山房记》外，更有王世贞撰《二酉山房记》。⑤记载纂详，可供参考。有《六经疑义》《诸子折中》《少室山房稿》《史蒇》《诗薮》《华业》等丛书共三十七种，计三百四十七卷。

（1934年秋季学期史学方法班）

---

① 《少山全集》笔丛甲部，《经籍会通》三页二十三上。
② 同上，四页四上。
③ 自撰《二酉山房记》页二上。
④ 同上，页三下。
⑤ 见《王弇州集》卷十页二十九下。

读《房龙世界地理》

（一）

房龙（Hendrik Van Loon）这个名字已经早在八九年前借了他那部风行一时的《人类的故事》传布到中国来。到现在几乎没有一个爱读课外书籍的中学生没有读过这本书。此后数年间，除去又有他一本比较不甚重要的《古代的人》译成了中文之外，中国普通读书界就一直再没有他的消息。直到去年秋季，房龙这个名字才又如晴天霹雳一样，忽然打入了我们的读书界来。他在一九三二年刚出版的一部五百多页的世界地理（此书同时有两个版本。在美国出版的名"Van Loon's Geography"，另一本在英国出版名"House of Mankind"），立刻就有三个中译本相继问世。一是傅东华译，译名"我们的世界"（新生命版），出书较晚。一是陈瘦石、胡淀咸的合译本，译名"房龙世界地理"（世界出版合作社），本文引书页数，即据此译本。另外还有一译本，曾在《科学的中国》上零星发表一部分，似未曾出单行本。

这本书，在世界现状下被介绍到中国来，是件有意义的事。在睡梦中，我国国民已经和其他国的国民一样同被移入世界单位的舞台中去，那么世界地理的大概情形，他不应该知道吗？但是，人情之常，"应该"是一件事，"兴趣"又是一件事。好些事情应该干，但是懒得干；好些书应该读，但是没兴趣读。大大小小的学生，不是都在异口同声地嚷着地理一科的枯燥无味么？"某山多高，某水多长，某国多少面积，某城多少人口……"这样看下去，正如一张未加整理的统计表，焉得有趣？那么，迫在燃眉的对于世界地理知识的需要,又安可以这样的形式传给一般的读者呢?

地理书不少,能引人入胜的不多。既能引人入胜,又能做成科学的叙述者,就更少了。在此种困难情形下,我要来介绍这本《房龙世界地理》。

(二)

凡读过《人类的故事》那部老书的,几乎无人不感到相当的兴趣。那样美丽的文字,那样生动的笔墨,那样启发人思想的图画,那样扼要精当的叙述……处处能引人入胜。在这几方面这本地理书可以说是有过之而无不及。

我们知道就理论上讲,地理与历史是分不开的。历史为地理所解释,地理为历史所诠注。但是,真要并成一块来写,可的确不是件容易事。而如今房龙算是做了第一次的尝试。

书中他织入了许多重要史实,把平面的地理,造成了立体的叙述。把人类的活动放在全书第一位,把地理这科的传统性质企图改造起来。而其结果,读来不但没有丝毫沉重之感,反更能有效地把地理的形状、地势、气候、山川、河流、土质、出产在你不自觉中印入你脑中去。不必特意去记诵,也可得一明晰的印象。这比专门去读一部普通的地文地理对一般读者有益多了。

此外,那使本书格外生趣充沛的一个因子,就是作者很巧妙地把欧洲好多最美丽最生动的传说与神话(可惜没有中国的)也穿插到书中来。如寻找金羊毛的故事(页八十六),这是西方脍炙人口的传说,如亚当夏娃被逐出埃田乐园的故事(页三三三),这又是《旧约·创世记》中最有名的故事之一。此外还尽多,如荷马史诗中特洛伊的众英雄,如诺亚之方舟,如斯堪的纳维亚之形成,如罗马火神之熔铁炉,如他兰透的毒蜘蛛,如不幸的皮罗普斯王子……这样任我引下去,恐怕也要织成一部神话了,还是读者自去欣赏呢。

总之,如果有了普通世界史和世界文学的常识之后再来读此书,那种乐趣就很可意会了。那种触类旁通、处处逢源的快感(**读书贵在能得此快感**)使你时时刻刻感觉到虽然是读一本新书,却又如温习一些旧课:这点感觉是再微妙、再和谐没有的了。而更可贵者是这等感觉竟可在一部地理书中得到。

那么，一些孤立的常识被这条"地理"的线索穿贯起来；好些单独的事件，就都成了一个舞台上的角色。这样，地理、神话、历史、传说的穿插交织，就是房龙之所以能征服一般读者的第一件武器。

(三)

其次我要讲的是房龙著作的一个特点：文艺的手腕。

第一，是他那表现和描绘的能力。凭这点能力，这本地理书中很有几段可以入美文之例。如他之描写非洲中部神秘的大森林（页四五八），如结束挪威一章的素描（页二〇三），等等，叫我们读起来简直不相信面前摆的是一本地理书。

第二，他善用轻妙有趣的比喻以解读者的疲困。如他把英国比作网中的蜘蛛，把有名的奥林帕斯山比作蹲在帖撒利平原上的一名哨兵；比巴尔干作手掌，希腊是老大姆，君士坦丁堡是小指的指甲；把意大利比作长靴，固不稀罕，把丹麦半岛形容作鼻尖，却惹我一场好笑；至于把战前的德意志联邦比作"庞大的合股公司"虽有些玩弄笔墨之嫌，但实际上不是把事实比喻得惟妙惟肖而且生动有趣么？

第三，他善用比照的写法，如记柏林之与耶路撒冷（页一七四），雅典之与荷兰（页二一六）；如提起罗马城上的台伯河，就随手拉来芝加哥河斯普累河以及波河并述（页一一一）。这都是作者用心很苦的地方。而这种写法在史地著作中当更重要。因为这两科都偏重记忆，而这种写法正好充分发挥着帮助记忆的两种功效：一是"联想"，一是"反复"。此所谓"反复"是须把事实一遍遍很自然地前后互相印证着，使你不感记忆之苦而收记忆之效。好的史地教师一定明白这点。学生往往借口记忆力坏而逃避接受史地的知识，其实过目成诵者究有几人（为此，不知害了多少没勇气的青年，正如"天才"二字之害尽不少想从事文学的青年一样）？所以除强记硬记之外，联想与反复最是助记忆的好方法。以上三种写法可说是房龙征服读者的第二件武器。

此外他还有一件私人的法宝，那就是他自绘的图画。这些图画，不同寻常，它们都是全书思想结构的一部分，有时比文字更能启发人。这我不必饶舌，读者自会欣赏。不过原书地图与插图共一百余幅，而陈胡译本仅选七十余幅；而且原书十几幅彩的，这儿只得一幅。如此"生杀予夺"之权，未免操之过急了，这虽系末端。

房龙有此二件武器一件法宝，何虑读者之不屈服于他？

（四）

最后我要略讲全书的组织，与我的批评，作结束。

全书计分四十七章，首七章讲读地理的基本概念，如宇宙概观，地质简史，天然环境与人类种族等，叙述浅显精当，算是全书一篇大绪论。最后一章标题"新世界"，是作者根据自己的哲学对全书所作的结论。书末附面积人口河流长度的简单统计表。

五大洲中，他致力最大的是欧洲，独占正文二分之一的篇幅（第八章至第二十九章），而且写得也最出色。一切庞杂的史地材料，他都能随心应手，布置如裕。其次是南北美洲（第四十六章）及非洲（第四十五章）。美洲是他第二家乡，且历史较短，虽用一大章，也恰到好处。非洲一大章中，把欧洲列强在那儿明争暗斗，钩心斗角的丑态，暴露无遗。对其内部复杂问题，也能刻画清晰。澳洲最简单，人口稀，出产少，最易处理，与太平洋群岛并起来写，只占第四十二章以下三章。关于此四洲，虽用篇幅各异，然尚能各自给我们一个中心印象。只有亚洲（第三十章至第四十一章），写得太零散，太乏内容。主要原因是作者对中国的隔膜。作者也有自知之明，所以他在论中国一章之首，便声称中国面积之大，人口之众，文化之高，历史之久，于此难能详论。他说"因关于中国，记载极多，几可列满两三个图书馆"（页三四七），这位异国作者既肯坦白自首，我们也就无须过事苛求了。只希望我们自家人能写出这样一部通俗的本国地理书来，给他们世界人看看！于此附带指出几个不妥之点：如沿用旧名称，如说中国黄河长江间"人民食米，不知麦的形状和滋味"（页三四八），如说第一次英使之来华为宾斯忒（一八一六。实一七九三年之马戛尔尼为第一次）。又说"中国有极大煤藏，又有世界第二的大铁藏"（页三五二）。房龙先生过奖了，我们煤藏是富，铁藏却绝不敢当"世界第二"之称，这是快已腐烂的老调了，又被房龙拾起来（此点参看《独立评论》第十七号，翁文灏《中国地下富源之估计》）。浅显不妥之处，尚不止此，读者自可留心。

但房龙全书最大之失败，乃在论苏联的一章。

在书之开始第十一页他就诋斯拉夫人的不中用，说如果是日耳曼族或佛朗克族居于俄罗斯的无垠平原，情形当全异于今日的荒凉。读此节时，深虑作者要打自己的嘴巴了。不幸，在论苏联一章之始，他又变本加厉地说："在美国政府看来，世界上并没有俄罗斯这个国家。他的执政不能受法律的保护，他的外交官不能出自己的国界……"（页二四一）成书时间是一九三二年，苏联已不比往昔，而作者依然闭着眼睛替政府大吹大擂，可笑！假如他那时能预见到只是一年后的美俄复交事件与被称作"一九三三年中全世界最得意人物"的李特维诺夫的神气时，真不知他将何以抵偿读者对他的失望。因之有人加他以"伪善的自由主义者""资本主义的代言人"等头衔，并非全无理由。而且，最后他还果然伸手打了自己一个嘴巴："我们所给中国苦力和南非洲黑人的工资，已不能再只及白人工资的十二分之一了，因为莫斯科有个播音很远的广播无线电台，用各种语言报告，他们告诉黑人和黄人，他们有许多东西被骗去了。"（页五〇一）

然而此不足为全书的地理知识病。我们要求的是地理知识，作者一切有意无意的曲解，都可以批评眼光对待。能揭穿其掩饰，攻破其诡辩，则我们能得益于此书者就更多了。所以此书仍然要读，且要细读，因为很少有第二部普通世界地理书是写得如此之轻松了。这虽不是什么了不得的不朽之作，可也确是个崭新的尝试。

（原载《大公报·史地周刊》第 7 期，1934 年 11 月 2 日）

初中历史教材设计举例
——制造一套活动的读史挂图

中学史地教学问题,近年来曾被热烈讨论过(诸文散见《国闻周报》《独立评论》以及本刊)。综合一般的意见:对于今后中学史地教学之改进,所应着重之点不外:

(一)未来良好史地师资之训练。

(二)比较完善的教科书之编纂。

但是,究竟怎样才算得一个"标准"的中学史地教师?我觉得这很难讲。同时,怎样才能训练成一个良好的中学史地教师,问题就更困难。最可靠的方法,恐怕还是不出"教学相长"的老原则。因为做一个中学史地教师,教学的方法实在与教师的学识并重。后者可以"力"致,前者则非"经验"不可。所以在这一点上,我们不能完全迷信良好师资之训练必须待诸未来,这与比较完善的课本之编纂问题,完全不同。换句话说,就是将来理想的良好教师大半尤需于现任教师中求之。其次,比较完善的课本之编纂,则是必须从头做起,尤需经过相当的时间以及专门学者与饱有教学经验的教师之合作,才有可能。

我这儿之所以特别提出饱有教学经验的教师者,乃是因为只有他们才知道究竟应以何等方法,运用并处理以何等方式所编纂的教材(此所谓"教材"者系指一切史地课本与辅助教材,如挂图、宝物模型等而言)才最有效果。有见及此,则不但将来理想的良好史地教师大半尤需于现任教师中求之,即现任教师个人亦需看重其责任,努力准备其自身,以便参与将来比较完善的课本之编纂。准备的主要途径,便是时时刻刻注意发现现用教材之种种缺点,并随时随地试验谋求改革之新方法。这点工夫，非专门学者所暇于顾及，倒是一般中学史地教师的"专利"。本文便是想把这一点拙见举例讨论，略加说明而已。

※ ※ ※

波兰之被瓜分（一七七二——一七九五）在欧洲近古史上不能不算是一件大事。二十八万二千平方英里的土地，几乎占了全欧十分之一的版图，竟在二十二年之内被三大强邻瓜分得一丝不剩。一百二十万的人民从此丧失了他们的自由一道有一百二十三年之久。这是何等骇人听闻的史实！但是，此外，这件事之所应特别注意者，乃是在于欧战后波兰共和国之重新出现于欧洲地图，一百二十三年的不自由并没有杀掉这个民族的生命，那么这件事讲起来应该是何等有趣味的一课呢？

但是，到现在我还记得，自己在初中读世界史时，虽也曾从书本上和教师那儿模模糊糊地知有波兰瓜分的这么一回事，可始终不知道波兰究竟在哪儿（自己初中时就未曾读过世界地理），因此这幕历史上的大悲剧也只是暂时间的一阵浮飘飘的黑影而已。是，我们用的那册书（王恩爵编，何炳松校订，初中新时代世界史教科书，商务出版）还算不错，曾经特地为这一课制的一幅彩色地图，标明了三次割裂的土地。但这幅图制得未免太经济，一分也不大，一分也不小，恰巧把波兰装在一页较小一点的那么一个方格中，至于波兰在欧大陆上的方位却丝毫没有显示出来。那么这幅图在比较熟习十八世纪欧洲国际版图的人或许多少有些帮助；至于在一个世界地理知识贫弱得可怜的初中学生，就不能希望他会从这幅图上得到课文之外的什么暗示。所以虽然有了这么一幅图，我依然可以不知道波兰在哪儿；而且这幅图也未能加深波兰瓜分之对于我的印象，即便这是含着偌大分量的悲剧意味的事件。

时光过得真快，几年的工夫又以偶然的机会也轮到自己来教授"波兰之瓜分"的这一课了。然而万想不到这次学校所规定的课本还远不如自己做初中学生时所用的那一本（朱氏初中外国史，世界书局出版），课文里关于波兰之瓜分只提了这么一句话："腓得力大王……又同俄奥两皇，瓜分波兰。"（页二一）以后又在注里补充说："波兰贵族跋扈，复结党互相倾轧，因恐受国王压抑，于公元一五七二年废世袭王政，而改为选举王政；且选举外国人为王，以保其势。这是波兰被宰割的原因。"请问一个初中学生读了这半句课文和这么一条似是而非的注释之后，对于波兰之瓜分这件事究竟会了解到何等程度？有何等印象？实在不可设想。也幸而编者还有心附了一张小图，可是小图小到还不到二寸见方，补充在一页角上，而且与王氏书图犯着同一的毛病。如果教师只是讲讲课本便算了事的人，那么读完了初中世界史的一个初中毕业生或许永远记不得在十八世纪的欧洲史上曾有过波兰被瓜分的这么一回事。（会考却是要考的，而且要问是谁参加瓜分，共几次。请参看民国二十三年北平市初中史地会考试题。这在课本里却大半没有提到。）

在自己未走上讲台之前，决定这课书是必须补充起来的。同时又考虑了一下五年前当自己读这课书时之所以没有清切印象的缘故。结果根据自己失败之点我计划了一个新的试验教材，思图有以补救。我所设计的要点不外：

（一）应如何现示波兰在整个欧洲地图上的位置及其比较的大小，得使学生对于这件史实有一个地理根据上的整个印象。

（二）应如何说明独独普奥俄参加分割的地理原因（政治与社会背景是纯粹历史的问题，只有加以言语的补充）。

（三）应如何暗示波兰被瓜分的悲剧意味（因为凡触及感情的都易收记忆的效果）及其在地理上所造成的欧洲强国已成的均势之动摇。

有了这一套假设之后，我便开始计划：第一我预备先画一幅欧洲全图，其次根据可靠的读史地图（我根据的是 Historical Atlas by William R. Shepherd 6th ed., rev.）把波兰瓜分之前夕的欧洲诸国界轻轻描上去。以后除去波兰外把一切其他国家都一概斟酌设色，波兰周围的普奥俄则要特别着以显明触目的色彩。那么全图如此制成后，便只剩下波兰是一大空白，恰好分明显示在强烈对应着的普奥俄三色之中（波兰几乎完全为这三国团团包围起来）。这时便可在波兰的空白上用极细微的虚线指示出三次分割的界线，按照界线所指示的形状用另外一张较硬的白纸剪成八块单片（一七九三年第二次分割，奥未参加，否则便应有九片了）。属于普国的三片，涂上普国的颜色，奥俄各照办。于是一切设计便都成功了。把这八张彩片分别收起，预备在班上讲解的时候，便可按着讲解的次序一片片挂到原图的空白上去。于是波兰每次丧失的土地之面积与三国所得的大小，便一下都在图上明明白白地显示了出来。周围三色的国土渐次扩大，白色逐渐缩小。一直到了一七九五年，那一幅欧洲地图上便再也找不到一角的白色了。波兰没有了，普鲁士比起原来的版图，暴发户似的迅速膨胀起来。一幕大悲剧结束了，两个牵制全局的新斗争从此开始：一方面是诸国均势破坏后之竞争的日烈，一方面却是一个失掉了自由的民族一百余年惨淡斗争的起点。

这个想象中的设计使我很兴奋；于是在教课的前一天晚上，我索性把大学的功课一齐抛开来从事这幅"活动挂图"的制作。把读史地图及几册参考书都从图书馆里借了出来，便开始工作了。把几幅图小心采并着，我明明记得那一次是一直在烛下工作到下夜两点，才得全部告成。熄烛就寝的时候，那支烛也只剩了一个烛屁股。

第二天一早就去上班，自然没有休息过来。然而没有关系，我在热衷我的新实验，抱着兴奋与胜利的预感的交互心理，我上了班。开始用几分钟讲了波兰之被瓜分的政治原因与社会原因作为一个 Introduction 以后，便很有些卖弄似的玩起我预备了一夜的那套把戏，一步步按着我预定的计划做下去。一面向壁上安排着我的活动的挂图，课室里显然有了不平常的声音。是喜乐？是惊异？是感叹与愤慨？讲完了，等我回头来望着每一个学生脸上所表示的那等欢欣与满足的笑容时，昨夜的疲困便都一齐飞散了！

写到这儿又想起前几天还有一个毕了业的学生走来对我说："波兰瓜分的那一课，我永远忘不了。"这话使我异常的兴奋，所以才有心写下了这篇文字。

我这儿举了这一个小例，只不过是一个初步尝试而已。根据这次的尝试，我才意识到"活动读史挂图"的制造应是何等有趣味的一种教学方法，这不仅是弄弄好玩而已。也许有人便已经真真误会到这不过是一套"小把戏"罢了。"小把戏"是的，的确一件"小把戏"，丝毫算不得什么学问。但是请勿忽略了在这个"小把戏"中却实在包含了三个很重大的意义：

第一：一向平板的历史教授法之改变——这对初中学生特别重要（这是我在标题里特别要用"初中"二字的意思）。一个十三四岁的小孩子，你让他在课室里一直坐上四五十分钟，在那儿听你来回搬弄着一些人名、地名、国名、时代名……听你十分有条有理地讲述着政治的演变，社会的演变，战争的演变……这简直是戕害性命的最无人道之虐刑，无论如何辩护，也是极其不近情理（unreasonable）的事。一般的儿童决没有一个成年人那样完整的 reasoning 的头脑，他要动，他好奇，他要时刻追求新奇，他只能接受有弹性的教材与有丰富的暗示能力的教材。他设法逃避呆板的无味的灌注式的教育。为救济这一点，实物模型与照片自然也都有很大的帮助，不过其范围终归有限，而"活动挂图"却可在较大的范围内应用着，改变课室里沉重呆板的空气，化作一种类似游戏的教学（"游戏"是儿童的生命，活动挂图便类似一种七巧板）并予学生以比较活泼具体的印象。

第二：历史与地理的真实携手——大家在理论上早就嚷着说历史与地理是分不开的，历史为地理所解释，地理为历史所诠注。但是实际在教学上地理与历史始终是分门别户，严守疆界，像根本上各不相关的一切课程一样。究竟怎样才能使历史与地理在学习上有切实的关联，到今日未见有好的方法发表。在这一点上这个设计虽也不见得是最好的方法，倒是很自然的而且必然的达到了历史与地理携手的程度。历史本不能脱离地理而独立，否则便只是类似一些飘忽的影戏，没有根据。地理而无历史的穿插，也会变成最呆板最枯燥的东西。借了历史以学习地理是再聪明不过的方法。于此，我大胆地主张初中的史地确宜由一人兼任，把两种教程任其自由支配，教课及时间、教材的次序也需任其自由支配（如只小心翼翼恪守教部颁发的教授规程，便只有教出庸才而抹杀了天才）。这样的一个教师不容易做，却是急要。有人主张教历史的便不应兼教地理，在初级中学里我反对这一点。

第三：无形中沿革地理之教学——如此进行的结果，历史的知识有了，地理的概念有了，同时却也于无形之中完成了一部分沿革地理的教学。这是一种副二的收获。沿革地理一向被认为最乏味的东西，于此却也可以在无形无意之中获得一个主要的普通概念。

最后：根据波兰瓜分活动挂图的例子，这同一的方法可以应用于许多的历史主题上，如西洋上查理曼帝国之分裂，至关重要的路易十四之"自然疆界"（Natural Boundaries）政策（非用地图解释不可），北美殖民地之竞争等，本国史上如春秋战国诸侯之兼并经过，秦汉隋唐元清历代疆域之拓展等，想起来真是举不胜举。只须下功夫，一定会慢慢制造出一套活动的读史挂图来。将来史地教学之新改造，辅助教材之设计必应与完善课本之编纂居于同等的重要地位。前者有赖于现任史地教师之时刻热心的试验设计；后者大部责任则须由专门学者承担，我之贸然举出了这么一个设计者，非敢以成法示人，志在求得有志于此者的指正而已。

（原载《大公报·史地周刊》第48期，1935年8月18日）

燕京大学一九三六届班史

一九三二年九月，燕京大学教务处注册课正式公布本科一年级新生注册人数共一百九十四名，内男生一百三十二名，女生六十二名，是即"一九三六班"之最初组合。其时班友初会，各不相识。四年以来，乃能珍重此机缘，发展创造，使此极端偶然之组合，逐渐于吾人观念中形成一有生命有情感之集团，使吾人爱护之，留恋之，或且终身莫能忘。此间诸班友苦心缔造之经过，有足述者。爰以学年分为四期，就个人所知与采访所得，分志如下，借供同学日后回忆之资耳。

（一）埋头苦干之大一时代

我班大一，始于一九三二年九月一日，去"九一八"事变不过一年，去淞沪之战亦只数月。开学之后才半月，日本正式承认叛逆组织之消息突然传来（九月十五日）；又三月半，复有榆关事件之爆发（一九三三年一月一日）。此后双方兵戈相持者又五阅月，卒于五月三十一日，于塘沽签订停战协定，结为城下之盟。而我班之大一时代，亦即于此等屈辱声中，告一结束。

此第一学年内，我班第一次全体大会召集于九月二十八日，当场出席同学一百零五人，先后选出第一届本校学生自治会代表大会代表任宝祥、张兆麟、刘克夷、任永康、何瑞珍、杨培元、牟克淳、陈伯流、赵续、张玮琦、李清华、谭素清、李雅笙等十三人，并本班执行委员陈翰伯、石荣年、王元美、赵世平等四人。旋由该执委拟定本班班宪草案，于十一月二十五日以书面通过正式发表为《北平燕京大学校一九三六班班宪》，共八章二十七条，确立"燕京大学一九三六班班会"名称，并以"练习团体生活，增进同学幸福，并求学识的进步，及个性上的发展"为宗旨。四年以来，未尝更改。

班会组织既已就绪，遂于同年十二月由本班班执委会出版股发刊《一九三六双周刊》，借以联络同学感情并鼓励同学自由研究与发表之兴趣。此为我班第一次合作精神之表现，亦我校班会史上之创举也。唯惜该刊出版不过二期，却以榆关事件之爆发而停刊。

榆关事件发生后六日，我校同学以战事紧张，平津危殆，遂召开全体大会议决全体进行救亡运动，并请求学校延期考试。学校当局以事实上之困难，未能允准，几经周折，始于一九三三年一月十一日提前宣布放假，俾同学可以尽量参加目前紧急工作。我校同学遂利用此时机，组织前线慰劳队，北平各大学各团体，亦先后起而效尤。留校同学则在学生抗日会领导之下，更能与教职员抗日会通力合作，于组织民众扩大宣传之外，又审查前敌将士之急需，发起"万顶钢盔运动"，辛勤劳苦，奔走呼号，不旬日间，而财力已大备，乃又进行购置事宜。初有购买美国钢盔之议，嗣以运输迟缓，不能济用，遂改由北平某厂特别承造。几经试验，效力无异。每次出品，即由慰劳队输送前方。其事尚未结束，乃又应前敌将士之呼吁，发起"万斤咸菜运动""棉衣运动"与"钢刀运动"，诸事进行之迅速与全体师生之开诚共济，顿使我燕大校园呈一番新气象。

经此一番试练，学校与同学之误会，涣然冰释。师生情感，因而益笃。两星期来之紧急救济工作既因军事之进展而告一段落，于是教授同学间咸以恢复日常课业借以维持长久抗日工作为必要，遂同意于二月一日从新开学。开学之日，全体师生莫不有一种异样之感觉——既兴奋，而又悲凉。此种心理，洪煨莲教授于其当日开学辞中，言之最为明切，其略曰：

"我们这次开学，有双重严重的意义：在我们学校以外，北平的社会，还没有恢复心理上安宁的状态，还有人逃开北平，还有人预备着逃；还有人搬东西到他们所以为稳固的地方，还有人预备着搬。稀奇的谣言天天还有，说不尽的恐慌处处还有。在这一种环境里面，我们居然再开我们的课室，再撞我们上课的钟，再继续去做研究、试验、教读的工作………我们的不跑，不搬，回来，开学,是有一个和平时不同的严重意义……无论精神上如何不痛快,我们是不肯旷课,我们是不肯逃责。这是这次开学和别次不同的第一个严重的意义。

"这一次开学还有第二个和别次不同的意义:上月的'提前放假'四个字,包含了许多说不尽的苦衷。……国难的时期,恐怕不是一两个月就过去了,长期抗抵,现在不过刚刚开始。因为我们是教员是学生,既不肯在职业内轻看我们的责任而偷工旷课;又因我们是爱公理爱中国,而不得不在职业外尽我们的力量去参加抗日工作……我们要社会了解我们的抗日工作是辛勤劳苦的工作,是特别牺牲的工作,是有计划有系统有纪律的工作,是能持久不懈的工作,是研究学术与救国相辅而行的工作,是值得他们信任的工作。要达到这样的目的不容易,但是为燕大的前途,为中国的前途,为公理的前途,我们必须达到这目的。这是此次开学不同的第二个严重意义。"(燕京大学校刊五卷二十二期)

今日重读此文,当尤能促吾人以极深刻之反省也。

开学之后,救国工作,仍在继续。先是于三月初旬应全国红十字会之请,于三日之内,由我全体师生工友赶完卫生包三万三千余件,其后又继续组织近郊及教职员儿童抗日会,加紧军事训练,举办国货展览,扩大国外宣传,帮同国军挖筑近郊战壕等,而我校近三年来继续未断之师生大会,亦即始于此时。此次运动,校园之内,全体动员,无复师生之分,班级之别。故此时期我之校史,亦即我之班史。此校园中,除救国工作而外,不复见其他有组织之课外活动,吾人之力量,吾人之心血,竭于斯尽于斯矣。然而吾人如此努力之结果,仍不免一塘沽协定之报酬,其孰能忍于是耶?!

(二)不甘后人之大二时代

一九三三年九月一日,本班同学一百一十八人开始其大学学业之第二学年,本年本班学生自治会代表大会代表为高向杲、张兆麟、王汝梅、陈翰伯、王宇桎、黄遹霈、薛庆煜、杨培元、张玮琦、瞿超男、韩湘瑞十一人。本班班执委为高向杲(主席)、黄遹霈(文书)、陈强业、高浴、孙翠媛、吴佩珉、邓懿、方纪等八人。

是年十月，本校校董会主席孔庸之先生以本校一切行政及教学既渐由国人主持，则维持本校之常年经费，亦应由国人担负，遂提议在国内募集基金一百万元，以利息还历年亏空。此项提议由校董会通过后，复于十一月三日由教职员全体大会通过。十六日司徒校务长发表“为百万基金运动告全体同学书”。二十三日学生自治会组织基金募集委员会，除请同学认捐外，并分别组织十人团，广事微募，本班同学对此项运动，极为努力。至学年终了时，本班认捐人数七十一名，募银四千一百二十九元五角，以此数论，在诸年级中为第一位。

一九三四年二月，春季始业。我班同学积极开始课外活动。四月十三日晚，假女校体育馆开第一次联欢大会，并恭贺新选健康皇后吴佩珉女士。是晚大家融融乐乐，会聚一堂，至晚十时，始尽欢而散。自是而后，我班同学之感情，乃日益融洽。

同时，本班同学黄遹霈君等数人，乘春光明媚之际，发起“燕大摄影会”，于四月十九日开成立大会，到各班同学二十余人。当场议定会章，选举职员，并决定会务进行方针。是由我班同学所发起之最早课外活动团体之一。先于此者，更有近三年来蜚声平津之韶韺乐社。按该社发起人中之林圣熙、白广智、伍伯禧三君，俱系本班同学。初创在一九三二年国庆日，经半年余之训练，始于翌年校友返校日做第一次公开演奏，遂崭露头角。是年五月，又为募集百万基金，先后公演于北平协和及北京饭店，乃博得音乐界之良好评价。是后又迭在平津两埠演奏，并由百代公司制片。我班林君长社之日，一面既觅得固定社址于达园，一面又在北平社会局立案，社务进展，乃蒸蒸日上。

此时我班方在发愤图强，暑假却又匆匆而至，吾人即在此种方兴未艾之活动精神中，结束其大二时代。

（三）登峰造极之大三时代

大三时代继承大二时代末期之精神，努力发展课外活动，遂造成我班班史上之黄金时代。本学年中，我校学生自治会经过一度改组运动，其代表大会之组织，不复以班级为单位而改行学系单位制，故其代表人名，于此不录。

不过班会依然存在。是年本班班执委为龚普生（主席）、黄遹霈（文书）、任永康、赵曾玖、李鲁人、孙德亮、方纪、张希先、孙翠媛等十人。

本学年开始之初，却由本班班执委会第一次会议决定为本校百万基金映演电影，募集捐款；并筹备全班联欢大会与西山远足等事宜，甚见蓬勃气象。而其最足称道者，尤在我班同学之努力发展课外活动。在此一学年中，其由本班同学发起之本校学生课外组织，计有下列各团体：

团体名称	本班发起人	成立时期
燕大口琴会	赵　续（兼指导） 林建宇（第一、二届主席）	一九三四年十月
时事座谈会	高向杲 陈翰伯	一九三四年十一月
东北蒙古问题研究会	王汝梅 张兆麟	一九三四年十一月
现象社	刘克夷 陈翰伯（兼《现象半月刊》编辑）	一九三四年十二月
燕大音乐会	张玮琦（兼第一届主席）	一九三四年十二月
话剧研究社	王元美	一九三五年二月
昆弋曲研究社	王元美	一九三五年四月

合旧有的韶䪵乐社及燕大摄影会等共九团体。此九团体之组织，或关音乐，或关艺术，或关文学，或关政治经济，颇足见在我班同学领导下，我校同学活动兴趣平均发展之一斑（按体育活动另见本班体育史）。至此新成立之七团体中，时事座谈会与东北及蒙古问题研究会，颇能充分反映苦闷的时代空气所给予青年之压迫，因而促发其自动的研究与探讨，而本校徐淑希、洪煨莲、陈博生诸教授，亦能乐为辅导，不失为青年良好导师。现象社社员五十余人，曾出版《现象半月刊》一种，分国内外大事述评、文化消息、青年问题及书报评介诸栏，乃不幸以两期而停刊。燕大音乐会会员虽多系音乐学系师生，但其活动范围普及全校，历届公开演奏，均以全校师生为对象，

故与一般学会性质不同。话剧研究社为我校近年来唯一有组织之话剧团体，其社员除做理论与技巧上之研究外，更于本年五月二十四日在本校公演《最后一计》《婴儿杀害》及《打是喜欢骂是爱》等三剧，甚博好评。昆弋曲研究社，在我校尚系创举，其成立甚得清华大学俞平伯教授之辅助，并为介绍该校曲社教师陈延甫氏为指导。五月十七日，该社延请名家韩世昌、白云生诸人在本校公演《医卜争强》《昭君出塞》《钟馗嫁妹》《石秀探庄》及《狮吼记》等五剧。燕京新闻并曾出专刊介绍。至于燕大口琴会，在此后起诸团体中，最为活跃。该会首演于清华大学双十节庆祝会，继以《天国与地狱》《漠中商旅》《林中铁匠》《多瑙河之波》及《茶花女》五名曲同时出演于本校大礼堂。其后又历次公演于北平协和、天津维斯理堂、南开大学及东方广播电台。历史虽短，而独能与韶䪨乐社争光辉。在此数团体外，更有一历史悠久之大团体，虽不自我班发起，但我班参加人数最多，任职者亦最众，此即燕大基督徒师生团契是。同时本年又系我班同学在各学系学会中最为活跃之一年，如吴天德君之于英文学会，谭斌斌女士之于法文学会，赵曾玖女士之于国文学会，阮康成、孙德亮二君之于教育学会等此不备述。

除此而外，更由我班同学主持是年四月二十七日晚之校友返校节游艺大会，并届时欢送一九三五班毕业同学。是晚由双方代表相互致辞后，即由我班代表将纪念品"着我先鞭"之软匾一方，献赠毕业班同学。此简单仪式在备极隆重的典礼下举行之后，游艺会随即开幕。当场有本班同学谭斌斌、庄恭尧、张玮琦、邝文翰、吴天德、戴艾桢、李功原等主演之英文话剧 *Knave of Hearts*。赵曾玖、周炳林、李宜培、陈翰伯等主演之中文话剧《虚伪》。又有卞煦孙、吴天德等主演之笑剧《晚宴》等，间以古廷昌君之提琴独奏与容慕韫女士之钢琴伴奏，极尽一时之盛。至是年暑假，我班医预同学二十余人，以修业期满，相携离校，团体实力，由是锐减，而我班之黄金时代，遂在此握手言别声中，悄然长逝矣！

(四) 炉火纯青之大四时代

我班大学学程上之最后一年，终于一九三五年九月一日开始矣。本年度班执委为高向杲（主席）、任永康（文书）、吴天德、李宜培、陈翰伯、王珏、方纪、孙翠媛、王元美、赵曾玖、邓懿等人。此时课外活动，不复有当年蓬勃气象。除一二团体仍在继续外，大部俱已偃旗息鼓，勒马收兵。大家整顿精神，收拾心情，准备以最大之努力以完成此最后学业，初不意华北事件竟又突如其来也。

去岁入秋以来，敌人即以鬼祟刁奸之外交手段，向我华北作积极之侵略。至十一月后半，"华北问题"之谜，已发展至最高限度，所谓"五省三市""三省三市"之种种流言，终日飞扬传播于吾人耳际。相继而来者，则有叛逆之组织"冀东防共委员会"（十一月二十四日），与天津接连几日中之不伦不类的请愿示威。时局空气，日益紧张。其间虽有何应钦部长衔命北来，但终不能予吾人彷徨迷惘之心理以明白确切之答复。首当其冲之北平青年同学，忍无可忍，遂于十二月九日，联合举行示威请愿，并向何部长提出六项希望，总以维持领土与主权之完整为原则。是日我校同学与清华同学于冰天雪地寒风割耳之中，往返奔波于西直门西便门间，设法进城，终未能果。十一日《大公报》社评曰："其中有冒寒风，浴冰雪，环城游行，从事呼吁者，殊令人有一九一九年'五四'及一九二六年'三一八'重来之感！"

"一二·九"运动之后，所谓"冀察政务委员会"之组织，仍在秘密进行，是以于同月十六日又有第二次六千同学之示威反抗运动。燕清同学，亦直破西便门而入。是日警察居然以棍棒刀枪相加，自午至夜，负伤同学达百余人。自此而后，吾辈同学，不复能安于所业，遂携手而起，共赴时艰。学校课业，于是陷于停顿状态。如此者一月，学校当局始以事实上之困难，不得已于本年一月七日宣布提前放假，二月一日重行开学，开学之后，虽得暂时安然上课，但至补考期前，终又以请求免考，以进行救国工作问题，同学意见发生分歧。此时外界舆论方对我学生运动有种种揣测之辞，而我同学内部又突以考试问题发生争执，殊为不幸。本班同学有鉴于此，遂于二月十七日下午四时，召开全班紧急大会，对于此次请求免考问题，作极端慎重之考虑，咸以为不应因此枝节问题而招致任何意外之损失。遂由全体到会同学，一致表决通过，拟定原则数条，交由本班执行委员会当晚草成《为请求免考事告全体同学书》文曰：

诸位同学：

　　这次学生爱国运动，经过两月的壮烈牺牲之后，能够委曲求全，忍痛复课，这是历次学生运动中稀有的良好现象，我们应该用全力来保持这一页光荣的历史。

　　现在校中同学，鉴于大考有碍爱国工作的进行，议决请求免除大考。爱国情殷，能不同情？惟外间对于我们这种举动的观察，恐不免有见仁见智之差，或者竟会疑惑我们是怕读书，怕考试，因而假名爱国，出此下策的。那样岂不是使爱国运动蒙一种不良的影响，而我们反成了爱国运动的罪人么？

　　日本帝国主义者对于冀察两省的一切组织，已是运用如意了，现在足为敌人之眼钉肉刺者，只有平津的几个大学而已，如果我们因内部问题，使同学与学校间，或同学与同学间，发生一种分化与冲突，自己来摧残自己的组织，造成一种鱼游釜中，尚且同根相煎的惨局，那岂不是使"亲者痛心，仇者称快"的愚蠢举动么？所以我们不希望因免考问题，酿成学校内部的纠纷。

　　考试制度容或是一种疵政，但在平时尽有提出反对的机会，似不应与这次免考运动混为一谈。投鼠忌器，当为我明敏之同学所不为。

　　所以我们热烈的希望，希望诸同学审察环境，权衡得失，本合作的精神，觅取折中的途径，幸勿以一时感情的激荡，自毁以往的成绩。如果爱国有道，同人等绝不惜任何牺牲，拥护参加。但认考试期间甚短，影响于爱国工作者极微，小题大做，反有轻重倒置之嫌。勇敢掬诚相告，惟诸同学谅鉴之。

　　　　　　　　　　　　燕京大学一九三六级全体同学，二月十八日

此书情挚辞迫，大义为先。故其影响所及，卒能使我同学，排除误会，捐弃成见。于是数日以来争执不下之免考问题，遂由此迎刃而解。余深信我校同学此种以事论事之精神，与我班同学此种在患难中掬诚相见之态度，必将在我校校史上留为最光荣之一页。深愿我后来同学，能珍重此精神与态度，得使与我燕大母校共生存焉！

回顾我班四年来之大学历程，既以"榆关事件"始，复以"华北问题"终，为期虽短，而家国民族之遭遇，至于此极。"一九三六"本早为历史家预言为极难度过之一年，而今日之事实，又在步步证明中。"殷忧启圣，多难兴邦"。我班同学何幸得于是年以完成其大学学业？又何幸得以"一九三六"多苦多难之名以为我班之名耶？"一九三六"四大字，永远鲜明的印刻于吾人脑海中，更愿于本文之末以西方湖上诗人 Wordsworth 之名句，献赠于我班同学之前：

"Bliss was it in that dawn to be alive.

But to be young was very heaven."

一九三六年五月一日

明代宣大山西三镇马市考

绪 论

一 明代马市之起源

明代马市之设，始于辽东，凡三市，一在开原城南，以待海西女真；一在开原城东，一在广宁，皆以待朵颜三卫；时在永乐四年（1406）。① 正统三年（1438），初设大同马市，其后百十年，即嘉靖三十年（1551），始并开宣大二镇马市，逾年而罢。迨隆庆末，俺答输款纳贡，再开宣大马市，而山西亦与焉。自兹而降，北边马市，继续不断者，垂六十年，影响所及，于明代边防关系特大，有足述者。

明初之世，军兴旁午，兵用马匹，类皆仰给于边塞种族，王世贞《市马考·序》曰：

> 高帝时南征北讨，兵力有余，唯以马为急，故分遣使臣，以财货于四夷市马，而降虏土目来朝，及正元万寿之节，内外藩屏将帅，皆用马为币，自是马渐充实矣。②

---

① 《明史》成祖本纪二（图书集成铅印本6/2b）及《明会要》（广雅书局校刊本57/23a）均作四年。另据《大明会典》（正德刊本122/29b）及王世贞《市马考》（广雅书局刊本《弇山堂别集》89/11a）作三年，而陈仁锡《皇明世法录》（明刊本）则又一处作四年（32/2b），一处作三年（31/78a）。
② 《弇山堂别集》89/6a。

然此犹在马市未开之前，虽有市马之实，而无马市之名。永乐三年三月，福余卫有入都市马之请，帝以往返不便，因谕兵部立市边郡曰：

> 福余卫指挥使鼐尔布哈等，奏其部属，欲来货马，计两月始达京师。今天气热，边人畏夏，可遣人往辽东，谕保定侯孟善，令就广宁、开原，择水草便处立市，俟马至，官给其值，即遣归。①

是即后日所谓辽东马市。自此而后，马市云者，实不只一商业上名词，且寓有政治意义，即外夷以马来贡，我乃颁之以赏，无贡无市，有贡有赏，② 边人明其向顺之心，中国施以怀柔之仁，是贡市为一事，不仅以通有无也，宣宗亦尝言之：

> 宣德六年（1431）十一月，总兵官巫凯，上广宁马市所市福余卫鞑官马牛之数，上谓侍臣曰："朝廷非无马牛，而与之为市，盖以其服用之物，皆赖中国，若绝之，彼必有怨心，皇祖许其互市，亦是怀远之仁。"③

而《续通考》言之尤为明切：
"明初东有马市，西有茶市，皆以驭边，省戍守费。"④
是马市之设，殆为明人驭边之一种政治策略，斯可知矣。

---

① 《续通考》（商务万有文库本）p.3026.3。
② 按王圻论市舶，足以喻马市："按今之论御寇者，一则曰市舶当开、一则曰市舶不当开，愚以为皆非也，何也？贡舶与市舶一事也，分而言之，则非矣。市舶与商舶二事也，合而言之则非矣，……何言乎一也，凡外夷来贡者，我朝皆设市舶司以领之，……其来也，许带方物，官设牙行，与民贸易，谓之互市，是有贡舶，即有互市，非入贡即不许共互市明矣。"（明万历三十一年刊《续文献通考》31/25b—26a）
③ 方孔炤《全边略记》（民国十九年国立北平图书馆印本）10/4b。《续通考》市籴二有相同记事曰："辽东总兵官巫凯上广宁马市所市福余马牛之数，帝曰：'中国非无马牛，而与为市，尽其服用物皆赖中国，若绝之必生怨心，朝廷许其互市，是亦怀柔之仁也。'"（p.3026.3）易"皇祖"为"朝廷"，而系以"永乐六年十一月"，按巫凯《明史》本传："宣宗立，以都督佥事，佩征虏前将军印，代朱荣镇辽东。"考证曰："按《朱荣传》，洪熙元年佩印，镇辽东，其年七月荣卒于镇、凯之代荣，盖即其时。"（174/1b，考证见开明二十五史本 p.7493.2）是凯之任辽东总兵在宣德年间，而非永乐，《续通考》误。
④ 《续通考》p.3027.1。

二 北边设置与边患略记

夫明代边防最重,边费最繁,而边祸亦最烈。蒙古之为患,几与明代相终始。明之北边,东起鸭绿,西尽酒泉,延袤数千里。历代沿边筑塞,列镇屯兵,初设辽东、宣府、大同、延绥四镇,继设宁夏、甘肃、蓟州三镇,又以山西镇巡统驭偏头三关,陕西镇巡统驭固原,亦称二镇,遂为"九边"。又当洪武之世,东置北平行都司于大宁,封皇子权为宁王,统开平等二十二卫,兴和等三守卫千户所;大同之西偏关以北,则筑东胜城于河州东受降城之东,设十六卫。东胜、大宁东西相望,足为宣大二镇屏障。

其后,永乐九年(1411),徙大宁都司于保定,大宁旧地遂渐为兀良哈所据,于是北边失一重镇,而辽东与宣大之声援遂绝。二十年(1422)又以蒙古内犯,兴和失守,开平孤悬塞外,由是无援。宣德五年(1430),因徙其卫治独石,至是弃地盖三百里。降至正统,又弃东胜,而大同失其藩篱,偏老沦为极边,宣大山西之患,由是始矣。

溯自顺帝北走,退居塞外,更历六世,始去帝号,其后各部,互相雄长,总其大者,东曰鞑靼,西曰瓦剌,类皆蒙古部族,而明人统以"北虏"呼之。永乐七年(1409),以瓦剌来贡,遂封其酋马哈木为顺宁王、太平为贤义王、把秃孛罗为安乐王。十一年,封鞑靼阿鲁台为和宁王,二十一年,鞑靼太子也先土干来降,赐名金忠,又封忠勇王,然两部相争,叛服无常。成祖虽三犁敌廷,终不能大创之。至于宣德,瓦剌独盛。正统之初,遗使贡马,尚书魏源等,请援辽东例开马市,帝以劳费军民,谕勿置。三年(1438)四月,大同巡抚卢睿,复请立大同马市,庶军民悉得平价市驼马,且遣鞑官李原等通译语,并禁市兵器铜铁,从之。① 但互市之详,史无明文,本篇不能详论。至十四年,都御史沈固,请支山西行都司库银市马,而是时适值瓦剌也先遣使三千(或作二千),贡马互市,中官王振减其马价,使者恚而去,也先忿甚,遂谋大

---

① 参见《明史》卷十《英宗前纪》及卷八十一《食货志》五,又《陈鸿明纪》(四部备要本)13/5b,《续通考》26/市籴二(p.3027.1-2)。

举。其年七月，入掠大同宣府诸塞，城堡多陷，振挟帝北征，遂致土木之变。十月复入寇宣府，破紫荆，焚长献景三陵殿寝祭器，薄都城，掠芦沟，散扰下邑，攻城益急。至于景泰，瓦剌请和，复遣使入贡。三年（1452）十一月，宴夷使于礼部，其使臣市马者听。①② 然是时，贡使嚣张，骚扰益无状，每其使至，辄逾千人，乞封要赏，索讨无餍，出入骄悍，敢殴守卫，及遣出塞，又骚掠而还。③《万历武功录》曰：

> 朝贡多乃至三千余，边人苦之……其明年［景泰四年］正月，宴瓦剌使臣察占等二千八百七十六人于礼部，敕赐其酋长正副使二十二人，遣都督、都指挥、指挥、千户等官，赏赉金银有差，它皆赏段绢靴帽，至十余万。④

四年七月，也先已篡鞑靼汗位而自立，号称大元田盛大可汗⑤，遣使赍书入贡曰：

> 往元受命，今得元位，尽有其国土人民传国玉宝，宜顺天道，遣使和好，庶两家共享太平。⑥

明廷竟无可如何，报书称"瓦剌可汗"，仍敕沿边城守戒严而已。然自是连年市赏之用，所费亦不赀矣，故王圻曰：

---

① 《明史》卷八十一《食货志》五、王圻《续通考》238/9a-b 及瞿九思《万历武功录》（国学文库本）《俺答列传》上 pp.9-10。惟据明纪，三千贡使之入，在正统十三年十二月（14/9a），王圻《续通考》互市门，又以之与正统八年入贡事相混，今从正史。

又贡马减价之事，王鸿绪《明史稿·杨善传》所记，足资参考："景泰元年……乃命善……往报［也先］……明日，善谒也先，亦大有所遗，也先亦喜，善诘之曰：'太上皇帝朝，太使遣贡使必三千人，岁必再，赍金币载途，背盟见攻何也？'曰：'汝主削我马价，予帛多裂。'善曰：'太师之马岁增，价难继，微损之。帛裂者，通事为之，事露而诛矣。太师贡马或劣弱，貂或敝，宁太师意耶？'也先屡称善。"（清雍正元年敬慎堂刊本 141/13a）

② 王圻《续通考》："景泰三年十一月，宴察占于礼部，使臣马卖者听。"（238/10a）

③ 同上，a-b。

④ 《俺答列传》上 pp.12-13。

⑤ "田盛"犹华言"天圣"也。

⑥ 王圻《续通考》（238/11b）引。

是时也先新立，恐诸酋不从，意在通好中朝，贡使往来，然数年间，赏赐虏酋亦不下百万云。①

天顺初，也先荒酒色，又所为多残忍，为部下所杀，鞑靼复盛，其部长孛来，更立鞑靼汗裔马尔可儿，号称小王子（按此后数代可汗，皆称小王子）②，旋为所弑，而孛来大酋毛里孩阿罗出等，又与孛来相仇杀，蒙古内乱，由是大炽，而正统以来贡市之局，因之中断。诚如王圻所谓：

　　天顺以后，贡市遂绝，彼以贡马为名，边将啖以厚利，羁縻而已。③

成化而后，诸部竞起，各据水草，残略边郡，河套既已弃为敌有，宣大内边复遭蹂躏，间有贡使往来，叛乱无常。弘治初年，其汗小王子伯颜猛可尚幼，故鲜为寇。④而明廷羁縻得法，大同三年三贡，所费亦不过十余万耳。⑤七年而后，可汗西部大酋脱罗干之子火筛突起，大为边患，西起甘凉，东至宣大，沿边五镇，惨被荼毒。孝宗虽欲锐意征讨，刘大夏力言不可乃止。比至正德，刘瑾窃政，辅臣本兵诸督府经国者，接踵逐去，河东陕西雁门以北，岁有边患，隐败冒功，上下欺蔽，于是边防大圮。

　　嘉靖初，吉囊俺答兄弟并起，吉囊住牧河套，土地丰饶；俺答分地开原上郡，地甚贫瘠，乃常入寇。然是时大患，尤多在西北。八年（1529）陕西

---

① 王圻《续通考》238/11b。
② 据博明《蒙古世系谱》（邓文如师家藏钞本）鞑靼太松汗（即明史之脱脱不花）为盛勒忒之尼僧（瓦剌也先）所弑。尼僧自立，后败死，太松汗子墨尔古尔格思汗七岁即汗位，在位一年被弑，异母弟摩伦汗嗣，在位二年复被弑。共后太松汗之异母弟满都古尔汗继立，五年死，无嗣，巴图孟克即位，即大衍汗（3/5b-4/1a）。又卷四按语谓："朔汉图谓：'景泰间脱欢子也先立。麻尔可儿即墨尔古尔格思（又称麻尔可儿）殂，立其子马尔可儿吉思。'此即摩伦汗，明人误袭其兄之名耳。二主皆以幼年，明人乃有小王子之称，嗣世遂以为号。"（p.6a-b）
③ 王圻《续通考》31/20b。
④《万历武功录·俺答列传》上pp.18-19。伯颜猛可即世系谱之巴尔孟克，蒙古源流作孟克类，《续通考》作少师猛可（《蒙古源流笺证》6/1a）。
⑤ 郑晓《北虏考序》（《吾学编》第六十九，燕大图书馆配钞本）。

总督王琼，奏修边垣，西起兰洮，东尽榆林，凡三千余里。十一年，夷竟南下至松潘漳脑，以窥蜀西。十三年入榆林，大略花马池。十六年入偏头，游骑至于大同左右卫，《万历武功录》曰：

> 是时塞下多畏虏卤略，我废耕，我近边膏腴地土，皆荒芜不治。①

十九年秋，俺答吉囊诸部大举入宣府，掠蔚州，已而分道入大同塞，大同镇卒阴与约，纵之去，遂度雁门，破灵武，入岢岚、兴县、交城、汾州、文水、清源诸处，杀掠人畜以万计，遇大同卒，遗以所掠，求假道去，而巡抚史道总兵王升置之若不闻，加之其时朝政不修，影响及于边防，《武功录》言之甚悉：

> 上既玄修西内，念独在按名法刑赏绳边将吏而足，即督抚大臣往往逮诏狱劾治，轻及谪戍，而阁部大臣筦国者，颇倚宠纳赂、赂滋章［按此句当有误］，诸边岁请帑藏金数百万，名饷犒、而络绎输权门。张胜讳败，冒功免罪，以故边愈益圮，而虏患益滋。②

自此而后，至"庚戌之变"，前后不过十年，而入寇者八，就中尤以二十一年（1542）为最甚。时吉囊死，俺答独盛，率众于六月入大同塞（原因详见下文），经朔州，破雁门，掠太原而南，列营汾水东西，掠潞安、平阳诸州县。及返兵，驻师平阳、介休间，散骑四出，杀人掠物，迤逦就大营。归途复掠定襄、五台，又自代州出繁峙、灵丘、广昌；杀掠人畜十余万，乃自广武出关，过大同左卫及阳和塞而去。一月之中，凡掠十卫三十八州县，杀略男女二十余万，牛马羊豕二百万，衣缯金钱称是，焚公私庐舍万区，蹂田禾数十万顷。自有明沿边设防以来，北边之祸，无有甚于此者。

---

① 《俺答列传》上 p.29。
② 同上，p.35。

且大同边墙，由是弃守，遗患未来，正未已也，是以隆庆二年（1568）五月兵部上言称：

> 山西一镇，旧以大同为藩篱，警备差少，自嘉靖壬寅[二十一年]失事之后，大同弃墙不守，遂与俺答为邻，三关边隘皆俺答必犯之地矣。①

嘉靖朝之马市

一 连年贡议与庚戌之变

嘉靖二十九年（1550），岁次庚戌，秋八月，俺答悉众窥大同。时仇鸾方以贿起任宣大总兵，大惧，私遣厮养时义侯荣。②持重赂赂俺答，约毋犯大同，且许通市。③俺答受之，乃东走，越宣府奔蓟州，乙亥（十四日）入古北口，掠怀柔，围顺义，长驱直入。戊寅（十七日）逼通州，大掠密云、三河、昌平诸处，辛巳（二十日）犯京师，围城三日夜，又北犯诸陵，转掠西山良乡以西，遂东去，史称"庚戌之变"。

先是俺答自嘉靖十九年入掠山西而后，屡有入贡之请。二十年七月，遣使汉人石天爵，款阳和塞求贡，巡抚史道以闻，巡按御史谭学复亦上疏，请速定大计。兵部集议，谓夷多诈，不可信，宜拒之，并议添总督大臣处置兵饷，趣行赴镇，使之畏威远遁。帝以为是，乃诏却之，且悬赏购俺答首，并以兵部尚书樊继祖兼右都御史，为宣大总督。俺答怒，大举入犯，至于石州。④

明年闰五月，复遣石天爵与夷使求贡至大同镇边堡，时史道已削职去，巡抚龙大有斩夷使，并缚天爵上于朝，诡言用计擒获。于是擢大有兵部侍郎，边

---

① 雷礼辑《皇明大政记》二（明万历三十年博古堂刊本25/38b）引，又《明史纪事本末》（国学基本丛书本60/19）。
② 《逆鸾本末记》："时义者，提督时陈仆也，与太原伶侯荣咸见嬖，房逼大同，二嬖劝之，厚赂房，折矢誓不交战，语具锦衣都督陆公炳劾章。"赵时春《赵凌谷交集》，明万历八年重刊本7/42a）
③ 王鸿绪《明史稿·仇鸾传》（附《仇铋传》157/14b）。
④ 《世宗实录》（清乾隆二十三年黄可润序刊《口北三厅志》11/4b-5b引）。

臣升赏者数十人，磔天爵于市。① 于是俺答再大举深入，至于汾潞（详见上节）。

二十五年五月，俺答三遣使诣大同左卫求贡，边帅家丁董宝等，狃天爵前事，复杀之，以首功报，总督翁万达愤不以为然，奏曰：

> 北敌弘治前，岁入贡，疆场稍宁，自虞台岭之战，覆我师，渐轻中国，侵犯四十余年，石天爵之事，臣尝痛边臣失计，今复通款，即不许，亦当善相谕遣，诱而杀之，此何理也？②

因请诛宝，并榜塞上，明告以朝廷德意，解其蓄怨构兵之谋，帝不听。

嗣后夷使仍络绎款塞，边臣唯以好言拒之，不敢上闻，至二十六年二月，俺答以使赍番文至，万达遂具疏上，谓夷恳切求贡，去而复来。今宣大方大修塞垣，正当羁縻，请限以地以人以时，悉听即许之贡，否则曲在彼，即拒绝之。帝责其渎奏，卒不许。盖是时陕西有复套之议，将督兵出塞，当事者主之，故力绌贡议。③

五月复至，④ 万达再具疏上，盖欲假贡事整边备也，而巡按御史黄汝桂，大言以为不可：

> 虏自火筛为梗，贡礼寝废，迄今四十余年，自嘉靖辛丑［二十年］，虏人肆叵测之谋，石天爵倡入贡之请，去岁至今，又复踵行前诈，岂可轻信，堕虏计中？盖虏自庚子［十九年］以来，连年躁大同，深入泽潞宣府，抵紫荆，西掠延绥，东寇辽阳，涂炭我疆宇，杀略我人民，凡我臣工，皆志歼丑虏，以雪积愤，但时未可乘，势当徐图耳。故贡亦寇者，夷狄之故习也；贡亦备不贡亦备者，边臣之至计也。事机贵乎先图，军

---

① 此据《明史·鞑靼传》及《世宗实录》（开明二十五史补编本吴廷燮《明督抚年表》2/59.3 引）。王士琦《三云筹俎考》则谓"后天爵为成卒擒，斩之"（北平图书馆善本业书第一集本 1/29b），叶向高《四夷考》曰："二十一年，虏使石天爵再至，边臣诱杀之。"（宝颜堂秘笈石印本 7/3a）俱与正史不合。
② 《明史》卷一九八本传引。
③ 《世宗实录》（《口北三厅志》1/7a-8a）引及《明史》本传。
④ 同上，《皇明大政记》作三月，误。

令重于申命，乞严敕总督镇巡等官，过加防御。①

帝以为是，遂令严边防御，如有执异，处以极典。

二十七年三月，万达又言诸部求贡不遂，声言大举犯边，乞令边臣得便宜从事。帝怒切责之，通贡之议，由是乃绝，万达旋亦去职，于是俺答合众进扰，至于京师。

夫俺答之连年求贡，必有其内在原因，《明史·翁万达传》记石天爵之初次求贡曰：

> 先是二十一年［《实录》作二十年］，俺答阿不害使石天爵等款镇远堡［《实录》作阳和塞，次年至大同镇边堡］求贡，言小王子等九部牧青山，艳中国缯帛，入掠止人畜，所得寡，且不能无亡失，故令天爵输诚。②

又记二十六年之求贡事曰：

> 其后，俺答与小王子隙，小王子欲寇辽东，俺答以其谋告，请与中国夹攻以立信。万达不敢闻，使者再至，为言于朝，帝不许。③

是北人之欲结好中国，利在中国货帛，并欲去后顾之忧，反戈作内部之争。其利欲可因势以羁縻，其内讧可用间以制驭，翁万达盖深知之，二十五年五月尝上疏曰：

> 今届秋，彼可一逞，乃屡被杀戮，犹请贡不已者，缘入犯则利在部落，获贡则利归其长，处之克当，边患可弭。④

---

① 《皇明大政记》(23 / 85b-86a 引)，又《明史纪事本末》卷六十俺答封贡所引同。惟尽易"虏""寇""夷狄"诸字。
② 按此段所记年岁地点，俱与《明督抚年表》所引《世宗实录》(见本节上文及61页注④、62页注①) 相抵牾，特用方括号注出之。又《三云筹俎考》(1 / 29b) 及《万历武功录·俺答列传》上 (p.37) 俱有相似记载。
③ 《万历武功录·俺答列传》上 pp.41-42, 45-46，俱记蒙古内部纷争，为求贡原因之一。
④ 《明史》本传引。

又与杨次村书云：

> 大同今所筑边墙，委胜于山西之墙，贼纵欲仰窥，诚亦难矣。俺答诸酋，仇于小王子，可间也。仆方竭心思于此，即骇人听闻，实不遑恤。夷狄相攻，中国之利，盖自昔言之。①

万达在边四载，大修塞垣，事工卓著，《明史·兵志三》，言之甚悉，自非徒事空言者可比，且又谙习夷情如此，尝慨然以因间制夷为己任，遗书友人曰：

> 去秋幸擒叛王，云中稍稍底定，而铁裹门之战②，虏亦不复敢有易心。今年[二十五年]夏秋，塞垣竣工，有险可恃，俺答诸酋，恳使求通，欲修贡事，而庙廊台谏，议论纷嚣，尚未归一，要之机难中制，不肖当以身任之。③

万达负志如此，而黄汝桂者流，方奢言征讨，庙堂议论，上下纷纷，夷情既失，制驭之机遂一去而不可再得。夫此次贡议初起，明廷即措置失当，杨守谦求贡纪一文，言之最痛，辩之亦最详，其文曰：

> 壬寅[嘉靖二十一年]夏，俺答叩边求贡，杨职方博过谦曰："俺答求入贡，今当何如？"谦曰："宜许。"杨意亦同，及兵部疏上，当道驳之，再上，而议论异矣。既而斩石天爵，又购斩俺答，④夫兵交使在其间，况求贡乎？杀一天爵何武？借曰不许，亦当善其辞说，乃购斩之，此何理也？横挑强胡，涂炭百方，至今无一人知其非者，……夫今之以贡为疑者，必曰宋以和议误国。不知此贡非和也。九夷八蛮，皆许入贡，何独北

---

① 翁万达《稽愆集》（涵晖楼丛书本，民国廿四年）3/12a。又参看《与张静峰书》（同上，2/2b）。
② 按铁裹门之战，据叶向高《四夷考》在嘉靖二十四年（宝颜堂秘笈石印本 7/3a）。
③ 《与程云崖书》（《稽愆集》3/29a）。
④ 据《明史·鞑靼传》悬赏购俺答首事，在嘉靖二十年，次年天爵再来，始缚而斩之。而此处行文，斩石天爵与购俺答首二事，其先后次序，似与《鞑靼传》相反。

虏而绝之？昔正统北狩，也先求贡，少保于肃愍公曰："和则不可，入贡在所不拒。"不拒云者，圣王待夷狄之道也。或曰贡使往返畿辅，窥我险易，不知此易防也。馆其人于大同，进其方物于京师，亦何不可？①……或曰虏初无诚心，假此启衅，不知虏利吾货，何有不诚？连岁入寇，岂待有衅？或曰验放之时，大惧不虞。不知虏众入寇，我仓卒以孤军御之，验放有定期定处，我征兵为备，反有虞耶？或曰得货之后，彼将败盟，不知犬羊嗜利，贪汉财物，含哺于前，朵颐于后，肯自沮乎？纵使卖我，所失几何？或曰通贡警息，我必怠于自治，不知怠不怠在我，不在贡不贡也。尝恨成化间不能及时设险。使虏复贡，我以其闲暇，尽筑宣大及花马池，边内多为大堡，募民尽耕其地，使谷贱如成弘间，则何为而不可也？昔嘉靖初，土鲁番求贡，当时皆有危言。及晋溪王公许之，今十数年，西鄙少事，乃知当大事者，非有真见不可；蓄疑者，未始不败谋也。②

而明廷蓄疑，乃至一而再，再而三，上下欺蔽，卒致庚戌之变。

初，俺答既受仇鸾赂，东掠蓟州，鸾亦佯上疏，谓探知贼已东犯，恐震京师，请以便宜应拨。帝甚喜，诏留居庸，闻警入援。鸾即上疏，请开马市曰：

> 诸边寇患，宣大为最，由彼巢穴，俱在边内，我之墩军，往往出入彼中，与交易，久遂结为腹心，故内地虚实，寇无不知。前总兵周尚文，又私令部下与寇市，而亡人叛将。寇辄抚用之，于是边事益不可为。夫彼生齿日繁，事事仰给中国，求之不得，则必入寇，故每岁扰边，无不得利。往者请贡未许，尚文乘其效顺，私与市易，彼既如愿，边亦少宁。与其使边臣私通，利归于下；孰若朝廷自行，恩出于上？即今辽左甘肃喜峰口并有互市。倘陛下霈然发德音，谕彼远塞，但许市马，如诸边互易，彼且世世为外臣，亡边衅矣。③

---

① 按日后开市，即依此法。
② 《三云筹俎考》（1/30a-31a）附录。
③ 王鸿绪《明史稿·仇鸾传》，外如朱国祯《皇明大事记》（明刊本33/13b-14a）、王圻《续通考》（31/21a），及《万历武功录·俺答列传》上（p.51）俱有征引，惟字句略有出入。

此盖鸾与俺答旧约（见上文），而帝甚以为是。甫下部议，而敌兵已进薄京师矣。[1] 时保定延绥河间宣府山西辽阳诸路勤王兵，已先后至，合大同，共七镇，五万余人。帝即军中拜鸾为平虏大将军，总诸镇兵，然其时鸾兵骚扰最无状，每椎髻胡服，诡称辽阳军（即朵颜诸部），劫掠村中。虽被获，有司不敢问，必以闻，帝以大同军首入援，令鸾自处，鸾亦置不问。兵部不得已，下令勿捕大同军，大同军益无忌，民患之甚于敌。而敌骚掠亦日甚，仇鸾不敢击。辛巳（二十日）虏至东直门，执御厩内臣杨增等八人以去。[2] 旋释归，[3] 令致书，要以三千人入贡，许则缓兵，否则益兵破京师。

壬午（二十一日）帝召大学士严嵩、礼部尚书徐阶等议，阶曰：

> 寇兵近郊，而我战守之策，一无所有，宜权许以款，第恐将来要求无厌耳。

帝曰：

> 苟利社稷，皮币珠玉，皆非所爱。

阶曰：

> 止于皮币珠玉则可，万一有不能从，将奈何？

帝竦然曰：

> 卿可谓远虑，然则当如何？

阶因请以计款之，言其书皆汉文，朝廷疑而不信，且无临城胁贡之礼，可令退出大边外，别遣使赍番文，因大同守臣为奏事，乃可从。然后乘此往返，

---

[1] 王鸿绪《明史稿·仇鸾传》。
[2] 王圻《续通考》（33 / 18b-19a）、《明史纪事本末》（59 / 3）皆作"八人"，余书不具人数，杨增名见《明史·鞑靼传》，叶向高《四夷考》（7 / 3b）及《三云筹俎考》《万历武功录》。
[3] 《皇明大政记》作"答为嫚书，遗二人持还，求入贡"（24 / 7b）。

饬兵备战，可以无虞。帝然之，命携俺答书，出集廷臣议，群臣相顾莫敢答，因陈笔札，令各书所见，国子司业赵贞吉起而抗言曰：

> 此不必问，问则奸邪之臣必有以和说进者，万一许贡，则彼必入城，三千之众，恐蛮驿中莫之客也。且彼肆深入，内外夹攻，何以御之，不几震惊宫阙乎？

检讨毛起主先许而后拒，贞吉又力叱之，于是群臣咸以贞吉为是。奏入，遂罢贡议，而敌亦以得利于翌日解围去。① 轩然大波竟以不解解之，亦云幸矣。惟读世宗"皮币珠玉，皆非所爱"语，以与前此历言拒贡事相较，其前倨后恭之状，诚有使人啼笑两非者。

二 宣大马市之初开及其结果

俺答既饱掠而去，仇鸾益跋扈。时议大更营制，罢十二团营，归三大营，称戎政府。以鸾入理之。又用鸾议，以京军只宜守城，难以格战，遂调大同军九千，宣府延绥宁夏甘肃，各三千，入京防秋，自是诸边益虚。

时帝益信鸾，尝手敕谕曰："卿勿怠戎务，宜如皇祖时，长驱漠北三千里乃可耳。"于是鸾阿帝意，倡言来春大举捣巢，帝喜，即令所司，储军实以待。并赐鸾金章，许密封言事。又赐敕，言："朕所倚赖，惟卿一人。"② 鸾由是骄恣异常。

明年（*嘉靖三十年*）三月，俺答持鸾前言，叩关请市，③ 并以夷酋虎喇记

---

① 以上参看《三云筹俎考》（1／37b-40a）、《万历武功录·俺答列传》上（p.57）、《明史纪事本末》（59／3-4）及《皇明大政记》（24／7b-8a）。
② 以上据《明史稿·仇鸾传》。惟赐封记一事，据《明史纪事本末》（59／2），乃在拜鸾为平虏大将军时事，与此不合。
③ 此据《明史稿·仇鸾传》。外如王圻《续通考》（31／21a）、《三云筹俎考》（1／40a）、《皇明大政记》（24／21a）以及《明史纪事本末》等，皆以夷之叩关请市，乃因仇鸾倡言大举征讨，而内实畏惧，因复遣时义，结俺答义子脱脱、阴使其来。而《万历武功录》记曰："俺答自入寇归，人畜多死亡，恐以残伤过多，为天所厌弃，况所掳掠，又大半归部曲，甚艾怨，因遣子脱脱率十余骑，诣上谷宁虏堡求市，请以夷酋虎喇记为质，且缚中国叛人朱锦李宝以示信。"（《俺答列传》中p.65）至叶向高《四夷考》，则又以两说并载（7／46）。

为质，且缚中国叛人朱锦李宝以示信。宣大总督苏祐以闻，其略曰：

> 去年谙达［即俺答］逆天犯顺，震惊畿辅，今者复屡以贡市为请，虽变诈难以遽信，而揆情度势，有难真拒者，在俺答以求贡为名，其词顺；而朝廷许之，其体尊。当不忘戒备，以示羁縻，内修战守，令其将各部人众，于宣大延宁，分投开市，以我之布帛米粮，易彼之牛羊骡马，既可以中彼所欲，亦可因以壮我边备。①

疏上，诏兵部会廷臣议，鸾从中力主之，上疏请比辽东互市曰：

> 今宜比照辽东事例，暂为允许，请命练习边事大臣一员，奉敕诣大同，选委彼所素服之参游一员，会同总督镇巡，召集部落，宣谕威德，许于大同五堡边外，开立马市，兵部发马价银十万两，买绸缎等物充用。其宣府延宁诸镇，听各督抚，酌量地方，与就近各国部落开市，每年四次，俱于季终，约限马数，仍谕各镇，严兵益备，用戒不虞。其绥服防范事宜，悉听差大臣酌议，务求经久可行，俟市易毕日还京。②

兵部尚书赵锦，议与鸾同，帝不能决，问于大学士严嵩，嵩以一年四次，期密而费广，惟以一年春秋两市为宜。帝然之，议乃定。③

是月（三月）壬辰（初四日），诏开马市于大同，次及宣府，④以兵部

---

① 《续通考》（26／市籴二 p.3028.2）引。《武功录》所引略同。
② 同上（p.3028.2-3）引。
  又该疏疏首原引作"永乐成化间，谙达等求开马市"。按永乐成化时，无谙达名，如非原疏之误，即系转引或误改失真，故略去不录。《三云筹俎考》节略作"永乐成化间，尝设马市于辽东，待海西女真，及朵颜三卫。今虏求开市，留使为质，缚叛示信，宜暂行"（1／40b-41a）。似较近是。而所记缚叛示信事，又与67页注③所记相符。
③ 《世宗实录》（《口北三厅志》11／11a-12a 引，原书缺第九及第十页），及王鸿绪《明史稿·仇鸾传》（1／41a），《续通考》略同。
④ 同上："夏四月开马市于大同，……五月乙巳（二十三日）侍郎史道二大同马市完，并请宣府开市，命兵部速檄该镇如大同例举行。庚戌（二十八日）宣府设马市于新开口堡。"（12b）《明史·世宗本纪》奏及《鞑靼传》不记宣府事。兵部侍郎史道，《三云筹俎考》作"兵部尚书史道"（1／41a），误。

侍郎史道往大同，总理互市，而以偏将军徐洪佐之，① 并如议发给马价银十万两。②

时仇鸾之奸，昭彰在人耳目，然严嵩为之庇护，上下又慑其威，莫敢异议，独兵部员外郎杨继盛，适闻开市事，上疏力争不可。③ 而主事赵时春，亦愤然以秦桧亡宋之策为比。④ 因是俱为鸾所构陷，继盛谪官狄道县典史，时春亦迁山东佥事。

同年四月，开大同马市。

按大同市场在镇城北八十里之镇羌堡，隶大同分巡道北东路，嘉靖二十四年八月与本路之拒墙堡及北西路之拒门助马二堡，同时增置，改原称废水口堡为今名，各募军屯守，镇羌助马设守备，拒墙拒门设把总，指挥统之，共称"塞外五堡"。⑤

开市时，俺答率部至，互市凡四日，以缯帛已竭而罢。因具酒食，犒劳如礼。俺答贡马九匹，番表一通。鸾言胡俗以九为敬，宜破常格答之。赐俺答大红绒丝膝襕花样衣一表里，金顶大帽一，金带一，脱脱大红绒丝一表里，夷使丫头智及夷质虎喇记等四人，各青绿绒丝一表里，总降敕一道，命史道遣官颁给，仍加赐俺答彩币四表里。⑥

五月，开宣府马市。⑦

宣府市场在新开口堡，隶宣府西路万全右卫，东南去卫城四十里。⑧ 宣

---

① 《万历武功录·俺答列传》中 pp.65-66。
② 《明史·鞑靼传》，又《续通考》p.3028.3。
③ 请罢马市疏（同治刊本《杨忠愍公全集》1／1a-8b）
④ 《仇鸾本末》及《明史》卷二〇〇《赵时春传》。按时春初为兵部主事，因建言失官，至庚戌之变，朝议以时春知兵，复起主事，详本传。
⑤ 顾炎武《天下郡国利病书》（民国二十五年商务印书馆影印本）p.134b。又助马堡原书作"拒马堡"，误。
⑥ 参看《市马考》（《弇山堂别集》89／14b），《明史稿·仇鸾传》，《万历武功录·俺答列传》中（pp.66-67），及《皇明大政记》（24／24a-b）。
⑦ 见68页注④，或作"六月"，误。
⑧ 此据顾祖禹《读史方舆纪要》（敷文阁石印本18／10b）。清康熙二十三年改万全右卫，置万全县（《方舆考证》13／2a）。另据《万全县志》，则以新开口堡在县西北三十里（清乾隆七年刊本2／2b）。

德十年筑,嘉靖七年重修(其后隆庆七年,又经砖包)。其地逼近外边,虏每入犯左右卫,动遭荼毒,故俗称东马营,盖谓危而难守,比于北路之马营堡(即洗马林堡)也。①

新开口堡来市者,老把都、辛爱、伯腰、卜郎台吉、委兀儿慎台吉五部。

宣大两市毕,计所发太仆金十万两,大同得六万,宣府得四万。史道奏大同市易缯币四千七百四十四,价费八千八百九十三两,梭布七千匹,先后易马四千七百七十一匹。马每十金,费凡四万四千三十二两,余悉以佐犒劳费。② 宣府市况,史不详载。

是年于宣大二市之外,更以吉能市延绥,狠台吉市宁夏,是谓延宁马市,例比宣大,此不详论。

夫宣大此次开市,悬有例禁,《会典》记之曰:

> 嘉靖三十年,题准北虏求开马市,每岁止许二次,各边务要协力战守,如有耍顽之徒,指称宗室家人,及军民生儒闲杂人等,乘机入市,潜相交通,听总督等官严拿,照例问罪发遣。
>
> 又题准非奉旨开市,敢有私自出边与虏交通者,巡按御史,指实参奏。③

立法如此,不为不严。但未至年终,而市法大坏,推其原因,首在俺答之互市无诚,《明史稿·仇鸾传》曰:

> 初大同之开市也,诸部驱马拥入,践毁边墙,守将不敢禁。事竣,敌骑即犯左卫,史道遣使诘之,则言尔中国叛人萧芹乔源等,能喝城使

---

① 《皇明世法录》(62/10a-b),及《读史方舆纪要》2/2b。
② 《万历武功录·俺答列传》中 p.68,又《三云筹俎考》曰:"初道主开马市于宣大,自三月至五月,二镇市完。"(1/42a)月份微有不同。
③ 《大明会典》(万历十五年刊本)30/166b。

颡，欲试其术，① 于是边臣告警，朝议哗然。

鸾惧，又妄议大举征剿，帝不许。既而芹等术不验，鸾乃遣时义啖俺答以利，执芹等三十余人以献，而鸾竟以是加太子太傅，增禄二百石，时义亦以功授指挥佥事。②

无何，俺答又以牛羊互市为请，史道上言曰：

> 近者，俺答令人执送萧芹而来，脱脱［**俺答义子**］谆切告言，虏中富者以马易缎，贫者止有牛羊，请易米麦，臣以为虏之富者十二三，贫者十八九，不一通融，贫者必为饥寒所迫，衡决约束，有妨大计。③

严嵩不可，群议不决。而宣大总督苏祐等闻朝议纷纭，恐他日蒙首事祸，亦上疏，言不可。鸾亦惶惑，不能自坚前说。帝乃责道不思处置边备，而为渎请，遂于八月，诏令还京。④

时诸部请以牛羊易菽粟者，久候大同，不得命，分入盗边。而俺答亦以求市辽东未果，于十二月中，三寇大同。⑤ 会俺答妹婿卜吉哥，以道远，赴市后期，俺答使市山西，守臣不应，复叩大同，因市大沙沟，易马四百匹，贡马十八匹。及日暮，复潜入，夺其马，褫军士衣裘而去。⑥ 俺答亦献马九匹，

---

① 萧芹乔源等，以罪亡入虏，挟白莲教与其党徒数十人事俺答，筑屋曰板升，俺答甚信任之，详见下文。关于犯左卫试破城术事，赵时春逆鸾本末一文，记之最详，附录于此，以供参考："萧芹结党，谋翻大同左卫城，语俺滩［即俺答］曰：'吾咒城，城即下，那颜骑马可入城。'城中人夜觉其谋，缚其党，悬该阐阁。五月二十五日平旦，虏骑传［应作薄］城，则游击兵已陈城外山。萧芹咒城，城上缚囚呼幕，芹大骇，俺滩计沮，乃呼诸酋以疲老马及卤获不可生者互市，获段布数十万匹，厌钦南方珍酒果，虏益喜恣盗，边上甚恶之。"《武功录》所记略同（p.69-70），惟不言互市事，并以左卫城作"破虏堡"，以五月廿五日作五月初三日。
② 参看《明史稿·仇鸾传》及《三云筹俎考》（1/41b）。
③ 《三云筹俎考》1/42a。
④ 同上，及《仇鸾传》。《皇明大政记》（24/31a），以召史道还京在三十一年三月诏罢大同马市之时，与《仇鸾传》及《明史》卷八十一《食货志》（五）均不合，今从正史。
⑤ 《皇明大政记》24/28b。
⑥ 参看《万历武功录·俺答列传》中（p.73）及《明史稿·仇鸾传》。又《武功录》以卜吉哥为俺答妹夫。

复求市。巡按御史李逢时谓诏禁非时开市，叱之去，并逮诸通事于狱。俺答怒，纵兵入掠，诸将披靡。① 三十一年正月，逢时上言：

> 虏寇敢于岁初拥众入犯，俺答之约束全无，马市之羁縻难恃，今日之计，惟大集兵马，一意讨伐，宜行宣大蓟辽各总督镇巡等官，督合将士，合兵征剿，仍敕京营大将仇鸾，训练甲兵，专事征进，勿得隐忍顾忌，酿成大患。②

至是乃复有敢议开马市之非者，而帝亦忿然曰：

> 虏贼非时扰酿，官兵不能防御，显是平时专恃马市，全不提备故尔。今后一意战守，如仍前观望，重惩不贷。③

是日后马市之罢，盖已蓄意此时，而鸾犹不悟，仍上疏为马市辩，且构陷诸臣曰：

> 臣所为开市者，将阴修战备也，内外臣计欲杀臣，故弛备以召寇，欲其早负市约，因以疑臣于陛下，乞下诏切责诸臣，亟修战备，每阵选敢死士万人，以待臣战，寇如入犯，令诸将无遏，纵其南驰，臣死战于内，出精兵捣其巢于外，破之必矣。④

其出言荒谬至此，尚书赵锦痛辟之，帝亦渐察其妄，但敕中外诸臣训士待战而已。于是鸾不自安，又请赴边击敌。帝以问嵩。始鸾深结嵩，嵩甚庇护之，及后鸾势出嵩上，怙宠藐嵩，嵩忌且恨，而鸾所为又日无状。至是帝问嵩，

---

① 参看《三云筹俎考》（1/42b）及《明史稿·仇鸾传》。
② 《皇明大政记》（24/29a）引。
③ 同上。
④ 《明史稿·仇鸾传》（157/18b）引。又《皇明大政记》（33/21a）所引亦略同。

嵩曰宜从，但以擒斩俺答为上功。帝竟止鸾不遣。①

二月，夷寇益急，而边臣之依市骄纵，复不可胜言。大同总兵徐仁尝声言马市既通，无庸戍守，恣意朘削，为士卒所怨。而巡抚何思亦以通市故，禁边军拒敌，杀者且抵死，以故夷益嚣张，《大政记》曰：

> 虏众出入关隘，无复顾忌，动以贡市为名，往来官寺，有司廪饩惟谨，稍有拂意，辄尔大哄。其黠狡者，变易衣帽，甚至入堡城内，奸辱妇女，莫敢谁何。②

至是，敌众万骑突入塞，南掠至于怀仁，徐仁及副将王怀邦，各拥兵观望不敢击，游击刘潭，且阴遣人，结夷鬻赂，只中军指挥王恭，率所部力战，死之。总督苏祐上其事，诏逮系仁等，削何思籍，赠王恭指挥佥事。

时边防大坏，尽人皆知，言官又屡上言，仇鸾亦虑祸及，乃密疏上，以罢市为请。三月，诏罢马市。并命复言开市者论死，着为令。③时去初议开市，盖周年矣。

然此次罢市，只限大同，不及宣府，《明史·食货志》曰：

> 嘉靖三十年，以总兵仇鸾言，诏于宣府大同开马市……明年罢大同马市，宣府犹未绝。④

所以然者，盖由于宣府自开市以来，节制得宜，虽不致绝无骚乱，当必较大同为佳，抚臣刘玺尝上疏请岁增互市曰：

> 自开互市，云中寇盗，不为衰止，而上谷晏然。今乘其效顺之机，抚之易耳，请毋以拘，臣以岁再市法便。

---

① 《明史稿·仇鸾传》（157/18b）引。又《皇明大政记》（33/21a）所引亦略同。
② 《皇明大政记》（24/29b）。
③ 同上书（24/31a）。
④ 《明史·食货志》（81/10b）。

兵部议以为只金不逾五万,马不逾五千,则虽一年数市,亦当听之。① 而三十一年二月饶阳王克緫劾大同副将王怀邦疏,亦甚称宣府市曰:

> 且上谷亦开市,今且六七举,而未闻有一失者,以将有人故耳。②

然未及年终,宣府市亦并罢。盖自大同罢市而后,鸾即帅师出塞,以无战功,于五月诏归。八月,敌寇蓟州,边报甚急,鸾当出御,适疽发背,不能行,然顾恋大将军印,又不肯辞。其奸状渐暴,帝即令兵部尚书赵锦,夜驰鸾第,收其印绶,鸾大恚,疾益剧,以八月十四日卒。③ 翌日,时义侯荣皆就逮,尽发鸾奸。帝大怒,下制剖棺戮尸,传首九边,父母妻子及义荣皆斩,籍其家,俺答闻之亦引去。④ 其生前戎政诸措施,至是悉废。《明史·世宗本纪》载:

> 三十一年九月癸卯[二十四日],罢各边马市。⑤

宣府马市之罢,当即在此时。上去大同罢市,又六阅月矣。马市虽罢,而其遗祸未来,有未已者,边防既由是大坏,夷势因之益张,前此修建之劳,徒资敌入践踏耳,《明史·兵志》曰:

> 又明年,马市罢。先是翁万达之总督宣大也,筹边事甚悉……请修筑宣大边墙千余里,烽堠三百六十三所,后以通市故,不复防,遂半为敌毁。⑥

---

① 以上见《万历武功录·俺答列传》中(p.74)。
② 同上(pp.76-77)引。
③ 见《逆鸾本末》。
④ 以上详参《明史稿》本传及《明史·世宗本纪(二)》。
⑤ 《明史·世宗本纪》(18/3a)。
⑥ 《明史·兵志》(91/3b)。

夫万达固当初主贡最力者，所以如此，事机使然耳。使处庚戌之后，当必不如此。仇鸾请开市，乃挟通敌之私，求逭己责，继权倒持，而上言以与辽东互市相比，妄何如耶？是以赵时春《大势》篇论曰：

> 今天下有必不可不褺之威，用兵是也；有必不可已之事，守险是也；有必不可弃之人，熟夷是也；有必不可成之谋，市马通贡是也。用兵有其实而无其名，则不褺；守险上凭山而下据水，山之岗足以临，而水之阔足以溉、淖可以陷入，享其利而无其害，夫孰肯已？南多智而北多力，其势均而偏重者胜，今坐视熟夷之制于胡而弗援，非计也。夫是三者，人皆知其可行而弗为之者何哉？利归于公家，而害集其身故也。市贡于势于义皆不可而冒为之者何哉？冀逭责于目前，而收利于旦暮也。然则将奈何？曰古之人不云乎："为政在人，平居无犯颜敢谏之士，则临难无仗节死义之臣。"[①]

征之鸾事，信为谠论。

隆庆朝之马市

一　隆庆初年北边之巨耗

自嘉靖三十年宣大罢市而后，俺答益猖獗。时我叛人赵全等数十人，在夷甚得宠，居边外古丰州地，招集亡命，汉夷杂处，达数万人，居屋佃作，名曰"板升"，俺答授全等为酋长，数引夷入犯，且教为兵，起嘉靖庚子（十九年），扰边几三十年。至隆庆初，复为俺答主谋，拥众入山西，陷石州，掠交汾，杀掠尤惨，中外籍籍，咸以板升为忧，募有能得全等者，拜都指挥，

[①]《赵浚谷文集》(6/52a-b)。

赏银千两，卒未能得，而叛人率夷为乱益甚。① 人民既涂炭不已，沿边之费又倍于前，国家岁用，且至入不抵出，隆庆三年（1569）十一月乙亥（初六日）《穆宗实录》记曰：

> 先是上览户部疏，有称开纳事例者，因传谕部臣，令奏元年以来入数，尚书刘体乾等具言："先后开纳银一百七十二万五千六百有奇，除已纳边饷外，存者仅十万九千九百有奇，而各镇年例未完，尚欲补给。"上曰："开纳银所以济边，岁入尚不止此，其十三省户丁粮草盐引税课银，通计三年支用，见存几何？其以数奏。"体乾等复言："各项银两，自元年以来，已经给费凡九百二十九万有奇，存者二百七十万有奇，今补给边饷及官军折俸布花，当用银二十余万，各边年例当用银二百八十万，计所入不能当所出。"②

盖是时以蒙古连年入寇之故，除原有九边外，密云昌平永平易州，俱已次第列成。各镇原有主兵，主兵不可守，增以募兵，募兵不已，增以客兵，调集频仍，而军耗益重。且其合用刍粮，各镇原有屯田，后屯粮不足，加以民粮，民粮不足，加以盐粮，盐粮不足，加以京运，馈饷溢于常额，而横费者滋甚，府库空而国计日绌。③ 至隆庆四年七月，户部尚书张守直更上疏曰：

> 国家贡赋，在量入为出，尝考天下钱谷之数，计一岁所入，仅二百三十万有奇，而中多积逋灾免奏留者，一岁所出，京师百余万，而边饷至二百八十余万，其额外请取者不与焉，二年用四百四十余万，三年则三百七十九万，此其最少者，而出已倍于入矣。近者遣

---

① 隆庆四年十二月丁酉（初四日）《穆宗实录》（燕京大学图书馆藏红豆盦青丝栏抄本）及《明史·王崇古传》（222 / 3a）。
② 《穆宗实录》。
③ 同上。

四御史，括天下府藏二百年所积者，而尽归之太仓，然自老库百万之外，止二百十万有奇，不足九边一年之用，国计至此，人人寒心……自嘉靖十八年被虏以来，边臣日请增兵，本兵日请给饷，盖自五十九万而增至二百八十余万，士马岂尽皆实数？刍粮岂尽皆实用耶？臣不敢远举，第以近年一二镇言之，如宣府之主兵一也，嘉靖四十二年发银二万，后三年止一万，乃今至十二万矣。大同之主兵一也，嘉靖三十六年发银二十二万，次年二十三万，今乃至二十七万，又以加兵，复费十一万矣。举主兵，而客兵可知。举二镇，而九边可知。天下焉得不困？①

方是时也，而有把汉那吉叩关请降之事，边臣处置得法，竟成封贡之典，国难以是少纾焉。

二　俺答封贡始末

1. 纳降

把汉那吉者，俺答第三子铁背台吉之子也，幼孤，育于俺答妻，以仆阿力哥之妻乳之。及长多智，俺答爱之，为娶妇比吉女为之妇，不相能，又自聘兔扯金女，未及婚，会俺答有外孙女，貌甚绝丽，已聘袄儿都司，俺答夺取之，号曰三娘子，袄儿都司怒，且治兵相攻，俺答无以解，因以那吉所聘女与之，那吉恚恨，适闻宣大总督王崇古（鉴川）方纳降人，遂携妻及仆阿力哥等十人，弃部来归，至于大同西路平虏城外之败胡堡。此隆庆四年（1570）九月十九日事也。②

大同巡抚方逢时（金湖）明而习于计，闻报，以为当纳，或可得因而为

---

① 王圻《续通考》36 / 47b-49a。
② 高拱《伏戎纪事》（文殿阁国学文库本《边略五种》p.21）。此外除《三云筹俎考》及《万历武功录》二书，余《明史》王崇古与方逢时本传及《皇明大政记》《明史纪事本末》诸书，或作"四年冬"，或作"四年冬十月"，均误。按《实录》记其事在隆庆四年十月癸卯（初九日），已是边臣奏报到京之后矣。逢时与王军门论降夷书称"降夷把汉那吉二十三日之暮到镇"，则是九月二十三日也。高拱所记时日或可信。

计划。故事，降者置海滨，逢时意以如此，不过一禁锢之囚，徒惹俺答忿扰，姑思有以制之。因商之总督王崇古，并遣中军康纶率骑五百往受之。① 九月二十三日，迎把汉那吉等至大同镇城，② 详加审译，得其底细，以为可用，致书崇古曰：

> 降夷把汉那吉二十三日之暮到镇，当即审译，别无异情，止为俺酋夺其所聘之女与袄儿都司，因此相怨，脱身来降，其情已八九似真，观其人才十八耳，骄痴之态，宛然可掬，为之主谋者，皆其仆阿力哥也。此乃奇货可居，其人既来，在我当厚处之以安其心，而据平边中路探报：俺答走了此孙，刻期来抢左右卫地方，索要孙儿。其言甚真，而刘廷玉所报要什么即与什么之说，不虚。则生昨所言与之为市之计，似有可行，惟在公主张，选择得人，行之何如。来夷心尚未定，候留镇城，安住数日，再译隐微，然后解送辕门。③ 幸公垂察，其人已到，老酋来取在即，不可不早以上闻，幸明以教我。④

是时逢时蓄意纳降⑤，惟尚未闻之朝廷，旋又再加审讯，并会稿上之崇古，以

---

① 《明史·方逢时传》（222 / 5b）及《万历武功录·俺答列传》下（p.108）。
② 参看 77 页注②。
③ 《穆宗实录》："隆庆五年正月甲申［二十一日］兵科都给事中张卤上疏言宣大总督，原驻阳和，居两镇适中之地，便于经略。已而移驻怀来，专备南山。'夫虏不能越上谷以伺南山，则南山不宜株守明矣，请如故，令总督驻阳和。'……得旨：'今后总督每遇春秋两防，照旧驻扎阳和。'"故此时崇古当在阳和，西南去大同百余里。
④ 《与王军门论降夷书》（《大隐楼集》大 11 / 18b-19a）。
⑤ 按纳降之事，史多略逢时功。不知初谋纳降者，盖逢时也，不过言由崇古上达，遂以为崇古功。逢时《北虏款贡碑记》（《大隐楼集》大 10 / 4a-6a）曰："穆宗庄皇帝肇位五［当作"四"］年之秋，俺答之孙把汉那吉，祖孙内讧，慕义来归……余时巡抚云答，首谋纳降。"《抚赏库记》（同上，大 10 / 10b-11b）曰："隆庆庚午秋，虏孙来降，予时抚云中，首倡共事。"《与内阁兵部论边情书》曰："受降执叛之举，某昔实首共事。"（同上，大 12 / 9a）又书六曰："此事规画措置，生虽得与其力，而敷奏索叛，鉴川公实专共事，生不敢更有所掠。然彼之所以告公者，多生之所以告彼者，生亦无容琐琐也。"（同上，大 12 / 7a-8b）故居正报之曰："今秋边事，公功最高。"（《与方金湖言制俺酋款贡事》，商务国学基本丛书《张文忠公全集》书牍二，p.245）盖指首谋纳降而言也。又曰："北虏贡议，公实始之，盖八年于兹矣。"（《大隐楼集》附录二 p.8a）

定大计。①

时那吉来降事，业已传至京师，而崇古逢时之报未到，内阁大学士张居正因致书崇古，问其事曰：

> 昨有人自云中来，言虏酋有孙，率十余骑来降，不知的否？俺答之子见存者独黄台吉一人耳，其孙岂即黄台吉之子耶？然何故率尔来降？公何不以闻？若果有此，于边事大有关系，公宜审处之，望即密示，以信所闻。②

自后，居正及同官高拱与崇古逢时，信使往还，崇古逢时发议于外，拱与居正决策于内，排驳众议，大计以成。

十月初，崇古奏报到京，建为纳降三策曰：

> 把汉那吉，脱身来归，非拥众内附之此，宜给宅授官，厚赐衣食，以悦其心；禁绝交通，以防其诈；多试之以查其志，岁月既久，果无异心，徐为录用。使俺答勒兵临境，则当谕以恩信，许其生还，因与为市，令坐缚板升诸逆赵全等，致之麾下，仍归我被掳士女，然后优赏那吉而善遣之，此一策也。如其恃顽强索，不可理喻，则严兵固守，随机拒战，且示以必杀，制其死命，则其勇气易阻，必不敢大肆狂逞，而吾计可行，又一策也。其或弃那吉不顾，吾厚以恩义结之，其部有继来降者，辄收牧各边，令那吉统领，略如汉人置属国居乌桓之制。俟俺答既死，黄台

---

① 《再与王军门论降夷书》（《大隐楼集》大 11 / 19a-b）。
② 《与抚院王鉴川访俺答书》（《全集》书牍二 p.242）。另据高拱《伏戎纪事》曰："隆庆庚午，秋九月十九日，北虏把汉那吉来降，惟时宣大总督臣为王鉴川，大同巡抚臣为方金湖，胥遣官伻具揭帖飞报予曰：'今有虏酋俺答亲孙把汉那吉，率妻奴八人来降，称是伊祖夺其新妇。以此抱愤而逃，投向中国，译审是的，议当如何处者？'"（《边略五种》p.21a）云云。征之逢时居正诸信，可知其记载有可疑处。按时拱与居正同在内阁，甚主纳降封贡之议，然首谋者，实为崇古与逢时，而拱此书乃谓已先定计，令崇古奉行云云，且一言不及居正，故有掠美之嫌，《四库全书总目》盖已言之，谓其"矜功自伐，其所记未足尽凭"（大东书局本 53 / 8a-b）。

吉兼有其众，则令那吉还本土，收其余众，自为一部，以与黄台吉抗，而我按兵助之，使那吉怀德，黄台吉畏威，边人因得休息，又一策也。①

奏上，朝议哗然，以为那吉小酋，无足轻重，留之无益，徒致纷扰。巡按御史饶仁侃武尚贤等，亦各以夷情叵测为言，兵部尚书郭乾不能决，惟居正及拱力主崇古议，遂从其请，于是诏授把汉那吉指挥使，阿力哥正千户，各赏大红纻丝一袭，并令镇官加意绥养，候旨别用。至其制虏机宜，则令崇古悉如原奏，尽心处置，务求至当。② 会山西道御史叶梦熊上疏力争，以为那吉之降，边臣遽纳，朝廷授官，必至结仇徼祸，至引宋郭药师张珏事为喻。帝大怒，以其妄言，摇乱成命，黜之于外，③ 自是无异议者。

2. 索叛

时俺答方攻掠西番，闻变急归，用赵全谋，调子黄台吉（辛爱）将二万骑入弘赐堡，兄子永邵卜趋威远堡，自率众犯平虏城，索那吉甚急。居正闻报，即驰书崇古曰：

> 顷据报，俺答临边索要，仆正恐彼弃而不取，则我抱空质而结怨于虏。今其来索，我之利也，公第戒励将士，坚壁清野，扼险守要以待之，又闻那吉之来，皆其奶公主之，其人必有智计，可使人密诱之……公宜坚持初议，审定计谋，毋为众言所淆。④

时逢时已命门下通事官百户鲍崇德，出云石堡，谕俺答以存恤恩，止其进兵，且要以缚叛示信，以易其孙。⑤ 既而黄台吉另道薄大同，逢时又遣人以计退之。其间往返交涉，极尽曲折，逢时与居正《论边情书》三，言之最详：

---

① 隆庆四年十月癸卯（初九日）实录。
② 隆庆四年十月癸卯（初九日）及十月丁未（十三日）实录。
③ 隆庆四年十月丙辰（二十二日）实录。
④ 《答鉴川策俺答之始书》（《全集》书牍二 pp.242，243），高拱亦致书崇古，意与居正同（清康熙二十五年笼春堂重刊本《高文襄公全集·政府书答》1／4a-7b）。
⑤ 方逢时《与内阁高张二老论边情书》四（《大隐楼集》大 12／5a-6a）及《明史稿·逢时本传》。

俺答既进平边，索取其孙，生会军门于十月初十日遣鲍崇德田世威往与答话。十二日，崇德见俺答，老酋迟疑不决，多自负之辞，崇德与之辩论，意尚未决，遂与崇德马一匹，令其回，再请示下。① 十三日，鲍崇德回，生即令其往见军门，面白其事。适值黄酋突至城下，② 时诸将未至，生恐其散抢，则地方受害无涯，遂即将那吉之箭，假为俺答所传者，云俺答已听约，恐尔不知而入，故以此箭示汝，令尔速回，不要抢掠，令通事官龚喜土忽智二人往，适遇彼亦有人答话，遂与之入营，面与黄酋言，那吉已送京，汝当速回，即可差人去，叫俺答差的当头目来，自有话说。黄酋见箭曰：此吾弟之箭也，我此来专为那吉，要见他一面，不是来抢掠的，今既如此说，我也依你，就差一小酋脑木舍同土忽智来，生面谕之，故遣回。黄酋曰：既如此也罢，不抢你地方，但我此来无些利息，我往宣府，从张家口出，抢些吃的去。龚喜等回，十四日，天未明，而贼东出矣。③ 黄酋遂将箭传送俺答营中。十七日，老酋遂差二夷十六火赤力者，执箭来云，一会话，一止黄酋出边。生疑其诈，禁之城中，俟其贼出边既尽，十八日又令鲍崇德同二夷至阳和，见军门，面授方略而行。二十日已遣西去，至今尚未还，计须有数日也。黄酋之西返者，乃为东兵所遏而然。④

此次交涉之主要目的，在以那吉易叛人赵全等，逢时另书，言之甚悉：

降夷之事，机之所系，虽若甚重，而其事亦不甚大；盖犊驹乳犬，蓄之何益？老酋既欲取之，唯有谕令执送诸逆，而后与之，所谓小结局以消封疆之祸耳。⑤

---

① 参看《论边情书》四（《大隐楼集》大 12 / 5a-6a）。
② 参看方逢时《与王军门论黄台吉书》（同上，大 12 / 1a-b）。
③ 同上。
④ 《大隐楼集》大 12 / 4a-5a。
⑤ 《与内阁高张二老论边情书》四（《大隐楼集》大 12 / 5a-6b），又《论边情书》一（同上，2a-3b）所言亦同。

居正覆书亦曰：

> 小酋定许其归，但须少留难之，务令执送诸逆，誓永不犯，乃可奏闻朝廷，礼而归之，小小结局。①

而其覆崇古书，又谆谆以此为嘱：

> 房使以二十日发去，计今想已得其要领，必如初意，执送赵全等首恶数人，纳款效贡，索其番文信使，乃可奏闻朝廷。②

十二月二十九日，崇德果自敌中归，报以俺答黄台吉俱已听从，顾执送首逆赵全等三人，以求那吉。并携夷使五人同来，赍番书乞封，又为黄台吉乞官，求输马与中国铁锅布帛互市。逢时乃将番书录副寄居正，③附上书曰：

> 昨鲍崇德回，取有老酋文书，已录驰上，……今老酋虽有此文，请求所许者，止赵全李自馨张彦文等三人而已，生昨与军门定议要九人，……鉴川公乃听来人之言，许之不取，此又中老酋之计矣。④

然其后献叛之事，卒从其议，尽索赵全以下九人而来。至于番书原件，则送呈崇古，候其会题，⑤崇古因请于朝：

> 俺答雄据漠北，保我叛人，掠彼番邦，有众十余万矣。东结朵颜三卫为向导，西挟吉囊子孙为羽翼，常首祸谋。今把汉那吉，激小忿而来

---

① 《与方金湖言制俺酋款贡事》（《全集》书牍二 p.245）。
② 《与王鉴川言制俺酋款贡事二》（同上，pp.244-245），又《论边情书》一（同上）所言亦同。
③ 参看隆庆四年十一月丁丑（十三日）实录及方逢时《与内阁高张二老论边情书》五（《大隐楼集》大12/6b-7a）。
④ 《与内阁高张二老论边情书》六（《大隐楼集》大12/7a-8a）。
⑤ 参看上两注书。

降，黄台吉谋内乡而见诎，老酋悔祸，投诚纳款，此天时也。臣闻国初时，尝封虏为忠顺王，近事则西番诸国，亦各有封贡，请许俺答，比诸国为外藩，定其岁贡之额，示以赏赉之等，长率诸酋，以昭圣朝一统之盛，官黄台吉等，以结其父子祖孙之心归我叛人，剪其羽翼，亦中国之利也。今虏中布帛锅釜，皆仰中国，每入寇则寸铁尺布，皆其所取，通贡之后，不可复得，将来不无鼠窜之忧。若许通市，则和好可久，而华夷兼利……惟上亟赐裁决，以安疆场。①

兵部议覆，请俟夷众远遁，执献板升诸逆，则遣归那吉，以结其心。至于封锡大典，则俟其称臣稽首，然后更议。上以为是。②

索叛之议至是虽定，然其应如何而索叛人来，应如何而遣那吉归，处处皆费斟酌，而居正计虑，最为周详，其先与崇古谋取板升制虏书，盖已言之：

降虏事，前已悉，若彼果能执送诸逆，则常以礼遣还那吉，厚其赏赉，以结其心，即责令奉表称臣，谢朝廷不杀之恩，赐赉之厚，因求讲和，纳款效贡，俟其诚心向化，誓永不犯，乃可议其封爵贡额耳。但仆犹有意外之防，不敢不告：赵全诸人，背华即夷，为日久矣，彼岂不预结于俺酋之左右，边墩之人，亦岂无为之耳目者？今我明以此要求，彼亦慨然允许，此辈岂得全不知觉？若知之，彼亦安肯坐而待缚如鸡狗乎？万一语泄，彼得而谋，或聊以胁从数人塞责，而朝廷明旨一出，不可复返，轻弃重质，但获其毛贼数人，则于国家威重，岂不大损？此其可虑者一也。据鲍崇德所传俺酋之言，虽若哀恳，然犹身驻近边，拥兵自强，平虏城外，游骑不绝，转响哨探，俱属艰难，名虽哀求，事同强挟，未见其为诚款也。今必责令将有名逆犯，尽数先送入境，返其巢穴，挈回游骑，然后我差官以礼遣归其孙，则彼之诚款既伸，我之怀柔有体。若拥兵要质，两相交易，

---

① 隆庆四年十一月丁丑（十三日）实录。
② 同上。

则夷狄无亲，事或中变，唐时吐番劫盟之事，取笑强胡，此其可虑者二也。……望公与金湖兢兢图之，公亦须移驻镇城，庶便措置。①

既而旨下，居正又附书致崇古，再三叮咛曰：

旨中不重执叛，而重输诚哀恳，盖朝廷怀柔之体。币布已于内库索出，星夜赍土，到即行事，毋使虏久候心变。小酋既去，宜厚抚之，传与方金湖，凡那吉所用诸物，可悉与之，宴赏皆宜从厚。彼亦人也，能不怀感……诸逆既入境，可即执送阙下，献俘正法，传首九边，使叛人知畏。先将那吉移驻近边，叛人先入，那吉后行。彼若劫质，即斩那吉首示之，闭城与战，彼曲我直，战无不克矣。阿力哥断不可与之，留得此人，将来人有用处，望公审图之。②

读居正前后两信，深谋远虑之情，跃然纸上，而其果断不可及，诚不愧一代大政治家之胸襟也。

然其时朝野非议，不一而足。黄台吉之东侵宣府，逢时最遭攻讦。巡按宣大御史姚继可，至以结贿黄酋，嫁祸临镇为言，请罢逢时。高拱在阁，力为辩护。吏部议覆，亦以逢时素有物望，且当夷酋执叛乞降之时，正抚臣临机投策之日，夷情既不可泄，秘计难以自明，应视后效何如，逢时以是免议。③居正且寄信崇古，嘱为逢时善解曰：

姚子之言甚妄，恐金湖闻之，意或灰阻，愿公曲加慰勉，此事关系甚重，倘处置少失，虽离地方，责亦难逭，况未必得去乎？事机所在，间不容发，尊见既定，断而行之，勿自掣肘，彼虽有言，庙议亦决，无足怕也。④

---

① 《与王鉴川计送归那吉事》(《全集》书牍二 pp.246-247)。
② 同上 (《全集》书牍二 p.247)。
③ 隆庆四年十一月丁亥（二十三日）实录。
④ 《与王鉴川计送归那吉事》。

内外臣工相得如此，亦一时美谈也。和衷共济，所以大计克成。

十一月十九日，俺答遣使者五奴柱执赵全赵龙李自馨王廷辅张彦文刘天麒马西川吕西川吕小老等来献，至云石堡待命。崇古逢时受之，遣康纶送那吉归。那吉犹恋恋不欲去，复谕以朝廷恩意，那吉感泣，誓不敢贰中国，携其妻以归，留阿力哥及俺答使二人为质。十二月二十二日，崇古解叛人至京，① 遂行献俘礼，磔全等于市，传首九边。以是崇古加太子太保兵部尚书，逢时升副都御史兵部右侍郎，余兵部尚书郭乾以下，俱各陞赏有差，又加恩辅臣李春芳高拱张居正殷士儋及原任大学士赵贞吉等五人。②

3. 封贡

把汉那吉既归，俺答祖孙感中国恩遇之厚，遣使报谢，且乞封请通贡市，誓永不犯边。

按封贡之议，崇古初上疏，盖已言之，详见上文，惟时方致力索叛，俺答之诚款未知，其议遂寝。至是复来，崇古乃令要土蛮（居蓟镇及昌平边外）、老把都（居宣府边外）、吉能（居河套）诸部皆入贡，欲以收统制之效。

既而，俺答老把都吉能永邵卜诸部果如约各遣使十八人，持番书至，独土蛮不与，崇古念土蛮孤居蓟昌之北，即不来，不足为患。因奏于朝，请勿烧荒捣巢，议通贡市，休息边民。疏上，朝议复大哗，兵部议以为虏方求款，即许其不烧荒不捣巢，他日更要以不乘塞不设备，将如何？且开市有先帝明禁，更须详议。③ 时拱与居正，复力主之，反复申辩，以为此次开市，系乘虏使入贡之便，因而为市，不能与先朝夷众拥兵压境，恃强求市者相比。且夷酋称臣纳款，效顺乞封，制和者在中国，受命者在夷狄，或比于汉之和亲，

---

① 《伏戎纪事》（《边略五种》p.33）。
② 隆庆四年十二月乙卯（二十二日）、丁巳（二十四日）及戊午（二十五日）实录。
③ 隆庆四年十二月甲寅（二十一日）实录，及《明史·王崇古传》（222/4a）。

宋之献纳，更不相侔。① 居正且熟计通贡五利，贻书崇古曰：

>　　……且此事有五利焉：虏既通贡，逻骑自稀，边鄙不耸，稽人成功，一利也。防守有暇，可以修复屯田，蓄吾士马之力，岁无调援，可省行粮数十万石，二利也。土蛮吉能，每借俺酋以为声势，俺酋既服，则二虏不敢轻动，东可以制土蛮，西可以服吉能，三利也。赵全等既戮，板升众心已离，吾因与虏约，有愿还者，必勿阻之。彼既无勾引之利，而又知虏之不足恃，则数万之众，皆渐次招来，丰州之地可虚矣，四利也。彼父子祖孙，情乖意阻，虏运将衰，其兆已见，老酋死，家族必分；不死，必有冒顿呼韩之变，我得因其机而行吾之计，五利也。凡此五利，皆古之谋臣策士所为祷祝而求者也。②

崇古得书，肩任愈力，时逢时虽以忧归，③ 代者刘应箕佐崇古亦甚力。五年二月，崇古再上疏，条列封贡便宜八事一奏，其略曰：

>　　今日之事，不当以马市立论，嘉靖中虏势方张，开市之请，由逆鸾私谋，故不旋踵而叛盟肆掠，先帝震怒，严为之禁，明旨俱在，臣等敢冒请以干大辟哉？顾今虏情，实与昔殊，连岁入犯，多所亡失，我兵捣巢赶马，虏亦苦之。且闻虏欲图瓦剌，蚕食西番，虑我军议其后，故坚意内附以自固。又虏使云，所请市，但许贡后，容令贸易，如辽东开原广宁互市之规，此国制待诸夷之常典，夷虏封王，亦有太平贤义安乐忠顺诸王故事。故臣等酌时势，稽典制，以为许封贡便，条为八事：
>　　一、议锡封号官职　诸虏行辈，惟俺酋为尊，可锡以王号；俾号召其弟侄子孙，为国藩篱。其余大枝，如老把都吉能黄台吉等，俱以授都

---

① 张居正《答王鉴川计贡市利害书》(《全集》书牍二 pp.284-285）。
② 同上。
③ 逢时不与通贡开市之议，尝自言之："受降执叛之举，某昔实首某事，既摧忧归，江湖地远，乞贡开市，则未与闻。"（《与内阁兵部论边情书》，《大隐楼集》大 12／9a）

督职衔。其他弟侄等四十六枝，指挥职衔。俺答诸婿十余枝，各授千户。皆赐冠服，俾知臣礼，是假名器以臣服强胡。

一、定贡额　岁许一贡，俺答马十匹，夷使十人。老把都吉能黄台吉各八匹，夷使各四人。其诸酋贡，各以部落大小为差。通计岁贡马不得过五百匹，夷使不得过百五十人。马分三等，以上马三十匹进御，余马给价有差。老瘠者不准充贡。其夷岁许六十人进京，余留待境上，使还之日，听以马价市买缯布之物，分给诸酋，以为酬赏。

一、议贡期贡道　入贡互市，宜以春月马弱之时，且及万寿圣节四夷来廷之会。马匹及表文，自大同左卫验入，应驻边者，分驻各城，应入京者，差官押送，自居庸关入，由昌平进京，赴四夷馆安插。事完，仍差官由原途押回。

一、议立互市　北夷锅铁缯絮之具，咸仰给中国，今既誓绝侵犯，故虏使即求互市，庶免盗窃。其互市之规，宜如弘治初北部三贡例[**详见下文三镇市场与市法节**]。罢市之后，有虏骑近边索扰者，行俺答及各酋长查究。

一、议抚赏之费　各镇四时戒备，则有调遣客饷；春秋摆兵设防，则有行粮料草，各营有探哨夜役行粮，各墩有常料行月二粮，为费不赀。且一岁之间，军丁或零斩虏级，或被虏伤死，所以犒赏优恤之具，亦不下数千金。今既许虏通贡，则前费俱可省减，充为抚赏之资。此外不足，每镇先于年例客饷内动支数千，专待抚赏夷使及守市夷兵。今岁抚赏余银，即充来岁支用，积之数年，客饷或间岁可省，或岁可半给，可以节内币。

一、议归降[略]。

一、审经权[略]。

一、戒狡诈饰言[略]。①

---

① 隆庆五年二月庚子（初八日）实录。《万历武功录》将此疏误置后事中，但较实录节略为详，可资参考（《俺答列传》下 pp.124-132）。

帝览其疏，令兵部议奏，兵部请以八议刊示廷臣，会议可否。① 于是都给事中章端甫言夷得封号，众且益附，是假之翼也；入国境，窥中国文物，是启其心也。张国彦言敌向入寇，往往旋出塞，盖虑西北诸夷议其后也，今得专意诸戎，诸戎必折而入于匈奴，是加之左右臂而益其强也。又请乞之费，岁加月倍，客饷不已，必扣主兵，主兵不已，必及市贾，市贾不已，必及禁藏。给事中宋应昌言，夷虽通贡，情或难测，防边则有两费，撤兵则非万全。张思忠纪大纲，亦各上言，俱与崇古所议，互有异同。绍下部议。于是兵部集府部科道诸臣廷议之。定国公徐文璧、吏部左侍郎张四维等二十二人，皆以为可许。英国公张溶、户部尚书张守直等十七人，以为不可许。工部尚书朱衡等五人，以为封贡便，互市不便。独都察院佥都御史李棠，极言宜许状。兵部尚书郭乾淯于群议，不知所裁，姑条为数事上之，大抵皆持两端，帝以为未当，令下兵部再议。② 居正目睹朝议纷纭，尝忿然谓崇古曰：

> 封贡议起，发言盈廷，类皆以媚嫉之心，而持其庸众之见，本兵错愕惶惑，莫展一筹。③

于是与拱发内阁旧藏成祖封瓦剌及鞑靼诸王故事，拣付本兵，④ 更于文华殿面奏，请旨行之。⑤ 下兵部再议，遂从其请。惟是年贡期已过二月，听于三四月后一行，以慰诸夷之望，贡使不得至京。⑥ 封贡之议，至是乃决，然往反争辩，逾时已二月矣。

三月，诏封俺答为顺义王，赏蟒衣彩缎，并赐之敕。⑦

---

① 隆庆五年二月庚子（初八日）实录。
② 隆庆五年三月甲子（初三日）实录，及《万历武功录·俺答列传》下 pp.119-120。
③ 《与王鉴川计四事四要书》（《全集》书牍二 pp.250-251）。
④ 同上，及高拱《伏戎纪事》（《边略五种》p.36）。
⑤ 《与王鉴川计四事四要书》。
⑥ 隆庆五年三月庚午（初九日）及庚寅（二十九日）实录。
⑦ 隆庆五年三月乙丑（二十八日）实录。

四月，命授夷酋昆都力哈（即俺答弟老把都）黄台吉为都督同知，宾兔台吉等十人为指挥同知，那木儿台吉等十九人为指挥佥事，打儿汉台吉等十八人为正千户，阿拜台吉等十二人为副千户，恰台吉等为百户。①

五月，俺答率昆都力哈黄台吉永邵卜等三大部落，受封于大同得胜堡外之晾马台。②崇古应箕皆壁弘赐堡，遣副帅赵伯勋，游击康纶，赍敕谕十二道，③宣谕毕，俺答令头目打儿汉首领等四人誓天曰：

中国人马八十万，北虏夷人四十万，你们都听着，听我传说法度：我虏地新生孩子长成大汉，马驹长成大马，永不犯中国。若有那家台吉进边作歹者，将他兵马革去，不着他管事。散夷作歹者，将老婆孩子牛羊马匹，尽数给赏别夷。④

读其誓词，则款诚受封之状，非诈饰可知矣。

六月，俺答及昆都力哈等贡马五百九匹，遣其使赍表文贡上马三十匹，银鞍一副。余马悉发宣大山西三边，概加抚赏。⑤既而俺答感恩，复执赵全余党赵宗山穆教清等先后十三人来献，崇古以闻，上嘉其诚顺，赏赉有差，寻诏宣大巡按御史磔宗山等，传首九边。⑥

自后，俺答年衰厌兵，又好佛，戒杀掠，屡求佛经佛像，事中国惟谨。万历元年九月，崇古入主兵部，起逢时代之，五年七年，吴兑郑洛又相继为总督。⑦在边俱有威信，各部贡市无失期，而俺答妇三娘子，保塞尤力。九年十二月，俺答死，黄台吉袭封，更名乞庆哈，老且病，又娶三娘子，以是

---

① 隆庆五年四月辛亥（二十日）实录。
② 方逢时《有晾马台碑铭》，见《大隐楼集》大10/2b-4a。
③ 《万历武功录·俺答列传》下 p.137。
④ 《三云筹俎考》2/11a。其后万历三十一年撦力克因款贡日久，恐有穷夷生事，因到边重申前约，仍用其誓词，又誓毕，焚纸抛天，又立定数项条款，此不备录。
⑤ 隆庆五年六月甲寅（二十四日）实录。
⑥ 隆庆五年六月丙辰（二十六日）实录。
⑦ 《明督抚年表》（开明二十五史补编本2/42-43）。

诸部皆受其约束。十四年二月，黄台吉死，子撦力克当袭。时三娘子以年长，自结兵万人，筑城别居，赐名归化。郑洛以其在夷为首长，可服诸酋，更计促撦力克娶之，遂以翌年七月封撦力克为顺义王，三娘子为忠顺夫人。①三十四年撦力克故，无嗣，夷酋相争，封号久未决。四十一年撦力克长孙卜失兔复以娶三娘子而袭封，然三娘子旋卒，卜失兔亦势衰，其晚年所统，不过宣大二镇外十二部之众。②六十年来，塞下居民，耕耘乐业，初不知祸由东来也。

三　三镇市场与市法

1. 市场

隆庆五年（1571），封贡议成，诏开三镇马市四处，宣府在张家口堡，大同在新平堡及得胜堡，山西在水泉营。每堡年市一次，并加宴赏。兹将各堡市建置沿革，略志如次：

张家口堡

隶宣府万全右卫，东南至镇城六十里。宣德四年（1429）筑，周四里，成化十四年（1478）展筑关厢一。嘉靖八年（1529）重修，万历二年（1574）砖包。③《皇明世法录》曰：

> 本堡乃全镇互市之所，堡离边稍远，恐互市不便，乃砖垣于其口，每遇开市，朝夕往还，楼台高耸，关防严密，巍然一巨观焉。④

按此口旧称张家隘口，在堡北五里边墙之下。⑤初就口建市，称张家口市城，明汤兆京有《张家口市城诗》，序曰：

---

① 以上参看《明史》吴兑郑洛本传（222/7a-9b），及《明史纪事本末》（60/24-25）。
② 《三云筹俎考》（2/5a-b），及《明史·鞑靼传》。
③ 《宣化府志》（清乾隆九年序刊本 8/10b-11a）引《宣府镇志》及《续镇志》。《万全县志》（清乾隆七年刊本 2/2a）。《读史方舆纪要》（清道光三年敷文阁聚珍印本 18/10a）作"十二年增筑"。
④ 《皇明世法录》（62/9b）。
⑤ 《天下郡国利病书》（北直下 p.43b）引《宣府镇志》。

> 万历乙巳[三十三年，1605]，登张家口市城，城介两山中，河流瀺绝壁下，跨之梁，以东抵壁，穴壁贮哨卒，縻绠而登。西厂以亭，外瞰则保塞诸部，列帐其下。①

是其市堡虽以城名，而其建筑之因陋就简，概可想见，未足谓为"巨观"。至万历四十一年，巡抚汪道亨始据其险要，就城建堡，高三丈五尺，周二里有奇，门楼二，戍楼四，角亭一，堡东建水闸一座，堡内建抚赏厅、观市厅、公署、营房、祠庙及司税房二十四桁。工竣，命名曰"来远堡"。②《世法录》所谓"楼台高耸，关防严密，巍然一巨观焉"者，盖即指此而言，实非他市所能及也。且该堡为全镇唯一大市，地位之重要，亦非他市所可比拟，刘孔印《宣镇图说》曰：

> 上西路与敌只隔一墙，最为要害，右卫城戒备少疏，全镇震恐。张家口来远堡，统全镇之互市，系万虏之咽喉。③

自后新旧两堡对立，旧堡在南，又称张家口下堡；来远堡在北，又称张家口上堡，至今犹然。然市场究于何时始自旧堡移至隘口，则失考矣。清初征准噶尔，督饷者，咸起运于此，岁集帑可百万，既设专司总理，其逐末业者，亦莫不市利百倍。又于堡之东西边墙下，各辟一门，西曰大境门，东曰小境门，为清代蒙古外藩入京孔道，亦置市场，乾隆《万全县志》云：

> 我朝玉帛万国，西北诸番，往来市易者，皆由来远堡入，南金北毳，络绎交驰，盖其盛已。④

---

① 《万全县志》8/28b。
② 汪道亨张家口新筑来远堡碑（《万全县志》8/6a-10a）。作者两年前游其地，见原碑危立市台南房廊下，盖后人移置者也。
③ 《万全县志》（1/21a）引。
④ 《志馀》10/2b。予闻土人言，五六年前，蒙人仍年年来堡互市，近年始罢。

则今日张家口之繁荣，由来久矣。溯其流源，乃由一马市始耳。

新平堡

隶大同阳和道新平路，为该路参将驻扎之所，西南去阳和卫城百余里，嘉靖二十五年土筑，隆庆六年砖包，周三里有奇。堡设山后，出山口若莺嘴然。东连宣镇界，西为阳和藩篱，南为天城屏障。市场在堡西二里边墙下。

得胜堡

隶大同北东路，为路将驻扎之所，南去镇城八十里（《方舆纪要》作五十里），嘉靖二十七年（《方舆纪要》作二十年）筑，万历二年砖包，周三里有奇。崇古初议开市于威房堡，① 俺答以其地无水，遂改于此。然市场实设在其西之镇羌堡，即嘉靖朝大同开市之处，两堡相去仅二里，击柝相闻，矢镞可及。其南二十里为弘赐堡，每岁开市，抚镇即移节于此，以便弹压。②

水泉营

隶山西岢岚道西路参将，在偏关东北六十里（《偏关志》作七十里），宣德九年筑，万历三年砖包，周二里有奇。其东北二里为红门隘口，市场即建于隘口外，设闸口三处，以通夷酋出入，内开闸口一处，以定华夷界线。③

市场既定，即于是年五月先开大同得胜市，次及于宣府山西。九月，崇古报市成：

  大同 得胜堡［自五月二十八日至六月十四日］
  官市 顺义王俺答部。马千三百七十匹，价万五百四十五两。
  私市 马骡驴牛羊六千。抚赏费九百八十一两。
  大同 新平堡［自七月初三日至十四日］
  官市 黄台吉、伯腰、兀慎部。马七百二十六匹，价四千二百

---

① 《封贡便宜八事疏》（隆庆五年二月庚子实录）。
② 上二堡参看《皇明世法录》（64/19a-b, 8b-9a）、《三云筹俎考》（3/14b-15a, 27a-b）、《读史方舆纪要》（44/30a-b, 26a）及《天下郡国利病书》（原编第十七册 pp.133a-134a）。
③ 《皇明世法录》（66/12a, 22a-23a）及《偏关志》（民国四年铅印本上 p.16a）。

五十三两。

私市　马赢牛羊三千。抚赏费五百六十一两。

宣府　张家口堡［自六月十三日至二十六日］

官市　昆都力哈、永邵卜、大成部。马千九百九十三匹，价万五千二百七十七两。

私市　马赢牛羊九千。抚赏费八百两。

山西　水泉营［自八月初四日至十九日］

官市　俺答、多罗土蛮、委兀慎部。马二千九百四十一匹，价二万六千四百两。

私市　马赢牛羊四千。抚赏费千五百两。

四市均无扰，崇古应箕俱以是升赏有差，① 嗣后九月报市成，岁以为常。② 同年陕西三边，亦由崇古请，诏开马市，其市场延绥一处，在江山寺堡。宁夏三处在清水营、中卫及平虏卫。甘肃二处，在洪水扁都口（或作扁渡口）及高沟塞，例同宣大山西，③ 此不备述。

此后，沿边市场，续有设置，在大同有守口堡大市一处，助马、宁虏、杀胡、云石、迎恩、灭胡等堡小市六处。在山西有老营堡市一处。所谓大市者，例同以上首开四市，小市则为近边夷人而设，每月一市或二市，无宴赏。各市增置年月，不可详考，据隆庆六年五月乙巳（二十一日）实录载王崇古为俺答请乞四事，其第四款中谓："塞上仍许不时小市布帛米豆等物。"沿边小市之设，或即始于此时。不然，亦当在万历元年也。兹将所见各堡市列志于次：

守口堡［又称阳和后口］④

隶大同阳和道东路，东南去阳和卫城十五里，嘉靖二十五年筑，隆庆六

---

① 隆庆五年九月癸未（二十四日）实录。
② 《三云筹俎考》2／5a。
③ 王圻《续通考》238／20b-21a。
④ 据王圻《续通考》（238／20b-21a）及萧大亨《夷俗记》（明沈氏尚白齐刊陈氏订正本册三十八 pp.32a-34a）均以守口堡与新平得胜等堡同于隆庆五年奉诏开市，但是年王崇古报三镇互市毕，无守口堡市。又阳和后口之称，见《北虏世系表》（《三云筹俎考》2／25a-34a）。

年砖包，周一里有奇。本堡为阳和肩背，市场在堡北十二里边墙下，互市者为伯腰兀慎等酋。

助马堡

隶大同北西路，东南去镇城百里，嘉靖二十四年筑，万历元年砖包，周二里有奇。本堡设在极边，为"塞外五堡"之一（见上文嘉靖大同马市镇羌堡），北距边墙八里，有小市。

宁虏堡

在助马堡西南五十里，同隶北西路，嘉靖二十一年筑，万历元年砖包，周二里有奇。本堡设在极边，北至边墙五里，为一处小市场。

杀胡堡

隶大同中路，在右卫城西北二十里，嘉靖二十三年置，隆庆六年砖包，周二里，北至边墙一里，西至兔毛河十里，《三云筹俎考》曰：

> 市楼设在暗门，而水口在西，空旷可虑，议于河东添设敌台敌楼，与市楼并峙，以成掎角，亦足固冲堡之藩篱也。①

云石堡

隶大同威远路，东北距杀胡堡六十里，嘉靖二十二年筑，万历十年总兵郭琥以堡山高无水，防守为难，且离边较远，因于边墙内三里，傍王石匠河，另筑新堡，砖包，周一里有奇，仍旧名。杨时宁《大同总边图说》曰：

> 改建新堡，密弥市口，防御抚处，虽视旧为便，但地势平衍，险非所据，且距威远四十里而遥，孤悬一隅，道路崎岖，转输不便，有警似为可虑。②

---

① 《三云筹俎考》（3/47b）。
② 《皇明世法录》（64/44a-b）引。

明代宣大山西三镇马市考

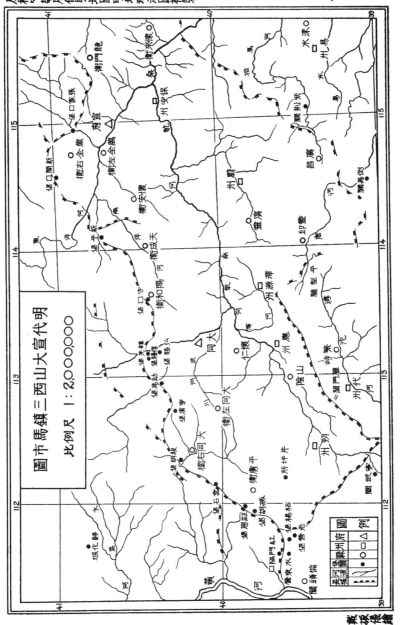

图1 明代宣大山西三镇马市图

迎恩堡

隶大同西路，在平虏卫城西北四十里，嘉靖二十三年筑，隆庆六年（或作万历元年）砖包，周一里有奇，西至边墙十里，有小市场一所。

灭胡堡

隶井坪路，在平虏卫城西四十里，嘉靖二十三年筑，隆庆六年（或作万历元年）砖包，周一里有奇，西至边墙十五里，有小市场一所。①

老营堡

隶山西岢岚道西路，在偏关东北八十里。正统末筑，弘治十五年及万历六年增修，周四里有奇。其西北为柏杨岭，万历三年置，周不及一里，沿边破虏营好汉山等处，皆为极冲，《皇明世法录》曰：

> 惟是款后，好汉山设有市口一处，夷人往来老营，岁易市马，防范戒备，不可不预慎焉。②

据此，则老营堡设有市场，而其市口则在柏杨堡之好汉山也。③

除以上八堡外，终明一代是否另有添置，则不得考其详焉。

2. 市法

贡市初定，兵部议准每次进贡夷使不过一百五十名，马不过五百匹，夷使通留边城夷馆，不必赴京，御前贡马三十匹，由督抚差官代进。每年请发兵部马价，并各镇桩朋④及节省客饷银内动支，买货备市，多寡斟酌请给。开市之日，蒙古以三百人驻边，中国兵五百驻市场，期尽一月而止。虏以金银

---

① 以上七堡参考《皇明世法录》(64/13a, 15a-b, 38a-b, 39b-40a, 33a-b, 44a-b, 28a-b, 22b-23a)，《读史方舆纪要》(44/27a-b, 28b, 29a, 31b, 32a, 29b, 灭胡堡无)，《天下郡国利病书》(原编第十七册 pp.134a, 136b)。

② 《皇明世法录》66/20b-21a 引。

③ 本堡参看《读史方舆纪要》(40/29a) 及《偏关志》(p.5a)。

④ 桩朋银《大明会典》释曰："成化十三年奏准京营马倒失，其马主系为指挥者，出银三两，指挥二两五钱，千百户镇抚二两，旗军一两五钱。走失被盗者，各加五钱，谓之'桥头'。又令各营马队官军，每岁朋合出银，岁以六个月为率，每月都指挥、指挥出银一钱，千百户镇抚七分，旗军五分，遇马倒失，贴助补买，在外各边，悉照此例。"（万历刊本 152/89b）

牛马皮张马尾等物,商贩以缎绢绸布缄线等物互市,其铁锅并硝黄钢铁,俱行严禁。① 六年五月,又从崇古请,铸给俺答顺义王印,其后凡表章俱用印进,铁锅既禁出,可以铜锅代之,市给其夷酋亲属。其后逢时代崇古为宣大总督,始奏除铁锅之禁,然亦年以五百口为限耳。②

至万历初,互市续有规定。元年议准互市胡马,拣选膘壮,就留本镇给军,如有余剩,即发给附近有司变卖,不必解京发养。其山西镇每年市马一千九百余匹,悉听给发所属州县驿递,照官价每匹银一十二两,解送本镇备用。二年,令三镇督抚官宣谕夷酋,钤束诸夷,各将好马入市,督抚预置马牌,立为号印,令其悬带赴市。三年议准三镇每年互市夷马,大致如下:

  宣府 以一万八千匹为率,用货价银一十二万两。
  大同 以一万匹为率,用货价银七万两。
  山西 以六千匹为率,用货价银四万两。

每年正月中,请发兵部马价宣大二镇各一万二千两,山西一万两,余将各镇桩朋并客饷等银凑办。就中宣府市马独多者,盖自万历二年起,兵部每年发给蓟镇马价,概解宣府代市故也。③

嗣后市法兴革,未得详考。万历末,虏酋卜石兔与素囊互争王封,贡市中断者数年,至四十一年(1613)六月,卜石兔袭封顺义王,更立市法五款:

  一曰,止许以布货食物相售,非此即系违禁,而将官敢有从暗门卖鞍辔者,即以通虏论罪。

---

① 《大明会典》(万历刊本 109 / 116b,153 / 97a)及王崇古《封贡便宜八事疏》(隆庆五年二月庚子实录)。
② 隆庆六年五月乙巳(十四日)实录及方逢时《上内阁张太岳论铁锅书》(《大隐楼集》大 13 / 9a-b)。又逢时甚不以禁市铁锅为然,尝假"塞上老人"之名而讥之曰:"迂矣哉书生之见也,夫虏未市之前,曾炊土釜而操木兵乎? 十二金人能尽人间之铁耶?"(同上《辕门记谈》四,大 15 / 9b)
③ 《大明会典》(万历刊本 109-117,153 / 97a-b)。

二曰，互市之日，镇协等官，整搠兵马，令通官宣谕虏中，不许将倒死及不堪之骑充数，凡断舌筋者、割鬃尾者、刺咽喉者、灌之泥沙者，未岁不习刍豆者，俱勿令入暗门。倘虏狂态如故，即一例绝之，稍有不轨，设法创惩之。

三曰，促市货早运，市期速完，使虏不久留，以免糜费。

四曰，款约一定，以后不许增卖一马，增给一赉，必旧有开除，则新生者方准增给。

五曰，初款虏使入口，有时有数，今纵意出入。又先年命使到边，夷使讨赏，献马牛，价费数十金，今次阅视至边，因先与通官相约禁阻，而牛马不敢进，夷妇亦无至者，盖其导引属通官明甚。凡开市一切事务，令彼痛切讲析，以后当视额数加减，以定通官赏罚。①

自隆庆末开市至此，已四十余年，夷市小有不法，大体守约惟谨，抚赏偶逾常额，然较之隆庆初年北边之巨耗，尤未可同日语也。此后又十数年，蓟辽之边患大炽，款市之末局亦变，此又非始事者所及预料者也。

结　论

万历中，萧大亨以兵部右侍郎继郑洛为宣大总督，在边五载，谙悉夷情，尝著为《夷俗记》一书，其自序曰：

北虏世为边患，非不侵不叛之臣也，远姑无论，弘正以后，战诎议守，守诎议贡，贡诎而后议战，竭天下力以奉之无宁岁，备左则失右，此款则彼攻，无他，虏情失也。

此于嘉靖以前事，言之极为剀切。然自隆庆而后，封贡告成，历万历泰

---

① 《三云筹俎考》2/18a-19a。

昌以至于崇祯，前后凡六十年，顺义王之后坐是不竞，而宣大山西三镇边防，亦复全然另一面目矣。

夫封贡初成之时，隆庆诸臣，莫不兢兢以乘机备边为务，总督王崇古建言以八事修边于前，① 御史刘良弼上疏预陈六渐于后，② 朝野上下，咸知用心。惟是日久事疏，人之常情，款贡既久，遂生懈心，其后边防之日弛，盖亦不可讳言者。然蒙古不竞，塞民相安，未足为大患，总督王象乾尝上言曰：

> ［俺答以］穆宗皇祖全活孽孙把汉那吉之恩，款关内附，皇祖封为顺义王，赐之金印，兄弟子侄，各有封号，岁费抚赏金缯数十余万，六十年来，塞上物阜民安，商贾辐辏，无异中原。③

是以有明二百年焦头烂额之边防，一变而为六十年之款市，宁非一幸事耶？乃不知祸乱之相随，有不能预卜者。万历天启之间，奴儿哈赤④既已大盛于辽东，虎墩兔汗（即林丹汗）复继起于肘腋，祸从外溃，而款局始坏。

虎墩兔者，土蛮之孙，亦小王子裔也，先世驻牧插汉儿（即察哈尔）之地，因以名部（《明史》又略称虎墩兔为插酋），尝避俺答，徙帐于辽东边外，隆庆款塞，土囊亦未与盟。及卜失兔立，号令不行，虎墩兔乃崛起于诸部既衰之余，奋然有恢复祖业之志，然时会不济，女真相竞，既东受阻，遂反兵南下，于是蓟镇被害无虚岁矣。时祸起东北，边防日棘，宣大之兵，又多徙辽东，塞垣空虚，岌岌可危。万历之末年，蓟辽边臣乃啖虎酋以厚利，欲结势以抗清兵，给白金四千，翌年为泰昌元年（1620），乃加赏至四万。自后虎酋扬言助中国，邀索无厌，而边臣不悟。崇祯元年（1628），复以奖赏为名，

---

① 隆庆五年十二月乙未（初七日）实录。边计八事：一、修险隘，一、练兵马，一、收胡马，一、散逆党，一、积钱粮，一、理鉴法，一、开屯田，一、整器械。
② 隆庆五年十二月壬寅（十四日）实录。预防六渐为：一曰封疆弛守之渐，二曰熟夷疑叛之渐，三曰将令推诿之渐，四曰塞下虚耗之渐，五曰勇士散逸之渐，六曰市地增加之渐。
③ 陈仁锡《纪插酋》（明刊本《无梦园集》漫二，p.5b）引。
④ 即努尔哈赤。——编者注

大掠至于宣大,由三月至五月,沿边骚略,过新平堡,拆边墙,焚市楼,计前后杀死边民二千有奇,携去并带伤者一千有奇,头畜牛羊以数万计,其有尸无名者不计,陈仁锡叙记其事,尝痛言曰:

> 六十年休养生息之黎民,戕杀几空,痛哉!①

又曰:

> 山海树重城,而宣云多泥垣,反得隆庆诸老,因款备战,十年经营力,今复大谬不然矣。昔也无兵,兵战死于辽东而不补;今也又无马,非无马也,插不使我马入蓟……自奴患溯万历二十年,大率欺督抚用一"骗"字,胁将士用一"吓"字……今插尤甚焉,初避俺答遁居东偏;昨避奴酋,逃逸西土,是勾践之智也,能下人者也。又且倏战倏款,倏挟赏,倏进贡,以弄中国。挟三十六家大头目,诛残属夷,直抵甘肃,皆以避插为名,闯聚内地,我乃有不侵不畔之卜夷[卜失兔]而不能宣慰,但曰款尔,否则怖之曰战尔。夫插岂终受款之人?又岂一战字可愚之?象人纸马、可阵之也哉?②

是边事殆已无望矣。崇祯三年(1630)用兵套虏,三镇款市遂绝。③又三年,虎墩兔死,不十余年而明祚亦移矣,《明史·鞑靼传》曰:

> 明末亡而插先毙,诸部皆折入于大清,国计愈困,边事愈棘,朝议愈纷,明亦遂不可为矣。

民国二十七年三月二十七日于燕京

---

① 陈仁锡《纪插酋·戊辰入大同塞犯云中》(《无梦园集》漫二 pp.1a-3a)。
② 陈仁锡《策宣大书》(《无梦园集》漫三 pp.42a-43a)。
③ 《口北三厅志》(11/38a) 引《宣镇续志》,又《万全县志》9/18b。

A STUDY OF THE HORSE MARKETS OF THE MING DYNASTY IN TATUNG, HSÜANFU AND SHANSI

Hou Jen-chih

After the fall of the Yüan dynasty, the Mongols retired beyond the Great Wall, but still constituted a formidable menace. With the founding of the Ming dynasty, the Chinese government was forced to concentrate attention on the military consolidation of the northern forntier. Within half a century, nine military stations were built on a line stretching from Liaotung to Kansu. These were the so-called "Nine Border Stations" among which Tatung, Hsüanfu and Shansi were especially important.

During the first seventy years of the Ming dynasty the Chinese held the Mongols at bay, but during the next hundred and thirty years they were much less successful. This was due to the rise to power of two unusually vigorous Mongol chieftains, Yeh-hsien and Anda. The Ming emperors pursued an essentially peaceful policy in regard to the Mongols. The tribes beyond the border were entirely dependent on China for silk, tea and clothes, while practically all the horses used in the Chinese armies were supplied from nomadic herds. At the beginning of the Ming dynasty, horse markets were opened on the Liaotung border and horse and tea markets on the Kansu border, not only for commercial purposes but as a factor in promoting peace. The Tatung horse market was opened in 1438, but was closed soon after. It was reopened in 1551 at the Ch'en-chiang fort together with the Hsüanfu market at the Hsien-k'ai-k'ou fort, both places holding spring and autumn markets. At this time Anda dominated the Chinese frontier, and when serious disturbances followed, the markets were closed by order of the Chinese government the next year. Nearly twenty years of hostility followed resulting in a serious drain on the imperial treasury. In 1570 Anda quarreled with his grandson who put himself under Chinese protection. Anda marched to the border to demand the return of his grandson. An exchange of refugees was arranged and Anda agreed to send tribute to the Emperor and took oath not to invade China. As a reward for this homage he was crowned with the title of Shun Yi Wang.

To stabilize peaceful relations the Ming government opened four horse markets during the following year, at Shui-ch'üan-ying in Shansi, at the Tesheng and Hsin-ping forts in Tatung, and at the Chang-chia-k'ou fort. This marked the beginning of the modern city of Kalgan. At each place a yearly market was held, on which occasion the Mongols brought horses as tribute to the imperial court, and received in return banquets and other rewards. In later years one large and seven small markets were added, the latter being held once a month for the benefit of the poor Mongols living near the Great Wall.

The Chinese government and the descendants of Anda carried on this peaceful relationship for about sixty years, the old battlefield being turned into prosperous territory.

（原载1938年《燕京学报》第23期）

从旅行说起
——论严肃的生活态度

前者和几位同学谈起,在个人的学生生活中,有两桩事,如今想来,最值得回味,一桩是赛跑,另一桩是旅行。自然这都是极平凡的事,与读书、做学问救国等,全不相干。但是在这两种活动中,好像体验到一个急促而完整的生命过程,是我自己所不能忘记的。

先从旅行说起。

有一次是到上方山去(在房山县城西南丛山中,去周口店不远,以云水洞著称),那时正当五月初旬,星期六下午,同行十几人,赁了一辆大汽车,穿过北平城,经过卢沟桥、长辛店和琉璃河,当夕阳西下的时候,已经赶到西山脚下,然后弃车而进。约莫一个钟头,来到一处深山峡谷的入口。走进谷去,两壁耸立,仰首一线;半轮明月,悬挂万丈山巅。初夏的晚风,沿谷吹动,除去细碎的草声之外,一切寂静。这时我们十几个人,前后走着。不久谷尽路穷,前面便是"云梯"了。所谓"云梯",乃是由人工开凿的石梯,傍山而上,旁边系有铁索,可以攀援。我们悄悄往上爬,生命就像踏在脚底下,如果一不小心,就有跌下山沟去的危险。正当这时,一个念头,忽然打中我:像我们这十几个人,无端脱离开人群,来到这座荒山,在苍茫月色中,共同小心翼翼地爬这座云梯。这正如我们行过当前的尘世,我们从一处来,到一处去,人生比如世界过客,我们正是同行的伴侣,我们日常生活间的距离忽然缩短了,我们必须互相招呼,互相关切——这就是一幅人生的剪影,一幅庄严的图画,也就在这时,好像把人生看得格外透彻。

然而,这也许只是我个人一时的幻觉,不足深道;最使我纪念的,还是另外一次到河南去的旅行。

　　那次去河南，正是春假，同行的人虽然都是燕京同学，多半却都不甚熟识，我自己也是这样，比如我隔壁住了一位同学，半年多不曾说过一句话，既等到我们都决定了参加这次旅行，生活条件便逼得我们不能不说话了。临行的前一天，他过来嘱咐我起早招呼他一声，免得睡过时候。我们是规定早上四点钟在麦风阁前上汽车，一同到前门西车站去赶平汉路的早车。但是我醒来已经不早了，于是匆忙中把他叫起，一同收拾行囊，在浓厚的夜色中，拿着手电筒赶到麦风阁去，那时大家已经聚齐，四点半钟汽车开出校友门，直奔西车站。上车以后，我们在车厢里占据了一个角落，把行李安排妥当。这时曙光渐放，忽然我那位隔壁的同学发现他穿的鞋子，一只黑，一只黄，大家一同哄笑起来。这一场笑，哄跑了我们彼此间的矜持。于是平常不说话的，现在也开始交谈了，大家一起，其乐融融，在同车的人看去，我们正像一家姊妹弟兄。不多工夫，车身蠕动了，大家互相庆祝我们的旅程开始了。

　　车过石门，天气忽然热起来，车窗中望去，遍地新青，远处一带桃花，把地边渲染得一片艳红，我们奇怪，才走过两个纬度，春天便来早这么许多。再向前走，天气更热，有些发燥，我们都脱去身上的夹衣，后悔没有多带单衣。但是我们不知道这乃是气候上的一种突变，一场患难，正在降落到我们头上。

　　灯光灿烂中到了郑州，我们纷纷下车，就近住到金台旅馆，预备明天一早转车到洛阳。

　　第二天，天还不亮，就得起床，先要到陇海路局去办半价票，然后赶九点的早车西行。我刚预备出门，两位女同学已经从外面跑回来，神色慌张，满脸黄土，头发都变了颜色。她们说外面在下黄土，对面都看不清人。原来是气候的突变，酿成大风，卷着黄河沿岸的泥沙，覆掩而来。没办法，我们还得走，不是一个人的事，一切都得照了预定的计划行。我拉了一位同学，先到路局去，但是刚一出门，就给吹回来。风势更厉害了，什么都看不见，连街上的房子，都陷在黄尘沙障中。我们退回来，找旅馆的人想办法，账房老先生说这是六十年来没有的大风了，没有办法。这时大家都聚来，决定自制面罩，冒风前去，由女同学全体动工，用纱布棉花缝到一起，系上带子，把鼻口一起掩住，每人一具。于是我和一位男同学蒙上口罩，扣好帽子，用围巾把头颈缠起，大家打扮我们像两个铠甲齐备的勇士去冲锋陷阵。我们摸到车站，又沿铁轨走到路局，交涉清楚，路局员司对我们十分帮忙。那天，一直等到下午四点，火车才开到，当天下午，当真赶到洛阳。

第二天一早出发，去城南五十里参观伟大的龙门石刻。刚渡过洛水，风虽停息，却下起雨来，于是有人动议不去了，大家聚在河岸上，犹疑不决，洋车夫从中挑拨，不去也是一天的车钱。我们这个团体的生命，显然遇到一个严重的威胁。踌躇半天，一位同学忽然走开去，厉声宣布说："凡决定去的，请到这边来！"于是一个随一个，慢慢地都过去了。"好，"他说，"咱们决定走。"他首先跳上车子，领头而去。眼看着一个团体生命的破裂，又重新聚合。经过这一番斗争，团体的生命加倍坚强。

果然不出所料，归途中雷电交作，大雨倾盆而下，大家都湿透了。但是却没有一句怨言。

此后我们的遭遇还多，有人得病，有人受伤，有人斗过意见，打架而又和好，有一天我们整日坐敞篷车，曝晒在烈日之下，来回二百里去谒汉光武的陵。又一次我们全体的行李票给一位负责的同学丢了，大家都耽搁下来。但是我们渐渐学会了合作和体谅，一切困难，我们要一体承当。

十天之后，我们重新回到校园。第二天上课，行前不相识的同学，多半都成了好朋友。

事后回想，从我们在麦风阁前上汽车的那一刻起，个人的"小我"，集合而为团体的"大我"，一个新生命开始了，不是一个人的，而是我们大家的。一切都须以这个共同的新生命为最大前提。只要一日在人群之中，这就是最低限度的道德。平常容易忽略，但在旅行时，却看得格外清楚。

这次之后，便是卢沟桥事变，至今已将四年，再没做过长途旅行。而当初同行的人，多半已经四散了。

旅行之外，赛跑也最有趣。赛跑可说是运动中极平常的一项，我们可以把它看作一种游戏，但是也可更深刻点把它看作一个短暂的生命历程。圣保罗象征人生说："要忘记背后，努力面前，向着标杆直跑。"在一个短短的历程间，要把生命的力量集中燃烧，这也是一种生活道德。所以最高的"运动道德"，不只是不犯规，不只是消极的守法，最高的"运动道德"，应该是一种积极精神的表现，应该代表一种忠实的人生态度。

其实不只赛跑如此，一切运动皆是如此。运动的本身，虽有不同，真正的态度，只有一个（胜败那是另一回事），这个真正的态度，就是"运动道德"。以这种"运动道德"，从事于人生事业，行之于日常生活，说破了它，就是一个严肃的生活态度。平常所谓不取巧、不害人、不搪塞、不嬉笑怒骂、不说风凉话等，只不过用来说明这种态度的几个比较消极而抽象的名词而已。

一九四一年三月

附记：此文大意，又曾在宁德楼朝会讲过，《水星》征稿甚急，聊以应命，读者谅之。

（原载《燕京水星》，1941年3月）

故都胜迹辑略

前　记

尝读英国史家吉本（Edward Gibbon）自传，方其壮年，只身作罗马古城之游，一日傍晚，独步踟蹰于坛庙废墟间，见虔诚跣足之修道士，歌颂晚祷于罗马神堂前。一念所中，不禁有华屋丘山之感。自是乃淬砺心志，卒成《罗马帝国衰亡史》。文笔绚烂，史法谨严，为近代西方史学一大巨著。一百五十年来，无能过之者。史迹感人之深，有如斯者。

北平为辽金元明清五代建都之地，史迹最富，虽一砖一瓦之细，亦多渲染鲜明浓厚之历史色彩。民国二十五年秋，本系为增进同学历史兴趣，特开"古迹古物调查实习"一课，由顾颉刚、李荣芳、容庚三先生共同担任。清华大学历史系，亦来参加。两校师生，足迹所至，南达汴洛，北抵万全，固不限于北平一地而已也。其时每至一处，颉刚师辄命余采辑旧籍，事先写为简单说明两三叶，分发同学，以为参考印证之资。积之既久，亦自成帙。迨事变既作，该班一时陷于停顿。二十七年秋季开学，李荣芳先生重授此课，然以四郊多垒，未能远出。本年复加范围，暂以城郊名刹为限。更嘱余删理旧稿，续以新作。以类相从，辑为是编。初稿既成，用是为记。

民国二十九年十月，燕京大学历史学系

一 佛 刹

卧佛寺与碧云寺

西山多名刹,而近便可游者,以卧佛及碧云二寺为最。卧佛寺创于唐,名兜率,元名昭孝,后曰洪庆、曰寿安。或称永安寺者,《顺天府志》曰:

> 寿安,《春明梦余录·帝京景物略》并作永安,而《长安可游记》谓寿安以山得名。考明宪宗寿安寺如来宝塔铭碑称寿安山不甚高,有寺曰寿安禅寺,唐名兜率……历年既远,其规制悉毁于兵,漫不可考。正统中修建,敕赐今名云云。则寺名寿安所自,而永安又莫审何时改矣。[1]

清雍正年间,怡贤亲王复舍赀重修,益加崇宏,世宗因赐名曰十方普觉寺,取"一佛卧游,十方普觉"之意,[2] 俗称卧佛寺。

寺在寿安山南麓,《春明梦余录》作聚宝山,俗称荷叶山。元时凿山开寺,最称巨工,役卒尝数千人。[3] 山不甚高,登寺北门南望,则平畴如画,香山如障,来路去踪,皆在目前。寺于元明,皆称巨刹,尤以泉源木石卧佛娑罗著称,《长安客话》曰:

> 卧佛寺以泉胜,……层岩夹道,木石散置,可游可坐。两殿各卧一佛,长可丈余。其一渗金甚精。……寺内娑罗树二株,可数围,子如橡栗,可疗心疾。……[4] 门西有石盘,方广数丈,高亦称是。……上创

---

[1] 光绪十二年刊本 17/28a。
[2] 《清世宗》十方普觉寺碑文(清乾隆三十九年刊《日下旧闻考》101/15b 引)。
[3] 《元史·英宗本纪》:"至治二年八月庚辰,增寿安山寺役卒七千人,……九月戊申,给寿安山造寺役军匠死者钞,人百五贯。"
[4] 孙承泽《春明梦余录》:"唐兜率寺,今名永安,俗呼卧佛寺,殿前娑罗树来自西域,唐建寺时所植,今大三围,高参天。"(清光绪九年刊广东古香斋本 66/3a)

观音堂，周以栏楯，石盘下有小窦出泉，淙淙琤琤，下击石底，听之泠然。……寺多牡丹，盖中官所植，取以上供者。①

今历数百年，昔日胜境，依稀可寻。唯寺中二卧佛，清初已失其一。②据《长安可游记》，二佛一为香檀像，系唐贞观年造。一为铜像，明成化年造。今所存者，唯此铜像耳。考《元史·英宗本纪》：

> 至治元年［一三二一］春，诏建大刹于京西寿安山……十二月，冶铜五十万斤作寿安山寺佛像。

据此，则铜卧佛虽相传为明成化年造，而宪宗碑记（寿安寺如来宝塔铭，记寺中建置甚详）独无一语及此，故朱彝尊以为至治元年冶铜五十万斤以作寿安山寺佛像者，即此铜卧佛也。③果如所言，则卧佛享寿已六百余年，亦近郊稀有之古物也。

卧佛寺西南行，越丘渡涧，至碧云寺。寺不甚大，而工事颇峻伟，清高宗碧云寺碑文曰：

> 西山佛寺累百，惟碧云以宏丽著称，而境亦殊胜，岩壑高下，台殿因依，竹树参差，泉流经络，学人潇洒安禅，殆无有逾于此也。④

寺建于元耶律阿勒弥，明正德中内监于经拓之，《涌幢小品》曰：

> 正德中于经，……以便给得幸，……导上于通州张家湾等榷商贾舟车之税，极为苛悉，岁入银八万之外，即以自饱，斥其余羡，为寺于香

---

① 蒋一葵《长安客话》（民国二十三年燕京大学图书馆钞本）3 / 10a-b。
② 《日下旧闻考》101 / 11b。
③ 朱彝尊《日下旧闻》（清康熙二十六年刊本）23 / 8a。
④ 《日下旧闻考》87 / 11b 引。

山，而立冢域于后，所费金以万万计，上亦亲幸焉，为之赐额。……嘉靖初下狱瘐死，籍其家，而寺与墓独存。①

此所谓建寺于香山者，即碧云寺也，土人俗呼之为于公寺。②厥后一百年，明末大珰魏忠贤又重修之。盖明代宦官原无出宫之禁，唯不得营私产，于是乃假修寺观为名，以为游憩养生之所，故崇宏壮丽比于宫苑。《竹垞文类》曰：

> 西山佛寺百数，多建自内官，其最宏丽者曰碧云寺，因山下上筑台殿，金碧露松栝之表。其北内官坟墓数十，镌石为栏，穷极纤巧，翁仲羊虎夹侍。墓碑林立，其文俱宰辅所制。中立穹碑二，具书总督东厂官旗魏忠贤爵秩。……盖忠贤败后，其尸已戮，其族已徙，阉寺犹力护其类，树碑立冢，然后知小人流祸，未有酷于阉寺者也。③

清康熙四十一年，江南道监察御史张瑗，奏请将魏氏墓碑仆毁划平，今已不存。④

寺殿三层，殿又次为金刚宝座塔。上歧为五，清乾隆年建，高宗金刚宝座塔碑文曰：

> 五塔岳峙，各具宝相，象佛之遍历四隅，而常依止中座也。西域流传，中土希有。乾隆十有三年，西僧奉以入贡，爰命所司，就碧云寺如式建造，尺寸引伸，高广具足，势同地涌，望拟天游，贤劫祖庭，实在于是。⑤

寺旁有泉，水淙淙下，引渠而出，四季不绝，可供游人饮用。

---

① 朱国祯《两京诸寺》（《涌幢小品》明天启三年刊本 28／14b-15a）。
② 《顺天府志》（光绪十二年刊本）16／11a。
③ 朱彝尊《西山碧云寺记》（《竹垞文类》清康熙十六年刊本 19／1b-2b）。
④ 邓文如《师骨董琐记》（民国十五年铅印本）3／7a-b。
⑤ 《日下旧闻考》87／12b-13b 引。

高梁河畔诸佛寺

高梁河源出西山，汇为昆明湖，西南流三十里，至于故都西北城角，高梁桥在焉。桥初为闸，亦名高梁，始建于元世祖至元二十九年（一二九二）。自桥而上，又称长河，夹岸风光，为近郊冠，《帝京景物略》曰：

> 水从玉泉来，三十里，至桥下……夹岸高柳，丝丝到水，绿树绀宇，酒旗亭台，广亩小池，荫爽交匝。岁清明日，都人踏青，舆者骑者步者，游人以万计，浴佛日重午，游亦如之。[1]

又《珂雪斋集》云：

> 过高梁桥，杨柳夹道，带以清流，洞见沙石，佛舍傍水，结构精密，朱户粉垣，隐见林中者，不可悉数。[2]

是此一带，于明清之际，不徒以寺观胜，亦且以杨柳名，文人墨客，竞相唱和，略示数例如下：

> 弱柳晴无烟，空翠开清潭。长堤三十里，波影随行骖。（袁宗道）
> 路转柳桥曲，河连杏渚长。半天分树色，匝地起花香。（顾起元）
> 喧喧出尘路，春向郭西寻。千树舞千态，一丝牵一心。（葛一龙）
> 觅寺休辞远，逢僧不厌多。一泓春水疾，十里柳风和。（袁中道）

今者，夹河堤柳虽依稀可见，而寺观之胜，且成陈迹。唯河北大佛、极乐、五塔、万寿诸寺，旧址仍在，犹可想见昔日精蓝棋置之一般云。

---

[1] 刘侗《帝京景物略》（明崇祯七年刊本）5/1a。
[2] 《日下旧闻考》98/6a引。

一　大佛寺

寺为明正德八年（一五一三）司礼太监张雄建，赐额曰大慧寺。其地旧名曰畏吾村，今讹称魏公村。寺有大悲殿，重檐架之，中范铜为佛像，高五丈，土人由是以大佛寺呼之。

迨嘉靖中，世宗方信道士，太监麦某等，唯恐寺刹之毁，又增建佑圣观于其左。合寺观计之，殿宇凡一百八十三楹，拓地四百二十一亩。寺后有高阜，积土甃石为之，上并建真武祠，并亦借此以存寺也。[1] 今祠观并废，而寺殿犹存，大佛危立其中，亦天意乎？

寺初有明大学士李东阳为碑，工部尚书李燧书，今无存。李墓并在寺右，唯其后世族姓衰微，尝以墓前白石捣碎，与贩盐者掺和以卖，故其墓久废。清乾隆间纂修《日下旧闻考》，引《顺天府志》谓李墓即在寺旁，而按语以为无考。[2] 迨嘉庆初，法式善与大兴知县郭立诚及宛平知县胡逊，寻得其地，为之植树建祠，倩翁方纲书石记之，又各赋诗刻于碑阴，招人守之。[3] 道光中，湖广乡人又立石于寺前大道之右，大字书曰"明李文正公墓"，俾展墓者知其去处。

二　极乐寺

大佛寺南行里许至极乐寺，元至元时建，明成化中重修。寺前临水，以苍松古柳及牡丹胜，《潇碧堂集》云：

> 极乐寺去高梁桥三里，马行浓绿中，若张盖。殿前有松数株，松身鲜翠嫩黄，斑剥若大鱼鳞，可七八围。[4]

又《帝京景物略》云：

---

[1] 纳兰成德《渌水亭杂识》（清道光十三年世楷堂原刻，光绪二年补刻，民国八年沈便堂再补刊重印昭代业书本）3a。
[2] 《日下旧闻考》21/32a。
[3] 震钧《天咫偶闻》（清光绪三十三年刊本）9/18b。今碑尚在，树已成林，并就祠立简易小学一所。
[4] 《天咫偶闻》21/27a引。

距"高梁桥"可三里，为极乐寺址，天启初年犹未毁也。门外古柳，殿前古松，寺左国花堂牡丹。西山入座，涧水入厨，神庙四十年间，士大夫多暇，数游寺，轮蹄无虚日，袁中郎云小似钱唐西湖然。①

明末寺毁，旧境全非。清初重加修正，转以荷花及海棠见称，《顺天府志》曰：

乾隆时多荷花，诗人游屐最盛。今荷花零落，池亦淤浅，惟海棠数十株，暮春三月，拆苞吐馥，艳如赪霞，娇如晴雪，夕阳万点，尽收其中，间以丁香蕤蕤碎紫，城西一胜地也。②

光绪中叶，海棠犹盛，其后渐衰，《天咫偶闻》曰：

极乐寺明代牡丹最盛，……后牡丹渐尽又以海棠名。树高两三丈，凡数十株，国花堂前后皆海棠，望之如七宝浮图，有光奕奕，微风过之，锦茵满地，今海棠亦尽。③

今寺前有放生池，当是昔日植荷之处。民国二十八年，寺经重修，清雅宜人。

三　五塔寺

极乐寺正西半里，五塔寺在焉。寺本名正觉，或称大正觉，又称真觉。初为蒙人所建④，明永乐间重修。大殿五楹，后为金刚宝塔，塔后殿五楹，塔院之东为行殿。⑤既后诸殿圮废，除塔前殿基隐然可见外，余皆犁为耕田矣。

---

① 《帝京景物略》5/9a–b。
② 光绪十二年刊本17/20a。
③ 《天咫偶闻》9/11a。
④ 《日下旧闻考》21/27b引《燕都游览志》。
⑤ 同上，引《五城寺院册》。

金刚宝座初建于明成化九年（一四七三），清乾隆二十六年（一七六一）重修，塔凡五浮图，俗因称五塔寺，《帝京景物略》记之甚详：

> 寺准中印度式，建宝座，垒石台五丈，藏级于壁，左右蜗旋而上。顶平为台，列塔五，各二丈。塔刻梵像、梵字、梵宝、梵华，中塔刻两足迹。他迹、陷下廊摹耳。此隆起，纹螺若相抵蹲。……按《西域记》，五塔因缘，拘尸那揭罗国［即中印土］娑罗林精舍有塔，是金刚神躄地处。次侧一塔，是停棺七日处。次侧一塔，是阿泥楼陀，上天告母，母降哭佛处。次一塔，是佛涅槃般那处。次侧一塔，是佛为大迦叶波现双足处。又按僧祇律，亦五塔因缘，云塔有舍利者，支提，无舍利者，凡人。起塔于佛生处、得道处、转法轮处、佛泥洹处，菩萨像、辟支像、佛像、佛脚迹处。得安华盖供养，上者，供养佛塔，下者，供养支提也。寺因缘者，寺因山水，缘贤圣熏修也。①

又《析津日记》曰：

> 真觉寺塔，规制特奇，寺有姚夔碑记，称永乐中，国师五明班迪达召见于武英殿，帝与语，悦之，为造寺，石台则成化九年所建也。②

今塔经重修，而姚碑无存。民国二十六年春，中国营造学社假北平万国美术会作"历代建筑绘图照片模型展览"，其照片第五十四幅，即该寺也，说谓：

> 印度佛陀加耶式高基上，建塔五座，塑力士、狮子、小塔等，形制奇特，为国内孤例。

---

① 《帝京景物略》5/17a-18a。
② 《日下旧闻考》21/28a引。

但以笔者所见，绥远归化城内美人桥东南，有寺曰新召，召内有塔围十丈，上歧为五，与此正复相同，蒙人称曰塔布斯普尔罕召，意即"五塔"，故俗亦称五塔寺，初建于雍正五年（一七二七），十年赐名慈灯寺。塔雕佛像，亦甚工致，则此不得以孤例称也。

四　万寿寺

五塔寺西行又四五里至万寿寺，明万历五年（一五七七）建，《帝京景物略》云：

> 万历五年，物力有余，民已悦豫，太监冯保，奉命大作，役不逾时，公私若无闻知。①

清乾隆十六年（一七五一）及二十六年重修，《天咫偶闻》曰：

> 万寿寺……乾隆中重修，为太后祝厘之所。寺极宏丽，大殿后叠石，象三神山。旧有松七株，最有名。光绪庚寅，后楼火，并松俱烬。……今寺中但存"七松证道图"，乃一僧小照，有梅庵题诗。②

今又数十年，不知此图仍在否？

寺前堤柳回绕，长河临流，入寺为钟鼓楼、天王殿。再进为正殿，殿后为万寿阁，阁后禅堂，堂后有假山，即震钧所谓叠石以象三神山者。山上并建大士殿，山下则为地藏洞。山后为无量寿佛殿，稍北三圣殿，最后为蔬圃。又寺右原为行宫，今由北平佛教会辟为育幼堂。

初寺中悬永乐时所铸大钟，内外勒《华严经》八十一卷。铣于间，书金刚般若三十二分，名曰"华严钟"。③其后不知何时移置于城北觉生寺，即俗称大钟寺者是也。

---

① 《帝京景物略》5/21a。
② 《天咫偶闻》9/11a–b。
③ 《帝京景物略》5/22a–b。

又寺西路北设关，门内有长衢，初列肆北达畅春园，即今燕京大学迤西，西苑操场所在之地，名为万寿街，又因列肆全仿苏州，故俗称苏州街，旧传太后喜苏州风景，建此以仿之。① 今过其地，一路荒凉，昔日繁华，正同海市蜃楼，无复踪迹可寻矣。

天宁寺

故都佛刹，天宁寺为最古。初建于元魏（三八六——五三四），曰光林寺，朱彝尊《寓天宁寺诗》有"万古光林寺，相传拓跋宫"之句。寺于隋称宏业，唐称天王，金称大万安。元末遭兵火，荡然一尽。明初，成祖在潜邸，命所司重修。宣德中敕改天宁，至今仍之。②

寺之始创，实在旧幽州城之内，至唐为藩镇城。辽金两代，相继建都于此，其故垣约当今城之西南。故以寺址而论，旧在城中而今在城外矣。③《天咫偶闻》曰：

> 元魏之光林寺，地在金代南城内，古名白纸坊。林木列植、道路纵横，昔日之街衢径术也。禅房花影、廊庑山光，昔日之朱门华屋也。不见毂击肩摩如雨如云之胜，徒留此数弓琳宇，为士大夫折柳之所。试问陌上行人，曾有动华屋丘山之感者乎？④

寺以塔胜，隋文帝仁寿二年（六〇二）建。⑤《帝京景物略》曰：

> 文帝遇阿罗汉，授舍利一囊，与法师昙迁数之，莫定多少，乃以七宝函致雍岐等三十州，州建一塔，天宁寺塔其一也。⑥

---

① 《天咫偶闻》9/11b-12a。
② 《顺天府志》（光绪十二年刊本）17/5a。
③ 《春明梦余录》3/1a。
④ 《天咫偶闻》卷9。
⑤ 《日下旧闻考》91/6a 引《广宏明集》。
⑥ 《帝京景物略》3/83a-b。

至今一千三百余年，而巍然独在，瞻其嵯峨，超然于云烟之外，若不胜世海沧桑之感者。

塔高二十七丈五尺五寸，规制特异，《冷然志》记之甚详：

> 塔实其中，无阶级可上，盖专以安佛舍利，非登览之地也。其址为方台，广袤各十二丈，高可六尺。台上为八觚，坛高可四尺，象如黄琮，塔建其上。觚如坛之数，塔之址略如佛座，雕刻锦文华苞鬼物之形。上为扶栏，栏四周架铁灯三层，凡三百六十盏，每月八日注油燃之。栏之内起八柱，缠以交龙，墙连于柱，四正琢为门，夹立天王像。四隅琢为庸，夹立菩萨像，皆陶甓为之，仰望者疑为燕山夺玉石也。自塔址至柱楣为第一层，其高约全塔三分之一。自是以上，飞檐叠拱，又十二层，每椽之首，缀为一铃。八觚交角之处，又缀一大铃。通计大小铃三千四百有奇，风作时，铃齐鸣若编钟编磬之相和焉。①

按查慎行有塔灯诗曰：

> 灯明三百六十点，风撼三千四百铃。
> 最好天宁云外塔，恨无梯级上青冥。②

与前所记，正复相合。然此皆为清初以前景象，今则冷塔孤影，无复当年盛况矣。

明之中叶，庙事最盛，良莠咸集，不法者以为藏身之所，嘉靖二十五年（一五四六）给事中李文进言：

> 迩年宣武门外，天宁寺中，广聚僧徒，辄建坛场，受戒说法，拥以盖舆，动以鼓吹，四方缁衣，集至万人，瞻拜伏听，昼聚夜散，男女混

---

① 《日下旧闻考》91/9a-b 引。
② 《顺天府志》17/6b 引。

湑，甚有逋罪黠徒，髡发隐匿，因缘为奸。故四月以来，京师内外，盗贼窃发，辇毂之下，岂应有此？乞捕为首者，按治其罪。①

果如所言，则天宁寺实无异京师之逋逃薮矣。降及明末，此风大减。清初文人如王士祯朱彝尊辈，皆尝寓居于此。② 则寺居之清闲，又可知矣。

法源寺

法源寺在宣武门外，为旧京一大名刹，史迹最富，载记尤多，名篇络绎，仅择要述之。③

寺初创于唐贞观十九年（六四五），为太宗悯征辽将士所建，故名悯忠。④ 当时地在幽州城内之东南隅，及元改建大都，遂僻处内城之外矣。

寺内旧有两砖塔，高可十丈，传为安禄山、史思明所建（详后唐悯忠寺无垢净光宝塔颂碑），金时犹在：

> 大定十三年……"于悯忠寺策试女直进士"。寺旧有双塔，进士入院之夜半，闻东塔上有声如音乐，西入宫，考试官侍御史完颜蒲涅等曰：文路始开而有此，得贤之祥也。⑤

策试进士，就寺举行，亦法源寺历史上有趣之掌故也。

寺中又有唐中和间节度使李可举所造观音阁（详后唐僧复严藏舍利记碑），与双塔参峙，有悯忠阁之称，唐谚有云："悯忠高阁，去天一握。"⑥ 阁与双塔久废，无复遗迹可寻。

---

① 《日下旧闻考》91/7a 引明典汇载。
② 详见《渔洋集》及《曝书亭集》寓天宁寺诸诗。
③ 今人志法源寺最详者，为罗桑彭错之《北京法源寺沿革考》，见《正风》半月刊第一卷八——二十四期，又日人中田源次郎亦有《法源寺考》一文，载《东方学报》（东京）第五册续篇页 323—359，多袭旧说，无新发现。
④ 《日下旧闻》17/12a 引文惟简《塞北事实》及王沂公《上契丹事》。
⑤ 《金史》卷五十一，《选举志》一，《金史》修于元初，而《志》称"寺旧有双塔"，可证双塔于元初已废。
⑥ 《春明梦余录》66/2b。

五季丧乱，寺宇颓废。辽大安中重修，闳深壮丽，比于宫阙。同时，有沙门善制，以所获舍利一万余粒，封以石函，藏观音菩萨地宫。①

寺于明正统七年重修，改额崇福。十年建藏经阁，以庋御赐《大藏经》。此后又屡经修缮，至崇祯七年（一六三四），复易额曰悯忠。

清顺治间，命建戒坛于寺，康熙间重建藏经阁，有圣祖书额。雍正十一年，世宗发帑重修，赐额曰法源寺，至今仍之。②

今寺南向为门三，中门有敕建法源寺石额，门内左为钟楼，右为鼓楼，中迤北为天王殿，双阙旁通。殿后有小阁，其北为大雄殿，殿左为伽蓝殿，右为和师殿，殿后有石函，石函东有斋堂，为嵌列碑塔铭之所。石函后为无量殿，亦曰念佛台。坛旁加以衢，左为钟板堂，右为传戒堂。又南，左右为客堂，右为库房。院之西偏为欢喜堂。正院中为法堂，左曰羯磨寮，右曰教授寮。堂后为庄严亭，最后为藏经阁。回廊曲绕，东接金刚堂，西接顿觉堂。阁东为吉祥如意寮，西为福缘善庆寮。迤西三圣殿，南为文昌阁。寺迤东大悲院为古之东塔院；迤西至教子官道，为古之两塔院。③

寺多历史故实，远者如宋钦宗之北狩，即寓居于此；④ 近者如民国二年柯劭忞刊所著《新元史》于寺，九阅月而成，⑤ 为现代国史巨著，亦甚可纪念者也。

寺多古物，而碑碣尤富，兹将明代以前之可考者，择要列下：

汉曹娥碑

宋臣谢枋得北来，病羁悯忠寺，见壁间曹娥碑曰：小女子犹尔，吾岂不汝若哉？不食而死。⑥

今无存。

---

① 《日下旧闻考》60/16a-b《燕京大悯忠寺观音菩萨地宫舍利函记》。
② 参罗桑彭错文第一项《建置兴衰考》。
③ 同上。
④ 《日下旧闻》17/19b 引《燕云录》，又光绪《顺天府志》16/49b 引《寺院册》。
⑤ 见罗桑彭错文。
⑥ 《宋史》卷四二五《谢枋得传》。

唐悯忠寺刻石

文惟简塞北事实：燕山京城东壁有大寺一区，名悯忠，廊下有石刻云唐太宗征辽东高丽回，念忠臣孝子没于王事者，所以建此寺而荐福也。①

今无考。

唐悯忠寺无垢净

寺中现存最古之碑高二尺余，宽损三之一，文左行，为行二十有二，行无定字，嵌寺廊东壁，顾炎武以为此碑书丹于右，故以左为前，朱彝尊则以为系从安禄山俗。②

光宝塔颂碑

张不矜撰，苏灵芝行书。碑称肃宗至德二载十一月十五日史思明建，十二月史思明降唐，翌年正月，上皇御极宣政殿，册皇帝尊号曰："大唐光天文武大圣孝感皇帝。"而此碑乃预书之，又移"大圣"二字于"文武"之上，与史不合。但磨补重刻之迹，显然可见。顾炎武、朱彝尊、于敏中、钱大昕、洪颐煊诸家，皆尝论之。总诸家所见，宝塔颂实为安禄山而作。至德二年，即禄山僭元圣武之二年，思明既降，遂将此碑之颂安禄山者，凿改之以颂肃宗。肃宗尊号，当是长安道远，传闻失真之误。

唐吴道子绘佛像刻石

清光绪三十三年仁和徐琪购得，置寺中。徐氏有记。

石高周尺一，广三尺，中绘佛像，左下方刻"唐吴道子作，"右下方刻"清耳闻空宣述立石东龙山"。③

唐重藏舍利记碑

采师伦书，建于武宗会昌六年［八四六］九月，顾炎武朱彝尊皆及

---

① 《日下旧闻》17/12a 引。
② 同上，17/15a-b。
③ 见罗桑彭错文。

见之。①

今佚。

唐僧复严藏舍利记碑

昭宗景福元年［八九二］立，碑称建观音阁以藏舍利者为"陇西令公大王"，朱彝尊以为当是李匡威，《日下旧闻考》、光绪《顺天府志》，俱袭其误，钱大昕证为李可举，考之甚详。②

今在寺甬道东壁，字迹漫漶，不可复读，《日下旧闻》载有节文。

辽荐福大师尊胜陀罗尼幢

荐福俗姓郝氏，十三出家，天禄中为殿主，殁于应历七年［九五七］，门人承进等为之营丧，因叙述行业，而立斯幢。王进思书。

在寺前院，高五尺八寸，方觚形，每方四行，行二十余字，石与文相连，无空行，有经有记，未审孰为先后。③

辽佛顶心观世音陀罗尼幢

碑正书，书法近率，有重熙十二月字样，无年份。

在方丈前院，上截佚，下截亦有凿痕，裂寸许，质贤未断。

辽观音菩萨地宫舍利函记

沙门义中正书，为行十六，行二十七字。道宗大安十年［一○九四］闰四月建，《帝京景物略》误为金卫绍王之大安年号，《日下旧闻考》辨之甚悉。潜研堂《金石文跋尾》曰："右悯忠寺《舍利函记》，余数游斯寺，问寺僧，俱云无有。今春……到寺观海棠，偶见旁院墙脚支瓮方石，形制有异，折而视之，则斯记也，文甚完好。"则碑之存，钱氏有殊功焉。

---

① 《日下旧闻》17／16b–17a。
② 《金石文跋尾》(《潜研堂全书》本，光绪十年长沙龙氏家塾重刊本) 10／3b–4a。
③ 皆见罗桑彭错文。

辽舍利石函紫褐师德大众题名

天水严正甫书，太原王惟约刻石，题称"大辽燕京大悯忠寺"，不记年号。

在大雄殿后，四周刻字，第一方为行二十二，第二三方为行各二十四，第四方四行，余不甚多。①

辽李公女幢

无建立年月及撰书人姓名，清乾隆五十八年［一七九三］由他寺移入，翁方纲考为辽金时物。

在戒坛前，高六尺许，八方觚形，石质莹白而脆。②

金礼部令史题名碑

有题名记。行书，党怀英撰。题名始于大定八年，题名用意，如所记云，所以示君子仕进之难，持己既廉，从事既勤，而又积日累久，无薄害文墨之失，然后可以自立，非徒记姓名炫阶秩而已。题名诸人，史皆无传。碑内十九年以后到部者，系陆续增入，为党记原文所无者。

在寺廊东壁记，与题名共二十七行，计每行十七字。③

寺中林木阴翳，相传有象槐、唐松、宋柏。象槐在天王殿西首院内，传为唐植，以臃肿似象，又谓元时驯象偃息其下，故名。周约数围，仅存老干，中空，内生小槐一株。唐松在大雄殿院内，东南隅白松一株即是。宋柏十余株，在钟鼓楼前，树干极大，浓荫蔽天，乃寺中极清凉境也。

二　道　观

白云观

白云观在西便门外，西南去天宁寺里许，为唐天长观之旧址。金明昌三

---

① 皆见罗桑彭错文。
② 同上。
③ 同上。

年（一一九二）重建，章宗数临幸之，载在金史，泰和三年（一二〇三）更赐额曰太极宫，元太祖改为长春宫，以居真人丘处机。其弟子尹志平建观，为宫之东墟，号曰白云。①

天长观与天宁寺原皆在辽金故城之内，元大德八年虞集等作游长春宫诗有序曰：

> 国朝初作大都［今城］于燕京［故城］北东，大迁民实之，燕城废，惟浮屠老子之宫得不毁，亦其侈丽瑰伟，有足以凭依而自久，是故迨今二十余年，京师民物日益阜繁，而岁时游观，尤以故城为盛。②

时常新城初建未久，游人墨客，犹多恋足于旧京，序中所谓"浮屠老子之宫"者，殆即今之天宁寺与白云观也。

明初大学士杨士奇《郊游记》曰：

> 永乐癸卯［二十一年］二月十一日……出平则门……行七八里，乃折而南，涉小硐，稍东而弥望皆麦，始萌。道旁居民，咸莳蔬为业，沟塍畦畛甚整，比十数畦，则置井及桔槔……稍前，度石桥，入土城，望白云观可一里。土城者，辽金故城也，独西北一隅，遗址间存，亦间有可登眺者，然不及登……观右旧有长春宫，盖元以居丘处机真人，而观则真人退休之所也。当时塑像尚存，其神爽清澈，凝静简远，翛然神仙人也。像之下，其遗骨葬焉。行视长春宫故址甚闳壮，而殿堂门庑，兵后悉毁。寻范德机所咏门前流水，亦无复有，但隐隐见一渠，已湮为行路，而傍近民，竟备坏甓，曳断础，治耕其中。③

按此所记明初情形甚详，五百年来，沧桑易改，今并辽金土城亦不可见、长春故址更无论矣。今环城铁路所经，或即宫之旧基云。

---

① 《顺天府志》17 / 8a。
② 《道园学古录》（四部丛刊本）5 / 4b-5a。
③ 《春明梦余录》64 / 22a-23a 引。

按释有南北宗之别，道自东华少君授汉钟离权，权授唐吕嵒，遂亦分为二宗：一授辽进士刘操，递传而下，以至白玉蟾彭耜，是为南宗。一授金王嚞，嚞授七弟子，邱处机名最著，世称七真，是为北宗。七真之迹，皆在东海崂山。[①]处机生栖霞县，年十九遂辞家学道。及成，宋金聘之，俱不赴。及元太祖手诏致聘，乃与弟子十八人同行。凡历四载，涉万余里，始达雪山行在。时太祖方西征，日事攻战，处机进曰："欲一天下者，必在不嗜杀人。"及问至道，对以"敬天爱民，清心寡欲"，太祖深契之。其后元兵践踩中原，河南北尤甚，民罹俘戮，无所逃命。处机还燕，使其徒持牒招来，全活不下二三万人。[②]

处机东还在太祖十八年（一二二三），赐号神仙爵太宗师，掌管天下道教。翌年三月至燕，八月奉旨居太极宫。二十二年五月改太极宫为长春宫，七月九日留颂而逝，年八十，其徒尹志平等世奉玺书，袭长其教。世祖至元六年（一二六九）正月诏赐号长春演道主教真人，[③]武宗至大二年（一三〇九）加赐金印，更赐号长春全德神化明应真君。[④]

观内前殿设灵官像，其右为儒仙之殿，其东殿设张三丰像，次为七真殿，次为邱祖殿，塑邱真人像，白皙无须眉。殿有木钵一，乃刳木瘿为之，上广下狭，可容五斗，内涂以金，刻清高宗御制诗其中，石座承之，绕以朱兰。殿后为玉皇阁，殿外为配殿。[⑤]

每岁正月十九日，观中游人如堵，致酹邱真人祠下，谓之"燕九节"。《刘仲修碑记》则谓是日为长春真人诞辰，都人携榼于此，谓之"谒邱"。[⑥]两者之义，已有不同。《骨董琐记》有"燕九"一条曰：

> 京师正月十九日游白云观，曰燕九节，《野获编》以"为烟九"，云以烟火得名。又曰"淹九"，则灯市十八日毕，取淹留之义。又曰"阉

---

① 《日下旧闻考》94/4b—5a 引《壳城山房笔麈》。
② 柯劭忞《新元史》卷二百四十三《邱处机传》。
③ 《日下旧闻考》94/3b—4a 引《辍耕录》。
④ 柯劭忞《新元史》卷二百四十三《邱处机传》。
⑤ 《顺天府志》17/8b—9b。
⑥ 《日下旧闻考》94/17a。

九",相传全真是日就阉。①

《天咫偶闻》所记,与此末义相同,曰:

> 正月十九,俗称"阉九",前数日即游人不绝,士女昌丰,而群奄尤所趋附,以邱长春乃自宫者也。②

习俗既久,代有附会,不知孰是。此风至今不衰,盖已数百年矣。

按今人罗桑彭错又有《北平白云观道学渊源考》一文,载《正风》半月刊第一卷二十四期,及第二卷一期。尚未完稿,亦无续载。

东岳庙

天下州县皆有东岳庙,以祀东岳泰山之神。泰山神初无封爵,唐玄宗始封之曰天齐王(开元十三年,七二五)。宋大中祥符元年(一〇〇八),以东方主生,诏加仁圣二字,五年又封曰天齐仁圣帝。自是祠庙遍郡国,俨然人貌,垂旒端冕,衣裳而坐。又有立后殿于其后者,不知何山当其配?③ 元世祖至元二十八年(一二九一),更加上东岳曰天齐大生仁圣帝,爵称益尊。

故都东岳庙在朝阳门外,相传唐时已有。④ 唯有史可稽者,实始于元。按元初建大都,规模闳远,祖社朝市庙学官署,无一不备,独东岳庙未建。延祐中,元教大宗师张留孙买地于齐化门(朝阳门)外,欲以为宫,奉祀东岳天齐仁圣帝。方鸠工而留孙殁,嗣宗师吴全节奉敕,大发累朝赐金以竟其工。自至治二年(一三二二)至天历元年(一三二八),大殿子殿东西庑以及后殿,次第告成。⑤ 时工事初就,规制宏丽,都中游人,追踪于此,颇极一时之盛。庙中有石坛,绕坛皆杏花,留孙弟子董宇定王用亨先后居之,《卍斋诗话》云:

---

① 《骨董琐记》7 / 15a。
② 《天咫偶闻》9 / 9a。
③ 马端临《文献通考》(清光绪二十年点石斋重印本)12下 / 40、42a-b。
④ 张居正敕修东岳庙碑,见《张文忠公全集》(商务印书馆万有文库本)文集4 / 563-564。
⑤ 参《日下旧闻考》引虞集东岳仁圣宫碑、赵世延昭德殿碑及吴澄大都东岳仁圣宫碑。

>元时杏花,齐化门外最繁,东岳庙石台,群公赋诗张谦,极为盛事。①

虞集有《城东观杏花诗》曰:

>明日城东看杏花,丁宁儿子蚤将车。路从丹凤楼前过,酒向金鱼馆里赊。
>
>绿水满沟生杜若,暖云将雨少尘沙。绝胜羊传襄阳道,归骑西风拥鼓笳。②

写当年风光,历历如在目前。西风鼓笳,正似今日兵营晚号声也。

及明洪武三年,诏以岳镇之封,必受命于上帝,唐宋擅加封号,实为渎礼不经。因去前代所封名号,但称东岳泰山之神。③正统十二年(一四四七)八月,重建东岳庙成,地仍旧址,益拓其宇,中作二殿,前名岱岳,以奉东岳泰山之神;后名育德,禅作神寝。两庑设地狱七十二司。④规制之备,于元初无多让。

东岳庙每岁三月有庙会,相沿已数百年,明末刘侗记曰:

>东岳庙……祀天齐仁圣帝……帝妃前悬一金钱,道士赞入者投钱中则得子,人罄所携钱以出。三月二十八日,言是帝诞辰,都人陈鼓乐旌帜,结采为亭阁,导帝出游,观者塞路,取醉林乃归。⑤

按明初有革帝号之诏,而此仍沿用之,世俗入世之深,于此可见。又《析津志》曰:

---

① 《日下旧闻考》88/21a 引。
② 《道园学古录》(四部丛刊本)3/20b-21a。
③ 《明史·礼志》。
④ 《顺天府志》6/23a 引明《英宗实录》及英宗御制碑。
⑤ 《帝京景物略》。

齐化门外，有东岳行宫，此处昔日香烛酒纸，最为利益，江南直沽海道来自通州者，多于城外居止，趋之者如归。又漕运岁储，多所交易，居民殷实。①

彼时运河为南北转输之孔道，通州又为京师之咽喉，庙在齐化门外，实为交通要冲，繁盛之况，可想见也。

清康熙三十七年（一六九八），庙毁于火，殿庑皆烬，独左右道院无恙。②三十九年发帑重修，三年而工竣，殿阁廊庑，视旧益加开饬。乾隆二十六年（一七六一）又修。

庙有赵孟頫（子昂）所书张留孙神道碑，在东阶下。又庙中神像旧传出名塑家刘元之手，康熙中同毁于火。考虞集《刘正奉塑记》，③则刘之所塑，实在长春宫东之东岳庙，与朝阳门外之东岳庙无涉，其误自《燕都游览志》始云。④

广仁宫

故都道观有俗称"五顶者"，皆供碧霞元君。东顶在东直门外，南顶在南苑大红门外，北顶在德胜门外北极寺东，中顶在右安门外十里草桥北，西顶在西直门外蓝靛厂，即此所谓广仁宫者是也。顶字之称，因北方多山，庙必在山极顶，连类而及，故谓庙亦曰顶，如妙峰山之碧霞元君祠，即俗称娘娘顶，此土语也。⑤

蓝靛厂，清代有火器营驻此，街衢富庶，不下一大县，今多破落不堪，唯每年四月广仁宫庙市，迄今行之不衰。广仁宫旧名护国洪慈宫，在长河西岸，渡桥即是。⑥ 清康熙五十一年（一七一二）重修，改称今名，有圣祖碑记曰：

---

① 《日下旧闻考》88/11b 引。
② 《顺天府志》6/23a 引《香祖笔记》作"康熙庚辰[三十九年]三月，朝阳门外东岳庙灾"，误七作九，《顺天府志》因之。此据圣祖御制东岳庙碑，作三十七年。
③ 《道园学古录》7/14a-15b。
④ 《日下旧闻考》88/10b，又《天咫偶闻》8/10a。
⑤ 《天咫偶闻》9/12a、17a。
⑥ 清高宗《麦庄桥记》曰："长春麦庄二桥，夹岸梵宇颇丽，其大者为广仁昌运尤寿。"

> 京城西直门外有西顶，旧建碧霞元君宫，地近西山之麓，直今西苑之西南，所谓万泉庄者，固郊畿一胜境也。……元君初号天妃，宋宣和间始着灵异。厥后御灾捍患，奇迹屡彰。下迄元明，代加封号，成弘而后，祠观尤盛，郭郭之间，五顶环列，西顶其一也。①

关于碧霞元君，世多异说，碑之所记，尤未详其所出，顾炎武《山东考古录》有"考碧霞元君"一则，言之甚晰，请录如下，以备参考：

> 世人多以碧霞元君为泰山之女，后之文人知其说之不经，而曲引黄帝遣玉女之事以附会之，不知当日所以褒封，固真以为泰山之女也。今考封号，虽自宋时，而泰山女之说西晋以前已有之。张华《博物志》：文王以太公望为灌坛令，期年风不鸣条，文王梦见有一妇人，甚丽，当道而哭，问其故，妇人言曰：我东海泰山神女，嫁为西南妇，欲东归，灌坛令当吾道，太公有德，吾不敢以暴风疾雨过也。文王梦觉，明日，召太公三日三夕，果有疾风骤雨去者，皆西来也。文王乃拜太公为大司马，此一事也。干宝《搜神记》：后汉胡母班尝至太山之侧，为泰山府君所召，令致书于女婿河伯云，至河中流，扣舟呼青衣，当自有取书者，果得达，复为河伯致书府君，此二事也。《列异传》记蔡文事，人以天帝为泰山神之外孙，自汉以来，不明乎天神地祇人鬼之别，一以人道事之，于是封岳神为王，则立寝殿，为王夫人，有夫人则有女，而女有婿，又有外甥矣。唐宋之时，但言灵应，即加封号，不如今之君子，必求其人以实之也。②

火德真君庙

火德真君庙，俗称火神庙，在地安门（旧称北安门）外大街地安桥之西。地安桥俗称大桥，旧为万宁桥，桥南属中城，北属北城。桥下为响闸，即元

---

① 《日下旧闻考》99 / 5b。
② 清光绪八年山东书局重刊本 8a-b。

之澄清闸也。①

庙初创于唐贞观中，元至正六年（一三四六）重修，明万历三十三年（一六〇五）改增碧瓦重阁，② 清乾隆二十四年（一七五九）又修，并改门及后阁为黄瓦，③ 门楹丹腹，梁栋五采。

庙门一间东向，左右门各一，内为牌坊门。正殿三间南向，西庑三间东向，南殿三间，左右各三间，东西庑各一间。正殿后阁三间，东西各三间，后群楼十有五间，庙门内钟鼓楼各一。④ 明天启元年（一六二一）三月，命太常寺官以六月二十二日祀火德之神，著为令。⑤ 清则每岁以夏季月下旬三日致祭云。⑥

《帝京景物略》记明末北安门火神庙神话一则，录之如下：

> 天启六年五月初六日巳刻，北安门内侍，忽闻粗细乐先后过者三，众惊而迹其声，自庙出。开殿审视，忽火如球，滚而上于空。众方仰瞩，西南震声发矣。望其光气，乱丝者、海潮头者、五色者、黑灵芝者起冲天，王恭厂灾也。东自阜成门，北至刑部街，瓦四里，阔十三里，宇坍地塌，木石人禽自天雨而下，屋以千数，人以百数，燔臭灰眯，号声弥满，死者皆裸，有失手足头目于里外得之者，物或移故处而他置之。时崇文门火神庙神亦焰焰欲起，势若下殿出，祝跪而抱曰：外边天旱，不可走动，神举足还住而震发。⑦

《明史·熹宗纪》亦记其事：

---

① 缪荃孙、朱一新《京师巷坊志》（求恕齐刊本）3 / 21b。
② 《帝京景物略》（乾隆丙戌纪昀序刊本）1 / 13b。按朱彝尊《日下旧闻》15 / 9b 引《景物略》，省"唐贞观中址"一句，遂讹为"元至正六年建"，《日下旧闻考》已正其误。
③ 《日下旧闻考》54 / 17b、18b。
④ 《顺天府志》6 / 27b。
⑤ 《日下旧闻考》54 / 18a 引《熹宗实录》。
⑥ 《顺天府志》6 / 28a 引《礼部则例》卷一百二十六。
⑦ 《帝京景物略》1 / 13a–b。

> 天启六年五月戊申,王恭厂灾,死者甚众。

又《五行志》所记稍详:

> 六年五月戊申,王恭厂灾,地中霹雳声不绝,火药自焚,烟尘障空,白昼晦冥,凡四五里。①

以此证之则王恭厂灾固非虚传,《景物略》所记,特多附会耳。

庙傍今什刹海(旧称积水潭)东岸,往时水盛,风光宜人,《燕都浏览志》曰:

> 火神庙在北安门湖滨,金碧琉璃,照映涟漪间。②

又袁中道过火神庙诗曰:

> 作客寻春易,游燕遇水难。石桥深树里,谁信在长安。③

近年以来,故都水道不修,来源日枯,不独什刹海为然。长此以往,昔日荷塘水榭之盛,不底于泥潭不止也。

三 回 寺

故都清真寺

回教入中国,已千余年,国内回民不下五千万,几占全国人口九分之一,其思想文化在中国社会上自有相当地位,然吾人向来拘于狭隘之民族与宗教成

---

① 《明史》卷二十九《五行志》二。
② 《日下旧闻考》54/7a 引。
③ 同上,18a 引《珂雪斋集》。

见，甚少注意及之。即以代表回民聚居之清真寺或礼拜寺而论，各地方志亦多略而不备。平市回民约十七万，教堂数十所，其著者如宣武门外牛街之礼拜寺及东四牌楼之清真寺，兴建沿革，亦乏文献可征。《顺天府志》记牛街礼拜寺曰：

> 牛街南有吴家桥，又南有回人礼拜寺。①

又《日下旧闻考》曰：

> 礼拜寺在牛街，回人所居。寺内碑碣皆回部书。②

此外《宸垣识略》③ 及《燕都丛考》④ 诸书所记，亦不过此寥寥数语而已。西人 M. Broomhall 所著 *Islam in China*（《清真教》）一书，采有 Cotter 氏手摄该寺照片二幅，并附识曰：

> Chief Mosque in Peking in the Niu Chie: This is a large mosque in a very pretty compound, and in a neighbourhood where, judging by the Arabic inscriptions, many Moslems live.⑤

与《旧闻考》所记无异。

该寺东南跨院内有两筛海墓，东西并列，各有阿拉伯文碑一。西碑文凡九行，赵振武君译曰：

> 宇宙是最高主持者，是为应在尘世努力于世道者之墓，为遵行主命

---

① 清光绪十二年刊本 14/24a，又 16/51a 引《寺院册》。
② 《日下旧闻考》60/25a。
③ 《宸垣识略》10/34b。
④ 《燕都丛考》第三编页112。
⑤ *Islam in China*，页242。

> 以希乐园者之乐园，为竭其毕生之力以从事于主道者之归宿处。宗教之光明，伽色尼人，名穆罕默德之子阿合默德布尔搭尼，彼实适于此慈祥之日而逝世：阿拉伯之五月五日，聚礼二[**按回教每七日一聚礼，一年两会礼**]。为迁都之六百七十九年。顾仁慈之主准其善功，而宥其错。

按碑中所记"迁都之六百七十九年"，即元世祖至元十七年（一二八〇），则此碑实为吾人所知中国回教最古之碑也。

东碑文凡六行，译曰：

> 凡生物皆死，是为总集诸贵之伊玛目之墓，布哈拉人法官尔马顿迪尼之子阿里。愿创造者施恩者之慈祥及于宗教有力之宣传者。其人即报善信者，实适弃此尘世于六百八十二年十月二十五日，聚礼五。

时为元世祖至元二十年十二月，去前碑亦不过三年零四月耳。

关于东四牌楼之清真寺，直不见于记载，唯《燕都丛考》略记其位置曰：

> 东四牌楼：北有估衣市，西小胡同曰老虎洞，左翼宗学旧在街东，后移史家胡同。东有二郎庙，西有回人清真寺。①

又曰：

> 东四牌楼路西回人清真寺今尚在。

以上两处建筑，俱融合甚为浓厚之波斯色彩，前者礼拜寺之穹隆，论者谓系宋代之藻井，工甚精致；后者无梁殿之建筑，亦自别成一格。二者可为平市回教寺之代表云。

---

① 《燕都丛考》第二编页 53。

四　喇嘛寺

雍和宫

雍和宫在北新桥北，背依城垣，初名永潜宫，① 为清世宗潜邸，登极后，命名曰雍和宫。乾隆初改寺，高宗自叙曰：

> 雍和宫本皇考潜邸，登极后命名曰雍和宫。乾隆十年，予念斯地为龙池肇迹之区，非可亵越，因庄严佛像，选高行梵僧司守，以为祝釐之所。②

又高宗雍和宫碑文曰：

> 深惟龙池肇迹之区，既非我予孙析圭列邸者所当亵处，若旷而置之，日久萧寞，更不足以宏衍庆泽，垂寿于无疆。……是用写景祇林，庄严法相，香幢宝纲，夕呗晨钟，选高行梵僧居焉。③

自是喇嘛僧世守其中，遂为密宗最庄严之一大道场焉。

夷考其实，则以宫而寺，非无政治背景；礼遇喇嘛，显系清初以降之传统政策（参阅黄寺章），乾隆五十七年（一七九二）高宗著《喇嘛说》曰：

> ……喇嘛又称黄教，盖自西域高僧帕克巴，始盛于元，沿及于明，封帝师国师者皆有之。我朝惟康熙年间，祇封一章嘉国师，相袭

---

① 清高宗乾隆五十五年《新正雍和宫瞻礼诗》有"跃龙真福地，奉佛永潜宫"之句，原注曰："此宫为皇考潜邸，雍正年间即称此名。"见庆桂等《纂修清宫史续编》（民国二十一年四月故宫博物院图书馆刊本）61/7b。
② 高宗乾隆五十二年《新正雍和宫瞻礼诗》及注。《清宫史续编》61/7a。
③ 于敏中等《纂修国朝宫史》（民国十二年东方学会铅印本）16/22b-23a。

至今。其达赖喇嘛，班禅额尔德尼之号，不过沿元明之旧，换其袭敕耳。盖中外黄教，总司以此二人，各部蒙古，一心归之：与黄教，即所以安众蒙古，所系非小，故不可不保护之，而非若元朝之曲庇谄敬番僧也。

是乃御世权术，本不讳言，所谓"非可亵越""日久萧寞"者，不过聊备一说耳。碑文用四体书，四周环刻，即立雍和宫中。

宫垣南北袤延一百二十丈，东西广四十九丈。宫前宝坊二，正中石坊一。自是而内，甬道相属，为昭泰门。门内东西列碑亭，中为雍和门，门内天王殿，左右环以回廊。正中为雍和宫，宫后为永佑殿，又后为法轮殿。左右山殿各三楹。西为戒坛，乾隆四十四年，高宗命仿热河广安寺戒坛式，改建方坛三层，每层环以石栏，列佛像。东为药师坛。是年并改建重楼，上下各五楹，与戒坛相配。法轮殿后为万福阁，东为永康阁，西为延绥阁。三阁并峙，上有阁道相通，其后则绥成殿也。

宫之东为书院，门三楹。入门为平安居，后有书室三楹。其北为堂。堂后为如意室，东室为佛堂。如意室后，正中南向为书院正室，曰大和斋，又东寝宫。斋东，南为画舫。舫后左右回廊相接。北向有台，其南向正室与台相对者曰五福堂。大和斋西为海棠院，由院西循廊而北，有长房一带横绕。由长房之西台门拾级上下。更后延楼一所，西为斗坛。坛东为佛楼，前有平台。其东，佛堂三楹。

宫之西，后为关帝庙，前为观音殿。

> 清故事：每岁时方泽毕事，驾临宫园少歇，进膳更衣，从臣亦去朝服换常服云。[①]

昔寺僧有专学，经皆梵文，互不相通，震钧记之甚详：

[①] 《天咫偶闻》4/60b。

雍和宫，喇嘛僧居之，殿宇崇宏，相设奇丽：寺僧为四学，曰天文学、曰祈祷学、曰讲经学、曰医学。学各有经论，文字不能相通。故始入某学，终身不迁上殿。诵经座位，亦分四列。惜其经皆梵文，无从证其法之精粗。

又宫中绥成殿，供沉檀佛像，高七丈五尺，系一木雕成，为世之珍品。庭有铜狮二，铜炉一，雕镂均甚精致。

故都风俗，每岁阴历正月二十一日，该寺举行跳布扎之典，诸喇嘛各扮鬼物，手持法器，金刚力士，天龙夜叉，奉白伞盖佛以游巡，先有黑面如进宝回之状，及白骷髅二人或四人，群相追逐，到处鞭辟，有古人大傩之遗意，俗谓之"打鬼"云。①

白塔寺

白塔寺在阜成门（即平则门）内，初建于辽寿隆二年（一〇九六）②，以寺内有白塔故名。元初，即其地改建大圣寿万安寺，创置经过，《世祖本纪》历历可考：

> 至元十六年［一二七九］十二月……建圣寿万安寺于京城。③帝师亦怜吉卒，敕诸国教师禅师百有八人，即大都万安寺设斋圆戒赐衣。
>
> 二十五年四月甲戌，万安寺成，佛像及窗壁皆金饰之，凡费金五百四十两有奇，水银二百四十斤。
>
> 二十六年十二月幸……大圣寿万安寺，置旃檀佛像。

自是而后，大圣寿万安寺，俨然大都一名刹，殿陛栏楯，一如内廷之制，终

---

① 陈宗蕃《燕都丛考》（民国二十年一月铅印本）第一编页98.
② 《日下旧闻考》52/1a.
③ 《元史·五行志》谓大都大圣寿万安寺即旧白塔寺。

元之世，为百官习仪之所。① 成宗元贞元年（一二九五）正月壬戌以国忌，即该寺饭僧，为数七万，② 规模之大，可以想见。寺中又置世祖帝后及裕宗影堂，月遣大臣设祭。世祖影堂藏玉册十二牒，玉宝一纽，又有珍珠兼珊瑚树等，③ 今已久废。

元之末年（元顺帝至正二十八年，亦即明太祖洪武元年，一三六八。是年八月徐达克北平）六月甲寅未时，雷雨大作，殿脊佛身俱起火，顺帝闻之泣下，亟命百官救护，唯东西二影堂神主及宝玩器物得免，余皆焚毁。④ 于是一代巨刹，竟与元祚同终焉。

明初，就原寺再加修缮，英宗天顺元年（一四五七）⑤ 赐额妙应寺，然以白塔犹在，故旧名不废。《长安客话》记塔制甚详：

> 妙应寺白塔……世传创自辽寿昌二年，为释迦佛舍利建，内贮舍利戒珠二十粒，香泥小塔二千，无垢净光等陀罗尼经五部，……元至元八年，世祖发视石函，……铜瓶香水盈满，色如玉浆，舍利坚圆，灿若金粟。前二龙王跪而守护。……瓶底获一铜钱，上铸至元通宝四字。……帝后闻之，愈加崇重，即迎舍利，崇饰斯塔，取军持之像标驮都之仪，碱砆下盘，琼瑶上扣，角垂玉杵，阶布石栏，檐挂华鬘，身络珠网。……制度之巧，盖古今所罕有矣。⑥

又《宛平县志》曰：

> 凡塔下丰上锐，层层笋拔，白塔独否。其足则锐，其肩则丰，如胆

---

① 《元史·五行志》。
② 《元史·成宗纪一》。
③ 《元史·祭祀志三》。
④ 《元史·五行志二》，"火不炎上"筛，又《日下旧闻考》52/3a，引张翥《蜕庵集·辛未二月十三日雷火焚白塔诗一首》，所记年月，与此不合。
⑤ 《日下旧闻考》52/3a 引《燕都游览志》。又《春明梦余录》作天顺二年。
⑥ 燕京大学图书馆钞本 2/5a。

之倒垂。然肩以上长项矗空，节节而起，顶覆铜盘，盘上又加一小铜塔，塔通体皆白。①

明成化元年（一四六五）于塔座周围砖造灯笼一百八座，益增华丽。② 民国十三年（一九二四）重修白塔，于最上层得铜牌一，文曰："灵通万寿宝塔天盘寿带大明万历岁次壬辰季春月重修。"③ 壬辰为万历二十年，此前史所不载者，亦甚可贵也。

《燕都游览志》谓：

相传西方属金，故建白塔镇之。④

又《北京形势大略》曰：

平则门内建天宫以尊上帝，犹天子之有父也。于宫前建妙应寺，内建白塔。白，气也，谓国旺气妙应于寺也。⑤

此皆附会之说，不足深考。

至今，每岁十月二十五日，番僧诵经绕塔，游人颇众云。

黄　寺

黄寺在安定门外，有东西之别，土人统称曰双黄寺。

东黄寺旧为普静禅林⑥，清顺治九年（一六五二），以达赖喇嘛来朝京师，

---

① 《日下旧闻考》52/1b 引。
② 同 136 页注⑤。
③ 《骨董琐记》6/19a。
④ 同 136 页注⑤。
⑤ 杨从清著，见近人张江裁辑《京津风土丛书》页 1b。
⑥ 《日下旧闻考》107/29b 引清圣祖《重修东黄寺碑记》。

特颁册印，综理黄教，并肇建兹寺，以为驻锡之所。嗣后达赖喇嘛班禅额尔德尼，间岁奉贡遣使，咸馆寺中。① 康熙三十三年（一六九四）重修。

西黄寺在东黄寺之西，雍正元年（一七二三）正月以喀尔喀泽卜尊丹巴胡土克图及札萨克王公台吉等，集资四万三千两，造佛像宝塔，送黄寺供奉，② 遂扩其垣宇，而有东西之分。③ 两区并立，同垣而异构，此"双黄寺"之所以得名也。乾隆三十六年（一七七一）重修。

西寺有乌斯藏式大楼，凡八十一间，云窗雾阁，屈曲相通，传为班禅入朝时，诏仿西藏布达拉式建此，以为起居之所。楼上正中为卧室，锦荐厚半尺，陈设富丽。又有御座，蒙以龙袱。金银佛像若干躯，堂皇为诸寺冠。及咸丰十年（一八六〇）英法联军之役，驻兵于此，前后两月，毁掠一空。从此佛火消沉，无复当年之盛矣。④ 震钧有《达赖楼》歌曰：

> ……文宗晚年大阅兵，曾来寺前安御营。诸王济济尚年少，趋跄剑佩来相迎。暂驻寺中缘进膳，曾从傍舍见霓旌。明年八月风尘变，夷骑纷来满深殿。楼上洋刀光照壁，楼下宛马云连栈。七宝庄严转瞬空，五云楼阁须臾换。四部天王成露立，两行文子嗟星散。侍香无复旧时僧，衔泥忍诉梁间燕。自从尔后遂荒凉，古佛金容暗不光。三十年来不到此，开门秋草过人长。……⑤

写劫后凄凉，益增感伤耳。

综观二寺之建，不外清初诸帝藩属羁縻之策。震钧歌中有句曰：

---

① 《日下旧闻考》32a 引清高宗重修黄寺碑文据原书按语："东黄寺顺治八年奉敕就普静禅林舆建，康熙三十三年重修。"又30a引乾隆二十九年《重修普静禅林瞻诗》曰："禅林郁律凤城北，辛卯创成甲戌修。"按辛卯为顺治八年，甲戌为康熙三十三年，与上同。此引高宗碑文作"顺治九年"，盖指达赖来朝之日，而寺已先一年告成也。
② 《日下旧闻考》107/31a-b 引世宗碑文。
③ 寺之初建，碑记不详，光绪《顺天府志》17/43a-b 以为初建于顺治九年，似系误读高宗重修黄寺碑文所致。
④ 《天咫偶闻》8/1b。
⑤ 同上，2b-3a。

世宗初年建此寺，不为求福有深意。遂令绝塞旧名王，列士称藩更无贰。

世宗碑文亦称：

朕惟皇考圣祖仁皇帝，以天下为一家，以万国为一体，深仁厚泽，所以嘉惠藩服者，沦入于肌肤骨髓而不可忘也。

是皆直言无讳，而有清一代，亦卒以此而保有西南边陲，虽末世勿替。双黄寺之独具历史意义者在此。

每岁正月十三日，黄寺有跳布扎之举，俗称打鬼。此外旃檀寺初六日、黑寺十日、雍和宫二十一日，皆有是举。往时钦派王公听经，典至重也。且绣衣面具出自内制，诸大喇嘛皆蟒衣貂服以临之，然实近儿戏，无何深意。清廷存崇其事，亦不过因其故俗而已。

五 坛 庙

天 坛

天坛在永定门内之东，建于明永乐十八年（一四二〇），初遵洪武之制，天地合祀，故称天地坛。① 嘉靖九年（一五三〇），天地分祀之议定，另建圜丘于大祀殿南（殿拆于二十四年），并作方泽于安定门外。② 十三年改圜丘方泽曰天坛地坛。③

天、地坛缭以垣墙艚，上覆椽瓦，外垣周回九里十三步，内垣七里，俱系前方而后圆。两垣之间，古木千章，盛夏无暑。游者自外垣正门入，行甬

---

① 《春明梦余录》14 / 1a。
② 《日下旧闻考》57 / 8a–b 引《太岳集》。
③ 同上，9a。

道上，两旁有方石座，左右对立。系旧日树旗扬徽之遗础，路南则昔日之神乐署及牺牲所。进内垣西门，路南为斋宫，照旧日祀礼，皇帝必先一日出宿斋宫，午夜将事，次日礼成还宫。

进内垣西门而东，升石级，左转而北为祈年殿，右转而南为圜丘坛。祈年殿位于祈谷坛上，周绕宫墙一道。祈谷坛三层，皆以白石叠砌，每层均围以石栏杆，祈年殿居正中，上下三层，周以红柱，上覆以天蓝色琉璃瓦，内铺金砖，正中有天然龙形方石一块。富丽堂皇，世罕其匹。此盖古代明堂之制，旧日春秋二祭，例行"新谷""大亨"两典于此。

清光绪十五年，天坛一度被灾，震钧记曰：

> 光绪己丑八月，大雨雷，天坛祈年殿灾，一昼夜始息。诏群臣修省，于是议重建，而会典无图，且不载其崇卑之制，工部无凭勘估。搜之于《明会典》，亦不得。乃集工师询之，有曾与于小修之役者，知其约略，以其言绘图进呈，制始定，至丙申[二十二年]乃毕工。
> 噫，祈年殿之建筑，殆为不传之天工欤？①

祈年殿南行，过皇穹宇，金顶单檐，内外环转各八柱，为藏神版之所，其南则为圜丘坛。

圜丘坛亦三层，皆以白石砌成，最下层阔二百尺，最上层八十五尺，中层一百四十二尺有奇。第一层白石栏杆一百八十，第二层一百零八，最上层七十二，共计三百六十，合一年三百六十日，暗合周天三百六十度。全部建筑具有几何学之确切，有数字象征之意义。坛基各分三层，积九成数，坛中无处莫非九。所谓九天、九州、九族、九畴、九等赋、九章算术、九九消寒图，递数而下，恐将不胜枚举，"九"之一字，直可视为中国文化之象征矣。

天坛殿墉皆用蓝瓦而朱柱，按照旧制，坛上陈设帘幄，亦皆蓝色，执事

---

① 《天咫偶闻》13a-b。

者衣青衣，又祭礼皆于夜间行之，故坛旁有天镫竿三，高十丈，镫高七尺，内可容人，以为夜间骏奔助祭者所准望。祭前期十日，部臣皆须演习郊事，青舆五路，日日到坛。正阳门左右列肆，皆悬灯结彩，营军巡警，往来不断，游人蚁集，穿行如织，亦盛事也。① 民国以来，曹锟之宪法，曾起草于此，世谑为"天坛宪法"。

太 庙

前清坛庙宫阙之制，多因明代之旧，唯略加损益而已。② 太庙立于顺治元年（一六四四），与盛京太庙崇称为四祖庙，地在阙左，朱门黄瓦，卫以崇垣。大门三，左右门各一，戟门五间，崇基石栏，中三门，前后均出三陛，中九级，左右各七级。戟门外东西井亭各一，石桥五座，桥下原无水，乾隆二十六年（一七六一）始引金水桥水注之。③ 桥南，东为神库，西为神厨，各五间。

庙内前殿十有一间，重檐脊四，下沉香柱，阶三成，缭以石栏。正南及左右凡五出陛，一成四级，二成五级，三成中十一级，左右九级。前殿两庑，各十有五间，东庑为配飨王公位，西庑为配飨功臣位。

中殿九间，同堂异室，内奉帝后神龛，均南向，后界朱垣，中三门，左右各一门。

后殿制如中殿，奉祧庙神龛，均南飨。

故事：凡岁暮大祫日，王公二人各率宗室官奉列祖及后神位合祀于前殿。时飨祇奉中殿神位，祧庙主不与焉。

又每岁孟春于正月上旬卜日，夏孟和孟冬于朔日行礼，并每月荐新，每岁皇帝生辰及清明孟秋望日，岁暮忌辰，均于太庙致祭。

凡祭太庙，皇帝御礼轿出太和门，乘辇由阙左门入西北门，至铺设棕荐处，御礼轿入太庙北门，由后殿东旁门，至前殿东山墙东旁更衣幄次降舆。

---

① 《天咫偶闻》6／1b-2a。
② 《日下旧闻考》9／1a-b。
③ 《国朝宫史》11／3a。

时飨太庙,照祭社稷坛之例,于迎神乐奏时,诣列祖位前,跪上炷香,次三上瓣香,两庑分献官上香。祫祭及奉先殿太庙后殿皆同仪。①

民国十三年,曾一度改太庙为和平公园,旋即停止。今复开放,以便游览。庙垣之内,松柏蔚然,身临其地,如入清凉之境。庙内往时有灰鹤,又多乌鸦,震钧尝记之曰:

> 庙社之中,宫鸦满林,每日晨飞出城求食,薄暮始返,结阵如云,不下千万,都人呼为寒鸦,往往民家学塾以为散学之候。②

九年前某夕,余初到平,过午门左右,犹及见之,印象之深,至今不灭,亦崇殿峻阁间一奇观也。

大高玄殿

宗教势力之深入宫廷,莫如明世宗之崇奉道教。先是,宪宗固已开方技滥官之秕政,至世宗而变本加厉焉。嘉靖初,征道士邵元节入京,召对便殿,首以真教主静之说进,世宗嘉纳之,已为祷雪辄验,封为清微妙济守静修真凝元演范志默秉诚致一真人,统辖朝天显灵灵济三宫,总领道教,赐金玉印象牙印各一,班二品,紫衣玉带。寻又赐阐教辅国玉印,进礼部尚书,给一品服。又有陶仲文者,以符水治鬼,封神霄保国宏烈宣教振法通真忠孝秉一真人,累进礼部尚书,少保少傅少师。明代一人兼三孤者,唯仲文一人而已。寻又封恭诚伯,岁禄千二百石。余以符咒烧炼扶鸾之术,竟致荣显者,不一而足。谷应泰曰:

> 世宗起自藩服,入缵大统,累叶生平,兵革衰息,毋以富贵吾所已极,所不知者寿耳。以故因寿考而慕长生,缘长生而冀翀举,惟备福于箕畴,乃希心于方外也。③

---

① 《燕都丛考》第一编页163—164。
② 《天咫偶闻》1/8a。
③ 《明史纪事本末》(商务印书馆国学基本丛书本)52/11a。

又赵翼亦曰：

> 世宗专求长生，是以信之笃而护之深，……臣下有谏者，必坐以重罪，后遂从风而靡，献白兔、白鹿、白雁、五色龟、灵芝、仙桃者，几遍天下，贻讥有识，取笑后世，皆贪生之一念中之也。①

世宗既清虚学道，不御万岁，遂致奸相严嵩，独擅政权，前后二十余年间，布置党羽，盘踞津要，诛杀忠贤，阴残无极，明政之败，其由是乎？

今绕行紫禁城西北角外之大马路上，有牌楼两座，东西对开，备极壮丽，其题额相传为严嵩笔。又南向一座，民初坍毁。② 牌楼之外，隔御河与紫禁城角楼遥遥相望者，有二亭，钩檐斗栱，玲珑精巧，有"九梁十八柱"之称。③

牌楼之内，即大高玄殿，又简称高玄殿或大高殿，为明世宗率修斋宫之一，四百年来，屹然犹存，及今思之，亦一乱政之源也。

嘉靖二十年八月严嵩入相，翌年春建大高玄殿成，《世宗实录》曰：

> 嘉靖二十一年［一五四二］夏四月庚申，上于西苑建大高玄殿，奉事上玄，至是工完，将举安神大典，谕礼部曰：朕恭建大高玄殿，本朕祈天礼神为民求福一念之诚也。今当厥功初成，仰戴洪造下鉴，连沐玄恩。矧值民艰、财乏、灾变并见之日，匪资洪眷，罔尽消弭，所宜敬以承之，岂可轻忽。尔百司有位，务正心修己，赞治保民，自今十日始，停刑止屠，百官吉服，办事大臣各斋戒至二十日止，仍命官行香于宫观庙，其敬之哉。④

一幕落成典礼，隆重如此，可谓极也。

---

① 《廿二史札记》（上海文瑞楼石印本）34 / 4b-5a。
② 《燕都丛考》第二编页 243。
③ 高士奇《金鳌退食笔记》（清乾隆五十九年至嘉庆元年石门马氏大西山房刊龙威秘书本）下 / 1a。
④ 《日下旧闻考》41 / 3b 引。

嘉靖四十五年春正月，世宗既逝，遗诏曰：

> 朕奉宗庙四十五年，享国长久，累朝未有，一念惓惓，惟敬天勤民是务。祗缘多病，过求长生，遂至奸人诳惑。自今建言得罪诸臣，存者召用，殁者恤录，见监者即释复职。①

忏悔之念，溢于言外；寻绎其言，亦复可哀。既而穆宗继位，遂逮诸方士下诏狱论死，嗣后宫廷设坛斋醮之风顿煞。唯大高玄殿之崇奉，依然未衰，万历间沈德符曰：

> 西苑斋宫，独大高玄殿以有三清像设，至今崇奉尊严，内官宫婢习道教者，俱于其中演唱科仪，且往岁世宗修玄，御容在焉，故得不废。②

清初避圣祖讳，改称大高元殿，雍正乾隆两次重修，益见辉闳。

殿坛之内，松柏参天，景象森幽，又有金植松桧，邓文如师《骨董琐记》有"高玄殿桧松"一条曰：

> 枣林杂俎中集：京师西苑高玄殿桧一松四，并金时植，嘉靖中封松指挥使，俸米专给孤贫。按即衡山西苑诗所称为数百年物，予甲子[民国十三年]四月过之，已槁其半矣。为低回久之。③

松桧有知，毋亦有世海沧桑之感乎？

---

① 《明史纪事本末》32 / 11b。
② 《日下旧闻》8 / 19a-b 引《野获编》。
③ 《骨董琐记》1 / 21a。

北京的地理背景*

（初稿）

一　引　言

陆海古城

民国二十年的秋天，我初次负笈北上，自济南向北，火车竟日奔驰于华北大平原上。那正是秋收就要开始的时候，阳光潋滟，万里无云。从车窗中望去，遍野都好像泛滥着一阵浅碧又一阵澄黄的波澜，恰是一幅陆地海洋的景象。时远时近若断若续的农庄田舍，在一定的距离之外，也都一齐淹没在这无限秋禾的波澜中，只见屋顶不见庭院，只见树梢不见树身。这正是一个大好丰年的预兆，我眼前立刻浮起了"金颗玉粒遍地佳禾"的字句。预备收获忙碌的无数农民，或男或女，或老或少，已经开始向田间散去，就使这辽阔而宁静的大原野上更凭空喧腾起无限生气。这幅景色一直继续着，在向北千里之间，竟然没有什么很大的改变。风驰电掣的列车尽管一小时一小时地奔驰着，而窗中所见仍然是那同一的一幅图画。时间久了，心中未免起了一种茫无依归的厌烦，这平原委实是太大了。

但是一到黄土坡车站，情形立刻改变了。这时我从车窗中望去，在绚烂的夕照中，突然看见西北一带平地崛起一列高山，好似向列车进行的方向环抱而

---

* 编者注：作者于 1942 年 6 月自日本陆军监狱出狱后，将狱中曾撰《北平都市地理》腹稿移记纸端，以为后日续作之张本。

来，于是我又不由得想到："那应该就是这大平原的边际了吧！我们的行程也该结束了。"果然，列车一过丰台，便蓦地转了一个弯子，渐渐在灯火灿烂中安定下来，正如一艘远涉重洋的巨轮，泊入了它最后的港湾——这就是北京。

我用"港湾"两个字，只在描写我当时的心情，事后才知道，原来美国地质学家维理斯氏，在他考察过北京及其附近的地形而后，就早已经给它起名叫作"北京湾"了。

既到北京而后，那数日之间的观感，又好像忽然投身于一个传统的、有形的历史文化的洪流中，手触目视无不渲染鲜明浓厚的历史色彩，一呼一吸都感觉到这古城文化空气蕴藉的醇郁。瞻仰宫阙庙坛的庄严壮丽，周览城关市街的规制恢宏，恍然如汉唐盛时的长安又重见于今日。这一切所代表的，正是一个极其伟大的历史文化的"诉诸力"。它不但诉诸我的感官，而且诉诸我的心灵，我好像忽然把握到关于"过去"的一种实感，它的根基深入地中。这实在是我少年时代所接受的最伟大的一课历史教育，是我平生所难忘怀的。

但是，我始终不能无所疑惑的，就是这座古城的存在，是否纯粹为历代帝王意志的产物？如其不然，那么它之所以能够发展为一个伟大的历史都会的地理原因，就应该是一个极有兴味的问题。不过这个问题并不简单，本文只想从两点出发，加以解释：甲、北京的地理地位，乙、北京的水道与给水问题，分述于后。

二 北京的地理地位

从现代地理学的观点看来，无论哪一种地理现象，都不是偶然产生的。北京这个地方之所以能够发展为一个伟大的历史都会，也一定有它特殊的地理地位上的重要性。关于这一点我原先很想从古人的议论中去寻求解答，但是结果却非常失望，因为这一类的议论虽然很多，但都不能满足我们的要求，有的过于简单，有的过于抽象，有的又失于堪舆家的妄言附会，兹各举一例如下。

一、陶宗仪《辍耕录》曰：

> 至元四年正月，城京师以为天下本，右拥太行，左注沧海。

> 抚中原，正南面，枕居庸，奠朔方，峙万岁山，浚太液池。
> 派玉泉，通金水，萦畿带甸，负山引河，壮哉帝居，择此天府。

这是叙述北京地理形势的一段名文，后世志书，多加征引。但是我们今天看起来，实在未免太简单了。

二、徐元文为其舅氏顾炎武《历代帝王宅京记》所作序曰：

> 天下之势，自西向东，自北向南，建瓴之喻，据古为示，于今为烈矣。

徐氏的论断，颇中旨要，可惜他话说得太抽象，反倒使人们不太容易明白。

三、明朝的人，最尚议论。朱国祯的《涌幢小品》如此说过：

> 京师前挹九河，后拱万山，正中表宅，水随龙下，自卒而庚，环注星城，浇巽而出，天造地设。

这完全是堪舆家的附会妄言，最不可取。

我们今日再来讨论这个问题，绝不应当再蹈先人的覆辙，抽象的叙述与堪舆家的附会固不足取，就是单纯的局部的地理形胜的描写，也完全不能说明北京地理地位的重要性。因为我们知道北京这个地方并不是"一夫当关，万夫莫开"的要塞，我们今日再来讨论这个问题，贵在能把握一个正确的观点，然后从这个观点出发，把北京局部的地理地位，放在全部相关的地理地位的关系上来加以分析，这样我们才能真正认识北京地理地位的重要性。这个观点，就是现代地理学研究上所谓"地理区域"的一个基本概念。

自然地理的分析

从地理区域的观点看来，北京正好处于两大自然区域之间，在其南为华北大平原，在其北为蒙古大高原，此外介在这两大区域当中，而又紧紧环绕于北京北部的，另外有一个过渡地带，我们可以称它为"中间区域"。这个中间区域因为其地表构造的特殊形势，就愈发增加了北京地理地位的重要性。我们且把这三个不同的区域分述如下：

我们随便打开一幅中国地形图，就可看见自北京向南渐渐展开了一个大平原，东至于海，西至于太行山麓，这个平原愈而南去，其东西两边的距点也就愈为开展，一直到它的东边绕过山东半岛丘陵地域的西部，西边越过太行东麓的南端，那么这个大平原就可一直推展到咸丰五年以前黄河故道的南岸，其东西两边的距点，也就可从连云港一直划到洛阳，这样就差不多形成了一个等腰三角形的样子，其顶点在北，而其底边在南。在这个三角形之内，平均海拔不过二百米，全部面积则达三十三万平方公里，这不但是中国地理上最大的平原，亦且是世界地理上主要大平原之一。至于它在历史上的意义较之在地理上的意义，尤为重要，因为这大平原三角形的底部，就是中国历史上所谓"中原"，正是汉族文化的发祥地，因此也就是世界上最古老的文明中心之一。

此外，若从地形上来看，这个三角形大平原的东西两边还可继续向南开展，其底边也可继续向南推进，这样可以渡过淮水，越过星星点点的淮阳大别诸山岭而一直伸展到长江南岸以与江南丘陵地接壤，这就又形成了一个更大的三角形，其底边可以从宁波一直划到宜昌。这个大三角形平原的底部，也就是中国地理上所谓扬子江平原与扬子江三角洲，又在中国后半部历史上占了极其重要的地位，因为自南宋而后，这带地方就渐渐发展为全国最重要的中心经济区，而扬子江这条极其优越的内陆航道，也正等于这个中心经济区的中枢。

现在我们再回头来看北京和这三角形大平原的关系是如何呢？

假使从三角形大平原望去，北京正是这大平原三角形的顶点；

假使从北京看来，这三角形大平原正如北京的一个辐射面。

因此凡是在这大平原三角形之内一切贯通南北的交通路线，如果自北而南，必以北京为共同的出发点；如果自南而北，又必以北京为最终的辐辏点。这个简单的关系，平浦平汉两铁路就是最好的说明，因此北京对于大平原是完全居在一种指挥的地位上（commanding position），这是十分显明的。

但是，这大平原为什么会有一个顶点呢？这就要从上文所说的那个中间区域的特殊地形来加以说明了。

从地质构造上来看，这个中间区域正是一个东西走向的大断层带，自北京而北，重山叠嶂，千岭万壑，一直向北排列下去，一层比一层高，一列比一列雄壮，正如怒海狂涛，汹涌北上，以北接于蒙古大高原的南边，这样在南北百余公里之间，其海拔竟自五十米上升至两千米。在这整个区域之间其最南的一列山岭虽然是最低的，但是因为平地崛起的缘故，所以从平原望去反倒觉得格外雄峻。不但如此，这道山岭又在北京的附近伸出了东西两臂，造成了一种环抱的形势，因而形成了北京附近一个局部的小平原，这个小平原就是维理斯所描写的"北京湾"，也就是三角形大平原的顶点。

然而这个中间区域对于北京的关系，绝不止于在把它造成一种港湾的形势而已，此外它还有更重要的影响。这个中间区域既是一个东西走向的大断层带，因此自古以来就成了南北交通上的一个大障碍，只有遵循几个天然的关口，这个区域的穿行才有可能，这些关口中最著名的如南口、古北口、独石口、喜峰口等，都环列于北京局部小平原的边际，因此从北京看来，一切交通路线，必顺经由这些阙口，才能穿过这个中间区域，然后向蒙古大高原及其东部的附属山地辐射而出，平绥平承二铁路就是遵循这种自然地形而铺设的。所以一切交通路线，无论是从大平原北上至大高原，或从大高原南下至大平原，都必以北京的局部小平原为交会之区，这完全是由于这个中间区域的特殊形势而造成的，而北京就在这种特殊形势下把握了南北交通的总枢。

人文地理的分析

以上专属于自然地理的讨论，此外，若再从人文地理上看来，这个中间区域不但是两个不同的自然区域之间的过渡地带，同时又是两种不同经济、不同文化之间的过渡地带。在其南为大平原的农业经济与农业文化，在其北为大高原的游牧经济与游牧文化。前者富有固定性，故其社会组织的特质是保守的，和平的；后者富有迁移性，故其社会组织的特质是流动的，挑战的。这两种不同经济、不同文化之间的关系，表现于中国历史上，就是历代北边游牧民族与农业民族的攻守战，这个攻守战的胜负关键之所在，大半又要看这个中间区域的命运而决定：假使这个中间区域落在南方农业民族的手里，那么便可从容设险，因地制宜，庶几北边可以无大患；假使这个中间区域落在北方游牧民族的手里，那就有乘势南下，直捣中原的趋势，这又是由于这个中间区域的特殊形势而造成的。而北京更在这种形势下渐渐发展为一个伟大的政治都会，这是可以拿以往辽金元明清五朝建都于北京的历史来加以印证的。

历史的印证

中国北边外攻内守的局面，原是自古已然，不过自晚唐以后，愈演愈烈，到了五代，竟成了一面倒的形势，这时北方不同的游牧民族，相继南侵，不但占领了这个中间区域，而且逐渐发展为颠覆南方农业民族政治主权的一个大势力（**这个势力因为来自北方的大陆，我们可以称它作大陆势力，以与下文的海洋势力相对称**），代表这个势力的南侵而第一次占领了这个中间区域的，就是契丹。

契丹（辽）（待补）……

女真（金）（待补）……

……我尝设想，当初金兵南渡，在穿过了这个中间区域而翻过最后一道燕山的时候，就会立刻看见一个他们从来没有梦想到的大平原，一直展开在他们面前。这对于他们，完全是另外一个世界，这里有几千年光明灿烂的文化，有几千万世代相承生息乐业的居民，阡陌毗连村舍相望，极目南眺，浩无涯际，假如那正是秋日马肥的时候呢，那么在无限好的金黄色的阳光下，微煦的南风吹来，就更要在这大平原上掠过一阵阵醉人的五谷的熟香，这幅突然开展的繁饶富庶的景象，在那些半开化的游牧民族的心理上应该激起何等的波澜？对于那些剽悍好战的铁骑健儿应该是何等的诱惑？这真是我们大平原上的人所极难悬想得到的。我认为这就是历代北方游牧民族在占领了这个中间区域而后，还一定要继续南侵的一种心理背景，也是极可玩味的。

蒙古（元）（待补）……

满洲（清）（待补）……1645世祖入关

明（待补）……1368明建都南京，永乐十八年（1420）改都北京以上是辽金元明清五朝之所以建都于北京的一段简史，这段简史也不过在说明北京如何由军事据点渐渐演变为政治中心的一个简单过程而已。

现代新局面的开展

如果中国北边这个外攻内守的局面一直是支配中国政治的主要势力，那么北京政治首都的地位，也将始终不变。不过实际的情形并不如此，因为自晚清以降，北边的大陆势力日益消沉，代之而起的却是另外一个崭新的势力，以更大的暴力侵入了中国，这个势力来自海洋，所以我们可以称它作海洋势力，这个海洋势力因为其来势的凶猛，立刻在中国地理上展开了一个新局面。这个新局面从鸦片战争开始，中经英法联军之役，一直到八国联军入北京为止，便完全造成了。在这个新局面之下，自亘古以来禁若封域的中国海疆，就全部骚动起来，自南而北数千里间，无一处不受到这个新势力的影响与打击，一方面割让租界，一方面开埠通商，结果数十年间，沿海都市，崛起如林，在中国地理上一向以大陆为重心的人文活动，也一变而转向海洋，不但这个新局面和旧日北边那个外攻内守的局面大异其趣，就是造成这个新局面的海洋势力与旧日那个大陆势力也完全不同，因为这个新势力完全是现代工业文明的产物，它之侵入中国，一方面是有形的，一方面是无形的，有形的是坚甲利兵以及过剩的商品与过剩的资本。无形的是由于现代工业文明而产生的新思想与新观念。前者在中国的政治与社会上引起了莫大的变化，后者又在中国的文化界激起了非常的波澜。结果，这种种新变动影响于北京的，不但使北京政治首都的地位起了动摇。甚至连建都于此的政体以及这个政体所代表的传统的政治哲学，也都根本起了动摇。降至辛亥之役，旧政体在表面上算是被推翻了，同时更议迁都南京，但因袁世凯的阴谋，未能实现，一直到民国十六年国民政府成立，这才正式迁都于南京，而北京也就从此失掉了它的政治首都的地位。

南京的建都，除去其历史的原因及摆脱北京的封建势力而外，主要的还在于应付中国地理上所展开的这个新局面，一方面南京正处于半圆形的中国海疆的中心，一方面对于在这个新局面所造成的全国的新金融中心上海又比较容易控制，至于其利弊得失，因为超出本文的范围之外，此不多赘。

那么北京的前途又将如何呢？我们且留待结论一节里再来详细讨论。

三　北京的水道与给水问题

今城的奠址与水道的关系

普通我们说北京为辽金元明清五朝建都之地，其实在这五朝之间北京的城址，就有过大小五次的变迁。

最初的是辽城，约当今城的西南，现在西便门外的白云观与天宁寺一带地方，正好是辽城的东北角，不过辽之建都于北京，只是一种陪都的性质，仅把唐末的幽州镇城略加修缮而已，其故址除去西南一角外，已无遗迹可寻了。

真正建都于北京的不始于辽而始于金。

金之建都于北京，除去上文所说的政治与军事的关系而外，海陵王之醉心汉化也是一个极重要的原因，《大金国志》曾有如下一段记载：

> 海陵炀王天德二年时宋绍兴二十年七月，除大使梁汉臣为右丞相，一日，宫中宴闲，因问汉臣曰："朕栽莲二百本而俱死，何也？"汉臣曰："自古江南为橘，江北为枳，非种者不能，盖地势然也。上都地寒，唯燕京地暖，可栽莲。"主曰："依卿所言，择日而迁。"……兵部侍郎何卜年亦请曰："燕京地广土坚，人物蕃息，乃礼仪之所，郎主可迁都。北蕃上都，黄沙之地非帝居也。"……又曰："国主嗜习经史，一阅终身不复忘，见江南衣冠文物，朝仪位著而慕之，下诏求直言，内外臣僚上书者，多谓上京僻在一隅，转漕艰而民不便，唯燕京乃天地之中，宜徙都燕以应之，与主意和，大喜。"

迁都之议既定，于是下命调发夫役，大兴土木，一方面把辽城东面向外开拓，一方面又大筑宫室。这金京宫室的建筑，不但其规模制度仿自汴京，就是一部分建筑材料也是由汴京劫掠而来,所以从建筑艺术的系统上看来,北京现存的宫殿建筑,清袭于明,明仿自元,元仿自金,金又仿自汴梁。汴梁则上承洛阳与长安。脉络相循,渊源有自,这就是北京特殊的历史意义之所在。

当时这金京的建筑,真是壮丽已极,《金史·海陵纪》曰:"营南京宫殿,运一木之费至已二千万,牵一车之力至五百人,宫殿之饰,遍傅黄金,而后间以五彩,金屑飞空如落雪,一殿之费以亿万计,成而复毁,务极华丽。"

而这宫殿建筑中最特殊的一点就是琉璃瓦的普遍应用。按汉代宫殿,侈者多用漆瓦,至魏晋以后犹然。唐代初用碧瓦,北宋李诚作《营造法式》,记有烧造黄色琉璃瓦:物料方法,但仅附于青棍瓦窑中烧之。故知当时应用,仍不甚广。南宋使节至金,见其以琉璃覆屋,深为惊叹,可见至金建北京,而后琉璃瓦之应用始广,直到今天,琉璃砖瓦遂成为北京宫殿建筑上最灿烂的一大特色。

但是金人的努力建设,还不止于城池与宫殿,此外对于近郊名胜的开发,成绩尤大,例如玉泉山就是因为金章宗初建行宫于此而后渐渐开发起来的,香山也是如此,现在这都成为西郊的名胜,章宗之大动民夫工匠,兴筑卢沟石桥,而今更成为一个不朽的纪念物。不但如此,章宗更把金京东北郊外一片小平原当中的一区湖泊,加以人工的疏浚,作为一个新的风景中心,然后辟治园林,建筑行宫,以为游息之所,这就是现在北京城内三海的前身,是与今城的奠基有着极密切的关系的。

北京今城最初奠基于元,号曰大都,蒙语又作"汗把里城",就是大汗城的意思,元人为什么要改建今城呢?元之改建今城,大概是因为兵火而后,金京业已荡然,到了元人迁都的时候,去金之覆亡,又四十年,旧城的荒芜,当益不堪,况且元人开国的规模,也决不肯苟且因袭金人的废墟,然而这只算是一种推测,史书上并没有明文记载。

但无论如何,新城是改建了,而且在新城刚刚建好不久,就从远方来了一位异国观光的客人,这就是东西交通史上大大有名的马可·波罗。马可·波罗在他的游记里曾记到元世祖之所以改建新城,乃是因为听了占星者的话,以为旧城有叛变的征兆，不可为都。至于这新城的城址是否也由占星者所卜定，他也没有提到。

以我看来，这新城的建基是与金京东北郊外那一片湖泊有着极密切的关系的，因为这一片湖泊自金以来，就已经发展为一个风景中心了。同时给水又格外便利，这也是游牧民族所极其重视的，此外还有一个有力的佐证，就是元朝的宫室，分建于今中南海的东西两岸，皇宫在东，约当今故宫之地，太子宫在西，这样的设计显明是以湖泊为中心的，虽然我不能武断地说北京今城的奠址完全由湖泊水道所决定，但其间的关系是十分明白的。

提到元朝宫室的建筑，也有它的一个特色，就是石工的普遍采用，而其中最重要的就是石工殿基的创建。我们看今日故宫的建筑，每一座宫殿都由上中下三大部分配合而成：上部为殿顶，中部为墙壁窗棂门户，下部为殿基，三部配合均匀，所以望去有稳重之感，特别是三大殿的殿基，由数层叠合而成，而且周围绕以玉栏，更是格外壮丽，假使没有这石筑的殿基，因为殿顶的重大，望去就会有头重脚轻的感觉，这实在又是中国建筑史上的一大进步。此外加工雕刻的装饰，也大为增加，石工的应用既广，那么石料的采取与运输，就成了很大的问题，幸而北京去西山很近，西山之中不乏石矿，石料的来源是不成问题的，至于运输呢，因为石料重大，陆运极为不便，因此元人又把昔日金人所开一条引水灌溉的旧渠，重加疏浚，自今石景山西北的金口地方，凿开浑河，建闸引水，一直东下，以至于西南城下，用以转运西山的木石，所以一切建筑工料，都得源源而来，当时即命名曰金口河，这又是北京的建设与水道关系的一例，其后因为这条水道坡度太大，易致泛滥，就慢慢湮塞了，到现在只有局部的河身，还隐约可见，而土人则已经把金口河的原名讹称作金沟河了。

近郊水道的开发及其意义

但是近郊水道的开发，最重要的不是金口河而是通惠河，这通惠河的开凿，不但说明了当时河工技术造诣的精湛，同时还在解决北京之作为全国政治首都的一个地理上的大问题。

到了元人建都于北京的时候，实在与辽金的情形已经大不相同了，辽之疆域，仅至于白沟水，金人虽已拓疆至淮河流域，但仍然是与南宋分庭抗礼的局面。到了元人建都北京的时候，就已经统一了全国。在这个大一统的局面下，北京虽是全国的政治与军事的中心，却不是全国的经济中心——此所谓经济中心，当然与现代所谓金融资本中心的意义不同，那只是说当时的北京并不在全国最主要的生产区域之内，其附近的华北大平原，虽然也是一个极其重要的农业生产区域，但是因为种种自然条件的影响，其生产力大受限制，而其中最重要的就是雨量的变化无定。按华北大平原的平均年雨量为 600mm，恰足农作物的自然生长，若低于此，人工的灌溉就为必要，假使这 600mm 的雨量，年年无大变异，也还不错，但实际的情形并不如此，而是变异非常之大，雨多之年，有时一日甚至几天之间的雨量，就可以超过全年的平均雨量；反之，雨少之年，则全年的降雨，尚不及平时十分之一，同时平原旷衍，水源有限，人工灌溉既不发达，排水泄水更全无设备，结果，雨多而集中之年，必遭水患；反之雨少之年，又必致荒灾。一水一旱之间，其正常的丰收，不过三与一之比例耳，以与扬子江流域相较，真有天渊之别了。

扬子江流域自南宋而后，就已经完全开发为全国最重要的生产区域，不但温度、雨量得天独厚，就是人工水利，也极为发达，所以出产的富饶，甲于全国。因此，如何以扬子江流域的财富，拿来维持远在北方的政治中心的北京，就成了当时一个大问题。元朝如此，明清两朝亦莫不如此。为了解决这个问题，于是有所谓元明清三朝漕运制度的发展，这个漕运制度主要的就是把扬子江流域的米粮，借用自然水道的运输，集中于扬子三角时，然后转运北上，以达京师，当时元人一方面起手开凿贯通南北的大运河，一方面又倡行海运，但终元一代因为运河初开，规制未备，海运始终不废，至明而河运大开，海运遂罢，降及清初康熙年间，南北大运河的工事就完全告成了。这样看起来，这条南北大运河实在无异一条大锁链，其目的即在把南方的经济中心与北方的政治中心，拉在一起，故其意义是非常重大的。不过其开凿的经过，虽极有趣，大半却不在本文范围之内，本文所要提到的，只是这条大运河最初的一段，就是从北京到通州的一段，也就是上文所说的通惠河。

元朝的漕粮，无论是河运海运，都必先到天津，然后溯白河而北，以至通州。由通州西至京师四十里，并无自然河流，欲使东南之漕直达城下，必用人工开辟运道，才有可能，然而这并不是一件容易的事，因为北京附近的地形，西高而东下，自北京至通州已经是比较平坦的一段了，然而路隔四十里，地降已达四十尺，因此要开辟这条运道，至少要遇到下列三个困难问题：一、自然水源的探求，二、地形测量的正确，三、工程技术的精深，主持全部工事而圆满解决了这三个问题的，是在中国水利工程史上大放异彩的郭守敬。郭氏探得昌平县西南的神山白浮诸泉，用为水源，一面绝其东去之路；一面筑南北长堤五十里，导水南下直达青龙桥，然后合一亩诸泉同汇于七里泊（即今之昆明湖），再由七里泊开河（开河时曾于地中掘得金人旧建闸基，想是金人引西郊之水以注三海者），东南直入京师，由京师西城入，南城出，然后东下直达通州，其间共建闸若干，兹以《元史·河渠志》为据，绘为简图如下（原稿未见图示。——编者注）。

河道既成，于是东南漕船，可以直驶城内，一日元□蒙古来，见积水潭（今什刹海）上舳舻蔽水，皆为南方漕船，大愉，因名此河为通惠河。

（据手稿整理，收入本书之前未发表）

《天津史表长编》*
拟例

一、是表之作，在示同学以治史之端绪，递就习闻习见之事，探讨其原委始末，盖好高骛远，何如脚踏实地，其始或无足以动听闻，其终必期于坚实远大，此固先圣登高自卑行远自迩之遗训，亦切矫时弊之意也。诸生就学天津，即当以认识天津为求学进知之出发点，故先合全班之力共成此表，然后再各就性之所近，分别作专题之研究。目的总在练习，苟有所得堪以问世，视为副二之收获可也。

一、是表所采，凡关天津建置沿革政治兵事实业教育以及风俗灾异，无分宏细、有得辄录。

一、每事撮为纲要，独成一行，再引原书，附于其下，如原书过长不能全录，亦须详记出处以备检阅。

一、每事各成起讫，务求纲举目张，以便省览。

一、事之不详年月者，无所附丽，另入别录，以待稽考。

一、是表之作，先取地方志书，自卫志府志县志续县志以至新志市概要诸书，为入手资料，以次取其他诸书逐渐扩充之。

甲申上元后三日

---

* 编者注：作者于1942年出狱后流寓津门，1943年春学期起任教于达仁商学院。利用课余时间，组织学生编写编纂史表，培养研究天津史地的能力。《天津史表长编》文稿遗失，仅存"拟例"一页。

乱世怀业师及诸同窗

十年灯火继薪传，学有家风心自然。
敢道施施曾入室，也能兢兢自临渊。
低回蓟北春风暖，惆怅津南旧雨天。
太息残园瓦砾里，师门桃李幸都全。

　　　　　　　　三十三年十一月二日　不眠之夜
　　　　　　　　　　习诗一首　业师改过

给天津工商学院毕业班学生的临别赠言

在中国，一个大学毕业生的出路，似乎不成问题，但是人生的究竟，当不尽在饮食起居，而一个身受高等教育的青年，尤不应以个人的丰衣美食为满足。他应该抓住一件足以安身立命的工作，这件工作就是他的事业，就是他生活的重心。为这件工作，他可以忍饥，可以耐寒，可以吃苦，可以受折磨；而忍饥耐寒吃苦受折磨的结果，却愈发使他觉得自己工作之可贵、可爱，可以寄托性命。这就是所谓"献身"，这就是中国读书人所最重视的坚韧不拔的"士节"。一个青年能在三十岁以前抓住了他值得献身的事业，努力培养他的士节，这是他一生最大的幸福，国家和社会都要因此而蒙受他的利益。

诸君就要离开学校了，职业也许是诸君目前最关心的问题，但是职业不过是求生的手段，而生活的重心却要在事业上奠立。愿诸君有坚定的事业，愿诸君有不拔的士节，愿诸君有光荣的献身。

（1944年夏毕业生赠言，选自《1945年天津工商学院校史简志》）

黄河故事*

一

本校学生俱乐部的负责人，约我今天在这里作"学术演讲"，我觉得不很相宜，因为学生俱乐部，顾名思义应该是大家在一块说说笑笑的地方，不好像课室里那样的拘板严肃，所以我想最好还是趁这机会和诸位同学谈谈"家常"。

但是"家常"也有不同：一家有一家的"家常"，一校有一校的"家常"，一国有一国的"家常"。一家的"家常"，父母兄弟都应当知道；一校的"家常"，师长同学都应当知道；一国的"家常"，凡是国家的公民也都应当知道。我们今天且不妨谈谈一国的"家常"。

我国"家常"之大，莫大于黄河；我国"家常"之难，亦莫难于黄河。就是外国人也都知道黄河是我国的忧患（"China's Sorrow"）。所以今天闲话"家常"，就特意把黄河做话题，和同学随便谈谈。

二

假使在人类历史上有所谓"光荣之战"（glorious war），"神圣之战"（holy war），那么汉民族与黄河的斗争，就可以说是一个光荣的战争，一个神圣的战争。

汉民族与黄河斗争的开始，也就是中国历史的开始，算到现在，总有

---

* 民国三十二年十月二十六日天津工商学院学生俱乐部讲稿。

四五千年了。在这四五千年的斗争史中，那抗灾御难企图驯服黄河的水工专家——请工学院同学注意——与冲锋陷阵捍卫疆土的勇士，一点没有分别，都称得起是"民族英雄"。

在这四五千年的斗争史中，涂满了血迹斑斓可歌可泣的故事，今天我所能讲的只是其中的一段，无以为名，姑名之曰"黄河故事"，严格地说应该是"治导黄河的故事"。

三

我国之治黄河而设有常任的专官，始于元晋帝（即泰定帝）泰定二年（一三二五），曰行都水监，立于汴梁。至明而有"总理河道官"，降及清初，概用"河道总督"之称，或驻山东济宁，或移江南清江浦（今江苏省淮阴县治，盖彼时黄河由此夺淮入海），因事制宜，总理黄运两河事务（详见俞正燮《癸巳类稿》卷十二"总河近事考"）。

元明清三朝之特别关心河务，有一个重要的经济背景，不应该不知道。元人统一中国不久，即继辽金之后而迁都北京，并选建新址，奠定了今日北京的基础。不过元初的国势，与辽金相较，实有天渊之别。辽以今河北省北部与北宋为界，金以今淮河与南宋为界，都只是局部的占领，仅造成分庭抗礼的局面。及至元初，举全国版图，皆为元人天下。世祖奠都北京，俨然为全国政治军事的中心。所差的只是这政治军事的中心，并不在全国最富饶的经济区域之内，因为自唐宋以还，扬子江的中下游就已经掌握了全国农业经济的牛耳。为了要把南方的财富，拿来供养北方的政治军事中心，所以元初才有开凿南北大运河的计划。

明清继元之后，情势如出一辙，都以开凿大运河为巩固国家经济基础的根本。结果，每年由大运河北上的漕粮，总达四百万石之多。

可是，南北大运河一旦开通，运道的保护立刻就成了问题。因为运河自南而北，黄河自西而东，两河相汇，适成正交。黄河一旦泛滥，漕运立即中阻；漕运一旦中阻，国本立刻动摇。因此，为了保护运道，不得不积极修治黄河；为了积极修治黄河，不得不设立专官。所以在明清两代的河务上，都有"防河保运"的一个流行名词，这个名词的暗示不外说：从国家的经济政策上看起来，防河主要为保运，果然运道无恙，才是防河的根本。

四

在元明清三朝的治河史上，各自出了一位专家，在元为贾鲁，在明为潘季驯，在清为靳辅。这三位专家，在中国的治河史上，都是数一数二的人物；在为沿河生灵抗灾御难的意义上来说，也都算得是民族英雄。可是对这三位民族英雄，我们并没有尽了我们尊敬爱护的心；不但没有尽了我们尊敬爱护的心，反倒累他们度了坎坷的半生，含恨而去。我们岂但对不起他们，而且对不起我们建国的精神，因为我们的国家就是建立在这种为庶民争命的战斗精神上。

贾鲁生当元之末季，时黄河分南北二派入海：北派行山东北部济水故道，南派行江苏北部夺淮入海。

黄河之夺淮，始于金章宗明昌五年（一一九四），降及元末，已经一百五十多年了，时因下行不畅，往往决于上流。顺帝初，连年大灾，民不聊生；且运道中阻，盐场皆坏，国计大困，导黄之事，功不容缓，时脱脱为丞相，深知贾鲁素谙河事，力辟众议，荐以工部尚书充总治河防使。

至正十一年（一三五一）四月，贾鲁领旨发民戍共十七万人供役。时正炎夏，水力方盛，而鲁一意奏功，急不待时，前后三月，卒挽黄河，使复故道。

鲁之治河，一切工程做法，具有法度，并多创举，详见欧阳玄《至正河防记》，中国河防书之兼载治法，当自此始。

贾鲁治河，虽起灾民于水深火热之中，却为奸人造谣中伤之由。缘鲁拜命河官之前，黄河南北有童谣曰："石人一只眼，挑动黄河天下反。"及鲁治河，果于黄陵冈（今山东曹县西南六十里）得石人一眼，而汝颖妖寇，适于是时发难，此后不二十年，元祚以亡，事载《元史·河渠志》，并谓"议者往往以为天下之乱，皆由……治河之役劳民动众之所致"。鲁因热心治河，而被亡国的罪名，这是多么不公平的事。原因都在治河一事，纠葛最多，如不实事求是，必然河不得治；如果实事求是，一定恶怨满门。不但贾鲁如此，一切治河大家的命运大体莫不如此，此非天不容人，实乃人不相容也，故英国人于河工，有 Political Engineering 之称，正是这个意思。

元亡，明以山西高平县长平驿之贾鲁故宅，改设驿站，蒋仲舒《尧山堂外纪》记壁间有人题诗曰："贾鲁修黄河，恩多怨亦多；百年千载后，恩在怨消磨。"一位治河大家的功过，要靠易代之后一个不平则鸣的路人，用一首无名的题壁诗来替他分辩，真是多么令人兴叹的事！然而这四句诗，虽然文字鄙俚，却是句句真实。贾鲁有知，得此一首小诗，也可安眠地下了。

明孝宗弘治八年（一四九五），黄河全道南徙，皆由淮河入海。于是黄运交汇之虑，又益以淮水的冲击，工事之难，史无前例。值此河漕交敝之际，我国又出了一位天才卓越的河工专家，这就是鼎鼎大名的潘季驯。

潘季驯自嘉靖四十四年（一五六五）至万历二十年（一五九二），在前后三帝三十余年间，四任总理河道官，行事之刚毅，工事之卓越，称得起是神禹之后的第一人了。

季驯所以四任总河者，都是因为流言蜚语，不能久安其任。既季驯一去，河又不治，因此又不得不再起季驯，前后达三次之多，于是季驯有"治河不难而难众口"之叹。

季驯以久习河事，河亦似非季驯不治，故论者谓"非但公习河，河亦习公"。

而且季驯治河，艰苦力行，胼手胝足，与河工夫役同起居，传谓："公与役夫杂处畚锸苇萧间，沐风雨，犯霜露，发白面黧，俾两河合轨，转漕无害，缘河之民，始见室庐丘垄，烟火弥望，而公于是亦瘁甚矣。"

但是任事之力，操劳之勤，都不是潘季驯所以成为第一流河工专家的原因。他之所以能成为第一流的河工专家，实在于他的河工理论。

季驯的河工理论，都载于手著的《河防一览》中，这部书可说是对于黄河认识的一部大书。

我尝以为：我国黄河之不治，在于我国人人都会治黄河。众说纷纭，都是庸见。大概自古以来言治河者,最重要的不外三派:一派说最好移民让水,庶可安居乐业;一派说非走禹河故道,不能免于河患;一派说只有旁开沟渠,才可不致溃决。但是到了潘季驯,独能摆脱成见,另辟蹊径,建立一种崭新的河工理论,可以八字代表曰"以堤束水,借水攻沙"。盖季驯认为黄河根本不可以人力治,善治河者,在因水性而利导之,使其达于自治。本来汉人张戎早已说过:"水性就下,行疾则自刮除成空而稍深。"然而这还止于是一种自然现象的说明,一直到了季驯,才把此种现象的教训,发展而为一种河工理论。

季驯观察到黄河携沙量之惊人,因以为治黄首在治沙;而治沙之道,莫便于以人工加速水流,直使携沙入海,以免流缓沙停。因此他创立了堤制,束水攻沙,顺流入海。

"束水攻沙"理论的建立,在中国河工史上是一件大事,这给旧日的河工,立下了一个稳固而科学的基础,就是在世界河工史上,也是值得大书而特书的。

民国二十一年及二十三年,当代水工名家德人恩格斯(Prof. H. Engels),先后应我国冀鲁豫三省及全国经济委员会之聘,在德国巴燕邦(Bayen)之瓦痕湖(Walchensee)滨,做导黄实验,其结果并各家意见,由全国经济委员会水利处辑为《恩格斯治导黄河试验报告汇编》(民国二十五年三月出版,水利专刊第五种),其所阐明重要理论之一点,与季驯之说,完全相同,只名词之解释稍异耳。季驯谓:"筑遥以防其溃,筑缕以束其流。"遥堤缕堤,功用各异。依恩格斯教授之解释,季驯之缕堤,即固定中水河漕护岸工程之一种,并认季驯之说为十分合理,而深致其赞许焉。

束水攻沙的理论,到了清初又经一番实证,主其事者,就是清朝著名河臣靳辅。

靳辅于康熙十六年自安徽巡抚调任河道总督。时河淮交敝,败坏不堪。靳辅在任十一年,河复故道,漕运无阻,并开凿中河,完成了南北大运河最后的一段工程。只因他实心任事,因此结怨甚多,卒因整理河田与下河问题,开罪于土豪劣绅以及在朝大官,因此竟于康熙二十七年遭人攻击,被革去职

（详见拙著《靳辅治河始末》，载《燕京大学史学年报》二卷三期）。

翌年，康熙南巡阅河，见沿河人民船夫，皆称道前任总河靳辅，念念不忘，才知道冤枉了他。因此到了康熙三十一年黄河再决的时候，遂重召靳辅，再任总河。这时靳辅却上了一道奏疏，说他原本不会治河，前次佐他成功的，乃是一位无名的河工专家，而这位专家，在他被罢去职时，已经屈枉而死了！

今天我真正要讲的，实在就是这最后一位河工专家的悲惨故事，他的名字叫陈潢。

五

陈潢，浙江钱塘县人，因自幼好治"经世"之学，故连举不第。相传康熙十一年，靳辅以内阁学士拜任安徽巡抚，到任之前，颇想以礼聘士，作为幕宾，而未得其人。及过邯郸，见路旁庙壁有题诗曰："四十年来公与侯，虽然是梦也风流；我今落魄邯郸道，愿与先生借枕头。"时墨迹未干，靳辅读罢，颇异其人，亟遣人踪迹之，遂得陈潢，宾主一见如故，从此聘他同行，做了幕宾。（《清史稿》《清史列传》及陆懋勋《杭州府志》所载《陈潢传》，都记此事，但无诗句。诗句见袁枚、余金等笔记。）

但是靳辅自己并没讲到这个故事，而且此诗风格气魄与陈潢为人，也甚不相若，故我以为是假造。

靳辅自己说遇见陈潢，不在邯郸而在北京："适有钱塘县儒士陈潢者，游学京师，偶与臣遇，臣见其状貌魁梧，器宇凝重，动止语默，咸秉以礼，臣遂聘以同行。"（按指同行赴安徽巡抚任，见靳辅《义友竭忠疏》）

康熙十六年，靳辅以安徽巡抚迁任河道总督，一切在任工事，皆由陈潢擘划。

陈潢佐理靳辅治理黄河，有两端极可注意，第一是他临工处事的态度，第二是他治河的理论与策略。

当时总河一职，人人视为畏途，诏命既下，靳辅疑惧不前，而陈潢力促受命，旋又严加以告诫曰：

> 潢尝观人事万端，或可骋机巧，或可事矫揉，或可任粉饰，犹得掩耳目于一时，袭虚名于后世。若水性之一定而不可移，而黄水之性尤奔注而不可遏，挟沙而不可停，且至与淮合流之区，绝无山陵阻恃，更散漫而不可约束。是机巧于此无所骋，矫揉于此无所事，粉饰放此无所任，唯顺其性而利导之耳。（《河防述言·河性篇》）

这是治河万难唐突，是科学的基本态度。他又说：

> 夫水土畚锸，非可优游坐治也。暴露日星，栉沐风雨，躬胼胝，忍饥寒，固非易任矣。若膏泽纨绔之子，宁可与共茶苦？躁进趋利之徒，不可与历艰辛。（《河防述言·任人篇》）

于此可以看出他实践严肃的科学精神。最后，他更以一种大仁大智大勇的领袖人格，规范靳辅，使他可以表率人群，抗灾御难，他说：

> 从来治法固行于治人，而治人之本，尤在居上位者端之于己焉。公身膺重任，所贵敬以临之也，勇以任之也，明以察之也，勤以率之，宽以期之，信以要之，恒以守之也。备此七者，又矢以实心，惩以实事，将如声应响，如腕运指，庶司百执事，有不从风而偃者乎？于以捍大灾御大患也何难？（同上）

以这样积极的说教者的口吻，而出自一位实验的科学工程专家，真是多么难能可贵的事。

其次陈潢治河的理论与策略，此处无暇详述，只好举其纲要：

一、法宗潘季驯，主张以堤束水，借水攻沙。

二、着重实地观察与测量，作为治河张本。早年即尝溯河之上流，以达宁夏。（见《河防述言·源流篇》）

三、组织河兵，视治河如治军，为中国河工史上的创举。

四、力主"大修",先治黄,后治运,一反重运轻黄的积习。

最后,他还有工程技术上的发明,就是所谓"测水法"。以为水流急,则如急行之人,日可二百里;水流缓,则如缓行之人,日可七八十里。如此可用测土方之法,移而测水,即以水纵横一丈高一丈为一方,以此计算河槽之容量,而预为宣泄。治河而考虑到水流的速度与流量,这不是科学的测量方法么?中国旧日的河工发展到这个阶段,实在是已经走上了科学的道路,这是离现在整整两个半世纪以前的事。

黄河主要的是在陈潢的手里治好的,而不尽是靳辅的功劳。可是靳辅因治河而成名,陈潢却因治河得罪而死,天下憾事宁有甚于此者!当康熙二十七年靳辅革职去任的时候,陈潢即被解京监候,哪知从此一去竟没有了他的下落。

六

最后,关于陈潢的研究,我还愿意说几句话。

陈潢生平无所著述,而靳辅却留下了奏疏八卷,都是安徽巡抚与河道总督任内的奏疏。靳辅、陈潢二人的事业既然很难分开,这奏疏八卷大部也可视为二人共同的作品(康熙二十七年以后的自然纯属靳辅),故为研究陈潢者所万不可忽略。惜该书编次,出于辅子治豫,诸疏先后,颇多错乱,且不著年月,又有脱遗。昔余写《靳辅治河始末》,曾将各疏年月,一一考订,拟另草《靳文襄公奏疏系年》一文,以便读者。然总以人事蹉跎,迄未如愿。

又靳辅首次河臣任内,受命修纂《治河方略》,其书原名《治河书》,燕京大学图书馆藏有钞本,幕中董其役者,似非陈潢莫属。

相传陈潢著有《治河策》(见魏峋《钱塘县志》传),或谓《治河摘要》(见《清史列传》本传等),皆无传。唯陈潢同里张霭生著有《河防述言》十二篇,记陈潢治河议论及故事甚详,附《治河方略》末卷,又见《青照堂丛书》及《切问斋文钞》,或谓即据《治河摘要》摘纂而成,亦为研究陈潢之重要史料。

数年前,余于北京书肆得石印《历代河防统纂》四册二十八卷,署名陈潢所纂,并有靳辅序文一篇,但误"潢"作"璜",纪事至于乾隆,又多乖误，必是伪托。

至余所见陈潢传，大小共七篇：（一）《清史稿》本传，附靳辅传后，（二）《清史列传》本传，附陈仪传后，（三）王元启作传《砖传集》，附靳辅传后，（四）钱林作传（《文献征存录》及《国朝耆献类征初编》），（五）魏嶼《钱塘县志》传，（六）邵晋涵《杭州府志》传，（七）陆懋勋《杭州府志》传。此外由以上各传征引而知者《武林道古录》及《陈文述家传》，皆未见，但其要点，当已收入上列各传。即此七传，亦多简略，转相抄袭。前六篇皆在二三百字间，而言河工多于身世。后一篇杂凑成章，亦不满千字，而乖误之处，至不辨皖抚与河督为二事。其余志书，或归陈潢于"循吏"，或入"仕迹"，或列"人物义行"，要皆未得其真。

诸传中言陈潢比较亲切者，为魏嶼所纂《钱塘县志》传。志刊于康熙五十七年，去陈潢之死，正三十年，所载潢传，为诸传中之最早者，虽只一百五十三字，而最见性情，谓"潢喜与名士交，性慷爽，一言投契，挥手千金勿吝，至今受恩者语及潢，每为流涕"。隐然有为陈潢辨曲直之意。

但言陈潢最亲切者，还要算康熙三十一年靳辅二次受任河督时，为陈潢所上"义友竭忠"一疏。该疏杂于奏疏八卷之中，从来未为传作者所引用。全疏皆言陈潢身世及其如何宣力河工，如何被屈而死，可谓满篇血泪，跃然纸上。陈潢有知，得此知友为他写下这么一篇见情见义的血泪文字，流传后世，也就可以安眠地下了！

今天我也是凭了这篇文字的感动，才能和诸位同学谈起这段"黄河故事"。

附识：此稿初讲于工商学院学生俱乐部，时以座位有限，女院同学未得入场。会女院成立纪念刊筹备出版，孙主任命以原稿转载本刊，以谢女院诸同学。奉命之余，未暇改作，疏浅贻误，在所不免。又言陈潢诸事，大半根据拙作《陈潢治河》一文，原载民国二十六年三月五日《大公报·史地周刊》，并识于此，幸读者谅之。

（原载《工商学院女院成立纪念刊》，民国卅二年九月）

沧海桑田

在黄海的西岸，渤海湾的尽头，有一大片辽阔的土地，除去山东半岛的巉崖绝壁突出海上之外，一望几乎尽是平原。巉崖绝壁的背后，在丘陵谷壑的若断若续之间，又突然涌起一座高山，这就是有名的泰山了。

从地质上说来，泰山的地层属于全无生物痕迹的太古界，在各种不同的地层中是时代最古的，所以在我国，凡是这同样古老的地层都叫作"泰山系"。泰山全山几乎都是片麻岩与片麻花岗岩，不但时代最古，质地也最坚硬，最能抵抗自然的侵蚀。因此一直到今天，这座古老的泰山还是凌岩巉壁，气象峥嵘，没有一点衰老的样子。《诗经》上所描写的"泰山岩岩，鲁邦所瞻"，正是万众仰止的一副矍铄苍劲的像貌；加以古松寿柏蟠结其间，就越发显得是老气横秋了。

我们不妨设想：在悠久的阅历中，这座巍然独立的泰山，正像一个饱经风霜的老者，俯首凝视着展布在他脚前的这片大平原。在这大平原上，自古至今不知掀起了多少生存竞争的波澜，不知演出了多少喜剧与悲剧……不知诞育了多少明哲睿智，像一颗颗光芒的彗星掠过了无限的夜空，不知产生了多少英雄豪杰，像一阵阵疾风暴雨卷过了广漠的原野……这一幕一幕历史的伟剧，有时使我们心惊胆战，有时使我们会心微笑，有时使我们垂头丧气，又有时使我们鼓舞向前。但是在这一切的背后，古老的泰山却另外告诉我们一桩更根本更可纪念的事实，就是关于这片大平原诞生的故事。我们必须知道这个故事，因为这大平原是我们民族文化开花结实的地方，是我们永久的家乡。

在悠久的过去，从泰山的极顶西望，如今那一片平原，原来正是一片浊浪翻滚的浅海。那时的泰山还不过是这浅海中的一座孤岛。浅海的对岸，有一条黑线隐约可见，那就是太行山了。

从太行诸山之中，有无数的大小河流，携带了无数的沙石泥壤，滚滚东下，横断山脉的阻隔，注入了这一片浅海。其中有一条特大的洪流，从更遥远的大陆内部，汇合了千山万壑的水，浩浩荡荡蜿蜒而来，在太行伏牛两山之间一个漏斗形的出口内，以大量的泥沙，吐入海中，这就是尚在造形中的大黄河。

时间永无停留地前进，黄河和其他诸流也从无止息的把所携带的泥沙倾注入海。悠久的岁月在无声无息中悄然消逝了，只有这一片浅海却一沙一砾地慢慢淤垫起来。从西到东，山脚下的三角洲渐渐向海中伸张，海滩上的河道也渐渐向海岸延长，一直到浅海不再是浅海，泰山不再是孤岛的时候，于是一片大平原渐渐具备了今日的雏形，而地质时代的沧海也就要在瞬息之间变为历史时代的桑田了——这就是世人所称道的华北大平原。

这是痴人说梦吗？还是事实呢？……

河流因为时时刻刻在流动，因此对于所经之处产生一种自然侵蚀的力量。这种自然侵蚀的力量，因为长久作用，永无止境，在悠久的岁月中就足以使巨岩碎为沉沙，沧海化为桑田……

根据专家的估计，黄河及永定滹沱诸河流域，每年被水流侵蚀的土面，平均约厚三分之一厘米，若是在斜坡上，侵蚀作用还要大得多。假定从斜坡到平地每年平均侵蚀半厘米，那么从周武王算到现在，前后三千年间，《诗经》上所歌颂的"膴膴周原"，现在已经低下一米半了。

这就是专就各河上游的侵蚀来推测。只因上游地面宽广，所以侵蚀的深度，还不算得太大。如果再专就下游的淤积来计算，那就十分可观了。现在我们姑举黄河为例。

自古以来，黄河即以携带大量泥沙而著名，所以有"一石水，六斗泥"的说法。根据现代科学的计算，黄河每年平均流量为一千二百一十立方米每秒，含沙为流量的百分之三点三，也就是说每秒钟的输沙量为二十五立方米。依此类推，黄河一年的输沙量就有七亿八千八百四十万立方米。一年七亿八千八百四十万立方米的泥沙，到底有多少呢？我们不妨用比喻来说明。

假使我们用黄河每年所携带的泥沙，筑一道宽一米，高近二十米（一九点七米）的长城，那么这道长城就可以延长到四万公里，恰好在赤道的地方，把地球环绕一周，这比起我国有名的"万里长城"还要长得多呢。

以上是单就常年的平均数量来计算，如果专就黄河的洪水时期来说，那么黄河携带泥沙的能力，就越发可惊了。

据专家推算，洪水时期黄河一天的输沙量就到了三千一百万立方米。三千一百万立方米有多少呢？想来你是游过北平故宫博物院的，故宫四面有方城环绕叫作紫禁城，紫禁城的高是六米，面积是一百六十六万四千平方米，合计它的容积是九百九十八万四千立方米，我们姑且算它是一千万立方米，拿这容积来和洪水时期黄河一天的输沙量相比较，实在还不足黄河输沙量的三分之一，换句话说，洪水时期的黄河可以在八小时之内从从容容地把偌大的紫禁城完全灌满了泥沙。这样的速度就是现代的机械力量，恐怕也是很难做到的吧。

在当初，华北大平原就是以黄河这样的冲积力量渐渐造成的……自然在黄河以北的永定河、滹沱河等，和在黄河以南的淮河诸支流，对于这大平原的淤积也有相当的功劳，但是比起黄河来，究竟要差得多。因为黄河不但携带泥沙的数量最多，同时河道的迁移也最厉害，只就历史时期来说，大平原上黄河的河道就已经有过六七次的大迁移了。北自海河，南至淮河，上下数千里间，没有一处没有受到过黄河浊流洗荡，换句话说，也就是没有一处没有受到过黄河泥沙的淤垫。但是，在黄河浊流冲荡肆无忌惮的时候，古老的泰山宛如中流砥柱，屹然无所动摇；对于澎湃奔驰的黄流，泰然若无所闻。就是等到它周围的浅海已经被完全淤成陆地的时候，它仍然不动声色巍然挺立在那里，好像一方面对这条顽梗不驯的黄河加以警告，另一方面却又好像以慈祥和悦的颜色凝神俯视着我们的祖先，慢慢从太行山内的黄土高原走下来，渐渐从黄河的吞噬蹂躏之下，夺取了这片辽阔肥沃的大平原，于是一个激烈的斗争从此开始了。这激烈的斗争在中华民族奋斗图存的历史上涂染了无限悲壮的色彩，一直到今天。好像从最初我们的祖先就觉得这座岩岩泰山壮起了他们不少奋斗的胆子一样，也愿在未来我们永远把它那种千古不磨的精神作为我们立生图存的榜样。

（原载《国民新报·禹贡周刊》第一期，1946年3月21日）

玉泉山

在北平的建置史上，金朝占了一个很重要的地位，尤其是海陵王与世宗章宗三帝，更是功不可没。

海陵王是正式迁都北平的，拓城池，建宫室，制度规模，远过辽人。不过当时的京城，还在现今内城的西南郊，而今所留下的，只有名作凤凰嘴的金城一角，聊供吾人凭吊而已。

世宗创建大宁宫，在当时京城的东北郊，也就是现时北海的左近。这大宁离宫的创立，与后来元世祖的改建大都城，就有了很密切的关系。此外又在京西营建卢沟石桥，始工于大定二十九年，告成于章宗明昌三年，一直保存到现在，竟成了民国史上不朽的纪念。

章宗不但完成了卢沟石桥，同时对于近郊名胜的开辟，也有莫大功绩，其中最重要的就是香山和玉泉山。

章宗尝于玉泉山建行宫，曰芙蓉殿，为避暑之所，《金史·章宗本纪》也屡屡提到驾幸玉泉的话，可是殿址元时已废，如今更无踪迹可寻。李濂玉泉山诗曰："章宗避暑玉泉山，宫女随銮到此间；昔日翠华欢舞地，于今犹见五云还。"这虽然说是一度繁华已成过眼云烟，但玉泉山之从此发迹，却是没有疑问的。

玉泉山本是西郊道上的一座部娄小山，原无可贵，其可贵者，在于山石嶙嶙，楚楚有致，特别是从东面望去，尤觉青苍可爱。《猴山集》所谓"土纹隐起，作苍龙鳞"者，十分传神，不是真到玉泉者，不能领略其滋味也。

但玉泉山之真正可贵，究不在山而在水。本文谈玉泉山，也只是说玉泉的水而已。

　　玉泉之山虽小，而玉泉之水却是一个大题目。其大与北平合城的奠址有关，与城郊苑林的点缀有关，与旧日皇家的起居饮馔有关，甚至与明清两朝国家的漕运也有关。此外再加上泉水的甘洌，颜色的澄洁，那就无怪乎乾隆皇帝要封它作"天下第一泉"了。

　　玉泉何时得名，殆不可考。金世宗作大宁离宫于城之北郊，以其地檀林池之胜，有湖曰太液池，略当今之三海。太液池水溯其上源，当出玉泉。至元世祖改建大都，以金故离宫为中心，于是玉泉下游，乃入城中，自是遂有金水河之名，目的全在点缀皇家园林，因此特别尊贵，凡其流水所经，不得与其他河道相混（余另有《北平金水河考》一文，已载《燕京学报》，此不赘）。不但如此，甚至把"金水河濯手有禁"，悬为明令（见《元史·河渠志》）。一条荒山野溪，而今竟然成了皇家的禁物，真是其名可贵，其命可悲。就是到了清季，玉泉山水，仍为皇家所独专，故《天咫偶闻》曰："宫中所用，则取玉泉山水，民间不敢汲也。"

　　元明易代之际，玉泉之水，大遭厄运，元时金水河道完全破坏，后日竟无踪迹可寻。既明成祖再建北京，才另辟河道，引玉泉入城，遂与今日源流，差相近似：即由玉泉山东汇今昆明湖，然后由长河南流东转，自德胜门，西水关入城，积而为什刹海，再分两派，一出地安门外石桥，转东而南；一入皇城，注三海再由天安门前东引，与另一派合，出今正阳门水关，以济东南之漕，直达通州入白河，亦即今之北运河。

　　所以在元朝，玉泉山水只为点缀皇家苑林之用，至明而兼济运之功，源流既长，为用亦大。

　　降及清初乾隆年间，更架石槽，导西口碧云寺与卧佛寺迤西泉水，中途合流，然后东至玉泉，再入昆明湖。槽石宽尺余，厚半尺余，凿槽其中，前后相接，架槽墙上，长达数里，近山脚处，则渐入地中，其遗迹至今犹历在目，余尝步行其上，自玉泉山而西，直达碧云卧佛二寺，尝问四王府一七旬老人名李二者，彼讲儿时尚见槽中流水，以时度之，则五十余年前，石槽尚可通流，而今则已残破不堪，无人收拾，自然西山的泉水，也就只有遍地流散，再不能东合玉泉了。

民国以来，不但西山的泉水不能东合玉泉，就是玉泉山的水，也不能完全入城了。原因是西郊一带，滥辟水田，当事者贪水租之利，漫无限制，众水消耗，有增无已。加以水道破坏，乏人修守，上下委蛇，益不堪问。结果，以玉泉至可宝贵之水，于滥行挥霍之外，又任其东流西散，全不爱惜。例如圆明园早成废墟，而泉水汇注，犹成巨泊，据前北平市政府工务局华南圭工程师的约略估计，西郊稻田与湖泊的蒸发量，每日约到了五千立方米，至就地面的渗漏，还没有计算在内，此种消耗，实堪惊人！因此，故都城内，日益干枯，不但园林失色，就是浩浩荡荡的三海，也竟然闹起水荒。一位朋友曾亲自告诉过我，他因养病到中南海钓鱼为娱，可怜的是水浅得就是连一条大一点的鱼，都不能立脊而行，我听了他的话，真不禁有"釜底游鱼"之叹。暑假兴起，去北海划船，不料桨起之处，紫泥滚滚，腥气逼人，只好返棹而归，看见沿岸新荷，在炎阳威逼之下，也有垂垂欲枯的样子，这真是多么煞风景的事。

我尝以为北平之特别好，就好在这城心一片汪洋的大水面上，从金鳌玉蝀桥南瞻北望，无不平远浩荡，气象恢宏，刹那间的流连，已足使我们忘怀是驻足在百余万人口的大都市中了，何况其他哉！而这恢宏的气象，鄙意以为就正是我国文化的神髓。假如我们说北平是最能代表中国文化的地方，那么三海的气象也就是最能代表北平的地方。即使这些直觉的问题不谈，单从历史上看起来，我们也应该想到北平今城的奠址，最初也正是这一方清流之所赐，而如今我们这些不肖的子孙，却把它糟蹋到这个样子，使荷不得出淤泥而不染，使鱼不得游于渊，是谁之过欤？是谁之过欤？

四月十八日重改旧作

（原载《国民新报·禹贡周刊》第八期，

1946年4月18日）

研究地理学应有之基本观念*

"在未谈到这问题之前,我们应先知道什么是读地理与研究地理学。"我们从前小学时代以及现在中学所读的地理课程,只重于记忆方面,如中国分几省,有何重要都市、物产、山脉、河流、铁路,条目分得不可胜数,我们只要有好的记忆,在考试之前背熟了,就可以得百分,且因地方繁多,时间一久,自然要忽略了。故在中学时代,学生对史地多不感兴趣,更谈不到重视了,又哪能做进一步之探讨呢!殊不知地理对于一个国家是如何的重要,须知一国的国策(建设方针)是要以其地理环境来决定,对于国家的命脉有密切关系。为此我们死读地理的观念应速抛开,而研究新的地理学殊有谈谈的必要。

研究新的地理学乃是用科学的方法来治地理(我国接受此科学,也不过是近五十年的事),例如对于一个都市的重要性不需死记它的山脉、河流等,要先知道成为一个大都市之地理条件如何?这地方因为合于此条件,故成为大都市,我们要用理智,不要用死的记忆。

现在我们既然明白了研究新地理学的意义,让我们谈谈研究地理学应有的新基本概念,第一我们要知道:"凡一切地理现象皆时刻在变动之中。"先从地文地理方面说,古人对于地理之变化早已发现了,如"沧海桑田"之言,但这种发现无人接着研究,而只当作文学上修饰的辞藻罢了。如从前《诗经》上所咏叹的周之平原,现在已不知升高若干尺了。江苏的海塘原为沿海防潮之用,然而现在却成了大陆上风景的点缀了。所以我们可以结论:凡一切地

---

* 侯仁之教授讲述,字明记录。

理现象因长时期的受自然的建设力量和破坏力量（地壳变更风削雨蚀）使其生成发展，以至于死亡，与人生一样，俱时刻在变动之中。其次从人文地理方面来说，为了证明"地理现象的变迁"，我们可由人类过程中考察之：城市在人文地理中最重要，现在说明城市亦时在变迁之中，亦有它的初生、少年、壮年、老年、衰亡等期。如长安、洛阳在安史之乱以前，是何等的繁华，人口之多，物产之富，集天下之精华，在当时可以说是世界上最大的都市，好似今日的纽约一般，然而至安史之乱以后则渐衰微而泯然无闻了。天津所在地在二千年前，原处海中，直至七百年以前始由河流冲积形成陆地，然为荒野沼泽之区无人居住，直至公元一二四五年左右北宋时代始有盐渔之人居住，所获物由河流输出时称三岔口，至金代入主中原，此地形成攻守要塞，稍成小经济市场，因河入海口甚直，名直沽塞，其后向南扩充地区，至元朝统一时，名海津卫，扎重兵以控制陆海要冲，至明永乐年间，燕王定都北京，而此地乃成为京师门户，乃筑城驻兵，固名天津卫，及至清入关经此，更形繁华，雍正间本城外亦形成镇市，咸丰十年，外人势力侵入，开埠通商，租界建于海河之岸，沿海门户大开，乃成为华北唯一现代化的都市。所以上述人文地理的变迁我们虽未曾亲自见到，然而我们由此可以确切定论："凡一切地理现象皆时刻在变动之中。"第二个我们研究地理学的基本观念是须明白："孤立的地理现象是不存在的。"凡是一个地理现象都是由许多现象所构成，总与其他方面发生关系。例如天津与青岛二都市。在对外的地位上说，则天津以南为平原，且河流交错，对内地交通甚便，青岛则处于泰山、崂山之包围中，对内地交通不便，次依其本身的地址来说，天津则为河港、沙岸，一万吨之轮船不得直接入口，而青岛则为海港、岩岸，万吨之船可直接入口泊岸，且港内仓库完善。由上例天津在地址上不如青岛，而地位上好，两者相较，地位较地址重要，所以天津优于青岛，而成了华北经济中心、最重要的都市。他如北平的所以成为主要都市，盖亦有其地位与地址上的因素。北平在地位上，处华北平原之北端，南北交通之总枢，居统制地位。在地址上，北平则居高原平原的交点，农业经济与游牧经济之分界，历来的边防门户，文化中心，是以辽、金、元、明、清，五代皆建都于此，而形成其不可稍移的重要性。综由上述，我们知道各地理现象全与其他现象有密切关系，所以说："孤立的地理现象是不存在的。"

是以现在之治地理学者应具观念，不外上述，然而我们现在所读的地理，依旧是一条一堆的记录文字，一张一片的死板地图，除了死的记忆来学，别无良策，令人见了就头疼，在古文似的背诵中没有一点兴趣。那么好了！现在让我们接受这新的观念，在未研究地理之前，不须再皱眉头了，我们每得到一个地理现象，先考察这现象的所以产生及变迁，和它的环境以形成其重要的条件，将想象拉开，不只看到这现象的表面，更理解到它的内形，那么一张地图就是一幕实地写真，一篇文字等于一段旅行和样样奇异的故事，因此对它有更加深切地明了，全凭了理智，并不是从死记得来，那么到什么时候也不会忘掉它。这才是探讨趣味的捷径，研究新的地理学的不二法门。

（原载《中学生》第 3 卷第 1 期，1946 年 1 月 20 日。

河北大学档案 137 号）

地理学的理论与实践*

本文原题 The Theory and Practice of Geography，为英国利物浦大学地理学院达比教授（Professor H. C. Darby）之就任演讲（Inaugural Lecture，1946 年 2 月）。该学院系前任罗士培教授（Professor P. M. Roxby）所手创，并特设"中国地理研究室"，致力我国地学研究，卓著声誉。我国当代地理学家出其门下者，颇不乏人。罗教授战后退休，以古稀之年，再履我国国土，继续努力中英文化之合作发展，并于客秋北来，在燕京清华作短期讲学。如罗教授者，不但为英国一代地学大师，亦我国伟大之良友也。继任者达比教授，出身剑桥，为当代英国历史地理学之权威。战前主纂《英国历史地理》（*A Historical Geography of England before A. D. 1800*）一书，堪为斯学典范。本篇所讲，可以代表其"地理学观"，前半略及地理学史，似觉平淡无奇；一入后半，便觉耳目清新，非同凡响矣。且全篇话题，信手拈来，深入浅出，轻松自然。论事实，谈哲理，婉转贴切，引人入胜。至若称许前任，发抒己见之处，尤足见此邦学人风度。译者不文，愧未能传达原作神采于万一也。——译者

地理学家偶尔提到他们这门学科的历史悠久。自古以来，就有这样的问题："别的地方和那些地方的人是怎么样的呢？"这个问题好像是与人类的文明同样古老。但是无论任何人，当他一旦来检讨地理学的发展及其范围的时

---

* H. C. Darby 讲授，侯仁之译。

候，他就要立刻遇到一种矛盾，这种矛盾就是：尽管地理学是一门古老的学科，但在过去的几世纪间，对于这门学科切实包括的研究范围，仍然还未确定。看起来其目的早经奠立的一门学科，而其研究范围，仍未确定，是很可诧异的。因此，我倒愿意把近代地理学的理论（*实践亦然*）与有悠久传统的地理学研究的关系，首先加以检讨。考究一桩事体的来历，也就是要对这桩事体有更进一步的理解了。

希腊罗马时代的人，曾有不少的地理著作问世。他们常常论到土壤气候对于人生及国家的关系，而且后人对于这些问题所有的思考，他们也大都早已见到了。他们也曾企图解决过，绘制世界地图的问题，尤其是托勒密（Ptolemy）的著作，更为后来的制图学专家立下了基础。但是，从若干方面来讲，希腊罗马时代一切地理学的成就，其中最伟大的，还要算史陀伯（Strabo）十七卷的《地理学》。以其范围之博，研究之广而论，在前此所有关于世界地理的著作中，这实在是极可注意的诸种之一。

希腊罗马的研究精神，延续于回教世界的学派中，而且有若干极不寻常的阿拉伯的著作，正和当代欧西的著作，形成了鲜明的对比。在西方中世纪的基督教国家中，一切地理知识，无不被迫为神学服役。但是求知的天性，也始终未尝衰微。中世纪每一部大百科全书的编纂——那是一个百科全书的时代——都包括有地理学的一部门。不过，事实是很少的，同时距离增加了迷惘。比如在那时最流行的诸书之一，曾经告诉我们说："在东印度的极端，当恒河发源之处，那里有无嘴之人……他们靠鼻孔呼吸香气为生。他们既不吃，也不喝，单闻花香或木瓜的香气。"这一段见于一册十三世纪的教科书中，是巴塞洛缪斯（Bartholomeus Anglicus）所写的，书名题作：《事物本性》（*De Proprietatibus Rerum*），原为手写本，当时巴黎的书商以定价把这部书租给大学学生阅读。一直到十四世纪，该书的需求，仍然很广。随着印刷术的发明，这部书立刻有很多的版本相继问世，而且还有了拉丁文、法文、英文、荷文以及西班牙文的诸译本。

但是，就在这个时候，大发现的时代来了！这个时代的到来，乃使人类自古以来对于远方的好奇心，获得了适当的满足。十六世纪的英国文献，也因了在牛津大学讲授地理的海可律（Richard Hakluyt）的搜集而大为充实。他曾告诉我们说，他的目的就是要"从遗忘之贪婪与吞噬的嘴巴中"，把当时重要的事件抢救出来。他辛勤工作的结果，遂被称为英国的伟大的散文叙事诗。同时，这种追求的精神，也并非英国所独有。在大发现的历史中，很少有比一五四〇年横越南美洲的西班牙人奥雷利亚纳（Orellana）的日记中所记载的一段写得更有趣的。他说："在我们吃过了和野草一同煮熟了的皮鞋与马鞍之后，我们又重上征途，向黄金之国前进。"奥雷利亚纳和他的后继者，都没有到达他们的黄金国（El Dorado），但是这个新世界从此却为后来的发现者开放了。同时，事实如潮涌而至。因此，这也就无怪乎大诗人约翰·弥尔顿（John Milton）也会说出这样的话来了："地理学的研究，是既有利又可喜的！"他也曾试写过关于俄罗斯的叙述，据他自己说，他所根据的是"目睹者的写作"。

这个扩张中的世界的轮廓，也已经表示在那时开始出现的新地图中了。墨卡托（Mercator）与奥特利乌斯（Ortelius）的地图，是一连串的地图中出版得最早的。紧接着就是十八世纪巨大的地图册，其余绪相承，直到今天。这些地图本身已足说明地平线在逐渐扩展中的故事了。

世界拓广的现象，立刻引起了各式各样的问题，尤其是日后所谓"环境问题"。在法国，让·博丹（Jean Bodin）是第一个重新拾起亚里士多德和柏拉图所考虑过的问题的人，并利用十六世纪的新知识对其加以开发。在他一五七六年所出版的《共和国》中，他把地球表面分为不同的气候区，并分别讨论各区中人民的特征。他的言论是出于玄想的，是不科学的；然而这却是第一个有持续性的关于近代环境问题的讨论。其后又有本国牛津大学基督教会（Christ Church）学院的伯尔顿（Robert Burton）。他有一个完善的地理学图书馆，并且承认他对于地理学的研究兴味甚浓，甚至推许地理学的研究为消烦却虑的良方之一。他在一六二一年所出版的《忧郁之解剖》（Anatomy of Melancholy）一书中，有很长的叙述，讲到气候的差异，对于人类的重要。此外还有其他学者，他们的写作，实为一七四八年出版的孟德斯鸠（Montesquieu）的大著《法意》（Spirit of the Laws）一书的先导。在该书第十四卷与第十七卷中，孟德斯鸠讲到气候对于人类社会的重要；又在第十八卷中，也同样考虑到土壤的重要，他所讨论的范围及于全世界，并且从远方旅行家的无数的报告中，提取他的例证。其他学者于十八世纪的末叶，在德国以及其他地方，也在探讨着同样的问题。

但是，这些人并非地理学家，虽然他们的思想包含了日后所谓"人文地理学"的种子，至于这个新时代的地理学的论著，在其探讨的范围上，反而比较有限。其间略可分为两类，即"一般地理学"（General Geography）与"专门地理学"（Special Geography）。两者有时也很相近，但就大体而论，其间的差异，确很显明。而且这种差异，在后来的地理学著作中，依然可见，一直到今天。"一般地理学"所研究的，乃是关于造成地球表面各种差异的原则问题——如气候现象、山川、河流等。关于这方面最出色的著作，要算一六五〇年出版的瓦伦纽斯（Varenius）的 *Geographia Generalis* 了。瓦伦纽斯曾在哥尼斯堡（Konigsberg）与莱顿（Leiden）就学，还没等他的著作全部完成，他就以二十八岁的年龄，在贫苦的生活中夭折了。但是他的遗著，却产生了极大的影响。一六七二年牛顿（Isaac Newton）曾将他的著作校定再版付印，并且作为他在剑桥讲学之用。在前后一百多年的时间，这部书始终是一部标准的权威之作，且有德文、法文、荷兰文与英文的译本行世。在十八世纪中，还有其他的人写了有关"一般地理学"各方面的著作；但其中最伟大的，要算哲学家康德（Kant）了。他的哲学家的鼎鼎大名，宁可说湮没了他的地理学家的声誉。一七六五年到一七九六年，当他在哥尼斯堡大学讲授"自然地理学"的时候，他号召了广大的听众。他与旅行家及航海家，保持联系，并以各种现象在地球表面上的分布，说明他的理论。

另一种地理学——"专门地理学"，并非专题的研究，而是对于各地方分别叙述，这应该就是我们今日所谓"区域地理学"（Regional Geography）的先驱了。一六二四年，但泽（Danzig）人 Chwerius 以其六大册的"世界地理导论"（Introduction to Universal Geography）问世，其中五册是关于各地方的分别叙述。有许多人在十七、十八两世纪中，继续做这样的工作。但是这一类的地理叙述的末流，竟一变而为事实的堆砌。这种著作有时被称作"地理文范"（Geographical Grammers）或"地理辞典"（Geographical Dictionaries），而且成为十九世纪地理教科书的范本。其实，这类地理教科书，很少注重到科学研究的原则，却大部偏重于地方知识的实际应用。例如所注重的，大都是地方的名称与物产，供给的仅是事实，如河流、地岬、海湾、入口货、出口货等。所以，当一八六五年爱丽思在她所到的"奇境"中，重温地理一科的内容时，除去主要的河流、山脉与城市之外，她就再也记不得其他的东西了。（译者按：《爱丽思漫游奇境》为英国著名童话小说，一八六五年初版问世，至今为英国家喻户晓之作。本文举此，在以轻松幽默之口吻，反映当时地理学科之内容，而予听众以亲切趣味之感。）

一直到二十世纪，地理教科书的主要内容，还都是这一类的事实。我早年在学校里所读的地理课本，就是这类教科书的一种，其时已经是第十七版了。

不过，我们中间一些人所曾遇到过的这类教科书，实在只是一种旧制的残余而已。因为远在十九世纪结束以前，整个地理学的观念早已为之改观了（译者按：请参看《益世报·史地周刊》第一期所载拙作《近代地理学研究的中心趣味》一文）。人类对于其他地方的好奇心，依然如旧，但是着重之点却不同了。事实的搜集，代之以事实的组织、选择与类别，但是更重要的，却是要在各项事实的相互关系上，加以观察。

近代地理学的定义，已经很多了，我无须再画蛇添足；同时，对于其研究范围的解说，也不想妄加藻饰。因为要认识近代地理学的内容，还另有一条道路，不必列举其所包含的种种，只须考察这门学科所由成长的知识环境，也就够了。当十八世纪的末叶，与十九世纪的前半，人类在其思想上几乎是开始了一个新的方向。这种思想的改变，实在是一种革命，其影响的深远，实足与十六世纪的文艺复兴相提并论，虽然其性质是迥不相同的。一如初期的文艺复兴一样，其影响及于各种问题，以及各种思想的态度。地理学的新观念，就在这种十九世纪一般思想的大变迁中产生了；同时，其本身也就是这个大变迁的一部分。此种变迁还有许多别的征兆，其中之一，就是历史范围的扩展。从此以后，历史的范围不再只是年月与王侯的记载了。一八五七年开始刊行的布克尔（Buckle）的《英国文化史》（*History of Civilization in*

England）就是一例。另一征兆，就是以一八五五年弗雷德里克·勒普莱（Frédéric Le Play）的《欧洲工人》（Les Ouvriers Européens）一书的出版为先驱的新社会科学的兴起。此种新社会科学的兴起，使地理学与经济学在社会问题中的重要性，格外增加。第三个征兆，就是一八三一年至一八三六年小猎犬号船的环球航行——这是一次科学探险的航行，达尔文（Charles Darwin）就在这只船上，因而奠定了他日后工作的基础。他的《物种起源》（Origin of Species）是一八五九年问世的，这部著作对于环境的因素特别加以重视，其影响所及，社会科学与生物学同蒙其惠。

上述一八五五年、一八五七年与一八五九年三年间所发生的事件，把十九世纪的五十年代，造成了极有趣味的十个年头。这些著作——还有其他著作——都是同一思想变迁状态的征兆。到这时候，人所要问的问题，不仅是经验中的一些问题了。他们不仅是问："那些地方是怎么样的呢？"他们还要问："那些地方的人如何住在那里呢？他们生活的情形是怎么样的呢？为什么是那样的呢？"无论我们对于地理学的定义如何，地理学的近代观念，确是针对了这些问题而出发的。约自十九世纪中叶以后，经济学、社会学、经济史、社会史、人类学以及地理学，都在一起，共同发展。假如有人想把这些门学科的界线，严加划分，岂非鲁莽？这些门学科不是互相排斥的，不是学术研究中分别独立的自治领域。当我们蹒跚前进中，偶尔遇见和我们同样的冒险者，对于作为人类家乡的天地的这个共同问题发生兴趣时，那原是无足怪的。虽然说这些门学科的界线，大都属于学术上的因袭，而不易划分，但是每一门学科也自有其观点，自有其特殊的研究方法。为了解决这个共同的问题，地理学者应该表示明白，他所担任的，乃是企图答复下列的这些疑问："为什么那个地方的地理景观是那样的呢？那些地方的人对于其环境的影响是怎么样的呢？这两者之间的关系（译者按：即环境影响与人生利用）又是怎么样的呢？"正如法国的地学大师白兰士（Vidal de la Blache）所说：地理学本质上乃是一门关于地方的科学。

近代地理学的观点，是由洪堡（Alexander von Humboldt）与李戴尔（Karl Ritter）所奠定的。洪李二氏同于一八五九年逝世。他们的见解与训练，彼此甚不相同。洪氏有治事之才，是一位有科学趣味的旅行家。李氏是一位人文主义者，是柏林大学的第一任地理教授。尽管他们有甚多差异，但在他们的工作上却有一点是相同的，他们都努力要从那时已有的杂乱无章的地理事实中，抽理出某种有秩序的相互关系。洪氏坚持反对他所称为"只是毫无联系的一些观察的累积"。李氏也是同样的直言无讳，他说："目前的工作，就是要摆脱单纯的叙述。"他们都从一大堆混杂而不相关联的细枝末节中，摆脱向前，为地理学的研究建立了新的基础（此外洪氏还在一八一七年创用了等温线）。他们承袭了有悠久传统的地理学的好奇心，并且赋予以新的意义。"要了解一如要叙述"（to understand as well as to describe），是他们遗留给后进者的箴言。

　　一八五九年以后的半个世纪，各大学中增设地理学科的运动，进行颇为顺利。在德国，一如我们所预期的，进步特别迅速，尤以一八七〇年以后为然。美国法国以及欧大陆的其他各地，也有同样的发展。同时这个运动也传到了英国。一八八四年皇家地理学会指派了一位"地理教育视学员"，对于国内与国外的地理教学的整个问题，做了一番彻底的调查。该视学员把收获丰富的地图仪器与消息携带回国。其一八八五年的报告书，就是英国地理教育新纪元的发端。牛津剑桥两大学首被接洽，结果于一八八七年及一八八八年分别设立了地理学的讲席。此后二三十年间，其他大学，相继效尤。在有的大学中，地理学系即在已有地质学系、经济学系或历史学系中诞生。在利物浦大学，则由经济学根纳教授（Prof. Gönner）兼授地理。一九〇四年创设地理学助理讲师，由一位牛津的老毕业生担任（译者按：此即下文中的罗士培教授，当时在座者，尽人皆知，故不必说明）。一九〇八年改设独立讲师，一九一七年更由约翰·阮青先生（Mr. John Rankin）的捐助，创立了教授讲座。一位年轻的助理讲师，因此而首膺教授讲座的就是罗士培（Percy Maude Roxby）教授。"在就任演讲中，照例是要对前任表示敬意的。但要本人在这里称扬罗士培教授在本校四十年的工作，未免有些鲁莽。罗教授手创的地理学院（School of Geography）以及其专诚献身的满门桃李，已自昭彰在人耳目。何况，出身在他门墙之下的，还不仅限于幸能身临利物浦而得亲炙教颜的人呢！英国其他大学的好多人，也都是他的学生，并且因他的理想与人性而深受陶冶。英国之外，特别是在中国与埃及，也同样沾受了他丰厚的赐惠。罗士培教授对于中国的著作，不但在专门的地理学的意义上，增加了我们的知识，并且使我们更进一步了解了中国的文化。"（达比教授评语）

当罗士培教授最初就任的时候，在英国只有另外一处有地理教授讲座，那就是伦敦大学学院（University College，London University）。时至今日，英国全国一共有十六个地理教授讲座，这个数字本身，也足以说明其意义了（译者按：英国教授讲座，资格极严。常常是每一学系，只有教授一人，同时也就是系主任，与我国制度不同。故全国十六个地理教授讲座，已足见其多了）。在英国，地理学实在是从一九一四年至一九一八年大战之后，才确立为大学课程的。大多数地理学的荣誉学院，都是从一九一八年开始的（译者按：英国制度有荣誉生者，始得称荣誉学院：Honour School）。这两次大战之间的二十年——一九一九年至一九三九年——进步神速。

讲到大学之内，地理学进步的迅速，不免使人设想到：当一九三九年大战爆发的时候，应该已经储备了大量客观的地理知识，可以作为一种基础，立即供给负责者在世界各处计划作战的参考。例如，假使预备在意大利展开军事行动，那么做计划的参谋本部，应该很合理地在我们的图书馆里期待获得一些关于意大利相当详细的记载——如地形、气候与其雪线、河流与其系别，以及各地方的土地利用、人口分布，以至于这些人口分布地带的聚落形式，因为在集合村落的地方作战，与在农舍散布的田野间作战，其性质是迥然不同的。一位司令官需要知道这一类的事实，以便在最适当的地方使其军队登陆，以及在桥头堡的彼面，展开他的战斗力；在战略的意义上，尽量利用掩护物，在兵法的意义上，尽量利用庞大的地形状况；此外还要参照地方住民的情形，以调应占领军的日常生活。总之，他是需要渊博详尽的地理知识的。（译者按：本次大战爆发后，英国海军情报处，即以剑桥及牛津两大学为中心，分别聘委地理学专家，着手编纂"海军部地理丛书"，东西战区，无不包括在内，共成数十大册。其中关于我国者，即有三大册。此亦号称英国"秘密武器"之一，迄未公开发售。以剑桥大学为中心之总编辑，即达比教授。下段所讲，乃针对此项工作而言。)

但是，实际上在一九三九年所遇到的情形如何呢？在英文著作中，并没有关于意大利地理的渊博详尽的记载。不但意大利如此，其他地方也莫不如此。关于挪威、冰岛、荷兰、比利时、希腊、巨哥斯拉夫、阿尔巴尼亚等，我们并没有最近而详细的记载——举此数国，以见一斑。至于地中海的诸岛屿如科西加、西西里、克里特等，我们竟一无所有。关于法德二国的地理知识，尚不如此缺乏；至少德文法文的著作总是有的。说到欧洲以外的地方，情形大致相同。关于北非，没有完全的记载；关于近东，只有一点；关于马来、暹罗、印度支那半岛以及荷兰东印度群岛，也只有一点点。类此者又有太平洋中星罗棋布的诸岛，其数目好像你愈想知道它就愈来愈多一样。自然，我们也有一部分极有价值的论文与专题研究，那是事实，然而其数量实在是太少了。我们在一九三九年的毫无准备，已经是众所周知的话题了。我一点都不愿意提示说，准备战争乃是地理学家的事，这完全不是我的意思。我所企图解释的，乃是说事情是这样发生的：即一九三九年的紧急事变，乃是以如此惊恐猛烈的方式，把那些一直还摆在大不列颠地理学家面前的工作，急速地完成起来。

现在，因为和平的到来，再回头看看一九一九年的情形，是很有意味的。在一九一四年至一九一八年的大战结束之后，所出现的最有价值的地理著作之一，就是鲍曼（Isaiah Bowman）的《新世界》(*The New World*，译者按：中文译本曰《战后新世界》，商务版)。鲍曼博士现任美国约翰霍普金斯大学（Johns Hopkins University）校长，那时正是美国地理学会的干事。他的书是一九二四年出版的。名之为"新世界"，其实却是讲的旧世界；副题曰"政治地理"，但你打开书篇一看，其中却充满了早于一八〇〇年以前的参考叙述。为什么呢？因为地理学中的新问题，是生根在旧事之中的：阿尔萨斯—洛林、波兰走廊、意大利北部边疆、捷克斯拉夫边疆，以及马其顿、西里西亚、德参、萨尔、希拉斯维—赫斯坦因诸问题，都不是一九一九年的新问题。这些问题没有一个是不参考以往的事实，便可加以讨论的。再次，这些问题又都牵涉当代地理上的种种可以考虑之点，如可能的边疆的界线与地形，土地利用以及语言分布的种种关系。现在二十五年的时光已经消逝了，这些问题却又回到我们面前。每一个"个案"都需要一个客观的区域的研究；在每一个区域的研究中，都得把这些问题的方方面面综合为一幅图画。穆迪博士（Dr. Moodie）最近对于意大利与巨哥斯拉夫疆界的研究，可以说是已经迈入了正确的方向（译者按：书名 *The Italo-Yugoslav Boundary: A Study in Political Geography*，London，1945）。

如果说在一九一九年至一九三九年间，英国地理学家对于国外的研究成绩太少的话，那么还得附带声明他们对于本国的研究，成就甚多，才算公平。这期间最大的地理学的成就，应推史坦普教授（Professor Dudley Stamp）所主持的全国土地利用的调查了。在大战爆发之前，该项工作已经有了极大的进展，这是很可庆幸的一件事。而且其结果已经可以供给农业部与城乡设计部（Ministry of Town and Country Planning）的利用了。还有，刚刚在这次大战之前，戴乐教授（Professor E. G. R. Taylor）和其他的人，正在建议编纂《国家地图册》（*National Atlas*）。为司各特与巴罗两委员会（Scott and Barlow Commissions）所预备的材料，是一个开端（译者按：两委员会，各以其主席为名，皆为负责研究城乡设计者），而现在城乡设计部的地图，已经开始出版了。有趣的是需要知道德、法、俄、波、捷、芬、意诸国，都已各有其"国家地图册"了。在英国，无论是为了战时的紧急局面，抑或是为了和平时期的设计，都已再三说明了"国家地图册"的需要。

以上即是一九三九年的一幅图画。在这幅图画中，国内的结实的成就，以及其未来的期待，必须再以对国外研究的成绩加以平衡才行。

如果我是在一九三九年受命来对利物浦地理学院的一般的特征加以描写时（译者按：达比教授如此说法，意在说明其客观态度，因彼时其本人尚未就利物浦地理学院教授讲座），我想我是要这样说的：利物浦地理学院的主要特点，即在于区域地理与一种健强的从历史入手进行研究的结合。而且，我还愿意对于这两个特点，多有几分钟的评论，因为这实在引起了地理学的研究上某种普遍的论争。

为了企图把握和驾驭所有关于地表研究的庞大的材料，若干地理学家认为只有用"区域地理"研究法。牛津地理学院的侯伯生教授（Professor Herbertson）在一九一三年提出下列的问题时，已经说得很明白了："地理学家有没有一件东西，其明确可供研究的程度，一如花草之于植物学家，走兽之于动物学家，或者物质质量之于化学家呢？"他的答案是："我坚持说他有……那件明确可指的东西，我们称之曰'自然区域。'"但是，并非所有的地理学家都和侯伯生教授的说法一样肯定的。对于区域的观念，对于部分区域标准的或此或彼，是好是坏，以及对于邻区的界线等都是很可能引起辩论的题目。但是，事实依然是这样的：地球的表面，是由一区一区的地方结合而成的。为了某种原因，每一区地方各有其不同的特征——以及其种种不同的机会与种种不同的难题。此等区域之间，又有若干不同程度的差别，例如，有的是主要的区域，如地中海诸地、季风诸国等；有的则是较小的单位，如兰克夏的福地（Fylde in Lancashire）或柴郡平原（Cheshire Plain）。在每一个这样的单位中，无论大小，各有其某种特殊的"自然"或"人文"的普遍状态的存在。而且当地农工业的生活，对于其地理特征的适应，也产生了一种特殊的性质，这一切是各有其地理区域的烙印的。

和区域研究法时相对峙的另一种看法，即对于一个特殊问题的探讨，还有更便利的其他研究法。这正如历史学的分门别类是一样的，在历史学有政治史、宪法史、外交史等。在地理学一如在历史学，也有经济地理、政治地理、人文地理和自然地理等。最近担任剑桥大学近代史皇家讲座的柯乐克教授（Professor G. N. Clark），在他的就任演讲中曾经怀疑到近代史学分门别类的可能性。他说："此等类别中的每一个专题，其本身都是一种抽象的历史。为了专攻问题的一面，以致忽略了其他的各方面。如果长此以往，每一个专题研究都从历史的整体中分解而去，那么整体的历史中，所剩下的是什么呢？"地理学家也会产生同样的疑问。但是在大学的研究中，两种方法都是需要的——区域的研究与系统的研究。于此，我们又见到区域研究的"专门地理学"和专题研究的"一般地理学"的对立了。我们的系统的探讨，毕竟告一段落，区域地理的研究，正是我们目前工作的高潮。

利物浦地理学院的第二个特点，即是从历史方面入手的研究。关于这一点，我得立即声明的是：地理学与历史学之间的界限，是很不容易划分的。讲到这句话的时候，我并没有想到类似"历史的地理背景"这一类的说法，那是要留给历史学家自己去探讨的问题。历史学家之应用地理学，和他应用经济学与科学原是一样的。但是从地理学家的立场上严格讲起来，我实在觉得，两者之间分疆划界是很不容易的。其原因在二：首先，当代的地理学是浅极薄的一层，甚至我现在所讲的顷刻之间也就变成了历史。我们的全国土地利用的调查，是在三十年代的中期做的。如果这次调查还没有成为一种历史文献的话，那么不久的将来也就要和一八〇〇年左右杨氏（Arthur Young）所做的农业调查同样地成为历史的文献了！其次，不同区域的特征，并不只是地形、土壤与气候的结果，同时也是当地世代相承的住民，对于这些条件适应利用的结果。今日我们所见到的地理景观，乃是旧日遗产累积的表现。假如地理学家的目的，在于描述一个区域的特征，那么除非他相当明了这些特征的由来，否则他就没有希望可以做到这一点，只是对于自然或经济的事实，加以经验中的叙述是不够的。

对于地理学以及利物浦地理学派的话，到此为止。我还可以对地理学家——宁可说是理想的地理学家——再说几句话么？理想的地理学家，应当能做两桩事：他应当能看他的报纸而有理解；同时，他应当能做他的田野间的散步——或者可能的不是田野间的散步而是城市中的散步——而有兴趣。过犹不及，如此而已。

他应当能看，而且了解他所看的报纸，并且对于他人在追求更满意的生活时，所遇到的问题有所认识。在当今这个地球一体的时代，我们每个人都是世界的公民，而且我们每一个人都有近乎二十亿的邻人，关于他们的地方，我们无从知道得过于详细，因为地理的状态只是部分地而非完全地渗透在他们的问题之中。地理学家必须对于时事发生兴趣。报纸是任何地理学的图书室中所必不可少的。不管我们所有的一切思想变迁，不管我们所有的一切对于地理学方法的讨论，我胆敢设想今天的地理学，依旧是和其原始时代的情形没有很大的差别的。地理学依然是关于我们的世界知识的一篇导论，是对于人类的一种关怀的表现。这人类，正如史陀伯所说，乃是"对于人生和幸福的大问题，非常认真的"。

再次，理想的地理学家，应当能做他的田野间的散步——或者可能的是城市中的散步——而有兴趣。关于这一点，有一本书地理学者或者是可以好好读一下的。这本书并不是专门的地理学家所写的，而是出于和我们之间任何一位地理学家相比都无愧色的一个人的手笔。这就是蒙泰（G. E. Montague，译者按：蒙泰系英国文学家，一九二八年逝世）的《正确之所》（The Right Place）。这本书是一九二四年出版的，试读他关于使用地图与英国道路以及关于奔宁山脉的几篇散文，在其中你也可以发现关于利物浦地理的第一流的扼要的叙述。蒙氏自己的话，是很可以拿来描写他自己的书的："在如此装扮下的地理，宛如一位文艺女神，再不像那种自矜博学的丑婆，惯用城市河流与湖泊的名单，以及皮革五金与黄麻的统计，来折磨孩子们的心灵了！"这就是理想的地理学家的特质。

今天我站在这里，处身于博浪嵝小山（Brownlow Hill——利物浦大学本部所在之地，译者识），为战火所毁的废墟之中，立足于接触交往普及于全球的利物浦城之内，我不能不想到举国内外的地理学家的观点，对于未来的"新世界"，不是毫无关系的。这个"新世界"，我们希望就是我们的"未来"！

（原载《益世报·史地周刊》第33期，1947年3月18日）

附录：Translator notes

This is a translation of the Inaugural Lecture given by Professor H. C. Darby in February 1946 at the time of his succession Professor P. M. Roxby as Dean of the School of Geography at the University of Liverpool. The School was established by Professor Roxby and includes a special section on study of Chinese geography. Several leading Chinese geographers have been trained there. Professor Roxby retired after World War II, and, in spite of his advanced years went to

China to offer his help and effort in the development of Sino-British culture and corporation. During his stay there he presented lectures at Yenching and Qinghua Universities in Peking (Beijing). Professor Roxby is not only a great teacher of geography in England, but also a great friend of China.

As successor to Professor Roxby, Professor Darby from Cambridge University is undoubtedly a leading authority in the study of English historical geography. Even before World War II, he had edited the voluminous *A Historical Geography of England before A. D. 1800*, itself a pioneer work of its kind. The first half of Professor Darby's Inaugural Lecture outlines the history and development of geography in a very clear and interesting way. In the latter half, his keenness of observation and accuracy of analysis lift one's understanding to a higher level. Topics of discussion flow, with simple examples to explain complicated problems; viewpoints and ideas are supported and proved by appropriate facts; philosophical arguments are sprinkled with humor and sympathetic understanding. Professor Darby praises his forerunner in a manner representing the best of English academic tradition. I only regret that my Chinese translation is far from adequate to show the literary style of my professor.

One of the major factors influencing my decision to attend the school of Geography at the University of Liverpool was the reputation of the School's dean, Professor Roxby, a noted scholar and educator. However, by the time I arrived in Liverpool, Professor Roxby had retired from the University and was already in transit to China, where he had accepted a post with the British Council. The School's new dean, Professor H. C. Darby, was installed prior to my arrival at Liverpool, but I did have the good fortune to read his Inaugural Lecture, *The Theory and Practice of Geography*. To me, this was an outstanding and enlightening piece of scholarship. The following February, we sadly received news from China that Professor Roxby had died.

Professor Darby's Inaugural Lecture and the death of Professor Roxby were two important events in my early days at Liverpool about which I wanted to share my sentiments with colleagues in China. To this end, I translated Professor Darby's lecture into Chinese and wrote a memorial for Professor Roxby. Both passages, though written several months apart, were published in the March 18, 1947 edition of the History and Geography Weekly of *Yi Shih Bao* (《益世报》), a Tientsin (Tianjin) newspaper. The lecture, originally given in English, and the memorial, first written in Chinese, are presented in the following pages with my translations of each.

悼罗士培教授
——寄自罗教授手创之利物浦大学地理学院

今晨电信传来,散布了罗士培教授(Professor Percy Maude Roxby)于昨日在我国首都逝世的噩耗。

罗士培教授放下了他的手!

罗士培教授停止了他对中国的援助!

罗士培教授永远安息了!

一代地理教育的大师,一个真正的学者,一位患难中的中国伟大的良友!

我相信,当这个噩耗在祖国的报纸上传布出来的时候,国内的地理学家——尤其是得以亲炙其教益的诸前辈——一定要为这个不幸的消息流泪。地理学家以外的,其他真正认识罗士培教授的人,也一定要为这个不幸的消息而同声哀悼!

作者今天来到罗士培教授手创的利物浦大学地理学院继续受教,原是由于先生的吸引。我还记得当初我的老师洪煨莲教授对我说过这样的话:"择校不如投师,投师要投名师。像罗士培教授这样的学者,也算是地理学界的一位名师了。"但是,不幸得很,当我来到英国的时候罗教授却已经跑到中国去了。他这次丢下了他手创的利物浦地理学院,以其退休以后的古稀之年,代表英国的文化协会,来到中国,目的乃是在于促进中英两国科学文化事业的合作。但是没想到他老先生就这样死在了他的工作上,他为他所爱的患难中的友邦,奉献了他自己的生命!

今天早上,我带着这个悲哀的消息,在冰天雪地中跑到学校,抬头看看那所刚刚油漆过的大门,与门额上所写的"利物浦大学地理学院"两行金字,不禁泫然泪下。"在这里出入了几十年，栽培了成百成千个地理学生的那位老教授，他死在了我的祖国！"我心里默默地哀悼。

我走进大门去，找我的导师达比教授（罗士培教授的继任者），预备把这不幸的消息告诉他。找他一直到画图室，还没等我开口，他已经是满面愁容了。他知道我这么早跑进来找他是什么事，他也一定看透了我哭丧的面孔。

"罗士培教授故去了！"我几乎哭出来。

"是的，"他镇静地说，"史密士先生（Mr. W. Smith，英国经济地理及中国地理讲师，罗教授的学生与同事）一早就打电话来了，现在我们只在等更详细的消息。真可悲，我还盼望他夏天回来，给我们做关于中国地理的公开讲学呢！"

我从图书室出来，正好遇见教我"制图学"的青年讲师孟先生（Mr. F. J. Monkhouse），他开头一句就说：

"我们没有比罗士培教授更好的人选，作为我们的'文化使节'，到中国去了！"

"不错，"我回答说，"'文化使节'是真正的友善的使节，'文化使节'是常常走在'政治使节'的前面的。这样的人，都是时代的先驱，可遇而不可求！在中国学生的立场上，我的悲哀是双重的。在我个人，我丢了一位素所景仰的地理教授；在我的祖国，我们丧失了一位伟大的良友！"我站在楼梯上，好像是对他作公开演讲，实在是发抒我自己不可抑止的悲哀。

于是，我上楼，爬到四层楼顶上残存下来的"中国地理研究室"，中国同学吴传钧兄（南京中央大学地理系讲师）也来了，我们互道罗士培教授逝世的消息。最后，他跳起来说：

"你知道吗？卢沟桥战事爆发之后，日本人在这里设法收买废铜烂铁。这事情不知道如何给罗士培教授知道了，他天天在报纸上写文章，大施攻击，一直到把日本人的收买工作完全破坏为止！"

"这样说起来，在他做'文化使节'之前，在英日还没有宣战之前，他已经做了我们的'战友'了！"

这时，我蓦然回头，看见挂在墙上的大玻璃镜中，顾颉刚师所手写的

《尚书·禹贡》全文，这是当"中国地理研究室"成立时，罗士培教授的高足张印堂教授（清华大学）与林超教授（中央大学）所共同赠送的纪念。我心里不禁想道："罗教授去世了。英国研究中国地理的中心，还会在这里继续么？英国的地理学者还会像以前那样对中国研究热心么？"真正的同情，基于真正的了解，真正的了解，基于真正的研究。罗教授是真正由研究而了解，由了解而同情，由同情而援助中国的一位患难中伟大的良友！如今他放下了他的工作，他永久安息了！

在我最近寄给《史地周刊》的两篇文稿中，都曾涉及罗士培教授。第一是拙译达比教授的就任演讲。在那篇演讲中，达比教授对他的前任罗士培教授曾经说过这样的话：

> 在就任演讲中，照例是要对前任表示敬意的。但要本人在这里称扬罗士培教授在本校四十年的工作，未免有些鲁莽。罗教授手创的地理学院，以及专诚献身的满门桃李，已自昭彰在人耳目。何况，出身在他门墙之下的，还不仅限于幸能身临利物浦得亲炙教颜的人呢！英国其他大学的好多人，也都是他的小学生，并且因他的理想与人性而深受陶冶。英国之外，特别是在中国与埃及，也同样沾受了他丰厚的赐惠。罗士培教授对于中国的著作，不但在专门的地理学的意义上，增加了我们的知识，并且使我们更进一步了解了中国的文化。

现在，罗教授已经去世了。在他去世之后，我们再重读达比教授对他的评语，尤觉无限亲切。当我最初翻译这一段的时候，我立刻觉得达比教授也说出了我心中所要说的话；同时，我也立刻回想到自从我来到英国之后，有多少人曾当面对我提起了他们对于罗士培教授的亲切爱慕之情。不久之前，我还接到了未曾晤面的一位英国朋友的信，她是早年在利物浦大学地理学院毕业的一位女生，现在已经做了两个孩子的母亲，在她的信里，她曾这样写道：

> ……知道你是来研究地理的，尤为高兴。好多年前，我也是在利物

浦大学从罗士培教授读地理的,对于他,我心中怀有无限的爱与敬!(...I too, studied geography at Liverpool many years ago under Prof. Roxby, for whom I have great affection and respect.)真可惜,他现时不在利物浦了!

刻下我找出此信,试译在这里的时候,这最后一句,应该改作:"真可惜,他已经不在人世了!"她知道这消息时,一定要痛哭一场!

这位朋友的信,不只代表她个人,在英国,不知道有多少人要对这位老教授说出同样的话来:"对于他,我心中怀有无限的爱与敬!"是的,他不但是一位地理学者,他更是一位地理教育的大师。一位大师所能授予人的,不只是他的学问,更重要的乃是他人格的感化,乃是他的"理想与人性"的"陶冶"(达比教授评语)。世之为人师者,果能予人以如此的影响,果能在人心中留下这样的印象,则遗教在人,虽死犹生!他现世生命的火焰停熄了,但是他的"理想与人性",却要永远活在后继者的心上!

对罗士培教授,我是一个万里投师而未得亲炙教益的小学生;但是在我来到此处之后,我好像无处不听见他的声音,无处不看见他的容颜。这是他工作了四十年的地方,在这地方的每一个角落里,好像都在反映着这一代大师的和煦慈爱深厚博大的音容。比如前者本地自由党的领袖司各特夫妇举行社交跳舞大会,被约请的有数百人,承他们的好意也一定要我去,说是他们的朋友罗士培教授从南京写信给他们,要他们多多关照我。他们认为这是交结社会人士的好机会,所以一定要找我去。我虽然不会跳舞,也只好勉强去了。到了那边之后,又遇见了许多罗士培教授的朋友。他们看见我,都谈起罗士培教授,好像每一个中国学生都和罗教授有不可分离的关系似的。从他们的谈话中可以知道,罗士培教授实在代表了英国社会人士对中国最高尚最真实最友爱的关切。而此地的人则又似乎无不传染了罗士培教授的影响。当晚回来之后,我想写一封信,谢谢罗教授,因为他虽然知道我来,却是未曾见面,承他如此惦记,实在感激。当时我曾在手册上写下这样两句话:

"离国之前,未能谒见你,可是来到英国之后,却又无处不遇见你!"

但又觉得这样的写法,虽出至诚,然而对于一位年长的前辈,似乎不够尊敬，因此竟然搁置。现在，我再想这样写去时，也没人看了！

其次，在我最近寄给《史地周刊》的第二篇文稿《战时英国地理学界之回顾及其现状》中，我又提到罗士培教授在"地理丛书"中所主编的《中国地理》三大册，这虽非他独立完成，可是他一生对于中国地理研究的结晶，应当都在这里了。罗教授一生写了不少文章，却没有出版一部书（小册子除外），但是近年以来，凡讨论中国地理的西洋著作，几乎没有一册不提到他。除去在各地理杂志上他所发表的论文之外，早年《大英百科全书》中，关于中国地理的一部分，也是由他执笔的。只因他对中国研究未出专书，所以国内的一般读者，反而不大知道他。至于他最大的贡献，我觉得与其说是在专门学术上的研究，毋宁说实在地理教育上的推动；与其说他是一位地理学专家，毋宁说他是一位地理教育的大师；自然，他在学术上的贡献也是不可泯灭的。

本刊的编者在第一期的发刊词上，曾向读者诸君宣告说：

"一般人提到史地，马上觉得这是史地学专家的专门学问，普通人不敢也不能问津。这种不健全的现象，若不加以纠正，将使史地研究失掉意义和作用。本刊愿意负些介绍人的责任，做些普及化的工作，使史地研究与史地教育发生正常的关系。"

在现代地理学家中，罗士培教授可以说是做到了"使地理学的研究与地理学的教育发生正常的关系"的第一人！

作者今日得此噩报，痛悼万端，不得不扔下平日的工作让痛苦抑郁之情，有所抒发，所以信笔写下了这篇追悼的文字。又因为罗教授一生的工作，正是本刊努力的榜样，所以又大胆把这篇私人追悼的文字，寄呈本刊的读者。假如语无伦次，亦是情不自禁，望读者诸君原谅。最后：

让我们纪念这位当代地理教育的大师！

让我们纪念这位患难中的中国的良友！

愿他的遗泽长存人世！

愿他的"理想"与"人性"继传不朽！

一九四七年二月十八日大寒中

1949 年以后作品

北　京

北京是一座伟大美丽的城

北京城是在"北京湾"里生长起来的一个具有悠久历史的大城

北京——我们的首都——是建立在一个小平原上的一座大城。这个小平原相当于三角形的华北大平原北边的顶点，三面有山环绕，好像一个海湾，所以有人给它起名叫作"北京湾"。北京湾的名字起得很好，因为这块地方在地质时代的近期确曾是一个海湾，海水一直淹没到西山脚下，后来因永定河和其他河流的冲积，渐渐把这一带浅海垫起。永定河是穿破了西山的重山叠嶂奔流而下的，携带泥沙最多，冲积量也最大，北京城就是在北京湾内永定河的古代冲积扇上生长起来的。所以它的位置并不是在北京湾小平原的中央而是靠近西山的一边，因此北面和东北面的山也就只有在天气晴朗的时候才能望见。

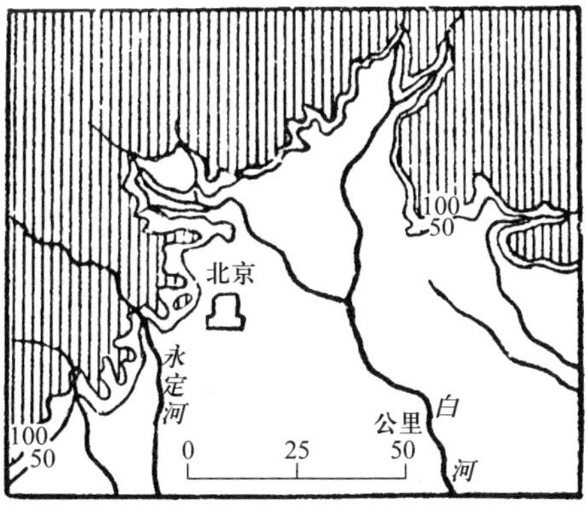

图2 北京湾（图上注有"100""50"的两条线，是高出水平面一百米和五十米的等高线）

其次，因为北京所在的小平原正当三角形的华北大平原北方的顶点，所以凡是纵贯华北大平原的道路，如果自北而南，就必然以北京为共同的出发点；如果自南而北，又必然以北京为最后的转折点。现在由北京至汉口和由北京至上海的两条铁路线就是最好的说明。假如我们可以把辽阔而广大的华北大平原比作一个海洋（从前也的确是一片浅海），则位居大平原北方顶点的北京小平原就正好可以比作一个海湾。如果从大平原北上的火车可以比作越渡重洋的巨轮，那么北京湾就是它最后停泊的地方了。旅客由此再向北去，就得另换一个方式，才好继续前进。

实际上，北京城也就是这样长起来的：我们的祖先在三千多年以前，从大平原的中部，约当今河南平原二省的西半——我们古代文化的摇篮——沿着太行山麓逐步北上（那时大平原的西部成陆未久，还是沼泽散布之区；东部还是浅海），一直到他们渡过了永定河来到北京湾的时候，这才暂时安顿下来。从此再往北去，不但进入了性质与平原完全不同的山地，而且大路也开始分歧了。主要的是一支向西北经南口入怀来盆地；一支向东北经古北口入热河山地；第三支向正东经山海关入辽河平原。在这三条大路的分歧点上，北京城的原始聚落就开始发展起来，一直到今天——这也是它偏处北京湾西南一角的原因之一。三千多年的聚落，始终不断地发展着，从一个边疆性质的城镇一直到今天这座庄严壮丽的人民首都，这一个悠久的、不平凡的、连续不断的发展过程，是别的大城市所不能比拟的。

北京城有壮伟的体形和完整的都市计划

北京城在世界各大都市中不但有一个悠久的不平凡的发展过程，而且还有壮伟的体形和完整的都市计划。说它体形壮伟，环绕着它的古老的凸形城墙就是最好的例子。著名建筑家梁思成先生曾经这样写道："这环绕北京的城墙：从艺术的观点看来，是一件气魄雄伟精神壮丽的杰作，它的朴质无华的结构，单纯壮硕的体形，反映出为解决某种需要经由劳动血汗、劳动的精神与实力、人民集体所成功的技术上的创造。它不只是一堆平凡叠积的砖堆，

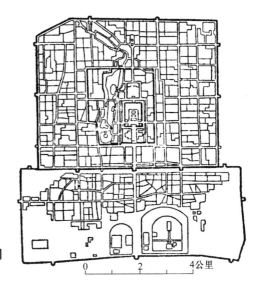

图3 北京道路系统略图
（舒化章绘）

它是大胆的建筑纪念物，磊拓嵯峨意味浓厚的艺术创造！"

但是，最重要的还不是北京城的城墙，而是在这古老的城墙之内所保存着的历史上所曾经创造过的最完整、最统一的"都市计划"。这个都市计划是远在元朝初年当今日内城初建之时就拟定了的，距今已有六百八十余年；明朝初年又经过一次部分的改造，就成为现在的样子，距今也有五百三十多年了（外城不在原始计划之内，它的城墙也是明朝中叶才加造的）。今日所见北京内城道路系统的整齐与合理，就是这个计划的具体表现。但其中最重要的，乃是那条几乎是纵贯全城的中心线。这条中心线从外城正中的永定门起，经由正阳门、中华门、天安门、端门、午门，穿行故宫的中心，然后出神武门、越过景山中街，经地安门以止于鼓楼和钟楼，全程将近八公里，为人类历史上任何都市所未曾有（这线经明初一度改造之后，就不再居全城的正中，其外城一段从略）。而且北京城中旧日最重要的建筑，有的是正好摆在这条中心线上，如故宫的前三殿（太和、中和、保和）与后三殿（乾清、交泰、坤宁），有的是对称地排列在这条中心线的两旁，如天坛与先农坛以及太庙（今为劳动人民文化宫）与社稷坛（今为中山公园）。在封建统治时代，这条中心线的设计，充分地表现了统治者的"唯我独尊"，而且统治者的"宝座"的中心也就是正好摆在这条中心线上的。但是阴森黑暗的封建统治永远过去了，光明照耀到这座古城上来。1949年10月1日，北京城的市民集合在天安门的广场上，热烈地庆祝了中央人民政府的成立和新中国的诞生！这广场所在正是这条中心线上最开阔最重要的一块地方。这次空前热烈的开国盛典，把这条中心线旧日所有的意义完全改变了，它不再代表封建统治的"唯我独尊"，而是具体地说明了劳动人民现在翻身做了国家的主人。我们光荣灿烂的第一面国旗，也就是在这广场之内的这条中心线上由毛主席升起的。如果今天你沿着这条中心线走向天安门广场的时候，举目所见，在五道玉石桥的后方，庄严壮丽的天安门迎面而来，在那五个大门正中一门的上面，悬挂着我们伟大的领袖毛主席的巨像；在门楼重檐的正中间，还有我们那正好以天安门广场象征人民革命的国徽。定睛地瞻望吧，那就是代表全中国人民最崇高的敬礼的地方了！

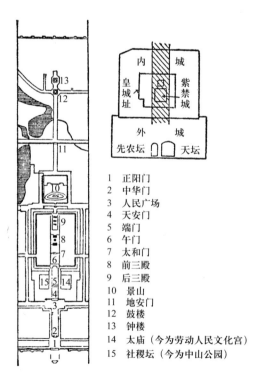

1 正阳门
2 中华门
3 人民广场
4 天安门
5 端门
6 午门
7 太和门
8 前三殿
9 后三殿
10 景山
11 地安门
12 鼓楼
13 钟楼
14 太庙（今为劳动人民文化宫）
15 社稷坛（今为中山公园）

图4　北京内城中心线图（舒化章绘）

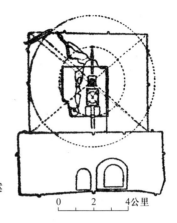

图5 北京内城的几何图案
（舒化章绘）

北京城有优秀超绝的建筑艺术

在北京壮伟的体形和完整的都市计划之外，它所保留下来的人类历史上优秀超绝的建筑艺术，也是值得特别称道的。

我们姑且以紫禁城的任何一座角楼来说吧：这个设立在城墙一角的一座小建筑，其变化之多，可以推为我国建筑的一个小典型。在我国建筑中，处理最精巧、表现最灵活的，要算是"翼角翘起"的檐角了。无论是多么壮大的一个建筑物——例如天安门或是太和殿——只要垂脊之下"翼角翘起"，在视觉上就立刻可以减少那顶部的沉重之感，而使多半由平行线所构成的屋顶，产生了灵巧而柔和的变化。所以这檐角可以说是中国建筑中最容易使人产生美感的一部分。明白了这一点，我们再来看那耸立在紫禁城角的任何一座角楼，其变化之多，就正在于它的"翼角翘起"。在那小小的一座角楼上，在三重屋檐的垂脊之下，我们一共可以数出二十八只檐角。基本上这座角楼乃是一个正方形的建筑，每方各有一角，只因它要配合在城墙一隅的狭小空间，所以每角都要向内部收缩，每方一角也就变成了每方三角，因此，最下两檐的四只檐角，就各自变成了十二只檐角，再加上第三重檐的四只檐角，就一共有了二十八只檐角。这样从城下隔河望去，那众多檐角重叠涌起的形势，真是无限峥嵘，无限嵯峨。看它细小的部分，非常精巧；看它整个的结构，又非常谨慎，可说是在统一中有变化，在复杂中有和谐。

相反地，天坛的祈年殿就提供了另外一种典型。祈年殿不但是壮丽无比的一座大建筑，而且在它那伞形的三重飞檐之下，竟然没有一个"翼角翘起"。自然我们可以说它虽然名字叫作"殿"，实在只是一个圆亭建筑的扩大。但是这扩大的程度的确可观。从远处望去，可以见其庄严高贵的气魄；从近中观察，又不得不赞叹其构架与装饰的精巧了。

以上我们虽然把紫禁城的角楼与天坛的祈年殿当作个别的建筑来讨论，实际上它们却并不是孤立地存在的。紫禁城上的角楼，并不是一种无意义的点缀，而是当作这方城之上的不可分离的一部分而建造在那里的。它用众多的檐角所造成的峥嵘嵯峨之象，不但增加了它本身的变化，而且也充分地发挥了那城角所在之处的重要性。至于祈年殿的设计，更是利用了广大的空间，一方面加强了"超然出尘"的感觉，一方面也象征了苍天穹宇的崇高与尊严，这也是不能和它周围的布局分离的。这样，如果我们把北京的宫殿朝坛等各自当作一个骨骼的建筑来看，那么我们又会立刻发现：没有一座殿台楼阁，以至于一门一桥一亭一榭是孤立地存在的。换句话说就是所有的建筑，在一定的地方，都有一定的配列，一定的关系，前后左右互相照应，而彼此之间远近距离的支配，大小空间的掌握，尤其能够见出艺术家的手法。比如我们从天安门广场沿着上面所说的那条中心线向故宫走去，我们先进天安门，又进端门，最后来到午门。这样我们每进一道大门，眼前就呈现了在一定的距离与一定的空间上所形成的一个新境界。而我们个人的感觉，也就随着这每一个新境界逐步发展，逐步加强，一直到我们进入午门之后，东西之间，顿然开展，个人的情绪，也就为之一变。既待你走上太和门的石阶，穿过它的门堂，面对着太和殿的时候，左顾右盼，那一番恢宏壮丽平远超绝的气象，真是人间少有的艺术境界了。同志，我劝你无论如何要在这里停一下，背后穿过厅堂看看午门的雄伟稳重，正面越过有如海洋一般的空间，瞻仰太和殿的庄严壮丽；两旁楼阁廊庑起伏有致，远望西北一角，琼华岛的白塔浮起，这时我们眼前所见的并不是一座单独建筑的优美，而是全体建筑配列的超绝；它所表现的不是个体，而是一群。

在北京城里有辽阔浩瀚的水面——环绕着这水面有自然与人工相融合的无限风光

北京城里不但建筑超绝，风景也最优美，这风景的中心就是故宫西面的三海。三海除去最南端的一个（*南海*）是筑成之后才开掘之外，其余如北海与中海，都是先北京今城而存在的，不过后来又屡加开浚和挖掘就是了。这北中二海和北京城发展的关系，至为密切：大而言之，和北京今城的奠址有关；小而言之，又与北京原始的都市计划血肉相连。这些以后我们详细讨论。这里要讲的乃是这一带湖泊如何增加了北京城里的风光。假如北京城里没有这带湖泊，你想——如果你是住在北京的或是曾来游历过的——那应该是什么一个样子？不但那一片辽阔浩瀚的水面不见了，横跨在水面之上那状如飞虹的金鳌玉蛛桥当然也就没有了；不但桥没有了，就是人人所熟悉的五龙亭琼华岛以及琼华岛上的奇异境界也跟着没有了。为什么呢？因为这些都是随着这一带湖泊而创造出来的，而且也只有从辽阔的水面上望去，这一切才显得格外清丽，格外神奇。

现在，当一个清明的早上，或是安静的傍晚，你只身走上这金鳌玉蛛桥，南瞻北望，看看那一片辽阔浩瀚的水面，以及水面上所浮起的亭台楼榭玉石栏杆，你还能相信自己是立足在二百多万人口的一个大都市的中心么？

在北京城里有巍然耸立的山——从山顶上可以俯瞰这美丽的城

北京城里不但有湖，而且有山。如果说北京城里的湖一半是出自天然，北京城里的山就完全是人力所创造的了。为什么要在城里造山呢？说来那就更值得我们注意了。

北京城里有两座山，一座是北海琼华岛的白塔山，是在北京城还没有造起来的时候就已经有了的，此处姑且不讲；另外一座就是故宫北面的景山。景山是明朝初年改造北京城的时候才堆起来的。这座山并不是一种徒然的点缀，它本身是具有两种不同的意义的。一方面，它乃是以立体的形式，大胆地、明确地指出了今日内城全面设计的几何中心；另一方面，它更为我们创造了自高而下，俯瞰全城的一个无比好的地方。我深信当初北京城的设计者，一定是充分地注意到了别的都市设计者所从来没有十分重视过的问题，那就是他要把自己所设计的这个优美的具有几何图案特色的大都市在高空中指示给那愿意欣赏的人。同时，我们的建筑，无论是宏伟的宫殿，或是普通的民居，也都是最能配合于这从高空中欣赏的都市计划的，因为我们的建筑家在一切大小建筑的顶部，也同样发挥了高超绝伦的艺术手腕。假如你能到景山中峰——这内城的几何中心——登高一望，看那是怎么样的一番气象啊！俯瞰全城，平远浩荡；家家花木，宛如一片绿海；四方大城的门楼，在地平线上隐隐浮起，画出了一个整齐的轮廓。再看你前方脚下故宫所在的那一带地方，百门千户中各式各样的屋顶，交织成一幅繁复而又整齐的图案。尤其是那金黄色以及偶然看到的绿色蓝色的琉璃瓦，在阳光的照耀下更为这一幅图案加了无比的光彩。看到这里，我们就不能不歌颂我们伟大的北京城的设计者：他不但有工程师的尺度，而且有飞鸟般的眼睛；他不但可以在大地上测绘，而且还可以在高空中鸟瞰；他有精确的科学的工程技术，他更有大艺术家的丰富而活泼的想象。这两者的结合，就使我们不但在地面上可以体会到北京城设计的整齐与壮丽，而且还可以从高空中俯瞰北京城体形的完整与统一。谁能否认我们的首都——北京——乃是从高空中所能见到的最美丽的城呢？

北京城是劳动人民创造的——全世界的劳动人民都为它而感觉到光荣骄傲

最后，我们不能不问：这样伟大，这样美丽的北京城，到底是哪里来的呢？

北京城不是凭空生长出来的，也不是哪一个帝王一手建筑的，而是成千上万的劳动人民积年累月所创造的。雄伟的城墙、庄严的宫殿、美丽的湖泊、宜于登临的山，都是劳动人民血汗劳动的结晶，单拿北京城的城墙来说吧，有人曾主张把它拆掉，梁思成先生极力反对，他除去从建筑艺术的观点说明了这伟大的城墙应该如何加以爱护之外，还曾从建筑工程的观点说明了要拆除这一带城墙，是多么浪费的一件事。据他约略估计，建筑北京城墙所用的灰土砖石，大约有一千一百万吨，如果用二十节十八吨的车皮所组成的一列火车来装运，每日一次，那么就得连续运上八十三年，才能运完，这是何等可观的一个数字啊！可是读者知道，当初北京城墙建筑的时候，并没有火车来帮忙呀，这一千一百万吨的灰土砖石，都是由劳动人民一筐筐一块块运上去的，而且总共不过十几年，就把这雄伟的城墙建筑起来了，请想想这其中曾经洒下了多少劳动人民的血汗啊！北京的城墙如此，其他如宫殿、三海、景山，亦莫不如此，甚至就是如今北京城所在的这块地方，最初也是由劳动人民的血汗，从一片荒凉的沼泽中开辟出来的。因此，我们说北京城的伟大与美丽，根本上都是由劳动人民的血汗所创造的。固然，在过去，北京城的宫殿苑林，都是为封建统治的头子们发号施令以及起居享乐而建筑的；北京城的都市计划，也是为了要充分表现封建统治的头子们的尊严而设计的；而千千万万从事建造北京城的劳动人民，也是在统治阶级的强制压迫之下来工作的。但是，在今天，这一切都不同了。古老的中国被解放了，劳动的人民彻底翻身了，北京城也就随着这个翻天覆地的大改变，而转化为中国人民自己最宝贵的财产了。是的，今天的北京城，并非是无缺陷的。但是它的缺陷，也正是封建统治直接间接所造成的，而且这些缺陷，也只有在人民自己当家做主之后，在人民民主制度之下才能彻底改造起来。比如北京城的解放到今天还不满三年，可是在这古城里以往所永远做不到的事情，或者是做也做不彻底的事情，现在却一一做出来了，而且做得彻底、做得好。残破废毁的路面被修整了；从来不值得反动统治者一顾的破烂街道被翻修了；堆积了几十年的垃圾被彻底清除了；壅塞了百年以上的若干下水道被彻底掏挖了；在解放以前几乎是已经断了流的给水河渠，完全被疏浚了；日在淤垫中的什刹海三海，也重新被挖掘了。单就这后者两项工程所起运的泥土，据说就有一百六十多万立方米，几乎可以堆成两个景山。这些工程在北京市人民政府的各个建设部门领导之下，发动了人民自己的力量，以作战的方式，向这古城里的藏污纳垢之所，以及疾病传染之源，展开了彻底的消灭战争，把这座古城从最阴森最黑暗最下层最根本的地方翻了一个身，使永远见不到太阳的地方,也见到了太阳!不但如此,就是那在反动统治下,由于这古城没落的环境所造成的一般市民颓废伤感的情绪,也都随着这些不见天日的臭泥烂沙一齐被掏挖了,人人都在欢欣鼓舞地看着他们所爱的这座古城,迅速地改变了样子,这是何等辉煌的成就啊!尤其是龙须沟的整理,更充分地指出了以往反动统治所断乎做不到的事,现在一举就成功了,怪不得我们的老舍先生要把这看似平凡而实在伟大的转变,摆上了舞台。现在我们可以有把握地说:如果在以往我们的北京城有好有坏,在未来我们就只许它有好,而不许它有坏;如果在以往我们的北京城是伟大的美丽的,在未来我们一定要使它更伟大更美丽。北京,全中国人民因为你而感觉到光荣、骄傲!全世界劳动人民也都因为你而感觉到光荣、骄傲!

(原载《中国青年》第 65 期,1951 年 5 月 19 日;

第 66 期,1951 年 6 月 2 日)

迎接北京建都八百周年

1953年在我们的祖国将是放射着奇光异彩的一年。这一年，在全国范围内，我们迎接着伟大的国家建设；在首都，我们迎接着北京的建都八百周年。站在这一年的开始，回想着我们的祖先在悠久岁月中的经营缔造，面对着全国人民在不久的未来所能完成的一切伟大事业，每一个热爱祖国的人，都会感到无限兴奋、无限鼓舞！

通常我们说北京是我国历史上最后五个封建王朝建都之地，这五朝指的是辽（907—1125）、金（1115—1234）、元（1206—1368）、明（1368—1644）、清（1616—1911）。但是辽朝只把北京作为陪都，并没有真正在这里建都。真正在这里建都的，不是开始于辽而是开始于金。《金史·海陵纪》有如下的记载：

> 贞元元年三月辛亥，上至燕京……乙卯，以迁都诏中外，改燕京为中都。

这是北京正式建都的开始，燕京就是北京在当时的名称，正式建都之后，改称中都。贞元元年合公历为1153年；三月乙卯合阳历为4月21日。所以到本年4月21日，正是北京建都八百周年的纪念日。

北京之所以能够建立为一个政治中心，不是一件偶然的事；而它在建都之后能够逐步发展，终于在八百年之内成长为一座举世闻名的庄严美丽的大城，更不是一件简单的事。八百年来，千千万万的劳动人民，为我们伟大首都的建造，不但付出了他们的血汗，而且发挥了他们创造的才能。这表现在他们对于首都地理环境的改造上，尤其有着不可磨灭的功绩，其中首要的有两件事：第一，劳动人民如何在一片荒凉的地面上开辟了今日北京城的中心区域；第二，劳动人民又如何为缺乏地表水的北京城开辟水源。这是我们在纪念首都建都八百周年的时候，所首先应当注意的。

（一）劳动人民的血汗为北京今城的建址开辟了道路

（1）在封建统治者的争夺战中，建筑在劳动人民血汗上的中都城的精华被烈火毁灭了

首先应当说明的是，当金朝在这里建都的时候，现在的北京城还完全没有存在。金中都城是就辽城的旧址而加以改造的，现在广安门外西南凤凰嘴村迤北迤东，还有土城连绵，那就是中都城的遗址。

这金中都城的建筑，在当时可说是极尽挥霍之能事，为了满足一个封建帝王的穷奢极欲，劳动人民付出了难以数计的血汗和财富。拿当时皇城的建筑来说，就耗费了无数民脂民膏，历史这样记载着：

> 运一木之费至二十万，举一车之力至五百人。宫殿皆饰以黄金五彩，一殿之成，以亿万计。

至于大城的修造，林园的开辟，还不在话下。就是这样，建筑在无数劳动人民的血汗上的一座大城，在它完工之后还不到七十年，就又在封建统治者的争夺战中受到了破坏。这一次是蒙古的军队在数度围攻之后，打下了中都城。史书记载金朝"宫室为乱兵所焚，火月余不灭"。在封建统治时期改朝换代的变乱中，劳动人民的血汗，就是这样被任意地榨取着，又被轻易地摧毁掉。但是，在今天，这可诅咒的时代永远过去了！从今以后，凡是劳动人民的血汗所创造的，无论是过去的还是未来的，都要受到重视和爱护。

（2）继起的统治者选择了一个新的城址——这完全是劳动人民创造经营的结果

蒙古兵打下中都城，是成吉思汗即位后第十年的事（1215），但是当时大局未定，他也未曾迁都。一直到忽必烈（元世祖）即位（中统元年，1260）

之后,他的统治权已经稳如泰山,这才决定离开蒙古高原上的和林而在中都旧城建都。可是这时去蒙古兵的初破中都,已经将近五十年,旧城的残破凋零,自在意中;加以元朝开国的规模,是绝不肯因循于金朝旧城的废墟的。结果就在旧中都城的东北郊外,选定新址,另造新城,这是至元四年(1267)的事。新城完工之后,命名大都,这就是今日北京城最初的前身。它与金朝中都城以及现在北京城的位置关系,略如图6。

现在北京城内天安门前以及东西长安街的位置,正是元朝大都城南墙所在的地方;而德胜门与安定门外的土城,也就是大都城北部土墙的遗址。这土墙之被废弃虽然已近六百年,仍旧巍然耸立,不易攀登,当时雄伟的情况,是不难想见的。

但是,从地理上来看,最值得注意的还不仅仅是城池的兴废,更重要的乃是当时为什么要选择这个新址而不选择其他地方。这是一件偶然的事呢?还是一个有意的选择?假如是有意的选择,那么它被选择的条件又是什么呢?关于这个问题,我们可以从忽必烈初到中都时的行动中得到一个线索。

我们翻阅《元史》,知道大都未建之前忽必烈虽然已经来到中都(当时又称燕京),却未曾居留城内。《元史·世祖本纪》说:

中统元年(1260)十二月,帝至自和林,驻跸燕京近郊。

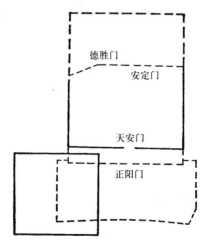

图6 元大都城与金中都城以及明清北京位置比较图

所谓"驻跸燕京近郊"就是住在城外的意思,但这城外究竟是什么地方呢?

进一步地考察,我们有种种理由可以相信:忽必烈在中都郊外的住处,就是现今北海白塔山及其左近一带地方。这一带地方远自金大定十九年(1179)起就已经开辟为一座离宫,名叫大宁宫(其后又曾改称寿宁宫、寿安宫、万宁宫等)(图7)。它和当时中都城的关系与清末颐和园和北京城的关系是一样的。因为它地处郊外,所以在蒙古兵围攻中都城时没有受到破坏。忽必烈当时所住,应该就是这座离宫。这一块地方,在离宫未建之前,原是一带湖泊沼泽之区,为古高梁河水所灌注,后来由于劳动人民的经营,排除积水,浚治湖泊,逐渐把一块荒凉的地方化作一片美好的田园,有荷塘,有稻田,远山近水,相映成趣(湖上可见西山),不但有生产的价值,而且有美丽的风光。到了金朝建都之后,封建统治者又看中了这块地方,掠为己有,并进而榨取劳动人民的血汗,在这一片美好的田园上,沿着湖泊的边岸,辟治园林,修筑楼阁,建造为一座离宫,这就是今日北海公园的前身。现在北海中的白塔山,也就是在那时由人工堆筑的,是离宫中特别有名的地方,叫作琼华岛,这个名称一直保留到今天。

以上所讲,正好说明了大都城址之所以被选择的原因,因为日后的大都城,就正是以琼华岛这一带地方为设计的中心而建造的。其设计的程序,首

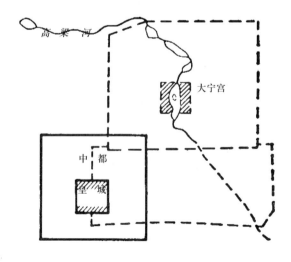

图7　金大宁宫位置意想图
(大宁宫湖中小岛即琼华岛)

先是在今日北海与中海的东西两岸,布置了统治者的宫殿,绕以萧墙,这就是明、清两代皇城的前身(图8)。其次,环绕这后日所谓皇城——主要的是在它的东西北三面——又加筑大城,布置街道。大城除去北面只有二门之外,其余三面各有三门,略如图8。这大都城就是今日北京所谓"内城"的前身,算到现在也有六百八十多年的历史了。其后又经过明朝初年和中叶一共三次的改造,一直到明嘉靖三十二年(1553),才算完成了今日北京内外城的形状,算到现在,又正好是四百周年。

总之,北京今城的建址,除去其他原因之外,还有一个极其明显的地理上的条件,那就是有意地选择了今日北海与中海作为全城设计的中心。这个选择,就是在今日看来,也是极为出色的。设想在今日的北京城中,假如没有这一片湖泊的存在,那将是如何大煞风景的事啊!后来大都城虽又数经改造,但始终是环绕着这一带湖泊而发展,而且还增辟了今日的南海,扩大了它的水上面积。现在我们如果把一幅北京城的平面图摆在桌上,细加端详,就会发现这一带湖泊已经与整个城市的布局,融合为一个整体,劳动人民的创造与自然的因素在这里达到了高度的和谐。但是,在现实的世界里,我们

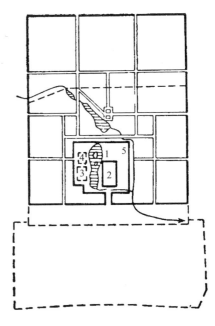

图8 元大都城平面简图
1. 琼华岛 2. 大内(相当于后日之紫禁城) 3. 隆福宫 4. 兴圣宫 5. 萧墙(相当于后日之皇城)

所能看到的，还远不是从地图上所能想象的。立足在北海与中、南海之间的金鳌玉蛛石桥上，南瞻北望，看看那一片辽阔浩瀚的水面以及水面上所浮起的亭台楼榭、玉石栏杆，那种自然与人工相互融合的无限美景，实在是难以形容的。当我们流连于这一带美景而悠然神往的时候，我们应该想到：所谓人工改造自然，北京城址的发展，便是一个好例。在这里，通过劳动人民的血汗，原本是荒郊野外的一片湖泊沼泽之区，竟被改造为举世闻名的一座美丽的大城，这是永远值得我们骄傲的！

（二）克服自然条件的限制，为北京开辟水源

在北京近八百年的历史地理上，劳动人民改造自然的最大努力，还不是北京今城的建址，而是近郊水源的开发。虽然其最初的动机，出自统治阶级的要求，而其结果则是劳动人民战胜自然的成绩。到了今天，这最后保留下来的水源，还一直供应着城内园林的用水，保持了人民首都无限美丽的湖上风光。

当金朝一旦在中都建都之后，首先所遇到的一个问题，就是水源的缺乏。当时对于水源的第一个要求，还是为了近郊运河的开凿，因为那时金朝统治者的势力，已经控制了整个的华北大平原（*淮河以南则为南宋的势力*），每年都要把从大平原上所征收的农民的粮食运到中都，以供应封建统治阶级无穷无尽的挥霍与消耗。只因每年供应的数量很大，陆运所费不赀，必须假道水运才能济事。因此当时曾在华北大平原上利用天然的河道，建立了一个水上运输的系统，最后所有粮船，都经由白河（*也就是现在河北省的北运河*）集中到今日的通县附近。但是从这里到中都城，还有二十多公里，却没有天然河道可以利用。假如要开一条运河，那就必须在中都城的这一端寻找水源，因为中都城所在的地方，乃是自西向东逐渐倾斜的一块小平原，中都城的平均海拔高出今日通县附近的白河西岸，约有二十米，这样就无法把水从白河引向中都，而只有从中都把水引向白河。然而中都附近，并无足够的水源可资利用，这个问题如何解决呢？

不但金朝的统治者遇到了这个问题，就是大都城建立之后的元、明、清三朝的统治者，也都遇到了这个问题。八百年来，为了解决这个问题，不知

用尽了多少专家的心机，花费了多少劳动人民的血汗，他们在不同的时期内，都曾拟订过不同的计划，进行过不同的工事，来企图为北京城寻找水源，开凿运河，以便与华北大平原上的水运系统相接连。他们从事这件工作，虽然是受了封建统治者的驱使，但是他们的成就，却是劳动人民改造自然的功绩。其中年代最早的要算金中都城运河。其次就是元朝的大都城运河，最后才是明清北京城运河。保留到解放前的北京城的河道系统，只不过是这最后一个时期的残余而已。为便利起见，现在把这不同时期运河水源的开发分述如下。

(1) 引用浑河水源的伟大计划

金中都城运河不但开凿最久，计划也最可观。它取水于城西浑河（就是现在的永定河），大约是从今石景山迤北就开始引水，转而东下，经过今八宝山北麓，东南直入中都城的北护城河，从这里再向东去，径入白河，全长四十多公里（图9）。中都城位在浑河与白河之间，这条运河的开凿，就把这两条天然的河道连在一起，实在是一个极好的计划。不过在当时来说，却有不易克服的困难。第一，浑河流量极不稳定，夏秋洪水时期，流量最大，而且来势凶猛，一入平原，因水流湍急，常常泛滥成灾，甚至酿成改道的危险；但在冬春少雨的时候，河床又几乎近于干涸，非但无水可引，甚至河底

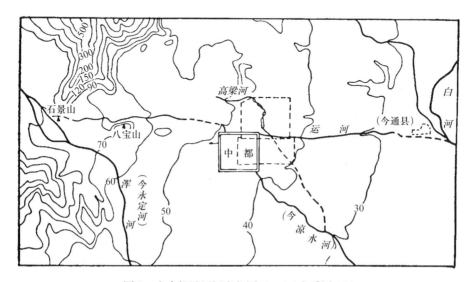

图9 金中都城运河意想图（一）（参看图11）

沉淀的泥沙，常随大风飞扬，威胁着这附近一带的居民。如何调节河水流量，保证运道的给水，这还远不是当时的工程技术所能解决的。其次，从引水口到中都城，东西相距不过二十多公里，而地形下降，有三十多米，地面坡度倾斜甚大，如果来水太少，常有断流的可能；如果来水太大，又常常有导致水灾的危险，这也是当时所无法控制的。

主要是由于上述的原因，这条河道在开成之后，用了不过十五年（大定十二年至二十七年，1172—1187）就被放弃了，因此不得不另求水源。结果就转向高粱河上做打算。

（2）开辟人工水道，改造天然河流

前面已经提到，金中都城外的大宁宫，就是在古代高粱河所灌注的一带湖泊上建筑起来的，这古代高粱河就是今西直门外长河（也叫玉河）下游的前身。现在沿这条小河溯流而上，可以直达昆明湖，这是人工开凿的结果（图13）。原来这条小河，只是发源于今西直门外紫竹院前的平地泉源，流经金中都城的北郊，转而东南，再经中都城的东郊以入今南苑的凉水河。当上述中都城运河开凿之后，这古代高粱河的下游就被截断了，其水都被拦入运河，合浑河之水，同入白河（参看图11）。大定二十七年以后，浑河之水既不可引，高粱河水反而成为唯一的来源，不过流量太小，无济于事。可能就是在这时候，第一次开凿了今长河上游的一段河道，把今昆明湖的水引入了古高粱河的上游，这样就大大增加了高粱河的流量。这里须得补充说明的，就是当时还没有昆明湖的名称，而且湖水的面积，也远不如今日之大；不过湖水的来源，无论是那时还是现在，却都是发源于玉泉山。玉泉山在湖西约二公里，山麓泉源迸发，出水甚旺，冬夏不绝。在未经人工整理以前，玉泉山水大约分为两支，分别绕今万寿山前后，转而东北，合流为今日的清河。其流经今万寿山前的一支潴为小湖，就是今日昆明湖的前身，其最初见于记载的名字叫作七里泊，又因在瓮山（即今万寿山最初见于记载的名字）之阳，所以又叫作瓮山泊（图10）。

玉泉山水原来都流向东北而不流向东南，乃是因为东南地势稍高的缘故。经过详细勘测之后，我们知道在今昆明湖与北京城之间，沿今长河所经，有

一段隆起的高地,略似一小分水岭,岭北之水,其自然流势自南而北,今万泉庄迤西的平地泉水皆向北流,就是证明。反之,岭南之水,其自然流势则自西北而东南,古代高梁河就是好例(其紫竹院前的源泉恰在岭之南麓)。故就自然地形而论,玉泉山水断无南流之理。金朝为开辟水源,就以人工打开了这个小分水岭,把发源于玉泉山的水,挽而使南,与古代高梁河上源相接,这就是今日长河的前身(参看图13)。

金朝初次把玉泉山水引向东南与古代高梁河水汇流之后,更东南直注大宁宫的湖泊,然后由湖泊分水南下,入中都城北的运河故道。但这两河相汇之处,已在中都城迤北偏东的下游,北城濠内不易得水,或即因此又另开一给水渠道,把大宁宫湖泊上游的高梁河水截拦一部,径直南下,注入中都城

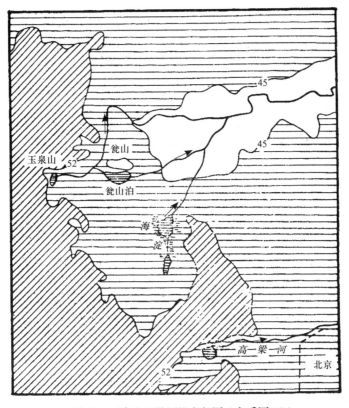

图10 玉泉山天然源流意想图(参看图13)

的北护城河，略如图11。这一段给水渠道，就是今北京西城南北沟沿的前身，它作为一个人为的工事来说，也是早于北京今城而存在的。现在这条颇有历史意义的给水渠道已经被改造为一条宽广的大马路了，因此它弯曲的形状与北京城内其他主要街道方向正直的情形，极不和谐，在整个北京内城的道路系统上，显得有些特别。

现在北京城内三海以及大城与紫禁城护城河的来水，都靠昆明湖供给，我们习而不察，以为天然的流势原本如此，殊不知这都是八百年来人工改造的结果，是值得我们十分重视的。

(3) 昌平白浮泉的导引

从金到元，是北京历史地理上一个极其重要的阶段，在这个阶段内，一方面是古代城址的转移，已如上述；另一方面就是近郊水源的继续开发。

元朝在这里建都的时候，它的统治势力已经达于全中国。元朝的统治者不但要从华北大平原上征收农民的粮食，而且更重要的是还得从当时最富庶的农业生产区域——长江中下游——征收农民的粮食，这样就不得不建立规模更为庞大的水运系统，因而有南北大运河的开凿，同时还开辟了长江口与今天津间的海上运道。但在大都城附近，问题和金朝时仍然一样，就是如何

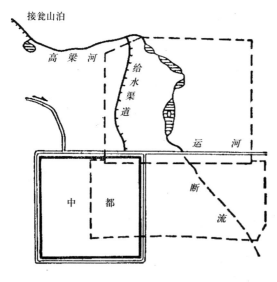

图11　金中都城运河意想图（二）
（参看图9）

寻找水源，以维持都城与白河间的水运。

元朝建都之初，也曾一度恢复金朝从浑河取水的计划，结果也失败了。末年又曾引浑河之水沿旧道至大都城南，然后别开新渠直达今通县城南的张家湾，也没有成功。

元朝最成功的，还是利用金朝所开由今昆明湖至古高梁河的水道，而另外增辟水源，以济玉泉山水源的不足。这时古高梁河的下游地区已有大都城的兴起，由于都市用水日益增加，古高梁河虽然已经得到了玉泉山水源的接济，仍然是供不应求。如何在玉泉山外另辟水源以接济大都城运河的给水，就成了当时一大问题。这个问题就正好落在我国历史上一位大科学家郭守敬的手里去解决，他就在这个问题上，一如他在天文学上一样，发挥了他卓越的才能。

郭守敬为了寻找水源，曾经在这号称"北京湾"的小平原上进行了极为详细的地理考察，他不但注意到水源与河流的分布，而且进行了极精确的地形勘测，从这点来说，他实在不愧为一个真正的地理学家——虽然他是以天文学家与水利工程学家而列于我国历史上伟大的科学家之林的。

根据他的实地考察，他发现在大都城西北三十多公里——亦即今日昌平城东南三公里处，有一座小山，平地崛起，名叫神山，也就是现在的凤凰山，山麓有泉水涌出，名叫白浮泉，与玉泉山诸泉的情形相似。同时，在"北京湾"的西部，沿西山山麓一带，也有泉源散布，这些极可宝贵的泉水，分别流为几条小河，顺着自然的地势，向东南方流去，最后合而为一，在今通县迤北，注入白河，这可以今日这一带地方河流分布的情形作参考（图12）。

郭守敬在了解了这一带水源与河流的分布情形之后，他认为如果能把这小平原上分散的泉水汇而为一，不使直接流入白河，转而引至大都城，这就可以圆满解决大都城运河水源的问题了。这个计划看似容易，实行起来却有困难，因为这一带地方并不是一块理想的平地，不能把地面流水任意引来引去。今日经过测量，我们知道现在北京城西北角一带的平均海拔约近五十米，自此向东南逐渐倾斜，到了东南城角一带还不足四十米。所以城中之水都是自西北流向东南，城外引水入城，也只有从西北一方引入，才能流注全城。再看昌平凤凰山的水源，海拔约在六十米，高出今北京城西北角一带的平均海拔约十米，其水引入城中似无问题。但是自凤凰山至北京城，在两者之间的直线距离上，地形的变化，并非是逐渐下降的，而是上下起伏的。因为这中间有沙河与清河东西横流，造成两条河谷低地，平均海拔都不足五十米，甚至降低到四十米以下。假使把白浮泉水径直引向大都城，势必是一入河谷低地，便将顺流东去，那是永远不会引到大都城的。这种情形可以从图12的五十米等高线的蜿蜒形势上得到印证。因此，郭守敬并没有把白浮泉水径直引向东南，相反地他先把白浮泉水引向西去，与大都城所在的方向几乎是背道而驰，然后由西方转而南流，大致与西山山麓相平行，这样就保持了水道坡度在海拔五十米以上的地带逐渐下降的趋势，并截留了由西山山麓下流的泉水，汇而东南，最后经瓮山泊，从金朝所开故道，接古高梁河以入大都城。这样就把"北京湾"西半所有自山麓东下的泉水，一齐汇流大都城，河道左岸（东岸）修筑长堤以障流水，不使东下，而使南行，南北共长三十公里，号称白浮堰，这是前所未曾有的创造，可以从下面的意想图中略得其梗概（图12）。

我们在这里所感觉惊奇的是郭守敬如何能够如此精确地掌握了由白浮泉至大都城的地形变化。在南北三十多公里之间，地形的起伏，相差不过十多米，这并非用人眼所能直接观察的，而他则能够了如指掌，一如他手中掌握了十分详细的地形图一样。他用什么法子达到这样精确勘测的结果，这真是很有意思的一件事。

郭守敬引白浮泉水进入大都城以后的情形，以及大都城内运河河道及其下游的开凿，这里都不拟再多谈。但有一点应该提到，那就是当郭守敬的计划最初完成的时候，漕粮船只竟可直入大都城，停泊在积水潭，也就是今日的什刹海。关于这个情形，史书上有"舳舻蔽水"的描写，可以想见当时的盛况。

不过，郭守敬所开水源，也有一个缺点不易克服，那就是白浮堰的修筑目的在障水南行，但是它自北而南，大体与西山相平行，因此每当雨季，山洪下降，就有把白浮堰冲决的危险，所以这条引水渠道的岁修是非常重要的。元明易代之际，河道无人修守；明初建都南京，更没有把江南漕粮运往北京的必要。因此，到了明朝第三个统治者朱棣（明成祖）再迁都北京的时候，

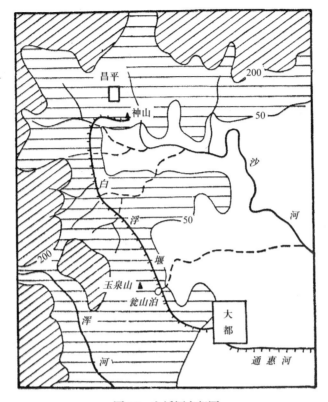

图 12 白浮堰意想图

由凤凰山西转南下的水道早已断流,白浮堰也日久赖圮,郭守敬的苦心经营维持了还不到一百年,就又成为历史上的陈迹了。

(4) 北京历史上第一个人工水库——昆明湖——的完成

明朝迁都北京之后,又恢复了金元以来南粮北运的制度,并且在南北大运河的开凿上有了极大的贡献。但是有明一代,对于北京近郊水源的开发,却未能有所创造,它既不能西引浑河,也没有再修白浮堰,只是依靠玉泉山水汇集瓮山泊,作为运河上游唯一给水的来源。同时又因为改筑大都城的结果,元朝萧墙以外的运河故道,也被围入皇城,从此粮船也就再没有进入积水潭的可能了。

最后,到了清朝乾隆年间(1736—1795),为了进一步整理水源,劳动人民在改造自然条件上,又一次表现了他们的创造力。这一次,他们除去把西山碧云寺与卧佛寺附近的泉水用引水石槽导入玉泉山前湖以补充其下入瓮山泊的流量之外，并没有另辟水源，只是把原来的瓮山泊的东岸大加开凿，并筑起了东面大堤，外加石方护岸，这样就大大增加了湖水的容量，提高了湖水的水位，结果只要把上下游为调节流量而建筑的水闸操纵得宜，就可保证北京运河的流水源源而来。经过这一番整理，原始的瓮山泊，就变成了北京城的一个蓄水库，并且改用新名叫作昆明湖，湖北的瓮山也改称万寿山（图13）。到了清朝末叶，又把万寿山大事修筑，连同昆明湖在一起，合称颐和园。这颐和园保留到现在，已成为北京近郊最重要的名胜。它风景的秀丽，建筑的优美，已成为我国园林艺术的一个典型。在旧日这虽是封建统治者的禁地，到今天它已成为全国劳动人民的游憩之所，而且也只有劳动人民才是这样的艺术遗产的最合法的继承人。其次，我们还需要在这里交代清楚的，就是封建时代的漕运制度，虽然早已废除，但是为了解决漕运问题而开辟的水源，到今天仍然供应着首都湖泊的用水，对于美化首都的市容是有着一定的作用的，虽然它已经很快地落后于现代都市用水的要求了。

（三）结语——新时代征服自然的胜利光辉迎接着首都建都的八百周年

总结以上所讲，不妨再一次地重复说：八百年来，为了北京今城的建址，为了近郊水源的开发，千千万万的劳动人民，不但付出了他们的血汗，而且发挥了他们创造的才能。不过，这一切都不是出于劳动人民的自觉自愿。在封建统治时代，他们不是自己的主人，没有决定自己劳动的权利，更不能享受自己劳动的果实；就是他们的创造的才能，虽然有所表现，也只是被规定在为统治阶级服务的圈子里，而得不到尽情地自由地发展。但是，在今天，祖国得到了解放，劳动人民在共产党和毛主席的领导下，已经做了自己的主人。现在，正当全国开始第一个五年计划的伟大建设的时候，又适逢首都建都八百周年。在全国范围内我们将要看见被解放了的劳动人民，将以何等惊人的力量和智慧，来完成自己祖国的建设；在首都，我们也将要看见历史上所未能完成的人工改造自然的计划，在劳动人民自己的手里，在新的技术条件的配备下将要取得何等辉煌的胜利。从地理上看来，今后改造首都自然环境的一个最突出的问题，仍然是水源的开发，因为随着首都在政治、经济上

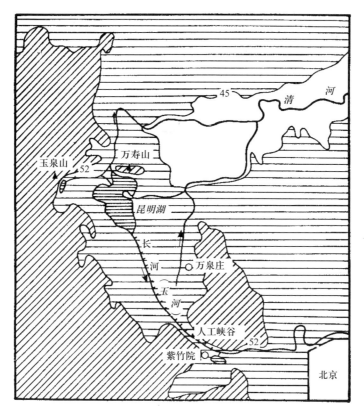

图 13　人工改造后的玉泉山源流图（参看图 10）

的飞跃发展，不但现有的市区将要迅速地开拓出去，就是给水的要求也要迅速地增加起来。这不只是为了市区风景的点缀，而更重要的乃是为了满足一切工业发展与水上运输的需要。不过这一次我们所寻找的水源，已经不在首都附近的平地上，而远远移到一百公里之外的西山背后的怀来盆地中去了。在这里我们将利用永定河的天然山峡，筑坝拦水，然后在它的上游造成宽广数十公里的人工大湖泊，这就是正在修造中的官厅水库。它的完成，将是劳动人民自觉地有计划地为了自己的利益而改造首都地理环境的第一个伟大胜利，让我们在纪念首都建都八百周年的时候，预祝这伟大胜利的早日到来！

（《地理知识》1953 年 1 月号）

海淀镇的起源

海淀是首都西郊一个市镇。解放十多年来,这个小镇已经有了很大的变化,我们相信,不久的未来,这个小镇的辉煌远景的蓝图即将呈现在我们面前。

但是,在这里却不妨先追溯一下这个小镇的起源,因为这对于了解现在海淀镇的某些特点是不无帮助的。

海淀镇的历史比现在的北京城还要早。还在北京今城尚未奠址之前,海淀镇的名称就已经见于文字的记载了。整整七百年以前,王恽在他的《中堂事记》一书中就曾经这样写道:

> 中统元年赴开平,三月五日发燕京,宿通玄北廊,六日早憩海店,距京城二十里。(《日下旧闻考》三十七卷,十七——十八页引)

"中统"是元世祖忽必烈的年号。中统元年当公元1260年,这时大都城(也就是今日北京城的前身)尚未建造,只有一个中都旧城,又称燕京,其故址在今内城的西南方。上文所称"通玄北廊",乃是指燕京北面通玄门外的关厢而言。这里所称"海店",就是现在海淀的前身,改"淀"为"店",原是一个错误。

海淀镇的起源与西面的一片低地的开发血肉相连。关于这一点,海淀地名的研究,提供了非常重要的线索。

"海淀"二字,原来不是一个聚落(居民点)的名称,寻究字义,所指应是湖泊。这在前人的记载里原是写得十分清楚的。例如，三百五十多年以前，还在明朝中叶，颇为熟悉北京掌故的蒋一葵在他所写的《长安客话》一书中就有如下的记载说：

> 水所聚曰淀。高梁桥西北十里，平地有泉，滮洒四出，淙汨草木之间，潴为小溪，凡数十处。北为北海淀，南为南海淀。远树参差，高下攒簇，间以水田，町塍相接，盖神皋之佳丽，郊居之胜选也。北淀之水来自巴沟，或云巴沟即南淀也。（北京出版社印本，63页）

这里明白指出，"淀"就是湖泊的意思。高梁桥在今西直门外迤北，由此西北十里，正是今海淀镇迤南万泉庄一带地方。从这里流出的泉水，汇而为南北两个湖泊，分别叫作"南海淀"和"北海淀"，或简称"南淀""北淀"。因此在这段记载里，"海淀"是湖泊的名称而非聚落，是丝毫不容置疑的。但是上文所引王恽的记载，又曾提到远在十二世纪中叶，作为聚落（居民点）的"海淀"就已经存在了，这又是怎么一回事呢？

根据这一带的地理情况可以知道，作为湖泊的"海淀"远在这一地区未经大规模开发以前就存在了，那时玉泉山和万泉庄附近的泉水，大都顺自然地势汇聚在这里。由于地形洼下，排水不畅，形成了一片的沼泽和湖泊，既没有生产上的价值，也没有什么风景可言。其后劳动人民利用这一带积水地区，开辟水田，进行耕作，于是展开了一系列的改造自然的活动。终于使这一带低地，不但获得了经济上的价值，而且呈现出华北平原上所十分罕见的江南景色，从而招致了封建时代寄生于北京城中的文人墨客，流连赞叹，吟咏歌唱。从此以后，这一带就进入了园林开发的新阶段。

正是在以上所说的这一过程中，海淀镇的原始聚落（即最初的居民点）开始发展起来。有理由相信，最初开辟低地上海淀水田的劳动人民，正是选择了今天海淀镇所在的高地作为他们的息居之所的，因为这里不但离开低地上的劳动场所十分近便，而且地势高爽，也是建立聚落的良好地点。其后水田的开辟越来越多，湖泊的面积却越来越小，或者竟被分割为一些小湖，而从事开辟这一带水田的劳动人民所建立的聚落,却相应地日益扩大起来。聚落的名称可能是从最初起就袭用了湖泊的名称。湖泊叫作海淀,以湖泊为中心从而经营这一带水田的劳动人民所建立的聚落,也就叫作海淀了。因此,在这一带地区的开发过程中,有一时期,作为湖泊的"海淀"与作为聚落的"海淀"是同时并存的。上文所引《长安客话》的记载可以为证。明朝人的诗文中,也常把作为湖泊的"海淀"与作为聚落的"海淀"互相混淆。但是,到了后来,作为湖泊的"海淀"因为水田的开辟终于逐渐消失;其结果,原始湖泊的名称,竟为后起的聚落所独专。

"海淀"这一名称的转嫁过程,在《长安客话》的引文中提供了有趣的佐证。这段记载明确提到有南北两个"海淀",这两个"海淀"应是在开发过程中由人为的结果分割而成。但无论如何,这南北两个海淀的名称都在作为聚落而发展起来的海淀镇上留下了它们转嫁的痕迹。和蒋一葵同时代的沈榜在所著《宛署杂记》中的"街道"项下列举说:

> (宛平)县之西北,出西直门一里曰高郎桥,又五里曰篱笆房、曰苇孤村,又二十里曰鞑子营,又十里曰北海店,其旁曰小南村……(北京出版社印本,41页)

这里所记"北海店",当然是聚落而非湖泊,其南面相去不远的"小南村",可能即是"南海店"。后来聚落扩大了,南北两个海淀村已经连接起来合并成为一个海淀镇。现在镇的南部有一条街道就叫"南海淀"。北海淀的名称现在虽已失传,但是在最近被圈入北京大学南界之内的天仙庙中,却有一明朝隆庆六年(1572)所立的石碑,碑文称庙址所在就是"北海店"。又北京大学校内燕南园出土的明朝吕志伊墓志,也称其地为"北海甸"。"甸"字和"店"字一样,就是"淀"字的讹称。这都是把湖泊名称转嫁为聚落名称的铁证。

以上种种,难免流于烦琐考证,絮絮叨叨,有些厌人。但是真正留心过海淀镇上那最为动人的一幕景色的,也许反觉得尚未餍足。且看,当我们沿着京颐公路径奔颐和园的时候，车过海淀站，公路迅速下降，一旦绕过北京大学的校墙，平畴如画的江南风光，顿时呈现在眼前。水田棋布，细流萦回，远村近树，青翠异常。每当夏秋之际，那一望如绣的稻田，平远坦荡，一直伸展到玉泉山下，更加呈现出无比繁饶、无比富庶的景象。这时应该想起：正是历代劳动人民的缔造经营，原来的湖泊沼泽，才变成了今日的这般景象啊！

（原载《北京日报》，1961年5月18日）

海淀园林的兴替

海淀一带，是旧日有名的园林区。如前所述，附近低地上原是一片湖泊沼泽，后来经过劳动人民的长期经营，终于出现了明媚秀丽的江南风光。加上背后的西山回环如屏，山光水色，备觉可爱。

远在十三四世纪之间，也就是元朝兴建了大都城之后，海淀湖上已是都下文人吟咏歌唱流连忘返的地方。但是他们不喜欢劳动人民所起的这个名字，擅自改作"丹棱沜"。也许他们认为这个名字更典雅些吧，但在劳动人民看来却是毫无意义的。因此，丹棱沜这三个字，只是流传一时，而海淀一名却始终相沿无替。到了明朝，游人众多，诗赋连篇，其中像"输君匹马城西去，十里荷花海淀还"这一类的诗句，倒也反映了一些当时景象。但是，海淀湖上的江南风光，一经都下文人渲染歌唱之后，附庸风雅的达官贵人也就闻风而至。他们不是游赏一下就去了，却干脆在这里占据了低地上的大片田园，修筑起自己的别墅来。其中为首一人就是李伟。李伟是明朝万历皇帝的外祖父，又封武清侯，他修建的这座别墅，实际上是半跨海淀湖上（*北海淀*）周及十里的一个大花园，起名叫作清华园（*不是后来的清华园*）。其故址就在现今海淀镇北邻、北京大学西墙以外、京颐公路迤西那大片田地，当时号称"京国第一名园"。相继而来的，是在清华园东墙之外，由有名的书画家米万钟所开辟的勺园。勺园面积虽然不大，庭园布置却很精巧。入园之后，有径曰风烟里，径尽之处，亭台楼榭与湖光水色相掩映，王思任有"题勺园诗"一首说：

才辞帝里入风烟，处处亭台镜里天；

梦到江南深树底，吴儿歌板放秋船。

这首诗也算写出了勺园一些南国景色。至于勺园故址，已被包入北京大学校墙之内，昔时情景，却已早无踪迹可寻。

清华园和勺园，又简称李园和米园，是海淀低地上构筑园林的先声。其后园林开辟日多，终究未能超越两者的规模，所以后人有诗句说："丹棱沜边万泉出，贵家往往分清流。李园米园最森爽，其余琐琐营林丘。"

如果旧日海淀园林的开辟到此为止，那么附近湖田上的劳动人民也还有个喘息的余地。但是，更不幸的事情发生了。到了清代，国家的最高统治者——皇帝，竟然也到这里大事兴建离宫别馆。康熙、雍正和乾隆祖孙三代，前后一百五十多年，纷纷在这里营造御园，海淀迤北的湖田低地，竟被霸占殆尽。首先是重修清华园，改名叫作畅春园。畅春园之北又新建了圆明园。毗连圆明园，还有长春园、万春园。点缀于诸园之间的，更有宗室大臣的赐园。赐园中最有名的就是以现在北京大学未名湖畔为中心的淑春园。环绕诸园的周围，又有八旗营房以及包衣（意即听差）三旗的建立。因此海淀迤北十数里内，几乎都成禁地。诸园的建造，都毫无例外地利用低地上丰沛的水源，构筑人工山水，凿渠开湖，叠石造山，单单这一点，被奴役的劳动人民所付出的血汗也是难以计算的，更不必说殿台楼阁、山亭水榭的修筑了。从此，这一带地方，就大大改变了它的自然面貌。

在海淀诸园之中，圆明园规模宏伟、工程浩大，且在城内宫廷之上。乾隆以后，这里不单纯是帝王游憩之所，还成为经常设朝听政的地方。因此，每逢于园中早朝，诸大臣都需从城内出西直门或德胜门直趋海淀，有的索性就在海淀私置公馆别业，海淀镇一时也呈现出畸形繁华的景象。

在上述诸园纷纷兴建的时候，早期开辟的勺园，已经改名叫作弘雅园，后来又称集贤院。这个小小地方，在海淀诸园的历史上却有值得特别注意之处。

远在十八世纪末叶，英吉利（也就是后来号称日不落的英帝国）第一次派遣使臣马戛尔尼进见清帝，请求准予派人留居中国，管理贸易，还要求在宁波、天津等处互市，那时正当乾隆在位（乾隆五十六年，1791），没有允许。这段交涉就是在圆明园正式进行的，而马戛尔尼被安顿的地方，就在弘雅园。此后不久，清室统治日益衰腐，而欧西帝国主义的势力则正在抬头。1840年（道光二十年）鸦片战争之后，我国主权横被摧残。二十年后（咸丰十年，1860）英、法侵略军借口寻衅，从北塘登陆，经由通州，绕道北京西北，直扑海淀诸园，首先大肆掳掠圆明园，随后又纵火焚烧。附近一带的园囿官房，也很少幸免。说者以为这次海淀诸园之被毁，和勺园故址集贤院不无关系。因为英、法侵略军的通事（即翻译官）巴夏礼等在通州被逮之后，曾被囚禁在这里，被释之后，竟自引兵，直趋诸园，以图报复。此后，又过了四十年（光绪二十六年，1900）八个帝国主义的联军进占北京，海淀诸园，再受洗劫。经过两次破坏，旧日园林，几成废墟。在半殖民地半封建的旧中国，大好河山，横遭蹂躏，这块地方正好像是全国一幅惨痛景象的缩影。

（原载《北京日报》，1961年5月25日）

历史上的北京城

北京是一座历史悠久的古城,从它的起源算到现在,至少也已经有三千多年。今天它已经成为我国六亿五千万人民政治生活的中心,在我们的宪法中庄严地写着:"中华人民共和国首都是北京。"

北京最初见于记载的名称叫作蓟,以蓟作为中心而最早兴起的一个奴隶制国家就是燕。根据古代传说,蓟或燕国是周武王伐纣灭商以后所分封的。但是分封的事实,传说不一,经过研究,我们知道北京最初居民点的发展,早在周初以前就已经开始了,这是和燕的兴起分不开的。燕乃是随着地方生产的发展而自然生长的一个奴隶制国家,并不是从周朝的分封开始的,而城市的诞生,正是奴隶社会发展的标志。现在可以肯定地说,远在周武王伐纣灭商之前,燕国已经存在,殷商时代的甲骨文里,就已经发现有"燕"的名称,它是殷商北方的一个属国,这是公元前三千多年以前的事。又过了几百年,到了周朝末叶的战国时代,燕国和一些邻国一样,已经进入封建社会时期,而且也逐渐强大起来,终于崛起北方,争霸中原,号称七雄之一。这时史书上已经有明文记载说:燕国的都城称蓟。蓟,就是现在北京城最初的前身。

从蓟城发展的初期来说,它的地理位置是相当优越的。它建筑在一个面积不大的平原上,这就是今天所说的北京小平原。北京小平原三面有丛山环绕,只有正南一面开向平坦辽阔的华北大平原。不过在古代,有一大片沼泽分布在北京小平原的东南一带,因而成为从北京小平原通向华北大平原的极大障碍。幸而西南一角,因为接近太行山的东麓,地势比较高,通行也比较方便,因此就成为当时北京小平原南通华北大平原的唯一门户,而蓟城又正是出入这一门户的要冲。其次，蓟城背后，在三面环抱的丛山中，有一些天然峡谷，形成了南来北往的通衢，其中最有代表性的，一是西北角的南口（现在北京城西北大约一百里），一是东北角的古北口（现在北京城东北不到二百里）。通过南口，经过口内的居庸关、八达岭，然后穿行一系列宽窄不等的山间盆地，可以径上蒙古大高原。通过古北口，越过高低不同的丘陵和山地，又是通向松辽大平原的捷径。这样北京小平原就成为山后地区和广大平原之间南来北往必经的地方，而蓟城正是其枢纽。

由于在南北之间这一有利的地理位置，蓟城在秦始皇兼并六国、第一次在我国历史上建立一个统一的封建国家之后，就成为这个统一封建国家东北方的重镇。这一情况，从公元前三世纪一直到唐朝末叶，前后大约一千年间，可以说没有什么很大的改变。在这期间，宇内升平的时期，蓟城常常是汉族与东北少数民族互通有无的贸易中心，是国内有数的商业都市之一。关于这一点，汉代史学家司马迁曾有过极好的描写。他说蓟城地区，物产丰饶，又地居汉族与东北各少数民族之间，是南北货物交流的中心，因此就成为北方一大都会。但是另外的一种情形是：每逢一些穷兵黩武好大喜功的封建统治者肆意孤行的时候，又常常利用蓟城在交通上的优越地位，作为经略东北的前方基地，例如隋炀帝、唐太宗就是很好的例子，隋炀帝和唐太宗不但都曾亲自领兵来到过蓟城，而且还都在北京城的历史上留下了一些痕迹。七世纪初，隋炀帝开运河，南起江都（现在的江苏扬州市），北到蓟城（当时是涿郡的治所），这就是后来所谓南北大运河开凿的先声。其后又过了几十年，唐太宗曾在这里修建了一座大庙叫作悯忠寺。这悯忠寺就是现在北京法源寺的前身。今天我们还可以在外城广安门大街以南看到这座规模宏大的庙宇。

晚唐以后，东北方的情况发生了很大的变化。在过去默默无闻的好几个少数民族，不但先后崛起，而且连连叩打汉族的门户，首当其冲的就是蓟城。这时蓟城因为是幽州的治所，所以又叫幽州城。幽州城因为上述的原因，就成了汉族一个重要的边防中心。由于唐朝的没落，其后相继而来的是五个小王朝——也就是历史所说的五代。五代时期，幽州及其附近地区，落入东北少数民族之一的契丹人手中。契丹兴起于今日古北口以外西辽河上游西拉木伦河附近的山区，在它一旦占据了幽州城之后，就立即在这里建立陪都，改称南京，并作为进攻大平原的一个据点。这就是历史上和北宋对峙的辽。

辽虽然改称幽州城为南京，但是并没有进行大规模的城市建设。到了兴起于松花江上的女真人建立了金朝，代替辽而占据了幽州城之后，情况就大不相同了。女真人第一次把都城从松花江上迁到了幽州城，并把幽州城正式改名为中都。

金不但在这里建都，而且还进行了城市改建的工作，首先是把大城的东西南三面加以扩展，其次又在城内中部的前方修筑宫殿，工事非常豪华，史书记载说：载运一根巨大木材的费用，多至二十万两，拖拉一辆满载器材的大车，多至五百人，所有宫殿建筑都用黄金五彩加以修饰，单是一座宫殿的完成，就要耗费以亿万计算的金银。要记得，这些惊人的耗费，都是以劳动人民的血汗来支付的。

中都城扩建之后，面积大为增加。大城中部的前方是内城，也就是皇宫，皇宫内外还有苑林的点缀。至于内城北面，也就是大城北门以内，则是全城最大的市场。当时人曾经记载说："陆海百货，聚于其中。"其规模之大是可以想见的。

中都城的扩建，工程相当浩大，相传当时征调的民夫多至八十万，参加的兵工也有四十万。更加值得注意的是下令修建中都城的，虽然是少数民族所建立的一个王朝的统治者，但是参与设计和施工的却都是汉族工匠，而且建筑规制也都是参照汉族都城的传统和地方固有的特点而后进行的。甚至所用的建筑材料，除去来自真定府有名的"潭园"木材之外，据说还有从北宋都城汴梁拆运而来的门窗等件以及"艮岳"上的太湖石（所谓"艮岳"也叫万岁山，是宋徽宗在汴梁城内东北角用人工培筑的一座假山）。

中都城在扩建之后不到一百年，就被破坏了。特别是建筑最为豪华的宫城，竟至荡然无存，这是因为，蒙古骑兵于公元1215年突破了南口一带天险，冲入了中都所在的小平原，杀进中都城来。那个时候他们还没有在这里建都的长远打算，因此不免大肆抢掠一番，然后纵火焚烧，可惜一代豪华的宫阙，竟然付之一炬。史书记载说，当时大火焚烧、断断续续、时燃时熄、前后蔓延了一个多月。劫后中都的残破，是完全可以想见的。

在中都扩建之前，北宋的人尝称它作"燕京"，也叫作"燕山府"。中都被毁之后，蒙古又在这里设置了"燕京路"，因此燕京一名，始终没有废弃。此后又过了四十多年，形势发生了很大的变化。当时成吉思汗的孙子忽必烈，怀抱着消灭南宋统一中国的雄心壮志，在公元1260年，从蒙古高原上的都城和林来到了燕京。但是燕京城中金朝宫殿已遭破坏，战乱以后的萧条情况，自在意中。因此，忽必烈到达之后，并没有住在城中，而是"驻跸燕京近郊"。在忽必烈第一次到达燕京后第三年，他宣布定都燕京，正式恢复了中都的名称，并且开始动工兴建宫殿城池。又过了四年，一座规制宏伟的新都，终于落成，这就是历史上赫赫有名的大都城。忽必烈在这里正式定都之后，随着也就建立了一个新的国号，叫作元朝。

不过元大都城并不是在金中都城的旧基上建造的，如果说金中都城乃是在北京最早的一个城址上所建立起来的最后而且也是最大的一座大城，那么元大都城却是在另外的一个新址上，为现在的北京城奠定了最初的基础。

1262年，也就是忽必烈初到燕京的第二年，他曾下令修缮一片湖水中的一个小岛，叫作琼华岛。1264年，再修琼华岛。1265年工匠们用一整块玉石雕刻一个大酒缸，起名叫作"渎山大玉海"，专供忽必烈欢宴群臣时使用。忽必烈很高兴，就下令把它放在广寒殿里。转年（1266）工匠们又制成了一只雕刻精美的卧床献给忽必烈，起名叫作"五山珍御榻"。这只卧床，也被命令放在广寒殿。史文里明白地指出了广寒殿在琼华岛上，同时这一年又三修琼华岛。1267年，还在广寒殿中另外建立了一座玉殿；新都也就是在这一年落成。

这琼华岛就是现在北京城里北海公园的白塔山。现在，这里已经是北京城内游人必到的一个风景中心；但是在金朝，这却是中都城外离城不远的一座离宫。这座离宫几百年来虽然历经沧桑，文物建筑大半已经荡然无存，但是宫中的琼华岛却被一直保留到今天，不过现在的人们一般不再管它叫作琼华岛，只是叫它作白塔山了。山上白塔的位置大约就是当年广寒殿的旧址，至于它的建筑年代还要晚得多。

现在值得追问的是这座离宫又是怎样一个来历呢？

原来这是中都城东北郊外一片天然的湖沼，经过历代劳动人民的经营，开辟了一些水田，因而呈现了北方少有的江南景色。辽都南京的时候，也许在这里有些修建，已经难以详细考察。到了金世宗大定十九年（1179），就在这里正式建筑了一座离宫，起名叫作大宁宫，后来又改称寿安宫和万宁宫。可能就是在这次修建离宫的过程中，原有的湖沼又被大加疏浚，并把掘起来的泥土，堆筑成湖中的琼华岛，相传琼华岛上所用汴梁城内艮岳的太湖石就是这时候堆砌上去的。

在金朝，这座离宫的建置想来是十分可观的，全面的叙述虽然没有，但是从片断的记载里，也可知道个大概。例如金章宗明昌六年的本纪里，就有下面这样一条说："三月丙申，如万宁宫。五月，命减万宁宫陈设九十四所。"大概是万宁宫里搞得太奢华了，所以才有这样一道命令。不管怎样，万宁宫总是金朝帝王经常游息的地方，这在历史上是有很多记载的。到了1215年蒙古骑兵突破南口，直围中都的时候，万宁宫因为还在东北郊外，所以竟成为当时城下战场的后方。因此，尽管中都城——特别是内城宫殿遭到了破坏，而在城东北几里路以外的万宁宫，却侥幸保全下来。正是因为这一原因，所以后来忽必烈初到中都城，就没有住在城里，而是住在了城外离城不远的万宁宫。几年之后，就又环绕着万宁宫，建筑起大都城，这就为现在的北京城奠定了基础。

元朝大都城的兴建，是历史上北京城的一个极大发展，也是中国都市建筑史上非常值得重视的一页。当时未曾建城之前，先进行了十分详细的地形测量，然后根据中国传统的规制，结合了历史发展的因素和地方上一些地理特点，拟定了一个全城的总体规划，再逐步施工。首先在地下按着自然地形的倾斜铺设了下水道，装置了排水设备。然后才在地面上根据分区布局的原则，进行设计。因为这是封建帝王的都城，宫殿自然要占着最突出最重要的地位。这些宫殿建筑的布局，并不是仅仅占据了全城中央部位的机械而呆板的安排；相反地，却是采取了一种非凡的艺术手法，使严正雄伟的宫殿建筑和妩媚多姿的自然景物紧紧地结合起来，因此这就取得了一种人工与自然相互辉映的奇妙效果。

具体来说，当时曾把大大小小的宫殿，分别组成了三个建筑群，然后以琼华岛和周围的湖泊——今日的中海和北海（*当时南海还不存在*）作为设计中心，把三组宫殿环列在湖泊的两岸。在湖泊东岸迤南的，是属于皇帝的一组宫殿，叫大内（*现在紫禁城的前身*）。东岸迤北，则保留为一个广大的绿化地带，向西通过一道桥梁，可以和琼华岛连成一片，它的位置大约相当于今天景山公园和附近一带地方（*当然现在的景山那时还不存在*）。因为当时曾经在这里养过一些珍禽异兽，所以又叫作"灵囿"，是皇家动物园的意思。湖泊的西岸，南北两部各为太子和太后的两组宫殿，和大内隔湖相望，鼎足而三。从这两组宫殿的中间，穿过湖泊中心连接对岸的是东西通行的大木桥（*现在北海大石桥最初的前身*）。这样三组宫殿，再配合上当中一带湖泊和耸立在湖泊北部的琼华岛，构成了一个相互联系的整体，这就是整个都市布局的核心。环绕着这个核心，又加筑了一道城墙，当时叫作"萧墙"，后来称为皇城。环绕在皇城外面的才是大城。大城除北面只有东西两个城门外，其他三面，各有三个城门。相对的城门之间，都有宽广平直的大道，互相通连，在这些东西交织的大道所分割而成的地区，除去个别的例外，又都是纵横排列的街巷，不过为了采光和抵抗严寒北风的侵袭，所有纵横相交的街道，都是以东西向的横街为主，而且也都离得很近，至于南北向的街道，只占次要地位。这种情况在现在北京城的好多地方，还可以看得十分清楚。最后，大城以内，沿着一定的纵横街道，又划分为五十坊，每坊各有名称，这就是全城居民的组织单位。所以总的看来，全城规划整齐，井井有条，这是十分突出的。此外，在大城之内、皇城之外，另有三组建筑，具有布局上的特殊意义。在皇城以东（*现在东四牌楼附近*），以及皇城以西（*现在西四牌楼附近*），各有一组建筑，单独成为一区。东面的是太庙，是封建帝王祭祀祖先的地方；西面的是社稷坛，是封建帝王祭祀土地和五谷之神的地方。这样左右之间的对称排列，更加加重了帝王大内的重要性。大内最中心的一座大殿，以及大殿最中心的所谓皇帝的宝座，是东西两城之间的中心点。南北之间，垂直于这中心点的，正是全城设计的中心线。从"大内"沿着这条中心线向北去，在另外一片湖泊（*现在北京北城什刹海*）的北岸，又有前后两座大建筑耸立起来，这就是钟楼和鼓楼，是全城报时的中心。钟鼓楼离开东西两面城墙的距离是相等的，而且离开南北两面城墙的距离也是相等的。因此，这里正是全城的几何中心。同时，这里是当时城内最大的贸易中心。

由此可见，元大都城的平面规划，在中国历代都城的设计中，可以说是最近似地体现了我国古代关于帝都建筑的一种理想，这个理想见于《周礼》的《考工记》，大意是说：一个帝王都城的设计，应该是一个正方形的大城，四面各有三个城门，门内各有笔直的通衢。在大城之内，正中的前方是朝廷，后方是市场。在朝廷的左方是太庙，右方是社稷坛。简单地说，叫作前朝、后市、左祖、右社。元大都城虽然不是正方形，而正北一面也只有两个城门，不是三个城门。但是总的来说，城内主要建筑群的布局是合乎前朝、后市、左祖、右社的原则的。不过，它又结合了地方的特点，有所发挥就是了。总之，它不是单纯机械地模仿，而是创造性地发展。

大都城兴建之后还不到一百年，又有极大的变动。公元1368年，朱元璋在南京称帝，建立明朝。这一年，大将徐达奉命北伐，元朝最后的一个皇帝，终于弃城逃走。徐达胜利地进入大都城，立即把大都改称北平，北平这个名称就始于此时。

北平既定之后，紧跟着就是缩减北城，这大概是为了军事防守的便利而不得不采取的一种措施。被削掉的北城墙，现在在北京城北郊，依然还有遗迹可见。再建之后，就是现在北京城的北墙，即今日德胜门和安定门所在的地方。后来为了要消灭所谓"王气"，又把元朝的大内有计划地铲为平地，从一方面来说这是文物建筑的破坏，但从另一方面来说，这却为北京城的再建开辟了道路。燕王朱棣做了皇帝之后，就决心把都城从南京迁到这里，并把北平改名叫作北京，这是公元1403年的事，在明朝为永乐元年。北京这个名称就是从这时开始的。

永乐二年起，开始营建北京宫殿，改造城池，一直到永乐十八年（1420）全部落成。这一年，明朝正式下令迁都北京。从此以后，除去在明朝中叶又加筑了一个外城城墙之外，全城的总体规划可以说再也没有什么改变，一直到1949年北京城的解放为止。

明初改建北京城除去宫殿的营建以外，还涉及全城平面设计的重新安排，其中主要的可以归纳为两点：第一，开拓南城。把大都城的南墙，从现在天安门前东西长安街所在的地方，推移到现在前门所在的东西一条线上，同时也相应地拓展了皇城的南面，这样就使得紫禁城和皇城之间的距离，大为延长。两者之间，也就出现了一大片空地，这样就把东城的太庙和西城的社稷坛，分别迁移到空地上的左右两方，这样不但加强了这两组建筑和紫禁城之间的联系，而且也大大突出了中心的御路，增加了从天安门到紫禁城正门之间的深度，因而使得宫城以外的气势，更加恢宏。现在，天安门左右两方的劳动人民文化宫和中山公园就是利用旧的太庙和社稷坛改造的。至于中山公园迤西遥遥相望的南海，也是在这个时候开凿的，它和北面的湖泊连成一片，就是现在通常所说的"三海"。

第二，这次北京城的改建，不但开拓了南城，而且在兴修紫禁城的时候，还把原来的中心线，向东移动了若干步，因此这条线就不再是平分东西两城的中心线，只能看作是全城设计的中轴线。它离东城墙比较近，而离西城墙比较远，这是从今天的地图上可以量得出来的。紫禁城中最主要的三大殿——太和殿、中和殿、保和殿，以及后三殿——乾清宫、交泰殿、坤宁宫，仍然建筑在这一条线上，而且所谓金銮殿上宝座的中心，也正是这条中轴线所穿过的地方。这仍然和元城大内的设计一样，突出地说明了封建帝王独霸天下的正中思想，至于紫禁城中的其他一切建筑，都是严格遵守着左右对称的排列形式，这在今天也还看得十分清楚。至于和元朝不相同的是明朝紫禁城的周围，又加筑了护城河，并且用河里挖起的泥土，在紫禁城的正北方，堆起了一座土山，这就是现在的景山。

到了我国历史上最后一个封建王朝——清朝，就完全袭用了明朝的宫殿，除去重修和增建了现在故宫中的一些大殿之外，其主要力量都放在北京城西郊两座离宫的修建上。一座是号称"万园之园"的圆明园（1860年惨遭英法侵略者焚毁）；一座是现在的颐和园，其中包括了昆明湖和万寿山，现在成为广大劳动人民假日游玩的地方。

由上述看来，在历史上一切封建帝都的设计中，北京城称得上是一个无

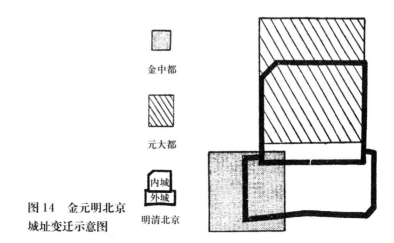

图14 金元明北京城址变迁示意图

比的杰作。现在,中国历史上的封建王朝早已结束,骑在人民头上作威作福的反动统治者也一去不复返了,北京正以青春焕发的朝气,迎着无限光辉的未来,阔步前进。在这时候,我们再回顾一下她在历史上所经历的曲折复杂的变化,对于进一步认识北京今日某些特点的形成和发展,是有帮助的。

(原载《光明日报》,1962年1月17日)

卢沟桥与永定河

近千年来，永定河曾经历了由清变浊，再由浊变清的过程。你知道这是为什么吗？

卢沟桥不仅是作为首都近郊一个古迹而闻名中外，更重要的是它作为伟大的抗日战争的爆发地而将被永远载入史册。

卢沟桥建造在永定河上，到现在已经七百七十多年。建桥的时候永定河还叫作卢沟河，它改名永定河只不过是二百六十多年前的事（清康熙三十七年，1698）。

永定河连同它的上游桑干河，古代通称灢水。到了一千四百多年以前，我国著名的地理学家郦道元在他有名的《水经注》一书里曾对灢水做了详细的叙述。根据他的叙述，可以知道灢水的上游那时就已经叫作桑干河了，至于它的下游则别称清泉河。

其后不久，清泉河才开始被称为卢沟河，这大约是隋、唐之间的事。到了辽、金和宋朝对峙的时候，卢沟河的名字已很流行，卢沟桥也就是在这一时期创建的。但是元朝初叶以后，卢沟河的名字又很快地为浑河一名所代替。浑河一名，传播很广。不但屡屡见于记载，就是在民间也很通行，即使后来有了永定河的称号，而浑河一名仍然不废。

永定河的名字如此多变，究竟是什么原因呢？

首先应该看到从最初的清泉河到后来的浑河，这两者的命名，含义悬殊。清泉河一名暗示着河水清澈，而浑河一名则是浊流滚滚的写照了。《元史·河渠志》在讲到这条河的时候，也明明说是其水"流浊"，因此又称小黄河。根据实际测量，在官厅水库修筑之前，永定河洪水时期的含沙量较之黄河还有过之而无不及。

这样说来，在近千年来永定河之由清变浊，应该是没有疑问的了。至于卢沟河一名所代表的，正是永定河从清变浊的过渡。按卢沟一名的起源，约有两说。一说河流出山之处，其左有卢师山（即今石景山以北的山），山因隋末名僧卢师所居而得名。河经山下，故称卢沟。一说卢即黑色，所以金朝时人又呼卢沟为黑水河。

永定河含沙量的迅速增加，应该是元朝初年以后的事。在此以前，河流上游所穿行的西山，基本上是为林木所覆盖的。长期以来，人类对西山林木虽有破坏，但是规模并不很大。元初以后，随着大都城（即旧日所谓北京内城的前身）的兴建和全国政治中心的形成，西山林木开始遭到了大规模的砍伐。例如《元史》忽必烈的本纪中就有如下的记载："至元三年（1266）……修筑宫城，凿金口，导卢沟水，以漕西山木石。"这就是说利用卢沟河水把西山所出木石运到北京，作为宫殿建筑的材料。又如前几年在中国历史博物馆里发现了一幅古画，画的是从丛山中流出一条大河，河上跨有一座石桥，石桥上下正有成批的木筏向岸上靠拢。也有已经上岸的木筏，正待转运。经过专家鉴定，这是元代的一幅画，画中的大石桥正是卢沟桥。整个画幅反映了利用卢沟河运输木材的繁忙情况，因此定名为《运筏图》。这幅具有写实意义的《运筏图》，为元代大规模砍伐西山林木，提供了一个非常生动而有力的证据。在以后的年代里，这种大规模的砍伐继续进行，例如明初修建北京宫殿，也有"巨木出于卢沟"的记载。至于为了供应薪炭和一般木料而砍伐的西山林木，其破坏程度之大，更是不能想见的了。

几百年来西山林木的大规模破坏，造成了日益严重的水土流失，结果不仅加重了永定河暴涨暴落的情况，而且把河里的清水变成了浊流。这一方面使它失去了原有的航行之利，另一方面又导致了下游河道不断地溃决和泛滥，这就是反动统治时代盲目掠夺自然的结果。

解放初期官厅水库的修建已经基本上控制了永定河上游洪水的威胁，更重要的是近十年来首都人民所开展的群众性造林运动，也已经把长期以来无所覆盖的西山，披上了一片青翠悦目的新装。如今站在卢沟桥上，俯视桥下滚滚清流，遥望西山郁郁葱茏，真不能不为首都人民改造自然的伟大胜利而雀跃欢呼了。

（原载《北京晚报》，1965年7月11日）

北京古代河流水道的复原和城市建设
——1965年7月送国家科委九局的研究工作简要报道

北京是一座历史悠久的古城，历代城址虽有多次迁移，但是都不出现在的市区范围。因此在今日首都市区以内，可以设想有不同时代的古城遗址，重叠交错，掩埋地下。

随着不同时代的城址的迁移，河流水道也有很多变迁。复原北京历代的古城址以及湮废的河流水道，是研究北京城市历史地理的重要任务，而后一项研究对于当前首都的城市建设，关系尤为密切。

北京大学地质地理系历史地理研究组曾经根据历史文献和考古资料对于历史时期北京河流水道的变迁，进行了初步的研究，部分成果已经提供有关部门作为工作上的参考。也有的已经写为专题论文公开发表（《北京都市发展过程中的水源问题》，载《北京大学学报》1955年第1期）。但是由于文献资料的限制，对于古代河流水道的复原，只能得其大略，因此在小比例尺的地图上作示意性的描绘也还可以，若在大比例尺的地图上作精确的复原，就不可能了。而近年来随着首都城市建设的大规模开展，越来越有必要全面而精确地掌握地下已废河流水道的分布情况，以供城市规划和建筑设计的参考，否则就难免给城市建设——特别是大建筑物的建设——带来隐患，甚至还会造成严重的损失。因此这就为复原北京市古代河流水道的工作，提供了新的标准和要求。可贵的是自从解放以来，在首都的城市建设中已经积累了大量的钻孔资料，从而为研究地下已经湮废的河流水道的分布，提供了非常重要的参考。目前北京大学地质地理系历史地理研究组正在充分利用这些资料，结合从文献上已经掌握的线索，进行细密的对勘研究，在必要时地质地形勘测处还根据要求，补点打钻，务求在大比例尺的市区图上，精确地填绘出历史时期北京市区河流水道的分布，作为城市建设的参考。这项工作自1964年6月开始，初期进行比较缓慢。最近结合历史地理研究生的培养，集中力量，加速进行，已经把埋藏在今东西长安街以南地区的下列主要河道大部复原：

① 元大都城的南护城河（全部复原）；

② 金中都城北的金口河（个别地段有待新钻孔资料补齐）；

③ 元大都城文明门（故址当今东单十字路上）外通惠河的一段和文明门下闸的闸址。在这一地区内，还可以确定有南北向的河流故道一段与通惠河故道相交，初步推测当是斜贯今东西城区地下的高梁河故道。追踪高梁河的故道，是下一阶段的主要工作。

通过这项工作，还必须进一步总结经验，提炼方法，以便在广阔的平原地区（如黄淮海平原）开展已经湮没于地下的历史时期河湖水系的复原工作，因为这也是在平原地区进行水利建设所必需的。

这项工作还可以说明历史地理的研究不但可以直接为生产建设服务，而且生产实践的要求还有力地推动着历史地理研究方法的改进，从而有可能把历史时期河流水道的复原工作，提高到一个新的水平。

附件：

第一阶段（1965年8月中旬以前）完成图件

（一）作业区

东西长安街与前三门（正阳门、崇文门、宣武门）之间。区内新建最重要之大建筑物：人民大会堂、中国革命博物馆与中国历史博物馆以及北京火车站。这些大建筑物下面皆埋藏有金、元时代的河道，并在个别地区已经影响到建筑物的基础。

（二）已经复原的主要河道

以金、元时代的河道为主，有下列几条：

① 金代金口河

② 元代大都城护城河

③ 元代通惠河（一小段）

④ 元代以前高粱河（一小段）

（三）完成图件（初稿）

（1）金代金口河河床综合横剖面图（西部、中部、东部）

（2）金代金口河河床底部与河岸掩埋深度剖面图

（3）金代金口河河床纵向物质结构图

（4）元代大都城南护城河河床综合横剖面图（西部、中部、东部）

（5）元代大都城南护城河河床底部与河岸掩埋深度剖面图

（6）元代大都城南护城河河床纵向物质结构图

（7）东西长安街与前三门之间的金元时代河道复原图

为复原上述河道，共利用已有钻孔资料作剖面图一百零三个。以上各件并附有说明书，是作为业务训练的一部分，由研究生王伟杰完成的。同时还进行了本区以外的若干有关地点的现场考察。

1965 年 8 月 8 日

紫禁城——回顾与前瞻

在我国历史上，封建王朝的统治，前后相继长达两千多年，直到二十世纪初清朝的覆亡为止。在这两千多年的封建王朝统治时期，历代帝王的都城，曾有多次迁移。但真正称得上是全国最大的政治中心的只有两个，在前期是长安，在后期就是北京。

人人都知道，北京城里封建皇帝日常起居和发号施令的地方，就是紫禁城。而紫禁城又是北京旧城平面设计的核心。不了解这一点，就不能真正了解旧日北京城的最大特点，因而也就不能真正体会封建时代皇权统治的严酷程度。它不惜利用一切手段，来宣扬封建皇帝"普天之下，唯我独尊"，而这一点，正是北京旧城设计思想的主题。

北京城的历史可以上溯到三千多年以前，它发展成为全国性的政治中心，也已有八百多年。八百多年前金朝在这里扩建旧城，命名中都。中都是在北京的原始城址上发展起来的，也是最后和最大的一座大城。

元初在中都城东北郊外，另建新都，改名大都。大都城的兴建为今日的北京城奠定了基础。

大都城按照统一规划，首先在以湖泊为中心的东西两岸，建成三组宫殿。东岸一组规模最大，叫作"大内"，也就是现在紫禁城的前身。西岸两组南北对立，分别为皇太子与皇太后所居。原有的湖泊既已深在宫阙之内，因而也就改用了传统的名称：太液池。环绕三宫筑有皇城城墙，皇城之外又修建大城城墙。应该注意的是在全城的平面设计上，恰好有一条中轴线穿过大内的正中心。这条中轴线南自大城的正南门，北至城内的中心阁，长近三公里半。

中心阁的命名，就是因为这座建筑物正好标志了全城的几何中心。同时，在这中心阁的附近一带，又开辟了全城最大的商业区。另外，在皇城左右两方，在东西两面大城城墙的近旁，又分别兴建了两组大建筑物，在东城墙下的叫作太庙，在西城墙下的叫作社稷坛。这样，大都城内主要建筑的布局，就和春秋战国间我国最早出现的一种帝王都城的理想设计基本符合，其主要特点概括地说，就是：前朝、后市、左祖、右社。

到了明朝初年，又对大都城进行了大规模的改建。先缩北城，又拓南墙。最重要的是在元朝大内的旧址上，稍向南移，兴建了紫禁城。同时，又在太液池的南端加凿南海，并用开凿南海和紫禁城护城河的泥土，堆筑了万岁山，就是现在的景山。景山的主峰正好定在传统的中轴线上，并标志了改建后的全城平面布局的几何中心。此外，又在旧日中心阁的位置上新建了鼓楼，在鼓楼正北另建钟楼。钟鼓楼前后并峙，强有力地标志了中轴线的顶点。

随着南海的开凿，紫禁城前方的空间大为开拓，于是又把旧日的太庙和社稷坛，一齐迁移到紫禁城前中心干道的东西两侧，但仍然保持着"左祖右社"的传统形式，大大加强了这两组建筑与紫禁城的有机联系。其次，在改建旧城的同时，又在城南兴建了两组规模宏伟的建筑群，东西并列。东面的是天坛，西面的是山川坛（*后改称先农坛*）。两者中间有干道，向北直达大城的正南门。实际上这就是全城中轴线向南部的延伸，总长度几达八公里。

到了1553年，又在城南一面加筑外城，有计划地把天坛、山川坛包入城中，从而形成了北京旧城所特有的凸字形的轮廓，一直到解放之前，并无人变动。

从北京旧城的平面图上不难看出紫禁城所占据的核心位置。全城平面设计上的中轴线，以一条中心干道明显地表示出来。从外城永定门开始，经过内城正阳门，然后进入宫廷广场的大明门（*清朝改称大清门，辛亥革命后又改称中华门*），穿过广场，便是皇城上的承天门（*即今天安门*）。承天门内又有端门。端门以内迎面而来的才是紫禁城正面的午门，又叫五凤楼。沿着这条中心干道的东西两侧，对称排列着内外两城最重要的建筑群，这就是上文所说的天坛和山川坛，以及太庙和社稷坛。及至进入午门之后，所有建筑物都采用了更加严格的对称排列的形式,其中只有代表皇权统治中心的前朝三大殿——太和殿、中和殿和保和殿,及后宫三殿——乾清宫、交泰殿和坤宁宫,才被端端正正地建筑在正中央,而太和殿上的蟠龙宝座,因此也就自然地坐落在全城的中轴线上了。

可以毫不夸张地说,以紫禁城为核心的北京旧城的平面设计,在表达封建帝王"唯我独尊"这一主题思想上,在我国历代封建帝都的规划中,可以说是最杰出的典型了。然而,解放后作为人民首都的北京城,也正是在这个最关键的地方,首先打破了封建时代的旧格局,换来了社会主义的新面貌。新扩建的宏伟的天安门广场已经成为人民首都政治生活的心脏,而旧日雄踞全城之中的紫禁城,则已退居到"后院"的地位。但是它那庄严瑰丽的建筑,和它所收藏的举世罕见的艺术珍品,却构成了一座无与伦比的博物院——故宫博物院。这座博物院以无可争辩的文化艺术上的卓越成就,显示了古代劳动人民深如渊海的智慧和巧夺天工的才能。它的存在是一个伟大的历史见证,在北京这个焕发了青春的人民首都里,放射出灿烂夺目的历史光辉。人类的历史是发展的,是前进的,任何一个有着光荣过去的民族,在新的历史条件下,只要坚持不懈,奋发前进,是一定会创造出更加伟大、更加美好的未来的。

(原载《紫禁城》创刊号,1980年6月)

两方北京城砖远渡重洋记

1979年夏，美国匹兹堡大学访华团十七人来到北京大学，与有关专业的教授，分组进行了座谈，同行之间加强了了解、增进了友谊，气氛十分融洽。访华团的一位负责人曾经婉转地表达了一个愿望说：北京是举世闻名的古城，现在作为新中国的首都，又呈现出蓬勃发展的新气象，旧日的城墙也拆除了，想来一定有不少的城砖留下来，能不能由北京大学赠送一块给匹兹堡大学作为两校之间文化来往的一个纪念呢？

北京城墙上拆下来的旧城砖何止千万，居民住户可以随便使用，如果作为一件礼品送往国外，还必须得到主管部门的批准。但是客人既已提出这样的愿望，又难断然谢绝。接待的同志解释说，拆下的城砖都已利用了，不过还是希望能够满足他们的愿望的。

事后，北大外事处的同志认真去办理这件事，首先呈报国家文物事业管理局，经批准后，由北京市文物事业管理局为北京大学准备这件礼品。当时接受这项任务的同志考虑到，既然是一件礼品，就最好是找一块带有文字的城砖。这样的城砖虽然不是很多，却具有重要的纪念意义，也可以看作文化交流的象征。经过一番努力，终于找来两块带文字的城砖，第一块的文字是"大新样城砖"，砖体比较完整，重达二十四公斤。第二块的文字是"嘉靖三十六年分窑户王保造"，砖体虽然稍有残缺，却有烧制的年代的窑户的名称，这当然是更有意义的事。考虑之后，就决定由北京大学把这两块城砖一并赠送给匹兹堡大学。城砖备好之后，又请琉璃厂师傅代制礼品盒两部，这样礼品就算准备好了，决定由海运寄给匹兹堡大学。

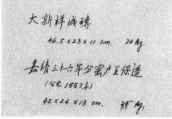

图15 两方北京城砖

也就是在这时候,我接到加拿大和美国几所大学的邀请,前去作短期讲学,匹兹堡大学也是其中的一个。学校领导考虑到海运寄件需要一两个月的时间,就嘱咐我先把这两块城砖的照片和文字拓片,带到美国,代表学校赠送给匹兹堡大学,并说明城砖随后由海运寄来。我欣然接受了这一使命,但是心里仍然有些纳闷,为什么匹兹堡大学要求赠送北京城的城砖作为礼物呢?

这个疑问,一直等我到了匹兹堡大学之后,才得到解答。

原来匹兹堡大学的校园里,有一座巍峨的大厦。在这座大厦第一层中心大厅的四面,分别开辟了十八间课室,各以十八个不同的国家命名。每一间课室的内部,都是按照命名的那个国家的一些特色布置的。例如有一间"英国课室",从房间的结构形式到桌椅的布置,都是模仿英国伦敦的下议院,以显示两国所共有的文化传统。不仅如此,还有在第二次世界大战中被烧毁的伦敦下议院的一些建筑材料,也被作为珍贵的遗物装修在这里,甚至伦敦唐宁街十号首相府的一块砖,也被拿来嵌在这间课室的墙基上,并用铜版铸字加以说明。看到这里,我方理解匹兹堡大学希望得到已被拆除的北京旧城的城砖作为礼物,也是珍视中国文物、借以表示尊重中国古老文化的一种象征。这并不需要什么特别贵重的东西,只要是真正来自本乡本土的一件具有历史意义的普通实物,也就够了。

在这十八间不同国别的课室中,也确实有一间"中国课室"。一走进去,恍如置身在一间古典式的中国客厅里。举目所见,都是画栋雕梁。天花板上饰有"藻井","藻井"周围挂着宫灯。甚至玻璃窗的花格子,也是中国传统的图案，室内陈设的也都是红木桌椅，椅子背上还刻着"循循善诱"四个大字，更显得触目。一面墙上嵌有孔子的石刻画像，梁木上还写着一些中国历史人物的名字。且不论其布置手法如何，企图显示中国古老文化传统的意图，却是十分明显的。参观到这里，主人才告诉我说，他们原来想把两块北京大学赠送的北京城砖，镶嵌在这间"中国课室"的墙壁上，现在知道两块砖上都有文字，于是又考虑陈列在图书馆里公开展览，或许更为相宜。

陪同我参观并作说明的，是大学秘书长方·杜森教授。参观完毕后，就在这同一座大楼的一间大客厅里举行了赠送礼品的仪式。一位大学副校长和大学秘书长一同接受礼品的照片和拓片，同时曾经访问过北京大学的该校教授，包括在该校任教的部分华裔教授，也都应邀出席。

在赠送礼品的文字拓片时，我补充说明了明朝嘉靖三十六年，即公历1557年，也就是哥伦布发现美洲大陆以后的第六十五年。这时大厅里爆发出热烈的掌声和赞叹声，于是宾主举杯共同祝贺两校之间的友好来往，与日俱增。仪式也就在亲切愉快的气氛中结束了。

我回国后三个月，接到了匹兹堡大学校长博斯沃教授的一封来信，说明两块城砖已经收到，深表感谢，同时还有正式谢函寄给当时的北京大学校长周培源教授。谢函是这样写的：

> 北京城具有历史性的城砖，作为北京大学富有意义的礼品，已经安全运抵匹兹堡，并在大学董事会上第一次展出。今后还要尽早装置妥当，公开陈列，供众赏览。
>
> 这两块和美国历史同样古老的城砖，正是我们两个大学之间持久的文化联系和中美两国人民之间的友谊的一个象征。
>
> 我谨代表匹兹堡大学向你致谢，我也向侯仁之教授、向贵校的外事处以及其他各位精心协助装运这件礼品的工作人员，表示感激。

这封谢函再次说明匹兹堡大学对礼品的珍视。同年10月，方·杜森教授因出国讲学之便，又特地来到北京大学，亲自把春间在该校赠送城砖仪式上拍摄的一套大幅照片送给我，用心如此周到，又是出乎我意料的。但是尤其使我不能忘记的，是今年5月我再一次赴美，主要是约翰霍普金斯大学邀请的，行程仓促。匹兹堡大学的朋友闻讯之后，一定约我中途在该校停留一天，也可亲自去看看北京大学赠送的两块城砖陈列的情况。果然这两块城砖并没有放置在"中国课室"里，而是在大学图书馆里公开展出了。每一块城砖连同一个锦盒和文字说明，陈列在一个大玻璃橱对称排列在东方图书部的前面。我仔细看看，城砖上由文物事业管理局钤加的红色火漆印章，还完好地保留在上面。图书馆的负责人告诉我说，这里还是临时展出的地方，他们正在制作专门设计的玻璃橱，将把砖上的文字拓片一同展出。

已经被拆除的北京旧城上的两块城砖，远在太平洋彼岸的一所大学里，受到如此重视，被看作中美文化交流和人民友谊的象征，这不能不使我深有所感。爰笔记之，以告国人。同时，我也想到当初拆下的北京城砖，任人搬运使用，也有散置各处的。如果有人遇到或发现其中带有文字的城砖，最好能送交北京市文物局或首都博物馆筹备处保存起来，也好为已经拆除的北京旧城留下些实物作纪念。

（原载《学习与研究》1981年第2期）

保护文物、建设首都人人有责

首都北京这座历史文化名城的城市建设,是全国人民所关心的,是举世所瞩目的。从这里你可以看到一个古老文明的新生,它是祖国正在开创社会主义新时代的"橱窗"。

可是就在这面"橱窗"的背后、在祖国的"国门"之下,竟还有摧残破坏历史文物的事情不断发生,例如"北京人的故居、十三陵的古建、圆明园的遗址等等无一例外",这里先只讲一件事。

早在1957年经北京市人民委员会批准、并已公布为我市重点文物保护单位的元代大都土城,自1975年初春以来,开始遭受到触目惊心的摧残和破坏。时至今日,国家文物保护法已经正式颁布,大小报刊为此发表的评论和刊载的有关消息,何止百篇,这应该说是"家喻户晓"的事了,可是这种破坏行为,目前还在进行,岂非咄咄怪事!

饮水思源,七百多年前元朝开创时所规划设计的大都城,继承了祖国城市建设的优良传统,除去它的主题思想是为封建帝王服务而外,从城市建筑的艺术来说,它设计的精密、规划的宏伟,都是当时世界上无可比拟的。这一点在大都的营建刚一落成就亲来现场观光的大旅行家意大利人马可·波罗是可以作证的。正是这座大都城,为现在的北京奠定了基础。到了六百多年前明朝北伐攻下大都城的时候,为了缩小城区,遂放弃旧城北部,重建德胜门安定门东西一线的新城墙。于是旧日大都城的北城墙和东西两城墙的北段,就被隔在城外,这就是现在被列为我市重点文物保护单位的土城遗址。

这个土城遗址绵延十多公里,最高处约六米,墙基底宽十五米,俨然是一带丘陵，亦自可观。在西段土墙"肃清门"故址的一边，耸立着乾隆所题"蓟门烟树"的丰碑，这就是旧日脍炙人口的"燕京八景"之一，虽然这里并非蓟城旧址，但是残留的城阙，映掩在烟云林木之间，也足引人遐想，遂成都下一景。更重要的是紧傍土城外侧，过去有宽阔的护城河，流水款款，更是平添无限景色。也可说是有山有水有文物古迹的一幅风景画了。解放后、特别是把土城列为重点文物保护单位之后，经过有计划地植树造林，这里已开始出现为一条绿化带，其间有几段，林木茂密，如屏如障，已经在城区北部起了防止风沙、净化空气的作用。可是现在来到这里，举目所见，高峻的土城有的已是断垣残壁、有的已被夷为平地，茂密成林的树木有的残存无几、有的已被砍伐殆尽；大片绿地有的竟被违章建筑所侵占、有的沿河垃圾几乎堆积成山。必须指出的是这不仅仅是对文物古迹的破坏，而且还严重地影响着首都的城市建设。应该知道按照中央对北京市工作方针的四条建议，其中有一条明确指示："改造北京市的环境，搞好绿化、卫生，利用有山有水有文物古迹的条件，把它建设成为优美、清洁，具有第一流水平的现代化城市。"这已见于1980年5月6日的《人民日报》，因此保护现有绿地，并力求扩大绿化面积，是首都城市建设中十分重要的措施。因为北京现有公园绿地面积，按城市人口平均分配，每人只有5平方米，这个数字远比一些外国首都为低，例如美国华盛顿每人就有40.9平方米。北京市的文物古迹的数量远远超过华盛顿，但是像大都土城这样的重点保护单位，竟然遭到肆无忌惮的破坏，而本来极有条件可以转化为公园绿地的土城护城河沿河一带，不是河水遭到严重污染，就是填塞河道、侵占土地、乱建违章房屋。这种情况能不说是没有知识、没有文化、目无法纪、目无中央指示吗？如果任其下去，使北京的历史文化遗产继续遭受破坏，使首都的城市建设继续受到阻挠，我们这一代人是不能逃脱子孙后代的谴责的！

（手稿写作于1982年，收入本书前未发表）

论北京建城之始

一 问题的提出

1987年是元大都城开始兴建的720周年,而今天的北京城正是在元大都城的城址上继续修建和发展起来的。当时在北京史研究会和北京市社会科学院诸同志的倡议下,曾举行了元大都始建720周年的学术讨论会作为纪念,这是很有意义的一件事。

元大都兴建之前,在今莲花池以东,亦即北京原始聚落的故址上发展起来的最后也是最壮丽的一座大城,就是1153年建成的金中都城,这是北京建都之始。[①] 至于北京建城始于何年,却是更加应该认真研究的问题。

二 从原始聚落到建城之始

北京原始聚落的起源,历史悠久。早在有文字记载之前,在它最初的城址上,当已有一个居民点的存在,其位置应在今广安门以西至莲花池之间。殷商时代,其政治文化势力,沿着今太行山东麓一带——也就是华北大平原西部的边缘地区,向北方逐步扩展,已经到达现在的北京小平原。这小平原北部三面有群山环绕,形状有如海湾,所以又被称作"北京湾"。那时从今安阳附近的殷都(即殷墟)北上,直到北京的原始聚落之间,已经逐渐形成

---

① 中都城是因袭辽南京城扩建而成。但是辽南京城只是辽朝的陪都,并非其统治中心。

一条南北大道，而且在那时候这也是华北大平原上南北之间唯一可以通行无阻的大道①。到了周武王在位时，从今关中平原出师东伐，进兵殷都，在取得完全胜利之后，立即沿着这条南北大道向北方分封了两个诸侯国。一个就是在北京原始聚落上建立的蓟国，另一个是在蓟国附近建立的燕国。但是燕国的故址所在，旧说不一。大约在西周末季或东周初年，燕国兼并了蓟国，并且迁都到蓟城，所以《韩非子·有度》有记载说："燕襄王以河为境，以蓟为国。"意即在东周燕襄王时，燕国向南以黄河为界，它的统治中心就是蓟城。此后，遂有燕都蓟城之称。后来北京又称燕京，即来源于此。

关于蓟燕二国最初分封的历史记载，举例如下：

（1）《史记·乐书》：武王克殷反商，未及下车，而封黄帝之后于蓟。
（2）《史记·燕召公世家》：周武王之灭纣，封召公于北燕。[按这里所说的北燕就是燕。另有南燕，在今河南省。]

根据这两条明确的历史记载，可以认为蓟燕两地的原始聚落，到了正式建立为诸侯国的时候，就完全具备了城市的功能，因此也就可以认为是建城的开始。在此以前，这两处地方随着南北交通的发展，其原始聚落也应该已经开始具有城市的功能，但是无法断定其开始的年代。有年代确实可考的，就是从武王伐纣建立封国时开始。

在这里还需要说明的一个问题，就是燕国的故址究竟在哪里，迄无定论②。直到近年来在房山区琉璃河乡董家林村附近发现了一座古城的城墙遗址和大量古墓及其随葬器物之后，燕国的故址才确定下来。其中最重要的器物之一，

---

① 详见拙作《关于古代北京的几个问题》一文的第一节"起源试探"（见《历史地理学的理论与实践》页141—144），该文原载《文物》月刊1959年第9期。北京大学考古系邹衡教授认为从地理上提出这条南北大道的概念，对考古学来说是很有意义的（对作者面谈）。其后，国家遥感中心研究发展部主任陈述彭教授，在他主编的《陆地卫星影像中国地学分析图集》（科学出版社，1984年）第3页"北京城市发展"图解一第（一）节，又结合作者的上述论点，进一步印证了古代沿着太行山东麓的南北大道。
② 《历史地理学的理论与实践》页141。又王采枚《论周初封燕及其相关问题》页99—101。

是通高62厘米、重41.5公斤的"堇鼎",造型浑厚,纹饰古朴,内壁铭文26字,用今体字并加标点,转录如下:

匽侯命堇饟太保于宗周。庚申,太保赏堇贝,用作太子癸宝䵼䵼。

大意是堇奉匽(燕)侯之命①,前往宗周(即周之首都,因"周王居之,诸侯宗之"故称宗周,在今西安之西)向太保(召公)贡献食物,并受到太保的赏赐。这就证实了古史中关于召公受封之后,仍留在宗周辅弼王室,而以长子就封于燕的记载。

燕国故址的确定,从地理关系上来考虑,同样是十分重要的,因为它完全证实了燕城的位置就在古代的南北大道上,北去蓟城不过百里,是从中原北上蓟城所必经。其腹地既大于蓟,又较为富饶,也最易接受中原先进文化的影响,但是其交通和战略上的位置却不如蓟。因为蓟城所在,既是南北大道的北方终点,又是分道北上以入山后地区的起点,实质上它就是南北交通的枢纽。这应该是燕国兼并蓟国之后就迁都到蓟的主要原因。

蓟燕两个诸侯国的建立及其地理位置上的关系既如上述,现在还有最后一个问题必须解决,那就是要确定武王伐纣的年代,并推算其在公历纪元前的年份,从而得出有文献明确可考的北京建城之始的时间。

三 建城之始的年代及其公历纪元

《史记·鲁世家》有明文记载说,武王伐纣在其即位后的第十一年,原文如下:

武王……十一年伐纣至牧野,……破殷入商宫。已杀纣,……遍封功臣。

---

① 燕国的燕字,卜辞作晏,在金文作匽,亦作郾或鄾等不同写法。

《史记·齐世家》所记年代与此相同。而《史记·周本纪》以为在十二年，后出的《史记集解》又作十三年。按西周纪年，唯《史记·鲁世家》所记较详，因此武王伐纣在十一年，当无问题。困难的问题是周武王十一年在公历纪元应是何年，推算起来，众说纷纭。赵光贤教授在其近作《武王克商与周初年代的再探索》一文中的第一句话就写道："周武王克商之年，至今还是西周历史上一个尚未解决的关键问题。"[①] 这个关键问题，也正是折合公历纪元的问题。按西周共和元年，在公历为纪元前841年。可是在此以前周朝诸王在位年数都缺载，因此武王十一年合公历为纪元前若干年就很难推算了。赵光贤教授总结了中外一些重要的研究，认为最有价值的是利用天象和历法加以推算，但又不能不顾及文献与金文材料。他把两者结合起来进一步研究的结果，认为"只有确定武王伐纣在公元前1045年"才最为可信。今后如果还有其他明确可考的年代根据提出来，自然应该再作研究。现在只有以公元前1045年作为分封蓟国之始，而蓟正是北京最初见于记载的名称。

1990年岁初写成，4月20日重订
（选自北京大学院士文库《侯仁之文集》）

[①] 《人文杂志》1987年第2期（总第46期），页74—80。

保护北京历史文化名城要抓哪些问题
——对西厢工程和西客站建设规划的几点建议

《北京城市建设总体规划方案》修订中关于保护文化古都与城市现代化问题的建议（摘要）

一、在有重要历史意义的地区进行现代化基建，要进行历史地理考察和考古勘探，解决好保护文化古都与现代化建设的矛盾。

二、应在西厢工程中发现的金中都城大安殿遗址（滨河公园内）立碑，显示出滨河路即建于中都城中轴线上，并立碑说明其历史，开渠引水至青年湖，并恢复鱼藻池的名称，辟为公园。

三、在西客站工程中，应考虑为莲花池开辟新水源，建成莲花池公园。

四、丰台区应建莲花池文保所，宣武区建金中都城遗址文保所，以便继续勘探，保护这些文物。

城市发展顾问组　侯仁之

见于《顾问建议》（第 11 期），北京市人民政府专家顾问团办公室编，1992 年 6 月 22 日

对"保护历史文化名城与城市现代化建设"问题的参考意见

保护北京历史文化名城要抓哪些关键问题？如何处理保护文化古都与城市现代化发展之间的矛盾？以上《通知》中的两个问题，结合最近两项城市

发展中的重要建设，即已完成的西厢工程和正在计划兴建的西客站为例，提供一些意见，仅供参考。

在有重要历史意义的地区进行现代化基建，兴工之前及在工程进行中，应进行历史地理考察和考古勘探，这就有可能使保护文化古都与现代化发展的矛盾，转化为积极因素，从而使古城风貌重现人间，为发展中的文化古都益增光彩。

（一）西厢工程

西厢工程改造完成的新滨河路，正是沿着金朝中都城的中轴线——也就是其宫城设计的中轴线兴建的。金宫城西南隅的鱼藻池，残存至今，即宣武区的青年湖，曾设有游泳池，今已荒破，形同污水塘。

（1）在西厢工程进行中，经考古勘探，发现地下有南北两处宽阔的夯土层，北边一处当是金宫城内最重要的大安殿（相当今紫禁城内的太和殿）遗址，南边一处，当是金宫城正南面的应天门遗址。北京市文物研究所有详细勘探资料，可以确定其位置。

（2）金宫城的位置，在旧日实测北京外城西部地形图上，显示为南北一带狭长的高地，其东侧，早在公元1552年增筑北京外城时已被切断。

（3）根据上述发现，有助于推断皇城正南方的宣阳门及其以南龙津桥的位置。

（二）西客站建设规划

决定保留莲花池并加以改造，十分重要。

（1）莲花池原是北京西部潜水溢出带上的一个天然湖泊，泉水清澈，风景佳丽，自古闻名。其下游有一小河流向东南。最早的北京城就是在这条小河边上发展起来，原名蓟城。湖泊在城之西，古称西湖，下游东注的小河（今莲花河前身）被称作洗马沟。详见1450年前北魏地理学家郦道元的《水经注》。

（2）公元1150年（金天德二年），金朝扩建蓟城，更名中都。三年后正式迁都，更名中都，这是北京正式建都之始（辽朝曾以蓟城为南京，只是陪都）。

（3）中都城的扩建，将西湖东流的小河包入城中，并分水入皇城内同乐园和宫城内鱼藻池。城内水上园林的点缀，盛极一时。

（4）包入中都城内的小河下游经龙津桥下，转向东南，从南城墙下的水关，流出城外。前几年，在当地一处建筑工地上已发现该水关，规模可观，经市长办公会议决定，就地建立博物馆。北京市文物研究所有详细勘察记录和录像。博物馆已在设计中。

（5）公元1215年蒙古骑兵攻下中都城，城内宫阙被毁，园林逐渐荒废。1247年开始在中都东北郊另建新城，这就是元朝的大都城。1368年明兵攻下大都城，又将城址南移，改称北京。1552年增筑北京外城。直到新中国建国的前夕，北京外城西部，仍有金中都城残存的墙址可见。

（三）几点建议

从西厢工程到西客站的建设，应注意到这一地区是北京城最初兴起的地方。北京最初见于记载的名叫作蓟，因城内西北隅之蓟丘而得名。这蓟丘残存的部分，在今白云观西侧，俗称木须地。"文革"期间才被铲平作为建筑用地。现在留存地表的古建筑，最重要的就是近在滨河路以西、始建于辽朝的天宁寺塔了。为了进一步显示北京历史悠久的文化古都风貌，有几点建议如下：

（1）在西厢工程中所发现的金中都城大安殿遗址东侧，于滨河公园内立碑，向南一面刻"金中都宫城内大安殿故址"，背面附刻简化的中都城图，显示出滨河路即建于中都城中轴线上。

（2）在西客站工程中，应考虑为莲花池开辟新水源，这不仅有利于保持西客站附近的自然历史风貌，而且有益于西客站附近的小气候。还应进一步考虑建设莲花池公园，在适当地点立碑说明它在历史上的重要意义。

（3）浚治莲花池河，改变其排污的现状，并考虑开渠引水入青年湖，恢复鱼藻池名称，开辟为有历史意义的小公园。

（4）金中都城西墙下，必有河水入城的水关，迄今尚未发现，应在可能范围内继续进行勘察。

（5）在这一地区内，可能尚有未经发现的古代重要遗址，在基建工程中应继续注意考古勘察。

附带的意见：如果已发现的大安殿和应天门故址，以及建议复原的鱼藻池公园，能够树立标志加以说明，都应列在文物保护范围之内。据了解丰台区拟建莲花池文保所，宣武区亦应建金中都城文保所。最近就地所见新建滨河路地下东西通道遭到破坏的情况，上述文保所的成立，实有必要。

侯仁之
1992年6月6日

（根据手稿整理，收入本书前未发表）

莲花池畔　再造京门

1994年7月7日《北京日报》的"图解新闻"版，用"再造京门"4个大字和一幅模型照片，生动地报道了我国目前最大的铁路客运工程——北京西客站。这是一处国际水准的现代化交通枢纽，又体现了富有民族特色的建筑风格。它的建筑面积7倍于现在的北京站而有余。北京站在东，这新客站在西，因此叫作西客站。这东西两站相去约8公里。结构工程即将于1994年底完工。展望未来，正如原刊"图解新闻"所指出的：在1997年香港回归祖国后，第一趟悬挂彩旗的京九直达列车，将从这里驶出，纵贯华北、华中、华南，直达香港的九龙车站。远景在望，不禁使人心驰神往。

这北京西客站选址在莲花池畔，只须进一步开发水源，莲花池上平展如画的水面，必将为这号称"京门"的交通枢纽带来无限风光。同时也将会产生良好的小气候效应。

然而更有意义的是还应该看到这莲花池在北京城的早期发展中所产生过的重要影响。从现在追溯既往，联想所及，略述如下。

饮水思源　追踪蓟城故址

北京城最初的名称叫作蓟，这是公元前1045年周武王进兵殷墟、伐纣灭商之后，立即向远在北方所分封的一个诸侯的统治中心，实际上这就是有明文可考的北京建城之始，去今即将3040年。

到了东周的战国时代，蓟又成为号称"七雄"之一的燕侯的统治中心。

至于第一次明确记述了蓟城地理特点的，则是北魏时代的大地理学家郦道元，去今已有1400多年。郦道元在他的名著《水经注》一书中，不仅讲到了蓟城得名的原因，而且还涉及蓟城与近郊河湖水道的关系，现在分别节录如下。

首先，他记述蓟城得名的原因说：

> 周武王封尧后于蓟，今城西北隅有蓟丘，因丘以名邑也，犹鲁之曲阜、齐之营丘矣。

这段记载，当是郦道元亲来蓟城考察所见，故称"今城"。同时他还进一步以鲁的统治中心曲阜和齐的统治中心营丘为例，来说明这些古城，都是以平原上的一处高地为据点而后发展起来的，这是很值得注意的一个地理特征。

其次，他又记述了蓟城西郊的一个天然湖泊说：

> 湖有二源，水俱出县西北，平地导源，流注西湖。湖东西二里，南北三里，盖燕之旧池也。绿水澄澹，川亭望远，亦为游瞩之胜地也。

这里所说的"县"就是蓟县，或称蓟城。城西有一片天然湖泊，从地质上说乃是永定河洪水冲积扇上一处承压地下水溢出后的汇聚之处。当时郦道元所见到的已经是开发为风景佳丽的郊游胜地，这也说明了这片湖泊与蓟城的密切关系。实际上这个"西湖"，就是今天的莲花池。根据《水经注》所记蓟城附近大小河流的位置以及考古发现和有关资料，可以确定当时蓟城的位置，就在今日广安门内外，四面城墙略呈长方形。详见拙作《〈水经注〉选释》（《中国古代地理名著选读》99—110页），此不列举。这里只须重引《水经注》关于西湖的原文一段如下：

> 湖水东南流为洗马沟，侧城南门东注，其水又南入㶟水。

这里所记西湖下游的洗马沟，就是现在莲花池下游的莲花河。不同的是，现在莲花河下游注入北京南部的凉水河，而当时的洗马沟，则是从蓟城南门外向东南流注当时的㶟水，也就是历史上永定河的故道。

这座蓟城一直沿用到公元938年，辽朝在这里建立了陪都，改称南京，也叫燕京。尽管城内略有修建，城址并无变动。当时城内西北隅，仍然保留有古代蓟丘的残余部分并加以利用，进行修建。只是到了20年前，因为建筑用地，这古代蓟丘的残余部分，才被铲除，这是很可惜的。幸而原在蓟城内的一些古建筑仍然存留下来，其中最有名的就是现在的天宁寺塔。还有一处至关重要的，就是始建于唐代的悯忠寺，也就是现在的法源寺。

鱼藻池上　不见金宫遗彩

公元1153年金朝继辽之后，正式建都于蓟城。只是又从东西南三面加以扩建，改称中都，这是北京在历史上真正建为国都的开始，去今已有840余年。

这次扩建中都城，有至关重要的一点，就是有计划地把洗马沟的中游，包入城中，并充分加以利用。早在辽代作为陪都时，已曾引水入城，布置苑林景点。金朝在其基础上又做了进一步的开发。首先在宫城西侧皇城以内开辟了以湖光水色取胜的太液池上的同乐园，同时又分一支清流东入宫墙，近在前朝大安殿的西南一隅，营建了琼林苑。苑中南部又增建了一处水上风景中心，叫作瑶池，其后改称鱼藻池。池中心筑小岛，岛上又建鱼藻殿。

这座中都城扩建后只有60多年，就在金元易代之际，遭到了兵火的破坏，化为一片废墟。只是鱼藻池上的旖旎风光，依然是郊野游人流连忘返的去处。例如有一位游人来到同乐园和鱼藻池的遗址畅游以后，就曾写下了如下的一首《西园怀古诗》：

> 琼花韶华自昔闻，杜鹃声里过天津。
> 殿空鱼藻山犹碧，水涸龙池草自春。
> 民乐尚歌身后曲，月圆不见舞时茵。
> 绛桃谁植宫墙外，露湿胭脂恨未匀。

（刘景融：《西园怀古诗》，《日下旧闻考》卷29，北京古籍出版社铅印本，第2册，419页）

按诗中的"天津"二字，指的是昔日从太液池到鱼藻池的皇宫水系。诗人慨叹的是这里的自然景色依稀如旧，可是当年歌舞升平的景象，早已是过眼云烟，不可复见了。

青年湖边　殷切期待旧貌换新颜

金朝宫殿化为灰烬之后，继起的元朝又在东北郊外另建大都新城。现在的北京城，就是在元大都城的基础上，又经过明朝的改造，清朝的维修，以及新中国建都以来的不断规划扩建，这才形成了今天四环路以内的市区现状。这样金中都城的故址，就落到了现在的市区之内，也就是三环路内的西南一隅，略如图 16 示。遗址图中的莲花池，也就是古代的西湖，只是面积已经缩小。湖中流出的莲花河，下游河道也略有改变。至于金代太液池上的同乐园已经荡然无存，幸而残存的鱼藻池还有遗址可见，这就是今天宣武区的青年湖，只是上下游的支渠都已湮废，湖水也日渐涸竭。再加上周围一带房舍杂乱无章，身临其境，已经很难设想这里曾是 700 年前风光秀丽的皇家乐园了。

近年来随着首都城市建设的迅速发展，宣武区已经筹设金太液池开发建设机构，计划利用房地产开发形式，就地进行拆迁，首先恢复鱼藻池的水上景色，其规划方案已经得到北京市文物事业管理局和北京市城市规划局的批准，但愿能早日实现。

更值得注意的是前几年，在沿着广安门外滨河公园的西侧，开辟西二环路的南段时，北京市文物考古工作队还就地进行了考古勘探，就在青年湖以东约 200 米处，发现了金宫城内大安门及其正北方大安殿的地基夯土层，进一步证明了现在广安门外滨河公园西侧的这段西二环路，就正好压在金中都城纵贯全城的中轴线上。如果能利用公园中已建好的一座亭子的前方，就地立碑用一行大字标明金中都城大安殿故址所在，并在碑阴镌刻金中都城复原略图，岂不是很有意义的一件事吗？

上述设想，都是从残存的青年湖——也就是鱼藻池的遗址所引发的，衷心期待着有朝一日青年湖上旧貌换新颜。

但是，这里一个更值得注意的问题，涉及青年湖周围整个地区环境的改善，那就是必须重新浚治莲花河。现在西客站南侧的一段莲花河已经盖板，变为地下河。但是其下游还须有计划地进行疏浚。应该看到这段河道对于古代蓟城的兴起和辽南京城与金中都城的规划建设，关系十分密切。北京作为举世瞩目的历史文化名城就其城市的建设史来说，这是绝对不可忽略的事实。关键的问题是如何为莲花池取得更为丰沛的水源。这不仅是北京西客站和城内一个小区的问题，而且是整个北京城建设上的一个重大问题，已在本文话题之外，这里就不多叙了。

用地下遗址　建辽金城垣博物馆

从金朝大安殿故址向正南约 2000 米，原是金中都城正南方的丰宜门所在处，本来这也应该是二环路向南延伸所经过的地方，只是在选线上稍向西移，丰宜门的故址就落在了稍微偏东之处，现在已无遗址可见。

当初从丰宜门东去不远，就是莲花池的古河道流出中都南城墙的地方，现在属于丰台区的玉林小区。中都城兴建之初，曾在这里设有水关，遗址早已湮废。1990 年就地兴建北京市园林局宿舍楼，发现了深埋的大石条等，情况不同寻常，经国家文物局批准，由北京市文物事业管理局文物研究所进行考古发掘。结果一处残存的大规模木石结构水关遗址终于出土。遗址长 43.4 米，过水涵洞长 18.7 米，宽 7.7 米。两端的入水口和出水口，分别宽 11.4 米和 12.8 米。据了解，这处遗址的基础建筑结构，在现存我国古代都城水关遗址中体量最大，与宋《营造法式》的规定一致，是研究我国古代建筑和水利设施的重要实例。北京市政府做出决定，就地兴建博物馆，对遗址进行全面保护。博物馆内连同古代北京城出土文物，进行陈列，供观众参观研究。

现在这座命名为"辽金城垣博物馆"的新建筑，在纪念北京建城 3040 年之前，已经落成，正式开放。这就为北京城的建设史，提供了重要的实物遗迹，又一次显示了北京城在建筑上的工事，不同寻常，但愿今日的"再造京门"，也为今后北京古城地区的规划建设，带来不断前进的新希望。

1994 年 12 月 8 日，北大燕南园

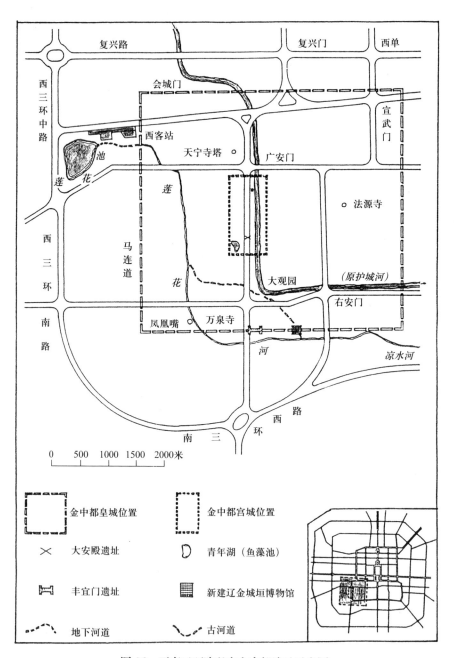

图16 西南三环路以内金中都遗址示意图

（原载《中华锦绣》总第一期，1995年1月）

试论元大都城的规划设计

一 元大都城在我国城市规划上的重要意义

（1）元大都城以湖泊为核心的城市规划，在我国历代国都建设中实属创举。

元大都城的创建，始于元世祖忽必烈。

早在公元1260年，忽必烈继任为蒙古大汗，即位于滦河上游的开平，建元中统。

《元史·世祖本纪》称中统元年"十二月乙巳，帝至自和林，驻跸燕京近郊"[1]。按是年"十二月乙巳"，合公历为1261年1月14日。时去蒙古军最初占领金中都城，已经45年。占领之初，城中宫殿尽遭焚毁，其后中都改称燕京。忽必烈当时"驻跸燕京近郊"，实即金中都城东北郊离宫（太宁宫）中琼华岛上的广寒殿（图17）。

中统五年八月癸丑，忽必烈从刘秉忠之请定都于燕。乙卯诏改燕京为中都，并以中统五年为至元元年（1264）[2]。

《元史·刘秉忠传》至元"四年，又命秉忠筑中都城，始建宗庙宫室"。

---

[1] 蒙古城和林，在公元1235年，即金亡之后一年。
[2] 《元史·世祖本纪》至元元年八月癸丑纪事："命僧子聪同议枢密院事，诏子聪复姓刘氏，易名秉忠，拜太保参领中书省事。乙卯诏改燕京为中都。"未明言刘秉忠请定都于燕，因为当时秉忠仍是"野服散号""时人称之为聪书记"。是奏请定都于燕之后，方有秉忠之赐名。参看《元史·刘秉忠传》。毕沅《续资治通鉴》卷一七七，记南宋景定五年，即蒙古至元元年，其八月癸丑纪事，则直称"蒙古刘秉忠请定都于燕，蒙古主从之。乙卯，改燕京为中都"。

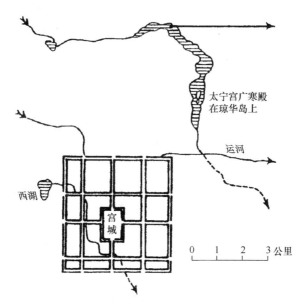

图 17　金中都城与太宁宫位置略图

也就是在这一年,琼华岛赐名"万岁山"①。

这正是以琼华岛广寒殿所在的湖泊为核心而营建新中都城的开始。《元史·地理志》亦称:"至元四年,始于中都之东北置今城而迁都焉。"

至元五年(1268)冬十月宫城成②。到了至元八年(1271),刘秉忠又"奏建国号曰大元,而以中都为大都"③。这是大都城命名的开始。元大都城就是这样以琼华岛所在的湖泊为核心而兴建起来。这在我国历代都城建设史上,实属创举。

至元十一年(1274)大都城宫阙告成④。

(2)大都城的城市规划,既考虑到历史的传统,又每多创新。

在新建元大都城的总体规划中,显而易见的一点,就是一本中原王朝

---

① 金之琼华岛,积土成山。孙承泽:《春明梦余录》,"至元四年兴筑宫城,山适在禁中,遂赐名万岁山"(北京古籍出版社本,1992年,卷64,1236页)。
② 《元史·世祖本纪》。
③ 《元史·刘秉忠传》。
④ 《元史·世祖本纪》:至元十一年"春正月己卯,宫阙告成,帝始御正殿,受皇太子诸王百官朝贺"。

"面南而王"的传统,确定了宫城"大内"的位置和面向正南的朝向。宫城"大内"和琼华岛周围的湖泊以及西岸的宫殿四面绕以"萧墙",于是萧墙以内的湖泊,也就根据传统取得了"太液池"的名称。但是其水面之浩瀚,又远非历史上任何宫廷中的太液池堪与比拟。萧墙迤东、近东城墙处兴建太庙;萧墙迤西、近西城墙处兴建社稷坛,两者的兴建年代,虽有先后①,但是两者的位置,应是按计划早已确定的,这也是完全符合《周礼·考工记》中"匠人营国"条所载"左祖右社"的传统规制的。

至于被隔在萧墙以北的湖泊,俗称海子,也叫积水潭,湖面辽阔。其东北沿岸,特别是"中心台"和"中心阁"及其附近地区,是全城最重要的市场所在,也同样符合《周礼·考工记》"匠人营国"条中"面朝后市"的规定。同书"王城"中"左祖右社,面朝后市",虽属规范化描述,其来源也有所本。可是在大都城的规划中,随着客观要求的发展,在城市建设的后期,为了解决都城中至关重要的漕运问题,又为积水潭开辟了新水源和开凿了通惠河之后,原来沿湖东北岸地区的市场就更加重要,也就更加符合《周礼·考工记》"匠人营国"条所谓"面朝后市"的要求(图18)。

这里需要特别指出的是:在大都城的核心规划中,虽然与上述"左祖右社,面朝后市"的基本情况相符合,但是在整个城市的布局上,却又大相径庭。《周礼·考工记》描述"王城"是"方九里,旁三门",而大都城并非正方形,而是长方形,四面城墙既不等长,北面城墙上又只有两门而非三门,这就是一种"创新"。何以如此,这是很值得研究的一个问题,将在下文试作分析。

(3)大都城内,萧墙以外,城市规划的主要特点及其影响。

大都城内,除去在城市的中心位置上,有一条自北而南确定宫城"大内"位置的中心干道之外,其他城内的主要干道,纵横交错,略呈棋盘状。其主要特点是在南北向的主干道东西两侧,近似等距离地并列着若干东西向的大街和"胡同"。大街宽约25米,胡同宽约6—7米。这是大都城内民间

---

① 《元史·世祖本纪》:至元十七年(1280)"十二月甲午,大都重建太庙成,自旧庙奉迁神主于祐室,遂行大亨之礼"。此处所记"旧庙",当指原金中都城之太庙。《元史·祭祀志》:至元三十年(1293)"正月,建社稷坛和义门内少南,坛高五丈,方广如之"。

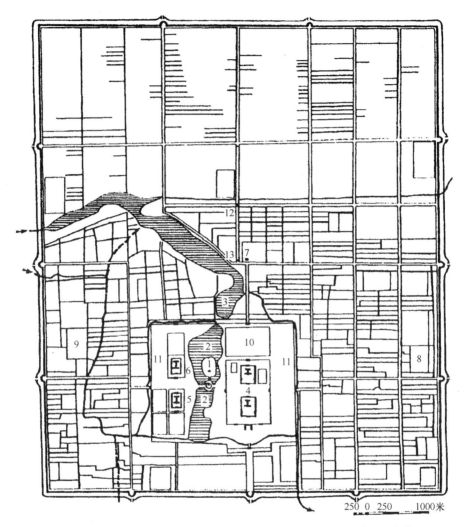

图 18　元大都城平面复原图（本图以《北京历史地图集》"元大都"图为底图）
1. 琼华岛　2. 太液池　3. 积水潭　4. 大内　5. 隆福宫　6. 兴圣宫　7. 中心台
8. 太庙　9. 社稷坛　10. 御园　11. 萧墙　12. 钟楼　13. 鼓楼

居住区的主要特点[①]。这种东西向的胡同，最宜于主房（或称正房）坐北向南的"四合院"的划分。这种四合院住宅的分布，竟成为明清北京城住宅区的

---

① 参看中国科学院考古研究所、北京市文物管理处、元大都考古队：《元大都的勘查和发掘》(《考古》1972 年第 1 期）及《北京历史地图集》中的"元大都"图及说明。

主要特点，对于居民生活，有着十分重要的影响。这一特点相沿至今，是北京城现代化的改造中引起居民和关心民居环境的建筑学者所最为关切的一大问题。

（4）开发新水源，纳入城市总体规划中，既保证宫苑用水，又为开凿新运河、发展城市水上风光，做出新贡献。

二 元大都城设计程序的分析

现在研究元大都城的规划设计，既缺乏原始资料以供参考，又没有系统的第一手记述以备探讨。唯一有所凭借的，还是《考古》（1972年第1期）上所发表的元大都考古队的《元大都的勘查和发掘》一文，以及该考古队主持者徐苹芳教授为《北京历史地图集》所复原的"元大都"图。现在就以该图为依据，参考忽必烈南下中都旧城，即以其临时"驻跸"之处，也就是金离宫中的琼华岛为起点，来试行分析元大都城的设计程序如下。

如上文所述，忽必烈于中统元年十二月来到金中都旧城之后，就一直住在燕京近郊的琼华岛广寒殿。即使到了中统五年也就是至元元年，从刘秉忠之请，"诏改燕京为中都"之后，仍然住在广寒殿中。直至至元八年刘秉忠"奏建国号曰大元，而以中都为大都"时，也就是新建大都宫室完成之后，忽必烈才从琼华岛移往大都城内新宫，当时琼华岛已改名为万岁山。由此可以推想，忽必烈来自蒙古高原，对于琼华岛上的山水景色，必多眷恋，而新建大都城正是以改名为万岁山的琼华岛作为起点来进行规划设计的。

同时也应该看到，忽必烈虽然来自蒙古高原，可是长时期在汉族亲信如刘秉忠、张文谦等人的影响下，已经不断受到中原汉族文化的感染和熏陶，而且已经是志在中原。实际上早在他于1259年继承蒙古族的领导权之前，还曾在刘秉忠等人的随从下，远征大理云南。当时偏居临安的南宋王朝，已是处于他的严重威胁下，势在必得。因此在议建新都时，必然会充分考虑汉族亲信谋臣如刘秉忠等人的意见。结果正是如此，即中原王朝关于国都建设的传统，在元大都城的规划设计中也充分地显示出来，这是在分析大都城的设计程序时，所应该考虑到的。今就所见，依次试述如下（图18）。

（1）中原五朝历代国都的建设，根据"面南而王"的传统，宫廷所在，必然面向南方，并以位居城市的中央，最为可取。金中都城的建设即是如此。结合这一特点，大都城的规划设计，就首先选择了积水潭东北岸上预定为全城中心的一点，立"中心台"，又建"中心阁"。

（2）从"中心台"向南，紧傍积水潭东岸，垂直南下，形成设计上的中轴线。在此中轴线上，又紧傍太液池的东岸，建造宫城"大内"，即后来所谓紫禁城。城内南为前朝大明殿，北为后廷延春阁。

（3）与宫城隔湖相望，另建隆福宫，为太子所居。这一布局的结果，是太液池北部的万岁山（琼华岛）与东岸的宫城"大内"和西岸的隆福宫，鼎足而三，布局稳定和谐，又富有山光水色，规模宏伟，为历来宫城设计所未有，实属一重大发展。四周修建萧墙，即是日后所谓皇城。隆福宫之北，又增建兴圣宫，为皇太后所居。其兴建时间较晚，此不具论。

（4）中心台迤西之南北大街上，南北分建鼓楼与钟楼。晨钟暮鼓，为全城报时之所。

（5）以积水潭的东西宽度，作为全城宽度的一半，用以决定东西两面大城城墙的位置，只是两面城墙的内侧，还需各加一条顺城街的宽度。

（6）从中心台沿中轴线南下，越过萧墙后，再加一适当的距离，决定南城墙的位置。这里所谓适当的距离，就是在"大内"以南一直到大城南门之间，确保一定的空间，以便修建中心御道及其左右两侧的千步廊。然后再以中心台到南城墙的同等距离，决定北城墙的位置。这样太液池到积水潭的浩瀚水面及其上游向东流去的一条重要水道，就被确定在全城的核心位置上。

（7）在萧墙以东，东城墙内侧建太庙。在萧墙以西，西城墙内侧建社稷坛。

（8）大城四面以及各城门位置确定之后，从而确定大城之内和宫城之外的街道坊巷和胡同的统一布局和划分。

三 元大都城设计思想的探讨

通过上文的讨论，明显可见的是大都城的规划设计，既有所因袭，又大有创新。其中最值得注意的一点，就是把湖光山色纳入城市布局的核心，这是传统设计思想的突破。其起点，可能与忽必烈个人流连于琼华岛上的水上景色有关。但是从此出发，到全城平面设计的完成，竟使太液池和积水潭的广阔水域，在整个城市中占有如此重要的地位，这和最初见于《周礼·考工记》"匠人营国"的理想设计相比较，可以说是一次重大的发展，俨然是体现了一种回归自然的思想，也就是道家所宣扬的"人法地，地法天，天法道，道法自然"的一种具体说明[①]。这样就形成了自然山水与城市规划的相互结合。

按道教文化渊源于先秦时代，经过不断发展，逐渐与儒家文化以及佛教文化，形成中国传统文化的三大组成部分之一。历唐及宋，又是三者在建筑上互相影响日益深入发展的时期。从道教宫观的建筑形式来看，一种是有明显的中轴线，左右建筑均衡对称的布局。另一种则是按五行八卦方位去确定主要建筑物的位置[②]。前者融合了儒家思想，以强调对称整齐的布局来体现"礼制"的精神。后者，如在大都城的规划设计中所见，除去上述与自然山水相结合的特征之外，还反映了阴阳五行的学说。例如大都城的城门设计，东西南三面各有三门，而北墙只是二门，共计十一门。这与《周礼·考工记》"匠人营国"所记城墙四面各开三门，共十二门，有明显的差异。推究其原因，就应与道家思想有关。按《周易》称，"天一、地二、天三、地四、天五、地六、天七、地八、天九、地十"[③]。地之数，阳奇阴偶。取天数一、三、五、七、九，和地数二、四、六、八、十，这些数的天地之中和，即将天数的中位数"五"，和地数的中位数"六"相加之和为"十一"。这取象为阴阳和谐相交，衍生万物，天地合和，自然变化之道尽在其中。大都城既是天子

[①] 老子：《道德经》第二十五章。
[②] 参看卿希泰主编：《中国道教》第八编，道教建筑，见第4册，76—77页，知识出版社出版（沪版），1994年。
[③] 参考朱熹《周易本义》系辞上传13—14页，中国书店影印本，1990年第3次印刷。

王位所在，众生所依，自当被视为天地之正中。其全城设计，共开十一门，即是取象为阴阳和谐相交，衍生万物之意。至于南墙开三门，为奇数，即天数；北墙开二门，为偶数，即地数。也就是说，在方位上，城南方向为天，城北方向为地，城南开三门，城北开二门，并用此二三错综之数，以示天地相交、万物相合之意。以上所述，在邵雍《皇极经世书》中，都有详细的论证[①]，可供进一步参考，此不多赘。

写到这里，不禁联想到刘秉忠的思想学行。《元史·刘秉忠传》明确记载："刘秉忠……初名侃，因从释氏，又名子聪。"这子聪一名，一直用到至元元年，由于忽必烈从其建言定都燕京之后才改名秉忠的。本传又称："秉忠于书无所不读，尤邃于《易》及邵氏《经世书》，至于天文地理、律历、三式六壬遁甲之属，无不精通。论天下事如指诸掌，世祖大爱之。"这是他初见忽必烈时的情况。当时忽必烈尚未继任为蒙古大汗，却已有进据中原之意，并立即交付给秉忠一项任务，就是要他在今滦河上游选择一处适当的地点，兴建一座城市，显然是要作为南下的据点，这就是《元史·刘秉忠传》中所说的："建城郭于龙冈，三年而毕，名曰开平。"[②]这龙冈一地和开平一城的命名，也必是出于秉忠。这座开平城在忽必烈继任为蒙古族大汗之后的至元元年，被认为是"阙庭所在"，因而"加号上都"，已见上文。这也足以说明秉忠不仅博学多才，而且还长于实践，在城市的规划建设上，也是早已有所表现的。这又不能不使人联想到至元元年秉忠奏请定都于燕，随即诏改燕京为中都。至元四年又命秉忠筑中都城，始建宗庙宫室。至元八年秉忠奏建国号曰大元，而以中都为大都，其间详细过程，已见上文。这里应该着重指出的是，元之国号，源出《周易》："大哉乾元，万物资始，乃统天。"[③]这一事实，也就进一步使人联想到秉忠之营建大都城，在其规划设计的思想内容上，也必然有所考虑，可惜史文缺载。秉忠在精通儒家经典以为治国之本以外，在

[①] 如称"有地然后有二，有二然后有昼夜。二三以变，错综而成"。见《皇极经世书》，上海古籍出版社《四库术数类丛书》，1990年版，第1卷，803—1056页。
[②] 开平城今仍有遗址可见，在今内蒙古锡林郭勒盟正蓝旗东北20公里处。
[③] 参看朱熹：《周易本义》彖上传1页。

个人生活上又有自己安身立命的爱好。这在《元史·刘秉忠传》中就有如下的描写说："秉忠自幼好学，至老不衰，虽位极人臣，而斋居素食，终日澹然，不异平昔，自号藏春散人。"这藏春散人的名称，正好说明了他赖以自持的道家思想，所著传世诗集，后人为之整理刊印，即题作《藏春集》。

总之，刘秉忠辅佐忽必烈为蒙古族入主中原，结合汉族文化传统，建功立业，功不可没。进而奉命营建中都，又奏国号曰元，并以中都为大都，遂为今日之北京城奠定基础。其间史文虽有缺载之处，然综观其言行，实乃融合儒道佛为一体，而大都城之总体规划，适足以作为其思想意识的具体说明。个人所见如上，敢以就正于方家学者。

附记：在荷兰莱顿大学汉学研究院院长施舟人（Kristofer Schipper）教授的启发下，开始考虑元大都城在规划设计上所受道家思想的影响，荏苒经年，终于草成此文，其中有关阴阳五行学说的道家思想，有赖于希贤教授提供文字说明，以备采摘，始得最后完篇。谨此一并说明，并致谢忱。

[原载中国城市规划学会《城市规划》双月刊
1997年第3期（总第121期），1997年5月]

关于保护海淀镇以西六郎庄一带城市绿地的建议

北京城西北郊一带，地形平坦低下，又正好位于西山山前泉水溢出带上，历史上曾是地下水源丰沛，湖沼密布的地区。早自明代晚期，达官显贵即在此地营建园林，清代时达到造园的高潮，先后辟治的大小园林不下十余处，其中著名的有"三山五园"等皇家园林。

今北京大学西南隅与海淀镇北部相毗连的地方，即今六郎庄、巴沟村、万泉庄一带，正是北京西北郊旧园林中开辟最早的一部分。其西数里有万寿山、玉泉山平地浮起，其北则有闻名中外的圆明园遗址。这里既是北京西山诸园林区的外围，又是整个北京城西北郊风景园林区的有机组成部分。在北京城市总体规划中，这里被列为隔离绿化区和水源保护区。

值得注意的是，随着近些年来城市建设的迅速发展，今六郎庄、万泉庄一带，即所谓"巴沟低地"地区的自然环境发生了很大变化。首先是地下水位下降，地下泉水枯竭。清乾隆年间御碑题名的二十八眼泉水，今已不复一见。其二，城市绿地迅速减少，清代所谓三百六十顷御稻田的田园风光，正面临着彻底消失的危险。

据悉，鉴于目前存在的问题，海淀区海淀乡政府已初步拟定保护六郎庄一带田园绿地的规划。规划地区北起颐和园新建宫门路，南至行政学院北路（北三环支线）；西起颐和园东墙外的昆明湖路，东至万泉河路。在规划区内，以巴沟北路为界，以南的万泉庄一带，作为生产、生活区；以北的六郎庄一带则作为绿化园林区，拟将此区的生产单位及居民迁往万泉庄一带。这样一来，昆明湖路以东、巴沟村以北、万泉河路以西约三百公顷的范围内，旧日的田园风光将得到保护，并与西面的颐和园景区融为一体。

需要予以特别注意的是，根据已制订的北京市城市总体规划，北四环路的西北段恰好自东北而西南穿过拟建设的六郎庄田园风景区。如何在北四环路西北段的建设工程中，协调处理好人工建设道路系统与自然风景之间的关系，尽可能避免破坏当地的田园景色，是应该在具体道路选线与设计工作中充分考虑的重要问题。希望有关设计、建设部门予以足够重视。

1998年
（根据手稿整理，收入本书前未发表）

在万柳工程奠基仪式上的讲话

各位领导、各位朋友：

承蒙邀请，我今天能亲临万柳工程的奠基现场，看到这个综合改造项目正式启动，心里感到十分高兴。

万泉庄、六郎庄地区在历史上的地位是非常重要的。当地的万泉水系、香山玉泉水系与由昌平引入的白浮泉水系汇为一处，形成了什刹海、北海、中海、南海的源头，并与大运河贯通。在北京城形成及以后发展中起了关键作用。这里曾是清朝"三山五园"腹地，其近似江南的田园风光吸引着京城人至此踏青赏景。新中国成立后，在它附近逐渐形成了以圆明园、颐和园为主的旅游区和汇集北大、清华等高等院校、科研单位的文教区，使这一地区更加有了特殊意义。特别是它处在北京城西北隅，风口水头，直接作用着城区空气和水源，对北京城总体环境有着显著影响。

但是近年来，这里的生态环境遭到严重破坏，水源污染，杂乱无章的建筑代替了往昔的荷塘、稻田。三年前听说海淀区政府、海淀乡政府对这一地区制订出了综合改造的规划实施方案，而且经过了市政府批准。我非常高兴并一直密切关注这个项目的进展，企盼着早日实施这件造福子孙的大好事，今天终于盼到了这一天。我希望万柳工程完工后，恢复一些具有传统意义的古迹，重现当日垂柳指岸、稻花飞香的田园风光。我祝愿万柳地区综合改造进展顺利，早日完工。

（1998年12月26日）

（根据手稿整理，收入本书前未发表）

莲花池畔再论古代西湖与北京城址的演变

中华盛世欢庆声中，终于迎来莲花池上碧波荡漾，风貌一新。立足西南岸上，面向东北遥望，号称"京门"之北京西站，以其宏伟造型呈现眼前。观感所及，难免引起如下问题：在历史上，这莲花池和北京城究竟有何关系，还应再做进一步探讨。

试从北京城的起源说起。

按北京城最初见于记载，始于商周易代之际，其名曰蓟，去今已三千零四十七年。最初城址所在，有明文可考者，始于北魏地理学家郦道元之《水经注》。推算其成书年代，去今已有一千四百七十余年。书中明文记载称：

> 昔周武王封尧后于蓟，今城内西北隅有蓟丘，因丘以名邑也，犹鲁之曲阜、齐之营丘矣。

从而充分说明蓟城之命名，源于蓟丘。不仅如此，在原书下文中，更进一步指出蓟城水源，名曰西湖。原文如下：

> 湖有二源，水俱出县西北，平地导源，流注西湖。湖东西二里，南北三里，盖燕之旧池也，绿水澄澹，川亭望远，亦为游瞩之胜地也。湖水东流为洗马沟，侧城南门东注……

按文中所记蓟城水源，实系来自西郊承压地下水之潜水溢出带，其地略低于海拔50米。泉水下游汇聚，终于形成蓟城西郊游览胜地之水上风光。实际上亦即今莲花池之原始景象。其间之转变过程，在早期蓟城于公元938年改建为辽代陪都南京城时，已初见端倪，附图如下：

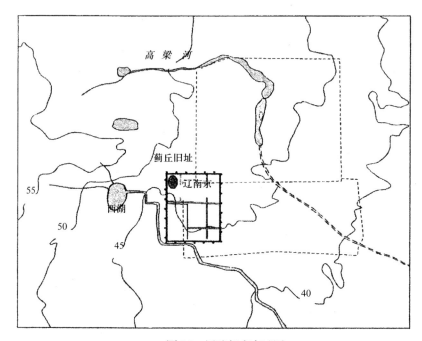

图19　辽陪都南京城图

至于上文所记蓟丘，适在城内西北隅，与《水经注》所记相符。其故址在今城内白云观西侧，70年代初已被改为建筑用地，遗迹不复存在。

公元1135年金朝继辽之后，正式建都于此，并在东西南三面扩大城址，改称中都，略如图20。

最值得注意者即中都城址，扩建结果，原来西湖下游中间一段，已被包入城中，并引水开辟皇城内之同乐园和宫城内之鱼藻池。于是中都城内皇家园林之水上风光，盛极一时。但是随着一代封建都城之发展，作为经济命脉之大运河，其开凿却必须另辟水源。其间虽曾先后从金口河与高梁河分别引水入闸河济运，终未成功。元朝相继兴起，决定放弃中都旧城，并在东北近郊，利用新水源，另建大都城。

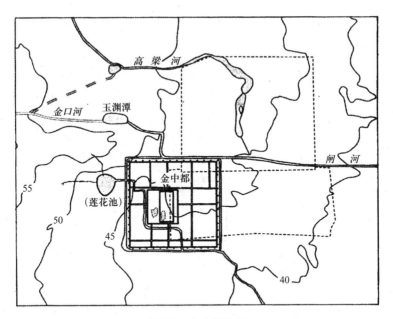

图 20 金中都城图

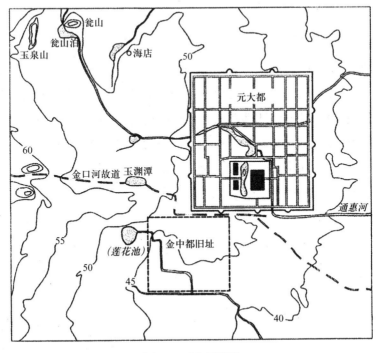

图 21 元大都城图

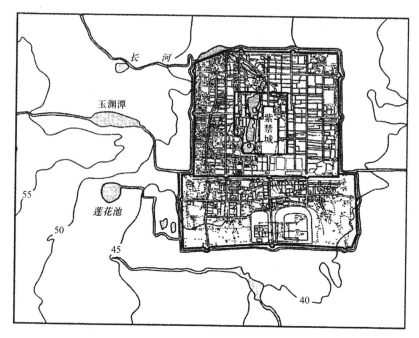

图 22　明清北京城图

其后历经明清两朝相继营建，遂有内外城之别，通称北京。

中华人民共和国肇建之始，重新建都北京，于是旧城改造，日新月异。郊区建设，相继兴起。终于使逐渐荒芜并已改称莲花池之古代西湖，喜获新水源而重放光辉。其经营开发过程，北京市政府决策在前，丰台区园林局相继进行规划建设，并绘有"莲花池公园详细规划图"，供游人参赏。

抚今追昔，喜见旧貌变新颜，仅就所见，略述莲花池与北京城相互关系之原委如上，并以就教于方家学者。是为记。

2001 年 4 月 16 日
于北京大学燕南园

（选自《晚晴集》，新世界出版社，2001 年）

御河北段修复工程意义重大

2003年1月10日，东城区领导及有关人员专程到我家中，介绍了"御河北段修复工程"的设计构想及菖蒲河公园、皇城根遗址公园等北京历史风貌保护项目的基本情况。我听了以后很高兴，这是我多年所希望的。

"御河北段修复工程"是指修复从什刹海东岸东出，经万宁桥（俗称后门桥）下，又东转而东南，至地安门外东不压桥的一段河道。这段河道是北京城内最重要、最具历史文化价值的河道，即通惠河起始的一段。大家都知道，通惠河是元世祖至元二十九年（1292）开凿成功的，上引昌平白浮泉水，汇注大都城内积水潭，再由积水潭东岸东出，经万宁桥下，转而东南，经皇城东墙外南流，出文明门之西水关，转向东去，直达通州白河，从而使大运河的北端延伸至大都城内。这是当时的大科学家郭守敬在水利工程上的伟大创举，也是他为元大都的规划建设做出的永远值得人们敬仰和怀念的重大贡献。通惠河告成后，大批漕船可由通州溯流而上，直接驶入大都城内积水潭，积水潭上出现了"舳舻蔽水"的盛况，元世祖遂赐名"通惠河"，又称"御河"（后亦作玉河）。明永乐间营建北京城时，因南城墙迁建于大都南墙外二里，遂将元大都文明门外一段通惠河圈入北京城内，这就是旧日北京内城东南角的泡子河。至宣德七年（1432）六月，因东安门外通惠河边居民逼近皇城，喧嚣之声，彻于大内，遂命工部将皇城东墙迁建于通惠河东岸。将河又圈入禁地皇城之内，这样一来，北京城内的通惠河就再也不能通船了。但是，在美化城市环境、排泄汛期积涝方面，仍然发挥着重要作用。这种情况一直延续到新中国成立后。1955—1956年，将北京城内的通惠河改造成地下暗沟，上辟为东不压桥胡同、北河胡同、北河沿大街（*原名东安门北街*）、南河沿大街（*原名东安门南街*）与正义路等街衢马路。这种改造虽说于城市交通有所裨益，却把在北京历史上具有特殊意义的通惠河道掩匿地下，不仅有损于北京城市环境，如水面减少，更重要的是严重损害了北京的历史文化风貌。

多年来，我一直关注着北京城内外河湖水道的改造建设，不断考虑能不能再现北京城内通惠河。近年，西客站莲花池的修复，地安门外后门桥及桥下一小段通惠河道的修复，都使我感到由衷的高兴。现在看来，皇城根遗址公园修成后，恢复南、北河沿大街下的一段通惠河已很困难了，但是，将万宁桥下已经再现的一段通惠河，继续向东南延长，直到平安大街东不压桥下，则是完全应该的。这样，不仅能使通惠河得到更多的恢复，改善和丰富北京城中心区域的环境风貌，而且对人们深入了解北京城的历史文化，增强保护北京这座历史文化名城的意识，具有重要示范教育作用。北京旧城区的历史文化风貌，多呈现明、清时的特征，而这段通惠河是典型的元大都的历史文物遗存，加以恢复，意义尤大。如果从长远考虑，将地安门内以东的北河胡同之下以及正义路街心花园之下的通惠河（御河）再加恢复，让人们更加清楚地看到通惠河的来龙去脉与历史风貌，那就更是功德无量的事了。如果这进一步的设想难以实现，那么，就有必要在东不压桥处已恢复的通惠河边，立一座石碑，将通惠河的来龙去脉及其与北京城的关系清楚地告之后人。

这两年，北京市和东城区在保护和适当修复北京历史文化风貌方面，做了大量的工作，取得了显著成果。皇城根遗址公园、菖蒲河公园、普度寺文物修缮，地坛墙垣修复等，都是利在当代、惠及后世的功德之举。在我有生之年能看到这样的成果，真是太高兴了。我建议将这些修复工程写成一本书，特别是要把改造修复前后的两种面貌对照反映出来，让大家都了解这些成果，这是非常有意义的。

2003 年 1 月

（根据手稿整理，收入本书之前未发表）

地理学史

时代先进的地理学家刘继庄的地理思想，兼论顾祖禹和孙兰

刘 继 庄

这一时期，在我国地理学思想的发展上，占着首要地位的，是清朝初年的刘继庄［顺治五年至康熙三十四年（？），1648—1695］。

继庄（名献廷）先世江苏吴县人，父官太医，遂居大兴（北京）。十五岁父殁，挈家而南，后又隐居吴江之寿圣院，终生不问仕途。有周览国内山川形势和交结地方豪杰的志愿。后来他有机会远游湖南[①]，访问了隐居荒山僻野坚决反对清朝的启蒙运动大思想家王夫之（1619—1692），他们之间的关系，好像有意隐晦，无可详考，只在继庄所著《广阳杂记》里有记夫之父子的一段，并称夫之为"洞庭之南，天地元气，圣贤学脉，仅此一线耳"[②]。他之推崇夫之，于此可见。继庄当时行径确实可疑，后来为他作传的全祖望就曾写道：

> 其人踪迹，非寻常游士所阅历，故似有所讳，而不令人知。[③]

我们所能知道的，是刘继庄和王夫之、顾炎武一样都具有追求个性解放和自

[①] 刘继庄游湖南在康熙三十一年，见《广阳杂记》，中华书局，1957年，页96。
[②] 《广阳杂记》，页55—57。
[③] 见《广阳杂记》卷首所附《刘继庄传》又说："予独疑继庄出于改步之后，遭遇昆山兄弟，而卒老死于布衣。又其栖栖吴头楚尾间，漠不为枌榆之念，将无近于避人亡命者之所为，是不可无稽也。""昆山兄弟"指徐元文、徐乾学。

由民主的思想①。所不同的是他年岁较轻,还明显地受了自明末以来开始传入中国的西方自然科学的影响②。对传播西学的徐光启、孙大东等也极为重视③。同时他又懂一些外国文字如梵文、拉丁文、阿拉伯文以及蒙古、女真等文字,参互比照,拟有"新韵谱",也就是为汉语创立了一种拼音字母④,可惜其书不传。梁启超以为民国初年所颁行之注音字母,采其成法不少⑤。

特别值得注意的是他和顾炎武一样,主张经世致用之学而以诗文为雕虫小技,他说:

> 若夫寻章摘句,一技一能,所谓雕虫之技,壮夫耻为者也。⑥

又说:

> 学者识古今之成败是非,以开拓其心胸,为他日经济天下之具也。⑦

从这里可以看出他读书治学的目的,正在于"经济天下"。全祖望说:"继庄之学,主于经世。"为他作墓表的王源则称他是"其心廓然大公,以天下为己任"⑧,都是有根据的。

由于他读书治学的目的在于"经世",所以坚决主张从当前的问题出发进行研究探讨,一味钻故纸堆而脱离现实,是不足称道的。因此他就当前学风痛加针砭说:

---

① 继庄与炎武有无直接交往,不得而知,但继庄知道炎武,绝无疑问,而且他还看到炎武有关音韵的著作,见《广阳杂记》,页210。
② 他曾说:"地圆说,直到利氏西来而始知之。"(《广阳杂记》,页104)利氏即指利玛窦。
③ 《广阳杂记》,页122、217。
④ 全祖望所著《刘继庄传》中对其所作"新韵谱"有详细之介绍,并说"继庄是书多得之大荒以外者"(大荒以外即指外国)。
⑤ 《清代学术概论》,中华书局,1954年,页19。
⑥ 《广阳杂记》,页212。
⑦ 同上书,页198—199。
⑧ 王源:《刘处士墓表》,见《广阳杂记》卷首。

> 今之学者，率知古而不知今，纵使博极群书，亦只算半个学者。

在他所谓的"经世致用"之学的范围，地理和农田水利都占着很重要的位置①。这两者之间，在中国的发展原是有着十分密切的关系的，许多真正联系实际的地理著作，往往和农田水利有关。例如，刘继庄之读《水经注》就特别注意这一点。他说：

> 郦道元博极群书，识周天壤，其注水经也，于四渎百川之原委支脉，出入分合，莫不定其方向，记其道里，数千年之往迹故渎，如观掌纹而数家宝。更有余力铺写景物，片语只字，妙绝古今，诚宇宙未有之奇书也。时经千载，读之者少，错简脱字，往往有之，然古玉血斑，愈增声价。余在都门，为昆山定河南一统志稿，遇古今之沿革迁徙盘错处，每得善长[道元字]一语，涣然冰释，非此无从问津矣。但其书详于北而略于南，世人以此少之。不知水道之宜详，正在北而不在南也。……西北非无水也，有水而不能用也，不为民利，乃为民害。旱则赤地千里，潦则漂没民居，无地可潴而无道可行，人固无如水何，水亦无如人何矣。……予谓有圣人出，经理天下，必自西北水利始……西北水道莫详备于此书，水利之兴，此其粉本也。虽时移世易，迁徙无常，而十犹得其六七，不熟此书，则胸无成竹，虽有其志，何从措手。有斯民之志者，不可不熟读而急讲也。②

自明至清，确实有很多人研治《水经注》，后来甚至形成了一种专门学问，号称"郦学"，但这些人的研究大部限于版本的校勘和经注的整理和考订，虽然

---

① 参看《广阳杂记》，页122、217，例如他很推崇徐光启的《农政全书》说："徐玄扈先生有农政全书，予求之十余年更不可得，紫庭在都时，于无意中得之，予始得稍稍翻阅。玄扈天人，其所著述，皆回绝千古。"（《广阳杂记》，页122）又他对于当时靳辅之治河与运米粮以赈关陕之饥也很加赞扬，称之为千古之所未有也（《广阳杂记》，页122、225）。
② 《广阳杂记》，页197。

也有利于学林，但都是为了研究《水经注》而研究《水经注》，很少有人像继庄这样完全从当前的民生利弊出发来考虑如何利用《水经注》。他之称道《水经注》或许有过分的地方，但他读书治学的目的，在这个例子中是可以看得很清楚的，继庄的一位好朋友黄仪（子鸿）研究《水经注》颇有所得，并且还绘有地图，继庄很加重视，但犹未惬意，他说"惜其专于考订，而不切实用"。那么如何才能切于实用呢？他提出自己的研究计划说：

> 古书有注后有疏，疏以补注之不逮，而通其壅滞也。郦道元《水经注》，无有疏之者，盖亦难言之矣。予不自揣，蚊思负山，欲取郦注，从而疏之，魏以后之沿革世迹，一一补之，有关水利农田攻守者，必考订其所以而论之，以二十一史为主，而附以诸家之说，以至于今日，后有人兴西北水利者，使有所考正焉。①

但是很可惜，他计划中的这一部具有巨大现实意义的地理著作，竟未完成。

他之重视现实的精神，在当时学者之中，是很突出的。他坚决反对"知古而不知今"或"详于古而略于今"，这完全是从他"经济天下"的主张出发的。他这一原则就是用之于主要讲沿革地理的书籍也不例外。例如他有一位好朋友顾祖禹以《读史方舆纪要》这一部巨大的地理著作而享有盛名，这确是一部关于历史地理的空前巨著，而且是抱着一定的现实目的而着手编写的。

但是在继庄看来，尤以为未足。他说：

> 方舆之学[即地理学]，自有专家，近时若顾景范之方舆纪要，亦为千古绝作，然详于古而略于今，以之读史固大资识力，而求今日之情形，尚须历练也。②

---

① 《广阳杂记》，页198。
② 同上书，页65—66。

在今天，如果不是在党的领导下广大知识界（特别是历史学界）明确了必须"厚今薄古"的原则，恐怕很多人会认为刘继庄对《读史方舆纪要》的批评是吹毛求疵的。也就是在这一点上，可以更进一步体会到继庄之为学，重在当前实际，就其时代来说，这真是何等的绝识卓见啊！

刘继庄和顾祖禹相差二十四岁，也算是忘年之交，他们曾一起在太湖洞庭山参与纂修《一统志》，当时在馆而以地理见称的人，还有胡渭（作《禹贡锥指》）、阎若璩（作《四书释地》）、万斯同（作《河源考》）、黄仪（作《水经注图》，失传）等人，其中以顾祖禹和黄仪属文起草最多[1]，继庄最佩服的也是他们两个人，他计划写作的《水经注疏》，就是想和他们两人合作进行的。[2]

此外，当时还有一个人极为继庄所重视，名叫梁份（质人，1641—1729），他经过实地考察写了一部关于西北边疆及其周围地区的地理书籍，用六年的时间才完成，名为《西陲今略》。因为其中所涉及的除去地理形势外还有各少数民族的详细情况，都是当时所极需知道的。继庄得读其稿，评为"有用之奇书"，并说"此书虽只西北一隅，然今日之要务，孰有更过于此者"[3]。于是自己亲自动手把五册五百多页的稿本抄录了一遍，这又是他重视当前问题的一个证明。

继庄因壮年逝世，除去一本随笔性质的《广阳杂记》之外，没有留下什么地理著作。但是他对地理学的见解，在整个封建社会时期的中国地理学史上却是空前的创见，因此也是占着非常重要的地位的。除去从以上他评论《读史方舆纪要》和《西陲今略》等书中所见到的他的一些看法之外，他还有一段非常精辟的议论，足以反映出他的重要的地理思想。他是这样说的：

> 方舆之书所记者，惟疆域、建置、沿革、山川、古迹、城池、形势、风俗、职官、名宦、人物诸条耳。此皆人事，于天地之故，慨乎未之有

---

[1] 这时开始修纂的《一统志》到乾隆八年才完成，其中一部分实采自《读史方舆纪要》，对勘可知。
[2] 继庄自叙在编写《水经注疏》的计划时说："予既得景范、子鸿以为友，而天下之山经地志又皆聚于东海，此书不成是予之罪也。"见《广阳杂记》，页198。
[3] 《广阳杂记》，页65—66。

闻也!① 余意于疆域之前，别添数条，先以诸方之北极出地为主，定简平仪之度，制为正切线表，而节气之后先，日食之分秒，五星之凌犯占验，皆可推求。②

在这一段话里，值得注意的有两点。第一点，他从一个完全新的观点上断然否定了千余年来相沿成习而且是逐事增华的地理书籍的写作体系，认为只讲"人事"是不够的，还必须来阐述"天地之故"，所谓"天地之故"是什么意思呢？简单一句话那就是自然的规律。试一翻阅我们历史上的地理书籍，其主流自《汉书》地志而下，包括自隋唐以来有名的地理著作如《元和郡县志》《太平寰宇记》《元丰九域志》以及元、明、清一统志，还有极大数量的宋、明以来的多种地方志，虽然其中也包含了无数可贵的地理资料，但总体来讲，其内容十分芜杂，可以勉强归之于地理项目的，不外继庄所指出的十几条，而其中如职官、名宦、人物，实在与地理内容毫无关涉。不只如此，就是其有关地理的部分如疆域、沿革、山川、建置等，也都是偏重于事实的罗列，而且在叙述上是彼此割裂、互不连属的。间有论断，无不带有浓厚的唯心主义色彩，甚至流于迂阔荒诞。继庄指其为皆属"人事"还算是说得笼统了一些，因为"人事"并非不可讲，继庄本人就是特别重视"人事"的，因此在读书治学上他主张"经济天下"，在著书立说上他坚持"详于今而略于古"。这里继庄所提出的"人事"二字，应该看作与他所说的"天地之故"也就是自然规律相对待的。在这里，刘继庄站在时代的最前列，向封建主义的地理传统挑战。他不但主张"经济天下"，而且还要去正确地认识自然。这从地理学的眼光来看，尤为重要。因为一切人事活动，地理环境虽不是决定的因素，却是必要的条件，人类社会是不能脱离地理环境而存在的。因此如何

---

① 梁启超在其《中国近三百年学术史》（中华书局，1936年，页316）中介绍刘继庄的地理学，把这一段中的"天地之故"四字误抄为"人地之故"，并以之比附近代欧洲资产阶级地理学家所提倡的"人地关系论"，可以说是差之毫厘，失之千里，是大错而特错的。而蒋介石的"御用地理学者"张其昀在其所著《本国地理》的序文，却又抄袭了梁说，未加核对，以讹传讹，益加附会，造成了更大的笑柄。而几十年来竟无人予以批驳和纠正。
② 《广阳杂记》，页150—151。

去探讨地理环境中客观存在的自然规律，就成为地理学家头等重要的事，刘继庄在其所处的时代中就能跳出唯心主义和封建传统的窠臼而开始看到这一点，纵使还不能看得十分清楚、十分全面，也不能不说是非常可贵的。

其次，他更进一步提出了自己的主张，这就是先破而后立。他的意见，要在地方志的疆域一项之前，也就是说在写作一个地方的地理书籍的一开头，先根据北极星之高与地平线的角度，求得各地所在之纬度，再用仪器推算其经度，然后画出经纬线。各地的经纬度一旦确定，那么就可以根据经纬度的差异来推求各地节气的先后、日食的分秒以及星位的转移等。在这一点上可以看出他所受当时西方测量地图学的影响。但是他并没有停止在这里，他从经纬度的测定更前进了一步，首先他是从各地物候的差异上来观察地理情况的改变，从而企图找出其变化的规律，也就是他所说的"天地之故"。例如，他说：

> 长沙府二月初间，已桃李盛开，绿杨如线，较吴下气候约差三四十日，较燕都约差五六十日。①

又说：

> 岭南之梅，十月已开，湖南桃李，十二月已烂漫，无论梅矣。若吴下梅则开于惊蛰，桃李放于清明，相去若此之殊也。②

由于这一观察，才使他确信由于纬度的不同，才有了物候的变化，这就是自然规律所使然，因此他强调研究一个地方的地理，必先明经纬度。从此出发，他更想到，不但是节气的变化与纬度有关，就是风、雨、地形之间，也存在着一定的相互关系，这也是他从直接观察中得来的，他说：

---

① 《广阳杂记》，页66。
② 同上书，页151。

> 余在衡久，见北风起，地即潮湿，变而为雨，百不失一，询之土人，云自来如此。①

他能如此进行观察，从他的时代来说是非常可贵的，但是由于他观察有限，还谈不到什么丰富资料的积累，因此他虽然已经认识到"天地相应之变迁，可以求其微"，还一时做不出正确的结论。所以在他继续写下去的时候，错误就产生了：

> ……始悟风、水相逆而成雨，燕京吴下，水皆东南流，故必东南风而后雨；衡阳水北流，故须北风也。然则诸方山之背向，水之分合，支流何向，川流何向，皆当案志而求，汇为一则，则风土之背正则柔，及阴晴燥湿之征，又可次第而求之矣。诸土产此方所有，他方所无者，别为一则。而土音谱合俚音谱共为一则，而其人性情风俗之微，皆可按律而求之矣。②

这里所得出的结论，错误是很显然的，不必一一驳正。但是他企图从纷然并列的自然地理各因素中发现其相互制约的关系。这一点，却是值得重视的。

顾 祖 禹

顾祖禹（景范，明崇祯四年至清康熙三十七年前后，1631—1698前后）生当明之末季，入清以后，不受一官一禄，也是一位坚持民族气节的人。他父亲也是一位绩学遗老（心怀亡国之痛），祖禹在《读史方舆纪要》的序文中讲到他父亲临终时的话说：

---

① 《广阳杂记》，页151。
② 继庄还因过分看重地理条件的作用，甚至认为有左右人事的影响，如他说："水利兴而后天下可平，外患可息，而教化可兴矣。"（《广阳杂记》，页197）这就更加错误了。

> ……及余之身而四海陆沉，九州腾沸……嗟乎园陵宫阙，城郭山河，俨然在望，而十五国之幅员［按指二直隶十三布政使司，等于后日十五省］，三百年之图籍，泯焉沦没，文献莫仿，能无悼叹乎？余死，汝其志之。①

他受了父亲很大影响，坚持了自己的写作，从二十九岁起一日不歇，到五十岁才完成《读史方舆纪要》。在他自序动机中可以看出是含有无限隐痛的，他说：

> 凡吾所以为此书者，亦重望夫世之先知之也，不先知之，而以悯然无所适从者任天下之事，举宗庙社稷之重，一旦束手而畀之他人，此先君子所为愤痛呼号扼腕以至于死也。②

在这部书里，他着重讲州域形势，以及山川险隘、关塞攻守，引证历史事迹，推论成败得失，很像是有意为反抗清朝统治的军事行动作参考。

顾祖禹研究地理很重视实地考察，这一点他与顾炎武很有相同之处，他假他人之口而自叙其著述经过说：

> 集百代之成言，考诸家之诸论，穷年累月，矻矻不休。至于舟车所经，亦必览城廓，按山川，稽道里，问关津，以及商旅之子，征戍之夫，或与众客谈论，考核异同。③

他室内工作用力既勤，野外询访勘察也从不放过机会，这是非常可贵的。但他走过的地方毕竟有限，就是走过的地方也不一定都能仔细考察，这一点他自己也是感到很不够的：

---

① 《读史方舆纪要》，总叙一，中华书局，1955年印本，页8。
② 同上书，总叙三，页14。
③ 同上书，总叙二，页11。这一段是他假托他人之口而作的关于自己写作经过的描写，可以看作是他的自叙。

> 予也未尝溯江河、登恒岱、南穷岭海、北上燕冀，间有涉历，或拘于往返之程，或用于羁旅之次，不获放旷优游，博览广询。①

因此他的主要工作，还是限于图书资料的探索和考校，尽管用力精勤，考证谨严，描述论证也多确实可靠②，但他自己总觉得未能惬意，尤其以缺乏只有从实地考察中才能获得的感性知识为憾，他自己非常坦白地说：

> 间尝按之图画，索之典籍，亦举一而废百耳。又或了了于胸中，而身至其地，反若瞢瞢焉。③

由此可以推断，假如祖禹有充分的机会和条件，他是会踊跃进行实地考察的，而且也只有在实地考察中，才能希望他像霞客那样彻底打破书本知识的限制，脚踏实地地走到现实生活里来，而且也只有这样，他才真正能做到像继庄所要求的不是"详于古而略于今"，而是"详于今而略于古"，才能对地理学的发展做出更大的贡献。如果真是这样，也许他的《读史方舆纪要》也和顾炎武的《天下郡国利病书》一样竟成为未完之稿，但是现实生活也有可能把他卷入更有意义的斗争中去，从而使他在当时的社会里产生更大的影响，在时代的运动里站到最前列。

最后，在顾祖禹的地理思想中，有一点尽管是从书本中总结而来，但也是十分可贵的，那就是他对待地理条件的看法，以用兵为例，他反复论证无论何等地利天险，都只能算是胜败得失的从属条件，而决定的因素还在于社

---

① 《读史方舆纪要》，总叙二，页11。
② 熊开元序曰："余楚人，习闻三楚之要，莫如荆襄，又熟履其地，考往事得失，尝欲借筹三楚，及令崇邑，知海外一区，为三吴保障，再令松陵，知江南水利，在导三江，而东江已非其故，躬身履而知，今宛溪坐筹一室，出入二十一史，纵横千八百国，凡形势之险阨，道里之近遥。山水之源委，称名之舛错，正其讹，核其实，芟其蔓，振其纲，宛溪未尝足遍天下，乃渊博若此哉。"又魏禧序曰："北平韩子孺时从余案上见此书，瞠目视余曰，何哉，吾不敢他论，吾侨家云南，出入黔蜀间二十余年，颇能知其山川道里，顾先生闭户宛溪，足不出吴会，而所论攻守奇正荒僻幽仄之地，如目见而足履之者，岂不异哉。"
③ 《读史方舆纪要》，总叙三，页14。

会,在于人事。他的书虽然是以研究地利天险为主,但他在总论中却不厌其详地来说明"阴阳无常位,寒暑无常时,险易无常处"的道理,并认为只有在掌握了这个道理之后,才能"与论方舆",也就是与之讨论地理条件的优劣得失,如果只是刻板地机械地去看待地理条件,"使铢铢而度之,寸寸而比之",一定是要失败的。他列举了一系列的历史事件做说明道:

> 夫地利亦何常之有哉,函关、剑阁,天下之险地也,秦人用函关,却六国而有余;迨其末也,拒"群盗"而不足。诸葛武侯之出剑阁,震秦陇,规三辅;刘禅有剑阁,而成都不能保也。故金城汤池,不得其人以守之,曾不及培塿之丘,泛滥之水;得其人,即枯木朽株,皆可以为敌难。是故九折之阪,羊肠之径,不在邛徕之道,太行之山;无景之溪,千寻之壑,不在泯江之峡,洞庭之津。及肩之墙,有时百仞之城不能过也。渐车之浍,有时天堑之险不能及也。知求地利于崇山深谷,名城大都,而不知地利即在指掌之际,乌足与言地利哉。①

这里所表现的这种辩证的地理思想是很值得注意的。

孙　兰

与刘继庄同一时代,并且同样具有先进地理学思想的孙兰,也同样可以作为这个时期地理学新发展的代表人物之一。

他早于刘继庄而生,享年又远较刘继庄为长(和顾祖禹的生卒年代接近),他的地理著作流传较广的有经过删节的《柳庭舆地隅说》《大地山河图说》两薄册和《古今外国名考》一页而已,现在我们只能从这一些著作中来了解孙兰地理学思想的梗概。

孙兰(字滋九,一名御寇,自号柳庭),他的家乡是扬州府附郭的江都

---

① 《读史方舆纪要》,总叙二,页 11—12。

县，当时也是经济比较发达的所谓东南财赋之区。他青年时代遭遇到不幸的国变，特别是清兵对于扬州的屠戮，给予他很大的刺激。晚年隐居北湖，课子以耕。①

孙兰曾经从西洋教士汤若望学历法，他也和刘献廷一样，喜欢涉猎外国语文，研治西学，并且也认为治学应该以致用为宗，例如他对于水利问题，特别是严重影响他家乡的淮河水利，极为重视。他对于前人如潘季驯所主张的并淮刷黄、杨一魁所主张的分黄导淮等方案，以及靳辅所采用的滚坝、夹堤等办法都分别加以评议并提出自己的看法。孙兰很强调数学在应用方面的重要性，他说："天文水法二者交成而总不出算。"②并且在他的著作中还引用一些例证以说明天文、水法与算数三者之间的密切关系。

他精于历法并且极力反对当时一些星官历翁们的迷信思想，在他所著的《理气象数辨证纠谬》一书中，他承袭了古代子产、荀卿和王充等的正确看法，力斥所谓灾异之说，他认为"象悬于地，无与人事，而彗孛盈缩出见，皆有常度，水旱地震亦有常经"。③也就是说，这些自然现象皆有其一定的演变规律，和社会现象并无关系，这一看法虽然遭到当时唯心主义者的凶狠攻击，可是他却坚持真理，并不放弃自己的见解。

在地理学的论述方面，最足以作为孙兰代表的应该是他对各种地形的产生发展的解释，他发挥了前人"变盈流谦"的说法，他说："流久则损，损久则变，高者因淘洗而日下，卑者因填塞而日平，故曰变盈而流谦。"④又说："造化之变，不可端倪，但如小儿换齿，齿尽而儿不知，如高岸为谷，深谷为陵……人寿几何，潜移默夺而不知其迹遂不同也。"⑤在他看来侵蚀与沉积是在统一过程中的两个方面，并且无时无息地进行着，不过速度很慢，不为人所觉察罢了，他并且说：

---

① 刘申叔《左庵外集·孙兰传》。
② 孙兰《柳庭舆地隅说》，卷下。
③ 刘申叔《左庵外集·孙兰传》。
④ 孙兰《柳庭舆地隅说》，卷上。
⑤ 同上。

> 变盈流谦，其变之说亦有可异者。有因时而变，有因人而变，有因变而变者。因时而变者如大雨时行，山川洗涤，洪流下注，山石崩从，久久不穷，则高下易位；因人而变者，如凿山通道，如排河入淮，壅水溉田，起险设障，久久相因，地道顿异。因变而变者，如土壅、山崩、地震、川竭，忽然异形，山川改观，如此之类，亦为变盈流谦。[1]

在这里，孙兰更将地形变化的进行方式归纳为三大类，所谓因时而变、因人而变皆属于外力影响范围，其内容包括原有地形的破坏，侵蚀产物的搬运和这些产物的堆积；至于因变而变则属于内力作用的范围，是地球内部热能对于地球表面的影响。在十七世纪能有这种思想产生，不能不说是难能可贵的事。

刘献廷很重视各地纬度，主张方舆之书，在疆域之前先叙述北极出地，孙兰也同样重视各地纬度，在《大地山河图说》中，曾经详细地记载了一京十四省去北极度数和北极出地度数，此外在孙兰的著作中，也更多地应用了南极、北极、地心等术语以及地圆的观念，显示出孙兰不但勇于并且也善于接受域外科学地理知识的已有成果。

孙兰也和顾祖禹一样，长于讨论形势。《柳庭舆地隅说》一书中，他用不少篇幅，并且也曾全面地论述了祖国各地的天险地利。不过他很注意各现象间的互相制约关系，他认为"险阻因乎势变，势去险亦变矣"。[2] 这种意见也是和顾祖禹有很多相似的地方。

刘献廷曾经提出改造方舆之书的具体意见，这种革旧创新的精神，在孙兰的著述中也可以找到，孙兰在《柳庭舆地隅说》一书的自叙中，曾经解释他用"说"的意义以及舆地之说的全部内容，他说：

> 志也者志其迹，记也者记其事，说则不然，说其所以然，又说其所当然，说其未有天地之始与既有天地之后，则所谓舆地之说也，何以为山，何以为川，山何以峙，川何以流，人何以生，国何以建，山何以分

---

[1] 孙兰《柳庭舆地隅说》，卷上。
[2] 同上书，卷中。

支别派，川何以输泻传流，古今何以递变为沿革，人物何以治乱成古今。

从这段引文中，也可以了解孙兰对于舆地之学的具体看法，虽然在孙兰的思想中，也带有某些机械唯物论的看法，不免会有用自然现象解释社会现象的错误，可是这也是时代的局限性使然，同样是不可苛求的。他的《柳庭舆地隅说》虽然很简短，但也正为他自己所介绍是"合古今中外统为一书而更以推详备载，昔人所未为也"。当然他所开创的新体例，还需要后来者继续发展，有人认为"使明清之交，人人能读兰书而发扬光大，则各国格物致知之学当远迈西人"。① 可惜由于时代的阻挠，孙兰的舆地之学，也没有得到很好地继承与发展。

在两个半世纪以前，刘继庄竟然提出改造"方舆之书"的具体意见，孙兰也阐述了所谓"舆地之说"的具体内容。实际上这也就代表着资本主义关系萌芽状态中的新思想向着已在解体中的封建社会的旧观念的冲击。在封建社会时期中国地理学的发展中，刘继庄和孙兰都已经站到了时代的前面。但是他们对旧的破坏有余，对新的则开创未足，建立新说，体大而思未精，他们自己于此也深有所感，刘继庄在提出了自己编写地方志的意见之后，跟着说道：

然此非余一人所能成，余发其凡，观厥成者，望之后起之英耳。

但可惜的是时代的发展受到阻挠，他所衷心期待的"后起之英"迟迟未来，孙兰之学也同样是后继无人，遂使西方近代地理学的发展着其先鞭。这就是后来我国在沦陷为半封建半殖民地之后，西方资产阶级地理学说之所以能够乘间而入的一个重要原因。

[选自《中国古代地理学简史》第四章"封建社会时期的地理学（明至鸦片战争）"第四节"时代先进的地理学家"，科学出版社，1962年]

---

① 刘申叔《左庵外集·孙兰传》。

刘继庄的地理思想

一

马南邨同志在《燕山夜话》中,把清初一位大思想家刘继庄(**名献廷**,1648—1695)所代表的具有民主倾向的一个新学派,叫作"广阳学派"[①]。大意说继庄是现在北京市所属的大兴县人,按其地古隶广阳[②],继庄又自号广阳子,还写有一部《广阳杂记》,特别是因为他治学范围宽广,目的性又很明确,在封建社会内部具有强烈的革新精神,因此把这样一个学派的称号加给他,是含有纪念他的特殊意义的。作为一个地理工作者,从比较熟悉的业务范围来看,我认为这样一个称号是恰当的、鲜明的,是足以说明继庄在我国地理学思想史上的光辉地位的。这不仅仅是个人成就的问题,也应该认为是产生于当时封建社会内部的新的经济因素在上层建筑中的具体反映。这里我想专就继庄的地理思想做些阐述,或许是不无意义的。

继庄的地理思想,在我国自然科学的发展史上,占有重要地位。在将近两千年的封建社会内部,它具有反抗旧传统、开拓新方向的显明倾向。在我国历史上,他第一个为地理学明确规定了探讨自然规律的新任务,阐扬了略古详今以"经济天下"的新精神。继庄的著作流传至今而为人所周知的只有

[①] 《燕山夜话》二集,北京出版社,1962年版,第11页。
[②] 在秦汉为广阳郡,又尝立为广阳国。

一部笔记体裁的《广阳杂记》,然而就在这部书中的一些零篇散简中,也不难窥见上述论断的一斑。这可以从两方面来看:第一,他如何评价别人的地理著作;第二,他如何阐述自己的地理见解。

二

继庄博览群书,在古代地理著作中他最称道的是北魏郦道元的《水经注》。他说:

> 郦道元……其注水经也,于四渎百川之原委支脉,出入分合,莫不定其方向,记其道里,数千年之往迹故渎,如观掌纹而数家宝。更有余力铺写景物,片语只字,妙绝古今,……余在都门……定河南一统志稿,遇古今之沿革迁徙盘错处,每得善长[道元字]一语,涣然冰释,非此无从问津矣。①

但是《水经注》在他看来最为可贵的一点,还在于它的实用价值:

> 其书详于北而略于南,世人以此少之。不知水道之宜详,正在北而不在南也。……西北非无水也②,有水而不能用也,不为民利,乃为民害。旱则赤地千里,潦则漂没民居,无地可潴而无道可行,人固无如水何,水亦无如人何矣。……予谓有圣人出,经理天下,必自西北水利始③……西北水道莫详备于此书,水利之兴,此其粉本也。虽时移世易,迁徙无常,而十犹得其六七,不熟此书,则胸无成竹,虽有其志,何从措手。有斯民之志者,不可不熟读而急讲也。④

---

① 《广阳杂记》,中华书局排印本,1957年版,第197页。
② 这里所谓"西北",与今人所习称的"西北"不同,实际所指是华北,乃与"东南"对待而言。
③ 今天我国社会主义的经济建设,华北水利不但开始得早,而且占有重要地位,而今日之"圣人",正是党所领导下的劳动人民,这当然是继庄当年所想象不到的。
④ 《广阳杂记》,第197页。

从继庄的时代来说，为了开发华北水利、挽救生民灾难，当时可借以详细了解地理情况和水道源流的，只有一部《水经注》，这虽是一部古书，却大半仍然可用。在这里，他强调水利的重要，难免有过分之处，然而由此正可见他重视《水经注》一书的真正原因。他尝慨叹说：

> 《水经注》千年以来，无人能读。纵有能读之而叹其佳者，亦只赏其词句，为游记诗赋中用耳。①

这样是谈不上真正懂得《水经注》的。他的好朋友黄子鸿也深嗜此书，并且详加校勘，还绘有地图，颇有独到之处，但是继庄对他的评语却是："惜其专于考订，而不切实用。"②后来继庄为了实用的目的，就想亲自动手，为《水经注》作疏，他说：

> 古书有注后有疏，疏以补注之不逮，而通其壅滞也。郦道元《水经注》，无有疏之者，盖亦难言之矣。予不自揣，蚊思负山，欲取郦注，从而疏之，魏以后之沿革世迹，一一补之，有关水利农田攻守者，必考订其所以而论之，……使有所考正焉。③

但是，很可惜，继庄的这个抱负，竟未得如愿以偿。

继庄另外的一个好朋友顾祖禹（号景范），积一生之力写成了一部极其重要的地理著作，这就是流传至今而几乎和《水经注》齐名的《读史方舆纪要》。继庄读了，仍未惬意，他说：

> 方舆之学［**即地理学**］，自有专家，近时若顾景范之方舆纪要，亦为

---

① 《广阳杂记》，第197页。
② 同上书，第198页。
③ 同上。按清末民初，地理学家杨守敬著有《水经注疏》，但只有抄本见存。解放后，中国科学院始有影印本，乃得行世。

千古绝作,然详于古而略于今,以之读史固大资识力,而求今日之情形,尚须历练也。①

以上这两个例子,足以说明继庄重视当前、重视实际的精神。他的目的不是为读书而读书,乃是为"经世致用"而读书,所以他说:

学者识古今之成败是非,以开拓其心胸,为他日经济天下之具也。②

因此,他对于一味钻故纸堆而脱离现实的当时学风,痛加针砭:

今之学者,率知古而不知今,纵使博极群书,亦只算半个学者。③

同时,他对于只重视辞藻技巧,而无益实用的写作,嗤之为"雕虫之技,壮夫耻为"。④ 而他认为实用的学问之一,就是地理学。

三

继庄虽然十分重视地理学,但对于在封建社会内部长期发展起来的地理学,却是非常不满的,因而向当时地理学的旧传统,展开了大胆地、正面地攻击,他说:

方舆之书所记者,惟疆域、建置、沿革、山川、古迹、城池、形势、风俗、职官、名宦、人物诸条耳。此皆人事,于天地之故,慨乎未之有闻也!⑤

---

① 《广阳杂记》,第65—66页。
② 同上书,第198—199页。
③ 同上书,第122页。
④ 原句说:"若夫寻章摘句,一技一能,所谓雕虫之技,壮夫耻为者也。"(同上书,第212页)
⑤ 《广阳杂记》,第150—151页。

什么是"天地之故"呢？① 就是自然规律。引申继庄的意思，即是说如果把地理的写作停留在现象的描述和人事的记载上，那是远远不够的。应该进一步去洞察自然的奥秘，揭发自然的规律。因为这样才能真正达到认识自然、利用自然的目的，只有这样才是地理学的真正为用。但是，在我国长期封建社会的历史进程中，地理学的发展远没有达到这样的水平。相反地，在当时的客观条件下，绝大多数的地理著作，只能是事实的罗列和烦琐的记述。试一翻阅我国历史上的地理书籍，除去个别杰出的著作外，其主流从《汉书·地理志》以下，包括唐宋以来有名的地理写作如《元和郡县志》《太平寰宇记》《元丰九域志》以及元、明、清一统志，还有极大数量的宋、明以来的各种地方志，虽然其中也包含了无数可贵的地理资料，但总的说来，内容十分芜杂，可以勉强归之于地理项目的，也不外继庄所指出的若干条。至于职官、名宦、人物等，实在与地理毫无关系。不只如此，即使就其与地理有关的部分如疆域、沿革、山川、建置而论，也都是现象的罗列，而且在叙述上彼此割裂，不相连属。间有论断，多逞臆说，甚至流于荒诞。继庄指其皆属"人事"，还算是说得笼统了一些，因为"人事"非不可讲，但要看是什么"人事"。继庄本人就是特别注重有关和自然进行生产斗争的"人事"的，因此在读书治学上他主张"经济天下"，在著书立说上他坚持"详于今而略于古"。继庄所提出的"人事"二字，乃是与他所说的"天地之故"相对待的。在这里，继庄站在了时代的前列，勇敢地向地理学的旧传统进行挑战。在"经济天下"的思想指导下，他认为必须正确地认识自然，掌握其规律。这从地理学的眼光看来十分重要，因为地理环境对于人的活动虽不是决定的因素，却是必要的条件。人类社会是不能脱离地理环境而存在的，因此如何去探讨地理环境中客观存在的自然规律，就成为地理学家头等重要的事。继庄在其所处的时代，就能跳出封建传统的窠臼而开始预见到一个地理学的新方向，

---

① 按梁启超在其《中国近三百年学术史》（中华书局，1936年版，第316页）中介绍刘继庄的地理学，竟把继庄所说"天地之故"四个字，误抄为"人地之故"，并以之比附近代欧洲地理学家所提倡的"人地关系"。后人以讹传讹，从未据原书加以校对，到了解放以前在我国中学普遍采用的张其昀的《本国地理》一书的序文中，不但承袭讹误，而且益加附会，就更加错误了。

纵使还不能看得十分清楚、说得十分明白,也是非常可贵的。

他还提出了改革的具体意见,主张在地方志的疆域一项之前,先根据北极星之高与地平线的角度,求得各地所在的纬度,其次再推算经度,画出经纬线,这样就可以大致推求各地节气的先后、日食的分秒以及星位的转移。当时,这是一种科学的见解,本身就带有一定的革命性。此外,他还在切身体验中,从各地物候的差异上,观察到地理情况的改变[①],因而确信由于各地纬度的不同,才有了物候的变化,这就是自然规律所使然。从此出发,他更想到不但是节气的变化与纬度有关,就是风雨与地形之间,也存在着一定的相互关系,这也是他从直接观察中得来的[②]。这一点,从其时代来说,实在是难能可贵的。但是由于个人观察的范围有限,谈不到丰富资料的累积,虽然他已经认识到"天地相应之变迁,可以求其微"[③],还一时不能做出完全正确的结论[④]。但是他企图从纷然并陈的自然地理各因素中发现其相互制约、相互依赖的关系,这是极可重视的。我认为"广阳学派"从其地理思想的内容来看之值得特别纪念,正在于此。这是祖国文化遗产中的精华,是应该继承和发扬的。

(原载《北京日报》,1961 年 11 月 9 日)

[①] 例如,他曾写道:"长沙府二月初间,已桃李盛开,绿杨如线,较吴下气候约差三四十日,较燕都(北京)约差五六十日。"(《广阳杂记》,第 66 页)又说:"岭南之梅,十月已开,湖南桃李,十二月已烂漫,无论梅矣。若吴下梅则开于惊蛰,桃李放于清明,相去若此之殊也。"(同上书,第 151 页)
[②] 《广阳杂记》,第 151 页。
[③] 同上书。
[④] 如所论"风、水相逆而成雨"之说,同上书。

访徐霞客故乡

作为一个热爱祖国、热爱自然的大旅行家,徐霞客到今天还活在我们的心里。远在三百多年以前,他勇敢地冲破了封建统治者的罗网,弃科举功名如敝屣,毅然决然走出小书房,走向大自然,以毕生精力和无限艰苦卓绝的精神,走遍了大半个中国。如果说他早年还只是寄情于山河的壮丽,到处描写,纵情歌唱;但是到了后来,很显然的是他已经进入了探索自然奥秘、揭发自然规律的新境界。特别是在他一生最后的四年间,他还以五十开外的人,远走云贵,沿途进行了孜孜不息的考察。由于他勤苦的探索、敏锐的观察,终于揭示了我国西南广大石灰岩地区溶蚀地貌的特征,因而成为世界上在这一方面进行大规模考察记述的第一人。而且他的记述,文字生动优美,除去其科学内容外,还具有很高的文学价值,这就是流传至今的《徐霞客游记》。为了以上的原因,我怀着十二分的敬意访问了他的故乡。

一

徐霞客的故乡在江苏江阴县南旸岐,在未去南旸岐之前,我们先到了江阴县城。

江阴县城以北不远,就是浩浩荡荡的大江。由于两岸丘陵的约束,江面渐趋狭窄,但是江流一旦突破这一段较为狭窄的江面以后,就迅速地开阔起来,波涛浩渺,直注东海。因此江阴县城恰好扼制了江口以内最为狭窄的一块地方。城北和城东濒江诸山如君山、黄山、萧山、巫山,在历史上都是江防重地。解放战争中,百万雄师渡江,江阴恰当沿江上下长达数百里战线的最东端，就是这个道理。

攀登城东黄山的时候，山上炮垒的遗址，依然可见。及至山顶，所见只是悬崖峭壁，陡立江岸。特别是黄山西端，崖岸嶙峋，突入江中，老百姓因为它的形状犹如鹅鼻，所以管它叫作鹅鼻山。当我们立足在形势陡峭的鹅鼻山顶俯瞰江面的时候，在惊涛怒浪的澎湃声中不能不想到：像这等山峦险峻的地方，霞客少年时代是绝不会轻易放过的，可惜他没有给我们留下任何记述。现在我们所有的只是一篇残缺不全的《江源考》，在《江源考》的一开头，他把江阴境内的大江形势，简洁扼要地交代了一笔，或许这就是他曾经亲自来到过江边的一个证明。

二

从江阴县城到南旸岐，除去一段公路外，还有八里水程。这时祝铨寿副县长同程前来。当我们快到南旸岐的时候，已近傍晚，因为怕天黑，又临时决定先去徐霞客的坟墓。墓在南旸岐西北四里，1958年大兴水利的时候，靠近墓地新开了一条河道，因此我们可以溯流而上，直到离墓地不远的地方，这才舍舟登陆，径奔墓地而来。在田野的小径上，我们匆匆前进。终于在一片夕阳斜照中，我们来到了霞客永远安息的地方。我停下匆忙的脚步，克制住激动的感情，从内心里向这一位伟大的时代的先驱者，表示了自己最深沉的哀悼！

很显然，坟墓是最近还经过培筑了的，虽然仅仅是一抔黄土，然而很丰满，也很整齐。和坟墓看来很不相称的是面东而立的一块小石碑，仔细量量，高只有八十厘米，宽仅一半，顶端横刻着"十七世"三个寸半见方的字，中间以较大的字体直书："明高士霞客徐公之墓"，字迹已经有些漫漶，或许是清初时候竖立的。当我正在细心观看的时刻，临近村庄里已经有人走来。为我们准备了船只并且和我们一道前来的马镇公社党委书记陆懋硕同志，从来人中间向我们介绍了旸岐大队第十四生产队的队长陈才宝和副队长朱菊生。正是由于这个生产队的社员们经常的照顾，霞客的坟墓才得维护到这个样子。因此可以想象：尽管老乡们不很知道霞客一生的学术贡献，但是作为一个事母至孝而且又十分正直的普通人来说，他在周围老百姓的心里，是留下了深刻的印象的。

三

在暮色苍茫中，我们才从墓地来到了南旸岐。南旸岐是个几十户人家的小村庄，现属马镇公社湖庄大队的第七生产队。霞客故居原称"晴山堂"，早已倾圮，所可纪念的是徐霞客曾经把有关其家世的一些诗文题赠，加以搜罗，为之刻石，这就是后世有拓本流传的《晴山堂帖》。其中很多是明代知名的文人和书画家如宋濂、倪瓒、董其昌、米万钟、文震孟、黄道周等人的手笔。和霞客本人直接有关的石刻，是他自己请人为母亲所作《秋圃晨机图》的各种不同文体的题赞，例如张大复的"记"、李维桢的"引"以及夏树芳的"赋"，都提供了研究霞客生平的宝贵资料。可惜的是《秋圃晨机图》早已失传，现在只能通过这些题记文字，加以想象。图中描绘的是秋日清晨，霞客的母亲在篱豆架下纺纱织布的真实情况。这位母亲是个性情豁朗、心胸开阔的人，而且勤于操劳，所织的布，平整细密，拿到市上去卖，一般人都能识辨出来。她的爱好之一，就是每年要在庭院里架篱种豆。在这个豆棚下的绿荫里，她不但勤于纺织，而且还要课读长孙。长孙卯君，是霞客的长子，幼年丧母，赖祖母教养成人。米万钟的题诗中说"豆花棚下鸣机杼，萱草堂中授简编"，就是写的这个情景。也正是在这个豆棚架下，霞客每次远游归来，总是要把旅途中的见闻，一五一十地告诉给母亲。霞客所游，都是人迹难到的地方，登悬岩、临绝壁、涉深涧、攀洞崖，虽然历尽人间艰险，他却充满了内心的喜悦。这一切，他都在游记里，以清新奇丽的文字，作了深刻动人的描述。一般人难于理解的是，霞客的母亲在这豆棚架下细心倾听了她自己心爱的儿子这些极尽人间艰险的长途跋涉之后，非但不加劝阻，反而流露出极大的快慰。她对儿子说：

儿子，你翱翔在祖国广大的土地上，真是够辛苦了。我天天坐守在这绿荫丛里，眼看着豆荚一天比一天长大，遥望着白云在天边飘荡。秋天又到了，知道是你应该回来的时候了[母亲在世时，霞客出游，常是春去秋返]。现在我又从你那知道了这些看也看不见、听也听不到的事，比起那些庸庸碌碌的男子汉来，也算没有什么愧色了，你说对不对呀？

霞客听了这些话，自然是非常安慰、非常高兴的。但是，霞客的母亲对儿子的这般鼓励，却是掩藏着自己内心的深刻矛盾的。那时正当明之末叶，朝政败坏，不可收拾。霞客磊落英奇，受不了当时社会上污浊空气的窒息，反而求诸天地造化的神奇，以抒发自己热烈的情怀，涤荡胸中积郁的块垒。这一情况，在张大复所作《秋圃晨机图记》中，是明白可见的，他说：

> 母心怜振之[霞客号]负绝特之才，不能俯仰自樊于时[不能任意受时代的束缚]，其于天地之穷际，则何不至焉。乃稍稍具粮糗[稍备食粮]，令振之周览名山大川，有以自广[阔大心胸、增广识见]。

这篇记述也是霞客自己付之刻石的，如此情况，自然毋庸置疑。于此可见，在我国历史上有多少旷世英豪莫不是在伟大的母爱的启迪教育下，发育成长起来的呀！

以上种种，不必再多啰嗦。且说我们来到南旸岐，晴山堂旧迹虽不可见，故址上却兴建了一座小学，就叫作"霞客小学"。学校有青年教师数位，学生一百九十余人。最有意义的是在一排校舍中间特别辟治的一个房间，门额上几个大字写着"霞客先生纪念堂"。正是在这间纪念堂的三面墙壁上，嵌满了现存的七十二块半晴山堂石刻，我借助于一盏油灯，略略浏览了一下这些保存了三百多年而依然完整的石刻，刻工很好，足见是一番苦心经营的结果。我不禁心里想道：这些石刻，哪一块没有经过霞客自己小心翼翼地摩挲过呢？哪一块没有留下霞客自己的手泽呢？现在能够目睹这些遗物是难免不令人感念万分的。

这时，霞客的后裔徐瑞芳老人也走了进来，我紧紧握着这位纯朴可亲的长者的手，却找不出适当的言语来表达我的心意。是的，霞客的嫡裔已经寥落无几人，但是在闪闪的灯光中我所看到的挤在这间纪念堂中、比肩而立、目光炯炯的小学生们，却感到了无限的喜悦，在霞客的故乡，这又是何等兴盛的气象啊！正如"霞客小学"刘福厚校长所说的一样，这个学校的同学们，在刻苦钻研、努力学习的道路上，是一定会按着先贤的榜样勇敢前进的！

在微薄的月光中，我们离开了徐霞客的故乡，心中充满了兴奋、充满了希望。在今天，在我们伟大的祖国、在我们新生的一代里，将会有多少具有像霞客那样精神的人，在探索自然奥秘、攀登科学高峰的道路上奋勇前进哪！

（原载《人民日报》，1962年2月25日）

献身科学　尊重实践
——纪念徐霞客诞辰 400 周年

今年是徐霞客（1587—1641）诞辰 400 周年，为了纪念这位卓越的科学家，近年来在各方面领导的积极倡议下，已经进行了多项有意义的纪念活动，并且在江苏省江阴县马镇乡徐霞客的故居，建了纪念碑，在江阴县城的西门广场上巍然竖立起徐霞客的全身塑像。此外，在根据已发现的传抄本又重新加以补充和校印的最新版本《徐霞客游记》问世之后，又一部纪念徐霞客的论文集已经出版。这一切都说明了我国优秀的文化传统，必将在社会主义的新时代，得到进一步地继承和发扬。

徐霞客从少年时代起，就喜欢涉猎地理、历史和探险游记一类书籍，很早就有遍游五岳的志愿。他最初还是以攀登名山为主，北方的泰山、嵩山、华山、恒山、五台山以及北京附近的盘山，他都曾到过。东南一带如黄山、庐山、天台山、雁荡山以及海上的洛迦山、福建的武夷山，更远至广东的罗浮山，也留下了他的游踪。51 岁以后，在三年多的时间里，他又经过浙江、江西、湖南，远走广西、贵州、云南，一直到了与缅甸交界的地方。这次出游的时间最久，跋涉的路途最长，遭遇的艰难困苦最多，但是收获也最大。这时他已经不是以游览名山为主，而是更多地注意到各种地理现象的观察，并进行了科学的探讨。他依靠了老农、樵夫、牧童、猎户以及逃脱红尘的出家人，借着他们的指点，探寻人迹罕至的地方。更可贵的是他还写得一手好散文，描写自然景物，逼真生动，富有感染力，记述各种现象，又有精确简明和刻画入微的特点。他还养成了随手记录的好习惯，一日行程的终了，他就把当天的经历和观察所得记录下来。有时一天走了一百多里，到晚上住下来，还要点起豆大的油灯，进行写作。有时甚至找不到住宿的地方，即使在荒山野外，他还照样坚持记录。这些记录，在他去世的时候，并没有编辑成书。他去世后三年，清兵入关南下，他的家乡一带横遭兵火摧残，他的原稿也有散失。幸而还有一些传抄本散在民间，经过后人补充整理，刊刻成书，定名为《徐霞客游记》，才得流传到今天，但已经不是全稿了。

应该进一步说明的是，在这部游记里，徐霞客以无比的热情，歌颂祖国山河的壮美，用清新隽永的文字，描写大自然的瑰丽多姿。但是直到20世纪20年代以前，还没有人意识到在这部称得上是文学佳作的游记里，还包含着十分重要的自然科学内容。

如果说徐霞客的早年出游，还只是寄情于壮丽的自然景色，可是在长期跋涉中，他凭借自己敏锐的观察，逐渐认识到造成各种各样自然地理现象的内在原因。例如他对岩石的性质、流水侵蚀的能力、地下水的作用、地貌塑造的过程、高山上下温度风力的变化对于植物的影响、不同气候区域之间植物群落的差异，都有合乎科学的解释。尤其是他在晚年远游西南各省，对于湖南、贵州、广西和云南广大石灰岩地区的地貌特征，有了系统的观察和分门别类的描述。特别是对于石灰岩地区特有的溶洞，他进行了大量的观察，并做了精确的描述。这里只举一个例子，就是他曾两次考察过桂林东郊有名的七星岩洞穴。这是一处十分复杂的洞穴体系，新中国成立之后，当代地理学家用现代手段，对它进行了详细测量。令人惊奇的是，三百多年前徐霞客对这个洞穴体系的描述，竟是如此精确，至今仍可作为对研究这处洞穴和这一区山体中岩溶地貌水平层位变化的重要参考。

徐霞客的科学成就，绝非偶然。不能否认徐霞客有他个人的天赋，也有家庭和友人的影响，但更重要的是他生当明朝晚期，已是我国资本主义萌芽的时代。他家乡所在的长江三角洲，又是手工业和商业发展的先进地区。当时由于生产的发展，知识界中的先进人物，已经开始摆脱读书人只是注重书本知识，或是侈谈修身养性、不务实际的旧风气，进而把自己的注意力，转向了客观事物规律性的探索以及生产技术的总结和传布。当时在地理学的范围内，最直接最鲜明地反映了这一先进的时代特点，从而冲破了旧传统的束缚，向着探索自然的新方向而阔步前进的，就是徐霞客。

明朝后期，在社会发展的同时，社会矛盾也日益激化。徐霞客不把"科举及第"放在眼里，突出地显示了他对于封建传统的叛逆性格。这一点和他的家庭背景也有关系。他出生在一个没落的地主家庭，父亲就是个洁身自好、想尽办法逃避世俗牵扯的人。随着地方上家庭手工业以及作坊的发展，他的母亲也开始以纺纱织布来补助家用。可见徐霞客的母亲已经直接参加到交换经济的新潮流中去了，因此也就受到了社会上一些新思想的影响，很有些不同于常人的看法。她深深理解儿子不甘心随世俗浮沉，因此才有意远游，去亲近大自然，以开拓自己的胸怀。徐霞客自从父亲逝世之后虽然已有远游的可能，但是又念及还有老母在堂，心中有些踌躇。母亲了解到儿子的心情，就勉励他说："你身为男子，应当志在四方，至于说古人的教导，父母在不可远游，游必有方，也不过是说要计算好路程的远近、时间的短长，能够如期往返，也就是了，怎么能为了我的缘故，羁留家园，好像是圈在篱笆里的小鸡、套在车辕上的小马一个样子呢？"话讲完了，她就着手为儿子治理行装，促儿子成行。徐霞客得到母亲的这番鼓励，也就开始了他计划中的旅行。

徐霞客以毕生的精力，为我国地理学的发展开创了一条崭新的道路。他在我国西南广大地区徒步进行了三年多的野外考察，于1640年回到家乡，随身带回来一些岩石标本。由于旅途过于劳苦，身体受到严重损伤，回家不到一年，他就怀着没有完成的志愿，与世长辞了，享年只有56岁。有记载说，在卧病期间，他还把野外带回来的岩石标本，放在病床旁边，细心观察，直到生命的最后一息。除去几十万字的野外考察日记和几篇专题论文外，再没有留下其他著作。

徐霞客一生的科学活动，在我国的一个长时期内，竟然后继无人。不仅如此，我国整个科学技术的发展，虽然在明末以前还处于当时世界上的领先地位，可是在明末以后就开始逐渐落后了。最根本的原因就是明代后期在我国开始出现的资本主义萌芽，在相继而来的年月里还未能得到进一步地发展，而西方的资本主义已经进入帝国主义的阶段，并且先后侵入了仍然处在封建统治下盲目自大闭关自守的旧中国，从此我国就陷入了半封建半殖民地的悲惨境地，也就更谈不上科学技术的发展了。

　　对于300多年前，在极其艰苦的条件下，在腐朽势力的包围中，孤身奋斗，以非凡的毅力和卓绝的精神，冲破封建传统的牢笼，走出书房、走向大自然，从而为我国地理学的发展，开拓出一个新方向的徐霞客，我们不能不深致怀念之意。他不仅是热爱祖国山河并为之献身的地理学家，而且是一个伟大的时代先驱，很值得后人学习。

（中央人民广播电台的播讲稿，见于1987年12月9日
《光明日报》）

附：徐霞客故居照壁题词

　　明朝末叶，一位伟大的时代先驱，诞生在这里。他是封建传统的叛逆者，科学领域的拓荒人。他热爱祖国山河，以毕生的精力，艰苦卓绝的精神，锐敏的观察，清新隽永刻画入微的文笔，描写大自然的壮丽，揭示地理现象的奥秘，特别是在广大地区岩溶地貌的研究上，他更居于全世界遥遥领先的地位。他就是徐霞客，他将永远活在我们心里。

　　（徐霞客诞辰400周年纪念日为重修江阴县马镇乡故居照壁题词）

《中华古地图珍本选集》序

地图是地理学的第二语言。地图的绘制不仅是人类地理知识形象的反映，同时又是开拓地理视野以及利用自然和改造自然的必要手段。通过了解我国历代各种地图的绘制以及测绘技术的发展，我们不能不为先民所取得的辉煌业绩而自豪。为了系统总结这些辉煌的业绩，《中华古地图珍本选集》的汇集并附以《中华古地图简史》的写作，是有重要意义的。这一图一书，不仅从国内现存各种类型的古地图中加以精选、汇集成卷；而且还尽可能地从各种文献资料中采集有关我国古代测绘事业的记载，加以科学的分析综述成篇。这就以无可争辩的事实，充分说明了我国在世界测绘史上的重要地位，从而大大鼓舞了我们奋发图强继往开来的信心。例如这一图一书就为我们展示了如下一系列的事实。

我国古地图珍品保存到现在的，历时之久、数量之多，实居世界首位。近年在长沙马王堆汉墓中所发现的汉代长沙国南部三幅彩色的《地形图》《驻军图》和《城邑图》，其绘制时代距今已有两千一百多年，实为世界上现存最古老的地图，而其绘制的精确程度，尤其令人惊异。由于自古以来实践经验的长期积累，必然导致地图绘制的理论总结。西晋时代裴秀（224—271）所提出的《制图六体》，总结了地图绘制的六项准则，奠定了我国中古时期制图学的理论基础，在世界制图学史上，具有划时代的意义。到了唐代，先是有张遂（即僧一行，673—727）于公元724年与人合作，以水准绳墨所进行的我国最早的子午线测量，实际上也就是世界史上测量子午线长度的开始。随后贾耽（730—805）利用十七年时间绘制完成的巨幅《海内华夷图》，在世界制图史上也是没有先例的。至于上石于公元1136年的石刻《禹迹图》，又是迄今我国所存最早的"画方地图"，而这种充分显示了数学基础的"计里画方"的传统，在世界制图史上也是独树一帜的。及至元朝的郭守敬（1231—1316）在长期从事水利工程的实践中，总结了水准测量的经验，从而提出了以海平面为基础的海拔高程的科学概念，这又是中外测绘史上划时代的里程碑。更值得称道的是明朝前期郑和（1371—1434）率领船队多次远航，凭借我国发明的罗盘，终于首先开辟了从印度南端迤南横越印度洋，直达非洲东岸的航线，并且有《航海图》保留下来。五百多年前使用罗盘定向能够根据针位和航程以确定航线方位和距离从而绘制出这样的航海图，不能不说是世界航海地图史上的奇迹。

总之，从这一图一书中摘要列举上述事例，足以说明我国传统的地图制作及其理论上的成就，既有自己鲜明的特点，同时也为全人类的测绘事业增添了光彩。不仅如此，历史的事实还充分说明，我国科学文化在长期发展的过程中，还善于吸收外来的事物，为我所用。这在地图的测绘与制作方面，也不例外。例如这一图一书中对于明朝后期意大利传教士利玛窦开始把西方测绘制图的技术传入我国之后，一直到清初康熙年间，如何利用西方传教士的协助，于公元1718年绘制完成《皇舆全览图》都做了详细的叙述，并且指出在17、18世纪之交，欧洲各国大地测量大都尚未开始，或刚起步的时候，而我国主要利用三角测量所绘制完成的上述《皇舆全览图》，不仅是当时亚洲前所未有的最佳地图，而且和同时代的任何欧洲地图相比较，其准确程度都有过之而无不及。以此为起点，又历经雍正、乾隆两朝的继续发展，前后完成的全国性大地图，其实测之精确、内容之详细，在我国古代地图绘制史上都是空前的，也是绘制史上所罕见的。上述事实在这一图一书中都有了充分的说明，实际上这也是"洋为中用"。

以上所述，只是企图说明个人在披览这一图一书的最大感受，当然并不能概括其全部价值。但是由此也联想到，这部《中华古地图珍本选集》还只是从国内现有的大量收藏品中精选而来，至于目前保存在台湾地区的若干古地图精品及其有关资料，尚未及收入和利用。又自晚清以来，我国的文物古籍流传国外者，为数甚多，其中也包括古代地图和有关资料。因此希望这一图一书出版之后，在争取国内外有关学者专家的合作下，能够将现在收藏在中国台湾以及海外各地的我国古地图继续进行精选，然后复制出版。这项工作，不仅有利于振奋民族精神和弘扬民族文化，而且也必将有助于中外文化的交流以及促进国际协作的发展。

最后应该说明，这一图一书的编辑工作是由国家测绘总局与国家文物局联合组成编辑委员会，责成国家测绘局测绘研究所组织力量进行编纂工作，并由国家文物局古文献研究室协助进行文博系统的资料搜集和供应。编辑委员会下设编辑组以总其成。始工于1986年2月，完成于1989年12月。在此期间编辑组的全体成员，竭诚合作，克服种种困难，终于如期完成了这项科研任务，第一次以图文并茂的形式，展示了我国在古地图测绘方面的卓越成就，这也是深可钦佩的。

1990年2月立春之日于北京大学
（选自《侯仁之燕园问学集》，上海教育出版社，1991年，
115—118页）

《中国古代地理名著选读》再版后记

《中国古代地理名著选读》第一辑出版于1959年，一晃就是四十五年过去了。回忆当年编撰这本书的情形，至今还历历在目。

当时，为了减少青年读者直接阅读古代地理文献的困难，我和几位同志决定编这本书。这一想法得到了中国科学院地理研究所的支持，于是由我主持对《禹贡》《汉书·地理志》《水经注》《徐霞客游记》等地理名著进行选读、注释。1957年夏天，我约请顾颉刚先生，以及谭其骧、任美锷、黄盛璋诸位集中精力编好了《中国古代地理名著选读》第一辑。

这本书注释我国古代重要地理著作，阐发其地理内容，并配以精心绘制的地图，用地图语言弥补文字说明的不足。它减少了读者直接阅读原文的困难，成为地理学专业的必读书。这本书对于推动地理文献研究也发挥了一定的作用，也有助于了解中国古代地理学的发展历程。遗憾的是从1959年出版至今，一直没有再版过。加之初版时印数有限，很多图书馆都没有收藏。今天想买到这本书已经很不容易了。不少需要这本书的读者向我索要原本复印。看来再版这本书还是有必要的。

最近，在中国人民大学华林甫教授的热情推动下，学苑出版社的领导欣然决定再版这本书。这是嘉惠学林的义举，值得祝贺。这次再版，改正了少许错字，地图则一仍其旧。

当然，中国古代有价值的地理文献绝不仅限于我们已经注释过的这几种。很多古代地理文献还有待于整理、发掘。希望更多的历史地理学者能投入到古代地理文献的整理、注释中。

当年的编写者，在世的也早已是耄耋之年，希望年轻学者把《中国古代地理名著选读》继续编下去，也希望更多以弘扬学术为己任的出版单位参与其中，共襄盛举。

是为后记。

侯仁之
2004年5月8日

（选自《中国古代地理名著选读》，学苑出版社，2005年）

理科学生也应该注意写作

大学生都应该重视写作的锻炼，提高自己的写作能力，文科学生如此，理科学生也不例外。但据我了解，目前有些理科学生对写作是不重视的，他们往往认为写作是文科学生的事，和自己关系不大，认为学自然科学的人用不着考究文字、讲究写作，只要能精于演算，勤于操作，尽力做好实验也就足够了，要花工夫去练习写作，岂不是浪费时间，或者干脆把文字写作看成是"雕虫小技"，从事自然科学的人，是不屑一顾的。据说甚至有些中学生，因为对数、理、化发生了一些兴趣，认为自己将要升入大学理科，因此很早也就对写作练习抱着漠不关心的态度，这种情况，是应该引起重视和加以改变的。

文字的修养和写作的训练，对于一个有志于自然科学的青年来说，也是不可忽视的，我们不能把描述观察对象和记录研究成果看作一件十分简单的事，特别是有价值的研究成果，乃是通过极其复杂的劳动过程得来的，要运用十分细致的思维、严密的逻辑和确切的字句，才能予以充分的概括和表达，而文字的使用正是起码的工具。文字的运用越纯熟，就越能有助于表达效果的完满。同时，写作还能大大有助于对事物观察的深化和精确性，是整理思想、协助思维的有力工具。稍有写作经验的人，大概都有这样的体会：在准备写作之初对于要写的主题虽然在头脑中已具轮廓，但考虑并不十分周密，只有在写作过程中——也就是在把自己的思想牢牢捉住并通过文字写在纸上的过程中，思维才逐步深化，以致最后写出来的东西，比起写作之前所设想的往往是更加系统和更加深刻完整的。例如，生物学家达尔文，在青年时代乘"比格尔号"舰船作环球考察时，写了一部游记。这是一部丰富多彩的描绘自然的科学名著。他生动的描述，来自他锐敏的科学观察，同时又反转来加强了他对事物观察的敏锐性。这一次的旅行成为他一生科学事业的一个良好开端。

我们还要看到，忽视写作不仅会影响到个人的研究成果，而且会影响到今后科学水平的普遍提高。

一切科学文化的发展，都是在已有成果的基础上，向前推进的，而已有的成果，又往往是借助于文字记录才得流传。对自然科学来说，这种文字记录，可能是实验总结和考察报告，更多的是专题论文和专门著作。无论其形式如何，最起码的要求是文字通顺，叙述明确，无论是抽象的概念或是具体的论证，都应该选择确切的字句，予以恰如其分的表达，没有一定的写作训练，要想做到这一点，是不容易的。反之，无论是多么好的研究成果，若不能很好地写出来或者写出来之后由于文字拙劣，令人难以卒读，那就会影响到它的传播。孔子很早就说过"言之无文，行而不远"，就是这个道理。18世纪俄罗斯的大科学家罗蒙诺索夫也曾说："如果不讲求语法，演说就呆板无味，诗歌就含混不清，哲学将毫无根据，历史将令人讨厌……总之，所有的科学都需要语法。"这里所谓语法，从广义来说，可以理解为文字的写作。

在自然科学史上就有这样一个例子：英国19世纪的大物理学家和化学家麦克尔·法拉第（1791—1867）被公认为当时最伟大的实验科学家。他对电学的实验和研究，做出了卓越的贡献，同时他也是一个通过讲演和写作来普及科学知识而享有盛誉的人。但是在某些科学理论的阐述上，例如，关于光的电磁说，他虽然已经提出了基本理论，只是由于用语晦涩，又缺乏应有的数学说明，因此很少受人注意。后来一直到麦克斯韦尔用数学方法和通用语言加以说明以后，这才为世所公认。

在中国，我们有一个相反的例子。我国17世纪大地理学家徐霞客（1587—1641），终生献身于地理考察，足迹遍布半个中国，特别是晚年云贵之行，对广大的石灰岩地区的地貌特征，作了精确地观察和描述，成为流传至今的《徐霞客游记》中最重要和最有科学价值的一部分,而这一部分也正是世界上有关石灰岩地貌最古老和最可贵的文献。但是《徐霞客游记》之所以传世,最初并不是因为它的科学内容,而主要的是由于它的文采。因为这部游记是用非常优美的散文写成的,而且洋溢着作者对于大自然的热爱,有极大的感染力,所以原稿未曾付刻之前,已多为人所传抄。虽然历经战乱,传写各稿颇有散失,最后还是能够集成大半部流传后世。可以设想:如果霞客是个不讲究写作的人,即使他游尽祖国山河,进行了更为重要的科学考察,而所写的游记,全无文采,也是很难传之后世的。徐霞客的科学贡献,正是借了他的文学才能才得以传播的。

在科学史上有很多经典著作,都是用优美的散文写成的;同时也有一些杰出的科学家在文学上也做出了卓越的贡献。人所熟知的伽利略(1564—1642)就是很好的一个例子。这位经典物理学的大师,同时也是意大利科学散文的奠基人,他虽然精通拉丁文,但是他大部分的科学作品,都是用生动的意大利文写成的。可以在这方面和他媲美的罗蒙诺索夫(1711—1765),也是近代自然科学的创始人之一,同时又是奠定现代俄罗斯文学语言基础的作家。当时的外国文献中甚至这样说:在俄国有两位罗蒙诺索夫,一位是化学家,另一位是诗人。

伽利略和罗蒙诺索夫,在他们所处的那种君权和神权双重统治的时代里,还都曾利用他们犀利的笔锋,向保守的、腐朽的、阻碍科学发展的反动势力,进行了无情地揭露和打击。伽利略为了捍卫哥白尼的太阳中心说,反对当时为教廷所维护的地球中心说而写成的《两大世界体系的对话》,是非常有名的。罗蒙诺索夫也曾同样地为了捍卫哥白尼的学说而向教会"开火",他曾用十分辛辣而幽默的文笔,写了不少讽刺的诗篇,大胆揭露僧侣的极端愚昧和无知。1757年隐名出现于彼得堡而使"神教院"大为惊慌失措的《胡子颂》就是其中有名的一篇。

这些例子说明,历史上一些最伟大的科学家,在探索自然奥秘、揭发自然规律的同时,还经常挥动手中如椽之笔,向保守的、腐朽的旧势力,展开无情的斗争,为科学和真理开辟道路。他们手里有两把武器:一把是打开宏伟的科学殿堂的钥匙，一把是扫荡愚昧宣扬真理的无比锋利的笔。

今天，有志于自然科学的青年一代，也都应当掌握写作这个武器。

当然我们不能要求一切从事科学工作的青年，都能成长为文笔纵横的作家。这样的要求是不合理的，也是不现实的。但是，这些青年具有一定的文字表达能力，善于表达自己的研究成果，做到文理通顺，那应该是最起码的要求。此外，我们也还怀抱着这样一种殷切的希望，希望在新中国的青年一代中，涌现出这样一些人：他们既能深探科学奥秘，又有一支生花妙笔，能在科学研究和普遍提高我国科学水平上做出更多的贡献。

（原载《中国青年》1962年总第17期）

同记者同志谈谈地理学

我想先从最近的一次沙漠考察工作谈起。

今年夏天,我参加了乌兰布和沙漠综合考察队。这个考察队的目的是对沙漠改造利用中的若干问题进行综合的科学考察和研究,考察队由十一个专业组成,计有综合自然地理、历史地理、考古、经济地理、风沙地貌、土壤、水文地质、水利、农业、牧业、林业。要研究的问题涉及:这个地区农业开发的可能性和合理性,农业开垦后可能引起的一系列问题,如排灌问题、风沙危害问题、土壤盐碱化问题等;风沙对人类经济活动的危害、沙漠今后的演变趋势以及农牧矛盾和农牧结合诸问题。原本说有一位记者和我们同往的,后来不知怎么没有来。我设想假如我是一个记者,参加了这个考察队,如果没有一些基本的地理学知识,工作起来一定是相当困难的。我们这一次首先是路线考察,遇到目的物,才进行一些观察、搜集和分析,全靠专家们的眼睛和头脑去判断。比如,风沙地貌组的同志提出,哪地方发现有黄河故道,哪地方风触强烈,哪地方流沙的堆积以新月形沙丘为主,而另一些地方又以大沙垄为主等。记者如果缺乏这方面的知识,就不能了解为什么有黄河故道的存在,为什么黄河迁移了?记者纵目望去,莽莽黄沙,渺无边际,无甚乐趣;地貌学家却从沙丘的形状去鉴别风向,判断沙漠的流向。其次,在我们定点工作的地区内,接触的问题就更多了,例如,我们发现了红黏土,土壤学家提出这个土层是怎样形成的,对农业开垦有什么意义;发现了古墓群,考古学家证实,此地汉时有人居住,是个很重要的垦区;发现了水源,水文地质专家侦察证实此地地下水位很深,一时不致有盐碱化的危险。这些情况综合起来可以判明，这个地区红黏土土层很厚，风触强度小，堆积流沙又少，可以开垦。此外，我们还发现了汉代鸡鹿塞石城，过去一直不知道鸡鹿塞的确实位置。这是个汉代重要军事要塞，汉将窦宪就是从这里出征，追逐匈奴一直到燕然山，勒铭而返。联系到这一带汉墓群的发现，我们不得不考虑这样一个问题：汉代此地是个农业发达、人群聚居的地方，自汉以后，农业人口退却，一直荒弃了近两千年。那么汉人为什么离开了此地，是战乱还是沙漠把人赶走的呢？这又会涉及一系列问题。如果当初那位记者能和我们同行，并且要报道这次考察工作的话，上述这些问题，都是不能回避的。当然，记者不必成为专家，也不必和专家们一样去认识和解决这些问题，但是，记者必须对这次考察所遇到的一些方面有一些基本知识，进而能够理解它们、熟悉它们，甚至提出这样那样的问题。记者的成品是报道，他在考察中所了解的情况和问题只是一些原始材料，这中间有一个加工过程，记者不理解这些材料，是无法加工的。相反，如果记者对这一切都有一定的理解，那么经过记者的综合加工以后，可以报道出专家所不能报道的东西。专家研究的最后结果是科学论文，记者却能够根据他的所见所闻，根据他的分析和综合，用自己的语言而不是用科学论文的语言，有声有色地向广大读者报告这次考察的种种情况和问题。对读者来说，他们不仅可以通过报道了解改造沙漠、征服自然的意义，而且也是一次普及科学知识的过程，这些常常是专家们所难以做到的。

也许有人说，地理学的知识仅限于一小部分记者需要，对大多数记者来说，关系不大。事实是怎样的呢？以我看，关系也是很大的。我前面讲到的沙漠考察工作，正好把地理学的一些部门集中在一起了，可以从总的方面说明地理学和记者工作的关系。当然，参加沙漠或其他方面考察工作的记者是不多的，但这并不等于说地理学只和一部分记者有关。地理学是一门综合的科学，它和国民经济的各个部门都有很密切的关系，也自然和记者的报道有密切关系。例如，报道农业必然要涉及土壤改良、水利灌溉、植物分布等问题；报道工业必然要涉及山林资源的开采和发掘、水利、发电、工厂分布等问题；报道交通运输必然要涉及铁路选线、海港建设、桥梁建筑等问题；就是文化教育的报道，也要涉及城市的变迁、出土文物等问题。这一系列问题，都和地理学的这一部门或那一部门有密切的关系，因此，记者学一点地理学的知识，对工作是大有益处的。

那么，地理学都包括一些什么内容呢？概括地说，可以分为自然地理和经济地理两大类。下面分别作一些简要的介绍。

自然地理 自然地理学所研究的对象就是人类社会生活和活动的场所——地球的表面。也可以这样说，自然地理学主要是研究整个地球表面的构造和生活，研究地球表面上各自然要素的分布及其分布的原因，以及存在于它们之间的互相依赖关系。这种总论自然地理的一般理论与法则的，又叫作普通自然地理学。

在自然地理学中，又分成若干部门，这就是地貌学、气候学、水文地理学、土壤地理学、植物地理学和动物地理学。在这里，要详细介绍这些部门，是不可能也不需要的，下面以一两个部门为例，讲讲它们的任务和功能，以见一斑。例如地貌学，它主要是研究高山、丘陵、平原、沙漠等的地形的形成和变化的，和我们的经济建设大有关系，如水库的修建要了解喀斯特地貌，海港的建设要了解海洋地貌，沙漠的改造要了解风沙地貌等。再如气候学，它是研究气候变化的规律的，诸如温度的高低、日照的长短、干湿度的大小以及刮风、寒潮等情况，这些因素影响着动物界，影响着人及其经济活动，影响地面生活的一切过程，单从农业生产和城市建设来说，也有极密切的关系。其他如土壤的分布和改良、植物的分布、水利的疏浚和灌溉等方面，都和发展生产、繁荣经济有直接关系，而这许多部门又不是孤立存在而是互相影响的。总之，自然地理学就是研究各种自然因素相互制约、相互依赖的关系的科学，是在改造自然中非常重要的一个学科。如果记者能够掌握一些自然地理学的基本常识，不仅对写报道有好处，也有助于更深刻地理解我国人民在与自然做斗争的过程中所取得的种种成绩的伟大意义。

经济地理 经济地理主要研究自然物质财富的全面开发和生产力的配置，工农业、交通的布局、人口的分布状况等。比如，某项工业应该放在什么地方，是放在沿海地区，还是放在内地，为什么；呼和浩特地区要不要种甜菜，种多少，会不会排挤粮食的生产；新安江发电站的电力输送达到怎样的范围，其经济效益如何；一条铁路的选线为什么这样修而不那样修，这一切都在经济地理所要研究的范围之内。一句话，给自然资源以经济的评价。记者有了经济地理知识，去报道某一项工业建设，报道某一城市的发展情况，和没有这个知识是很不同的。比如报道邯郸的棉纺厂，记者有经济地理知识，就会想到：棉纺厂为什么要摆在这儿，这里除了是个棉产区以外，它的交通运输情况怎么样，工厂需要动力，附近的煤炭生产如何……总之，要从整个经济布局中去理解，才能更清楚更深刻地认识这个棉纺厂。又如报道一条新的铁路通车，光从自然条件去看，不能认识它的意义，必须还要从经济条件——这条铁路选线在综合利用物质资源方面的作用和意义去看，才有文章可做。其他矿山、海港、森林、运河都存在这个问题。当然，有些是属于背景材料的，不一定全写在报道里，但是记者心中要有这个数，要既知其然也要知其所以然，从全局的高度去认识其中的一个部分，这个部分就不是孤立的而是整体中的一个有机体了。

根据自然地理学或经济地理学的一般理论和法则来专门研究某一地区的自然地理或经济地理的，叫作区域自然地理或区域经济地理。对一般读者来说，区域地理知识是更为需要的。但是为了深入了解某一地区的自然地理或经济地理，也非得具备自然地理学或经济地理学的一般理论与法则的知识不可。

历史地理　自然地理学和经济地理学都以研究现代地理为主，此外还有以研究历史时期的地理为主的历史地理学。历史地理学在现代地理学中还是一门十分年轻的学科。人类的生活环境，经常在变化中，属于自然的景观如此，属于人为的景观更不例外。当前我们所熟悉的地理，并非自古以来就是这样，例如今天我们所熟悉的华北大平原，已经不是《禹贡》的作者或司马迁在《史记·货殖列传》中所描写过的那个模样，同样北京城作为人民首都的光辉面貌，更不是它在原始聚落时代所能比拟于万一的。虽然如此，却不能否认当前的地理乃是从过去的地理环境发展演变而来，而在这一发展演变的过程中，人的缔造经营，占了重要地位，如果不是因为人的活动而引起周围地理的变化，在这几千年的历史时期中那是非常微小的。而且正是人在改造自然环境的斗争中，才终于发展了自己的智能，改造了自己的面貌，也改造了自然的面貌。因此，研究在历史时期主要由于人的活动而产生或影响的一切地理变化，这就是今日所理解的历史地理学的主要课题。

研究历史地理，也就是研究地理的"昨天"和"前天"，以便更好地了解它的今天。这首先要把过去时代的地理进行"复原"，一如考古学家把破碎了的或甚至是残缺不全的古器物进行"复原"，或者像古生物学家把早已绝迹了的某种动物的遗骸化石进行"复原"一样。但是更重要的是还得把不同时代的已经复原了的地理按照历史发展的顺序，联系起来进行研究，寻找其发展演变的规律，阐明今天地理的形成和特点。这一研究直接有助于我们的生产斗争，例如，历史水文的探讨是水利建设上必不可少的，城市历史地理的研究，也是进行城市规划的必要知识，如此等等。记者具备一些历史地理的常识，报道某一项建设时，在追根探源、从历史的发展变化中去认识今天的面貌方面，都会有一些帮助的。

这样看来，地理学所包括的内容是相当复杂的，学一点地理知识岂不是很难吗？其实不难。我自己原是学历史的，后来才又从学历史转到学地理，而且我学地理基本上是以自学为主的。以我自己的经验来说，基本的地理知识是可以自学的。下面介绍几部书，供同志们自学参考。

《普通自然地理简明教程》（商务印书馆，1960年） 这是一本较通俗的教科书，适合自习进修之用。书中讲到：关于地球的基本知识；关于太阳辐射、气温、气压、风等大气圈的知识；关于地下水、河流、湖泊沼泽、高山积雪和冰川等有关陆地水的知识；关于火山、地震等岩石圈的知识；关于山、平原、海岸、岛屿等陆地表面的形状的知识；关于土壤、植物界、动物界等生物圈的知识等。我们前面讲到的乌兰布和沙漠考察中所遇到的问题，大都包括在普通自然地理学中。自然地理，是研究自然界发展变化的规律的，特别是在改造自然的报道中，记者很需要一些普通自然地理的知识。

《中华地理志经济地理丛书》（科学出版社） 这是一套书，分册讲述我国各大地区或省区的经济地理，如《华东地区的经济地理》《内蒙古自治区经济地理》等。区域经济地理可以提供记者一些具体的知识。记者临出发采访之前，在区域经济地理中翻翻要去的城市或地区，可以从总的方面了解一下该地区的一些综合情况，如邯郸，打开《华北经济地理》，可以查到有关邯郸的工农业、城市、交通运输等的记载。其中的某些数字可能落后了，但其基本情况可以参考。此外，还可以了解一些有地方特点的事物，比如邯郸曾是赵的故都，至今尚存赵武灵王的丛台等。这些有地方特点的事物，碰到机会写报道时也可能有用处。

但是一般的区域经济地理的著作，关于地方历史特点或历史沿革的记述，往往是很少的，为了补充这方面的知识，常常需要去查找地方志。我国的地方志，非常繁多，州有州志，府有府志，县有县志，到哪里去找呢？这就用得着《中国地方志综录》。这是一本工具书，需要时，按目查书，就可以知道你要的地方志在哪个图书馆里有，有几种，多少卷，什么人编纂的。如查邯郸县志，在河北卷中可以查到从明万历到清雍正、乾隆前后不同作者所编的三种不同的邯郸县志，以北京图书馆收藏的最全。

要注意的是过去的地方志都是封建时代编写的，是为封建统治阶级准备的资料，其中相当部分记载着有关赋税、风水以及以忠孝节义为内容的封建糟粕。但是，也有些很有用的资料，甚至包括许多科学资料。我们用的时候，需要沙里见金。比如某地有水灾，就可以查查该地方志，看看此地在历史上的水情是怎样的？把地方志中的有关资料以及当时水灾为害的情景，拿来对照报道今天我国人民战胜洪水的动人事迹，不是可以说明更多的问题么！此外，地方志中还保存了不少当地人写的记述当地风物名胜的诗文。我在《沙行小纪·青铜峡》一文中所引用的宋人张舜民的诗："青铜峡里韦州路，十去从军九不回。白骨似沙沙似雪，凭君莫上望乡台。"就是原载于《宁夏府志》中的。有时候，往昔的一诗一词或一段记述，对于在今日的报道中证实什么、烘托什么是很有用的。

《水经注》 最后，我想向记者同志大胆介绍一部我国古代有名的地理著作，这部著作的写成距今虽然已有一千几百年，但是如果能够熟读——或部分地熟读这部书，不但可以增加学习地理的兴趣，而且可以提高地理描述的能力。这就是北魏郦道元的《水经注》。《水经注》一书是郦道元为三国时一本名叫《水经》的书所作的注。原书只有一百三十七条，郦道元补充记述的河流水道增加到一千二百五十二条，注文二十倍于原书。郦注并不限于大小河系源流脉络，重要的是他把每一条河流所经行的地方，都尽可能地作了详细的描述，描述的范围，从地理情况一直到历史事迹，内容丰富多彩，可以看作北魏以前我国古代地理的总结。

郦道元为《水经》作注，其目的在于"因水以证地，即地以存古"。亦即以水道为纲，进而描述经常在变化中的地理情况，在记述中还常常涉及有关水文、气候、土壤、植被等资料，这些部分对今天还有重要的参考价值。同时，书中还有许多地理以外的有关历史掌故、风土人情的记载。郦道元在注中引用了四百多种书籍，记录了不少汉魏间的碑刻，采录了一些民间的歌谣、谚语、方言和传说。《水经注》实是历史、地理合写，使人既有空间的感觉又有时间的感觉，对照今天的地理去看《水经注》，可以把地理一下子推上一千几百年以前。

《水经注》文笔优美，具有很高的文学价值。柳宗元以写景著称，据说柳得力于《水经注》之处颇多。下举一城一水为例：

> 河水〔指黄河〕又屈而东流，为北河。汉武帝元朔二年，大将军卫青绝梓岭梁北河是也。东经高阙南。史记赵武灵王既袭胡服，自代并阴山下，至高阙为塞，山下有长城，长城之际，连天刺山，其山中断，两岸双阙，善能云举，望若阙焉，即状表目，故有高阙之名也。自阙北出荒中，阙口有城，跨山结局，谓之高阙戍，自古迄今，常置重悍，以防塞道。汉元朔四年，卫青将十万人，败右贤王于高阙，即此处也。

这高阙戍，乃是和前面提到的鸡鹿塞齐名的古代重要军事要塞之一。郦道元用简练的笔墨，从"跨山结局"的城塞设置，"连天刺山"，双阙云举的外观一直到卫青败右贤王的历史掌故，都写得淋漓尽致。

再如郦道元描写永定河（《水经注》中作"㶟水"）河水从怀来盆地下注西山山峡时的情况说：

> 灢水［永定河］又南入山，瀑布飞梁，悬河注壑。渊湍十许丈，谓之落马洪［即今官厅水库］。

这里所描写的正是今日官厅水库的拦河大坝没有修筑以前洪水暴涨、汹涌下泄的情景，虽然简单几句话，却写得有声有色。如果报道今日官厅水库的修建还能引证一下郦道元一千几百年以前的描写，古往今来，不是更能提人兴会么！

附带提到一点，为了有效地利用《水经注》这部书，应该充分利用《水经注引得》，这是一部《水经注》的索引，如果想从《水经注》中查找关于某一地方的记述，只要一检索引，就可以很快地找到有关的卷页。另外清末地理学家杨守敬还编辑过一部《水经注图》，也是阅读《水经注》时所应当参考的。

以上几种，有的是教科书，有的是参考书，有的是工具书，如果都能学用得当，既可不用太多的时间，又能给我们的采访和写作带来很大的益处，记者同志不妨一试。

作者附记：这是我和《新闻业务》记者丛林中同志的谈话记录，由记者执笔写成。谈话之前没有什么准备，临时也是想到哪里说到哪里，再加以自己业务水平的限制，很多地方讲得不够透彻，不够确切，甚至难免错误，大胆发表在这里，仅供读者参考。

（原载《新闻业务》1963年第11期）

书 序

《北京的城墙和城门》序

远隔重洋，忽得国内来信，欣悉瑞典喜仁龙（Osvald Siren）教授的旧作《北京的城墙和城门》，已经译为中文，即将付印。译事进行之快对我来说，确实有些意外。欣慰之余，一件往事又忽然闪现在我眼前。

那已是半个多世纪以前的事了。我作为一个青年学生，对当时被称作文化古城的北平，心怀向往，终于在一个初秋的傍晚，乘火车到达了前门车站（即现在的铁路工人俱乐部）。当我在暮色苍茫中随着拥挤的人群走出车站时，巍峨的正阳门城楼和浑厚的城墙蓦然出现在我眼前。一瞬之间，我好像忽然感受到一种历史的真实。从这时起，一粒饱含生机的种子就埋在了我的心田之中。在相继而来的岁月里，尽管风雨飘摇，甚至狂飙陡起，摧屋拔木，但是这粒微小的种子，却一直处于萌芽状态。直到北平解放了，这历史的古城终于焕发了青春，于是埋藏在我心田中并已开始发芽的这粒种子，也就在阳光雨露的滋养中，迅速发育成长起来。正是因为这个原因，我对北京这座古城的城墙和城门，怀有某种亲切之感，是它启发了我的历史兴趣，把我引进了一座富丽堂皇的科学探讨的殿堂。但是，我对北京这座古城的城墙和城门本身，却没有什么研究。还是在北平解放的前夕，我偶然在伦敦一家旧书店里发现了喜仁龙教授的这部《北京的城墙和城门》，并以重价把它买下来，通夜加以浏览，我才开始意识到这一组古建筑的艺术价值。我印象最深刻的是作者对于考察北京城墙与城门所付出的辛勤劳动，这在我们自己的专家中恐怕也是很少做到的。而他自己从实地考察中所激发出来的一种真挚的感情，在字里行间也就充分地流露出来。他高度评价这组历史纪念物，同时也为它的年久失修而伤心。在考察中，他观测细致、记载不厌其详，这是十分可贵的。当然在记述历代城址的变迁上，由于引证的材料不尽可靠，错误之处也是难免的，但这无损于全书的价值。我个人的看法如此，读者会做出自己的判断，这里也就无须多说什么了。

记得早在五十年代初期，当首都的城市建设正在加速进行的时候，城墙存废的问题也就被提到议事日程上来。当时梁思成教授就曾提出过改造旧城墙的一种设想：考虑把宽阔的城墙顶部开辟为登高游憩的地方，同时把墙外的护城河加以修砌，注以清流，两岸进行绿化，这样就无异于在北京旧城的周围，形成一个具有极大特色的环城公园，犹如一条美丽的项链，璀璨有光（其部分设想，有专文发表，并有附图，可惜不在手下，据所记忆，大体如此）。我认为这一设想，是符合"古为今用，推陈出新"的原则的。其后，我也曾在北京市人民代表大会上，就北京城墙的存废问题，提出了一些个人的看法。我认为我国有一条"万里长城"，被公认为世界"奇观"之一；我们的首都也有保存得比较完整的城墙与城门，同样是工事宏伟的古建筑，显示了古代劳动人民的创造力。因此，我还以喜仁龙教授的《北京的城墙和城门》一书为例，借以说明它的历史意义和艺术价值。现在，时隔三十多年，北京的城墙早已拆除。今天幸而保留下来的正阳门内外城楼、德胜门箭楼以及东南城角楼，经过重修之后，也还是为这座历史文化名城保存了一点极为鲜明的历史色彩！同时这也足以说明只要认真贯彻"古为今用，推陈出新"的原则，历史上一切劳动人民心血的创造，都应该在社会主义的新时代重放光辉。请看：就是深埋在地下两千多年且已受到破坏的秦始皇陵的兵马俑，不是经过发掘清理和重新修整之后，也已经成为轰动世界的一大艺术宝藏了吗？可惜的是北京旧日的城墙与城门，除去上述几例之外，都已荡然无存（内城西南角尚有一点残迹，有待考虑如何处理）。因此，主要是在实地考察下写成的这部《北京的城墙和城门》就格外值得珍视了。把它译为中文，如果说在实物存在的当年，并非十分必要，可是在今天，却有了它的重要意义。它为我们提供了在所有的有关资料中最为翔实的记录，有文、有图、有照片，还有作者个人在实际踏勘中的体会和感受。作为一个异邦学者，如此景仰中国的历史文物，仅这一点也是足以发人深省的。不过作者并不是单纯地凭吊过去，他也确实希望这一重要的历史纪念物有朝一日能够得到保护和维修。现在这样一个时期已经真正到来，可是旧的城墙和城门除个别者外，都已不复存在，这就是令人惋惜不置的了。但愿这类情况今后不再发生。只有这样，光辉灿烂的中华民族的历史文化，在社会主义的新时代，才能得到进一步地发扬和光大！

1984年5月10日写于美国康奈尔大学城市与区域规划系
（选自奥斯伍尔德·喜仁龙著、许永全译《北京的城墙和城门》，
北京燕山出版社，1985年）

《北京考古四十年》序

新中国诞生四十周年，又迎来了一个面向未来改革开放的新时代。首都北京作为举世瞩目的历史文化名城，在迅速发展的同时，却又不断发现了它在过去时代的大量遗迹和遗物。正是借助这些遗迹遗物，我们才有可能对于北京历久不衰的过去，获得进一步的认识。这部图文并茂的《北京考古四十年》，无异是一座收藏丰富的关于首都历史文物的博物馆，无须举步之劳，就可以通过它去饱览北京历史发展的真迹，从而更加激励我们去创造伟大首都的未来。

四十年的北京考古，继承了过去的光辉成就，这在本书中首先予以追述是完全必要的。六十年前（1929），周口店龙骨山洞穴里的第一具完整的北京猿人头盖骨的发现，引起了举世有关学者的瞩目。而现在，周口店北京猿人遗址，作为全人类的共同瑰宝，已被列入联合国教科文组织的《世界遗产目录》。这是我国考古工作者应该引以为自豪的。

从几十万年前北京猿人的旧石器时代，下至一万年前后的新石器时代的开始，北京地区最早的拓荒者，从什么时候和在什么地方开始从山上的洞穴移居到山前平原上，并建立起最初的农村聚落的呢？这个饶有兴趣而且对以后的社会发展具有重要意义的问题，经过近年来考古工作者的不懈努力，也逐渐明确起来。最近在平谷县上宅村新石器时代遗址发掘中，不仅发现了用于原始谷物加工的石磨盘和石磨棒，而且在同一地层中，经过取样的孢粉分析，还足以证明农业文化确已在这里诞生，其时代距今已有六千余年。这是过去仅从传说或文献记载中所不能真正解决的问题。所以，这一考古发现填补了从旧石器时代末期一直到最初城市出现的这数千年间，本地社会发展过程中一段至为重要的空白。城市的出现，是人类社会进入有文字记载历史时期的事情。根据文献记载，最早在这里出现的最重要的城市，其名称叫作蓟。周武王伐纣之后，立即分封黄帝之后于蓟，是为蓟国，至今已有三千余年，这是史书上有明文记载的。史书中同样有明文记载说，周武王还曾分封召公于北燕，这就是燕国。可是燕国始封的古城究竟在哪里，所有现存的古文献中都没有明确的记载。只是到了东周战国时期，才有记载说：燕"以河为界，以蓟为国"。这就是说燕国的统治范围南至黄河，其建都在蓟城。那么蓟城最初既是黄帝之后所始封，何以后来又成为召公所始封的燕国建都之地呢？其原因史书缺载，于是众说纷纭，迄无定论。有的说"黄帝之后"即是召公，所以蓟也就是燕，一地而异称。有的说黄帝之后封于蓟的无人继承，于是又封召公于蓟，是为燕国。更有人说召公始封的燕国在"北平无终县"，后来燕国势力逐渐强大，终于兼并了蓟国，并且迁都到蓟城。这一说法比较可信，但是所指北平无终县的燕国故都究竟在哪里，又无踪迹可寻。这个长期以来单凭文献记载所不能解决的问题，终于通过近年来的考古发掘，才迎刃而解。原来燕国所始封的城址，就在今房山区琉璃河附近的董家林村一带。最初始封的燕蓟两国，都处于古代南北唯一的交通大道上。燕国南接中原，腹地广阔、物产富饶。蓟国地处南北大道的北端，再向北去，古道分歧，因此它正是南北交通的枢纽，地位十分重要。后来日渐强盛的燕国向北扩展，在兼并蓟国之后，又迁都到蓟城。到了战国时期，燕作为"七雄"之一的北方强国，争霸中原，于是燕都蓟城名满海内。日后北京又称燕京，就是因此而得名。应该说三千多年来北京城市发展的早期历史，正是借助近年来的考古发现，才得到真正的说明。

至于从整个北京地区的开发过程来说，一个十分重要的问题，就是早自新石器时代，从昌平雪山以及平谷上宅等遗址出土的遗存中，就已经显示出南北文化交流的迹象。来自北方的红山文化和来自中原的龙山文化因素，在北京的平原上，与本地文化相接触，从而使这里的古代文化既具自身特征，又融有相邻文化某些因素。这一特点，通过近年来的考古发现和研究，正在日益显示出来。考古学上所说的"燕文化",应该就是在这一历史背景上逐渐发展起来的。如果不是四十年来北京地区的考古发现与研究,单凭文献记载,这也是很难讲清楚的。与此有关的一个问题,就是古代的中原民族与北方民族在北京地区的直接接触与和平共处的问题。这个方面的文献记载很多,但是在地域上的具体分布情况及其生活特征,却极少实例可见。近年来延庆地区东周时期足以代表山戎文化的数百座墓葬及其出土文物的研究,为解答这一问题,第一次提供了极其珍贵的大量实物资料。

最后,再讲到北京城市发展中的几个问题。

通常说北京在历史上曾是辽金元明清五朝建都之地,实际上在辽仅为陪都,号称南京,乃是在古代蓟城的旧址上发展起来的。金朝扩建南京,改名中都,这是真正建都的开始,但它所直接统治的范围,也只有淮河以北的半壁江山。到了元朝,终于放弃了古代蓟城的旧址,而在其东北郊外以一片原始湖泊为中心的原野上,创建大都城,这就为今天的北京城奠定了基础。因此金中都城和元大都城乃是三千多年来北京城址变迁中至关重要的两个城市。关于这两个城市的建设,文献上虽然都有比较详细的记载,但是就城市平面布局及其与河湖水系的关系如实地加以复原,还是十分困难的。新中国成立以前虽然已有过类似的工作,也只能求其近似,甚至有的复原图还给人以极大的错觉。同样是有赖于这四十年来的考古发现和实地勘探,才有可能比较精确地绘制出两个城市的复原图。特别是在河湖渠道分布的研究上,又终于得以揭示从金中都到元大都的城址变迁,实质上就是从古代的莲花池水系转移到高梁河水系上来。

综上所述,只不过是几个实例,用以说明四十年来的考古发现,在北京地区开发和城市建设中的每一个关键阶段所提供的资料或证据,都是十分重要的,否则一些有关问题就很难得到解决。不过上述事例,也只是根据个人在研究工作中的一点体会,希望借此说明系统记述了全部发现的这部《北京考古四十年》的重要价值。当然这部书的贡献,绝不仅限于有关北京地区开发和城市建设的研究,在整个北京通史以及个别文化史的研究方面,它同样也是很有参考价值的。殷切期待有关北京的考古工作,在这四十年来丰收的基础上，继续前进，从而为社会主义新时代的人民首都，在物质文明和精神文明的建设上，不断做出新贡献。

一九八九年元月十八日，于北京大学燕南园

（选自《北京考古四十年》，北京市文物研究所编，北京燕山出版社，1990年）

《什刹海志》序

风景优美的什刹海被世人称誉为北京的璀璨明珠，蕴含着许多历史文化名迹的什刹海地区被人们盛赞为京华胜地。过去的一些文献关于这一地区有不少记载，但缺少一部《什刹海志》可以说是一大憾事。编刊此书，主旨就在于力求能够综合地概要地介绍这一水域和地区的历史与现实，希望能有助于它得到更广泛的了解和关心，今后能在各方重视和支持下持续发展。

溯源究始，北京建城已逾三千年，而作为元、明、清国都的北京城则奠基于元初兴建的大都城。大都的规划设计与此前在金代被称为白莲潭的湖泊（其北部水域即后元代之积水潭，为今北京什刹海之前身）是密不可分的。当时博识多谋的杰出学者刘秉忠奉忽必烈之命负责大都的规划设计。他把上述湖泊规划在新建都城类似心脏的部位上，紧傍其东岸选定全城自北而南的中轴线，定其北端起点为全城平面布局的几何中心，建标志曰中心台。将大都南墙确定在皇城南墙与中都旧城北墙中间的一条东西线上，然后以中心台至南墙的距离来确定北墙的位置。同时，以积水潭东西两岸的距离，作为全城宽度的一半于积水潭西岸确定西城墙的位置，只是中间留有一条顺城街；并以这段距离为半径确定东城墙的位置，但向内稍加收缩。这样就把大都城南北长方形的轮廓确定下来，并井然有序地像棋盘似的安排纵横交错的大都城各主干道以至街巷，然后根据以上的规划成功地建设起一座新的都城。这一以湖泊为中心的城市规划，在我国历代都城建设史上实为创举，充分显示出规划设计者的卓绝艺术手法和才能。以上所述已是七百多年前的事了。到了明朝嘉靖年间修建北京"外城"后，明初改造元大都旧城而成的北京城也就被称为"内城"了。鉴古知今,这内城北部的什刹海及迤近地区迄今仍处在北京这一历史文化名城核心部分的重要位置上,在今后的首都建设规划中对这一水域和迤近地区的发展以及其对城市的作用和影响予以充分重视,并在有关工作中妥善安排,是非常重要的。

有关的另一个重大问题即大都供水问题的解决,也是与上述水域的开发利用分不开的。建立大都城,水源和水质必须有保证,供水必须充分、稳定,而且还需满足济运通漕的需要。忽必烈为此采纳了刘秉忠的及门弟子,大水利家、天文历算学家郭守敬的方案,引北山白浮泉水西折南转,经瓮山泊,下注高梁河,流入大都城内的积水潭,大大增加了它的蓄水量。这不仅解决了大都城的供水问题,而且实现了济运通漕的目的。为了南北通航与漕运,还在积水潭东岸建著名的澄清闸和万宁桥,自此凿渠东行南折,出大城南墙转而东南流与金朝所开的闸河故道相接,直到通州入白河。这就是著名的通惠河,有赖它沟通南北,实现京杭大运河的通航,对大都这一全国政治中心的稳定和发展起了至关重要的作用。后来由于历史、地理的演变,积水潭的水利已不同于既往。但从水源的开发、利用和保护来说,前人的有关经验是很宝贵而需加以继承、发展的。而且,至今什刹海在北京城的蓄水排洪和改善城市自然环境方面仍然发挥着很现实的重要作用,值得对有关情况予以高度重视和认真研究,以利今后工作。

这里还应当强调指出的是:随着通惠河的建成和南北通航,不久大都城就出现了经济繁荣的盛况以及文化的大发展。首先从经济方面来看,通惠河等于是大都城内输送血液的大动脉,而积水潭作为通惠河的终点码头,就成为大都经济命脉的中心,舳舻蔽水,盛极一时。其迤近地区商业荟萃,市肆连骈。如中心台以西的斜街,亦称斜街市,当时是全城商业最繁华的地方。积水潭迤近还有众多行业的集散中心,贸易殷盛。明宣德七年(1432)后河道中阻,而漕船不再到积水潭,自此这一地区的商业大受影响。但后来迤近地带仍不失为市场比较发达之区。直到民国时期人们谈论北京商贾繁华之地仍以"鼓楼前"与东四、西单并提,俗谚有"东四西单鼓楼前"之说。北平和平解放前仅本志第三篇正文和附表所载多少有些名气的店铺和企业就有

230多户。至今地安门外大街、新街口南大街和北大街等通衢大道仍是北京城区的重要商业街道，现在本地区的商业、服务业等行业仍在不断发展中，据2001年1月统计本地区已有店铺与企业2065户，另有个体工商户645户。同时从文化方面看，元代这一湖区迤近，茶楼酒肆，鳞次栉比，人们在此欣赏杂剧、散曲。元代之后数百年来这一地区不仅有文化名人如赵孟頫、虞集、卢挚、萨都剌、张恰云、危素、李东阳、袁宏道、纳兰成德、禹之鼎、法式善、罗聘、翁方纲、永瑆、龚自珍，直至近人黄侃、林纾、鲁迅、顾随、陆宗达、张伯驹、梅兰芳、田间、萧军、周怀民等在此从事诗文、戏曲、书画等群体文化活动，而且这一地区逐步兴起了人们喜闻乐见的群众性文化体育活动和一些有关场所。如海子浴象洗马，中元节的盂兰盛会，习武健身活动（包括摔跤、踢毽等），寒冬的冰上游嬉，近代以后在茶馆、市集和荷花市场等地的曲艺、评书、杂技演出，直至当前仍在流行的打太极拳、扭秧歌和群众歌咏活动等，丰富多彩。其中有些活动饶有民俗气氛和情趣。这样，在什刹海周围，就形成了北京城里最富有人民性的市井宝地。还有，根据一些历史文献和实地考察所获得的不完全统计，这一地区的名胜古迹和其他具有一定历史文化价值可供参考研究的处所仅本志第六篇、第七篇所载者即有270多处，其中多已不存，有些尚保存完好或仍有遗存物，有些则已恢复或正在恢复中。各级文物保护单位在本地区共有40处（包括在上述270多处中），现均受到保护。本地区现存144条街巷中，有些老街巷仍有不少四合院被较好地保存下来。特别是在金丝套地区，老北京的文化气氛浓郁，对中外游人很有吸引力。概而言之，对什刹海地区经济社会文化状况及其在北京所处的重要位置，鉴古知今，也很值得予以充分重视，研究借鉴，以利今后工作的进一步发展。

综上可知，编刊《什刹海志》是着眼于继往开来，企望它不仅有助于什刹海地区今后的保护、规划和建设，而且也有利于北京这一历史文化名城今后的保护和发展。从近期来说，此书的刊行也是为了迎接全民热情期待的2008年"奥运会"在北京的胜利召开。

近年，有一件方兴未艾值得大家称誉的事就是：在什刹海地区的一些居民和学校师生中兴起了"知海爱海建海护海"的热潮，组织学习，开展宣传，编演节目，有组织地巡回劝止有碍环保的行为等，已见初步成效。编刊《什刹海志》（当然也包括与它同属《什刹海丛书》系列中的其他出版物）应该是配合这一活动的有力举措。《什刹海志》和《什刹海丛书》首先当能有助于"知海"，并进而求其他。义不容辞，我本人和我们参与修志和编刊丛书的同人也都愿意投身于"知海爱海建海护海"的光荣行列之中。

我有幸在中学的最后一年来到了北京，七十多年来，对北京深有感情。20世纪30年代初就读燕京大学时研究课题涉及北京史地。在研究中我对什刹海和什刹海地区有很大兴趣，也饶有感情，在这方面也努力做过一些学术探索。但限于旧社会的条件，实地考察困难重重，成果不免受到影响。中华人民共和国成立后，特别是改革开放以来，客观情况大有改变。我不仅继续进行有关的研究，而且也曾尽自己之所知陈述过一些管窥之见，对首都的建设规划与有关项目提出过一些建议。仅就什刹海地区而言，我参与了总体规划的研讨，曾围绕保护这一地区的风貌格局，坚持人民性和保持其水面面积不再缩小等问题发表过意见，还先后建议：重修汇通祠，建立郭守敬纪念馆，修《什刹海志》，维修万宁桥并重用其旧名，为万宁桥西畔新桥命名为金锭桥，保护古迹三官庙免于拆除等；文学艺术虽不是我的本行，但从爱护和弘扬我中华优秀传统文化这一点出发，我热烈支持2001年什刹海诗书画社的成立和其后的活动，上述我的一些建议在北京市和北京西城区领导以及市、区有关部门的支持下，也在什刹海研究会的有力配合下，一般都程度不同地得以实现。我对此表示衷心的赞誉和深挚的谢忱，并对今后的有关建设和发展前景满怀信心地寄予厚望。

如上所述，编刊《什刹海志》也是我的有关建议之一，多年来一向企盼其能早日实现，但过去由于客观条件所限，未能如愿。直至1990年2月10日我才在什刹海研究会成立大会上提出这一建议，原想困难不小，并未奢望此事很快就能确定下来，并见之于行动，不意什刹海研究会会长、原北京西城区区长赵重清同志和当时的西城区区长衣锡群同志当场即发言接受这一建议，与会人士亦纷纷表示支持。其后几年中此事一直得到北京市领导和中共西城区委、区政府各届领导的大力支持，而且编纂此志的工作设计又有所发展。什刹海研究会邀集了专家、学者座谈，接受大家的建议，计划以《什刹海志》为主，编刊一套《什刹海丛书》。几年来这一丛书在《什刹海志》成书之前已先编刊了《京华胜地什刹海》《诗文荟萃什刹海》二书和《什刹海研究》（内部资料），还有《访胜探幽什刹海》一书也正在编撰中。现在这一丛书的最主要项目《什刹海志》在我提出建议之后经过大家十二年持续的辛勤工作，终于也成书刊行了，真是快何如之！所憾我近年为高龄和健康条件所限，虽承乏主编，此志得以修成问世实应归功于所有参与修志的各位同志；同时需要强调的是：我们也很有幸得到了关心此书的许多学者、专家和其他朋友们以不同方式给予的支持和帮助，在此书问世之际，谨向大家表示衷心的谢忱。

祝愿在今后的什刹海研究中，在继续编刊《什刹海丛书》的工作中，在什刹海水系与地区的建设中，一往直前，取得更大的成就。

2002 年 7 月 15 日于北京大学燕南园

时年九十一岁

（选自《什刹海志》，北京出版社，2003 年）

《东华图志》序

东城区是北京文物古迹最丰富，分布最集中，历史文化保护区数量最多的城区之一，《东华图志》正是一部全面介绍东城历史文化史迹的书籍。

北京城最初起源于莲花池畔的蓟丘，由先秦蓟城到金代中都城，城址都在今广安门内外一带，至元代始移至今天北京内城的位置。公元1215年成吉思汗的骑兵占据中都城，四十五年后，忽必烈继位为蒙古大汗，来到燕京。此时金中都的宫殿早已毁于兵燹，忽必烈只能住在城东北郊外金朝的离宫太宁宫。元至元四年（1267），他以太宁宫为起点规划建设新的都城，至元九年（1272），定新建都城名大都，遂成为北京东城地区城市建设之始。

明洪武元年（1368），大将徐达对大都城进行改造。他放弃了大都北面约三分之一的城区，利用原来的运粮河作为护城河，另建新北城垣，于今安定门与德胜门东西一线的位置。"靖难之役"后，永乐皇帝开始营建北京宫殿城池，永乐十七年（1419），把北京南城垣向外拓展近二里，由今天的长安街一线南移至今崇文门、正阳门与宣武门东西一线，城市的中轴线也随之向南延伸。嘉靖三十二年（1553）加筑外城，原来的城区成为内城。清代，北京城的基本格局依然继承下来，并一直保留至民国时期。

历经元明清三朝的建设，北京成为一座杰出的都城。丹麦人罗斯穆森在他的《城市与建设》一书中，盛赞北京城说："整个北京城乃是世界的奇观之一，它的平面布局匀称而明朗，是一个卓越的纪念物，象征着一个伟大文明的顶峰。"今天北京东城区所辖的内城东部城区，正是这"卓越的纪念物"最为耀眼的部分之一。这里有雄伟壮丽的紫禁城、太庙、社稷坛、孔庙、国子监等宫殿和礼制建筑；有由元代街巷继承而来的排列有序的街巷胡同；有众多的王府大院和官宦宅第以及大量寺观、仓廪和名人故居；有形成于近代的王府井商业区、东交民巷使馆区和著名的学校等。总之，东城是有着七百多年历史积淀的古老城区，汇集了众多闪烁着绚丽光彩的传统文化精华。

由主编陈平、王世仁，东城区文化委员会历时两年多，经过大量细致的调查研究，编辑了两卷本的《东华图志》。这是一部以图文并重的形式记录北京内城东部文化古迹的图书。书中收录和介绍文物古迹近四百项。在地图上标出历史文化遗迹约二千处，历史文化保护区十五处，绘制古建筑图七十处八百一十六幅图，还收录了多幅古旧地图和大量精美的照片，为读者记录下许多珍贵的历史材料。在大力保护北京历史文化名城的今天，《东华图志》的出版是一件十分有意义的事情。该书不但比较全面地介绍了东城的历史文化史迹，而且还及时地记录下一些在近年来的城市改造中消失的史迹。考虑到这一点，就更加令人感到编辑此书的及时和内容的珍贵。

《东华图志》所展示的极其丰富的历史文化遗产，是北京历史文化名城的有机组成部分。对于具有如此丰富文化遗产的北京老城区，我们所保护的，已不仅仅是个体的文物，而是整个历史文化区域，即在现有的基础上对北京古城所存留的历史文化遗产进行整体性保护。这应是本书给予人们的启示。

我对历史悠久、文化辉煌的古都北京，怀有深厚感情。因此，对于《东华图志》的编辑出版，感到十分高兴，应编者之约，草此小序，以示祝贺。

2004 年 12 月 14 日

（选自《东华图志》，天津古籍出版社，2005 年）

新《燕京学报》发刊词

《燕京学报》本为前私立燕京大学主要学术刊物，创刊于1927年，致力于弘扬中国传统文化，享誉海内外。1951年《燕京学报》第四十期出版后，燕京大学即改为国立。翌年经全国范围之院系调整，燕京大学合并于北京大学，《燕京学报》停止发刊。然已刊诸本在国内外依旧供不应求。于是上海古籍出版社乃将《燕京学报》第一期至第四十期全部影印问世。论者以为过去《燕京学报》与《北京大学国学季刊》《清华学报》《"中央研究院"历史语言研究所集刊》，同为四大国学刊物而蜚声中外。

近年来，在改革开放新形势下，国家经济建设迅速发展，教育文化事业应运而兴。于是北京燕京大学校友会乃与北京大学分校携手合作，根据现有条件，筹建燕京研究院，经北京市高等教育局批准，已于1993年年初正式成立。燕京研究院办学宗旨，首先在于继承燕京大学优良学风，培养有关学科专门研究人才；同时又决定进一步弘扬祖国传统文化，继续编辑出版《燕京学报》。承先启后，继往开来，我燕大校友责无旁贷，而燕京研究院之更新发展，前途可期，后继有人。值此新《燕京学报》问世之始，因略述其原委，敬告读者。同时欢迎关心祖国传统文化的国内外学者踊跃投稿，鼎力相助。

1994年4月燕京大学建校75周年纪念日

附录：

A Few Words of Introduction to a New Edition of *The Yenching Journal of Chines Studies*

The Yenching Journal of Chines Studies was originally a learned journal published by Yenching University, then a private university. It first appeared in 1927, was devoted to the study of China's cultural heritage and soon became internationally known. After the publication of the journal's 40th number in 1951, Yenching University became nationalized. The next year saw the amalgamation of the universities, and Yenching merged with Peking University. The Journal discontinued. The copies still extant became much coveted, so that the Shanghai Chinese Classics Publishing House photo-stated all 40 numbers of *The Yenching Journal of Chines Studies* and put them on sale. Readers regarded *The Yenching Journal of Chines Studies* as on a level with *The Kuo Hsio Chi-k'an: A Journal of Sinological Studies* of Peking University, *The Tsing Hua Journal* and *The Bulletin of the National Research Institute of History and Philology* of Academia Sinica. All four journals enjoyed the same international fame.

In recent years, under the policy of reform and opening up to the outside world, the national economy has developed at high speed, and education and culture fallowed in an upsurge. The Alumni Association of Yenching University joined hands with the Branch Campus of Peking University and formed the present Yenching Graduate Institute with the approval of the Beijing Bureau of Higher Education. It was formally established in 1993. The Yenching Graduate

Institute aims to continue its high standards of study and scholarship, train research students of every branch of knowledge as before, and further promote our nation's traditional culture. We will make *The Yenching Journal of Chines Studies* again a publication that will follow the past and look forward to the future. We Yenching alumni consider it our duty to let our readers share our confidence in our success. In view of the republication of *The Yenching Journal of Chines Studies* we cordially invite scholars at home and abroad who are interested in our nation's cultural heritage to support us by contributing to this Journal.

复制米万钟《勺园修禊图》略记

明米万钟（1570—1628）《勺园修禊图》手卷，原藏于天津陈氏，后归燕京大学，今由北京大学图书馆珍藏。图为米氏邀集友好春日游园畅叙情怀之作。卷末自署绘图时间为万历丁巳（1617）三月，去今已满三百八十年。时值北京大学百年华诞，因复制原图若干幅，作为校庆纪念，且以广流传。

米万钟家居北京，以书法闻名于时，又酷爱奇石，因号友石。精心设计近郊别墅于海淀湖畔，自称仅取湖水一勺，引水入园，因以勺园为名。园址有限，而河湖回环，碧波涟漪，舟行其间，似无尽处。其中心建筑曰勺海堂，堂前平台广阔，展浮水上。右前方一隅，有奇石屹立，灵隽挺秀，意境非凡。

勺园故址在今校园本部西南一隅，名称依旧，而故迹无存。新建勺园主楼所在，地近勺海堂故址，虽然无复当年临水景色，而昔日堂前奇石，幸得保存，今移藏于北京大学赛克勒考古与艺术博物馆，与此图堪称"双璧"，弥足珍贵。

按米氏手卷长295厘米、高29.4厘米，绘图自右而左，依进程展示图景。

1998年元月8日，燕南园

附录：

The Reproduction of *Shao Yuan Xiu Xi Tu*

Dear Distinguished Colleague,

This purpose of this brief letter is to announce the important news that Mi Wanzhong's *Shao Yuan Xiu Xi Tu* [米万钟《勺园修禊图》] has been officially reproduced. The reproduction which is exact to the original in every possible detail-color, size, brushwork, and silk mounting-has been done by the world-renowned Nigensha Publishing Company of Tokyo, Japan.

Mi Wanzhong (1570-1628) of the Ming Dynasty Painted the hand scroll of the "*Xiu Xi*[1] Gathering in the *Shao Yuan* (Garden of a Spoonful of Water)". Early on the hand scroll was kept by the Chen Family of Tianjin. Later by 1933, records show that the painting had entered the library collection of Yenching University, for Yenching University was constructed in part upon the land of this former garden. William Hong, Professor of the History Department of Yenching University and later of Harvard University, faithfully recorded the known history of Mi Wanzhong's painting in *The Harvard-Yenching Instiute Sinological Index Series*, Supplement No.5, entitled "The Mi Garden". Mi Wanzhong's original painting is preserved in the Peking University Library.

---

[1] As to the *Xiu xi* gathering, among Chinese literati, it was to hold a party on the third day of the third moon at some scenic spot to get rid of evil influences.

The painting portrays Mi Wanzhong's inviting his best friends to wander through and enjoy the *Shao Yuan* while sharing their thoughts and feelings to their hearts' content. At the end of the hand scroll, Mi Wanzhong himself wrote the date of the painting: *Wan Li, Ding Si* (1617), the third month. Since that time it is 380 years.

The reproduction of Mi Wanzhong's painting has been done to impart and to extend broadly both knowledge and appreciation of this cherished painting. Some scrolls of this museum quality reproduction have been included in Peking University's centennial celebration of May 4, 1998.

Importantly, there are an additional few scrolls of this very limited edition which are available for placement in those universities, museums and private collections which ought to have one of these museum-quality reproductions for artistic and historical study, appreciation, and commemoration. This reproduction by the Nigensha Publishing Company renders Mi Wanzhong's painting accessible to the larger world for the first time.

A small group of scholars called "Friends of the *Shao Yuan*" has official permission from Peking University Library to manage the task of placing these precious reproductions at universities, museums, and private collections. Dr. Diane B. Obenchain, Visiting Professor of Philosophy and Religious Studies at Peking University is the Director of this group.

For additional notes on the painting, for your convenience, I have attached a page from the historical booklet which accompanies each reproduction.

Thank you for sharing in our delight that this important museum-quality, exact reproduction has been accomplished.

Sincerely,

Hou Renzhi

侯仁之

(1998年12月15日)

北京大学校园本部在规划建设上的继往开来

一 校园本部的地理位置和发展过程

今天北京大学校园本部，在历史发展过程中，既包括了原燕京大学的校园本部，即今西校门内一直到未名湖的周围地区，也就是历史上所说的淑春园，又包括了淑春园以北的镜春园和朗润园。

实际上，这三处旧日园林，都是从清代前期的自怡园中逐渐分化出来的。可是，自怡园一名早已失传。要说明它的来历，就必须追溯到清朝前期在西郊地区的园林建设。

清代在北京城的发展上最大的成就，不在城内，而在城外，也就是从海淀地区开始的园林建设，其中最初营建的就是"三山五园"中的畅春园和圆明园。

康熙二十六年（1687），首先在海淀镇西北的低地上，利用万泉河下游明代清华园的遗址，兴建了皇家御苑的畅春园之后，又立即下令为武英殿大学士（相当于宰相）明珠，就近在其下游，也就是它的东北一侧，兴建了一座别墅园，叫作"自怡园"。

该园的设计和建造，出自著名画家兼造园叠山艺术家叶洮，这也是他造园艺术的代表作。（详见刊物《圆明园》第四集曹汛的《自怡园》一文，拙作《未名湖溯源》一文有择要，见《晚晴集》第一篇。）园中以水景取胜的水源，来自畅春园，当是经由明代勺园故址，流注园中。

不幸的是这座一代名园，仅仅经历了三十七年，到了雍正二年（1724），竟因明珠之子揆叙得罪而被"籍没"，自怡园之名不再见于记载。

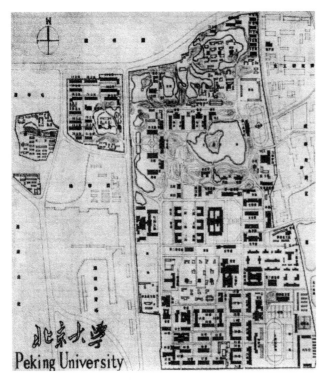

图 23　北京大学校园略图

图 24　北京大学主校园航空遥感影像图

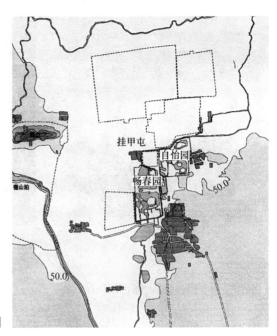

图 25　畅春园与自怡园略图

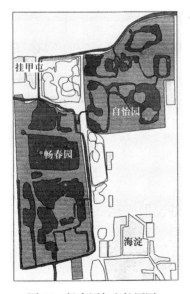

图 26　畅春园与自怡园图

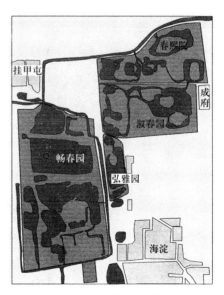

图 27　畅春园与淑春园位置图

图 28　淑春园石舫，今未名湖仅存石船　　　图 29　燕园湖光塔影

当时从康熙四十八年（1709）开始兴建的圆明三园，相继经营，前后历时六十余年。到了乾隆中期，三园相继建成之后，自怡园的故址才重新见于记载，这就是日后闻名的春熙院和淑春园。

到了乾隆晚期，淑春园归权臣和珅居住。留下了湖中的一只残存的石舫一直到今天，这就是"未名湖"中小岛东侧的石船。

实际上从现在未名湖周围地区的燕园（也就是历史上的淑春园）一直向北，经过镜春园，直到朗润园，南北连成一片，这就是原来名盛一时的自怡园的所在。

二　自怡园旧址上诸园相继发展变化的主要特点

现在试从这一地区的各园，在发展变化中的主要特点上，自南而北，分别加以说明如下，作为今后进一步规划建设的参考。

（1）淑春园从名称上经历了一些变化之后，终于在 1920 年为燕京大学所购得，并立即进行了整体的规划建设，终于利用早年自怡园中最南部分的一

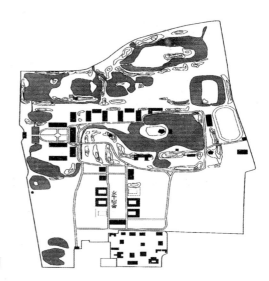

图30 燕京大学校园本部核心区略图

大湖泊及其以西地区，建成了一座设备齐全，并以"湖光塔影"见称的大学校园，号称"燕园"。

这个湖泊原本无名，因以"未名湖"而见称于时。新中国成立之后，1952年进行院系调整，燕京大学与北京大学合并，北大从北京城内迁来燕园。大学校园相继进行了大规模地不断扩建，而燕园的整体建筑，都被保留下来，并于1990年2月23日经北京市人民政府公布为北京市文物保护单位，同年10月，北京市文物事业管理局刻石立碑于未名湖上游的北岸，与湖南岸悬崖之上的临湖轩遥遥相望。["临湖轩"命名来自校友谢婉莹（冰心）教授。湖本无名，钱穆教授因即命名曰"未名湖"。详见拙作《燕园史话》，北京大学出版社，1988年，第39页。]

碑文中首先列举了校园中具有传统建筑特色的楼阁馆舍和水塔等建筑物，还着重说明了整体建筑布局的特点如下：

整体建筑采用中国传统建筑布局手法，结合原有山形水系，注重空间围合及轴线对应关系，格局完整，区划分明，建筑造型比例严谨，尺度合宜，工艺精致，是中国近代建筑中传统形式与现代功能相结合的一项重要创作，具有很高的环境艺术价值。

正是由于这一特点，燕园的建筑，才又进一步被国务院公布为"全国重点文物保护单位"，并于 2001 年 7 月 15 日在《光明日报》上公开发表。

在这里还应该补充说明的是，燕园的整体规划设计，乃是出于耶鲁大学毕业的美国建筑师墨菲（Henry Killam Murphy），他深受中国传统建筑艺术的影响，他最初的规划设计，并没有全部实现，但是其最大的特点已经突出地显示出来。这里根据我个人的感受，提出一点看法，作为燕园规划设计的补充说明。

燕园校门开向正西，设计的当时，正好对准遥遥在望的正西方玉泉山上的宝塔。可是现在已为高楼所遮挡。重要的是西校门内，有一条设计上的中轴线，向东一直越过校园中心的园林区，直到未名湖的东岸。最值得注意的是在西校门内中轴线的起点上，开凿了一个南北狭长的池塘，中间有三孔石桥跨越其上。

一进校门来到桥上，很容易使人联想起宋朝哲学家朱熹如下的一首诗：

半亩方塘一鉴开，天光云影共徘徊。
问渠那得清如许，为有源头活水来。

诗中这最后一句话"为有源头活水来"，可以看作高等学府里深入进行学术研究中在精神生活上的形象写照。

关于在自怡园故址以内的最南部分，也就是现在北京大学校园内的原燕京大学所在的燕园就暂且讲到这里。

（2）镜春园和朗润园在燕京大学建校之后，曾经在不同程度上为燕大所租用，主要作为教职员的居住区，各有围墙为界。直到 1952 年北京大学迁来燕园之后，两者之间的围墙才完全被拆除。从此开始，连同上述的燕园在内，才真正恢复了原来自怡园的故址。

在了解到上述园区的发展过程之后，终于引发了个人对于这一园区在今后开发利用上的部分设想。在过去这一园区的利用，以学校教职员的居住区为主，主要表现在朗润园环湖东北两岸的公寓大楼的建设上。但是 80 年代以来，随着校园的建设工程列为国家重点建设项目之后，情况开始有了变化。

图 31　原燕京大学未名湖区保护碑

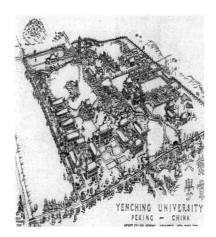
图 32　燕京大学校园地图

图 33　西校门内桥下方塘

图 34　赛克勒考古与艺术博物馆

在本区内首先值得注意的，就是赛克勒考古艺术博物馆的建立。其馆址所在，早在燕京大学建校之初，已经确定为教学大楼，但因经费所限，一直未能动工。1986年动工兴建之后，不仅采取了燕大原来的建筑形式，而且完成了原有的建筑布局，显得格外和谐。

更值得注意的是还就近恢复了原有的鸣鹤园的名称，刻石立碑以为说明，同时又就近开辟了风景典雅的小园林。这样的规划建设，使得燕园景色更加生辉。

图 35　鸣鹤园水榭

图 36　鸣鹤园题字

图 37　朗润园桥

图 38　朗润园小亭

此外，还有特别值得注意的一件事，就是最近在朗润园湖心岛上的新建筑，这就是中国经济研究中心所在的具有传统建筑艺术特点的"万众苑"。

随后在其西侧又新建了中国古代史研究中心。这一区湖心岛上的新发展，既富有中国传统建筑的风格，又和未名湖南岸悬崖之上的临湖轩，南北辉映。从历史发展的特点来看，这也就使人易于联想起三百多年前在这里开始出现的自怡园的艺术传统。从承先启后继往开来的意义上来看，这也是很值得重视的。

写到这里，也就难免使人联想起三百多年前自怡园中的河湖水系，在今

图39 万众楼正面

图40 万众楼游廊

图41 万众楼前全景

图42 中国经济研究中心透视图

天的校园本部已经面临着一个严重的问题，那就是水源的缺乏，现在已经不能不引起应有的重视了。

而今回顾八十年前燕园创建之时，在总体规划上能把自怡园中最大的湖泊，也就是现在的未名湖保留下来，而且在校园设计上充分加以利用，因而有"湖光塔影"之称，这是十分值得重视的一件事。而现在镜春园和朗润园中的大小湖泊，追根溯源，也都是自怡园中的遗存，可惜没有得到应有的重视，而且还在日益淤废之中。最近偶尔来到万众苑，周围水上风光竟然不见踪影，甚至曾经一度作为学校游泳池的红湖，其废毁情况，实已不堪入目。写到这里，再翻阅一下三百年前亲临现场的查慎行所写的《自怡园记》中如下的一段话，实无异天渊之别。原文是这样写的：

槐柳交于门，藤萝垂于屋，兰荪蕡葖，被坂交塍，洲有葭菼，渚有蒲莲，凫雏雁子，鱼鲔鳞介之属，飞潜游泳，充牣耳目之前，窅然以深，若入岩谷，旷然以远，如临江湖，久与之居而不能舍以出也。

（聂世美选注《查慎行选集》，上海古籍出版社，1998年版，第521页）

同是一处地方，今昔之差异有如斯者，最重要的原因还在于水源的缺乏。

三　今日北大校园本部在规划建设中的水源问题

关于校园本部的水源问题，首先应该了解以"湖光塔影"享誉中外的未名湖，它的水源最初是从哪里来的。

关于这个问题，在1920年燕园初建时的一幅规划资料的草图中，可以明确地表示出来。

那就是近在预定的西校门位置以南的篓兜桥。桥下流水来自万泉河，向东经过校墙下的进水口（今尚有遗址可见），自流入校园，然后分流。一支北流，来到学校正门（西门）内计划开凿的方塘之内；一支向南，结合已有的湖泊河流，转而东下，流注校园东部的大湖，也就是日后命名的未名湖。

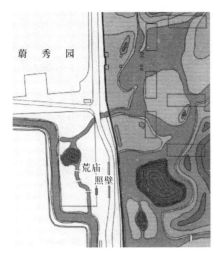

图43 篲兜桥燕园入水口（据1920年实测燕京大学地基图）

图44 篲兜桥校内水口

图45 畅春园东北界碑（2001年11月9日摄）

图46 篲兜桥进水口水关

上述篲兜桥一名，早在明朝已经见于记载，北京大学的校门，即西校门，近在其旁。因此最初的正式门牌就写作"篲兜桥一号"。

正是由于这清澈不绝的"源头活水"，才保证了这已深深融会了大学之精神的未名湖的常在。但近几十年来，万泉河上游地区，也就是原来海淀镇西侧一带，由于不合理的土地利用，导致万泉河上游的巨大变化，原来顺地形向正北方迅速下降的河道，被截弯取直，两岸又加筑壁立的水泥石墙，失去了原来河道曲折蜿蜒的自然形态，而且河水污染严重。水道不再流经北京大学西门外篓兜桥所在的地方，而是一直向北沿着蔚秀园以西的故道转而东下，沿着校园本部的北墙，直入清华大学。必须注意的是，截弯取直后的万泉河在流经北大校园北墙以外时，水面较之流经西墙以外的篓兜桥时，下降将近二米，从北墙外引水入西校门内石桥下的湖泊，必须经过二级抽水，现在的情况正是这样，引进的水都是存在污染的河水。

在拙作《晚晴集》一书的第86—88页，曾提出解决这一问题的初步建议，并附图加以说明，希望可供作为解决这一问题的一个参考，只是附图中的"万泉文化公园"，现已改称"畅春新园"，这还是可取的。

最后必须提到：2001年8月16日的《北京日报》已有整治万泉河的专题报道，全部工程于2001年年底完成，仍然供水不足。2003年3月初，北京市的领导在北大考察时又决定把包括西门外花卉市场的土地划归北大，并且将周围的绿化带与北大共享。这就为我们恢复从篓兜桥引水提供了可能性，可以在畅春新园公园内自西向东开渠引水，将治理后的万泉河分流东下，近似自然地穿过公园的绿地，下流过恩佑寺、恩慕寺两座寺门，重经篓兜桥原有遗址，从桥下引水流注北大校园。联想到南水北调中线工程即将开工，将

图47　北墙内一级抽水口

图48　校内二级抽水口

有南来之水汇聚在昆明湖附近低洼之地，则万泉河上源重有清流汇出，可殷切期待今后将有款款清流，流注校园，燕园河湖水系将重放光彩。

四　勺园故址的新建设

讲到这里，本应该就此结束了，但是又不能不提到还有个应该附带说明的问题，那就是在燕京大学建校之初，也已经把篓兜桥入水口以南和紧傍西墙以内的明代米万钟勺园故址，收入校园之内，但是已无任何地面标志可以为证。只是在1952年北大迁来燕园之后，才终于在明代勺园遗址上建成了以"勺园"命名的现代建筑楼群。按明代勺园占地面积虽然很小，不过百亩，而水上风光格外宜人。园主人米万钟自己在题作"海淀勺园"一首小诗就曾写道：

绕堤尽是苍烟护，傍舍都将碧水环。

可是现在勺园的楼群之外，除去校园西侧门内的一个小湖和沿湖西岸新建的亭廊之外，再也不见引人入胜的水上风光了。以此为例，也就进一步说明，在今日的校园规划中，尽可能地保护和充分利用旧日有名的山形水系，是何等重要的一个问题了。在这里，仅就个人所见，力求说明前后三百多年间所保存下来的自怡园的山水遗迹，而充分地加以利用，是多么重要的一个问题了。

2001年12月4日在海峡两岸"大学的校园"学术研讨会上的发言。
2003年3月15日修改，2003年7月30日再次修改最后定稿
（原载《首届海峡两岸大学校园学术研讨会论文集》，北京大学出版社，2005年）

自　述

我们学习在伟大祖国的原野上

一

在一学年紧张的课堂学习结束之后,北京大学自然地理专业一年级的野外实习开始了。我们投身到伟大祖国的辽阔而广大的原野,观察自然的景物,熟习我们专业研究的对象,并通过对于若干自然地理现象的直接观察,进一步巩固我们过去一年的课堂学习,为下一年的新课程打下感性认识的基础。

二

七月的一个早上,我们师生三十一人踏上了旅途。在此后的十二天中,我们爬山越岭,经过怀来、宣化等山间盆地,直上蒙古高原,又从蒙古高原上的张北折回到大同。在我们经过的地区中,典型的地理现象是多种多样的,自然景物的变化是丰富多彩的。例如,我们曾在张家口的清河峡谷高达一百米的山坡上观察到地质史上一百几十万年以前的砾石沉积,铁证一般说明了"沧海桑田"似的地形演变;我们曾在万全县膳房堡普佛寺附近看到了正在活泼进行中的河流袭夺,十分具体地说明了"向源侵蚀"的原理。在蒙古高原上,"天似穹庐,笼盖四野"的无限美好的大草原使我们惊叹;良好的土壤、丰盛的牧草、碧油油的原野、正在培植中的林场,……这一切都大大纠正了我们旧日从书本上得来的蒙古高原荒凉不毛的错误印象。在修筑于蒙古高原南部边缘的万里长城的神威台上,我们俯首南望"塞内"丛山,波浪起伏,而大片地区内所谓"南天门系"的较软地层的剧烈侵蚀,更给我们以不可磨灭的印象。为了保护祖国的大地，永久杜绝对于自然的贪婪无情的掠夺，我们认识了解放以来在祖国广大地区所进行的水土保持工作的重要性，并初步明确认识了我们地理工作者在这项伟大的改造自然的工作中所能起的作用。在大同附近，我们曾以两天的时间作了具有典型意义的七峰山的地质剖面，采集了丰富的岩石标本，做了土壤分析，观察了植物的垂直分布。这七峰山正当大同煤田的边际，大同矿务局的领导同志为了帮助我们更好地认识这一地区，专门为我们作了一次报告。那是一课最亲切的现场教育，也是一课最丰富的爱国主义教育。在最后两天中，我们还曾深入大同以东第四纪的火山地区，在炎炎烈日之下追踪火山喷发时期的熔岩流，一直到桑干河的上游。

在这十二天紧张的野外实习中，我们只用了两个半天的时间来游览参观，权作休息。一个半天我们参观了大同城内有名的古代建筑；另一个半天我们瞻仰了庄严壮丽的云岗石刻。这又大大帮助我们认识了历史上劳动人民伟大的艺术创造，从而加深了我们对于自己富有优秀文化传统的祖国的热爱。

三

十二天如飞一样地过去了，洋溢着欢腾的歌声的一部车子，在最后一曲"歌唱祖国"的大合唱声中，把我们载回了好像是久别后的校园。从祖国辽阔而广大的原野中回来，觉得校园更幽静更美丽了！

我们确实是满载而归的。我们不但满载了丰富的岩石、土壤和植物标本，而且还满载了业务上的新收获。同学们通过这次实习，弄清楚了在课堂里始终模糊不清的一些问题。例如，有的同学说："在没有参加这次实习以前，我想起河谷阶地就以为真的像楼梯那样整齐；想起火山，就以为像一幅风景画。这一次真的看到了河谷阶地和火山，回想起我当初的想法，实在是太天真太幼稚了。"绝大部分同学的反应是：在课堂上始终想不通的"向源侵蚀"的问题，这次在观察普佛寺附近河流袭夺的现象时得到了彻底地解决。这就证明了只有直接认识地理现象才有最大可能形成正确的地理概念。其次，同学们也体会到理论联系实际的意义，从而认识到只有在接触了实际问题之后，才更感觉到理论学习的重要；这就使自己不但对野外实习发生了兴趣，而且对今后的课堂讲授和理论学习，也更加重视。例如，有的同学说："没有碰到问题以前，无论先生怎么讲，脑子里总是挂不住。这次来到野外，每遇到先生对于一种现象的解释，我都是越听越要听。"多数同学说：在课堂里的学习，总觉得各门课程之间重复多而联系少，一门一门课程好像都是孤立的。可是这一次在遇到真实的地理现象时，才知道要真正地了解这一现象，不但要懂地质、地形，还要懂水文；或者是不但要懂土壤、植物，还要懂得气候。一个同学说："经过这次实习，把我们过去在课堂上所学习的各门课程的理论知识，都初步联系起来。在实习以前，觉得各门功课都是各不相干的……对于所学到的知识，缺少明确的概念和完整的体系，但在这次实习中，初步领会了如何将所学到的理论知识融合起来、联系起来，全面地解决问题。"以上这些意见的反映，首先应该促醒教师们去进一步检查课堂教学中所存在的问题，但同时也应当肯定：即使在现有的教学水平上，这一次的实习对于过去一年的课堂讲授也是起了一定的巩固和消化作用的。最后，同学们也确实在复杂多样的地理现象里，吸取了一些感性的认识作为下一阶段理论学习的基础。例如一个同学十分具体地写道："在这次野外实习中，对于土壤、植物、气候、地质和地形的相互关系有了初步的概念，这样对于学习下学期的土壤地理及植物地理和地形学有了较好的基础，也培养了这方面的兴趣。"同时，还必须指出：通过这次实习，同学们确实是在极初步的专业理论学习之后，真正走进了现实的世界，开始接触了自己专业研究的对象。他们对于地理现象直接观察的眼睛第一次睁开了，并且看见了以前看不见的东西。这样不但安定了他们的学习情绪，而且启发了他们对于自己专业的爱好。特别是当他们在现实中发现了自己经过这种专业训练、将来可以负担起改造自然的伟大任务时，更产生了对于自己专业的自豪感。一个同学说："通过这次的生产实习，使我的眼光比一年以前不知放大了多少倍。过去我认为山的解释就是山，水、岩石呢？想法更简单了，哪里能够了解其中的性质和秘密呢！这并不是说我未曾见过山川河流，我生长在山区里，经常攀上数百米的山峰，割草伐木，可是我一点儿也体会不到它的意思。但现在，通过这一年的理论学习和这次的野外实习，那些河谷阶地的生成、永丰堡附近的拖曳褶皱、蒙古高原的草原、七峰山的地质、火山区的地形，都对我有了新的意义。"另一个同学毫不掩饰地说："我对自己的专业问题始终没有很好地解决，但在这次实习里，我开始有了转变。我认识到只有全面认识自然，才能更好地改造自然，而地理工作者就正应该全面地去了解自然。"还有一个同学肯定地写道："作为一个将来的地理工作者，是非常自豪和幸福的，因为祖国需要我！"听到自己学生口里说出来的这些话，没有一个教师不感觉兴奋鼓舞。但今后如何进一步启发学生的兴趣，培养学生的专业知识和技能，满足他们在学习上如饥似渴的要求，就成了教师们的一个首要任务。

此外，我们还有一个很大的收获，就是通过这次实习，师生之间感情的融洽，达到了从来未有的高度。从教师方面看，实在没有比野外实习能够更好地了解学生、关心学生；从学生方面看，也没有比野外实习更好地接近教师、依靠教师。现在通过具体事实，同学们认识到教师们实在是关心他们的学习的，而且也只有依靠教师，他们才能更好地学习。有的同学说："到野外去非依靠先生不可，否则有眼睛也看不见东西。"有的同学说："我这一次能够懂得这么多东西，有这么多收获，都是先生一遍又一遍讲解的结果。"教师们充分的准备、事先的预察，以及现场的指导，都在这里收到了最现实的效果。加之师生在野外共同生活，共同工作，有问题共同解决，有困难共同担当；甚至在某些困难问题上，教师还总是走在同学的前面。要上山，教师们先去察看了道路；要下乡，教师们先去布置了食宿。这一切都为的是要保证同学们在野外实习的有限时间内得到最大的收获。苏联有位教师在谈到初等学校地理课的远足参观时曾说："远足参观巩固了教师对学生的爱，并使学生爱慕教师、亲近教师。"这句话可以同样应用到高等学校的野外实习上去。

（原载 1953 年 10 月 24 日《人民日报》）

我爱旅行

我的"旅行"是从一个几乎是微不足道的起点开始的。还在我的幼年时代，在我出生的故乡——那是一个小小的村庄，正好坐落在辽阔广大的华北大平原的中心。一眼望去，这里四处都是那样平坦，甚至使人觉得单调。这里没有山，也没有河，就是连高大的楼房也没有。所能看到的，尽是一望无际的田野，天空像穹隆形的帷幕下垂，笼罩着大地，在四周的地平线上画出了一个十分浑圆的圆圈。在我幼小的心灵里，我想我的家乡就是世界的中心了。

大约是在我刚入小学后不久，年长的同学们在一个假日里把我带到几公里外的一带沙丘地区去远足。当我远远看见这些突起在地平线上的在阳光下反射着白光的沙丘时，真是高兴极了。我们选择了最高的那一个沙丘，努力爬到它的顶上；在那里，我们看到有一些高大的果树被埋没得只剩了一些树尖尖。我站在沙丘顶上，欢呼跳跃，因为在这里我看到了一个更大的世界，我的眼界开阔得多了，我第一次在高处看到了我所走过的蜿蜒的道路，但是我的村庄却退出了我的视线之外，我想这世界真是不小啊。

从这一次"旅行"——如果这也算得旅行的话——之后，我的幼小的心灵里就燃烧起了爬山的欲望：我几时才能看到大山呢？我如果能够爬到一座高山顶上去看看这个世界，那该多么好呢！这样一个愿望是过了大约十年才实现的。那时我已是高中一年级的学生，因为升学到了邻省的省城——济南，在那里，在我到达之后不久的一个假日，我爬上了离城很近而又有名的一座山——千佛山，尽管我在这里可以俯瞰全城，但是在我的印象里它还不如我幼年时候爬过的沙丘那么高。在这一段时期，我最重要的旅行经验还不是爬山，而是看见了大海。对于一个生长在大陆内部的少年，第一次看见了海，那是多么壮观的事啊！尽管我后来多次见过了海，而且在海上做过了半个地球的航行，但是在我的印象里，大海好像再也没有像我少年时代初次会面时那样地雄伟和庄严。

旅行绝不仅仅对幼年和少年是有益的，对青年也是一样。我还记得当我进入大学之后，旅行对我也进入了一个新的阶段。这时我已懂得如何有计划有准备地去旅行，而且有条件在假期进行一些比较远途的旅行。这些旅行大大丰富了我的知识领域，增进了我对自己伟大祖国的认识，并且还多多少少决定了我日后所从事的研究工作。但是我不想在这篇短文里来报道这些旅行的经过和收获，只想谈谈我在青年时代所做的第一次的长途徒步旅行。那是在我大学二年级的暑假，由于阅读了一位旅行家的自传之后，引起了浓厚的兴趣，就决心独自进行一次长途的徒步旅行。我选择了东西横贯华北大平原腹地的一条路线，约长三百公里，中间包括三处对我说来是很有兴趣的地方。一处是一个有名的古代湖泊的故址，这一个湖泊早已成为陆地；第二处是一个九百年前由于黄河泛滥而为泥沙淤垫了的城市，后来由于农民耕种而偶然发现了它，遂成为一个考古的中心，而且我在当时北京的历史博物馆里已经看见了这里出土的东西；第三处则是位居平原中心的一个有名的古战场，这古战场以一座古城为中心，渲染着一些民间的传说和神话。在这次旅行出发之前，我翻阅了不少地方文献，而且做了笔记，画了路线图。于是在一个炎热的夏季里，经过了半天多的火车旅行之后，在一个极小的车站上我下了火车，就按着预定的路线向着大平原的腹地开始了个人的徒步跋涉。仅仅用了六天，我就跨过了这个在我幼年时代认为是无比辽阔的大平原的腹地，并且胜利地完成了我的计划。在旅途中，除去对我计划要看的东西留下了深刻的印象之外，也有一些偶然的遭遇使我永难忘怀，例如我曾在一个牛棚里的干草堆上和一只拴在槽上的驴子一同度过了一个疲劳后十分香甜的夜晚，也曾在一个炎热的中午出入在满是茂盛的庄稼的农田里而迷失了方向。但是其中最使我乐于追述的，是在我旅途中的第四天，我遇到了一阵阵连续不断的暴雨，但这并没有阻止我前进的决心，我曾随身携带了一把雨伞，我张起雨伞在泥泞的道路上一滑一跌地前进。骤急的雨点打在遍地嘉禾上,发出了有如千军万马奔腾的声音,我就趁着这天然的乐曲,引吭高歌,好像为鼓舞自己的前进而奏起了军乐一样。到了傍晚,大雨终于停下来,夕阳在渐渐散开的云层下放出一抹余晖。就在这时,我进入了一片满是盐碱土的荒凉的原野,当我正在考虑着何处投宿的时候,一条大河迎面阻住了我的去路。这条大河分明是地图上所没有的,而现在河中的流水确是波浪汹涌。毫无疑问,这是一条旱河,在接连不断的倾盆大雨之后,迅速暴涨起来,因此我是没有希望在这里找到渡船的。在稍稍踌躇了一会儿之后,我就决定对我自己游泳的本领进行一次考验。我脱下身上的衣服和湿淋淋的鞋子,塞进背包,然后连同我的雨伞一齐举在手中,我先做了一下试验,终于卷入洪流,最后平安到达了对岸。我为一种胜利的感觉所鼓舞,一口气又走了十五公里,才找到了投宿的地点。

好啦,让我对于自己过去一些微不足道的旅行的回忆就停止在这儿吧。然而确实就是从这儿开始,旅行逐渐成为我生活中很难缺少的一部分。应该说明的是并非每一次旅行都是一帆风顺全无意外的。但是在旅行中愈是意外的困难遭遇,事后愈是最难忘怀,而这样的记忆又常常是美好的,因为它总是伴随着克服困难的胜利感而俱来的。如果说旅行除去开阔眼界增广见闻之外,还可以培养坚韧不拔的毅力和克服困难的精神的话,那么这就是我的一点微小的经验。我们常把经不起艰苦磨炼的青年比作暖房里的花,但是我们所最爱的不是暖房里的花,而是冰天雪地里的松竹和梅,我们称它们为"岁寒三友",意思是说在严寒的季节里,草木凋零了,而松竹和梅却依然是青翠可爱,甚至梅还要开出鲜艳的花朵。这就象征了坚韧不拔的精神。自然,我们希望我们的青年不是在暖房里而是在大自然里成长起来,这样就能使他们锻炼得更勇敢更坚强,更能刻苦耐劳,而这样的精神正是我们在建设自己的社会主义祖国时所最需要的。

以上所说,只是就我个人的一些微小经验谈谈自己对于旅行的点滴认识,这绝不能概括我们通常所说的"旅行"一词的全部意义。

(原载《旅行家》1957年第2期)

积极参加改造沙漠的伟大事业

——在国务院召开的"西北六省区治沙规划会议"上的发言

我代表南京大学、兰州大学、内蒙古畜牧兽医学院、内蒙古大学、北京师范大学和北京大学参加会议的同志们,向大会表示,我们衷心拥护裴丽生秘书长所作的"西北地区治沙规划方案",并且要积极参加到这一伟大的共产主义建设事业中来。

西北沙漠占我国总面积的十分之一以上,它的存在,严重威胁着西北广大地区国民经济的发展。在我们胜利建设社会主义,并将逐步进入到共产主义的时代里,我们绝不能容许沙漠的继续为害。现在,改造沙漠的庄严号令已经发出来了,在党的领导下,前人所不敢设想的事,一定会在我们这一代人的手里,胜利完成!

我们六所院校参加会议的同志,都是搞生物学、地质学、地理学和气象学的;面对着改造沙漠的这一项伟大任务,尤其感到兴奋。不久以前,聂荣臻副总理在全国科学技术协会第一次代表大会上,曾经指出:"自然科学和技术的成就,有许多是可以直接把外国的成就应用到我国生产中的,但是,也有许多科学理论和技术,必须结合我国实际,进行独创的研究,才能解释我国特有的自然现象,和适合于我国的具体情况。例如生物学、地质学、地理学方面。由于我国地大物博,应当经过研究而得出独创的理论来。"我国西北地区的沙漠,就其面积来说,虽然不是世界最大的,但就其地形、气候、成沙原因以及植物区系的复杂情况来说,都是世界上最突出的。因此,在我们胜利改造西北沙漠的过程中,我们有关的生物科学和地球科学,也必然会得出独创的理论,为世界科学的发展做出贡献。

应该指出，当改造沙漠这一伟大任务提出来的时候，也正是高等学校遵照党中央所指示的教育工作方针，彻底进行教学改革的时候。我们的中心任务之一，就是必须使教学、科学研究和生产劳动相结合，从而培养出有文化的、有社会主义觉悟的劳动者。为此，我们要在学校里办工厂、办农场，半工半读。但是对于生物、地质、地理、气象等学科来说，在学生的培养过程中，还必须有一定的时期，离开学校，投入现实的生产斗争的任务中去，并以生产任务来带动学科的发展。这并不是说所有的生产任务都能带动学科的发展，但是，经过研究讨论，我们认为现在所提出的改造沙漠的任务，在最近几年中确是可以带动我们所从事的学科的发展的。通过这一任务，我们可以使教学、科学研究和生产劳动紧密地结合起来。例如我们有的学校，就准备针对这一任务在最近几年内，在已有的地貌学专业的高年级中，有计划地设立一个"干燥区与半干燥区地貌专门化"。这一专门化的师生，在经过一定时期的基本理论学习之后，就可全部离开学校，进入改造沙漠的现场，比如说分配到定位试验的固定点上，就地边干边学，结合当地治沙的规划工作，进行科学研究，弄清楚当地沙漠地貌、类型、特点及其流沙的移动规律等，并和当地的劳动人民一起参加生产劳动，学习并总结他们和风沙做斗争的经验。这就等于把教学搬入现场，把现场变为一个教学、生产劳动和科学研究的联合基地，这样就可以不必再像过去那样受野外工作时间的限制。旧的学历可以完全打破，随着新的教学改革要求，就可以搞出一套完全新的制度来。那么，地貌学专业既可以针对这一任务而设立"干燥区与半干燥区地貌专门化"，同样的地植物专业也可以根据这一任务而设立"干燥区与半干燥区地植物专门化"，等等。这样，就可以使大批师生走向现场，既参加了生产斗争的任务，又完成了教学上的要求，使在战斗里成长的青年一代，既能文，又能武；既能从事脑力劳动，又能胜任体力劳动；既有理论知识，又掌握了生产技能。这样，随着改造沙漠任务的胜利完成，也就同时培养出一批真正属于工人阶级的具有现代化科学技术和实际斗争经验的新型知识分子。他们将会在已经征服了的西北沙漠地区，继续创造出生产建设上的丰功伟绩，或转移到其他向大自然斗争的战线上，充当尖兵。所以，我们说在最近几年内，改造沙漠的巨大任务，是完全可以结合当前我们这几门学科的教学和发展来考虑的。只要我们彻底解放思想，破除陈规，就可以使生产斗争的任务和干部培养的工作，有机地结合起来。这是完全符合多快好省地建设社会主义的原则的。为此，我们六所院校参加会议的同志，以无比兴奋的心情听取了"西北地区治沙规划方案"和大会上各位代表的发言，阅读了总结各地劳动人民向风沙进行斗争的文件，受到了很大的启发和教育。现在，让我再一次向大会表示，我们一定要结合改造沙漠的伟大任务，创造性地进行教学改革，积极动员我们所在各系科的师生，听候号令，以便迅速投入到向沙漠进攻的最前线，一直战斗到最后的胜利！祝大会成功。

[原载国务院水土保持委员会编《水土保持》1958年第5期]

塞上行

科学的春天终于来到了，浩荡的东风又把我送上前往大西北沙区的征途。火车奔驰在包兰线上，黎明时候正好穿越黄河北岸的后套平原，然后迅速南转，向着内蒙古境内最后一个大站磴口（巴彦高勒）前进。

我急忙从火车右侧的窗口向外探望，十多年前的一个夏季，我曾和几位青年同志，冒着烈日酷暑，出入在这一带连绵不断的沙丘之间探索古代人类活动的遗迹。就在这一段铁路的旁边，我们找到了一座古城废墟，经过考察，确定了这就是2000多年前所设立的汉代朔方郡临戎县城的遗址。这处遗址的确定，为进一步研究这一地区沙漠化的过程提供了重要的线索，同时我们对今后改造这一地区也增强了信心。当时这里黄沙弥漫，除去铁路沿线疏疏落落的一些矮小的灌木之外，几乎再没有什么绿色的东西了。

十多年过去了，现在我又经过这里。我贪恋地从车窗中探望，极想看看临戎古城的废墟有些什么变化没有。但是火车不为我的愿望而放慢它的速度。当我还在竭尽全力注意搜索的时候，火车已经开进了磴口车站。我连个古城废墟的影子也没有看到，因为茂密成荫的高大林木遮住了我的视线，甚至连那一望无际的黄沙也不容易窥见了。

不合理的土地利用，可以把草原和绿洲变成沙区；反之，按照科学规律办事，因地制宜，也可以把沙地改造为草原或绿洲。

现在，在我国北方万里风沙线上，已经制定了兴建"绿色长城"的宏伟规划，这是加快农牧发展速度和改造沙区、利用沙区的一项重要措施。在西北干旱区和半干旱区，劳动人民同风沙做斗争的经验是十分丰富的。对于这些丰富的经验加以科学的总结,并利用现代技术,结合地方特点加以推广,建设"绿色长城"的规划,是一定可以实现的。

1978年6月4日包兰线上随笔

(选自《侯仁之燕园问学集》)

北京——知之愈深，爱之弥坚

感受"时间上漫不可信的变迁"

当我还在北平燕京大学本科学习的时候，有一天，我从《中国营造学社汇刊》中读到了梁思成教授与夫人林徽因女士合写的《平郊建筑杂录》一文，文中写道：

> 北平四郊近二三百年间建筑物极多。偶尔郊游，触目都是饶有趣味的古建，……有的是煊赫的"名胜"，有的是消沉的"痕迹"，有的按期受成群的世界游历团的赞扬，有的偶尔受诗人的凭吊或画家的欣赏。这些美的存在，在建筑审美者的眼里，都能引起诗意的感受。……无论哪一个巍峨的古城楼，或一角倾颓的殿基……无形都在诉说乃至歌唱时间上漫不可信的变迁。

以上这段引文，我曾一读再读。其中使我最有感受的，还是这最后的几句话。因为当时我正热衷于探索北平这座文化古城的起源和变迁，已经感觉到单凭文献记载是不行的，需要实地考察，特别是实物的印证。因此常只身跋涉于荒郊野外，对于今昔陵谷的变化，水道的迁移，偶有所得，亦尝不胜快慰，却很少注意到从掠眼而过的那些风雕雨蚀的古建筑中所透露出来的"时间上漫不可信的变迁"。此后不久，我大学毕业，作为顾颉刚师的助教，协助开设"古迹古物调查实习"一课。到这时，我才真正考虑到古代建筑在印证"时间上漫不可信的变迁"中的重要意义。

北京城市历史地理研究的新起点

1949年新中国成立，重新建都北京，梁思成先生被任命为北京市人民政府都市计划委员会副主任委员，承担这项十分光荣而艰巨的任务，梁先生正是最孚众望的人选。出乎意料的是，梁先生又推荐我兼任都市计划委员会的工作。1950年4月，中央政务院任命我为该委员会的委员，这就促使我在关于北京城的学术研究中开始走上一条崭新的道路，也就是从纯粹的个人兴趣转入到力求联系建设实际的道路上来。

我开始在北京都市计划委员会兼任研究工作的时候，梁先生又约我在清华大学营建系的市镇计划组，讲授一门新课"市镇地理基础"。为了避免过多抽象的原则性描述，我考虑还是以试图解释我国历史上一些名城——特别是北京城的城市规划和建设为例，作些具体的说明。结果却引起了同学们的极大兴趣，为了开设这门课，我曾深受梁先生的鼓励。实际上这门课程和我在都市计划委员会兼任的工作，终于成为我研究北京城市历史地理的新起点。

我在都市计划委员会和清华大学建筑系的兼职时间并不长，可是我对北京的研究，在密切联系实际的思想指导下，却一直延续到今天。特别是在最近十年内，研究的内容就更加涉及与规划建设有关的问题上来，而且是知之愈深，爱之弥坚，终至欲罢而不可能。

从海淀园林开发的研究到城市水源问题的探讨

我在北京都市计划委员会所进行的第一项任务，就是要从地理条件上充分论证过去海淀附近园林开发的原因，以便进一步考虑其规划利用的前景。当时提出这项研究课题，是因为有项建议要在圆明园的废墟上，进行一项有相当规模的建筑工程，这就涉及整个圆明园以及附近一带旧日园林的利用问题。为了进行合理地规划，首先就需要了解为什么自明清以来海淀诸园接踵而起，从私人别墅一直发展到皇家的离宫别馆。这块地方究竟有什么特点，竟在数百年内发展成为北京近郊盛极一时的园林区。

　　研究的结果，从微地貌和水源条件的分析，提出了"海淀台地"与"巴沟低地"两个小区的划分，而旧日海淀诸园的分布，无不在巴沟低地这个小区之内。因此，以风景论，自然首推旧日园林散布的低地；但是以建筑条件论，当以海淀台地为上选。并于1950年秋向都市计划委员会提出了研究成果的书面报告（该报告经修改后，发表在1951年5月出版的《地理学报》上）。其后梁思成先生口头传达了周恩来总理的意见，认为圆明园废墟应作为遗址公园进行绿化，并已纳入城市总体规划的考虑之中。近年来为了进一步研究和保护圆明园遗址，又成立了圆明园学会，这是群众性的学术团体。作为学会的成员之一，我曾提出圆明园作为遗址公园，应在保护其园林基础和建筑残迹的前提下，力求恢复早已填塞或淤废的河湖水系，并有计划地广植花木，因而提出"以水为纲，以木为本"的原则。因为只有这样，才能把这一最有利于进行爱国主义思想教育的遗址保护下来，免得再受破坏。

　　比起保护圆明园遗址要远为重大的一个问题，就是在首都建设中，必须充分考虑到新水源的开发和利用。为了充分说明这一点，我曾就北京都市发展过程中水源的开发问题，进行了系统地研究，认为在历史上北京城市发展的每一个重要阶段，都遇到了水源不足的问题，因此得出的结论是："在北京，如何胜利解决水源问题，将是改造首都自然环境的关键之一。"（见《北京都市发展过程中的水源问题》，《北京大学学报》1955年第1期）1956年在官厅水库修建之后，眼看着永定河的湍湍清流就要通过新开凿的模式口隧洞流注北京城的时候，我情不自禁地欢呼说："这是改造首都自然环境的一个重要措施，是我们身在首都、并用自己的双手推动着首都社会主义建设事业迅速前进的人们所感到十分兴奋、十分鼓舞的。"（见1956年2月17日《北京日报》，原文标题："改造首都自然环境的一个重要措施"）但是在今天，如何节水的问题，却比开辟新水源的问题，更加严重地摆在我们首都人民的面前。热爱首都我们心中这座伟大而光荣的城市，就应该争先做到这一点。因为用水的消耗与日俱增，而新水源的开发，虽有种种设想，仍然是"远水解不了近渴"。

城墙的存废问题和片断城墙遗迹的维修

1984年5月,也就是中美两国首都结为友好城市的时候,我正应邀在美国康奈尔大学建筑与城市规划系进行北京与华盛顿在城市设计的主题思想上比较研究的时候,忽然接到北京市文物局的来信说,瑞典学者喜仁龙的巨著《北京的城墙和城门》的中文译本就要出版了,要我写一篇小序。这立即使我想起我青年时候初到北京时,正是由于她那巍峨的城楼和城墙才使得我"一见钟情"。于是我欣然应命,如期交卷。其中有一段涉及北京城墙存废问题的争论,转录如下:

> 记得早在五十年代初期,当首都的城市建设正在加速进行的时候,城墙存废的问题也就被提到议事日程上来。当时梁思成教授就曾提出过改造旧城墙的一种设想:考虑把宽阔的城墙顶部开辟为登高游憩的地方,同时把墙外的护城河加以修砌,注以清流,两岸进行绿化,这样就无异于在北京旧城的周围,形成一个具有极大特色的环城公园,犹如一条美丽的项链,璀璨有光。……我认为这一设想,是符合"古为今用,推陈出新"的原则的。其后,我也曾在北京市人民代表大会上,就北京城墙的存废问题,提出了一些个人的看法。我认为我国有一条"万里长城",被公认为世界"奇观"之一;我们的首都也有保存得比较完整的城墙与城门,同样是工事宏伟的古建筑,显示了古代劳动人民的创造力。因此,我还以喜仁龙教授的《北京的城墙和城门》一书为例,借以说明它的历史意义和艺术价值。现在,时隔三十多年,北京的城墙早已拆除。今天幸而保留下来的正阳门内外城楼、德胜门箭楼以及东南城角楼,经过重修之后,也还是为这座历史文化名城保存了一点极为鲜明的历史色彩!同时这也足以说明只要认真贯彻"古为今用,推陈出新"的原则,历史上一切劳动人民心血的创造,都应该在社会主义的新时代重放光辉。

就在这段引文中,我还在括号内加注了下面一句话:"内城西南角尚有一点残迹,有待考虑如何处理。"我当时写下这两句话,实在担心这残余的一点城

图 49　梁思成设想中的立体环城公园 [本图引自《梁思成文集》(四)]

墙,也会被彻底清除。此后我每次经过那里,看到那一片被剥去城砖的残破墙体和聚集在墙根下的那些棚户式的临时房舍和成堆的垃圾,心中总有一些隐痛,不知究竟如何处理才好。几年时光又过去了,随着这一地区的不断开发和建设,北京市人民政府下决心把这一段残余的墙体加以维修,并在墙下开辟环岛绿地和街心花园。在维修过程中,对于工程设计虽有不同意见,但是工事完成后,过去在接近首都市容核心地带的这一处破落不堪的角落,却以崭新的面貌出现在人们面前。并且通过这一段墙体的维修,又为人民群众提供了一个借以回顾过去和展望未来的良好场所。但是当我被提名来为这一段墙体写一篇维修碑记时,我却踌躇起来。我想如果完整的北京城墙是在抗日战争中被敌人的炮火所摧毁,那么无论残存的墙体有多少而决心加以维修时,这样一篇维修碑文就大有文章可做了。而实际的情况并非如此,我又将何以下笔呢?最后经过反复思考并且是在不断听取了意见和建议之后,才勉强完成了碑文的起草任务。最后还是承书法家刘炳森先生挥毫作书,然后刻石，立于墙之西侧。按照惯例，碑文用繁体字，且不加标点。碑文的内容主要记述了三千多年来北京从原始聚落蓟城上升为历代全国政治中心的过程，和城墙在传统城市规划中的作用以及维修这段残存的城墙遗址的意义。

从地下古河道的复原到《北京历史地图集》的编绘

为了迎接建国十周年，1958年在北京开始兴建十大建筑作为纪念。在建筑工事紧张进行的过程中，有一处工地在开槽之后，发现了埋藏地下数米深的一条古河床，为工程的进行带来了意外的麻烦。事后，当时的北京市人民政府万里副市长认为这是首都城市建设的一个隐患，要我负责组织人力探查这条古河道的上源与下游。结合文献记载和钻探资料考察的结果，发现在城内的核心地区，有埋藏在地面以下不同时代和不同深度的五条河流故道，既有天然河床，也有人工渠道。1965年春夏之间，我向万里副市长汇报这一考察研究的成果时，他传达了周恩来总理的意见说，像北京这样一座历史悠久的城市，从城内到郊区，历代变化十分复杂，只是用文字来描述不同时代的一些变化，很难讲得清楚，最好用不同时代的地图来表示。当时万里副市长就把这项任务交给我去和北京市城市规划管理局周永源副局长共同商量，组织力量，进行设计。我以十分兴奋的心情接受了这项任务，因为当初我还兼任都市计划委员会的研究工作时，就曾向梁思成先生提出过绘制北京历史地图的计划，为了聘请一位专职绘图员的事，他还在1951年5月向中国科学院专函申请研究经费的资助（*我手中还存有抄件*），可是相继而来的思想改造运动和高等学校的院系调整，竟使这项任务完全陷于停顿。现在时隔十多年，又重新获得绘制有关北京历史地图的机会，就想扩大范围，不仅限于复原历代河湖水系变迁的地图，而是将整个北京市历代政区沿革以及建都以来城市建设的变化，全部绘制成图。可惜的是，组织力量的工作刚在开始，我又因为参加农村社会主义教育运动而下乡去了。更没料到的是下乡还未满一年，"文化大革命"的风暴就从北京大学校园里开始了。从此我个人的遭遇姑且不论，《北京历史地图集》的绘制，又成泡影。

灾难深重的十年终于结束，在拨乱反正之后，这才开始有可能把中断了十多年的《北京历史地图集》的绘制工作，重新提到日程上来。这一次，作为一项多学科的集体协作的科研项目，还得到了中央以及北京市有关领导的积极鼓励和支持。而后起之秀的新生力量，也在集体协作中迅速成长起来。这样，又经过了八年的共同努力，第一部《北京历史地图集》终于在1988年5月由北京出版社公开出版了。实际上，如果不是北京市人民政府给予出版经费上的大力援助，这部图集仍然是难得问世的。

这部图集出版之后，颇得国内和国外专家学者的好评，使大家深受鼓舞。例如著名的八卷本《中国历史地图集》的主编谭其骧教授认为："首善之区有此首善之作，则他省市可以取以为法，取法乎上庶可得乎中，是此册之出版，不仅对研究北京之历史地理有重大价值，亦可为全国编制省级历史地图之楷模也。"又《中国科学技术史》的作者、英国剑桥"中国科学技术史研究中心"主任李约瑟博士来信说："这部著作给人以深刻印象，它是十分精心完成的，为北京城在历代中的发展，提供了令人惊异的图画。"

但是，工作还不能停顿在这第一部图集的出版上。目前在国家教育委员会和国家自然科学基金委员会以及北京市人民政府的共同资助下，又进一步组织力量，决定以这第一部图集的有关图幅作为底图，将历史上北京的自然环境以及社会经济和文化发展的主要内容，包括历代人口的分布在内，绘制成进一步符合现代历史地理学含义的《北京历史地图集》第二集和第三集，力求为首都的两个文明建设，做出更大的新贡献。正是借助于继续不断、持久不懈的集体劳动，北京这座举世闻名的历史文化名城的形成过程，才能日益明显地呈现在人们面前，而她的形象在我个人的心目中，也就更加亲切，也更加可爱了！

不过，我也深深感觉到我个人所能做的，也只是在长期探索中，尽可能地描绘出北京城的起源和发展的总体脉络和轮廓，而对于这座伟大城市的内在生命力——也就是她的人民生活和气质，我却很少了解，这不能不说是一件抱憾终生的事了。

（选自《奋蹄集》）

学业成长自叙

1931年9月1日是我在通县潞河中学最后一个学年的开始，准备毕业后遵照父亲的意愿去学医。上课仅两周，震撼祖国大地的"九·一八"事变爆发了，日本侵略军袭击沈阳，阴谋毕露。这就立即激发起广大学生的抗日爱国运动，我校同学首先发起全市的抗日宣传活动，我被派去参加抗日演讲，又开展了校内的军事训练。但是随着寒假的到来，抗日救亡运动就被"不抵抗政策"压制下去。寒假中我有家难归，沮丧之余，有一天我走出校门，步行50里，直奔北平外城杨梅竹斜街的开明书店，取到了预订的1932年1月号《中学生》杂志。这一期特辟了一个专栏，题作《贡献给今日的青年》，其中有顾颉刚的一段话，主要是鼓励青年到民间去，唤醒民众，不要空谈救国，对我很有影响。还有一篇专论，是宋佩韦所写的《东北事变之历史的解答》，又使我开始认识到学习历史的重要意义。

春学期开始后，毕业班的同学们都在考虑自己未来的计划，我也和正在天津读中学的弟弟写信讨论自己的出路。出乎意料的是他主张我继续升学，但不是去学医而是去学历史，并且提出了鲁迅和郭沫若弃医就文的例子作为说明。陈昌佑校长在了解这些情况后，就建议我去投考顾颉刚正在任教的燕京大学历史系，并且说根据我的学习成绩，可以保送我去先期参加燕大的特别入学考试，只考英文和国文，还可以申请入学奖学金。

这样我就决定按期前往燕京大学应试。英文的考试我已难回忆，可是中文考试我却终生难忘。当时主考的是一位年轻的女老师，她在黑板上写下两个作文题，一个是白话文试题："雪夜"；另一个是文言文试题："论文学革命与革命文学"。当时我虽是理科班学生,面对这两个题目,却也得心应手。因为我在初中一年级时,偶然阅读了女作家冰心的《超人》这本书,其中"离家的一年"这一篇深深触动了我,从此引发了我对新文学的爱好,曾经广泛涉猎过当时文学研究会、创造社、太阳社以及开明书店的一些出版物。因此得以比较顺利地完成这两篇作文,并且满怀信心地交了卷。只是后来我才知道,当初亲临现场命题的年轻女老师,就是冰心女士。现在她已是90多岁的高龄,是我所经常怀念的启蒙老师。她依然十分关怀青少年的成长,仍在不断地写作中。

在我进入燕京大学之后,我从顾颉刚教授获益最大的除去古典地理著作的学习之外,还积极参加了他所主持的以研究我国沿革地理为主的"禹贡学会"。尤其重要的是他所发起的黄河后套水利考察,使我在野外实践中更引发了对现实问题探讨的兴趣。当时日寇的入侵日益迫近,顾师还利用业余时间组织人力,编写宣传抗日的说唱读物,深入民间传播。因此在1937年7月北平沦陷之后,他被迫转往内地。燕大因为是美国教会所创办,得以继续维持,我也得以作为研究生继续攻读硕士学位。

当时我在思想上还曾受清初朴学大师顾炎武"经世致用"这一学说的影响,认为应该及时进行有益于抗战胜利后重建家园的研究。这时我的指导教师洪业(煨莲)教授,对我深有了解,根据他的深思熟虑,建议我以续修顾炎武的《天下郡国利病书》为题,结合当时的资料来源,就以山东一省为限,进行清初以来有关地方兴利除弊的研究,完成了硕士论文《续〈天下郡国利病书〉山东之部》,并由燕京大学哈佛燕京学社出版。在此书的写作过程中,业师又进一步指出我应该加强地理学的训练。

一天早上,他把我叫进他很少让人进入的书房,开头一句话就大声对我说:"择校不如投师,投师要投名师。"随后他又放慢了声调对我说:"哈佛大学是名校,却没有地理系。英国利物浦大学不像哈佛那样有名,可是那里地理系的奠基人却是一位名师,对中国十分友好,学校已决定送你去那里深造。"他当时讲的这位名师就是罗士培(P. M. Roxby)教授。后来我知道好几位中国地理学家如张印堂、邹豹君、涂长望、林超等都是出自他的门下。

只是1939年欧战的爆发，延缓了我的行期。相继而来的太平洋战争，不仅使燕大遭受了日寇的封闭，我个人也因为参加地下抗日活动而被日本宪兵逮捕入狱。直到抗日胜利后，我才得前往利物浦大学。可是那时罗士培教授已经退休，继任的是当代著名历史地理学家达比（H. C. Darby）教授。此后三年，正是在达比教授的理论指导下，我得以顺利完成关于北京历史地理研究的博士论文，并决定立即回国。当我回到北京的第三天，欣逢10月1日新中国的开国大典，我有幸身临其境，终生难忘。

其后，我先在燕京大学历史系任教，又到清华大学建筑系兼课，随后还担任了"北京都市计划委员会"的委员。1950年6月，我在《新建设》杂志上发表文章，建议中央教育部把所公布的大学选修课《中国沿革地理》更新改造为《中国历史地理》，这不仅是名称的不同，而且在学科性质上有着本质的区别。同时我又根据北京城市规划中一个专题项目的要求，完成了《北京海淀附近的地形、水道与聚落》的研究报告，并公开发表在1951年6月出版的《地理学报》上。

1952年夏经过院校调整，我转入北京大学地质地理系。从此以后我才有可能从理论到实践上继续努力，为建立具有中国特色的历史地理学做出自己的贡献。

（应中国科学院各学部联合办公室编辑小组之约，写本人的学术成长"自叙"，限2000字）

1992年12月6日初稿，8日再改抄读

（1994年中国科学院学部联合办公室编）

学业历程自述

上篇　幸承师教　逐步走上科学研究的道路

1931年"九一八"事变是日本帝国主义入侵我国的开始，这在全国青年学生中立即掀起了轰轰烈烈的抗日救亡运动。那时虽然是我在高中学习的最后一年，也全无顾忌地投入到运动中去。可是寒假到来之前，运动的浪潮又被迫消沉下来。胸中郁闷不堪，莫知适从。就是在这个寒假中，也就是1932年年初，我从1月号的《中学生》杂志中，读到了一组短文专栏题作"贡献给今日的青年"。其中有顾颉刚所写满怀热情的一篇，结尾的两句话，就是要青年们"把自己的脊梁竖起来，真正唤醒民众，作有效的抵抗"。同期又有宋佩韦的一篇文章，题目是《东北事变之历史的解答》，又进一步说明了在救亡运动中学习历史的重要意义。事后我了解到顾颉刚乃是燕京大学历史系的教授，这就决定了我在1932年春天报考燕京大学。

燕京大学教育的一大特点，就是在课堂教学之外，还为师生提供了课外接触的良好条件。在课堂上我从顾颉刚教授所学习的是"中国疆域沿革史"，开始熟习了《禹贡》《山海经》《汉书·地理志》等古典著作。在课外接触中，我又从他所创办的"禹贡学会"的活动中，感受到他对国家命运的深切关怀。甚至他还在自己家中办起了"通俗读物编刊社"，组织力量编写宣传抗日的故事。至于我自己受益最大的还是来自禹贡学会的活动及其主要出版物，即《禹贡》半月刊。这个刊物以研究疆域沿革的著述为主，从第3卷起（1935年3月），在其英文译名中改用了"历史地理"（Historical Geography）一词，但内容仍以疆域沿革的著述为主。1936年夏，我得以参加禹贡学会组织黄河后套的水利调查，引发了我对现实问题探讨的兴趣，初步感觉到野外实践调查比起单纯的政区沿革的研究更有意义。事后《禹贡》半月刊出版了《后套的水利调查专号》(1936年11月)。

就是在这次后套之行以前，颉刚师告诉我说，学校已决定由他在暑假后兼任历史系的系主任。他决定要我毕业后留校做研究生，并兼任他的助教。他的这一决定完全出乎我的意料。在开学后的新学年里(1936—1937)，他还主持开设了一门新课："古迹古物调查实习"。每隔两周，要带领学生到他所定的实习现场进行调查，事后每人写出调查报告。我的任务就是要事先写出调查对象的简要介绍，便于同学参考。这些简要介绍，后来只有关于寺观庙坛的部分，得以《故都胜迹辑略》为题，附以"前记"，由历史系印刷成册，其余散存的部分，都已遗失。

"古迹古物调查实习"一课所涉及的范围，不仅限于北平城内外，也曾利用短暂的假期，远至张家口等地。正是在张家口的实习中，我看到在长城上刻有"大好河山"四个大字的"大境门"内一侧，有形制特殊的残存建筑一处，引起我的注意。回校后检阅有关文献资料，得悉这乃是明代长城设置的马市遗址之一，这就引起我进一步探索的兴趣，终于写成了《明代宣大山西三镇马市考》，发表在1938年的《燕京学报》第23期上。在写作这篇论文的过程中，曾得到邓之诚教授提供的《明史列传》残稿数册作为参考。残稿颇多删订之处，原收藏者认为是万斯同手迹。经过研究，我确定为王鸿绪所作，因而写成《王鸿绪明史列传残稿》一文，刊登在《燕京学报》第25期上。

上述两文的写作，虽然起因与颉刚师有关，但是在两文刊出的时候，颉刚师早已在1937年7月卢沟桥事变之后，仓促离开北平，辗转南下。原因是日寇进占北平城，有消息传出要开始逮捕有抗日活动者，颉刚师因主持组织"通俗读物编刊社"，编写宣传抗日的说唱读物，必难幸免。颉刚师离校转往内地之后，我就转为洪业(煨莲)教授指导下的研究生。

实际上，从本科学习时起，我就已经得到了煨莲师的直接指导，我的本科毕业论文《靳辅治河始末》就是在他的关怀下完成的，并且得以尽早发表在《史学年报》第2卷第3期（1936）上。这篇文章的选题，是我在学习煨莲师开设的"高级史学方法"班上决定的。目的是要进行一些与国计民生有实际关系的研究。在此以前，也就是1935年的夏季，长江中下游洪水泛滥成灾，灾民超过一千四百万，死亡人口在十万以上。我痛感国家民族的多灾多难，因此及时执笔，根据各方报道，赶写了《记本年湘鄂赣皖四省水灾》一文，刊登在同年10月16日出版的《禹贡》半月刊4卷1期上。文章一开头，是这样写的："民国二十年的大水灾还应该和同年'九·一八'事变，同样留在我们的沉痛记忆中……降至今日，'九·一八'三字在执笔者的'此时、此地'几乎成了一个'讳言'的名词，而江南四年前的浩劫，却又重演了一番。"这种天灾人祸接踵而至的情况，迫使我在历史学的研究中，也不能不考虑与现实有关的问题。而煨莲师在指定的学习参考书中，列有关于清初学者顾炎武的著作。他的"经世致用"的学说以及"天下兴亡，匹夫有责"的倡导，又深深地激励了我。按照煨莲师本来的考虑，就是引导我去研究顾炎武的《天下郡国利病书》。可是当时我曾为《禹贡》半月刊翻译过斯文赫定的《黑城探险记》（见1卷9期）和《新疆公路视察记》（见3卷3期），又在热衷阅读斯坦因西疆探险的写作，再加上时间有限，终于决定了就以《靳辅治河始末》作为本科毕业论文的题目。

　　正是在我完成这篇论文的过程中，我才发现协助靳辅治河获得成功的，乃是他偶然获识的一位挚友、杰出的水利专家陈潢。结果是靳辅因治黄而得名，真正协助他成功的陈潢却遭受诬陷而身陷牢狱，不知所终。我弄清这一事实后，极感悲愤，并向煨莲师作了详细报告。他听过后要我立刻写一篇即以"陈潢治河"为题的文章，由他拿到在当时他作为编辑委员之一的《大公报·史地周刊》上去发表（见1937年3月5日版）。这对我来说，又是一次极大的鼓励。

　　在这里需要补充说明的是煨莲师所给予我的深刻影响，终于使我得以逐步走上严格治学的道路。我还在大学本科二年级的时候，从他学习"初级史学方法"一课。听课之后，必须参加论文写作实习。他分发题目给每个学生，要求在写作中，一切资料信息的来源，必须详细注明出处，否则便是偷窃。最重要的是取得第一手资料。至于研究成果，必须有新发现，至少能"道前人所未道，言前人所未言"。在写作中，还要善用工具书，少走弯路，节约时间。当时分配给我的写作题目是：历史上最爱藏书的是谁？要求通过图书资料去查找其人，其次写成一篇论文说明其最爱藏书的情况。我按照要求在学期结束时，写成一篇三千字的论文上交，题目是《最爱藏书的胡应麟事迹考略》。出乎意料的是这篇习作，竟得到煨莲师手写的两字评语："佳甚"。为此我受到极大的鼓励。这是1933年秋学期的事。也就是在这时候，煨莲师的《勺园图录考》一书出版（燕京大学《引得》特刊之一）。这部书对我日后的影响，远非始料所能及。勺园乃是明朝万历年间著名书法家米万钟自行规划建设的一处郊区小园林，并有手绘的《勺园修禊图》手卷传世。1920年燕京大学利用清朝乾隆年间淑春园故址，即今未名湖周围一带营建新校舍，同时又将紧相毗连的勺园旧址，并入校园之内。1923年，煨莲师来校任教，即着手搜集有关勺园故址兼及海淀附近的历史与地理资料，自称"八九年来，课外暇时，检阅抄录，竟盈筐箧"。在此期间，经过采访，又为学校购得流传民间的米万钟原作《勺园修禊图》。因此乃将原图影印，附以历年搜集所得有关文献记载，分门别类，合订一册，精制出版。我最初看到这部图书，爱不释手，也开始认识到以风光明媚见称的校园，原来有这样一个开发过程。其后，煨莲师又把研究的范围扩展到淑春园，还利用"大学讲演"的讲坛，作了有声有色的报告。煨莲师这一部书和一次报告，对我大有影响。在相继而来的岁月里，我就以校园的开发过程为起点，扩大其范围，利用业余的时间和假期，踏遍了北平西北郊外的园林区，开始积累了有关历史和地理的资料，特别是历代河湖水系变迁的问题，进一步引发了个人的兴趣。这对于我日后走上研究北京历史地理的道路，是有直接关系的。

上述这些活动，在大学本科学习期间都是出于个人的兴趣。到了颉刚师留我做助教并参加"古迹古物调查实习"一课的工作时，个人的课外兴趣就和教学任务结合起来。这些原不在个人预定的计划之中，开始有计划地这样做，是我在煨莲师指导下作为全时的研究生之后。

煨莲师了解到我的兴趣已经从历史学转向历史地理学，有必要加强地理学的训练。足以说明这个问题的一件事，就是他已经考虑到送我出国进修地理学，但是事先我却一无所闻。记得那是1938年秋学期的一个早上，他约我到他家中的书房，我刚一进门，他就大声对我说："择校不如投师，投师要投名师。"我感到有些茫然。紧接着他又说道："哈佛大学举世闻名，但是没有地理系，英国利物浦大学，不像哈佛大学那样有名，却有一位地理学的大师，对中国十分友好，对中国地理也很有研究，就是罗士培（Percy Maude Roxby）教授。学校已经决定，明年（1939）秋学期送你到那里深造。"然而事与愿违，转年欧洲卷入第二次世界大战，我难于成行，仍留下来继续做煨莲师指导下的研究生，并进一步准备就以煨莲师曾经建议给我的一个题目进行硕士论文的写作，即《续〈天下郡国利病书〉山东之部》。

这时我对顾炎武的"经世致用"的学术思想有了进一步了解，特别是对他矢志复国、不为清室所用的刚毅行为深为崇敬，也就想到应该进行有益于抗战胜利后重建家园的研究。我看到《天下郡国利病书》只是以采集有关地方利弊的资料为主，取材多来自地方志书。对我深有了解的煨莲师经过深思熟虑为我选定这一题目，其主要原因是考虑到我的祖籍在山东，而学校图书馆所收藏的山东地方志又最齐全，在当时日寇入侵的情况下，也只能结合书本资料来源做学问。在这种情况下，我以山东一省为限，进行清初以来有关地方兴利除弊的研究。在1940年秋学期完成了硕士论文的写作，并且由煨莲师推荐，列为《燕京学报》的专号之一，于1941年正式出版。

在硕士论文的写作过程中，我仍在进行有关北京地理资料的搜集，也扩大了对英文地理著作的阅读。在取得硕士学位后，煨莲师又安排我继续留校，在历史系讲授地理课程。特别值得回忆的是1940年秋学期，煨莲师推荐我为一个以美国大学毕业生为主的"北京妇女联谊会"（Peking Association of University Women）用英文作一次演讲。选定的题目就是"北京的地理背景"。实际上这也是煨莲师有意为我出国留学做准备，并且还特别在事前安排时间，听我用英语作试讲。他自己是长于英文讲演的，因此对我帮助很大。这次讲演的消息传回学校之后，我又被约利用十分难得的"大学演讲"的讲坛，同样用英文对校内师生重讲一次。这次演讲的主要内容，又被刊登在北平的《英文日报》(Peking Chronicle)上，时间是 1941 年 11 月 25 日。

再也没有料到，这次演讲后两周，日寇偷袭美国珍珠港海军基地，太平洋大战爆发，燕京大学立即遭到日寇查封。我与煨莲师同遭日寇宪兵逮捕，还有其他同事共 9 人，又被转送日寇军事法庭受审。煨莲师先获释，我被判徒刑一年，缓刑三年，取保开释。寄居天津岳父家，一直到 1945 年 8 月日寇投降。其间详情，此不赘述。应该说明的是三年期间，为了摆脱日伪继续纠缠，我虽曾先后到私立达仁商学院和法国天主教工商学院兼课，但还是比起在燕京母校任教期间，有更多的时间从事研究。先是把在北平时逐渐积累的资料，经过进一步的研究，写成专题论文《北平金水河考》。其后，又利用在天津的机会，就地考察研究，完成《天津聚落之起源》的书稿。两者都是在日寇投降之后才印出的。《北平金水河考》刊登在燕京母校复学后的《燕京学报》第 30 期上（1946 年 6 月出版）。《天津聚落之起源》则由天津工商学院作为"特刊"，于 1945 年秋出版。

日本投降，第二次世界大战结束。燕京大学在北京复学后，学校方面及时为我与英国利物浦大学取得联系。时隔七年，幸而我仍可按原计划前去进修。只是原任教授即地理系创建人罗士培已年老退休，而继任的达比（H. C. Darby）教授，却正是现代历史地理学的重要奠基人之一。这自然使我喜出望外。也正是在达比教授的亲切指导下，我接受了现代历史地理学研究在理论和方法上的指导，从而认识到作为现代地理学分支学科之一的历史地理学，主要的不是研究历史上地方政区的变迁，而是复原过去时代的地理，进而追踪其不断发展演变的过程，这样的研究是有着极为重要的现实意义的。对一个国家或一个地区的历史地理研究是如此，对一个城市的历史地理研究也是一样。现在看来，这一说明至为简单明了，可是当时在国内，所谓历史地理的研究，主要还停留在政区沿革的考证上。我接受了达比教授的理论教导之后，根据自己多年资料的积累和实地考察的结果，顺利写成了以《北京历史地理》为题的博士论文。同时我也进一步发现了过去还未曾认识到的一些问题，这些都有待于我深入探讨。当时国内的解放战争发展迅速，我归心似箭，在参加毕业典礼之后，立即回国。到达北京后三天，欣逢新中国开国大典。有幸身临其境，终生难忘。

下篇　开拓学科新领域　兼事科学普及的写作

新中国的诞生，对我来说有如朝日东升，万象更新。我虽然仍旧回到燕京大学任教，可是意想不到的新任务，却迎面而来。这年秋天开始酝酿成立"北京都市计划委员会"，应邀主持人之一是清华大学营建系的梁思成教授。他得悉我是研究北京历史地理的，就考虑约我参加该委员会，便于向建筑学家和城市规划学家提供有关北京城市建设的历史情况，同时还要我到清华大学营建系兼教一门新课：市镇地理基础。我感到学有所用，十分高兴。转年春天，北京都市计划委员会正式成立，我作为委员所遇到的第一项任务，就是研究北京西北郊区的地理特点及其开发利用的条件。为此我及时完成了文字报告上交，随后经过修改，又公开发表在《地理学报》第18卷第1期（1951年6月），题作《北京海淀附近的地形、水道与聚落（副题：首都都市计划中新定文教区的地理条件和它的发展过程）》。主要说明海拔50米以上至52米的较高地段，可以称作"海淀台地"，是良好的建筑区；而其西北相邻的海拔50米以下的低洼地区，也就是"巴沟低地"及其下游，则是难得的风景区，最宜造园，不宜于搞大建筑。这是结合客观要求所进行的一项历史地理学的研究成果，至今仍有其现实意义。与此同时，我又根据中央教育部所公布的大学历史系选修课目中有"中国沿革地理"一门，立即在1950年7月出版的《新建设》杂志上，发表了一篇题作《"中国沿革地理"课程商榷》的文章，建议改"中国沿革地理"为"中国历史地理"，并加以说明。看似课程名称的改变，实系课程性质的更新。从此我开始了为新中国建设事业的需要，努力开展历史地理的研究工作。如果说在旧中国我之从事研究和写作，主要是从个人兴趣出发，那么在新中国则更多的是力求能够为客观现实服务。这在个人思想上，应该说也有"一脉相承"之处。我想最明显的一例，就是顾炎武"经世致用"的思想对于我的影响。这也就涉及优秀的传统文化继承与发展的问题，此不具论。在这里还应该指出的就是1951年秋季开始的思想改造运动给我的积极影响的一面。在学术思想上我感受最大的，就是关于辩证唯物主义和历史唯物主义的学习。相继而来的是全国范围内的院系调整。1952年秋，燕京大学和北京大学两校的文理学院合并，仍以燕园为主，成立了新北京大学。从这时开始，我转入北京大学工作，迄今已经45年。如果说我在燕京大学的学习和工作期间，包括留学英国三年在内，是我在学术上和思想上逐渐成形的时代，那么来到新北京大学之后，就可以在教学上和科学研究上努力前进了。但是由于教学行政工作的沉重，以及有增无减的社会活动，再加上以后突如其来的"文化大革命"，实际上是十年浩劫，这些都在不同程度上，影响到自己的教学和研究工作，这已是无可补偿的损失。现在只能根据已有的写作成果，不是按时间顺序，而是以类相从，加以简要说明如下。

一 历史地理学的专题研究与理论探讨

1952年秋学期，我转入北京大学任副教务长兼地质地理系主任，一直忙于行政工作，无暇他顾。1954年计划创刊《北京大学学报》，约稿于我。当时北京都市计划委员会已撤销，另行成立城市规划管理局，我却仍然念念不忘人民首都规划建设中的问题，特别是水源开发问题，因为这乃是北京城在历史上每一个新的发展阶段都曾遇到而且是必须解决的问题，而今更加重要。因而写成《北京都市发展过程中的水源问题》（《北京大学学报》1955年第1期），并应约在北京市城市规划管理局做了报告。

1956年由于地质地理系的迅速发展，我得以请辞副教务长的兼职。在系行政工作之余，开始招收历史地理学的研究生。1958年中央在内蒙古呼和浩特召开"西北六省区治沙规划会议"，我代表地质地理系出席。事后动员自然地理专业的师生参加工作。1960年春，我和历史地理小组的师生，决心投入到西北干旱区历史地理的实地考察中去，从此开辟了一个十分重要的新领域，以无可争辩的历史事实，说明了不合理的土地利用对自然环境的破坏，这就进一步涉及环境保护的问题，应该引起重视。

在新的历史地理学的理论指导下，城市历史地理的研究和沙区历史地理的考察，既直接与生产建设有关，又进一步促进了学科理论的发展。经过前后不断地努力，正在进行中的研究工作，虽然在"文化大革命"中遭受到严重的阻挠和破坏，可是由于客观上的需要，仍然获得了不断地发展。例如，城市历史地理的研究，从北京扩大到承德、邯郸、淄博，直到芜湖；沙漠的历史地理考察，从宁夏的河东沙区，扩大到毛乌素沙地、乌兰布和沙漠。就在"文化大革命"过去后不久，随着"科学春天"的到来，我终于得以将上述研究考察成果，结合历史地理学的理论探讨，集成论文18篇，连同其他写作5篇，合为一集，定名曰：《历史地理学的理论与实践》（上海人民出版社，1979年出版，1984年再版）。这是我国第一部把历史地理的研究，纳入中国地理学范畴的论文集。有评论说："把古代沿革地理改造更新为科学的历史地理学、并将其纳入近代地理学体系的首创者，是北京大学的侯仁之。侯氏成功地将史料收集与考证、野外路线调查、考古发现与鉴定结合起来，并参照了国外有关的理论与方法，对我国的城市兴衰与城址变化、沙漠变迁、水源与水道的兴废，做了大量研究，为城市规划部门，特别是北京，提供了有价值的咨询和建议。"[①] 我想，这一评论，或许可以说是自己在有意识地开拓历史地理学研究的过程中，所取得的一点收获。但是个人的学力基础究竟有限，在继续深入的研究过程中，由于当前新学说和新技术的不断发展，又促使我进一步总结自己的经验，也更加清楚地看到了自己的不足之处。因此在自己原有的两篇理论写作，即《历史地理学刍议》和《历史地理学的理论与实践》（见《北京大学学报》自然科学版1962年第1期和1979年第1期）之后，又相继写成了《再论历史地理学的理论与实践》和《历史地理学研究中的认识问题》（分别见于《北京大学学报》1992年的"历史地理学专刊"和1993年第4期的"哲学社会科学版"）。

最近为了便于说明个人的理论探讨也是在不断的发展中，因此又将以上四文合订为一册，就叫作《历史地理学四论》，外加研究工作实例四篇作为附

[①] 杨吾扬《地理学思想简史》第144页，高等教育出版社，1988年版。

录，合为一册，1994年由中国科学技术出版社出版。个人希望《四论》这本小书能够获得更多同行学者的批评指教。

二 《北京历史地图集》的绘制

上文提到新中国成立之初，我在兼任北京都市计划委员会的委员时，曾主动提出绘制一部北京历史地图集的计划，只是由于调任北京大学，行政工作繁重，编绘工作未能进行。1965年夏，北京市万里副市长，在分配我进行一项关于北京地下古河道埋藏情况的研究工作之后，又主动提出编制北京历史地图集的要求。当时我兼任北京市人民委员会委员，更加认为这也是分内之事，遂立即着手与城市规划管理局领导，共同商讨，组织力量。可是计划刚开始，又要参加农村"四清"工作，为期一年，只好再将工作推迟。完全出乎意料的是农村"四清"尚未结束，相继而来的"文化大革命"，竟使全部工作戛然中断，一拖十年。直到1979年夏，才得以组织力量，包括历史地理学的研究生在内，重新开始《北京历史地图集》的绘制工作，历时八年终于完成图集第一集。

这部图集在反映展示北京城的最初城址和历代政区的沿革之外，更重要的是复原了自北京城建都以来直到民国初年的历代城市图，以及明清皇家园林寝陵和民国初期郊区详图。出版以来，颇得国内外专家好评。但是从学科性质来说，这还没有完全超出沿革地图的范围。更重要的应是以这部图集为纲，一方面补充在历史时期由于人类活动所产生的城内以及远近郊区的各种重要地理现象，如历代人口的分布、交通运输的发展、农田水利的开发、地区植被的变化，以及其他人文地理现象的状况等。另一方面，还应该把历史地理研究的上限，推向北京地区原始农业聚落的开始出现，也就是全新世的前期，在考古学上则是新石器时代的开始。我认为农业的萌芽，也就是人类出现在地球上以来，第一次通过野生植物的"驯化"，开始在自然界中创造出一种赖以生活的新物质，导致了人类原始农业部落的诞生，这正是人类改造自然的起点。历史地理的研究正是应该从这里开始。因此在上述《北京历史地图集》出版之后，我即决定开始组织可以称之为《北京历史地图集》第二集的绘制力量。至于如上所述,在城市出现以后的各种历史时期的变化情况,则可以列为《北京历史地图集》第三集。现在经过协商,参加第二集编绘工作的,包括考古工作者以及第四纪地质和地貌学家,利用孢粉分析、C14年龄测定等科技手段,从而把历史地理学的研究时限,推进到有文字直接记载的历史时期之前,这在我国历史地图的编绘中,据目前所知,还属首创。同时这也说明,借助于有关多学科的合作,正是今后历史地理学发展的新方向。

现在这部《北京历史地图集》的第二集,已经绘制完毕,即将印刷出版。相继而来的第三集,也在开始编绘中。地图是地理学的第二语言,在历史地理学的研究中,更将充分显示出这一点。

三 教学参考书的编辑

为了开展历史地理学的研究,启发青年一代的兴趣,除去现代理论的介绍之外,必要的参考书和辅助读物的编写还是必要的。因此早在50年代末,我曾应中国科学院地理研究所之约,主编过一部《中国古代地理名著选读》(科学出版社出版,1959年),又应中国科学院自然科学史研究室之约,主编过一部《中国古代地理学简史》(科学出版社,1962年)。前一部书选了时代不同、性质各异的四部著作,代表了我国传统地理学发展过程中的四个方面,即《禹贡》《汉书·地理志》《水经注》《徐霞客游记》。我提出这一建议后,首先得到业师顾颉刚教授的支持。《禹贡》原文不到一千二百字,却不易读。他决定由助手协助作全文解释,其他三种都作"选释"。谭其骧教授和任美锷教授分别负责《汉书·地理志》和《徐霞客游记》的选释,我负责《水经注》的选释,又约黄盛璋同志参加协作。我在全书序言中说明了这四种著作在我国传统地理学的发展中,都是不朽之作,有划时代的意义,自然也各有其局限性。原来计划这本选读只是"第一辑",还应有第二辑、第三辑等相继问世。由于客观情况的变化,却未能如愿。

至于《中国古代地理学简史》一书的结构及其大部内容,乃是以我在北大地质地理系的讲义为主,又由徐兆奎教授和曹婉如同志分别执笔,参加写作。原来还有近代史的部分,因故未曾付印。过去很少有便于大学地理系本科生阅读的有关我国地理学发展特点的书籍,这部《简史》也只是一种尝试而已。但是它的影响还是始料不及的。

四 科普读物的写作

我兼顾科普读物的写作,来源于一种"一言难尽"的手足之情。我的弟弟硕之,从中学时代起,就有志献身于祖国未来的建设事业,特别热衷于水电工程。同时他课外阅读的兴趣很浓厚而且广泛。他又兼长中英文的写作,还在高中时期,就曾将一本英文的天文学通俗读物 Star in Their Courses 译为中文,题作"宇宙之大",由上海开明书店列为"开明青年"丛书出版。最不幸的是抗日战争期间,他随清华大学迁往昆明,毕业后,在当地耀龙电力公司工作一段时期,又只身辗转北上,竟被害于陕西凤翔。当时我在沦陷区,被日寇军事法庭判处徒刑一年,缓刑三年,无迁居旅行自由。消息传来,痛不欲生。还是煨莲师开导我说:"弟弟在工程上的专长,你不能继承,但是兼事科普写作的志愿,你应当继承下来,这就是让弟弟活在你的工作之中。"我听了老师的话,决心这样去做。当时我曾读过传记作家路德维希的英文本《尼罗河传》,书的序文使我深感兴趣,因此就想写本《黄河故事》的小书,只写了"沧海桑田"一节,就因故停下来。随后新中国成立,也就为科学知识的普及,创造了良好条件。而客观的要求,竟然相继而来,分述如下:

1. 为《历史小丛书》编写《徐霞客》

50年代中,历史学家、北京市副市长吴晗主持编辑出版《历史小丛书》,约稿于我。当时我正在主编《中国古代地理名著选读》,决定收入《徐霞客游记》,因为徐霞客在三百多年前所进行的我国西南广大地区石灰岩地貌的考察和研究,已经走在了当时世界的最前列。我在约请任美锷教授选释《徐霞客游记》的前言中,代为加入了如下几句:"徐霞客所开辟的道路为什么竟然是后继无人,要答复这个问题,就必须留待地理学史家从中国社会发展的客观情况中去加以讨论了。"当时我这样写,因为我已经有了自己的看法。应吴晗同志的要求,终于促成我为《历史小丛书》写一本小书《徐霞客》,主要说明他出生在我国资本主义萌芽的先进地区,深受时代的感染,终于冲破科举制度的牢笼，寄情于祖国的大好河山，以充沛的精力、超人的毅力、敏锐的观察、清新隽永的文字，在坚韧不拔的野外考察中，揭示了若干地理现象的特征及奥秘，特别是对于云贵高原的石灰岩地貌，做出了科学的解释，走在了世界的最前列。但是在以后的三百年间，西方国家资本主义迅速发展，又进入了帝国主义时期，我国竟从最后的封建统治国家沦陷为半封建半殖民地社会，求生尚且不得，更谈不到科学技术的发展了。新中国的诞生，必将带来科学发展的新时代，徐霞客所开辟的地理学研究的新领域，必然后继有人。这本小书于1961年3月由中华书局出版后，第1次印刷30000册，我手中所有的1979年5月第2版的第5次印刷，已经达到了164780册。这是我初料所不及的。更可喜的是现在《徐霞客游记》的新版本，以及关于徐霞客研究的专著和论文，相继问世，在全国范围内还成立了"徐霞客研究会"。但愿徐霞客在开辟科学研究新方向中所表现的爱国主义精神，永放光芒。

2. 为《地理小丛书》编写《历史上的北京城》

继《历史小丛书》之后，吴晗同志决定组织出版《地理小丛书》，嘱我做副主编并带头写本小书。我即结合关于北京历史地理的研究，写了一本《历史上的北京城》，由中国青年出版社出版（1962年5月）。1980年第3次印刷，也达到了80000册。

3. 以普及性为主的文集

在上述小丛书最初出版的时候，北京出版社赵洛同志又主动收集了我从1950年到1962年所发表的一些散篇写作，集为一册，嘱我考虑个书名，就叫作《步芳集》了。主要的意思就是说，我从灾难深重的旧中国，来到了解放后的新中国，真是"如行锦簇地，举步皆芬芳"。

可是这本小书出版不到四年，一场腥风恶浪袭击了祖国大地，摧株拔木，百花凋残。这本小书不过是万木丛中一株小草，竟然也难逃厄运。然而历史的潮流不可逆转，随着"科学春天"的到来，这本小书又得再版（1981），这就更加坚定了我继续从事科普写作的决心。

1980年我和金涛同志合作的《北京史话》开始出版（上海人民出版社出版），1982年再版24000册。1984年6月该书经中国史学会和中国出版者协会授予"爱国主义通俗历史读物优秀奖"。同年11月，我又被中国科普创作协会评为"荣誉会员"。后经人民美术出版社和外文出版社向我和金涛同志约稿，决定以《古都北京》为名，在简要的文字说明之外配以大量精美图片，分别用中文、日文、英文精印，于1991年出版。实际上这乃是个人计划之外的"副产品"，却赢来了国际友人的好评。

最后应该提到的是由我应邀为主编，实际上由常务副主编于希贤、陈梧桐和陶世龙三位教授统稿完成的《黄河文化》一书（华艺出版社，1994年）。我所提供的只是全书的主题思想和框架结构，以及把城市——主要是历代的首都作为文化载体进行写作的设想，说明详见全书的序言和后记。至于实际参加写作的地质学者、考古学者、历史学者和地理学者，多至20余位，实系一部大型深层次的科普读物。最初我之考虑接受这一任务，也是和上文所提到的传记作家路德维希的《尼罗河传》有关，此不赘述。

五　散篇写作的汇编

我在科普写作之外，由于各种原因，或应约，或自觉，也写了一些或长或短的文章，有的已由约稿者刊出在报刊和杂志上，有的只是散篇零简，留作个人的回忆录。一个偶然的机会，上海教育出版社的一位编审，约我把有关个人业务学习和治学心得的写作，集为一册出版。我贸然答应之后，一直未暇着手整理。1989年夏意外得暇，搜集旧作，竟得百余篇。略加分选，大致半数都与北京城及其郊区有关。这时正好遇到北京燕山出版社来人约稿，于是决定把有关个人学习和治学心得的部分，题作《燕园问学集》，送交上海教育出版社；把有关北京城及其郊区部分的写作，因为多是出自历年实地考察所得，就题作《奋蹄集》，也含有"老牛自知黄昏晚，不待扬鞭自奋蹄"的意思，送交给了燕山出版社。《燕园问学集》已于1991年出版，而《奋蹄集》因故拖至1995年5月，才得出书，印刷较差，却又在扉页上加印了"纪念北京建城3040年"的字样。实际上我所写有关北京建城的近作，并未能收集在内，心实不安。由于这一教训，又联想到自1990年以来自己还在不断地进行写作中，不敢偷懒，只是已不能像过去那样奔波于实地考察了。如果在写作上还能继续有所收获，或许仍可集为一册，不妨就叫作《檐下集》，因为现在我几乎每年有一半时间是在阳台上的楼檐下工作的。如果是这样，那么在未来的《檐下集》付印时，一定要把好印刷质量关，免得贻误读者。作为一个书生，自己也就别无他求了。

六　学科建设中的遗憾二事

自新中国诞生以来，我个人积极从事历史地理学的开拓建设工作，虽然有所收获，但也并非一帆风顺。这门学科在客观建设中的实践意义，虽然已开始得到应有的重视，但是意外的事件也影响到它的顺利发展。现举二例如下。

1963年3月27日，国家科委综合局黄正夏局长来访，认为历史地理学的研究，对于北京城的建设和西北沙区的改造，都很重要，应该考虑建立研究机构，加强人才的培养。建议我提出书面计划，报请校领导批准，并转呈国家科委。我当时深感鼓舞，立即进行规划设计，送请校部审查上报。1965年夏，我到农村参加"四清"运动的时候，忽然得到通知，要我立即提出建立历史地理研究机构的计划，包括物资条件和人事准备在内。我当即在寄居的农民家中，挤出时间，提出了一个最起码的书面计划送回学校。但是"四清"运动还未结束，"文化大革命"就从北大校园里爆发了。回到学校连个人的行动自由都没有了，遑论其他。这真是终生一大憾事。

此外，还有同遭厄运的另一件事，就是与北京城市建设有直接关系的一项历史地理研究成果，也因"文化大革命"而遭到破坏。原来在1965年春学期，国家科委领导韩光同志前来北大，亲自检查科学研究成果，准备选送计划于秋季举行的全国科技成果展览会上展出。当时历史地理研究小组，根据北京市副市长万里同志的要求而进行的城内埋藏地下古河道的考察，正好完成，并且已经把每条河道在大比例尺地图上详细标出，又把每条河道的埋藏深度一一注明。这项研究成果，有利于清除城市建设中的隐患，遂被选中。送展前，为便于参观，又设计了图表和立体模型，并附以有关数据。送交展览时，由于涉及的地区范围等问题，只能在有限的观众中展出。展览结束时，全部展品和资料，经过一定手续，由高教部借去，竟在相继而来的"文化大革命"中全部丧失,只有部分图表数据的底稿,还保存在城市规划管理局。至于展出的内容,在《科学研究试验动态》第737号中做了说明,并附有略图。也是在这同一期中,还附带讲到了我们历史地理研究小组在西北沙区中的考察。可见当初国家科委综合局黄正夏局长,是早已关心到了我们历史地理研究小组的工作了。遗憾的是良好的机遇失之交臂,这又是我终生难忘的。

1995年12月25日　圣诞节之夜

小 传

1911年12月6日我出生时，中国历史上最后一个皇帝刚被赶下宝座只有50天，其后又过了25天，孙中山就任中华民国临时大总统。因此我说自己出生在一个"隶属无主"的时代，称得上是一个真正的"自由民"。

父亲侯天成（字佑忱）毕业于河北通州潞河书院后，携母亲刘毓兰从原籍山东恩县到河北省枣强县肖张镇，在镇上一所基督教会创办的抡才中学任教。我出生时母亲年近四十，父母久盼而得子，自是喜悦，为我取乳名"光临"，也就是光明降临到这个家庭的意思。更可喜的是，两年后，我有了个弟弟硕之，乳名"重临"，意即光明再次来临。我们兄弟二人自幼同生共长，手足情深。硕之聪慧早熟，如与我同年。在母亲独出心裁的教养下，我们养成喜爱读书、爱惜书籍和勤俭劳动的习惯，度过了最难忘怀的童年时代。

我年幼体弱多病。小学毕业后，进入抡才中学一年级，连续两年因病辍学。在一位远房堂兄的建议下，转往他任教的山东德州博文中学就学。堂兄毕业于东吴大学体育系，他指导我从缓慢跑步开始，有计划地坚持锻炼。我按照去做，晚自习后在操场刻苦练习长跑，坚持下来果然有效。升入博文高中后，居然能被选为山东代表队成员参加华北田径运动会。在决赛中虽然未能取得名次，可是我已养成了长跑习惯。我进入燕京大学之后也未尝间断长跑，所创5000米越野跑的校纪录保持了近二十年，一直到燕京大学合并于北京大学以后的1954年才被打破。正是由于长跑锻炼的结果，使我在日后的野外考察中体力充沛、乐而忘返。

对我们兄弟二人的幼年教育，母亲比父亲付出了更多的心血和劳力。母亲没有上过学,在外祖父亲自教育下自学而成。她很会讲故事,曾把《旧约圣经》中的"基甸救国"故事通俗化了讲给我们听,我很喜欢而且深受感动。母亲还很重视我和弟弟的写作练习。就在我初中毕业的时候,母亲因心脏病去世。我第一次感受到人生的痛苦和悲凉。为寄托对母亲的思念,我利用整个暑假,沉浸在把"基甸救国"的故事创作成剧本的努力,其主题是:"被俘虏的终于得释放,被压迫的终于得自由。"父亲的一位朋友把剧本拿去,发表在济南齐鲁大学《鲁铎》半年刊第一卷第二期。这本刊物我一直保存到"文化大革命",后来在多次被抄家中失掉了。

我为什么要用剧本的形式来写这个故事呢?这和我在初中二年级时参加话剧《山河泪》演出有直接关系。那是一部描写爱国青年学生的话剧,演出也锻炼了我的语言能力。到了初中三年级上学期,我有勇气参加学校组织的讲演比赛,竟然得了第一名。消息传给母亲,她立刻写信来给了我极大的鼓励。母亲早就说过,如果我长大了当一名教师,她能坐在课堂的最后一排位子上听我讲课,就很高兴了。可是我再也没有料到,母亲没有等到这一天,过早离开了我。母亲的期待成为了一种内在的力量,引导我走上了一生执教的道路。我的教书生涯始于考入燕京大学后第一个学期的期末,作为一名代课老师,站在了燕大附属初中的讲台上。从那时起一直到念研究生,我在附中兼课前后延续了四五年时间。

当我转学到博文中学初中一年级时,偶然从同学那里借阅到他在燕京大学读书的哥哥寄来的一本新文学作品《超人》。其中一篇《离家的一年》深深触动了我——因为那也恰好是我离家的一年,从此引发了我热衷课外阅读和自己动笔写作的兴趣。数年之间涉猎过诸如文学研究社、创造社、太阳社等出版的大量刊物,补偿六年间正常学习的不足。《离家的一年》的作者正是后来以《寄小读者》这本书而深受广大青少年所敬爱的作家冰心。到了1931年初夏,高三年级临近毕业的时候,我作为潞河中学的保送生提前到燕京大学参加国文、英文两科特别入学考试。在穆楼的考场,主持国文考试的一位年轻女老师走进来,在黑板上写下两个题目:一个是"雪夜",要求用白话文来写,另一个是"论文学革命与革命文学",要求用文言文来写。我自以为写来得心应手，就提早交了卷。顺利通过考试后，我获得四年奖学金，入读燕京大学历史系。只是事后才知道这位主考老师，正是在广泛阅读中给我启蒙教育的冰心老师。自此，我就尊称冰心师为我的"启蒙老师"了。

就在母亲永远离开了我们的1929年暑假，父亲决定要我转学到济南齐鲁大学附属高中。因为那时有两位远房堂兄正在齐鲁大学医学院就读，父亲希望我将来也能学医。来到齐鲁高中刚刚一个学期，因学潮突起，高中停办，我又转回博文高中。记得时任校长王元信留美归来，创办《博文季刊》，我被选为主编。我还根据课余涉猎所及加以综述，写了甘地在印度领导的反英运动的文章，以"从欧战后印度民族的自治运动说到独立运动"为题发表。我手中所存的该刊一、二期，同样在"文化大革命"抄家时丢失了。

由于当时博文中学尚未在政府立案，学生不能直接报考大学。为升学计，我在高中的最后一年，转到河北通州潞河中学。该校的前身是美国教会所办的协和大学，也正是我父亲的母校，自然得到他的支持。那是1931年秋，我第一次来到向往已久的历史文化古城北京，从此与北京结下不解之缘。

可是我到潞河中学不过半个多月，日本帝国主义阴谋袭击沈阳，"九·一八"事变爆发，立即激起广大学生的抗日爱国运动。学校的同学发起抗日宣传活动，我参加抗日演讲，又开始校内军训。但是掀起的学生运动到年底时就被政府压制下去了。国难当头，抗日也不允许，我非常苦闷。寒假中我有家难归，一个人从潞河徒步四十里路到前门外的杨梅竹斜街，为取一本我预订的上海开明书店出版的《中学生》杂志。回去的路上边走边读。1931年1月号这一期辟有《贡献给今日的青年》专栏，其中的一篇写得特别好，鼓舞青年"不要空谈救国"，要到民间去，"把自己的脊梁竖起来，真正去唤醒民众"。文章的作者是顾颉刚。我本来对学医就没兴趣，受顾颉刚文章和潞河中学陈昌佑校长的影响，更想选择学历史。最终促成我做出这个决定的是硕之。他说："我主张你学历史。学医只能给个人看病，学历史可以为社会治病。"这样我报考了顾颉刚教授所在的燕京大学。

我在燕京大学本科四年期间，先后在学贯中西的洪业（煨莲）教授极为严格的治学方法训练下，以及在积极开拓中国沿革地理广阔领域的顾颉刚教授启发下，开始进入了学术研究的新领域。同时还得到博闻强识贯通古今的邓之诚（文如）教授的及时指点，也使我深受教益。在课外参考书阅读中，我又开始受到清初学者顾炎武"经世致用"这一学术思想的极大影响，也为他所提倡的"国家兴亡，匹夫有责"的教导而深受感染。

在本科毕业取得文学士学位后，我应新任历史系主任的颉刚师之命，留校做研究生兼助教。他创设了一门新课"古迹古物调查实习"，指定我事先为学生写好参考资料，作为现场教学之用。我早对北京这座历史文化名城发生了兴趣，参考资料的写作进一步增加了我对北京古城的认识。可是这一学年刚结束，日本侵略者阴谋制造的"卢沟桥事变"爆发，北平相继沦陷，颉刚师被迫离校南下，我转为煨莲师的研究生。正是在他的建议下，我完成了《续〈天下郡国利病书〉山东之部》的硕士论文。实际上这时我的学术思想已经向着历史时期地理学的研究方向发展，为此煨莲师为我安排了去英国利物浦大学地理系进修的机会，只因欧战阻隔未能成行。

从1931年"九一八"事变直到1945年8月日寇战败投降为止，前后有十四年。在这十四年中的前八年，我先后从燕京大学本科与研究院获得文学士和文硕士学位，随后留校任教。而后八年始自1941年12月燕京大学被日寇查封，我遭日本宪兵逮捕。以罪名"以心传心，抗日反日"被日本军事法庭会审，判处有期徒刑一年，缓刑三年，取保开释，没有迁居旅行自由。出狱后流寓津门，先后任教于天津达仁商学院与天津工商学院。1945年8月日寇战败投降，我立即回燕京大学参加复校工作。转年夏，我得按原定计划赴英国利物浦大学。留学三年，获哲学博士学位。1949年新中国成立前夕，我回到了促使我走上学术研究道路的北京城，直到今天。其间的经历可见于《学业历程自述》一文。

这十四年中还有一些情况，应该加以说明，略述如下。

我考入燕京大学后一年，硕之考入清华大学。兄弟二人经常来往于两校之间，相互切磋，亲密无间。硕之志愿攻读水电工程，尤其热衷水力发电，梦想在黄河上建筑大水闸，发展国家的电力工业。一次硕之带我到清华大学图书馆，借来一本英文的苏联画册 *U. S. S. S. in Reconstruction*，特地为我翻开有兴建第聂伯河水电站照片的一页。在他的心中，已经憧憬着一个未来新中国的大建设了，这给我留下极为深刻的印象。就在1937年6月底我到火车站送他前往上海闸北水电站实习后一周，日本侵略者制造了"卢沟桥事变"，北平沦陷，清华大学南迁昆明。硕之赶往昆明，在那里毕业后，就地在一家电力公司工作两年，然后只身辗转北上，最后竟在陕西凤翔惨遭杀害。

硕之不仅有学工报国之志，而且热心科学普及读物的写作。还在高中时就利用业余时间翻译琴斯的通俗天文著作《宇宙之大》。我曾在燕京大学图书馆替硕之誊清，随后经顾颉刚师的介绍，由开明书店列入《开明青年丛书》，于1935年在上海出版。正是由此，他才得以和这本书的另一位译者金克木相认。克木也同时译有这本书，不过他却更加多才多艺。克木收到硕之来信，约他去清华观星谈天。第一次见面的那一夜，他们来到气象台，在灿烂的北天星空下，坐在地上，竟夜谈天说地讲电力。后来克木经过昆明去印度，和硕之第二次见面，不过只在茶馆里谈了不多的话。"那正是欧战爆发后不久，他完全失去了在清华园时兴高采烈的气概，一副严肃而有点黯淡的面容使我很吃惊。他说天文不谈了。在西南开发水电也没什么指望了，不知怎么方能为抗战出点力……"很多年后，克木兄写了一篇文章《人世流星侯硕之》，刊登在《群言》杂志1991年4月刊，说"侯硕之——这是我只见过两面而终身不忘的朋友。随后过了没有几年，我听到传说，他在去西北的路上遭遇土匪，不幸被害了。……50年代初我见到仁之，才知道硕之在西北死得很惨，遇上的未必是土匪"。这段回忆是我所听到的关于硕之最后生活的描述，是我所十分珍贵的。

我得知硕之被害的消息在1942年秋，从日本监狱获释之后不久。在证实了这个凶报之后，日不能食，夜不能眠，反复幻想弟弟被害的情状，痛不欲生。幸得洪业师的开导，启发我继承硕之科普写作的志向，才战胜了迁延月余的慢性自杀，重新振作起来，使他生前写作通俗科普读物的心愿，通过我的努力得以体现。我应该承受他的未竟之志，使他的志愿活在我的生命中。

还应该追记的是，我被日寇宪兵逮捕入狱的事情。

1940年我刚从研究院毕业，留校任教兼任学生生活辅导委员会副主席，主席则由深受学生敬重和爱戴的美籍教授夏仁德（R. C. Sailer）担任。这时有学生主动要求离校参加抗日工作，有的经事先联系，要去大后方支援路易·艾黎（Rewi Alley）为支援抗日发起组织的"中国工业合作社"（简称"工合"），有的要求就近前去解放区，我代表学校分别组织安排他们离校。先后送三批学生翻越西山进入解放区，是在中共地下党的领导下的秘密行动，进行得尤其严密。1941年12月7日日寇偷袭美国珍珠港，太平洋战争爆发。燕京大学立即遭到日本侵略军查封，师生20余人相继被日寇宪兵队逮捕，我亦在其中。当时送学生南去大后方一事，已有消息走漏，可是学生直奔解放区一事，从审讯中迹象判断，日寇一无所知。宪兵队提审后加于我的"罪名"是"以心传心，抗日反日"。1942年6月，我被日本军事法庭会审判处有期徒刑一年、缓刑三年，取保开释，无迁居旅行自由。当时妻子已回到天津父母家居住。我在出狱的当天夜里来到天津，看到出生的女儿已经四个多月，十分可爱，如果不是她平安来到人间，不知妻子会如何度过这段苦难的岁月。

我在天津"缓刑"期间，为了摆脱敌伪时常来家中威胁利诱的干扰，曾先后到由南开大学滞留天津的几位教授集资创办的私立达仁商学院和天津工商学院任教。出乎意料的是，在我的学生中，竟有来自延安的地下党员（虽然我是到了解放后才知道他们的身份）。我一直得到他们的保护和帮助。遁迹津门，不敢虚度时光，教学外先完成因被捕入狱而中断的专题论文《北平金水河考》，又就地探讨研究，写出《天津史表长编》和《天津聚落之起源》。洪业师和我分居平津，难于朝夕趋谒，使我完全丧失如在校期间亲炙教益的机会。幸而赖有北平琉璃厂旧书业的一位可靠朋友郭纪森先生，借经常来往平津收售图书之便代为传递音信。每篇文稿完成后即抄写一份，托郭先生代为呈送洪师审订。三年之间屡得洪师赐函，情真意殷，谆谆诲我以为人治学之道。

直到抗战胜利后的1946年夏天，我才按原计划前往英国利物浦大学。幸运的是，地理系新任系主任达比（H. C. Darby）教授正是现代历史地理学奠基人之一。在他的指导下，使我得以从理论和方法上进入北京历史地理研究的新学科领域，使我认识到把我国具有悠久历史传统的疆域变迁和政区沿革史的研究进一步发展为历史地理学研究，是有广阔前途和重要现实意义的，这就为我回国后结合实际要求开展历史地理学研究和教学打下了基础。另外在留英期间我又得机会参加了留英同学会的工作。当时国内解放战争节节胜利，到了1948年夏，中国留英学生会为配合形势的迅速发展，在利物浦大学召开中国留英学生会大会，1949年春天留英同学会组织成立了中国科学工作者协会，以迎接新中国诞生。对我个人来说，最为幸运的是我在完成《北京历史地理》的专题论文获哲学博士学位后，立即启程经香港赶回北京。时隔三天，喜逢开国大典，站在万民欢腾的天安门前，心潮澎湃。我出生和成长在多灾多难的旧中国，如今迎来了我所期待的新时代。

我仍然回到燕京大学历史系任教。转年春学期，我提出了新学科发展的意见，建议将中央教育部公布的大学历史系课程目录中列有"中国沿革地理"一课改为"中国历史地理"，并发表了《"中国沿革地理"课程商榷》一文。更重要的是应梁思成教授之约，在清华大学营建系兼课，讲授"市镇地理基础"。尤其难得的是，梁思成教授作为新成立的"北京都市计划委员会"的副主任委员，推荐我兼任该委员会委员，使我参与首都城市规划，投入到实际的建设工作中去，感到学有所用而深受鼓舞。为此我根据考虑在西北郊规划建设首都文教区的要求，完成了在新中国成立后的第一篇研究论文《北京海淀附近的地形、水道与聚落——首都都市计划中新定文教区的地理条件和它的发展过程》。

时隔两年，全国高校进行了院系调整，燕京大学与北京大学合并，北京大学迁来燕园。我被任命为北京大学副教务长兼地质地理系系主任，忙于我一无所长的行政工作。繁重的行政负担、与日俱增的业务兼职和社会活动外，我虽然尽力开拓在教学和科研中的新领域，可是很多工作不得不中断。1958年一项国家建设的新任务——我国西北六省区沙漠考察的计划提到日程上来，它又直接关系到历史地理学科发展的新机遇。然而在我和北大历史地理研究小组的同志连续五年暑假，从宁夏河东沙区、内蒙古毛乌素沙地以及乌兰布和沙漠逐步西进的时候，"文化大革命"就从北大校园里开始了。沙区考察和沙漠历史地理新探索戛然中断，我个人也失去了人身自由。"文革"中难以言喻的人身侮辱和迫害我虽然挺过来了，可是深入沙区考察从而为开拓历史地理研究新领域所应有的年华，却永远地失去了。

"文革"中在江西鲤鱼洲"五七干校"劳动改造两年，经受了不同寻常的劳动和磨难，我始终没有丧失信心，坚持下来。抚今追昔，"文革"的结束，正是被人们称为"第二次解放"。我不仅重见天日，得以出席全国科学大会迎来"科学的春天"，还受到前所未有的鼓舞。1980年我当选为中国科学院学部委员，也开始了国际文化交流的新时期。

早在1957年夏，中央教育部曾派我出席了由南斯拉夫贝尔格莱德大学主持召开的"今日的大学"国际讨论会。这是"文革"前仅有的一次出国活动。可是"文革"以后不同性质的国际学术文化交流却接踵而来。从1980年到1996年，前后出国十余次。或是讲学，或是出席国际学术会议和进行文化交流。其中使我受益最大的是1984年应邀到美国康奈尔大学进行北京和华盛顿两个首都在城市规划和设计思想上的比较研究，为此我还利用暑假到该校设在华盛顿的研究中心，进行实地考察，最后写成专题论文《从北京到华盛顿——城市设计主题思想试探》。更重要的是经过这次工作，我和该校城市与区域规划系的国际著名学者瑞溥思（John Reps）教授结为好友。他的名著之一《宏伟的华盛顿——首都的规划设计和发展》，也正是我那次前往康奈尔大学进行研究的主要参考书之一。

我在康奈尔大学工作期间，曾于7月初前往英国利物浦大学接受"荣誉科学博士"称号。我当年的导师达比教授早已转往剑桥大学任教，却也特地赶来参加这一仪式，使我深受感动。事后他又约我到剑桥大学欢聚一周。当年正是达比教授的引导，我才终于进入了学科开拓的新领域。

在康奈尔大学工作期间，我还从美国同行学者中了解到联合国教科文组织有一项《世界文化和自然遗产保护公约》，其目的是通过国际合作，更有效地保护对人类具有重大价值的文化和自然遗产，我国却尚未参加。我接触到的多位外国专家都非常关心中国古建筑和古遗址的维修保护工作，积极支持我们保护遗产，希望我国尽早参加这个公约。康奈尔大学、乔治华盛顿大学、加州大学伯克利分校等大学的几位教授还热情地为我提供资料，他们的热心使我很受感动。我认为我国应该积极参加这项既有利于我国也有利于世界人民精神文明的国际文化科学事业，便向国内有关部门报告，萌生提出建议的想法,来推动事情的进展。1985年4月,作为全国政协委员,我起草了书面提案:我国应尽早参加《世界文化和自然遗产保护公约》,并准备争取参加"世界遗产委员会"以利于我国重大文化和自然遗产的保存和保护,加强我国在国际文化合作事业中的地位。提案得到其他三位委员的联合签名,在第六届全国政协第三次会议上提出后,终于获得批准。我国首批得以参加这项公约的,在北京就有三项,即周口店中国猿人遗址、万里长城和故宫博物院。日后列入该公约的中国遗产在逐年增加中。

1991年秋天,我再次访问康奈尔大学。正值华盛顿建城200周年,我接受了瑞溥思教授所赠送的一部巨著《华盛顿图说——1790年以来的首都》。书的扉页内写有如下字句:"给我的朋友和同行、在北京的侯仁之和在莫斯科的瑟奇·奥泽戈夫(Sergey Ozhegov)。"为此我在赠送仪式上作了有关北京和华盛顿在设计思想上比较研究的讲演作为答谢。

1996年5月,我应邀出席在美国麦基纳学院(McKenna College)召开的国际讨论会,题目是"燕京大学的经验与中国高等教育"。考虑到自己出生在多灾多难的旧中国,是在燕京大学的学习中,开始走上了学术研究的道路。新中国成立后,使我在北京大学"兼容并包"的传统学风下,开拓了自己所从事的学科探索的新领域。最后又是借助于原来的北京大学分校和在北京的燕京大学校友会支持,于1991年年初成立了燕京研究院,委我兼任院长,并得以继续编辑出版为弘扬祖国优秀传统文化而享誉海内外的《燕京学报》。"饮水思源",终于促使我写成一篇回忆录《我从燕京大学来》,出席了这次讨论会。

随着时光的流逝,我已是耄耋之年。学无止境而人生有限,不禁感慨系之。我殷切希望看着我所从事的学科后继有人,学问薪火相传。最初在北大由前辈学者所开创的有关沿革地理的学科,今后将继续以历史地理学的教学和科研,在新时代的进程中不断发展下去,做出新贡献。

这篇小传暂时就此止笔。

1997年5月23日凌晨,在布谷鸟清脆嘹亮的歌声中,
完稿于燕南园住所阳台上

老牛自知黄昏晚

4月下旬，我正在忙于先后两项研究工作的交替，可是由于腰椎管狭窄所引起的右腿、右足的疼痛加剧了，工作难以为继。经好友吴蔚然院长介绍，我住进了北京医院。

骨科主任黄公怡大夫诊断之后，决定为我手术治疗，只是考虑到我已88岁，虽然觉得我身体尚好，看起来不像偌大年纪，总还是不免为我担心。察觉到这一情况后，我就大胆说明，在大学读书时，我曾获得过5000米越野赛跑的冠军，锻炼有素，请他放心。于是经过了各种身体检查和准备后，在5月6日上午，黄主任为我做了手术，蔚然院长全程陪伴在我身边。手术过程非常顺利，随后在护士日夜精心护理下，我在5月21日便可以下床了，只是还得继续住院疗养。在疗养期间，黄主任和徐大夫、陆大夫都非常关心我的复原情况。

6月11日我出院的那天早上，当我借助着助行器做最后一次走路练习时，忽然看到黄主任迎面走来。我一时兴奋得不知说什么好，转念间，近年来时时萦绕于心的两句话"老牛自知黄昏晚，不待扬鞭自奋蹄"便情不自禁脱口而出了。

出院回到家中，我继续练习慢慢走路。过了两周，我已经可以独自步行，甚至能扶着楼梯的木栏杆，上下二层楼了。我心里更加兴奋，很想向黄主任报告这个进步。

我不由得联想到，1990年北京燕山出版社约稿于我，我把与北京有关的散篇写作集结起来，归为一集，在选取书名时反复考虑，最后想到，已是人到晚年,不敢稍自懈怠,因而特别喜欢"老牛自知黄昏晚,不待扬鞭自奋蹄"这两句话,也就把集子定名为《奋蹄集》了。文集出版后,我更以"自奋蹄"的精神来鞭策自己。虽然年过八十,而工作依然如常,未有放松。可是近两年来,腰椎的毛病越来越严重,腿痛之时,寸步难移,未免暗自伤神。幸而承黄主任为我悉心治疗,使我得以重上"自奋蹄"的征途。于是给黄公怡大夫写了信,表述我的感激,也在信中表明,我在出院时,向他朗诵的两句话,正是出于真实情感的流露,相信他一定会理解的。

1999 年 6 月 25 日

学如逆水行舟　不进则退

难得夕阳无限好，何须踌躇近黄昏。

在我度过 92 岁生日的时候，曾经多次回想起自己决心走上读书治学的道路并在坚持前进时所遇到的一些挫折甚至灾难。正是这些挫折和灾难，终于使我认识到前人的一句名言："学如逆水行舟，不进则退。"现在我想在我人生的晚年尚可勉强执笔的情况下，尽我所能地把一生中在"逆水行舟"的过程中，加强自信献身治学的经历，简要地写在下面。

（一）前半生：在抗日战争中遭日寇逮捕，判处徒刑一年，缓刑三年，取保开释后，坚持治学从教之路。

1940 年 7 月，抗日战争正在进行中，我在沦陷中的北平燕京大学研究院毕业，留校任教，并兼任学生生活辅导委员会的副主席。主要任务之一就是协助自愿离校参加抗日的学生，投身到实际的工作中去。1941 年 12 月 7 日，日美太平洋战争爆发，8 日晨，侵华日军进入燕大校园，9 日一早，全部燕大学生被强迫离校。当时我家住校南门外，是部分教职员居住区，这时，以医预科学生黄国俊为首的三位广东学生和我的亲属西语系研究生张汉槎，就一直跑到我家中来。妻子张玮瑛已于前一日由岳母接回天津家中，于是我决定安排同学们暂住。当时，我已考虑到由于自己兼任学生生活辅导委员会的工作，有可能遭日寇查问，逃避已不可能。更重要的是，当时我正利用课余之暇，着手研究原始的河湖水系与历史上北京城建都的关系问题。其中有一条小河名曰金水河，于元明清三朝的宫城建设至关重要，但是史书记载屡有抵牾，浏览所及，疑窦丛生，于是我决定先写一篇《北平金水河考》，而且已经开始起草。正是在这种情况下，为了专心写作，我决定携带有关的图书资料，暂时到天津岳父母家中，争取早日完稿，再作返回北平的计划。

我到天津后，立即开始《北平金水河考》的写作计划，按着下列的提纲写下去：1 题解；2 金水释名；3 疏导沿革（金元两代玉泉疏导之先后）；4 河源辨异（元代金水河源之独出）；5 河道考实一（元代西郊金水河道之探讨）；6 河道考实二（元代城内金水河道之分合）；7 河道考实三（明代金水源流之演变）；8 河道考实四（清代金水河之蜕余）；9 结论。

提纲的完成，前后用了将近一周的时间。正在准备开始正文写作的一天清晨，竟遭日寇逮捕，连同书桌上已经抄清的上述提纲和一幅北京城的地图，一齐被收走。然后乘火车转到北平，与被逮捕的燕大师生二十余人，关押在日寇宪兵队本部，也就是原北京大学红楼。到1942年2月10日这一天，我又和燕大教授等十一人被转到设在铁狮子胡同的日本军事法庭。我的罪名是"以心传心，抗日反日"，转押在东直门内炮局三条候审，一直到6月18日宣判。我被判处有期徒刑一年，缓刑三年，取保开释，三年之内无迁居旅行自由。我立即赶回到天津岳父母家，与妻子和已出生四个月的女儿相聚一起，欢慰之情，一言难尽。但是，第二天我又必须赶回北平，首先找到在城内开设私人诊所的原燕大校医吴继文大夫作铺保，再到日军宪兵队说明，同时我要求返还被捕时收走的正在起草的论文提纲和地图，结果却一无所得，被赶出来。这就终于促使我下定决心，重新执笔，把脑海中酝酿已久的《北平金水河考》写下来。正是在这种心情下，"学如逆水行舟，不进则退"的格言，成为推动我前进的力量。

我充分利用寄居在天津的时光，集中力量首先于1943年4月18日写成了《北平金水河考》一文。篇首的题解是这样写的：

> 北平有金水河，其名数见于《元史》，私家著录，亦多及之，历明至清，相沿不废。其为地理上一固定河流，初无可疑。嗣考其实，则数百年来官私记载，屡有抵牾，而浏览所及，金水一名，又若似无限象征色彩，附丽其间。以是名实未审，依意所加，忽此忽彼，疑窦滋生，作金水河考。

随后，又分节讨论金水释名、疏导沿革、河道考实等，最后又附加小注如下：

> 作者遁迹津门，居心世外，探求故实，聊寄所欲。唯以聚书之难，不能广求博证，疏漏遗误之处，自料难免。幸见而读之者有以教我。

初稿写成后，我立即抄写一份，托人呈送寄居北平城内的我师洪业（煨莲）教授。我在燕京大学读书时，使我获益最多的教授是洪师。燕大被日寇占领时，他也是遭到日本宪兵队逮捕并被押到日本军事法庭的学者之一。只是由于他在校内没有任何行政职务，又是一位国际上知名的学者，遂被提前开释。洪师收到我的文稿后，不仅在原稿上作了批示，又提笔写信给我，现将信中有关部分节录如下：

> 金水河考已匆匆读过一遍，得见创获累累，胸中为之一快。一年有半以来，此为第一次见猎心喜也。中间有尚可斟酌者若干点，容暇当细为答出，下次相见时可就而讨论之……

这样的评语，对我是极大的鼓舞。该文经我师指点后再作修改，定稿之后，遵我师之命，安心等待抗日战争胜利的到来。这样一直等到日本战败投降，燕京大学复校后，才在《燕京学报》第30期（1946）发表。

在这里需要补充说明的是，在这篇论文的写作过程中，也并非一帆风顺的安心向学。最初是日寇的特务前后几次到家中查问，随后还有来自燕大却竟然沦为汉奸的熟人前来找我，表示要为我介绍工作，这时还传来消息，日伪正在筹划在北平办一个研究机构，要把遭敌伪逮捕而后被释放的燕大教师也列在其中。正是在这种情况下，我了解到曾在燕大任教的原天津南开大学经济系教授袁贤能和其他几位未能南下昆明的南开大学教授，在日寇未及占领的英国和法国租界中办了一所"达仁商学院"，便于学生就地入学。其地点与我所寄居的岳父母家相距很近，经私下联系，我决定到该校担任地理学老师，免被敌伪特务再到家中找麻烦。因此，我在1942年的秋学期就得以前去讲课。每周两次，每次两小时。于是我一边教课，一边继续写作，也再未遇到日伪干扰。终于在转年（1943）的4月18日，完成了《北平金水河考》的初稿。但是没有想到，一波未平，一波又起。有可靠的消息传来，当时的天津日伪政府，要求达仁商学院办理呈报立案，校领导迫不得已，竟未征得我同意，把我列为学校的"教务长"上报。我得到消息后，断然决定辞职。幸而天无绝人之路，我在1943年秋，转到天津工商学院任教，可以在课外继续"逆水行舟"了。

天津工商学院是法国天主教会所创办，校园是西式建筑，规模可观，由著名史前考古学者德日进和桑志华两位神甫所建立的博物馆就设在这里。院长由一位中国神甫担任。当时，因故不能离开沦陷区南下的教授，也集中到该校任教。我到校后，先在商学院任教，随后又到该校创办的女子文学院史地系兼课。教课之余，我有幸结识了土木工程系主任高镜莹教授，他了解到我已写成《北平金水河考》一文，有意向校方推荐作为特刊之一，由学校公开发表。他的盛情可感，但是我想到洪师缓期发表的意见后，还是认为暂缓付印才好。经过再三考虑，我决定将我正在考虑中的一个新课题，即关于天津城市起源的研究，写作完成交给工商学院出版，实际上这也是我个人"逆水行舟"的计划之一。最后以《天津聚落之起源》命名的小书终于在1945年8月，也就是日寇侵略军投降的前夕，正式出版。书中有"提要"一篇，略见全书内容，录如下：

  天津之名，于史晚出。肇建之始，其地曰直沽。直沽一名，初见于《金史》，至元而有大小之别，中叶以后，于其地设海津镇，而直沽之名不废。故欲探讨天津聚落之起源，应以直沽地方之开辟始。

  明初创立天津卫，设官署，筑城池，益以官军二籍，聚落攸兴。以言天津人文之正式发展，当以此为滥觞。

  天津置卫之后，又值迁都北京，地当京师门户，更系水陆咽喉，舟车所会，庶口繁昌。然商贩之聚散无已，户籍之交替有恒，此固一般都市人口之常态，而于天津初期聚落之发展，有足述者，故并及之。

至于本文主旨，意在探本求源，剥落天津近代都市之外形，而还其土著之本原。盖非如此，不易观察天津地方所受地理环境之影响也。以言天津地理之研究，则此为初步耳。

我决心把这本小书交给工商学院出版，一个重要的原因，就是因为当时我仍处于日寇军事法庭判"三年缓刑"期间，而工商学院公然聘我为"教授"，又在该校所属的女子文学院史地系兼职，这就使我在社会上有公开来往的可能。这期间，我获益最大的就是得到私人藏书家的支持，其中有两件事，我已在该书的序文中，作了如下的叙述：

故实之探求，聚书为难。幸得任振采先生、金息侯先生慷慨以藏书惠借，嘉惠后学，最可感激。况天春园方志收罗之富，士林同仰，余何幸也，得览其珍藏于指顾之间，窥其秘籍于乱离之世，真所谓因缘有自，虽强求而不可得者矣。唯其书庋藏在外，余雅不忍老年前辈为余一再奔波［任老先生每次取书，辄持舍下，于心实有不安］，故虽知天春园已有其书，唯可省则省，得略且略，此又本文参阅志书之未能尽如所愿者也。

该书序文写成于1944年11月，离我缓刑期满（1945年6月）尚有七个多月。待我缓刑期满正式交稿之后两个月，也就是1945年8月15日日寇战败投降之后，该书终于正式出版，书的封面上说明："民国三十四年八月天津工商学院印行。"这又是"逆水行舟"，在个人学习上坚持不懈的纪念。

写到这里，又使我联想起，在抗日战争取得最后胜利的前一年，也就是1944年夏，我应邀写给工商学院毕业班同学的临别赠言，抄录如下：

在中国，一个大学毕业生的出路，似乎不成问题，但是人生的究竟，当不尽在饮食起居，而一个身受高等教育的青年，尤不应以个人的丰衣美食为满足。他应该抓住一件足以安身立命的工作，这件工作就是他的事业，就是他生活的重心。为这件工作，他可以忍饥，可以耐寒，可以吃苦，可以受折磨。而忍饥耐寒吃苦受折磨的结果，却愈发使他觉得自己工作之可贵、可爱，可以寄托性命。这就是所谓"献身"，这就是中国读书人所最重视的坚韧不拔的"士节"。一个青年能在三十岁以前抓住了他值得献身的事业，努力培养他的士节，这是他一生最大的幸福，国家和社会都要因此而蒙受他的利益。

诸君就要离开学校了，职业也许是诸君目前最关心的问题，但是职业不过是求生的手段，而生活的重心却要在事业上奠立。愿诸君有坚定的事业，愿诸君有不拔的士节，愿诸君有光荣的献身。

出乎我意料的是，这篇赠言被收录在《1945年天津工商学院校史简志》的附录中。现在回想，我在33岁写下这些话，是因为我在自己献身的事业上，既已经历了反抗日本侵略者的严峻考验，但更重要的是因为，在心灵深处接受我的师长所给予我为人为学的亲切教导，以及明清之际的几位学者志士如徐霞客、顾炎武和陈潢给予我的深刻影响。

（二）后半生：在"文化大革命"中下放到江西鄱阳湖畔鲤鱼洲"劳动改造"，一心期待再次踏上献身学术事业的征途。

1966年夏"文化大革命"在北京大学爆发之前，我在教学之外的研究工作，除去北京城市历史地理的专题研究外，更多的是根据国家"西北六省区治沙会议"的要求，所开展的内蒙古地区沙漠化的考察研究。突然爆发的"文化大革命"不仅把个人的研究工作全部打断，而且还引发了我与当时的北京市副市长吴晗的个人关系问题。

还是在1961年，当时担任北京市副市长、致力群众科普工作的历史学家吴晗主编《历史小丛书》，我曾应邀写过其中一册小书，题作"徐霞客"。随后他又邀请我担任了他建议出版的《地理小丛书》副主编，写了《历史上的北京城》，两本小书都很畅销。

我和吴晗并没有任何个人关系。可是北京市委书记处书记邓拓、北京市委统战部部长廖沫沙和北京市副市长吴晗被中央点名为北京市"反革命集团三家村"，由此我就被扣上了和吴晗有黑关系，是"三家村黑干将"的罪名，多次被拉出去批斗，挂牌、游街示众，在被监管劳动时被打骂侮辱，受到残酷人身迫害。1967年，我和一位历史系教授不约而同地参加了群众活动，要求"校文革"领导聂元梓正确对待持有不同意见的群众，事后我们二人就成了批斗的对象。我被监禁时多次遭受严刑拷打，审讯逼供中被木棍打挨鞭子抽。1968年5月我被关进"牛棚"，长达十个月。1969年10月，被下放到江西鄱阳湖畔鲤鱼洲北大干校，在监管下接受"劳动改造"。

我对干校情况本不了解，只知道是由解放军、工宣队领导，按连队编制，我所在的六连成员仍是原来地理系各专业的教师。一般教工群众既学习也参加劳动锻炼。我是被管制的，只能接受劳动改造，不能参加会议和活动，不准离开驻地到附近地区参观。从1969年10月到1971年8月，我在鲤鱼洲经历了近两年的劳动改造。

到鲤鱼洲不久，正赶上鄱阳湖水暴涨，情况危险。动员参加劳动改造的人挑土固堤，我也在其中。每人一根扁担一副筐，由当地老乡铲土入筐，挑起满筐土，奋力上大堤。我最难忘记的是为我铲土装筐的那位老乡，给别人都是填满筐，大概认为我年纪大了，体力有限，每次只填半筐土，就催着我走。当时我不能讲任何话，但是此情此景，我牢记在心头，至今难忘。

还有一项与大堤相关的劳动是从船上卸水泥。湖上运来大量的袋装水泥，水泥一袋100斤，要靠人背上岸、装车，再由汽车运往工地。我被指派背水泥，下到船舱里，把水泥袋扛上肩背起，从船上到岸边，要经过一条木板，走在上面一步一颤。到了湖边，还要经过一段河滩地，再攀登44个砖砌的台阶，才来到停在岸边的卡车。然后转身背向卡车，把肩上的水泥袋卸到车上，这时已是大汗淋漓了。那天是1971年2月7日，我干活时只穿了裤衩背心，肩上垫了一块破布片，干完活才穿上棉衣。一个下午，我背了20袋水泥。

我还被派去用扁担挑砖，一块砖5斤重，一担18块，每头9块，从湖边一直挑到工地。在冬天到来之后，我也曾被派去参加一个打柴队，一共十几个人，由一个工人师傅带队，早去晚归。沿途经过一片野草丛生的滩地，为了避免血吸虫叮咬，还要在双腿涂上防毒虫水。每到中午，有人从队里送饭来。傍晚收工时，带队的工人师傅把空的饭桶和饭碗餐具收拾在一起，命令我挑回住地，其他的人，每人都是背着一大捆柴。这当然是在照顾我这个年近花甲的老人，这也是我永远难忘的。

以上这些劳动都是临时性的，而常年的稻田劳动，我都是和全连一起参加的，除了冬季育苗外，因为用工有限，只指派了我一人。天寒地冻，要赤脚跳入育苗的泥浆中，反复踩泥。在泥浆中踩一段时间，冻得不行了，脚完全失去知觉，就到岸上来回跳动着暖和一下，再跳回去接着踩。

育苗完成后，我要担稻秧到田间。挑着一百多斤秧苗，走在又窄又滑的田埂上，常常跌倒。我挑了供20亩用的秧苗，合计在田埂上来回走了有一百多里。到了收割的时候，我和全连的人一起下田，直到收割完成。从最初的育秧、挑秧，一直到水稻丰收，这期间遇到过许多困苦艰难，我都挺过来了。

在干校，我只能接受劳动改造，晚上连队在各自住的大棚里开学习小组会，我不能参加。到了开会的时候，我必须到外头找个临时去处，一直等到看见住处的灯光下不断有人走动，说明会已开完，我才能回去就寝。我借一个人待在外头的机会，在附近的机耕路上跑步，跑累了就坐在地上休息一下。冬天晚间很冷，有时也下小雪，我就躲在伙房外面靠近锅炉的一边，背倚着墙，还可得到一点温暖。我找机会锻炼身体，因为我相信，我还是要回到自己专业的野外考察中去的。

果然，经过近两年的时间，终于在1971年夏秋之间，我已经60岁的时候，回到了在北京大学的家中。我随身带到鲤鱼洲的一根木扁担，又带回来。它完好如新，因为我在鲤鱼洲劳动时，用的都是当地的竹扁担。我把这根随我南下的木扁担，好好地保留至今。

回校后继续劳动。到了1972年，我可以自己安排一些时间了，就在家中整理被"文革"中断多年的研究工作。正在这时，"文革"中被迫停刊已久的《文物》期刊的主编，忽然来到家中，告诉我《文物》和《考古》首批被批准复刊了，嘱咐我写稿寄去。我立即整理残存的野外考察资料，写成《从红柳河上的古城废墟看毛乌素沙漠的变迁》一文,又与俞伟超合作写成《乌兰布和沙漠的考古发现与地理环境的变迁》一文,得以分别发表在《文物》1973年第一期和《考古》1973年第二期。这不是也可作为"学如逆水行舟,不进则退"的证明吗?

然而更重要的是,继续投身沙漠考察的工作热情由此激发起来。1978年春出席全国科学大会之后,我又先后两次参加了中国科学院西北沙漠考察队的活动,再赴沙区,直到1990年9月,就要80岁了,我还有幸参加了全国政协组织的"西北防护林"观察团,写出了最后一篇关于沙漠地区的论文《祁连山水源涵养林的保护问题迫在眉睫》(见《大自然探索》1991年第二期)。

我想写到这里,这篇晚年回忆的记录,也就可以到此为止了。

二〇〇四年一月六日　北京大学燕南园,时年九十有三

重觅石渠记

一日在燕南园散步，遇艺术系朱教授，谈起艺术家熊秉明先生，朱先生向我索要秉明的来信，从事研究，我欣然同意了。整整 70 年前，我在燕京大学读书时，曾因偶然的原因在燕京大学附属中学代课，当时有两位学习最好的学生，留给我十分深刻的印象，一位是曹天钦，另一位就是熊秉明。熊秉明后来去法国留学，他寄我的十几封信一直珍藏至今。新中国成立后，曹天钦则在生物化学方面做出杰出贡献，1980 年当选为中国科学院学部委员（院士）。两位都已先我而去，秉明留给我的除了这十几封信外，还有他后来撰写的条幅，而天钦留下的只有当年的照片，其中一张是我在燕大时带学生到梁启超墓前参观时的合影。由于整理秉明的来信，又引起对往事的回忆和对友人的无限思念之情，希望能与学生一起再去梁启超墓前，合影留念，回味那段令人难以忘怀的历史。这一想法得到北京植物园领导的大力支持，使我得以重访位于园内的梁启超墓。

重访梁启超墓时已是暑假，幸有北大历史地理研究所的数位同学尚未离校，遂邀之以同游。来到北京植物园，见昔日荒凉之地，今已浓荫遮地，碧水如镜，不胜感慨，北京之建设、国家之发展已是日新月异，山川景色远胜于昔。尤其是"黄叶村"旁蜿蜒的石渠，又引起我对数十年前考察清代石渠的追忆。因恐随行后生学子不谙石渠之原委，遂拣出旧照数帧，配以文字、地图，约至家中，再做专题讲解如下。

北京从金建中都起即成为首都，至今年恰好为建都 850 年。其间，金、元、明三朝对北京城池建设多有贡献，金扩辽南京故城为中都城，元筑大都城，明建北京城，唯清代未对北京城做大的改造。清朝于北京城市建设的最

图 50 1933年侯仁之与燕京大学附属中学学生在梁启超墓前合影（后排左起第一人为曹天钦）

大贡献，不在城池本身，而在西郊园林。西郊园林以"五园三山"著称，规模宏大，山水相依，尤以水景为胜。因此，能否保证充足的水源，是西郊园林建设的关键。

西郊御园建设开始于清朝康熙年间，康熙平定三藩之乱以后，将郊外园林建设的重心由南苑移向西郊的海淀。康熙十九年（1680）在玉泉山建澄心园行宫，二十三年（1684）前后，利用海淀附近明代清华园旧址创建畅春园，康熙四十八年（1709）始建圆明园，此外在康熙年间还建有西花园等园林。清乾隆年间又出现筑园高潮，形成"五园三山"的园林格局。与此同时，清廷还在御园周围开辟出大片水田，形成水乡田园的景色。为解决园林和水田的用水，清朝在海淀一带进行了大量的水利工程建设。

海淀西北一带是5000年前的永定河故道，地势低洼，潜水充足，又有西山泉水汇入其中，水源十分丰沛，曾有瓮山泊、丹棱沜、南海淀、北海淀等众多湖泊。但是随着大规模的园林建设和稻田开发，湖泊、湿地面积迅速扩大，原有的调配水源方式已不适用，需要有更精细的规划、建设，来解决水源的合理调配问题。因此，乾隆年间在海淀一带开展了大规模的水利建设，

图51　2003年7月22日侯仁之与夫人张玮瑛及学生重访梁启超墓

其中最重要的就是昆明湖的修筑。

昆明湖原为瓮山泊，是海淀地区最大的天然湖泊。元代为解决漕运用水，曾修筑白浮堰，将昌平白浮泉等西北山泉水源引入瓮山泊，再由瓮山泊引入大都。明代白浮堰断流，瓮山泊随之萎缩。清乾隆十四年将瓮山泊拓展为昆明湖，依湖建起清漪园，实现建园蓄水一举两得。昆明湖是利用当地西高东低的地形，在东面建筑大堤拦水，从而形成宽阔的水域，它像洪泽湖一样，是一个地上湖泊。昆明湖周围有多座水闸，东堤上的水闸用于向颐和园东面的园林、稻田供水，南面通向长河的水闸可以为城内湖泊供水，北面的青龙桥闸则是调蓄水闸，可在山水过大时向清河泄水，以保证湖泊的安全，只有西面是进水闸，将五泉山泉水引入湖中。昆明湖的开凿对调蓄园林用水和稻田用水起到至关重要的作用，实际上是一座人工水库。由于昆明湖只有西面可以进水，所以水源主要依赖玉泉山的泉水，为了能充分利用这些泉水，乾隆又利用地势在昆明湖西修筑了高水湖和养水湖，以发挥节节蓄水的作用。但是玉泉山泉水也有不够使用的时候，为了增加水的来源，乾隆在玉泉山西边修筑了长达十余里的石渠，将卧佛寺水源头及香山和碧云寺的泉水引至玉

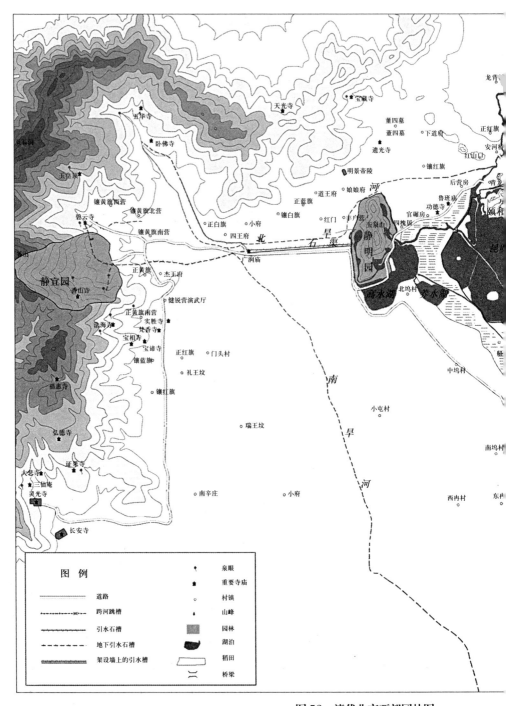

图 52　清代北京西郊园林图

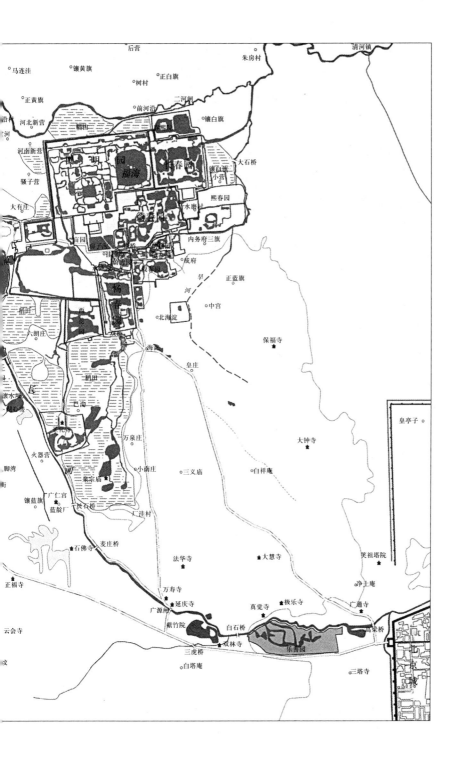

泉山静明园中，与玉泉山诸泉汇合，东注昆明湖，这就是石渠的由来。

具体说来，石渠共有三条，一条由樱桃沟水源头经卧佛寺、正白旗村西至四王府南的广润庙内石砌水池中；一条由碧云寺经香山至四王府南，与水源头泉水同汇于广润庙池中；还有一条由广润庙水池通至玉泉山西麓湖中，将水引入玉泉山。石渠的做法是在大石条上凿出凹槽，然后将石槽一块块拼接起来形成水渠。广润庙以上的石槽多全埋或半埋于地下，槽上覆盖着石板。广润庙以下的石渠因所经之处地势逐渐下降，为保持渠道高程，乃架石渠于逐渐增高的虎皮石长墙上，直到玉泉山西墙之外，引入园内，沿途道路则由石渠下的门洞穿行。广润庙的石池是整个石渠系统的枢纽，庙内石池呈方形，由大石条砌筑而成，由卧佛寺和香山引来的渠水由池壁龙口流出，汇于池中，池北建广润庙以祀水神。整个石渠工程规模虽然不大，却颇具匠心，足见当时用心之良苦。1936年，我第一次从燕京大学徒步来此考察石渠，当时石渠已经废弃不用，广润庙东架设石渠的长墙已有多处坍塌，但石渠的基本轮廓依然清晰可辨，广润庙只有山门和石池尚在。我在四王府访问到李二老人，老人称儿时尚见石槽中有水流入广润庙。同行的燕京大学学生为我拍摄了珍贵的照片，得以记录下石渠的景象。从那以后，石渠的踪迹渐渐湮灭，十余年前我在香山附近只寻觅到零星的石槽残块，以为石渠都已消失了，再没有遗迹流传下来。不久前闻樱桃沟出土了石渠遗迹，真想一睹为快，惜行动不便，只得请学生前往拍照。此次有幸故地重游，见部分石渠遗迹得以恢复和保存，十分欣慰。昔日只供皇家园林使用的水源，如今则用之于人民，换来满园秀色。北京植物园在园林建设中重视文物古迹的保护，修缮石渠古迹，是做了一件大好事。

以下附图说明：

按，西山引水石渠的中心建筑是广润庙，故址在今万安公墓（李大钊墓所在地）旱河路北口与玉泉山路相交处，现在已无迹可见。

最初广润庙的兴建，为的是顺地势导引卧佛寺西侧樱桃沟和碧云寺与香山泉水，经人工石渠顺流而下，汇注庙内石砌方池，然后从方池另一侧石渠引水东下。由于地势逐渐下降，乃架石渠于逐渐增高的长墙上，直到玉泉山西墙之外，引入园内，然后汇玉泉山诸泉水，自流东下，汇入昆明湖。

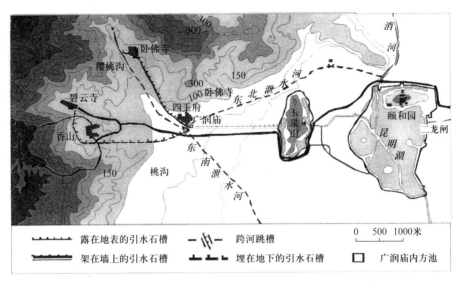

图 53　清代利用引水石渠汇集西山诸泉示意图

注：据侯仁之《北京历代城市建设中的河湖水系及其利用》附图（《侯仁之文集》，北京大学出版社，1998 年第一版，第 110 页）誊绘。

2003 年 7 月 30 日

回 忆

我的母亲

母亲既生我育我，又期待我走上一条她心目中最有价值的人生道路。我清楚地记得，在我迈入中学的时候，她就流露出对我的一种期待说："等到有那么一天，我能坐在课堂里最后一排位子上来听你讲课，该是多么高兴啊！"可是，还没有等到我能够满足母亲这最初的一点希望时，她就与世长辞了。那正是我初中毕业的时候。又过了3年，我考入大学，就在大学的校园里，还有一所附属初级中学。我入学之后刚刚半年，一个偶然的机会使我得以去附中兼课。开始我还有些踌躇，可是我想起了母亲的话，就好像一种内在的力量，驱使我去一面学、一面教，这也终于使我体会到"教学相长"确是至理名言。但实际上，我却更多地倾注了自己的热情在附中的教课上，这就使得我能够和比我更年轻的一代，一同成长，这是我所永远不能忘记的。我作为一个教师，应该说就是从这时开始的，算到今年元月预定的退休时间，我的"教龄"正好满55年。然而就在我任教的这最后一个学期，我又得到一个机会来为全校同学开设一门选修课，而且教室之大、学生之多又出乎我意料，为此又不禁引起了长期隐藏在我心中的一个设想，我设想我的母亲就坐在课堂里的那最后一排位子上。这虽然仅仅是设想，却也给我以激励。因为正是母亲的期待，引导我走上了作为一个教师的生活道路。

实际上，母亲不仅对我有所期待，更重要的是还善于引导我去学习。她自己并没有接受过正规的教育，只是从外祖父那里学会了识字读书。我印象很深的一件事，就是母亲讲到她小时候十分爱惜书籍，因为家境贫寒，得书又很不容易，自己也是只有到每天夜晚才有学习时间。学习中遇到了生字生词，就用一小片剪好的红纸，轻轻地贴在旁边，等到有机会再去问外祖父讲解。我记得初入小学时，母亲就教导我要爱惜书籍，每一册课本都要包好书皮，不得在课本上乱涂乱写，一定要保持书的整洁。这个习惯我一直保持到今天。

到了小学高年级，母亲又为我准备了课外读物。她是个虔诚的基督教徒，那时基督教在上海有个名叫"广学会"的出版机构，编辑出版了一种儿童刊物《福幼报》和一些小本子的儿童故事书，这是母亲为我订购课外读物的主要来源。我从《福幼报》中读到了一些取材于《圣经》的故事，同时也就养成了课外阅读的习惯。但是我最感兴趣的却是描写英国医生李文斯敦（David Living stone）因传教而深入非洲内地进行探险的故事书。年长之后我有机会去英国留学，还曾特意去访问过李文斯敦的故居。至于在我一生中对于地理考察的兴趣，应该说最初还是来自儿时的课外阅读。

母亲不仅培养了我课外阅读的兴趣，还开始引导我去学习写作。这是从学着给那时经常外出的父亲写信开始的。先是母亲念一句，我就写一句，逐渐地我也就学会了自己想、自己写了。正像儿童学步一样，我终于学会了怎样去抒写自己的思想和感情。而今回想，在我一生的写作中第一次被拿去正式发表的，正是我在母亲去世的那个暑假，为了寄托自己沉痛的哀思而努力写成的一个剧本。剧本的题目是《基甸救国》，主题思想是"被俘虏的终于得释放，被压迫的终于得自由"。故事来源于《旧约圣经》，抒发的却是我自己的思想和感情。事后，当我第一次看到自己的写作，居然也能用铅字排印出来的时候，我首先想到的是：如果我母亲还健在的话，她应该是多么高兴啊！那时我刚初中毕业，而母亲却已永远离开了这个世界。在她去世前半年，也曾有一件事，多少也给殷切期待我成长的母亲带来一点欣慰，那就是我在一次学校的讲演比赛中，有幸名列第一。我写信告诉母亲，她立即写了一封短信给我，叮咛我不可自满，还要努力上进。这是母亲写给我的唯一的一封信，可惜未能保存下来，可是母亲的话却永远留在我心中。

当母亲病重的时候，父亲曾把我和比我小两岁的弟弟从外地的学校里接回来，到医院里去看母亲。母亲静静地躺在病床上，拉着我和弟弟的手慢声说："你们要期终考试了，早点回学校去吧，等放了暑假再来看我。"她的病情已是危在旦夕，却不肯多留我们在她身边。后来我方听说，医院里的一位大夫，也是父母的好朋友，在看到我和弟弟走出医院时，他曾望着我们的背影叹了一口气说："这两个可怜的孩子再也看不到母亲了。"

最后，我还必须提到，在读书学习之外，母亲又是怎样引导我去从事体力劳动的。从小时候起，母亲就为我准备了一个小洋铁盆和一个小搓板，要我学着去洗涤自己的小件衣衫，还教我怎样去晒衣衫才能晒得平整，到今天，家里虽然有了洗衣机，可是我还照样用手去洗自己的衬衫内衣。就是在国外留学期间，所有小件衣衫等也都是自己去洗的。

现在回想起来，最有趣的是在我弟弟也能开始劳动的时候，由于母亲善于出主意，劳动就变成了我们兄弟俩的好游戏。例如母亲把院子里用砖修砌的两条甬路，比作当时的京汉铁路和津浦铁路，叫我们每人各管一条，又分配给我们每人一把小扫帚去负责清扫，看看谁把自己负责的那条路，打扫得更干净一些。如果是冬天下了雪，这种竞赛就更加有趣，既要比干劲，又要比速度，结果总是换来一场欢乐。这样就使我们养成了勤于劳动的好习惯。直到最近几年，只要有时间，我还是习惯用大竹扫帚去打扫我家的院子。

比起打扫甬路更值得回忆的是，母亲还把院子里的几处空旷角落，让我和弟弟开辟出来，年年种西红柿。还用红荆条沿边插起篱笆，不得到处践踏。至今我还记得西红柿长得那种枝繁叶茂的样子，而且果实累累，实在喜人。甚至每年霜降之后，还有那么多尚未成熟的大小青柿子挂在枝子上。看着自己手植的幼苗生长起来，一直到枝叶丰满、开花结果，这本身就是一种教育。更有教育意义的是母亲还教我和弟弟学着去养蚕。为了养蚕，我和弟弟在下午放学之后，总要拿起小筐子，跑到镇子附近的农田里去采桑叶。我们那里没有大桑树，可是农民习惯于在地界上栽种桑树。散布在许多田边地界上的桑树，也有很多很大的桑叶可采。而且采过之后又会很快地长出新桑叶来。我和弟弟很熟悉那一带农田里桑树的分布情况，就按时轮番去采摘。采回来的桑叶，要用清水洗净晾干，再去喂蚕。眼看着密密麻麻的小蚕长大起来，从浅边的小筐子换到大笸箩里去，还要放在清凉地方，一定要保持环境清洁，也不许把葱蒜的味带到那里去。在母亲的指导下，我和弟弟真是小心翼翼，尽心尽力地去爱护那两大筐箩的蚕,等到它们长大起来的时候"胃口"也就大起来,一层嫩绿的桑叶撒上去,就能听到一阵轻脆的咀嚼声,很快就给吃光了。最后到了吐丝作茧的时候,我们就把蚕放在平铺的纸张上,所得到的不是蚕茧,而是一张张的丝棉,这就是放在铜墨盒里用来蕴含墨汁的最好材料了。当我写到这里的时候,我好像仍然能够看到那些蠕动着的洁白无瑕的正在吐丝的蚕,它们十分殷勤地上下摇动着自己的头,直到最后安静地停息下来,变成了蛹。

我想,回忆母亲的这篇短文,就写到这里吧。在我写作的过程中,多次抬头看到摆在我身边书柜上面的我母亲的一幅照片,这是历经劫难之后幸得保存下来的关于我母亲的唯一纪念物。在这幅照片上,母亲穿了一身宽大的衣裙,站在院子里,背后可以看到一条甬路以及弟弟和我用红荆条插起来的篱笆。每当我凝视着母亲这幅照片的时候,就好像又听到了她的声音。她从来没有大声斥责过我,虽然我小时候也是个很淘气的孩子,背着父母干了不少淘气的事。记得有一次我偷偷去爬一棵高大的杜梨树,被父亲发现了,喊我下来,还打了我的屁股。可是母亲的期待却更好地教育了我,使我得以在母爱的养育下成长起来。

1988年"五四"前夕,记于北大燕园
(选自《中国文化名人忆母亲——寸草心》,
同心出版社,2004年)

《宇宙之大》再版序
——为纪念亡弟硕之作

今天王鞠侯先生来电话说:"《宇宙之大》就要再版了,如果你能写一篇对于本书译者的纪念文字,希望在两日内交稿。"时间是非常匆迫的,加以教课繁重,抽不出时间为译者写一篇比较详细的介绍;虽然从我最初得到译者被害的消息时起,就已经怀抱了这个志愿。这并不因为译者是我的弟弟,而是因为我觉得我有责任使新时代的中国青年知道在革命胜利的前夜,一个纯洁善良有抱负有志愿的青年,是曾经如何与恶劣的环境奋斗的。——在那个可诅咒的黑暗时代里,勇敢追求光明的青年,他们所得到的常常是死的刑罚,惨酷的死的刑罚!

本书译者惨被杀害到今天,整整是八年零一个月了。在1942年11月20日,他从陕西岐山蔡家坡整日步行到凤翔,在经人介绍投宿凤翔师范的夜间,被凶手们捕捉住,吊在树上活活打死了!那时我以徒刑一年改处缓刑三年的判决,刚刚脱离了北平日本陆军监狱半年,还没有行动自由。一天忽然闻得此凶报,半信半疑,后经证明属实,但于被难情形又极不清楚;说是他被吊起来拷打致死,还是两年前在英国时一位青年同学告诉我的。当我被拘押在北平日本宪兵队以及被囚在日本陆军监狱的时候,我常常这样想:"假如日本鬼子杀死了我,我的弟弟在大后方知道了,一定要加倍努力,为我复仇。"——原先他是在云南,以后才经过四川来到陕西的。可是万万想不到我自己竟然在沦陷区中脱出了异族侵略者的虎口,而我的弟弟却在"自由"的国土上,被祖国的败类刽子手惨杀了。在我最初证实了这个凶报之后,日不能食,夜不能眠,反复幻想我弟弟被杀的情况。我们手足之情深极了,因为先慈四十始生我，为长子；四十三而生我弟，聪慧早熟，如我同年。手足自幼同生共长，感情最笃。初中第三年末，先慈弃养之后，兄弟相依益亲。而今我弟突遭惨杀，对我也无异一个生命的威胁。但是我终于战胜了迁延月余的慢性自杀，重新振作起来，因为在我的生命中，我忽然发现了一个新的意义：我记起了我弟弟生前的志愿之一，就是要为下一代的青年，多预备些深入浅出的通俗科学读物，因为在他自己如饥似渴的求知欲中，深深感觉到这类作品的缺乏，他读过伊林以及法布尔等的作品，他说如果自己一时还因学力不足，不能创作，能翻译也是好的。——现在摆在读者面前的这本《宇宙之大》，就是在这样的志愿下译成的，虽然在他的《译者序》中，他婉转地避免了从正面说出这个志愿，这正是他的谦虚。他生平的志愿原不止于此，他所学的是电机工程，尤其热衷水力发电，曾梦想在黄河上建筑大水闸，等等。这类的志愿不是我所能继承的，但是他要为下一代青年写作通俗科学读物的志愿，我觉得我应该承受下来，这是他的未竟之志，我应该替他完成，使他的志愿活在我的生命中。当时启发了我这个思想的，是我的一位老师。也就是这一念之转拯救了我，从那时起，我就拿定了主意，在我的研究工作中选择一两个主题，要把结果用通俗的文字写出来。此后，每当夜间惊醒，我又好像在黑暗中看见我自己所幻想的弟弟被杀的情状时，就闭上眼睛、集中脑力、思索在研究工作上悬而未决的问题。我清楚记得弟弟曾经告诉我说："要写好的通俗读物，必须先有深入地研究，唯有深入，而后可以浅出，只从文字技巧上下功夫是不行的。所以愈是真正的通俗读物，愈是要由专门的学者来执笔。但是一般专家学者，又往往自诩高深，不肯为青年及一般读者作通俗的介绍，这就是真正优秀的通俗科学读物特别缺乏，而又特别需要的原因。"我在工作中，常常纪念他这话，按照他的指示，努力去做。从那时到现在已经八年了，我还在围绕着我所选择的中心主题之一继续工作——这个主题就是"北京的历史地理"——从文献的搜集到野外的考察，从专题的研究，到系统的整理，未敢一步放松。我从事这项工作的主要目的之一，就是要继承亡弟未竟之志，把我研究的结果，写成一本每一个青年兄弟都能阅读的关于我们首都之发生与发展的地理书。

现在，让我再简单地把本书译者以及与本书的翻译直接或间接有关的几件事，写在下面。

译者是在天津新学书院（*后改新学中学*）读完高中课程的。如序中所说，这册书的原本是他在该校所得的奖品。他在新学高中读书是从 1930 年夏到 1933 年夏，那时新学是英帝国主义者为了进行文化侵略在中国所办的一所标准英国式学校，英文程度极高，科学程度很低，国文程度最糟，为帝国主义在中国造就了颇为不少的洋买办。这个学校的英国传统很深，特别注重考试成绩，凡名列前茅的，不但可以免学费，而且还可得奖品。译者在三年之中，年年考取第一名，现在摆在我书橱中当作亡弟纪念品之一的 1929 年版 *The Concise Oxford Dictionary* 就是他高中一年级的奖品之一，封面内用钢笔分四行写着："Tientsin Anglo-Chinese College—Session 1930-1931—1st Prize in Class S. M.1—to Hou Shih Chih"。S. M. 就是 Senior Middle School（*高级中学*）的简写。这本《宇宙之大》所根据的英文原本，是他高中二年级的奖品之一。高中第三年，他毕业的成绩，据后来有人告诉我说，是打破了该校三十年的纪录的。不知那时为什么没有立刻发奖，等他秋季已经升学到了清华大学工学院，学校才来问他对于应得奖品，有无提议。那时我在燕京大学二年级，我记得很清楚，他回信拒绝受奖了，原因我下面还要讲到。可是过了些日子，英国校长（*中国校长是名义的*）回信来说，这是学校的定章，而且款子也已由校务会通过拨给，不能退回，否则无法处理，仍要他提议受奖的物品。他和我商量之后，写信去要了一只德国制的算尺，他被杀时，这只算尺还应该存在他的行箧中，现在不知如何下落了。

再说他为什么最后一次拒绝受奖呢？说来也是一番愤慨，只因他在校成绩优异，先生们还都器重他，英国校长别有用心，希望他专攻英国文学，所以要保送他先到香港大学进修，再去英国深造。可是想不到这个倔强的青年偏瞧不起这一个"进身之阶"。他虽然读了不少英国文学的古典名著，有的且能上口成诵，但是他那时的心目中却已经憧憬着一个未来新中国的大建设了，而且决定要为此献身。不知道从什么时候起，他开始感受到当时正轰轰烈烈地在苏联所展开的五年建设计划的影响，也不知道他从哪里看了一些关于共产主义理论的书。我清楚地记得他曾向我引述列宁的名言说:"共产主义就是苏维埃政权加全国电气化。"从那时起,他就压下自己对于文学的嗜好,预备专攻水力发电,我也记得他曾批评那时定县平民教育促进会的工作说:"改良几只猪种,就能把农民的生活程度提高么?如果我们不能把黄河上的大水闸建立起来,如果我们不能发出几万万匹马力的电,不必空谈现代化的建设。"(以后他在清华兴奋地拿着 *U. S. S. R. in Reconstruction* 给我讲第聂伯大水闸的建设)读者请莫笑这样的豪语,这是将近二十年前一个中学生对于他祖国建设的伟大的憧憬啊。在这样的憧憬下,他还有心去资本主义的英国读古典文学么?这样的青年,是不会把自己的私利放在心上的,所以完全出乎英国校长意料,对于保送他先去香港后到英国的"好意",断然被拒绝了。他告诉校长说这不是他的志愿,他的志愿是要学水电工程。结果他投考了清华大学。但是他的数学程度不够,在工学院加考的高等数学第二试中,他交了白卷,他满以为无望了,但结果仍以加修数学一年而被录取(我记得他就利用这机会在清华学了德文和俄文)。在他接到录取通知书时,一句话也没说,只在地上跳了三跳。

这本《宇宙之大》是他在高中三年级时开始翻译,到清华大学一年级时才译完的,中间时作时辍,最后我还在燕京大学图书馆里替他誊清过。这可说是他翻译通俗科学读物而终于得到以单行本出版的第一部,其余译述尚多,或专门书籍,或单篇文章,内容除自然科学外,兼及文学、艺术、政治、经济;或用真名,或用笔名,笔名亦常更换,这些我都不预备在此细讲。但是我应该提到的,是他从高中二年级起再不曾为上学拿过父亲一个钱。中学学费他是免了的,其余费用都靠自己的稿费。在我入燕京大学的那一年,他曾对我说:"入大学还要用父亲的钱,我认为是耻辱。"这对我真是一个强烈的挑战,可是我又不像他那样地能写能译。怎么办呢?幸而我也得了免学费的奖金,而且从第一学年第二学期起,我就开始到燕大附中去兼课,那时同班同学每周只上十八九班的课,我却连学带教,每周要上二十八九班的课,但是我可以不再拿父亲的钱了,我可以不被弟弟认为是耻辱了。回想起来,不只这一桩事,在好多事上我都是被弟弟"逼上梁山"的。他被杀了,但是他不幸的死，也成为我在工作上一种"逼上梁山"的力量。说他是我的弟弟，但在这一点上我倒觉得他好像长我几岁一样。

我写了以上这些话，乃是要说明本书的译者，很早就开始了翻译和写作的工作了。在高中时，他还和几个有进步思想的青年油印出版过一个小刊物（名称已经记不起了，好像叫《梦旦》），他是主持编辑的人。他对翻译也非常认真努力，常常拿他认为好的译文来观摩。例如那时开明书店顾均正先生所译的《宝岛》，他认为很好，暑假在家，他就约我坐到河边柳荫下，他拿着英文原本，然后让我把顾译中文本一段段念给他听，遇到译得格外好的地方，他就反复琢磨，其努力如此。

译者在序中还说：他少年时暑假回家，"晚间天井里乘凉时，便老和父亲、母亲嚷着问哪是北斗，哪是南斗，哪是牛郎，哪是织女"。这是我们初中时的事，而他那时已经看过《日知录》了。他所写的这幅景象，如影如画，历历在我目前。我应该补充的是那时我和弟弟常常抬一张床在院子里，躺在上面仰看天星，免得脖子发酸；父亲、母亲坐在椅子上，手摇羽扇，闲话古今。这种有父有母的家庭团聚的快乐，我久已不敢回想了！母亲早年见背，父亲则是在弟弟被杀后一年，以七十高龄饿死于敌伪统治下的故乡的。当时我因无行动自由，不能奔丧，老人家至死也不知道幼子惨遭杀害。继母携养妹在家，曾来信说："……父食青菜死，母妹依纺织活，……初汝叔告余重临（亡弟乳名）死，余不置信；今玮瑛寄祥成叔信，言及重临死，始确信。余与汝妹相抱哭泣，不作不食，间续二昼夜，屡思绝食以共从汝父汝弟于地下，以快心愿，继念儿不得归，媳滞津门，坏土未干，谁为株守？……"同是一幅家庭图画，前后对照为何如？在蒋匪帮的统治中，在日寇的铁蹄下，正不知有几多青年死于非命，正不知有几多百姓家破人亡。我的家庭不过是如此被摧毁的千百万家庭之一，我的弟弟不过是如此被惨杀的千百万青年之一。想到这里，我们才能真实感觉到能够活到解放后的今天，能够工作在自己做了主人的国土上，是多么必要又是多么可喜的事啊！再没有人能随便来抓我们到监狱里去了，再没有人可以任意冲散了我们快乐的家庭了，再没有特务走狗来跟踪我们迫害我们了，再没有民族的败类、无耻的刽子手可以把我们中间最纯洁最优秀的青年吊在树上打死了。我敬告阅读本书的青年朋友：要热爱这个国家，她是我们自己的；要保卫这个国家，她是我们自己的。成千成万的先烈，拿鲜血给我们换来了今天的日子，而这个日子正是本书译者多少年前所期待的、所憧憬的、所准备献身的，可是他已经不在这个世界上了，他所未完成的工作，还要我们来继续。青年读者们，努力吧！

1950年12月20日午夜写于燕京大学燕南园

（选自《步芳集》，北京出版社，1962年）

附录：
侯硕之《宇宙之大》中译本序

首先要声明的，自己是天文学的门外汉，既未做过天文学系的学生，也未选读过关于天文的学科。自己的翻译这书，倒有一段有趣的因缘可说。

中学时读到郭沫若氏的《文艺论集》，内中言及《诗经》时代，中国天文学已甚发达普及，天空中的星座，虽妇孺亦皆熟知，可以顺手拈来，脱口道出。那一段话是这样的："星座中的二十八宿在我们近代的青年能举其名的恐怕已不可多得，更不能指望其能在天体中一一按名指实了，而在当时（《诗经》时代）的女子却能即景赋诗，借星辰以指示物候，例如《小星》的第二阕'嘒彼小星，维参与昴'，参在西洋的 Orion 星座中，昴是 Taurus 的一部分，与邻近的一团小星 Pleiades 两者同是黄道上的二十八宿之一宿，这些名实是我最近两年读了几本关于星学的书才晓得的，回顾我们几千年前作人妾媵的女子竟能借以抒情写实，难道我们不能不深自惭愧么？"（页二三）

后来看《日知录》才知道顾亭林氏已先郭氏将这点道破："三代以上，人人皆知天文。七月流火，农夫之辞也；三星在天，妇人之语也；月离于毕，戍卒之作也；龙尾伏辰，儿童之谣也。后世文人学士，有问之而茫不知者。"

这段话给我很强烈的挑战，很深刻的印象。暑假回家后，晚间天井里乘凉时，便老和父亲、母亲嚷着问哪是北斗，哪是南斗，哪是牛郎，哪是织女。以后在《中学生》杂志上看到了丰子恺先生一篇《夏夜星空巡礼》的文字，那样把神话传说交织在星的叙述里面，更扩大了我这方面的兴趣。

后来一位教师在地理班上讲到有关天文学的地方，常常提起他的同国人琴斯（James Hopwood Jeans）其人来，并拿他那时新出版的轰动一时的 *The Universe Around Us* 以及 *Stars in Their Courses* 等书到班上来传观，并为摘读其中动人的地方。尤其是后一书的活泼的想象和耀目的插图更激发了我的幻想不少，于是学校当局便把这书选定了作为颁发的奖品。得到这书后，宝贵得什么似的，不时把玩，并拿其中插图见谁给谁讲解。有时看得高兴了，便手痒翻译几段。同时我还有晚饭后散步的习惯，便利用这时间，做天文实习的功夫。僭妄地说，有时真像康德似的要跌到水沟里去呢。

话讲来已是几年了，散步的习惯一直继续着，但看星不复仅是一种好奇与兴趣的满足，简直成了一种必要的安慰。当着和了步伐的拍子，仰首与星光灿烂的长天相对时，昼间一切烦扰，俱皆抛于脑后，唯觉物我俱净。不知在什么地方遇到了 Stoics 的一句话："If you would endure life nobly, contemplate the nighty heavens." 深深引为同感。

但每逢看星的时候，总想到那零零碎碎翻译的片段，老发奋哪天把这工作通体弄完了，也算有头有尾，有始有终。这奋不知发了多少次了，直到今年寒假才趁闲把旧稿集拢来整理了，把未译的译完了，了结一桩心愿。

这是译这书的经过，只是出于客串的高兴而已。（下略）

（《宇宙之大》，开明书店 1935 年 12 月初版）

儿时的回忆

儿时的回忆，好像是片片浮云飘荡在脑际，总也抓不牢，却又抹不掉。最值得回味的，是在自己心灵深处曾经激荡起一些浪花的细小事件，这些细小事件的来龙去脉，正像是已经沉入大海深处的东西，再也捞不回来了，只有那些感情上的浪花尽管经历了几十年的风霜，不仅没有凋谢，反而更加芬芳。如果说在我的生命历程中还有点什么可以和当代少年儿童分享的，恐怕也只有这些片片段段的儿时回忆了。

我的妈妈

我的妈妈早在我少年时代就丢下我和弟弟离开了这个世界。妈妈不但给我和弟弟以生命，她还独出心裁地教会了我和弟弟去劳动、去看书、去学习写作。我的妈妈也就是我最早的启蒙老师。

我家有个大院子，院子里有两条砖砌的甬路，从大门分别通向住房的正门和旁门。从小时候起，妈妈就引导我和弟弟去劳动，最主要的一件事就是清扫院子。她从不强迫命令，而是善于引导，把劳动变成游戏，并且鼓舞竞赛。例如她把院子里的两条甬路比作当时的津浦铁路和京汉铁路，要我和弟弟各自管一条，负责清扫，看谁扫得好。这样既增加了我们的劳动兴趣，也多少带来一点常识。到现在我还有打扫院子的习惯，除在严寒的冬季外，我总要在清早起来用大竹扫帚清扫院子，这也符合"黎明即起，洒扫庭除"的古训吧。

我家的院子很大，沿墙的空地凡不妨碍经常活动的地方，都开辟出来种花种菜。春天一来，盛开的丁香有紫的、有白的，香溢庭院，沁人心脾。傍晚时候，我和弟弟负责擦亮煤油灯的玻璃灯罩（那时内地还没有电灯）。这时候，妈妈总是折一些紫丁香插满几个花瓶，摆在房间里。随着暮色渐浓，很快清凉下来的房间里也变得花香袭人了。到了秋天，那年年丰收的西红柿，更是惹人喜欢。我还记得即使在霜降之后，也还有累累果实未及成熟，只好连秧子整棵拔掉。我家也养了几只鸡，因此沿着种花种菜的地方，用买来作柴的荆条夹上篱笆，当然这也都是我和弟弟在妈妈的指导下做的。我们还在院子里种了一棵杏树，刚刚结杏子我们就搬家了，一直到我大学毕业的那一年，我才又得机会回到了久别的故居，房舍依旧，花圃菜畦却不见了，只有那棵杏树独立庭院，显得又高又大。我徘徊在树荫下默默怀念我早已去世的妈妈。现在我自己也已年逾古稀，三十五年来在我现今所居住的庭院里，芙蓉、木槿、丁香和竹林都已郁郁葱葱，有我自己手植的，有我和妻子一块儿移来的，也有和孩子们一起栽种的。但是从我个人来说，我爱庭园的绿化，还是从我妈妈那里传来的，也希望从我这里继续传下去。

妈妈不仅引导我和弟弟搞户外劳动，还要我们学着管理自己的生活，例如我们的衣衫等小件，一定要自己洗。她为我们准备了小铁盆和小搓板，不仅教我们怎样洗，还教我们怎样去晾晒，这些操作上的细节，几十年来已经成为我自己的一种习惯。现在家里有了洗衣机，可是我自己的衬衫、内衣和袜子之类，还都是我自己用手去洗，习惯一旦养成，就是这样难以改变。重要的是在于养成好习惯，可以终生受用不尽。

我第一次看到了一个更大的世界

我儿时的活动范围，绝不限于我家的小庭院。我家的小庭院恰好在一个小镇的边缘，靠近一所基督教的教会中学，我父亲就是因为最初在这所中学教书，才把我的母亲从原籍接来，建立了自己的小家庭，我就出生在这个小家庭里。中学有个大足球场，离我家很近。球场的另一边是一大片松林，这个球场和松林就成了我儿时最先接触到的户外"世界",在这个"世界"里留下了我多少美丽的回忆啊。在雨后新晴的球场上我奔跑欢跳,在松林深处的花丛里我捕捉蝴蝶和金甲虫。但是最重要的一件事是在我幼小的心灵深处,我好像朦胧地感觉到我这个家乡就是世界中心了。因为我在这里仰看太空,天似穹隆,覆盖大地,举目四望,浑圆的地平线,又显示出我这立足的地方,又适当其中。这里正处在华北平原的腹地,地势格外平坦,没有大河,更没有山。邻居有个比我大好几岁的伙伴,是从山区迁居来的,他告诉我说山有"山根",埋在地里就会长出一座大山来。他还答应我说哪一天他回老家去,一定要给我带一块"山根"来,我是多么想得到这样一块"山根"呀!这当然没有成为事实,可是正是这位邻居的大伙伴把我带上了远在郊外的一座"沙山",同去的还有其他一些小伙伴,我是其中最小的一个,可是我所感受的,似乎却又大大超过了其他的小伙伴们。直到现在我还能回忆起当时我自己那种欢天喜地的激动心情。在阳光下闪烁着耀眼光芒的大小沙丘,沿着一条古河床,连绵不断地崛起在一望无际的绿色原野上,有些高大的杏树竟被埋在沙丘里,只剩下一些树尖尖了,可是青翠的叶子还依然挂满在树尖上,真是一种奇观。更加使我感到惊奇的是爬到"沙山"顶上回头一望,我家所在的那个人烟稠密的小镇,竟然消失在视野之外无影无踪了,我好像忽然意识到这个世界可真大呀。

上述这件事大约发生在我初入小学的那一年,以后随着年龄的增长,我亲身经历的世界也在逐渐扩大,从小镇到小城,从小城到大城,从大城到举世闻名的文化古城北京。我的视野每开拓一次,总是带来无限兴奋的感觉,这是一出生就住在大城市里的小朋友们所不会有的一种经历。尽管如此,我第一次爬上"沙山"的那种欢天喜地的新鲜感,比我以后在历次眼界开拓中所带来的新鲜感,都要浓厚得多。正是我儿时和沙丘的这点因缘,使我在成年之后的沙漠考察中有着一种难以言喻的亲切感,我一直都是在炎热的夏季——也就是利用暑假,深入沙漠,不以为苦,反以为乐。为此,我终于开拓了沙漠历史地理这项科学研究的新领域,这又哪里是我儿时所能预料到的呢?可是,更重要的是自从我在高中最后一年来到北京一直到今天,六十五年的时间过去了,而现在正在焕发着时代青春的这座人民首都,却更加强有力地吸引着我去探讨它的过去、展望它的未来。

一个难忘的爱国主义教育的起点

我现在所能回忆起来的儿时生活,总的说来是幸福的、快乐的,但是也没有完全摆脱那个动荡不安的时代的影响。记得有一次在军阀混战中溃败下来的一小股军队,逃窜到我们镇上。镇上那一片惊慌混乱的情景,在我幼小的心灵里留下了一种可怕的印象,至今难忘。

可是与此相反,我还有一种完全不同的切身感受,那是在我小学二年级的时候发生在北京城里的青年学生们的爱国游行示威运动,居然也影响到我们深在内地的小镇上来,我记得最清楚的是母亲为我换上一身白色衣服,帮我做了一面小纸旗拿在手里,送我和小同学们一齐去参加示威游行。这就是发生在1919年的"五四运动",自然是到我长大之后,我才真正认识到这次运动的伟大意义。我真幸运,在我一生所身受的爱国教育中,能有这样一个不平凡的起点。

我学习写作是怎样开始的

我还在小学读书的时候,母亲总是借着父亲去外地的机会,开始教我学着给父亲写信。后来弟弟上了小学,也是这样。实际上这也就是我和弟弟学习写作的开始。不仅如此,母亲还为我们买了一些课外读物,主要是上海广学会出版的。广学会是基督教创办的,当然是以宣传宗教为主的,但是也出版了一些知识性的图书和少年儿童读物。其中我印象最深的是儿童期刊《福幼报》。这就开始培养了我和弟弟课外阅读的兴趣,而且母亲还曾鼓励我们学着写些小故事。我最后悔的是在母亲去世之前我没有能写出什么值得拿给她看的东西。到了我初中三年级母亲因心脏病而去世的时候,我经历了一种难以忍受的痛苦,再加上当时由于北伐战争的失败,原来以为可以一扫而光的社会腐败现象，又死灰复燃，甚至更加猖獗起来。这时个人的痛苦和对于时事的焦虑交织在一起，终于促使我产生了一种难以抑制的创造愿望，我不能再在悲哀失望中消沉下去，应该打起精神抬起头来向前看。于是我决心利用暑假的时间集中精力，进行写作。这时我想起了从母亲那里听到过的一个《旧约圣经》里的历史故事，讲的是一个为本族人民争取解放的热血青年的事迹，也曾使我深受感动，于是我就以这个青年人的斗争为本题，在暑假结束之前全力以赴地写成了一个题作《基甸救国》的剧本。剧本的主题思想就是故事中原有的两句话："被压迫的终于得解放，被俘虏的终于得自由"。事后这个剧本居然被父亲的一位朋友拿去刊登在山东齐鲁大学的《鲁铎》月刊第一卷第二期上，这是我的第一篇作品，此后我再也没有写过剧本。当时我之所以选择剧本这个题材，是因为我在初中二年级时，曾和同学们一块上台演过一个爱国主义的话剧《山河泪》，我曾为这个剧本感动得热泪盈眶，而且在演出中也尽力扮演了自己的角色，这次演出也是我参加过的唯一的一次。《基甸救国》这个剧本的写作虽然是很大胆很幼稚的一个尝试，更难免缺点和错误，可是它却终于把我从悲伤痛苦的磨难中解脱出来，使我重新获得勇气而奋发前进了。

弟弟的一个志愿也在我的生活里扎下了根

然而，在人生的道路上，磨难总是会不断出现的。母亲因病去世后十三年，我弟弟又惨遭民族败类的杀害，这使我又一次深陷在悲伤痛苦之中。他毕业于清华大学，专攻水电工程，梦想有朝一日能在黄河上兴建大水闸。他又喜欢涉猎科学通俗读物。他的中英文都很好，早在中学时期他就把英国一本通俗的天文学著作译为中文，书名《宇宙之大》（开明书店《青年丛书》，1935年）。译稿是我帮他抄清的，这也引起了我对科普读物的兴趣。就是在这本书的"译者序"里，他有一段话记到自己小时候是怎样对天文学发生兴趣的，他说："暑假回家后，晚间天井里乘凉时，便老和父亲、母亲嚷着问哪是北斗，哪是南斗，哪是牛郎，哪是织女。以后在《中学生杂志》看到了丰子恺先生一篇《夏夜星空巡礼》的文字，那样把神话传说交织在星的叙述里，更扩大了我这方面的兴趣。"他这里描述的小时候在夏天的夜晚，和父亲母亲坐在院子里乘凉时那种谈天说地的情景，至今我还记忆犹新。但是更使我怀念难忘的是他在译书的过程中所讲给我的一些话。他说："要写好通俗读物，必须先有深入的研究，唯有深入才能浅出，只从文字技巧上下功夫是不行的。"这说明他已经有志于科学普及读物的创作了。可是万也没有预料到，抗日战争期间我在沦陷区脱离了敌人的虎口，而我的弟弟却在追求光明进步的道路上惨遭杀害。噩耗传来，我多次在睡梦中惊醒，好像看到了他被鞭笞致死的惨状。我受益很大的一位老师开导我说："弟弟献身于祖国水电事业的志愿你无法继承，可是为什么不把他决心以业余时间为青少年写作科普读物的志愿继承下来呢？"老师的启发，又一次把我从悲伤痛苦的磨难中解放出来。从此，我弟弟少年时代的一个志愿，又开始在我的生活里扎下了根。只可惜我弟弟没有能活到他梦寐以求的现在我们这个社会主义的新时代。亲爱的小读者们，这个幸福的时代是属于你们的！

（选自《中国名人谈少儿时代——风雨年代》，

北方妇女儿童出版社，1990年）

读冰心师《我和北京》

1988年夏我读过冰心师为北京《学习与研究》月刊所写的《我和北京》一文之后，立即引起了内心的共鸣。实际上我并没有听过冰心师的课，也很少有机会亲聆她的教诲，可是在我的少年时代，我认为她乃是给我心灵以莫大启迪的第一位老师。因此后来到我报考大学时，我才有可能比较顺利地迈进了以燕园闻名的高等学府的门槛。

如今回忆，那还是我在初中一年级的时候，从一位同学那里偶然看到了《超人》这本书，借来阅读之后，竟深深地触动了我。它好像忽然把我引进到一个心灵中所能亲切感受的新境界，同时也就启发了我广泛涉猎当时正在蓬勃兴起的所谓新文学的作品，从郑振铎等人的文学研究会，一直到郭沫若的创造社、蒋光慈的太阳社等等的出版物，只要接触到的，无论是小说还是诗集散文，无不感到兴趣。可是我再也没有意料到，后来在我投考大学时，从《超人》开始的新文学的广泛阅读，竟然有助于我比较顺利地通过了燕京大学的入学考试，并且获得了优厚的奖学金，否则我也是无法入学的。

事情的经过是这样的：我高中毕业于通县潞河中学。该校可以保送高中三年达到一定成绩的学生参加燕京大学提前招生的特别入学考试，只考国文和英文。我得到这个机会，和被保送的其他同学，直接到燕大校园参加考试。主考国文的是一位女老师，她在黑板上写下两篇作文题目之后不久就离场了，由他人监考。事后我才知道命题的就是冰心老师，很可惜当时没有听到她什么话。这两篇作文题目，一篇是"雪夜"，要用语体文来写。另一篇是"论文学革命与革命文学"，要用文言文来写。我看了题目，自觉得心应手，于是满有把握地尽先交了卷。英文考试自信平平，试题也没留下任何印象。正是因为这个原因，当我收到燕京大学的录取通知时，我就已经暗自心许冰心就是我的老师了。也正是因为我有机会进入燕京大学，才使我有可能和北京结下不解之缘。1988年夏由我主编的《北京历史地图集》刚好出版，又正好读过了冰心师的《我和北京》，于是我决定把这部图集奉送冰心师一部，也是"饮水思源"的意思，并附上一信，照录如下：

冰心我师：

您在《我和北京》一文中写道："我和北京的感情是深厚的，是与日俱增的，……提起北京，我想到她的过去、现在和未来，我总是有说不完的话，……"读了这几句话，我真是高兴极了，因为我也对北京怀有深厚的感情，只是笨拙的文笔，写不出对她应有的内心感受。虽然从我少年时代起，您的文学创作就曾给了我以深刻的影响！正如我在一篇短文中所写的那样，是您的《超人》"像一泓清流注入了我儿时生命的小溪，也像一阵清风吹开了我少年时期的心扉"［见《商务印书馆九十年》纪念文集，第423页］。可是后来一种意想不到的机遇，却把我引向了另一条生命的渠道。四年前我曾写下过如下一段回忆："那已是半个多世纪以前的事了。我作为一个青年学生，对当时被称作文化古城的北平，心怀向往，终于在一个初秋的傍晚，乘火车到达了前门车站。当我在暮色苍茫中随着拥挤的人群走出车站时，巍峨的正阳门城楼和浑厚的城墙蓦然出现在我眼前。一瞬之间，我好像忽然感到一种历史的真实。从这时起，一粒饱含生机的种子，就埋在了我的心田之中。在相继而来的岁月里，尽管风雨飘摇，甚至狂飙陡起，摧屋拔木，但是这粒微小的种子，却一直处于萌芽状态。直到北平解放了，这历史的古城终于焕发了青春，于是埋藏在我心田中并已开始发芽的这粒种子，也就在阳光雨露的滋养中，迅速发育成长起来。"［见《北京的城墙和城门》中文译本序］

现在敢于奉告我师的是这粒种子，借助于集体的培育，也已开花结实。果实之一就是这部《北京历史地图集》，送上一部请我师笑纳。追本溯源，如果不是《超人》把我带入了一个新的精神世界，如果不是在燕京大学入学的语文考试中由于您的命题而得到顺利"过关"，我恐怕也就不会和北京结下这种不解之缘了。

"生命从八十开始"！敬祝

我师健康长寿！

按我写这封信的时候，冰心师已是88岁高龄，依然写作不息，自谓"生命从八十开始"，我也就借了她这句话，致以最衷心的祝愿。我想正不知有多少读者也必是和我一样，心怀着这同一声美好的祝愿的。请侧耳细听"我请求"这一声呼吁，从祖国辽阔的大地上所引发出来的那滚滚春雷似的回响吧！冰心师这篇为广大中小学老师请命的短文，竟惹得妻子也痛哭起来。

（选自《奋蹄集》，北京燕山出版社，1995年）

最后告别冰心师　永难忘怀的纪念

2月27日,也就是冰心师永远离开我们的前一天夜晚,忽然接到吴青的电话说:"妈妈病危……"当时我再也听不下去,放下话筒,立刻和妻子张玮瑛商量,决定28日一早赶往北京医院,并回电话告诉吴青,她说哥哥吴平明天守护在那里。

28日一早来到医院病房,看到冰心师闭目宁静地仰卧在床上。我和玮瑛轻轻走过去,俯视着她,她仍然是那样地安详,还可以听到她轻微平稳的呼吸声。我的心情立即轻松下来,就和玮瑛在吴平的陪同下,一直回到过厅里。吴平又详细讲了中央领导同志和亲朋好友前来慰问冰心师的事,还看了他们每个人的签名,其中朱镕基总理还特别写下了祝愿冰心师健康长寿的话。这时我自己也心血来潮,忽然想起了冰心师80岁生日时还要坚持写作的那句话:"生命从八十开始"。我曾因此而深受感动。于是我也立即拿起笔来写道:玮瑛和我都已年过八十,也要继续努力工作。当时的用意是说我们还都在听从老师的话。可是刚一落笔,我又忽然想起十多年前,冰心师为了要求提高广大中小学教师生活待遇所发表的那篇题作"我请求"的短文,到现在都已落实了,于是我又把当时玮瑛和我读过这篇短文而深受感动的事,也写下来,作为对冰心师永难忘怀的一种纪念。可是,就在我和玮瑛回到家中的当天晚上,冰心师就永远离开了我们!

几天过去了,心中总不平静,想到在医院中为纪念冰心师所匆匆写下的两点感受,还应该作些补充,似乎更应该说明的是我自己又是怎样在冰心师的影响下,开始成长起来的。终于想起了十年前的一篇旧作,正是借用冰心师已经发表过的一篇文章的标题:"我和北京"。现在就把自己十年前的这篇旧作,照录如下,作为我对冰心师永难忘怀的纪念。

忆洪业师兼为《六君子歌》作注

第一次给我以严格的训练并耐心引导我走上治学道路的，是我在燕京大学的老师洪业（煨莲）教授，这已是半个多世纪以前的事了。十年前的春天，在阔别三十四年之后，我才得有机会访美和妻子张玮瑛一同去他那里团聚一周。那时他已是八十七岁的高龄，早已完成了他一生心血所寄的专著《杜甫——中国最伟大的诗人》一书（英文本，哈佛大学出版社，1952年），可是对于他长期进行研究的古籍《史通》，仍然爱不释手。一天晚饭后，他还兴高采烈地把亲自校注的这部书的一种珍本拿给我和玮瑛，细加解说，再也没有想到这竟是他亲自讲授给我们的最后一课。现在这部珍本《史通》已赠送给北京图书馆永久收藏，这也就最好地寄托了我们的老师对祖国深刻的怀念之情。至于对我个人来说，最可珍贵的还是在祖国最危难的时期，煨莲师所写给我的一些亲笔信件。那时还在抗日战争期间，北平正处在敌伪的残暴统治下，我曾和煨莲师等共十一人被日寇逮捕入狱。我是十一人中最年轻的，也是最后被判刑的六个人中的一个（详见拙作《燕京大学被封前后的片段回忆》，载中国人民政治协商会议北京市委员会、文史资料研究委员会编《日伪统治下的北平》，1987年）。事后煨莲师曾为最后判刑的六个人，写了一首《六君子歌》，所描写的都是他在狱中所目睹的。至于出狱之后，六人各有其道，不是我在这里所能评述的，但是我仍然十分珍视煨莲师以谐音"为怜"署名所亲笔写给我的这首歌词。其后虽历经浩劫，幸未遗失。在歌词中我师描写我说"侯生短视独泰然"，其实我心焚似火，自己的深度近视眼镜已被日寇扣留，行动不便，就只好静坐置生死于度外了。今天适逢我师谢世三十周年，无限怀念之余，又忽然想起北京文史馆要求以"文史为主，侧重个人轶事"等内容写稿，限定于年前交卷。考虑再三，决定复印煨莲师《六君子歌》手书一页，并附此小记兼作个人纪念，或许还是符合索稿要求的。

侯仁之，1990年12月22日于燕园

六君子歌 *
洪煨莲

张公谩骂如癫狂，涸厕败帚执为鞭，佩剑虎贲孰敢前；
陈侯静寂若寒蝉，解衣扑虱数盈千；蔡郎病热日长眠，
低唤妻儿梦连绵；林子食箠著四篇，画饼充饥口垂涎；
诗家赵老无椠铅，长爪能传厕上笺，刻画南冠惨态全；
侯生短视独泰然，偏谓西牢居处便；毕竟吉人相有天，
斯文未丧秦坑边，凄凉往事等云烟，偶尔回头忽二年。

---

* 歌中所言六人为：张东荪、陈其田、蔡一谔、林嘉通、赵紫宸、侯仁之。

《洪业传》读后题记

《洪业传》，这是一部启发人深入思考的传记，记述了一位富有情感、学贯中西、笃于信仰、严于律己的学者，同时又以辩才见称于时，而其行文赋诗则独具风格。更重要的是他献身教育事业，乐育英才如家人子弟。在燕京大学的创建中，为弘扬祖国传统文化，决心致力于学术研究和图书馆的建设；又延揽博学名家，编辑出版《燕京学报》；更独出心裁，设计编印《引得》特刊丛书，嘉惠学者，驰誉海内外。及其晚年，长期羁旅异邦，乃尽先完成寄托其祖国之思的英文著作：《杜甫——中国最伟大的诗人》(*Tu Fu: China's Greatest Poet*)。捐馆前夕，仍在孜孜不息于刘知几《史通》一书的校读研究。在一生的最后期间，于寂寞孤居之中，幸得陈毓贤女士趋前就教，立意采访其平生经历，情挚意切，颇引以为慰。于是乃约定每逢星期日下午，且谈且议，畅述长达近一个世纪的生平。自1978年至1980年，前后历时两年有余，未尝一次中辍。手指口述之外，又辅以参考资料。毓贤女士忠于记录又勤加校订，首先完成英文本传记一部，题为 *A Latterday Confucian: Reminiscences of William Hung (1893-1980)*，1987年由哈佛大学东亚研究委员会（Council on East Asian Studies, Harvard University）付印。又经作者自译为中文，由台北联经出版事业公司于1992年出版，题作《洪业传》，副题《季世儒者洪煨莲》，仍是英文原本书名的直译，只是略去了"回忆录"（Reminiscences）一词。全书内容共计21章，各章标题一如英文本，只是最后一章又并入英文本中跋语（Epilogue）的内容。英文本中"附录"，包括引用书目在内，中文本则一律从略。只是这部中文本改写序文一篇，较之英文本原序，更加具体地讲到了书中资料的来源，节录如下：

> 洪先生不要传记在他生前出版，因他讨厌歌功颂德的文章。所以我下笔处处都于"忠实"上着想。传记的资料约百分之八十完全根据洪先生的口述，但他有时用英文讲，有时用中文。所以我有时要翻译，有时得加浓缩、注解。不过基本上是洪先生以自己的观点描述往事。另外百分之十是根据我对他本身、亲友以及环境的印象写的。其余百分之十则是根据文献、实地考察与洪先生的学生旧友书信来往等各种探讨。

写到这里，我实在深感作者忠于记录，矢志不渝。她不惜时间和精力，以最忠实的写作态度，为后之学者留下这样一部可供阅读的传记。如非出于至诚，这是很难做到的。况且她也充分认识到工作中所能遇到的困难，然而竟有出乎意料的情况，这在她的序文中也都讲到了。她是这样写的：

> 八十多岁的老人回忆将近一个世纪的往事，差错是免不了的，尤其是洪先生在康桥手边可凭据的档案不多。可是很多事件我后来有机会和当事人会谈，发现洪先生的记忆一般说异常准确。甚至有些事，我初听来觉得"比小说更离奇"，后来竟然被印证了。

看到传记作者的这番话，我作为曾经受教于煨莲师门下的一个学生，也是深有同感的。虽然如此，我仍旧有一种感觉，即在煨莲师言传身教的细节上，如果能直接引证第一手资料，当更有助于读者深入了解所谓"季世儒者"的深刻含义。或许不冠以"季世"而改为"近世"二字更为恰当些。

我敢于有此设想，乃是因为在一种不同寻常的机遇下，我竟然能够屡屡得到煨莲师的亲笔赐教，涉及读书治学以至于处世为人的基本准则。这对我个人来说，如获至宝。五十年来虽历经劫难，而当年所获我师手札，依然保存完好，笔迹墨光宛然如新。我今愿择其中四件及诗一首影印如下，或许稍可弥补《传》之不足，只是还需略作说明，附记于次。

按1941年12月燕京大学遭日本侵略军查封后，我与煨莲师同遭逮捕。翌年5月煨莲师先被开释，移居北平城内（详见《洪业传》第十七"被押入狱"章）。同年6月，我因协助在校学生参加抗日战争，经日寇军事法庭判处徒刑一年，缓刑三年，取保开释，已是无家可归。幸得岳父母照顾，与妻子张玮瑛寄居天津。当时，在敌伪统治下的艰苦岁月中，师生分居平津，难于朝夕趋谒，使我完全丧失如在校期间亲炙教益的机会。幸而赖有友好代为传递音信，却又使我享有意外的收获。三年之间屡得煨莲师赐函，情真意殷，谆谆诲我以为人治学之道。我因而设想，如此弥足珍贵之手书，或可稍补《洪业传》一书之不逮。乃略加选择，请予影印，这不仅是隆情深意传神之笔，亦可略见我师高风亮节之真迹。今擅自决定，但愿我师在天之灵有以谅我。至于师生之间见解偶有不同，自当别论，固无损于师生之深厚情谊。还应顺便提到的是：自1946年春煨莲师赴美讲学之后，一直到1980年4月我与玮瑛借访美之便，才得重新拜见我师于康桥。初不料相聚匆匆数日，竟成永诀，痛何如之！是年12月我师病逝康桥。迄今重读五十年前我师手书，恍然有如昨日，心情激动，无以自持，就此搁笔。

> 1995年"3·18"纪念日完稿。19日下午阳光普照中抄清于燕南园61号阳台上。我师故居54号，相去百米，依稀可见于丛林翠竹间

附录四函：

函一

郭君转来邮来及钟翰携来共三函，皆已阅悉。《金水河考》已匆匆读过一遍，得见创获累累，胸中为之一快。一年有半以来，此为第一次见猎心喜也。中间有尚宜斟酌者若干点，得暇当细为签出，下次相见时可就而讨论之。何处尚未进行，因别有所窥望，如能成则何处等蛇足耳。一星期后，如可请假，尚宜到此一行，并当作二三日之逗留也。仁之贤弟左右

业顿首

廿五日

函一：《北平金水河考》初稿，送呈煨莲师审订。覆函倍承激励，溢于言表。又

蒙亲切指导，一再修改。抗日战争胜利后《燕京学报》复刊，为第30期（1946），全文幸得刊载。信中所记"郭君"，即郭纪森，今尚健在，为全国新华书店先进工作者，当时经营旧书业于琉璃厂，经常来往平津，赖其传递信件。"钟翰"即同学好友王钟翰，现任中国民族大学历史系教授。

函二

仁之贤弟：《天津史表长编》草例甚佳，谨奉还。窃谓天津史之重要，其在近代，尤当注重外交一项。故凡有西文史料，最宜重视者也。近闻有天津编志之议，当局或欲借题以沾润寒士。吾弟此编正可为修志之用，然当今尚宜秘之，非干禄之时也。又所闻不知是否属实，故亦请暂勿告人。陈泽晋函，乞仍为转交是荷。顺祝
阖府无恙

业顿首
三月五日

函二：《天津史表长编》系组织青年同学课外编写，参与计划之同学今尚健在者如王金鼎，新中国成立后，曾任中国共产党天津市委员会文教部长，现为市委顾问。信中在写作指导之外，又谆谆告诫以处世为人之道，令我终生难忘。又，陈泽晋为燕京大学校友。

函三

仁之贤弟如握：郭君带来手书，谨悉。咸菜之惠，乞代向张太夫人致谢。《西山地质志》，敝处各架上寻之不得，此书恐在寄存书中，不知在何处矣，拟托人向他处代借以备用也。月前以独健之介，得识天津孙冰如君（名明鉴），觉其人必为将来实业界重要领袖，而能热心于教育，尤为难能可贵。甚欲吾弟与交，用具介函于此，务持往见。伐木丁丁，求其友声，想亦吾弟所甚乐者也。工商讲演，能得听众欢赏，闻之慰极。但当今乱世，服善之公心少，而忌能之疾妬多。毛锥半露，已足以售，不必锋芒毕见。业十年来几若吞炭，此意亦仁之所能领略者也。寒假中北游之计，凡在知好，当极欢迎。顺祝
阖府无恙

业顿首
六日

函三：信中所记"郭君",见函一注。"张太夫人"为仁之岳母梁撷香,一向热心公益,历任天津广东中学董事会董事及天津基督教女青年会董事会董事。"独健"即元史专家翁独健教授,与清史专家王钟翰教授合作为《洪业论学集》(1981年中华书局出版)作序。孙冰如毕业于北京大学,天津实业家。新中国成立后,曾历任天津市人民政府委员会委员、天津市工商业联合会副主任委员,"文化大革命"中被害。"工商讲演"系指仁之在天津工商学院(法国天主教会创办)任教期间,曾应邀为学生作课外讲演以清代陈潢治理黄河为主题,旨在说明,防治水灾,为民除害,堪称民族英雄。我师闻讯,欣慰之余,深切关怀,推心置腹,相与规劝,此其一例。

函四

仁之贤弟如晤：廿余年来,友好以著作来命作序文者,无虑数十起,业辄逊谢,弗敢执笔。就中唯忆《太平天国起义记》译本,因原书版本源流宜有叙述,遂增改简君序文以为之,仍用简君名(仁之按：即译者简又文),不署业名。盖少年时,曾读《逊志斋集·答闽乡叶教谕书》"文当无待于外,序实无益于书"之论,深感正学先生之言有理,因自立志,吾读书但恐无成,倘博观约取,厚积薄发,而能有述作,当不求人为序。又推己所不欲,勿施于人之意,亦不敢为朋友文字作序耳。古代序文之流传至今者,如《易》之序卦,《诗》《书》之小序,《淮南》之《要略》,《史记》之自序,刘向之《叙录》《书录》,班固之《汉书叙传》,许慎之《说文序》,应劭之《风俗通义序》,赵岐之《孟子题辞》,何休之《公羊解诂序》之属,虽其名称间有异同,虽其或殿书后,或弁篇前,体例微殊；虽其或仅为目录纲要,或仅注意校雠完阙；或复纵论古今著述,或并兼道家人身世；亦自不必一律。然其有一贯相同者,一律则自己之著作,自己为之序。其为昔人之著作,亦必以己为校订注释之故,而为之序是已。未见有书成自我,序出友朋,借彼吹嘘,发此幽潜者也。《世说·文学篇》言左思《三都赋》成时,时人互有讥訾。迨求询于皇甫谧,得谧为作序,然后先相非贰者,莫不敛衽而赞述。然此由汉末党人标榜之习已兴,魏晋文士品藻之风更剧,已不足为尚矣。且《文选》所载,左赋固有自序,简而有致,亦自佳。士安之序,则离居他卷,蛇足之累,反相形见绌者也。唐宋以后,此风尤甚。降及近代,且弊端百出。或达官贵人假手门客，虚炫提倡风雅之功；或文豪名士姑徇俗宜，惯作模棱敷衍之辞。病之轻者，徒滋讥笑；患之大者，竟启祸仇。甚矣此风之不可不革也。业于仁之，岂吝数行序文，顾自愧学问文章之妄以传授仁之者都无足道，唯铿铿小人之心可以自布于仁之之前，而敢信仁之必不我怪耳。抑亦欲仁之自序其著作，文章千古事，得失寸心知，不特不复别求序文，且使世之名贵，虽欲为仁之文字作序而将不可得也，不亦快哉！工商已定设立史地学系，闻之喜甚。昨见绪典，已以仁之意告之，绪典亦甚感激。梁书事固不必勉强。月中如能北来，不胜引领望之。冰公倘能再降，尤所欢迎。白首论交，已恨相知之晚；逝者如斯，何止三秋之如。乞以此意告之。顺祝

阖府无恙　（下略）

函四：寄居天津三年，写成《天津聚落之起源》一书，工商学院将以特刊付印，因求序于我师，获此覆示，长达三页，只是说明不能允我所请，我心诚服。按信中旁征博引，立意恳切。只是我师信笔写来，豪情所寄，不能自己。喜其笔锋淋漓，意境非凡。因逐字清钞，重刊于后，以便阅读，实难再作解释。只是最后部分，有应作说明者一事，即工商学院新设女子文学院史地学系，约我兼做系主任，遂有意约师兄徐绪典来系任教，其事未果。徐现任山东大学历史系教授（此信已影印，见拙作《燕园问学集》，上海教育出版社，1991年，第25—27页）。

（原载《燕京学报》新二期，1996年）

附录:

A Postscript on *The Biography of Hung Ye* (William Hung)

Hou Renzhi

Summary

The Biography of Hung Ye, with a subtitle, *A Latterday Confucian,* by Susan Chan Egan, was first published in English at Cambridge, Massachusetts. This Chinese translation by the same author was afterwards published at Taibei. However the word "Reminiscences" before the name of William Hung in the English edition is omitted. The preface is rewritten with some changes and all the Epilogue, Appendices, Bibliography and Glossarial Index of the English edition are omitted.

The writing of this *Biography* originally took place during a period of two and a half years just before the death of Professor Hung in late December 1980. As Professor Hung lived alone in his last years, he promised the author a verbal account of his life once a week every Sunday afternoon. Tape recordings were taken which amounted to more than three hundred hours. It is a most reliable account of the life of the professor.

After reading this Chinese version of the *Biography* I think it would probably be improved if some personal writings in a familiar way could be added to this Chinese version. This idea comes to my mind because I have several letters from Professor Hung who wrote to me over a period of three years after both of us had been released from imprisonment by the Japanese invaders at Beijing in 1942. These letters have been preserved with great care in the last fifty years since 1945. These letters were written in a very friendly way which showed how he educated his pupil in a typical Chinese traditional way and how he proved himself a true, typical Chinese scholar. Hence four of these letters and one of his poems describing the daily behaviour of six of his fellow inmates in the Japanese prison are reproduced here.

谊在师友之间
——怀念梁思成教授

一

每逢怀念梁思成先生,首先浮现在我眼前的是他那颗"赤子之心"。这一点,在我的前辈学者中,他所给我的印象最为深刻,也是最为可贵的。

可是在我亲炙思成先生的教益之前,我又首先是从他的夫人林徽因先生那里,听到了他们共同的"心声"。

五十多年前,当我还在北平燕京大学本科学习的时候,每个学期学校总要举办几次"大学讲演",主讲人大都是从校外请来的知名学者,学生们可以自由参加听讲。我在这一讲座上听过一些名家的学术讲演,如胡适讲传记文学,葛利普讲古生物学等,都颇开眼界。大约是1934年秋天的一次大学讲演,主讲人是林徽因先生,讲题是"中国的塔"。我决心去听讲,并不是我对塔的建筑有多大兴趣,主要是慕名前往。可是再也没想到,这一次精彩的讲座,却启发了我对古典建筑艺术的感受。只是后来我从《中国营造学社汇刊》上读到了梁思成、林徽因两位先生合写的《平郊建筑杂录》时,好像是那次精彩讲座上的回声,又忽然在我耳边重新响起。文章中有这样一段话,不妨摘录如下:

> 北平四郊近二三百年间建筑物极多,偶尔郊游,触目都是饶有趣味的古建。其中辽金元古物虽然也有,但是大部分还是明清的遗物。有的是煊赫的"名胜",有的是消沉的"痕迹",有的按期受成群的世界游历

团的赞扬，有的偶尔受诗人的凭吊或画家的欣赏。这些美的存在，在建筑审美者的眼里，都能引起诗意的感受，在"诗意"和"画意"之外，还使他感到一种"建筑意"的愉快。这也许是个狂妄的想法——但是，什么叫作"建筑意"？……

  天然的材料经人的聪明建造，再受时间的洗礼，成美术与历史地理之和，使它不能不引起鉴赏者一种特殊的性灵的融会，神志的感触……

  无论哪一个巍峨的古城楼，或一角倾颓的殿基的灵魂里，无形中都在诉说乃至歌唱时间上漫不可信的变迁。

以上这段引文，我曾一读再读。其中使我最有感受的，还是最后的几句话。因为当时我正热衷于探索北平这座文化古城的起源和变迁，已经感觉到单凭文献记载是不行的，需要实地考察，特别是实迹的印证。因此经常只身跋涉于荒郊野外，对于今昔陵谷的变化、水道的迁移，偶有所得，亦尝不胜快慰，却很少注意到从掠眼而过的那些风雕雨蚀的古建筑中所透露出来的"时间上漫不可信的变迁"。此后不久，我大学毕业，作为顾颉刚老师的助教，协助开设"古迹古物调查实习"一课，到这时，我才真正考虑到古代建筑在印证"时间上漫不可信的变迁"中的重要意义。在北平这座文化古城，虽一砖一瓦之细，亦多渲染鲜明浓厚的历史色彩，引人遐思，更不必说什么巨大的古代建筑以至颓败中的遗址废墟了。为此，我特地举了如下一个实例，写在我为这个实习班所编写的一本小册子中，希望对班上的学生有所启迪：

  尝读英国史家吉本自传，方其壮年，只身作罗马古城之游，一日傍晚，独步踟蹰于坛庙废墟间，见虔诚跣足之修道士，歌颂晚祷于罗马神殿前。一念所中，不禁有华屋邱山之感。自是乃淬砺心志，卒成《罗马帝国衰亡史》，文笔绚烂，史法谨严，为近代西方史学一大名著，一百五十年来，无能过之者。史迹感人之深，有如斯者。

           （《故都胜迹辑略·前言》，燕京大学历史系印，1940年）

如今回想，这门课的开设，与其说是对当时的学生倒不如说是对我这个青年教师产生了更大的影响，而饮水思源，除颉刚师外，我是更加受益于思成先生和徽因先生的。现在追忆往事，最感懊悔的是我未能在两位前辈健在的时候，亲自向他们诉说：在我青年时代，我是如何受到他们的感染和熏陶的。

二

  从我听过徽因先生的讲演之后，一隔十五年左右，中间经历了"一二·九"学生运动、抗日战争和解放战争等重大历史事件，我才终于有机会得以亲炙思成先生的教益。1949年秋，在新中国举行了隆重的开国大典之后不久，我怀着激动的心情，专程到清华大学访问了思成先生和徽因先生。徽因先生在家中也像在讲台上那样才思纵横，侃侃而谈；可是思成先生看上去却显得格外诚挚而宁静。只是在相继而来的接触中，我才感觉到他那颗充满了热情而又含有几分稚气的心。他对新鲜事物是那样地敏感，又那样地认真。那时我刚从英国回来不久，又回到燕京大学教书。两校毗邻，时相过从。许多细节，无须在此赘述。只是有两件事，对我个人来说，其影响所及，一直到今天，这是在纪念思成先生诞辰八十五周年时，我所绝对不能不想到的，应该简要地写在这里。

  第一件事，是思成先生给我一个机会，到他所领导的清华大学建筑系，开设一门有关城市历史地理的新课，叫作"市镇地理基础"，目的是为建筑系——特别是有志于城市规划专业的同学，提供一些关于城市的起源和发展，城址的选择和迁移，以及城市建设中有关地理环境上的诸问题，作些初步的介绍。为了避免过多抽象的原则性论述，我考虑还是以试图解剖我国历史上一些名城的城市建设为例，作些具体的说明。现在回想，当时自己真有些"初生的犊儿不怕虎"，竟然敢如此大胆地去设想。然而更为大胆的是思成先生，他居然同意并且大力支持我去开设这门课。他凝神睇视着我，用真挚的感情安详而略带幽默的语调鼓励着我。在这一刹那间，我感觉到他是一位

"大师",因为他把晚辈的一个教师看作自己的学生那样去对待。我实在不知道是怎样一种力量促使他这样做,也许就是我所说的他那颗"赤子之心"吧。

　　第二件事,是思成先生还推荐我在50年代初期,作为"北京市都市计划委员会"的委员,参加了一些具体工作。当时他担任该委员会的副主任,工作极忙,但仍有一些个人接触的机会,进行一些业务上的探讨。这时他所给予我的一个突出印象,是一方面他既执着于一些个人独到的见解,总也不肯轻易改变;可是在另外一些方面,他又"虚怀若谷",善于并且乐于接受别人的观点和看法。例如在讨论北京城墙的存废问题时,明知保留有困难,他仍然执意去阐述自己的设想,知难而不退;在他写作《北京——都市计划的无比杰作》这篇文章时,他又不耻下问,采纳意见,并注明来源。他的这一品质,我是十分钦佩的。至于我个人,我应该毫不踌躇地说:正是建国之初思成先生所引导我参加的工作,使我有可能在科学研究上,尽快地从以个人兴趣为主的狭小天地,转向为祖国建设服务的康庄大道。自然,伟大的社会主义祖国的发展形势,是决定性的因素,而思成先生的奖掖则为我提供了一种必要的条件,促使我走上了一条新的业务探索的道路,这条道路我一直走到今天。因此,今天在纪念思成先生诞辰八十五周年的时候,这又是我所不能不追记的一件事。

(选自《梁思成先生诞辰八十五周年纪念文集》,
清华大学出版社,1986年)

喜在华荫下　情结日益深
——应《清华大学建筑学院（系）成立五十周年纪念文集》征稿，略抒所感

一　从头说起

新春伊始，《北京日报》传来一个好消息说：原先列为北京市文物保护单位的清华大学旧址和燕京大学旧址，已审定为国家级文物保护单位，将由国务院批准公布。按两校旧址近在比邻。燕京大学的校园又称燕园，湖光塔影，秀丽多姿；清华大学的校园水木映掩，平展坦荡。最近听说，早年在清华大学任教的俞平伯先生曾经有声有色地描述说：

燕京大学的校园像一首诗，
清华大学的校园像一篇散文。

我听了以后，深有同感。而诗人的赞美，又把我进一步引入到关于旧日两校的回忆中去。

1932年9月，我作为一年级的新生进入燕京大学。转年9月，我唯一的弟弟硕之又考入清华大学工学院。及至1937年7月7日，日寇扩大侵华战争进占北平城，清华大学南迁昆明，硕之随行。在此以前的四年间，我和弟弟经常来往于燕京清华两校之间，而我之受益于清华者独多。在这里姑举三件事，都是我永远难忘的。

第一件事：硕之热衷于水力发电工程，我对历史上黄河与运河的治导也很感兴趣。有一次，大约是1936年春天，硕之约我同到清华大学的同方部讲

堂去听著名水利学家李协（仪祉）先生作关于治理黄河的报告，我们两人都深受感动。现在同方部的房子火后照原样重建，大体仍是旧观，可是当时听讲的情景，我至今记忆犹新。

第二件事：我因阅读瑞典探险家斯文赫定的《亚洲腹地旅行记》爱不释手。有一天，硕之跑来告诉我说，斯文赫定已来到北平，还要在清华大学礼堂作公开讲演，约我同去听讲。我记得斯文赫定身材较小，还特别为他加高了在讲台上所站的地方。他用英文所讲的，仅限于在新疆境内开辟公路的事，我未免有些失望；但是仍然把他所讲的记下来，译为中文，题作《新疆公路视察记》，刊登在《禹贡》半月刊上。

第三件事：也是特别重要的一件事，就是有一天下午，硕之特别带我到清华大学图书馆阅览室，借来一大本英文的苏联画报，记得画报的题目是"U.S.S.R.in Construction"。他为我翻出一页，有大幅照片，介绍的是苏联兴建第聂伯河大型水电站的情况。跟着他为我详加解释说：列宁曾经讲过，共产主义就是苏维埃加电气化。苏联为了实现共产主义，正在大力进行电气化工程建设。我国要进行建设，只靠像在定县进行的开展农村平民教育是不行的，有朝一日一定要在长江大河上兴建大规模的水电站提供动力进行建设，方有可能。当时他说这些话，只是一个心怀祖国未来的青年人的梦想。他决心为实现自己的梦想而攻读水电工程才来到清华，确是事实。1937年夏，他随清华大学转移到昆明进入联合大学。在联合大学毕业后，又在当地的耀龙电力公司工作了一段时间之后，就只身长途跋涉，辗转北上，最后竟在陕西凤翔的国民党统治区，惨遭杀害。当时我在沦陷后的北平，因为燕京大学被日寇查封，我遭逮捕。1942年夏被日寇军事法庭判处徒刑一年，缓刑三年，取保开释，没有迁居旅行自由。此后不久，弟弟被害的消息辗转传来，我闻讯后，痛不欲生。幸得我一位老师的开导，才得心回意转，此不多叙。及待抗日战争胜利后，我留学英国，还是在留英期间，我才听到清华一位校友说，硕之被害的当时，清华大学校友会曾为他起诉到国民党统治下的法庭，自是徒然。可是这件事却大大加深了我对清华大学一种难以言喻的"情结"，直到今天。

二 知我之深 期待之殷

1949年我留英三年完成学业后，归心似箭。回到北京的第三天，正赶上十月一日开国大典，迎来了中华人民共和国的诞生。不久之后，我就在清华大学胜因院住宅的小楼里，见到了久仰的梁思成教授和林徽因教授。

我最早认识林徽因教授，还是在燕京大学本科做学生的时候，她应邀来校作有关中国古塔建筑艺术的讲演。可是我得以亲炙思成先生的教益，这却是第一次，实际上也正是这第一次会面，促成我走上一条新的业务探索的道路，也就是如何为城市规划建设服务的道路。这条道路的起点，就是思成先生在当时的清华大学营建学系（旧称）所创意设立的"市镇概论"系列讲座中，分配我担任了"市镇地理基础"一课的讲授。同时他又推荐我作为委员之一，参加了他担任副主任委员的"北京市人民政府都市计划委员会"的工作。当时我接受这两项任务，感到极大的鼓舞，因为这终于实现了我个人"学以致用"的理想，也反映了一个新时代的来临。对我个人来说，这两项任务，正是"异曲同工"，因为课堂上讲授的，也正是实际工作中需要的。

其后，在都市计划委员会的工作中，我又进一步感到，为了使建筑学家和规划工作者更易于了解北京历代城市建设的变迁过程，最好利用历史地图的形式加以展示，为了进行这项工作，首先需要有一位专职的绘图员。我想这项工作既有科学意义，又有应用价值，因此考虑应向中国科学院申请资助，并希望梁思成先生予以推荐。当我把这一设想报告思成先生时，立刻得到他的热情支持。他就以清华大学营建学系主任和都市计划委员会副主任委员的双重名义，为我写了推荐书，这是1951年5月18日的事。在这封推荐书中，他既充分说明了我所从事研究的学科性质以及我在"市镇地理基础"一课中的教学效果，举例阐述了图集编绘的重要意义和要求。我看到这封推荐信后，深感思成先生知我之深，期待之殷。妻子玮瑛看了，又十分欣赏那清秀的字迹。竟自连同思成先生的签名和图章，照样临摹了一份，珍藏至今。可惜的是，相继而来的高等院校院系调整，打断了图案的编绘工作。其后经过不断地努力，才得以按照最初的设想，又扩大了绘制的内容，在三十多年后的1987年终于出版了《北京历史地图集》第一集，可是思成先生却早已离开了我们！

附：梁思成教授致中国科学院负责同志信

中国科学院负责同志：

燕京大学侯仁之教授研究历史地理多年，收集资料极为丰富，关于北京近郊的历史地理研究尤深。在他的几篇论文中，充分地表现了他的渊博的学识，严谨的治学方法和正确的观点。

他现兼任清华大学教授。他在营建学系为市镇计划组所讲授的"市镇地理基础"一课程，对于一个市镇之形成及其发展的第一个基本物质的条件做了极详尽、极富于启发性的分析。今年一月间，该系收集了全系学生对于课程的意见，对于"市镇地理基础"一致赞颂。旁听的老师们对于这一课程也同样地钦佩。这是在中国的大学中一门崭新的课程。对于市镇计划和地理的学生与工作者是帮助极大的，对于学术界则是一个重要的贡献。

侯先生亦兼任北京市都市计划委员会委员。以他对于北京市及其近郊地理的深刻认识，在北京的地形、历史、水道、河流、土地利用等方面的研究，给都市计划委员会提供了很多极重要、极宝贵的意见和资料。在最近设计的西郊文教区的工作中，他的贡献是极大的。

他以往所发表的论文大多是以文字为主的。现在他正拟开始另一种更重要的工作——以地图说明历史地理。他因限于时间，急需一名绘图员的帮助。因此申请你院补助。他仅仅申请补助一名绘图员的生活费，连纸张工具乃至调查费用都自筹。这样的申请实在是最"克己"的。侯先生的工作无论在学术上和北京市的建设上都将有极大的贡献。许多人都在等待他的地图的制成。我恳切地希望他的申请能得到批准。

此致
敬礼

清华大学营建学系教授兼主任
北京市都市计划委员会副主任委员
梁思成
一九五一·五·十八

三　迎接未来

1952年的院系调整，不仅中断了我为北京都市计划委员会编绘历史地图的工作，同时也失去了继续在清华大学建筑系兼课的机会。因为从这一年暑假起，燕京大学合并于北京大学，北京大学从城里迁来燕园。我虽然仍住燕园旧居，可是双重新任务同时落在我身上，既任北大的副教务长，又兼地质地理系的系主任，整天忙于我一无所长的行政工作，而教学和科学研究却全部中断，更谈不到去清华兼课的事了。然而正像一句老话所说的那样："藕断而丝连"。我和清华大学在迅速发展的建筑系一直到现在的建筑学院，虽然不像过去那样保持着一定的直接关系，却仍然不时有机会应邀参加一些集体活动和有关工作，使我获益匪浅，至于个人间的来往，无论是新朋还是旧友，更是每多获益不减当年。幸而我还一直住在燕园，有如"驽马恋栈"，可是我却能一如既往，继续喜得近在比邻的清华园里建筑系不断繁荣昌盛的好消息。而我个人受惠之处，更是与日俱增。因此，为了祝贺建筑系系庆五十周年，我经过反复思考，决定自我命题如篇首，然后匆匆起草这篇小文。但是住笔之前，我想还是应该写下几件具体的事情，作为标题中"情结日益深"的说明。

几年前有一天，吴良镛教授忽然打来电话，说是在他住处附近八公寓的西校墙内，也正是与北大燕东园东北隅隔路相望的地方，正在兴工扩建一处锅炉房用地，开槽之后，发现在地平面下大约两米深的地方，有一座东西向残存的小石桥，约我快去看一下。我立即赶去，和良镛同志同到现场。残破的石桥明显可见，桥下的河道似是从西南斜向东北，但已不太明显。可惜当时未及草测，我只是牢记在心。此后不久，我应北大《国学研究》创刊号主编之约，就北大图书馆珍藏的明代米万钟手绘的《勺园修禊图》，对照现在校园内新建的勺园，做一比较，借以了解三百多年来这一区景物的变化，然后写篇介绍文章。也就是在这次研究中，我根据明代学者王嘉谟在海淀读书时，利用郊野散步所见，写成的《丹棱沜记》一文，确定了北大西校门外迤南数十米处，旧有小石桥一座，就是王嘉谟所记的"西沟桥"。此外，王嘉谟还记得另有一个小村叫作"东雉"。东雉村所在的地方，也有一条小河，其上游与西沟同一水源。现在可以推断这东雉所在的小河故道，正是从今天北大燕南园北下坡斜向东北、从清华大学西南隅流入校园内，继续分支北流。半个世纪前尚有故道遗迹隐约可见，今已湮没无遗。可是与东雉所在的同一水源的西沟，却一直流经北京大学本部西南墙外，后来改称万泉河，河上的西沟桥则早已改称篓斗桥（最早写作篓兜桥）。近在桥北数十米的北京大学西校门，原有门牌写的就是篓斗桥一号。只是最近二十年来，这一切都变了。值得注意的是，在米万钟手绘的《勺园修禊图》中，不仅包括了现在北大校园内的勺园一带地方，而且明代的西沟桥还依稀可辨。不过米万钟的原图是一幅9尺长的手卷，其绘法只是沿着入园的道路画去，从入园之处一直画到园子的尽处，包括附近的西沟桥和一处小村庄在内，很难与今日的情况，参照对比。当我正面临着这个难题的时候，来自清华建筑学院的"画笔"，却为我迎刃而解。这就是风华正茂的赖德霖同志参照我所草拟的明代勺园平面图，手绘了一大幅"勺园园景透视图"，从而把米万钟手绘的明代勺园全景，按照应有的正确方位，重现在今日北大校园之内和西校门处旧日西沟桥所在的地方，正是德霖同志在刚刚获得清华大学博士学位之后的第一项充满热情的积极协作，更加促进了不仅是我们二人而且是我们两家的"忘年之交"。

米万钟自行设计和修建的勺园，以水取胜，酷似江南景色，因而名满京郊内外。他自己所写的"海淀勺园"一诗中也有如下的句子："绕堤尽是苍烟护，傍舍都将碧水环。"像这样迷人的天然景致，我竟然有机会在浙江永嘉县的楠溪江上尽情地领略了一番，自然其乡土文化的内涵更是无可比拟的。因此回到燕园之后，仍然眷恋难忘。就是在这种心情下，有一天，清华建筑学院的几位故交和新友陈志华教授、楼庆西教授、李秋香工程师等六七位，竟然驾临舍下，还带来了集体著作《楠溪江中游乡土建筑》一部三大册，从地理环境、历史发展，一直到村落的选址、规划、布局和结构，实在是文图并茂、精美异常，充分反映了江南传统民居及其雅俗文化的深厚内涵。我得此一部文图并茂印制精良的巨著，真是如获至宝。相形之下，三百多年前在北京近邻名盛一时的勺园，也只能说是反映了江南水乡的一个角落而已。

写到这里，不禁使我联想起从过去到现在，随着科学技术的迅速发展，城乡生活都在发生着巨大的变化，而城市的迅速膨胀，高楼大厦的相继崛起，使得人们的居住环境，正面临着空前的大变化。究竟应该怎样来创造出适宜于新时代的生活居住环境，正是当前最重要的问题之一。吴良镛教授关心及此，他不仅在改造北京城内传统四合院的故居上做出了卓越的贡献，从而获得了亚洲建筑师协会奖和世界人居奖，而且也是在他的积极倡导和主持下，清华大学建筑学院又首先成立了人居环境研究中心，我得应邀出席成立大会，深感荣幸。也就是在这次大会上，我又遇到了久未晤面的燕大校友关肇邺教授，更加高兴。我还清楚记得他曾翻译过一本评论美国城市建筑的小书。书的作者用十分尖锐而生动的语句，评论那些富有权利和财富的美国人，"花钱建造无数他们所厌恶的建筑"。在书的一开头，还有一幅显示纽约的美利坚大街上那左右两侧拔地而起高达五十层的工人住宅，标题是"建筑之路"。我对这本小书的格调印象很深。可是这次在会场里，我们两人的谈话不谋而合，却立即转向正在设计扩建北京大学图书馆的话题上来，因为他就是已经选定的设计方案的主要负责人。只是谈话刚一开始，就因主席宣布开会而中断了。在这里我只好写下我自己原来想说的一些话如下：

我认为自从北京大学迁来燕园之后，校园面积虽然扩大了数倍，相继兴建功能不一的大小楼群，也已各有布局，只是以图书馆为中心的校园总体规划，涉及正式校门位置的选择，仍然意见分歧。就现状来说，最为重要的一个问题，就是图书馆的扩建和发展。这座图书馆是"文革"以后才兴建的，朝向正东，面临开阔的中心广场。广场南北两侧和正东方的楼群，结合传统建筑形式，布局有方。但是作为广场西侧的图书馆大楼，位居广场上的主导地位，不仅建筑形式单调，而且其使用面积和必要的设备，也已经落后于日益发展的要求。现在经过最后的评选，图书馆的更新扩建以及馆前广场的重新规划，已经采用了清华大学建筑学院的方案，主要负责者就是关肇邺教授。不久以前，北京大学图书馆林被甸馆长就曾告诉我说："关肇邺教授倾注了全部心血和热情进行最后各个细节的考虑和加工，这里也正是他早年在燕京大学就读的地方……"可见肇邺同志工作在清华，依然心怀母校，这不也正是本文命题中所说的"情结日益深"吗？于是这又不禁使我想起六十年前我在清华大学图书馆里的所见所闻……

1996年1月22日

北京大学燕南园

（选自《清华大学建筑学院（系）成立五十周年

纪念文集（1946—1996）》）

燕京大学被封前后的片断回忆

前　言

  1937年7月7日卢沟桥事变后，北平的国立院校相继南迁，燕京大学因为是美国基督教会募捐创办，仍得留在海淀继续开学，学生人数逐年增加。为了应付日本侵略者，原来的校务长司徒雷登代替吴雷川出任校长，一直维持到1941年12月7日凌晨日美太平洋战争的爆发。8日这一天清早，日兵封闭了燕京大学，司徒雷登及师生二十多人相继被日本宪兵逮捕，校舍随即被日军占用，直到1945年8月15日，日本战败投降之后才陆续撤出。

  1945年10月燕大复学，校园北部仍有部分楼房尚待接收。关于燕大被封以及师生被捕的情况，已有两篇记载发表。这两篇记载都是当时被捕的两位教授在出狱后不久所写的，内容十分详细。其一是已故好友赵承信教授写的《狱中杂记》，早在1946年就刊登在《大中》杂志第一卷第八、九合期上，其二是我的老师邓之诚（文如）教授写的《燕大教授案纪实》，生前未及发表，幸赖邓珂同志承父遗愿，更加整理，刊登在1985年出版的《文史资料选编》第二十五集两篇都记到了与我有关的一些事。我在这里所要追记的，虽然也都是个人的亲身经历，但只限于和抗日活动有关的片断。由于历时已久，难免有记忆失误的地方。同时对上述已经发表的记载，也略有补充和更正。更重要的是我这片断回忆，还涉及当时与我有密切关系的一些同志和朋友，如果能有机会得到他们的帮助，以补我记忆的阙误，那更是我所殷切期待的了。

为了记事的便利，兹分专题缕述如下。

学生生活辅导委员会协助学生脱离沦陷区的一些情况

1. 学生生活辅导委员会的组织与主要的日常工作

燕京大学原设有学生生活辅导科，隶属教务处。1940年夏改组为"学生生活辅导委员会"（下简称"辅导委员会"）作为校一级的咨询机构，直接隶属于文、理、法三学院的院长会议。院长会议的秘书由教务长担任，同时教务长也兼辅导委员会的秘书。辅导委员会的委员由文、理、法三学院各选派教师一人担任，主席和副主席则由校长直接委派，都是义务兼职。当时一贯积极支持学生参加爱国活动，深受学生敬重的美籍教授夏仁德（Randolph C. Sailer）被任命为委员会主席，我则因为刚刚在研究院毕业留校任教，和学生一直接触较多，遂被任命为副主席。在师生间享有重望的洪业（煨莲）教授，对这次辅导委员会的酝酿改组，起了最重要的作用。他本来是我做研究生时的导师，并不同意我兼任辅导委员会的工作，而是希望我集中精力搞好教学和科学研究，并已决定我出国深造。可是鉴于当时工作的重要性，还是同意我接受这项兼职，条件是向校长提出只能任职一年。正是按照这一条件，我接受了这项兼职。辅导委员会每两周开会一次，日常工作则由夏仁德教授和我分担。当时由于战火的蔓延，不少学生的经济来源受到不同程度的影响，生活困难。学校拨出一定经费为学生在图书馆、实验室和办公室等处安排"自助"工作。后来室内工作不敷分配，就连户外的草坪修剪也包括在内，然后根据不同工种定值，按时付酬。为了这件事，夏仁德教授付出了大量劳动。他亲自动手，根据学生的申请，分配工作，计算工值。他亲手绘制了一张又一张的表格，管理得井井有条。不仅如此，他甚至拿出个人的钱来帮助他认为应该特别给予资助的人。我和他同在一个办公室内工作，目睹他在教学之余为中国学生而忘我劳动的情况，深受感动。早在我还是本科学生的时候，虽然没有上过他的课，也知道他教学效果极好，班上学生有口皆碑。他是心理学的教授，在教学中十分注意介绍各种有关社会问题的学说，启发学生联系实际进行独立思考。前几年，当龚普生同志在出任我国驻爱尔兰的大使前夕,她还告诉我说,当初她在燕京大学读书时,正是从夏仁德教授的指定参考书中第一次读到马克思和恩格斯的《共产党宣言》的。很显然,这对她的影响是起了重大作用的。夏仁德教授在教课之外,还一向用实际行动来支持学生的爱国运动。记得1935年12月9日那天早上,他挺身而出,为徒步进城而受阻于西直门外的抗日救亡大游行的学生队伍送去食物(1985年由燕大校友编辑、世界知识出版社出版的《夏仁德在中国》一书,可供参考)。这时我有幸和他一起工作,不仅深受他的启发和鼓励,还得到他很多的具体帮助。不过我的一项主要工作,却不是在办公室内进行的。在我任职后不久,司徒雷登校长就提出一项任务:如果有学生要求学校帮助离开沦陷区,不是为了转学,而是为了参加与抗日有关的工作,应该给予支持,就由辅导委员会来负责办理。这项工作就落在了我的肩上。

2. 协助学生前往大后方

1940年年底,我所熟悉的一些学生看到国际形势日益紧张,日本侵略军又不断进行在沦陷区内的"大扫荡",就酝酿着要放弃学业,投身到抗日救亡运动中去,希望学校帮助他们转移到"大后方"去。当时,国际友人路易·艾黎(Rewi Alley)在四川主动办起了"中国工业合作社"(简称"工合"),目的是要把内地分散的手工业组织起来,扩大生产,支援抗日。原来在燕大数学系任教的英籍教师赖朴吾(E. R. Lapwood),是艾黎的好朋友,也是深受学生爱戴的一位青年老师,他于1939年夏,得到司徒雷登校长的支持离开燕大,经过解放区到达四川,协助"工合"的组织领导工作。这件事在燕大的教师和学生中颇有传闻,有的学生就想到那里去工作。总之,我认为这正是辅导委员会应该办的事。我和夏仁德教授商量后,就去见司徒雷登校长想办法。他主动提出应该资助学生南下,并且建议学生先去上海,然后由在上海男女青年会工作的燕大校友林永俣和梁思懿帮助他们转往内地。记得有十来个男女同学就是这样走了。这是我在辅导委员会任职期间所帮助脱离沦陷区的第一批同学。这些学生中至今还常有机会和我见面的有三位,一位是中国科学院上海分院的曹天钦院长,一位是武汉大学历史系的右泉(刘适)教授,还有一位是曾经担任新华社驻美国的记者、现在仍主新华社工作的钱行（钱淑诚）同志。他们离校后的经历虽然各不相同，但是每个人都在抗日救亡以及新中国的建设中，做出了自己的贡献。

3．协助学生进入解放区

据我回忆，就在去大后方的同学离校后不久，又有同学要求去解放区。后来我才知道，最初去大后方的同学和去解放区的同学，其中有不少人，本来就是互有联系，并在一起共同商量过，最后还是由每人按照自己的具体情况决定南下还是北上。也有个别的人，本来想走而没能走成。在此以前，已经有燕大的学生到解放区去，他们怎么走的，我不知道，我有机会参加送学生去解放区，则是在我兼任辅导委员会的工作之后，靠陈絜同志的联系才得开始的。陈絜同志在燕大本科读书时，是1935年"一二·九"学生运动的领导人之一，毕业后到了延安，又从延安返回燕大，名义上是历史系的研究生，实际上却是为党工作的。他曾不止一次向我讲过解放区的情况，例如，在地方的行政领导上如何实行民主管理的"三三制"，国民党反动派如何拦截、逮捕想去延安的青年学生，还有他在离开延安时的一些沿途见闻等，这大有益于我了解当时解放区的情况。我负责帮助第一批学生南下的时候，陈絜同志就进一步和我谈起还应该送学生进入解放区，并说解放区就在西山里面，去也方便，而且那里也很需要知识分子去工作，我表示赞同，他就建议我们一同去见司徒雷登校长。司徒雷登校长完全同意这样做，并要求陈絜同志和我共同负责这件事。随后，陈絜同志嘱咐我说，我们两人之间是"单线"联系。当时我还不懂"单线"联系是什么意思，经他解释，我才明白。我意识到，这对于我是一种不同寻常的信任，我必须细心秘密行事。我恪守了这一原则。现在回想，为了送学生进入解放区，地下党组织必然做了大量工作，准备要走的学生，当是经过了慎重选择的，其中有人可能已是中共党员或将被吸收入党。可是当时我却没有这样想过。这也说明主观上我对党组织还缺乏应有的认识；客观上，我作为一个在大学开始任教的青年教师，每周要讲两门课，必须抽出大量时间备课，送学生走的事，都是在课余之暇紧张地进行的，工作的细节已难回忆，但是有几件事大体上还能记住，兹分别记述如下。

（1）从 1940 年冬到 1941 年夏，经过陈絜同志安排，由我具体联系，从燕京大学进入解放区的学生共有三批十来个人。最初两批，都是从学校步行出发，走小路翻过西山先到妙峰山下肖克同志的司令部所在地，然后进入解放区，第三批则是先乘火车到磁县，再从磁县步行转入西山（太行山）原定的目的地，我记得是要去设在林县的北方抗日大学，范文澜同志就在那里担任校长。

（2）这三批进入解放区的同学，到现在还和我有来往的只有三个人了。其中来往最多并且在工作上还曾直接领导过我的，是原北京市副市长、现任中共北京市顾问委员会副主任的陆禹（李国亮）同志，其次是曾任武汉华中师范学院院长和我国驻巴黎联合国教科文组织副代表的陶军（陈晶然）同志；还有一位是最近才得有机会见面的原农业出版社社长方原（方大慈）同志。此外还曾有过多次联系的是曾任辽宁省食品工业研究所总工程师的孙以宽同志。

记得还有几位，在新中国成立后都曾担任过重要职务的，如陈培昌同志（曾任中共黑龙江省委农村工作部部长）、孙贡三同志（曾任外交部专员）等，可惜一直没有见面的机会。但是有一位女同学，我不能不在这里提到。她的名字叫吴寿贞，天津人，当时是我班上的一个恬静而十分用功的学生。她直接找到我，主动要求去解放区。我听了她的话，心里感到很惊讶，我想她何以知道我管这件事？因为当时要去解放区的学生，都是要通过一定的内部联系最后才会找到我（事先我对这些同学已经有所了解），由我出面代表学校做具体安排。当时也有个别和我素有来往的同学帮助我进行这件事（其中一位就是现在执教于美国普林斯顿大学历史系的刘子健教授。他本来也是想和第一批学生一同南下的，可是因故未能走成），但外人并不知道。直到吴寿贞讲出了她和另一位女同学王若兰的关系后，我才明白。因为当时已经开始安排王若兰同志去解放区。如果我的记忆不错，这两位女同学都是和孙贡三同学等一道翻过西山进入解放区的。但不幸的是，在她们进入西山之后，遭到了日军的突然袭击，寿贞同学不幸牺牲。最初把寿贞同学牺牲的消息传给我的，也是陈絜同志。经我联系送往解放区的同学，唯一不幸牺牲的，只有寿贞同学一人。她的形象至今还深深印在我的脑海中。

（3）送学生翻过西山去解放区的事，有一点我也很难忘记。当时要走的同学（只能四五人同行），都各人随手携带一点吃的东西，打扮成要去野外郊游的样子。一旦接到出发的通知，立即登程。为了确保沿途的安全，必须等待带路的人前来迎接。陈絜同志叮嘱我一定要在出发的前夕才能通知要走的学生。当时曾不止一次临时推迟出发的时间，因为带路人不能按期到达。

我印象最深的一次是最后决定在第二天就要走了，当天晚上临熄灯之前（当时燕大宿舍夜间定时熄灯），我亲自把"信息"当面传达给要走的同学："明天早上八点钟，在学校机器房照例鸣汽笛的时候，准时到达前去颐和园中途的挂甲屯村，在那里就会看到有个农民装束的老乡迎面走来，就可以问他：'老乡，去圆明园怎么走？'如果他回答说：'我们是同路的。'证明是带路人。他答完话后就转向路北一条石板道，顺着达园的西墙（现在达园尚在，石板道的石板已被起走），向着圆明园走去，这时就要隔开一定距离跟着他，一直进圆明园。"当时我只负责传达这一信息，绝不能去现场。据说这样走的学生，先要隐蔽在圆明园的废墟里和一些偏僻的农村，然后沿着行人稀少的小道，翻越西山，直奔妙峰山，也就是平西游击队肖克同志司令部所在地。

（4）有一次，陈絜同志传话，要我安排为准备进入解放区的学生注射一种防疫针，以避免有传染病带进解放区。这件事当然不能在校医院公开进行，于是借用了夏仁德教授家里的一间房子，乘夜深人静的时候，请校医院的吴继文前去为学生注射。后来我才知道吴继文大夫当时即在北平进行地下工作，后来成为崔月犁同志的好朋友。可见这些安排都是由地下党的工作人员计划好了的。我当时虽然参加了这些安排中的一个环节，但是对于整个安排以及有关人员的情况，却一无所知。

通过上述我个人的片断回忆，足以说明当时中共地下党在安排青年学生进入解放区的工作上是十分周到和机密的，这一点我自己深有感受。但是我当时对于党的认识还是很有限的。因此，当陈絜同志在1941年夏天劝我也和学生一样前往林县北方抗日大学参加工作时，我几经考虑，还是未能成行。

记得是1941年秋季开学后不久，孙以宽忽然又从解放区回到学校，要我替他和司徒雷登校长以及夏仁德教授分别约定时间面谈。面谈什么，他不能告诉我，我也不应该问他，这是彼此之间都恪守和谅解的。直到"文化大革命"之后，以宽同志来到北大，我们共同回忆，互相补充和印证，我才知道他当时回校要见司徒雷登校长，原是组织上派他前来联系，希望燕京大学能把图书馆里有副本的一部分图书赠送给林县的北方抗大。当时司徒雷登校长完全同意，他表示，具体的办法需要直接和图书馆馆长田洪都联系办理。事后以宽同志向组织上汇报，组织上认为由于某种原因，不能直接找馆长办这件事，因此再未联系。至于以宽同志要和夏仁德教授见面，则是因为在夏仁德教授那里准备好了当时的一些特效药（如青霉素）和其他医疗用品，要他带回解放区。至于这些药品是如何购买的，又如何通知组织上派人来取，我不得而知。

4. 探索学生继续南下的道路

写到这里，还必须简要记下另外有关送学生的事。当时，司徒雷登作为校长曾明确向我说过，凡是自愿离开沦陷区的学生，无论是要去大后方，还是要去解放区，都由他们自己决定。无论是去哪里，凡有经济困难的，都可由学校给予资助。此外，凡是要走的学生，临行前他都要在临湖轩设宴送行。我还记得在一次设宴送行的会上，他说他希望燕京大学的学生，无论是到大后方还是到解放区，都要在国民党和共产党之间起到桥梁作用，以加强合作，共同抗日。然而司徒雷登更加倾向国民党也是显而易见的。沦陷期间他曾不止一次辗转飞往重庆，会见蒋介石。回到学校后还在一部分人中间传达过他和蒋介石见面的情况，他相信蒋介石是坚决抗日的。

司徒雷登校长还曾告诉我说，庶务科主任马文绰介绍的一个年轻人，可以为想要南下的学生去探路，这个人住在未名湖的岛亭地下室中。我见到了他，他的名字我已忘记，只记得他说他当时参加了火烧天津中原公司的活动，此外还讲到其他一些抗日活动，都是与国民党的地下组织有关的。他已决定要离开沦陷区，前往大后方，自愿为学生探路，需要学校给予路费。后来这个人在南下途中被国民党守军以日军侦探嫌疑犯解往洛阳第一战区司令长官卫立煌部，恰遇燕大校友赵荣声（赵荣声同志和他夫人靳明在燕大读书时，是"一二·九"学生运动的积极分子，毕业后到延安去了。后被党派到卫立煌处做统战工作，担任卫立煌的秘书），荣声同志并不认识此人，但他听说此人是司徒雷登校长派来的，临行前也和我谈过话，所讲学校情形也不错，便保释了他，并请他带信给我转告司徒雷登校长，如果有燕大同学渡黄河赴大后方，一定提供方便。探路的人回到北平，报告了探路的情况。司徒雷登听说洛阳有燕大校友帮忙，非常高兴，特请南下过路的同学（第一批四人，以后的记不清了）捎给荣声夫妇一磅白色的纯毛线作为礼品。

总之，我在辅导委员会兼职期间，帮助学生脱离沦陷区的情况，根据我现在所能追忆的，大体就是这样。当时我曾有一份用小字在极薄的打字纸上写下的记录，其中详细记录了每个学生的名字，进行联系的情况、离校的日期和路线，以及学校的资助等，准备在胜利之后作为一份历史资料公之于世，可惜未能保留下来，这一点我在下文中还要提到。但是，当时没有料到在最后胜利到来之前，还有一场灾难正在等待着我们。1941年的夏季，我离开辅导委员会，其后集中全力进行教学和科学研究。不料12月8日，日本空军偷袭美国的珍珠港海军基地。于是，太平洋战争爆发了，并且立即波及到燕京大学。

太平洋战争爆发后　我被日寇逮捕入狱

1．被捕之前的一段经历

1941年12月8日是个星期一，早上第一、二节有我教的课，当时我住在南校门外。当我骑车赶去上课时，还未到校门，就看到有一些日本兵站在那里，我预感到必有重大事情发生，立刻想先回家再说。可是还没到家，就远远看到我家的保姆老于妈斜倚在大门边上，频频向我摇手。我心知有异，忙转过身来，就近躲进燕大附中一位王老师的家里。这时我们还不知道太平洋战争已经爆发，只是心里纳闷，不知道出了什么事。等了一个时辰，也听不到有什么动静，我就请王老师打发他的一个小女儿去我家探看一下。很快她就跑回来，说一切如常。于是我立刻赶回家去，才知道我早上刚离开家，就有几个日本宪兵和伪警察闯了进去。那时岳母梁撷香老人两天前才从天津前来看我和妻子张玮瑛，因为玮瑛离分娩的时间已经不远了。我一进屋门，岳母就告诉我说，日本和美国的战争爆发了，日本宪兵赶来要问我有什么看法，知道我已经进学校上课去了，他们没有久留也就走了。

我了解到这一情况后，第一个反应就是应该找到陈絜同志商量一下怎么办。可是我无法和校内联系。我也曾想到要逃往西山解放区，可是玮瑛身重不能同行。如果留她在家免不了会被日寇捉起来当作人质，逼我回来，那就更糟。考虑的结果是立即安排我岳母先把玮瑛接回天津，我暂时留在家中以观动静。这时我已预感到落进日寇的监视网中了。

我之所以这样想，因为考虑到有下列几件事：

（1）当我在辅导委员会兼职期间，西苑日本宪兵队有个专门监视燕大活动的小头目，名叫花田，据说他经常穿着西装到处活动；可能就是这个花田，曾两次趁着我和玮瑛都去学校的时候，一个人跑到我家里来，要老于妈把我的相片指给他看，还拉开我书桌的抽屉，一个一个地看，却什么东西都不动。这是事后老于妈详细给我讲的，她还说这个人穿的是洋人衣服。可是我从来没有见过他。

（2）有一个星期天，我不在家，有个自称是从城里来的青年人跑到我家，说是要向我了解一下怎样去大后方。以后这个人再没来过。我想从学校送人走的事并不是公开进行的，这个青年人前来向我打听去大后方的事，说明这件事已经不是什么秘密了。花田来我家中察看，应该是已经知道了我与送学生南下的事有关。

（3）我兼任辅导委员会工作的后期，家门前不远的地方，开始出现了一个瘸腿讨饭的人，终日坐在地上向过往行人求乞。其实我门前行人并不多，何以要坐在这里求乞？我怀疑这可能是有意来监视我的，看我和哪些人有来往。

（4）最重要的就是在学校被封的这天早上，日本宪兵和伪警察一直跑到我家里来察看我的动静，这肯定是说明我已在被监视之中了。第二天一早，玮瑛的堂弟、英文系的研究生张汉槎（*现在香港胡关李罗律师行工作*）忽然跑到我家来，说是日本兵已经占领了校园，下令让学生立即离校，他和黄国俊（现在是北京中国医学科学院肿瘤研究所教授）、何民亨（曾在中央党校工作，任王学文同志的秘书）等几位广东同学没有地方去，想暂时搬到我家来。我立即同意他们搬过来。随后我绕道从校外跑到学校的正门——西校门，去探看校内的情况。这时正好遇到男女同学纷纷推携着自己的东西，在十分混乱的情况下，被赶出学校。我一心想混进学校去，可是刚进校门，就看到两个日本兵手持上了刺刀的步枪，站在校门内的石桥上，检查被驱赶离校的学生们，还远远看到夏仁德教授跑来跑去，帮助学生推运行李。正在这时候，老同学王钟翰（现任中央民族学院历史系教授）忽然从人群中挤过来对我说："你怎么还站在这里！日本宪兵已经开始捕人了，还有人说你也被捕了，还不赶快离开！"这时我才觉得进学校去已经不可能，只好折回家中。家中已经有六七个广东籍的学生带着东西搬来，岳母带着妻子也就赶早儿回天津去了。

我原以为日本宪兵在学校里捕人之后还会再来我家。但是过了几天，并无动静，学校里的情况也已完全隔绝。于是我决定也去天津，准备到岳父家继续进行研究写作，省得浪费时光，也可借以安定心情。当时我也考虑到如果日本宪兵来找麻烦，一定是为了送学生离开沦陷区的事（自料送学生进解放区的事，十分机密，不会外传）。至于送学生南下的事，到了1941年的夏天，已是尽人皆知的事，因为确实有学生家在南方，毕业后或者还未毕业而家庭经济来源断绝，只好送他们回家。有不少学生不必经过任何联系，就可以自己乘火车到徐州，转车往商丘，然后步行过界首南下。在封锁线上有日本兵把守，给一些钱就可通过。据说不少商人就在这条路线上来往。我想就是日本宪兵逮捕了我，应付当无困难。因此，在我去天津时就留话给汉槎说，如果有日本宪兵来家中找我，就把我在天津的住址告诉他们，意在说明我并不是想走开，要想捕人，我在明处。我就这样打定主意，带着有关北京的地图和书籍到天津去了。

2．在日本宪兵队被拘留审讯

我到天津之后过了几天，日本宪兵果然前来逮捕我了。岳父家在当时的法租界,有法国巡捕房的人同来。那是一天早上,他们闯进我所住的房间,首先掀开我的床铺,大概是怕我有什么东西藏在那里,随后又抄起我摊在书桌上的地图和书籍,将我带到法国工部局,经过简单的问话之后,就由日本宪兵押解我到花园街的日本宪兵队,扣了一夜。第二天又乘火车把我解送到北平沙滩日本宪兵队本部,也就是原来北京大学的大红楼。解送我的日本宪兵是个年轻的知识分子,他知道我在大学教书,告诉我说他的叔父是一个医科大学教授。乘汽车离开花园街宪兵队到达天津东站之后,他就解下了我的手铐,直到北平前门车站下了火车,换乘汽车来到大红楼门前时,他才又给我戴上手铐。这时天色已晚,在办过交接手续之后,未经任何审讯,我就被押到地下室的一间牢房。钻进设在木栏下部的小门一看,已经有一个人躺在那里,原来是燕大的同学孙以亮(孙以宽的兄弟,也就是现在著名的电影艺术家孙道临)。记得他是因为在校内参加演出有抗日色彩的话剧而被捕的。那时以亮虽然已经睡下,但看见押进来的是我,就立刻坐了起来,显示出又惊又喜的样子,我也觉得心里忽然热乎起来,他帮我在地上铺好毯子,使两个人躺下之后,头部尽可能离得近些,而腿脚却各自伸向另外一个方向,这样我们就便于彼此讲话了。不仅如此,他还要我把一块手巾蒙在脸上,做出要遮掩灯光的样子,实际上是为了避免日本宪兵窥见我们讲话时嘴巴的活动。以亮说因在牢内的人是不准讲话的,如果被发现,就要遭毒打。即使在夜间,日本宪兵也要蹑手蹑脚地在过道里巡视,通过栅栏窥视室内的动静,白天更是这样。我们躺下后,都兴奋得不能入睡。我先告诉他我被捕的经过,他也把当时在押的燕大师生分住的牢房以及他们被押解到宪兵队的一些情况讲给我听。此后,我们又同住了一些时候,他就被释放了。这一段牢房生活虽不自由,却大大加深了我们的友谊。当时在押的燕大师生二十多人,都分别住在这同一过道的不同牢房里。只有每天下午,每个牢房各出两个人,由宪兵押着抬起恭桶排队到楼外厕所倾倒粪便时,可以见见面,偶尔在过道的转弯处,也可以小声传递一点消息。

在我被关进这宪兵队牢房的第三天一早,有一个打扫楼内过道的人,在打扫到我所住牢房木栏外面时,忽然把一个小纸团投到了我坐着的地方。我立刻捡起来，打开一看，是关在另一间牢房中的刘子健写的，大意是说他已经过完堂了，和洪业师同押一室。其中有几句话，至今我还牢记，原话是这样写的：在过堂时，"先侦察思想，后侦察行为。务要避实就虚，避重就轻。学生西游之事，似无所闻"。这几句话非常关键，从字句判断，当是洪师口拟而由子健执笔的。这里所说的"学生西游之事"，指的就是送学生翻越西山去解放区的事，看来日寇是不知道的，这和我所估计的相同，因此我有了充分的思想准备，以对付即将临头的审讯。纸条最后还写道："看过纸条之后，立即毁掉。"直到出狱之后我才知道，有些从宪兵队直接释放的人，在开释之前，要服几天"劳役"。投纸条给我的人就是即将被开释的一个人。当时和子健同牢房的有位积极参加地下抗日活动的重要人物杜超杰，曾教子健如何在过堂时取得纸和铅笔备用，也是由他指使打扫过道的人投递纸条给我的。果然，在我开始被提审时，宪兵首先给我纸和笔，要我写下自己的思想和在燕大的工作情况。于是我就着重写了我出身于一个基督教家庭，从小在教会学校读书，自己也信仰基督教以博爱和服务为宗旨的教义。我毕业于燕京大学，这也是一所教会大学，毕业后留校教书，也曾兼任过学生生活辅导委员会的工作，主要是帮助学生解决他们生活上的问题等。当时提审我的宪兵，看来是个头目，他看了我所写的东西之后，大发雷霆，一下子把我所写的几页纸撕得粉碎，于是面对面的审问开始了。

　　审问的焦点是向我反复追问燕京大学办学的目的是什么。我着重说明我只是一个青年教师，无权过问学校的大政方针，只是我从本科到研究院都在燕大学习，毕业后留校教书，也曾兼任过学生生活辅导委员会的工作。在自己的学习和工作中，都亲身体会到学校的目的就是要遵从基督教的教义，培养乐于为社会服务的专门人才。我还引征了"因真理，得自由，以服务"的校训，作为说明。我的讲话不止一次地被打断，还多次受到严厉的斥责和威吓，一连审讯了好长时间。我想这样拖下去，对我很不利，最好是快点结案。我想到送学生南下早已是尽人皆知的事，正好以此为例，把问题引到实处。于是我说：学校只管培养人才，绝不干涉学生毕业后的出路，他们愿意到哪去和选择什么样的工作，都由个人决定，有的毕业后就留在当地，也有的就到南方去。说到这里，才算扣了题。于是我被命令把南下学生的名字和怎样离开北平的，都一一写下来。我就写下了一些家在南方的学生名字，说明他们有人是坐火车从上海回家的，有人是从河南商丘南下的，但是上海和商丘以下的路线怎么走法，我都不知道。这样交代了之后，我才算"过了关"。最后，要我在翻译记录下来的口供上捺手印，这时我才看到口供上所记提审我的日本宪兵名叫黑泽宽一，官衔记得是司法警察主任，我的"罪名"是："以心传心，抗日反日。"在提审过程中，我最担心的就是追问我有没有送学生去解放区。可是正如刘子健在纸条上所写的那样，对"学生西游之事，似无所闻"。我也曾考虑到，万一追问起来，我就准备说，燕京大学是基督教大学，基督教是信上帝的，听说共产党是不相信有上帝的，有没有学生自己去共产党那里，我就不知道了。幸而这些设想都是过虑了。又，最初要我写"侦察思想"的材料时，我已经考虑到如何按照子健假设的那样，要"避实就虚"，所以着重写了自己的家庭出身和信仰基督教的事。

3. 转押日本陆军监狱，在日本军事法庭受审和判刑

1942年2月10日这一天上午，燕京大学被拘留在日本宪兵队本部的，有十一个人被转送到铁狮子胡同的日本军事法庭受审，由一个少将衔的法官主持。匆匆过堂之后，就被关押在东直门内炮局三条的日本陆军监狱里候审。我在这十一个人中年纪最小，职位最低。其余十个人，有我亲受教益的洪业教授和邓之诚教授，有哲学家张东荪教授、研究院陆志韦院长、法学院陈其田院长、宗教学院赵紫宸院长、社会系赵承信主任、新闻系刘豁轩主任、教务处林嘉通教务长、总务处蔡一谔总务长。

我们十一个人在离开日本宪兵队本部时，都要在写自己名字的一张纸上捺手印，在我捺手印的纸上，只有"抗日容疑"四个字，这大概就是我被起诉到军事法庭的罪名。

关押在日本陆军监狱里四个多月，前后我被囚车送到军事法庭受审只有两次。由严冬至盛夏，大好时光就这样白白消磨在狱中。我猜想到妻子应已分娩，是男是女，情况如何，不得而知。偶尔也有衣服送进狱来，却得不到任何家中消息。

最初我们十一个人同住一间大牢，每人按所给号码排位子，席地而坐，夜里也就睡在那块地上。夜间十分寒冷，之诚师年老体弱，冻得难以入睡，且已卧病，我就私自转移铺位，把我的衣服加盖在他身上，还紧靠在他的身边，为传点自己体内的热气给他。之诚师在《燕大教授案纪实》中有这样几句话说："予病甚，……侯君，予门人也，服事尤谨。"就是指的这件事。

有一次吃饭时，送来的窝窝头又凉又硬，还含有不少沙子，难以下咽，大家决定绝食。狱吏来察看，林嘉通就拿着一个冰凉的窝头给他看，还大声说："小小的 YaMa，大大的有！"日本话管"山"叫"YaMa"，"小小的YaMa"指的就是沙子，于是大家发出一阵怪笑。这样，吃食总算稍微改善了一些。可是我们随着就被赶出大牢，每人分别关押在一间小牢房里。后来又把两个人并在一处，偶尔也有其他被逮捕的人关押进来同住。

我先是和赵承信教授住在一起，过了一段时间，赵承信不幸得了伤寒病，病情越来越重，我曾尽力服侍他，做我一切可能做的事。可最后我还是被强拉出来，又和陆志韦教授关在一起。真是不幸，我刚住进去不久，陆志韦又患了痢疾，躺在地上动弹不了。我多次为他向狱卒要手纸，仍不济事，于是干脆把穿破的内衣撕成布片，为他擦拭。最后他被拖出，送到医院去了（承信也是转送到医院才康复的）。当时我在狱中看到他们病痛的样子，只是想尽力服侍，并没有考虑自己是否会受传染，这大约也是狱中患难与共的心理状态，而我自己却也未受传染，真是幸事。如今回想，更可庆幸的是，我有缘在承信未病之前和他同住了一段时间。在这段时间里的狱中聚首，结成了我们难以言喻的友谊。

我们在学校时，虽然相识，并无来往。可是狱中的难友生活，却使我们变成了推心置腹的好朋友。当我被送进承信单人的小牢房时，他又惊又喜。后来他在《狱中杂记》第六节"论学谈道"中写下了当时的情况："房门刚关上，我就狂喜地对仁之说道：'仁之，我今早还想你来着，想不到你就来了，这岂不是神意么？真是不由得你不迷信呀！'我们两人真是高兴得难以笔墨形容了。"

现在看来，承信的《狱中杂记》之可贵，就在于他如实地写出了狱中生活的切身感受。对我个人来说,其中的"论学谈道"这一节,更有参考价值。当时我们在狱中共同度过了一段很宝贵的时间,这也可以说明普通的知识分子身在逆境之中是如何寄托性命的。承信是一位社会学家,他甚至想利用身在囹圄的特殊环境来研究人的社会行为,还为我讲解了都市社会学和人文区位学的原理等。我也是从他的讲解中,第一次听到了 Human Ecology 这个名词。作为知识的交流,我也应他的要求讲了有关北京历史地理、京绥铁路沿线地理以及黄河、运河水利开发史上的一些人与自然斗争的故事。上下午不停地讲,有问有答有讨论。如果交流学习心得而有所启发,就会高兴得忘记自己是身在狱中了。这种情况在《狱中杂记》里都有绘声绘色的描写,今天翻阅这篇文章,四十多年前的往事,恍然如在眼前。但是我已经不能再和这位秉性憨直、心地坦白的好友面对面地共话当年了。解放后,他遭受到不公正的对待,含冤而去。他生前有一次遇到玮瑛,曾嘱咐她转告我说:"务必叫仁之来人民大学一次。"我去了,却遭到拦阻,没有见到他。最后诀别竟也未能一见,真是终生憾事!

我被送到日本军事法庭受审,出乎意料,这里要比在宪兵队时容易对付,只是照在宪兵队的口供再重问一遍,因此我想是大概快要结案了。可是有一件事,却使我越来越担心,甚至有好几次在睡梦中惊醒。上文中已经提到我在辅导委员会兼职时,凡是由我参加送走的每个学生,都有记录保存下来,最重要的内容是记下他们分别前去的地方和联系的路线,这份材料藏在一个封套里。在我离开辅导委员会时,曾把这份材料带到我作为教员的办公室中,藏在写字台的抽屉里。学校被封后,这件东西的下落如何,我始终放心不下。这份材料中记到有三批学生进入解放区,而我始终没有交代,如果被日寇发现,那就糟了。眼看结案的日子已经为时不远,我更加不能放心,这简直就成了我的一块"心病"。真正解决这块心病,还是出狱以后的事,下文再叙。

日本军事法庭对燕京大学在押诸人最后宣判的日子,终于来到了,时间是1942年6月18日。这时,洪师、邓师和刘豁轩教授都已无罪开释,陆志韦教授、赵承信教授都已取保出狱就医,当天宣判的只有张东荪教授、赵紫宸教授、陈其田教授、林嘉通教务长、蔡一谔总务长和我。判刑结果,我被判处有期徒刑一年，缓刑三年。就这样，我结束了狱中生活，离开了监狱。

出狱后面临的新问题

出狱之后，我已经无家可归，只好仍回天津，寄居岳父家。缓刑的条件是取保开释后，三年之内没有迁居旅行自由，并且要随传随到；有事必须外出时，要事先书面报告外出的时间和地点（报告要寄到一个用阿拉伯数字做代号的地方，这个数字我已忘记）。这种情况，对岳父一家也是一种潜在的危险，可我还是受到了很大的照顾，精神上也得到了意想不到的安慰。岳父张子翔老大夫是位很有声望的医生，他对我说："中国人是绝不会屈服在日本侵略者的屠刀之下的。"这样，我总算是有了个立足之地。至于取保的条件，必须是铺保。可到哪里去找个铺保呢？这又是一大难题。幸好燕大原来的校医，也就是亲自为去解放区的学生注射防疫针的吴继文大夫，已在东城开了个光明诊疗所，自愿为我作保，当然，这也是要担风险的。

1. 一次迫不得已的冒险

一旦在天津住下来，新问题便接踵而至。第一件事就是要弄清楚藏在学校办公室里的那份记录究竟怎样了。如果落在敌人手里，后果将不堪设想。我也不敢把这件事告诉玮瑛，怕她为此担心，最后只好到北平找我的老师洪业教授，他告诉我说在他出狱后，师母已经从校内的燕南园搬家到城里。有些教职员家不在校园内的，也曾被日本占领军允许，回到校内的办公室取过自己的东西。现在我既已缓刑出狱，也可以提出要求，回校借机取出记录。为此，我先到宪兵队，要求把逮捕我时抄去的图书还给我，回答说是已经找不到了，于是我又要求回学校办公室取东西，这一点倒是得到批准，但是需按指定的时间和地点前去。

记得那是6月底或7月初的一天，我按着指定的地点，先到校内燕南园51号，填写了一张表格，注明要取的东西和地点。在我填写的东西中，有图书和钟表、钢笔等。同时前来的还有同学王钟翰和李荣芳教授、李汝祺教授。填过表后，我和钟翰同路，由一个带有手枪的日本兵，带我们来到穆楼（即今北大西校门内外文楼）。开门之后，钟翰指着楼道内的一大捆书说，这是他上一次取东西时没有来得及拿走的。日本兵让他等在那儿，然后带我上楼。我的办公室在楼上西头的一个套间里。打开头一道门时，靠墙的小桌上摆着一架油印机，日本兵对它很感兴趣，大概是想利用，便动手摆弄。我趁机走进里屋，拉开写字台的抽屉，立即找到了那个装有记录的封套，按着预先想好的办法，顺手把这个封套贴着腹部紧勒在腰带内。我穿了一件蓝布长衫，这既是当时知识分子普通的穿着，也便于掩护。在那一刹那间，我既高兴，又紧张。为了镇定自己，我大声对留在门外摆弄油印机的那个日本兵说，我要拿的钟表钢笔都不见了，日本兵回答说："你的朋友的去看看。"意思是说可能被同办公室的人拿走了。那时室内的东西确实十分零乱，于是，我顺手捡起一些线装书，连同一个织锦的椅垫，用带来的绳子捆作一包，就和那个日本兵一道下了楼。钟翰还等在那里，我们一同走出楼门。在去南门的路上，李荣芳教授抱着一些装裱好的画也走过来了。于是三个人一道，由两个日本兵跟着，直奔南校门。到了门口，一个面目凶狠的日本宪兵，从看守大门的房间里走出来，在距离我一米多远的地方站了下来，目不转睛地盯着我，一句话也不说。我心里立刻紧张起来，忽然灵机一动，先开口对他说："太君，钟表、钢笔通通没有了，只有这些书籍，还有媳妇（妻子）送我的这个椅垫子了。"同时我走前一步，把填好的取物单子拿给他看。他一声不响，恶狠狠地抓住我手中的那包东西，一下子投在地上，又举起胳臂把我推到一边去了，没有再理我。这时，我看到李老师的儿子正在半掩着的校门外面往里瞧，便大声对他说："快去找个车子来，帮你父亲拉东西！"我一边说一边捡起那包东西走开。就这样，我安全走出了校门，立即沿着校园的南墙外一口气跑到东墙外槐树街李老师的家里，正赶上他家保姆在用一口大柴锅烙大饼，我便抢过去帮助烧火，随手掏出那份记录，付之一炬。就这样，几个月来最揪心的一件事，总算解决了。当时我确实感到无限地轻松和快乐。可是现在回想起来，又多么可惜。如果能把这份记录保留到现在，那该多好！

但是一波方平，一波又起。

2. 摆脱敌伪的纠缠

我在天津住下来之后不久，有个姓饭野的日本人，不止一次地到我岳父家，以看望为名来侦察情况，还想要我出去做事。幸而岳母梁撷香老人家主动出来帮我应付。她是个很能讲道理的人，有口才，也富有社会工作的经验，那时正担任着天津广东中学董事会的董事，也免不了和敌伪打交道。她以家长的口吻，反复说明我从监狱出来以后，身体十分衰弱，经常感冒，必须好好休养。岳父曾为我仔细检查身体，发现鼻腔有毛病，还想请了他的学生、一位耳鼻喉科专家动手术。两位老人设法应付日本人，但并非长久之计。

这时有几位南开大学教授，因故未能随学校内迁，滞留在天津，在旧英租界创办了一所达仁商学院，为当时住家在被日寇封锁的旧英法租界内的青年学生提供了一个升学深造的机会。内兄张伟骏教授是发起人之一，院长则由曾在燕大经济系兼任的袁贤能教授担任。为了更有利于摆脱日寇的纠缠，我在1943年春学期开始到达仁商学院教书。

可想不到汉奸伪政权来找麻烦了。那时在北平的汉奸政府，企图拉拢从日本监狱释放出来的燕京人，经人联系，要分送给每人一些紧缺的粮食。我的老师洪业教授断然予以拒绝，并且托人传话给我：绝不要接受敌伪所送的任何东西。后来又叫人通知我说：敌伪还想在中山公园里办一个中国社会经济综合调查研究所（*名称已难确记*），要罗致燕大出狱的人参加，绝不要上他们的圈套。事后不久，果然有个燕大的败类，跑到天津来拉我参加这个伪组织，我当即斩钉截铁地斥绝了。在这里，应该顺便提到的是，当时借着来往于平津之间经商的机会，为洪业师和我进行传话联系的，是琉璃厂旧书店的一位老相识，就是现在仍然供职于中国书店的郭纪森同志。

3. 又几乎是一场大难临头

我正在达仁商学院安心教书并开始着手研究天津城市历史地理的时候，忽然传来了一个使我深感震惊的消息：孙以宽和刘子健相继遭到日本宪兵的逮捕。不知道孙以宽为什么要从解放区回北平来；刘子健的再次被捕，也说明又有新问题被日寇觉察了。而以宽和子健是素有来往的，我则和他们两个人都有关系，也一定会再次被捕，这又势必牵连到送学生去解放区的事，那问题就严重了。

想到这些，我十分焦急。经过再三考虑，我决定逃往成都，因为燕京大学已经在那里重新开办。我预购了一天夜里的火车票，准备经徐州转商丘南下。临行之前和玮瑛商量，觉得还是应该告诉洪业老师。于是在临走的这天早上，玮瑛赶火车去北平，把我要走的事面告洪师。这天吃过午饭之后，我等得十分焦急，在楼里坐不住了，就抱起才一岁多的小女儿，跑到大门外的马路边上，踱来踱去，真是有些望眼欲穿了。记得是下午三四点钟的时候，忽然看到玮瑛快步如飞地向我跑来，手里还捧着一大束鲜花，说是师母从自己的院子里采来送她的。我们赶快回到家里，玮瑛果断地说："你不要走了，老师有话。"于是她一口气传达了洪师的两点意见：第一，我不能走。万一事情牵连到我，要抓我又抓不到，势必牵连到我的铺保吴继文大夫和其他有关的人。第二，我不走，即使再次被捕，甚至被判处死刑，燕京人也会知道"侯仁之是为什么而死的"。这句话的分量很重。玮瑛也认为洪师的意见很正确，当即表示同意。这便使我下了决心，改变主意，不走了，准备迎接更严峻的考验。可是不久又传来消息说，以宽、子健都相继被释放了，只是子健因被严刑拷打受伤甚重，要相当长的时间才能恢复。

就这样，我度过了在敌伪统治下终生难忘的一段生活历程，它对我的成长，远比课堂教育和书本知识的帮助更为重要。

胜利后燕大重新开学

1945年6月18日，我被判处三年缓刑刚刚期满，相隔不到两个月，日本战败投降了。直到这时，司徒雷登校长才得恢复自由。正是在他的直接领导下，在北平城内东交民巷的三官庙，成立了燕京大学复校委员会。当时已经是中共地下党员的原司徒雷登校长的秘书杨汝佶同志，负责办公室的具体联系工作，我也被从天津招来参加了复校委员会。经过两个月的积极筹备，燕京大学终于在海淀的原校址重新开学，同时也开始了准备迎接在成都的燕京大学师生早日返回北平的工作。我曾殷切期待着这一天的到来，可惜未及实现，我就出国进修去了。写到这里，我这篇回忆应该结束了，不过还有一点，或许需要补记在这里，即燕大复校委员会一致通过，在学校被封后，凡是参加过敌伪工作的，一律不得回校复职。国家民族所经历的一场空前浩劫，对每一个人都是一种严峻的考验，经不起这种考验的毕竟是极少数。

附 记

这篇回忆，是本年10月下半月，在南至黄山，北到平谷的旅途中，时断时续写成的。还有少数几节，是在汽车和火车的行驶中随手写在笔记本上，事后又抄在稿纸上的。最后自己誊清时，又作了一些修改，总觉得行文不够通顺，叙事繁简也不尽得当，主要原因还不只是写作时间不集中，更主要的是记忆问题。由于当时的经历、环境不同，留下来的印象或深或浅，或详或略，差别很大。有些事情回想起来恍然犹如昨日，记述比较容易；而有些事情就记得模糊了，想写下来比较困难，只希望没有什么大错就行了。在写作过程中，我还想，凡是我所记到的有关同志，应该请他们看一下我所写下的与之有关的部分内容，请予订正或补充。可是已经没有这个时间了，只好请编辑同志尽可能地把有关的段落复印一份送交他们本人过目，以免有过大的出入。如果由于急待付印已经来不及这样做了，那就只好在印出之后，再请他们指正了。如果因为我写的这篇东西能够促使至今仍然健在的有关同志，也能写出他们自己的一些回忆，那就更好了。

1986年11月20日写成于北京大学燕南园

（选自《日伪统治下的北平》，北京市政协文史资料研究委员会编，1987年）

往事回忆
——我为什么主编《黄河文化》

还在抗日战争轰轰烈烈进行的时候，新中国诞生的曙光已经从黄河中游的黄土高原上冉冉升起。《西行漫记》的作者埃德加·斯诺访问了延安之后，原是以"红星照耀下的中国"作为英文原版的书名，把所见所闻以及他本人的感受，第一次传播于世界各地的。当时，抗日战争还在激烈的进行中，震撼人心的《黄河大合唱》已经开始从延安的窑洞里，像风暴中的浪涛一样迅速传播开来，可是疯狂的日本侵略者却又突然偷袭美国太平洋的海军基地珍珠港。事情发生的时间在北平是1941年12月8日凌晨，我正在斯诺原来担任过新闻系兼任讲师的燕京大学任教。这所大学因为是美国教会创办的，当天即遭日寇强行查封，并先后逮捕师生二十余人，我也在其中，并与同学孙以亮同被关押在日本宪兵队本部的牢房里。以亮同学也就是现在的著名电影艺术家孙道临。那时他是燕大话剧团的主要成员，因为上演的话剧有抗日色彩而被捕。他的长兄孙以宽在燕京大学化学系毕业后，在中国共产党地下组织的领导下，经我出面联系，前往太行山中去支援设在林县的北方抗日大学。因此我和以亮被捕之初，各自都很担心。直到分别被审之后，才开始放下心来。因为通过审讯可以断定日寇对燕大有学生前往解放区参加抗日的事，全无所闻。这时我们整日困守牢房，白天在严密监视下不准交谈，各自蹲踞一隅，默默无语。可是一到夜幕来临，两人平卧在地板上，便可交头接耳畅所欲言了。当时究竟谈些什么，我已难回忆。迟至1986年，我应北京市人民政治协商会议文史资料委员会之约，写了一篇《燕京大学被封前后的片断回忆》，收入《日伪统治下的北平》一书，书出版后，我寄一本给以亮作为共患难的纪念。出乎意料的是，他竟回信给我提起了我已忘记的一件事，而这件事又恰好与现在编写这部《黄河文化》的最初考虑有关。来信原文如下：

仁之大哥：

鸿文已经拜读，引起我不少回忆。曾记得当时窗外朔风怒吼，我们各自只有薄毯一方，睡硬地板。然而夜间谈话，带来多少温暖、希望！尝记得您谈起夜读习惯，浓茶一杯，竟夜不倦。且特爱 Ludwig 之书，并拟照 Ludwig 之法写《黄河传》，雄心壮志使我产生不尽的幻想、遐思，几乎忘却囹圄之苦……迄今四十余年矣，一生风浪，愈觉纯洁友情之可贵，情不自禁，书此以谢！

道临　1987年11月13日夜

以亮信中所提到的 Ludwig，就是出生在德国又入了瑞士籍的著名传记作家路德维希（Emil Ludwig，1881—1948）。到1941年他已先后出版过《拿破仑传》（1926）、《俾士麦传》（1927）、《歌德传》（1928）和《林肯传》（1930）等书，曾流行一时，脍炙人口。1941年秋冬之间，我偶然在燕大新到的一批英文图书中，看到一本数百页厚的黄皮书，作者正是路德维希。不过他这本书写的不是一个人物，而是一条河流——埃及的尼罗河，可以简称为《尼罗河传》（原书名直译：《尼罗河——一条河流的生命故事》，1937）。我感到很新奇，翻开书的"前言"一看，第一句话就打动了我。这句话的大意是说：在他每次写一个伟人的传记时，好像就看到了一条大河在奔流。只有一次，在一条大河流中却看到了一个生命的形象。他把一条大河加以人格化的这种写法，立刻触动了我，我想如果我们能够为黄河写一部传记，那不是一个更加伟大的课题么？

黄河从号称"世界屋脊"的青藏高原奔腾而下，穿过蕴藏深厚的黄土高原，以其本身的活力，创造了一望无际的华北大平原。这条川流不息的大河两岸，孕育了我们伟大祖国的原始文化，进而迸发出灿烂多彩的人类文明。而今回想，当初正是这样一种心灵上的感受，促使我虽然身陷敌人的囚牢，却依然向往着那黄土高原上正在兴起的民族希望。其后不久，以亮先从宪兵队获释，我却又被转押日寇监狱，转年夏天，被日寇军事法庭判刑之后改为缓刑三年，才得取保开释。缓刑期间也曾考虑过以《黄河故事》为题，写本小书，而且尝试着写了第一篇《沧海桑田》，只是未能继续下去。日寇投降不久，我即负笈海外，潜心深造。历时三年，无暇从事业余写作。1949年夏学习期满，立即归国。就在新中国成立的前三天，回到了北京，并且有幸作为一名普通群众，参加了10月1日的开国大典，真是感到无限兴奋，终生难忘。

抗日战争期间，我一直生活在敌伪统治下的沦陷区，回想起来那真正是疮痍遍地。及至海外归来，所见所闻顿觉满目生辉，心情格外激动，立即投身到繁忙的工作中去。此后又经历了一些意想不到的情况，再没有想到过《黄河传》的写作了。直到1990年年初，自己已年逾古稀，华艺出版社的同志却找上门来，约我以《黄河文化》为题，写一部综述发生和发展在黄河流域这一地区的祖国传统文化的书，作为科普读物，供广大读者阅读，无奈时不我济，而今已是力不从心，自然这也促使我回想起当年有意仿《尼罗河传》来写《黄河传》的事，可是在自己不断学习的过程中，也已经认识到路德维希在《尼罗河传》的命题上，固然可供借鉴，但是他的历史观点却又难苟同。这和我当年对他的认识，已大有区别了。因此反复思考，踌躇难决。

其后不久，我偶然和同在北京大学历史地理研究中心工作的于希贤同志谈起华艺出版社约写《黄河文化》的事，他竟充满激情地说，黄河流域的进一步开发，正是大家当前所十分关心的问题。黄河流域的历史发展以及它在中华文化形成中的重要作用，应该尽可能地作些阐述，以便提供广大读者参考。我认为他的意见很值得考虑，于是又经过进一步地讨论，觉得以中年学者为主的力量，分工进行写作，是完全可行的。同时也考虑到，此书的主要内容，最好还是从黄河流域的自然环境和史前文化的萌芽开始，然后随着历史发展的进程，结合历代的重要文化史迹与成就，予以追踪描述。到了封建社会时期，特别是中央集权的统一国家出现之后，则根据城市乃是人类文化发展最重要的载体这一认识，以历代国都为中心，来综合叙述其文化发展的主要概况。结合这一主题思想，其写作内容必须涉及地质、地理、考古和历史诸方面的问题。这一设想，得到了中国社会科学院考古研究所所长徐苹芳教授和其他好友的赞同和支持。始终参与上述酝酿过程的是北京大学历史地理研究中心的于希贤教授，同时在研究有素又富有写作和编辑经验的友人中，又约请了中国地质大学图书馆馆长、一个科普期刊的副主编陶世龙研究员，和曾任高等教育出版社及人民教育出版社编辑的中央民族大学历史系陈梧桐教授，三人合作负责编辑工作，拟定全书编写大纲，并直接参加部分章节的写作和统纂工作。至于全书的绝大部分，则约请学有专长的中青年学者和个别专家分工执笔。

这里还需说明的是全书最后部分止于晚清，其时朝政腐败，列强压境，祖国已沦于半封建半殖民地的悲惨境地。然而殷忧启圣，大难兴邦。一个伟大新兴的中华人民共和国，在百余年来历经重重灾难之后，终于在黄河母亲的怀抱里诞生了。这部《黄河文化》也只是中华传统文化一部分的概述，写得不尽全面，仅供读者参考。

（原载 1994 年 12 月 20 日《中国青年报》第 3 版）

购《尼罗河传》（*The Nile*）书题三则

（之一）

四十四年前，余初执教于燕京大学，尝借读此书，而深有所感。

作者路德维希为著名传记作家，所著《歌德传》《林肯传》以及《拿破仑传》诸书，无不脍炙人口，而于此书序言之首，却以非凡的类比手法说明：每当他在写作一个人物的传记时，眼前就会闪现出在形态上以及精神上都俨然是一条河流的形象；只有一次，他在一条河流中看到了一个人及其命运的形象，于是因以为题写下了这部《尼罗河传》。

当时我想：如果和尼罗河相比较，伟大祖国的黄河，岂不是更加值得为之立传的么？不幸《尼罗河传》尚未卒读，燕京大学即遭日寇封闭，我亦被日本宪兵逮捕，转囚于日本陆军监狱。狱中不能虚度时光，因以腹稿，试写《黄河传》。半年后，假释出狱，又在玮瑛的鼓励下，录成一篇，曾送元骥、天钦诸友好评阅。1946年夏进修于英国利物浦大学，因携此稿于行箧中，意在课余之暇，乘兴续写。实则匆匆三年，未尝有闲及此。1949年秋回国后，诸多任务接踵而至，更无余暑考虑及此，而试稿一篇，终被索去，以"华北大平原的故事"为题，单独刊载于《进步青年》（后收入《步芳集》中），于今又已三十三年。

今晨过访旧书肆于康奈尔大学校园之侧，蓦见此册，如睹故人，急携以归。晚间灯下，细加摩挲，爱不忍释，往年遐想，又复萦回脑际。只是余今老矣，敢以未竟之志期诸来者，我家族中或亦后继有人乎？

    1984年4月6日午夜仁之自记于康奈尔大学景阳之岗（Fairview Heights）

（之二）

  11月3日郊游，无意中喜得 Emil Ludwig 之 *The Nile* 于 Hartford 白河河畔一孤零零的旧书屋中，乐不可支。

  整整五十年前，曾借阅此书于未名湖畔之临湖轩，未及竟读，而身陷日寇囹圄。

  七年前作客康奈尔大学。偶过绮色佳一旧书摊，瞥见 *The Nile* 一部。兴奋不已，急携以归，并为之记。遂即付邮回京，不幸中途遗失，怅何如之！

  此番出游，远去达慕思学院数十里，竟于荒郊野外再获此书。虽非原版，而惊喜之情更胜一筹。归而急作《达慕思奇遇记》一篇以为之记。因念及此旧书屋远在郊野，偶尔过之，竟然有此奇遇，颇想再游其地为旧书屋拍照以为纪念。馥儿从余所愿，遂得留此两幅照片，因略述其梗概如上。

            1991年感恩节于达慕思寓所

（之三）

  斯书也，失而复得者，一而再，再而三，其有缘竟如是乎？

  1941年秋，因事过临湖轩，见新书陈列架上，有书名《尼罗河传》者一册，竟是出自著名传记作家爱·路德维希之手。心颇异之，稍加浏览，竟然爱不释手，而序言中第一句话言及为尼罗河作传之原因，感我尤深，遂借得其书以归。不意未乃竟读，突遭巨变。12月7日夜，日本空军猝然偷袭珍珠港，迫使美国对日宣战。翌日凌晨，燕京大学即遭日寇包围，旋即下令驱逐全校师生，并开始进行大逮捕，我亦未能幸免。

在日寇宪兵队，与同学孙以亮（道临）同拘一牢房中。审讯既毕，困居斗室，百无聊赖，乃得互诉情怀。以亮热衷文艺事业，矢志不改。余尤恋念《尼罗河传》一书，不能忘怀。且以为苟能为黄河立传，其体裁之博大，当尤在尼罗河之上。

1942年夏，日寇军事法庭判我以徒刑一年，改处缓刑三年，取保开释，乃得遁迹津门，与家人团聚。然为黄河立传之事，依然萦回心头。只是限于当时条件，乃暂以《黄河故事》为题，草拟篇目，着手写作，结果仅成一篇，又迫于敌伪之纠缠，难于无事闲居，幸得亲友热情相助，转而执教于法国耶稣会士所创办之工商学院。然以课业繁重，无复写作时间。初不料该校学生俱乐部之负责人郝慎铭同学，竟然约我为学生作学术讲演，我亦欣然应命，即以《黄河故事》为题，意在说明历史上平息水患为民除害者，同是民族英雄。弦外之音，听众动容，且报以热烈之掌声。即使在座之法国神甫，亦不例外（今已事过多年，慎铭身为北京铁路局总工程师，仍为我津津乐道其事）。

1945年秋，日寇战败投降。其后我乃得负笈海外，亦无复业余时间继续考虑《黄河故事》之写作。

1984年春，与玮瑛应邀同来美国康奈尔大学进行研究工作。一日中午步出校门，瞥见路旁书摊上有黄色封面书一册，赫然在目，心想必是《尼罗河传》无疑，果然不出所料。惊喜之余，无异他乡之遇故知，乃急购以归。是晚提笔作小记，附之卷首。不幸邮寄回国途中竟然遗失，饮恨良久，未能或忘。每与友好言及其事，无不为之惋惜。其后又四年，竟有华艺出版社以《黄河文化》之书名征稿于我。联想所及，《尼罗河传》一书，又重现眼前。于是乃决定以此为例，集合诸同好相与协议，各就所长，分工属稿，以应华艺之约。玮瑛与我亦各分担其中一部分。

去年秋季我来佛城，一日与馥儿驱车出游，沿白河而上，竟在郊野一桥头上，瞥见一旧书店，突然想到有无可能重得《尼罗河传》一册乎？询之店主，竟不能答。而馥儿隔架急呼曰："是此册否？"果然《尼罗河传》一书，收藏如新，只是重版缩印，虽非原装，亦自爱不释手，可谓失而复得，弥足珍贵。

今年秋季与玮瑛再来佛城，并各自携来为《黄河文化》所写文稿，以便继续加工。8月15日天清气朗，全家出游。玮瑛于路旁人家之旧书堆中，瞥见黄色精装书一部，正是原版《尼罗河传》。攫之在手，乐不可支，转以示余，余亦惊喜，难以言喻。念及此书失而复得，一而再，再而三，其有缘竟如是乎？是为记。

于佛城寓所

1992年10月20日夜

注：写于美国新罕布什尔州汉诺佛镇（Hanover, New Hampshire）。Hanover音译为汉诺佛，或简称佛城，为达慕思学院（Dartmouth College）所在地。

一位患难中的良师益友
——追忆夏仁德教授

(一)

1931年"九一八"事变之后，国土沦丧，国难日深，华北岌岌可危，身在北平的青年学生，奋然掀起了一次又一次的爱国救亡运动，澎湃激荡，终于在我地下党的领导下，爆发了1935年的"一二·九"学生运动。从这时起，燕京大学的爱国青年一直是北平学生运动中的一支主力军。和这支主力军有密切关系的两位美国友人，一位是"一二·九"时期在燕京大学新闻系兼课的埃德加·斯诺，现在虽然去世，但已作为中国人民的伟大友人而为全世界的进步人士所仰慕。另一位并不像斯诺那样尽人皆知，他也没有写一本像《西行漫记》那样轰动世界的书，但是他作为最真挚最可敬爱的一位良师益友的形象，却深刻地印记在燕京大学每一个进步青年的心上。从"一二·九"学生运动一直到"珍珠港事件"和太平洋战争的爆发，在那些灾难日益深重的年代里，他都紧紧地和燕京大学进步青年站在一起。平时他对学生循循善诱，在紧急危难的时刻，又毫不犹豫地伸出他支援的手，甚至是挺身而出。这就是夏仁德（Randolph Sailer）教授。

"珍珠港事件"之后，燕京大学被日本侵略军封闭，夏仁德教授和夫人都被关入了山东潍县的"集中营"。这时一个在四川成都的燕京大学又继续开办起来。1945年秋日本投降，原来的燕京大学又在北平复学。转年，成都的燕京大学迁回北平。燕京大学的学生力量又进一步壮大起来，在相继发生的"反饥饿、反内战、反迫害"的斗争中，又发挥了一支主力军的作用。这时校内外的环境更加复杂，斗争更加尖锐。这时又重新回到燕京大学的夏仁德教授，也立即投入了支援学生进行斗争的行列。这个时期我不在北平，关于夏仁德教授的事，虽然时有所闻却未曾目睹。现在还是让我回到"珍珠港事件"之后，在燕京大学被封时，我所目睹的有关夏仁德教授的一件事吧。

记得是"珍珠港事件"后的第三天早上，日本宪兵在占领燕大校园之后，又下令驱逐全体学生立即离校。夏仁德教授闻讯之后，竟然只身一人赶往西校门内的大路上，在日本宪兵明晃晃的刺刀下，亲手帮助学生们把连曳带拉的大小物件运到桥头上。就是这样，在青年学生遇到艰难险阻的时刻，不论是集体还是个人，他总是不顾自己的安危，立即给予力所能及的支援和帮助。他这种崇高献身的精神，深入人心，但是却没有一个人知道他这样做的全部事实。他自己也从来不向任何人表白自己在这方面所做的任何一件事。1980年年初，张玮瑛和我第一次访问美国。行前龚普生同志曾和我们讲了她所知道的夏仁德教授的几件十分动人的事，这些都是和她个人以及和龚澎同志直接有关的。她还嘱咐我们到美国后，一定要专程去访问夏仁德教授，一定要更详细地了解他当初在中国的一些活动，以便作些全面地系统地记述。可是当我们在华盛顿郊外一所十分普通的住所里见到他，并向他转达了普生同志的意见，同时在我提出了个人对他采访的要求时，他诚恳而亲切地对我们说："关于我个人没有什么可写的，真正应该写的是你们自己。"这个"你们自己"指的是中国进步的青年学生。面对着这位毕生献身于中国学生，而今已是垂暮之年的老人，听着他发自内心的这样真诚而质朴的语言，再一次亲切感受到这位异国的伟大友人，对中国青年所寄予的希望，我几乎掉下泪来！事后我想：在这里，似乎又可以看到另外一个夏仁德教授，一个虔诚的基督教徒，怀着"济世救人"的纯朴感情，来到了灾难深重的旧中国，面对着十分冷酷的现实，眼看着一批又一批手无寸铁的中国青年，为了挽救祖国的危亡而奋不顾身地起来，和内外反动势力进行斗争，有的甚至倒在血泊里，为祖国献出了自己年轻而宝贵的生命。这血腥的现实教育了他，无私无畏的中国进步青年感染了他，他终于坚决地、无所畏惧地和他们走上了同一条道路，热情地瞻望着同一个未来。他不仅是中国青年学生的一位良师，而且变成了他们中间的一个——变成了他们所最难得的一位异国的战友……

最可庆幸的是他终于亲眼看到了新中国的诞生。在1949年10月1日中华人民共和国的开国大典上，夏仁德教授和成千上万的中国人民群众一起，站在天安门前的广场上，听到了毛主席以无比坚定的声音，庄严地宣告说：中国人民从此站起来了！随后开始了大游行，那时我刚从国外回来，也有幸参加了这次开国大典，亲眼看到了夏仁德教授那种兴高采烈的样子，至今难忘。

现在，我们这位可钦可敬的老师已经离开了人间，从噩耗传来的一刹那起，我就想写一点纪念他的文字，可是两年时间过去了，就是未能抓紧时间写下来。我虽然和他有一段直接"共事"的关系，但是回想起来，他所负责处理的又多是一些平凡的琐事，似乎无可追述。只有在自己真正深入思考之后，才又好像在这些平凡琐事的背后，看到了一个巍峨的巨人的形象，不时闪现在我眼前。

今年年初，我再来美国，到了风景佳丽的康奈尔大学，我就趁着正式工作尚未开始的一点时间，决心为夏仁德教授这位中国青年在患难中的良师益友，写下我所知道的有关他的一些看来十分平凡的事迹。也许正是在这些平凡的事迹之中，可以看到一个真正伟大的人。

（二）

我在燕京大学本科学习期间，并没有上过夏仁德教授的课，可是我听到凡是上过他的课的，无不交口称赞，说是深受教诲。特别是他所开设的有关思想方法的课，更受欢迎。主要的特点是他不仅教书，而且教人；不仅言传，而且以身作则。再加上他对进步学生的同情和支持，他就成为广大学生群中享有很高威望的一位外籍教授。

1937年"卢沟桥事变"之后，平津沦陷，国立大学纷纷内迁，燕大因为是美国教会创办的，而当时日美尚未交战，所以能在沦陷后的北平坚持下来。这就使得华北沦陷区的一些青年，还能有升学深造的机会，燕大学生的名额，也因此而倍增。但是由于战火的蔓延，学生的经济情况每况愈下。很多同学不但在精神上受到很大压迫，在经济上也遇到了很大的困难。为此，一些教师倡议把原来由一个人负责的"学生生活辅导科"改组为"学生生活辅导委员会"，增加人力，以便对学生有更大的关切和帮助。委员会的成员由文、理、法三个学院分别选出年轻教师组成，完全是义务兼职，规定一年一轮换。我当时也被选入了第一届的这个委员会，并且负责办公室的一些日常工作。但是这个委员会必须有一位德高望重的教授来做主席，很自然地大家就把希望寄托在夏仁德教授身上，并且要求他能年年连任下去。这是一项相当困难而艰巨的任务，在酝酿期间大家还深怕这一任务额外地加在他身上，未免过重了。可是他在了解到大家的意愿和顾虑之后，竟毫不犹豫地把这副重担承担下来。就是因为这个缘故，从1940年秋到1941年夏，我和他在同一个办公室相处整整一个学年。但实际上他在办公室的时间远比我多，付出的心血和劳动也远比我大。除去随时接待有事来访的学生外，只是为了计划和安排困难学生的"自助工作"这一件事，就占用了他远比上课教书要多得多的时间。由于经济困难的学生与日俱增，辅导委员会必须尽可能地把分散在各系、各实验室和各办公室的一些工作，分配给要求工作的学生去做，并根据工作的性质，按时计酬。这名为"自助工作"，实际上带有勤工俭学的性质。为此，夏仁德教授积极筹划，到处联系。他还亲手设计和绘制了各种表格，登记每个学生的姓名、工种、工作时间和工值，还亲自计算，按时付酬。后来由于要求工作的人太多，室内工作有限，实在无法安排，就把修剪校园草坪，也列入工种之内，这就可以提供大量的"自助工作"。而且在开始时，夏仁德教授还曾亲自下去参加这项"劳动"，以示鼓励。可是这时学校拨付的有定额的"工资"不够了，夏仁德教授就从自己的月薪中开支，但除我之外，他不让任何人知道。据我从旁了解，他个人对经济困难的学生进行援助，还不限于"自助工作"的开支，但究竟有多少位同学接受过他在经济上的援助，谁也不知道。就是接受过他这些援助的学生，也不知道这是来自他个人的收入而不是来自学校的公费。而夏仁德教授在个人生活上自奉之俭，也是外人所难想象的。这又不能不使我们想到他那位十分和蔼可亲的夫人，是在怎样的条件下操持家务的。可是我们从来没有听见过她有半句怨言。我们每逢到她家里,她总是清茶一杯亲切接待。她和夏仁德教授的身体都很柔弱,而夏仁德教授本人那十分清癯的身材,和从来就没有过十分可体的朴素服装,却给我们留下了难以磨灭的印象。只有一次,还是在一幅照片上,我们看到了夏仁德教授衣着整齐,而且带着一种近似腼腆的笑容,十分可爱。当然,这幅照片的拍摄比起上述的那些事件已经是晚了很多年的事了——这是在新中国、在1973年夏仁德教授重来北京时,和周总理还有叶帅的一幅合影。陪同夏仁德教授的,还有他的儿子亨利和龚普生同志。普生同志曾亲自告诉过我说,她当年在燕大选修夏仁德教授的课,就是在指定的参考书中,第一次读到了《共产党宣言》,这就是她接触马列主义经典著作的开始。因此,他们师生的情谊是格外深厚的。再说我们看到的这幅照片,是1980年秋,雷洁琼教授、黄继忠副教授和我作为教育部派出的代表应邀访美时,在夏仁德夫妇的儿子、美中关系联络委员会副主席夏亨利律师设在华盛顿的办公室里看到的。亨利曾在燕京大学附小读书,现在是华盛顿颇有影响的一位律师。我们三个人都是燕大不同时期的校友,看到这幅照片,都格外高兴,认为这真是最好不过的一个纪念品了。可是亨利告诉我们说,当夏仁德教授站在周总理和叶帅面前时,心情激动得连一句话都没有说出来。一位饱经风霜的老教师,在这一刹那间显示出他还依然是一个不失其"赤子之心"的普通"老百姓"。

最后,也是最重要的,我不能不追记一下在1941年12月燕京大学被日本侵略军封闭之前,当夏仁德教授和我在学生生活辅导委员会一同工作时的另外一个方面的事。

当时我以学生生活辅导委员会的关系,得以在地下党的领导下,协助燕大的进步学生投奔解放区。这是一件必须绝对保密的事。在我的工作范围内,我遇有必要请夏仁德教授帮助时,不必告诉他事情的原委,只须说有要他帮助的事,他总是欣然承诺,按着要求去做,从来不多问一句话。他接待过从解放区回校联系工作的燕大毕业生,帮着转运过医药器材到解放区等,这些且不说。我这里只提一件事,也就足以说明他是如何毫不保留地来支持这项工作了。1941年年初传来指示,要求凡是准备进入解放区的学生,都必须先注射某种（我忘记了是哪一种）防疫针。当时环境恶劣，校园里潜伏着敌伪的密探和特务。我接到指示，知道校医院吴继文大夫是自己人，注射防疫针要请他亲自做。但是在哪里做才最安全呢？当然在校医院里是不行的。我经过考虑后，认为只需对夏仁德教授说明我要借用他家中的一间屋子，在夜间办一件事，并请他把这间屋子的钥匙交给我，他却不必在场，也不必了解借屋子做什么，以免万一失事，遭到追查。事情就是这样静悄悄地、一次又一次地办妥了。当时在这里注射防疫针的同志，现在有的已经担负了党和国家的重要任务，也有的已为国事而捐躯，这里就不多说了。我只想再说最后的一句话：我们的良师益友夏仁德教授是诚心诚意完全自觉地支持中国人民的解放事业的，是对新中国的未来心怀无限憧憬的。他虽然已经离开了我们，但是他将永远活在我们的心中！

1984年春节之晨
写成于美国康奈尔大学

音容宛在
——悼念赖朴吾教授

1936年夏我从燕大本科毕业后,又考入研究院做研究生,同时在历史系兼任半时工作,因此得以住在蔚秀园的单人教工宿舍。和我毗邻而居的是从上海转来燕大数学系的青年教师赖朴吾(Ralph Lapwood)先生。我们很快地熟起来,从那以后,我就直接叫他的名字Ralph,而不再加"先生"的尊称了。

那时和我们住得很近的还有经济系的一位青年教师周舜莘(现在他已是在美国匹兹堡大学任教多年的老教授了,曾担任过经济系主任),三人之间,时相过从。舜莘居然还去数学系旁听Ralph的课,事后告诉我说,他教课效果很好,这自然也引起我的几分敬意,不过最使我感兴趣的,还是他对自然地理学的研究也颇有根底,并且是英国皇家地理学会的会员,还颇爱好旅行。那时我正在热衷于探索北京及其附近地区一些历史地理上的问题,经常奔波于荒郊野外,也已经习惯于徒步跋涉。正是因为这个原因,Ralph向我讲起了他在上海时,如何与一位新西兰的好朋友路易·艾黎在山东长途跋涉,从曲阜到济南,又从济南到青岛的一些旅行经历,而且还有合写的游记发表在上海的英文报刊上,这也使我非常向往。居然有一次我们相互约定作一次北平郊外的徒步旅行,计划从燕京大学西门出发,穿过海淀六郎庄,向西南直奔"八大处",从"八大处"上山,沿着山脊北行到香山"鬼见愁",然后再转向东北,经过卧佛寺后山,跨越玉泉山以北的宝藏寺金山口,转而向北,直指望儿山顶峰,下山之后就沿大路紧傍万寿山,返回校园,全程计百余里。这次"壮游"的计划在一个秋高气爽的日子里果然胜利完成了。不过凌晨出发时共有六七位参加者，可是半夜返回校园的只有 Ralph、我和一位能讲法语的华侨学生共三人，其他几位都从中途掉队了。事后我还特地写了一篇游记刊登在《燕京新闻》上，着意宣扬了一番。

1937年夏抗日战争爆发后，北平各国立大学纷纷南迁。燕大由于是美国教会创办的，仍得继续开学。可是这一学年人数大减。未名湖畔的六栋男生宿舍楼只住满了一半。经 Ralph 倡议并得到校方批准，他本人以及舜莘和我，就从蔚秀园的单身教工宿舍，搬到校内，分别住在男生宿舍的三栋楼内，为的是便于对新入学的学生有所照顾。从此，他除去课堂之外，又和中国学生有了更广泛的接触。而我自己则已经逐渐转入全时间的研究生业务学习。

当时由于国民党顽固派的不抵抗主义和"攘外必先安内"的反动政策，祖国半壁河山已步步沦陷于日本侵略军的铁蹄蹂躏之下，只是在北平还可以偶尔听到从西山传来的八路军和抗日游击队奋勇杀敌的大好消息，令人鼓舞。直到1939年暑假期间，有一天夜晚，Ralph 约我到他在燕南园59号的临时住处，很冷静地告诉我说，明天凌晨他就要离开学校，步行进西山去了，目的是通过解放区前往四川，准备协助他的老朋友路易·艾黎先生，在大后方组织"中国工业合作社"（简称"工合"），发展生产，以支援中国人民的抗日战争。因此，他特地向我告别，并把几本英文地理书和若干册英国皇家地理季刊留给我作纪念。我一时毫无准备，就把自己的一只手表取下来和他的一只怀表作了交换，作为纪念。这次在暗淡的灯光下秘密告别的情况，至今还十分清晰地闪现在我心目中。可是一别七年多，直到日寇投降之后，我前往英国进修，才得于1946年寒假期间和他在剑桥大学重新聚首。承 Ralph 的热情招待，我就住在他们家中，连夜话旧，兴奋万分。他早已听说太平洋战争爆发后我遭受日寇宪兵逮捕并在日本陆军监狱坐牢的事。我却是第一次听他讲到当年我们在燕园握别之后，他是怎样穿过解放区而到达成都的。沿途情况他已有专文记载，并已公开发表，无须在此转述。这里我只讲两件事，都是他当时告诉我的，给我留下了深刻的印象。第一件事是在解放区见到了朱德总司令。他以少有的激动心情追述说：真难想象，朱德总司令质朴和蔼的面容，简直和一位老农一样。第二件事是他讲到了国民党的官僚资本，见有利可图，就想插手"工合"的一些卑鄙勾当。言谈之下，他仍然含有几分怒气，这也是很难在他身上见到的。

在中国灾难深重的年月里，Ralph 不避艰难险阻，千里迢迢，穿越敌人的封锁线和解放区，前往大后方，协助路易·艾黎先生为支援中国人民抗战，付出了辛勤的劳动。在他的富有成绩的教学工作之外，这又是我们所永远不能忘记的他对中国人民的贡献。正是因为这个关系，在 Ralph 最后一次来北京之前，我还专程去看望了可尊敬的老人艾黎，并告诉他 Ralph 还将再来北京的消息。最可惋惜的是 1984 年春天，Ralph 来到北京的时候，我还滞留在美国。当时我曾写信告诉他说，我和张玮瑛已经决定在这年 7 月应邀到英国去访问，春天不能在北京聚首，夏天总可在剑桥重会了。可是再也没有想到他在这次旧地重游之后，由于过度兴奋而心脏病突发，虽经生前好友的专家医生紧急抢救，终究无效，遂溘然与世长辞。遵照 Ralph 的遗愿，他的部分骨灰就葬在临湖轩后未名湖畔。在他的辛勤而卓有贡献的一生中，这里应该也是他最可怀念的地方之一了。在这里，他在中国的生前友好的学生，也会经常来悼念他。每一次走过临湖轩旁的未名湖边，也总是不能不举目凝视一下那镌刻在一块天然青石上漆得鲜红的名字：Ralph Lapwood。

1986 年春节假中写于燕南园 61 号

永恒的怀念
——忆陶军

"彩笔干云,壮怀激烈",这是陶军同志《读〈邓拓同志诗词选〉》一文中的标题。我认为这八个字的标题,也同样是陶军同志一生的文学才能和革命意志的真实写照。

我拙于为文,更不会写诗。可是陶军同志青年时代的革命热情,却直接感染了我,并且给我留下了终生难忘的印象。

如今回忆,那是六十年前的事了,我在北平燕京大学研究院毕业后开始留校任教。当时抗日战争正在激烈地进行中。早在1937年7月底北平沦陷之前,北大清华等国立大学已经迁往内地,燕京大学因为是美国教会所创办,仍得继续留在北平西郊,这就为沦陷区青年学生提供了一处尚可享有一定自由的学习场所。同时校园内爱国师生的课外活动还在以隐蔽的方式继续进行中。到了1940年,日寇在沦陷区内进行所谓"大扫荡",燕京大学校内也受到一定的影响。有的学生的家庭经济来源发生了问题,更多的学生已难于安心学习。于是学校决定成立"学生生活辅导委员会",由深受学生尊重的美籍教授夏仁德任主席,以协助学生解决生活上的问题,同时也便于出面应付敌伪的干扰。由我担任副主席,因为从本科起一直到研究院,我都在本校学习,历时既久,师生之间的来往也较多,任务当前,也是义不容辞。正是由于这项纯属义务性的工作关系,我所接触到的第一位决心离校毅然投身到抗日战争中去的学生就是陶军。当时他的学名是陈晶然,擅长中文和英文的写作。他为人豪爽热情,是学生活动中的积极分子。通过陶军,我又认识了李国亮,他为人冷静沉着,善于思考,为了准备参加抗日战争,改名陆禹。此外还有其他几位自愿离校一同去参加抗日工作的同学，这里就不一一列举了。但是在这里应该着重说明的，正是这些青年同学积极热情要求投身到抗日战争最前线去的决心进一步增加了我的工作热情和信心。

陶军离校后，毫无音信。我和他再见面是在新中国成立之后，一隔就是十一年。那年，我们一行十人，受教育部的指派出差广州，路经武汉，在一次会上遇见了陶军。他在会上作了长篇发言之后，走到我面前，问我还认识他吗。我一时竟没有认出，直到他报出了姓名，我才认出来，真是惊喜交加！其后一别又是二十余载，直到"十年动乱"后的1978年12月，才得晤面。那也是我们的最后一面。1981年从他的来信得知，他即将赴联合国教科文组织任中国常驻副代表。当时我也正要去美国伊利诺伊大学讲学，希望能在归途经巴黎相见。不料，终未如愿。

在这里还必须补充说明的是抗日战争期间，从沦陷区中的燕京大学秘密奔赴中国共产党领导下的解放区投身到抗日救亡运动中去的，在教职员工和男女学生中已有多人，可是我得以利用公开身份，在地下党的直接领导下，秘密参与其事，这还是第一次。现在回想，这第一次的参与，竟成为我人生征途上的一个新起点。而这个新起点，应该说是从和陶军同志的第一次接触开始的。现在陶军同志已先我而去，但是幸而还有他用心血所写的遗作，经过夫人杨景星同志的收集整理，刊行问世。我不能从文学造诣上作任何评价，但是他那种发自内心的呼声自会流传人间。

一九九九年四月最后一天，
匆匆写成于北京医院面临外科手术前夕

（选自《陶军诗词选》，华中师范大学出版社，2000年）

深情怀念王金鼎同志

抗日战争期间，金鼎同志和我在天津有一段不同寻常的交往，为了充分说明这一点，我必须首先讲清楚，当时我是如何来到天津的。

抗日战争爆发之初，我正在北平燕京大学研究院学习。毕业后，留校任教，并兼任学生生活辅导委员会副主席。1941年12月8日，日美太平洋战争爆发后，燕大这座美国教会创办的大学，立即被日军查封，师生二十余人先后遭日寇宪兵逮捕，我也在其中。转年2月，我又因"以心传心，抗日反日"的"罪名"，由日本宪兵队本部，转送到日本陆军监狱候审。6月中，日寇军事法庭判我徒刑一年，缓刑三年，取保开释。附加条件是"无迁居旅行自由，随传随到"。实际上，我当时已是无家可归。只好随妻子张玮瑛寄居天津岳父母家。初不料日寇便衣每来住处，查问生活情况。亦有一叛徒从北平来，心怀叵测。这时开始考虑到最好有个工作的地方，以避免干扰。经过家中人共同商量，我乃决定就近到达仁商学院任教。该校系南开大学滞留天津的几位教授，在旧英租界内集资创办，目的是为家居天津的青年学生，提供一处纯属国人自办的学习场所。当时该校的负责人袁贤能教授曾在燕京大学兼课。经他联系，我乃于1943年春学期开始，前去该校讲授"经济地理学"一课。于是在苦难之际，我又得以回到学生群中。这时也已经再未见敌伪来家中干扰。尤其使我深感愉快的是，没有经过多久，我就在学生中认识了勤学好问的王金鼎。

最初，王金鼎总是在课堂上提问，开始引起我的注意。随后，他又常在下课之后的走廊里和我一边走一边讲他个人在学习上的一些心得体会。这样我也就对他产生了兴趣，愿意主动和他交谈。但是学院大楼里地方有限，不便久坐。经过和玮瑛商量并得到岳父母的同意后，这样就提供了我和金鼎在家中进一步交谈的机会。这里还应该补充说明的是岳父张子翔是一位早期留学美国和法国的医生，当时虽已年迈，每天仍然按时到"巴士特医学研究所"工作。岳母梁撷香热心社会工作，同时兼任天津基督教女青年会和私立广东中学校董会董事，都对我十分关心。最初日寇便衣来家中了解我的情况时，岳父作为医生还曾出面说明我在日本监狱里得了痔疮，鼻腔也出了毛病，都在治疗中。这里还应附带说明的是，同住的还有内兄张伟叕夫妇，伟叕是原南开大学毕业，然后赴美留学，回国后仍在南开大学任教授。抗日战争开始后，因患病未能随校南迁昆明。病情好转后，即到（法国天主）教会创办的工商学院任教授，同时也参加了筹建达仁商学院的事。我们大家都住在旧法租界海大道新学书院隔壁一座较为宽敞的二层楼房里，这原是岳父早年任职北洋海军医学院院长时的住宅。后来医学院的建筑全部拆除，这所院长的住宅却被保留下来。我和妻子住在楼下一间较宽敞的房间里。房间的内部，附有后门，便于出入，作为起居之处。房间前部，就作为工作和接待学生的地方。最初我接待的还只是金鼎一个人，后来范围逐渐扩大，主要都是经过金鼎介绍来的。其中最重要的一位是邵淑惠，也就是后来金鼎的夫人。此外还有特别值得一提的，就是前辈学者《〈清史稿〉校刊记》的作者金梁（息侯）的孙女关龙吉（《校刊记》一文，见中华书局排印本《清史稿》最后一册的末尾）。

我想这里有必要先将有关龙吉的事作个交代。龙吉也是达仁商学院的学生，由于金鼎的介绍，我才和她熟识起来。当时除教学之外，我还在继续进行个人的研究工作，首先在1943年4月完成了我被日寇逮捕之前已在着手写作中的《北平金水河考》一文。随后我开始研究天津城市的历史地理，终于在1944年11月完成了《天津聚落之起源》一文。正是在这篇文章的前言中，我写下了关于龙吉的如下一段话：

> 方余之着手于天津地理之探讨时，其以第一部书借余者，金［息侯］老先生之爱孙女龙吉女士也。龙吉固尝从余学，余亦颇喜其才识之卓越，

期望因亦随之而独厚，初不料天之夺彼以遽去也。……今瑞雪初降，余文适成，大地皆白，而龙吉独不见此稿之杀青也，噫，可悲矣！诚如西谚所云："上帝爱彼稚年之归主者。"余为此而馨香祷祝焉。（引自天津工商学院印《天津聚落之起源》序，1945年8月）

我转录此文在这里，虽无一言一句提到金鼎，却与金鼎的关系至为重要，只是很久以后我才了解到，原来龙吉去世之前，正是在金鼎的影响和教育下，已经成为一名光荣的共产党员。由此我推想，淑惠必然也是从金鼎那里受到党的教育，然后才由同志结为夫妻的。当时在学生中，他们二人也是和我接触最多的，经常来家中座谈。最初我和金鼎来往，从读书治学一直谈到做事为人。我应该向他详细讲过我被日寇逮捕的原因和经过，讲过我被捕之前在燕京大学的一些师友和活动。可是他总是听我讲的时候多，也很少提出什么意见。只有一次，他却给我留下了特别深刻的印象。那是在1944年的暑假期间，有一天金鼎前来看我，神情十分严肃地告诉我说，日伪决定接管达仁商学院，并决定任命我做教务长，他说这是绝对不能接受的。我听了十分生气，完全同意他的意见。金鼎及时把这个消息传达给我，是对我极大的关怀。因此和他商量之后，我决定不辞而别，经过再三考虑，不能待在家里，最好能及时转到法国天主教早已设立的天津工商学院。这一设想，立即得到内兄张伟骏的支持，因为他在那里任教，并且了解到那里正需要讲授经济地理的人。终于经他介绍，在秋季开学时，就转到工商学院任教。但是我对达仁商学院，还有两件事念念不忘。第一，我曾在那里指导过王金鼎关于天津经济史的研究工作，应该继续给予关怀。第二，我还曾利用课余时间，由金鼎负责组织几位同学，共同进行《天津史表长编》的编写工作，也借以培养他们从事研究工作的能力。同时这也是探讨天津历史地理的必要手段。初稿完成之后，我还曾寄一份抄写本给我在北平的老师洪业（煨莲）教授，他还居然回信并提出意见说：

《天津史表长编》草例甚佳，谨奉还。窃谓天津史之重要，其在近

代，尤当注重外交一项，凡西方史料，最宜重视者也。（按原件复印后发表，见《燕京学报》新二期，1996年）

记得金鼎看了这封来信，颇有感受，希望有朝一日也能见到洪先生。

我离开达仁商学院之后，仍然和金鼎保持联系。我们经常去日本书店采购图书，我最关心的是日本出版社的各种地理书和地图集之类。没有预料到的是这件事又引起了我们共同开书店的设想。原因是当时日本侵略军在东南亚继续扩展其侵略势力，并与法国在南洋的势力发生冲突。如果这一冲突继续发展下去，很可能促使日寇进一步攫取在中国侵略区内法国所属的物质财富。建筑相当可观的天津工商学院，可能要像北平燕京大学那样被日寇所占用。想到这里，我不能不预作筹划，乃和金鼎共同商量，计划开个小书店，自谋生存。正好在这时候，我住处的马路对面，有一家小商店准备歇业，如能利用其地，也正好符合我们的要求。此外还有更重要的一件事为我们提供了一个开书店的有利条件，需作补充说明如下：

在天津旧英租界的民园广场西南隅附近，住着一位致力于《三国志》研究的老学者，卢弼（慎之）先生，是天津文化界颇有声誉的卢木斋先生的胞弟，家中颇有藏书，我移居天津，为了继续进行个人的研究工作，也曾通过他的外孙女、原燕京大学的同学刘行宜，向他借阅书籍，因此得以相识。老先生待人以礼，和蔼可亲。我转到工商学院任教之后，有一天行宜同学前来找我说，卢老患有重病，经有名的德国医院诊治，急需动外科手术，需预付大笔现款，卢老难以筹措，曾约旧书商来家中就藏书估价，其中虽有善本，而书商估价甚低。于是行宜同学前来找我商量。幸而我移居天津之后，得以认识一位慷慨好义的孙冰如，还是老师洪业教授写信介绍给我的，信中说：

> 天津孙冰如君[名明鉴]，觉其人必为将来实业界重要领袖，而能热心于教育，尤为难能可贵。甚欲吾弟与交，用具介函于此，务持往与见。伐木丁丁，求其友声，想亦吾弟所甚乐者也……（原信影印件，同见《燕京学报》新二期，1996年）

结果，正是在冰如先生大力帮助下，终于筹得所需款项，嘱我代为送交卢老，又再三叮嘱，要卢老尽快住院治疗，但是准备出售的书籍，仍请留在卢老处备用。获此使命我极为高兴，可是当我把现款交给卢老时，他却毫不犹豫地告诉我说，非常感谢孙先生。但书已出售，必须运走。于是我立即将原话转告孙冰如先生，而冰如先生却说，筹款急于为卢老治病，他并不用书。考虑再三，决定暂时把书存在我的住处，待抗日战争胜利后再作安排。但是如此大量的线装书如何搬运，又成了一个大问题。我只好找金鼎商量。金鼎建议他去借个排子车，我们自己动手搬运。随后他还约了邵淑惠同来一齐动手。于是我们三人又推又拉，先后两趟，终于把大批线装书，包括若干珍本和全部书目在内，一直从旧英租界的民园附近，拉到了旧法租界海大道我的住处。当时我还不知道他们两位已是负有重要使命的共产党员，我自己则是来自旧社会的一个大学教师，可是在当时大马路上的行人看来，也不过是三个不起眼的搬运工人而已。实际上，正是对于祖国未来的坚定信念，把我们团结在一起。

写到这里，我又情不自禁地联想最近我所知道的一件事，顺便插写在这里。最近我获识一位新朋友李牲同志，他原是北京市委副书记，主管商业，经常进行实地考察，在潘家园早市上，发现了有人写给我的两封信，其中一封署名的正是上述的卢慎之老先生。信末注明日期是："一九六一年国庆节后三日"。信中有这样几句话：

> 执事于十七年前为我奔走卖书与孙君，救我一条生命，此乃道义之交，不贫何以至此。

这里所说的"孙君"，就是孙冰如先生。不幸此信发出后五年，"文化大革命"爆发，冰如先生横遭不幸，被害于狱中。而卢老写给我的这封信，也必然是在"文革"中我被抄家时，从我的收藏中被抄走的。

补述了以上的有关事实之后，现在再回头来接着记述当初金鼎、淑惠和我把卢老的书搬运到我的住处之后，曾考虑以开书店为名，来作为我藏身之处的时候，这批书正是可以用来作为装点门面之用的，因此我们还曾为这计划中的书店起了个名称叫作"他山堂"，就是借用"他山之石，可以攻玉"的意思。但是这一番设想，并没有成为事实。尽管当时风云变幻，工商学院却继续开办下来，我作为主讲"经济地理学"的教授之外，又被任命为相继开办的附属女子文学院的"史地系"主任，此外又在金鼎的建议下，接收淑惠入学，并兼做"史地学会"的主席，便于在学生中进行抗日爱国的活动。

1945年8月15日日本战败投降，我立即被召回北平，参加筹备燕京大学复学的工作。10月10日重新开学，我继续留校任教，并兼任学生生活辅导委员会副主席。但是我也早已接受了工商学院的聘书，因此每周来往于平津两地进行教学，和金鼎的来往减少了，但是仍然保持联系。这时燕大为我联系了于1946年夏赴英国进修的机会，而工商学院又一定要我推荐一位代替我讲课的人。这时金鼎已在达仁商学院毕业，我就以曾经担任过他的导师的名义推荐他作为讲师到工商学院任教。可是到这时为止，我还不知道他是直接从延安派来从事地下工作的同志。直到1949年9月底，也就是中华人民共和国开国大典的前夕我从英国留学回来之后，才了解到这一情况，因此重新相见，更是别有一番志同道合的深厚感情。这时我们共同办理的一件事，就是决定把沦陷期间，由孙冰如先生筹款为卢弼老先生治病而收存下来的大批书籍，作为孙冰如先生赠书，全部赠送给中国历史研究所。

如今回想，正是在抗日战争中个人处境最为困难的时候，幸与金鼎相遇津门。志同道合，终成莫逆之交。金鼎小我十岁，竟自先我而去。而今老矣，仅就记忆所得，缕述如上。

1998年11月30日，北京大学燕南园

回忆孙冰如先生

1941年12月8日太平洋战争爆发时，我正任教于北平燕京大学，当天燕大被日寇封闭，随后我即被日本宪兵逮捕。1942年2月上旬被转押在北平的日本陆军监狱，在日本军事法庭候审。6月中被判处徒刑一年，缓刑三年，取保开释，寄居天津岳父张子翔大夫家，直到1945年秋日寇投降为止。在天津居留期间，经我的老师燕大洪业教授（号煨莲）的介绍，我得结交冰如先生，深感其为人诚恳，好济人之难，并善为人谋，遇事待人，皆有原则，尤其爱才，并富有爱国心。现在将我印象最深的几件事，记录如下。

当时我寄居天津，又在缓刑期间，生活十分困难。冰如先生不避敌伪的监视，对我多所照顾。在粮食奇缺的时候，赠我面粉，以渡难关。我平生从未受人接济，冰如先生为唯一例外，这是我所永难忘怀的。我和妻子张玮瑛，也常常是冰如先生的家中客。冰如夫人待人以至诚，也给我留下了十分深刻的印象。

天津名人卢木斋胞弟卢慎之（卢弼），潜心史学，藏书甚富，且多善本。以毕生精力，写成《〈三国志〉注疏》凡数十卷，又长以诗文自娱，禀性耿介，深居简出，只与章式之、金息侯诸老有来往。有子在南开大学任生物系教授，抗日战争爆发后，已随校迁往昆明，加入联合大学，只慎老与家人滞留天津，住在民园附近，有外孙女刘行宜（现在是天津联合大学的重要成员之一）毕业于北平燕京大学，与我相识。大约是在1943年的一天，刘行宜前来找我，说是卢老因病，急需到当时的德国医院动外科手术，所费甚多，筹款无门，只好出售家中藏书，但书商作价甚低，入不敷出，因此来找我想办法。当时我也告贷无门，只好求助于冰如先生。冰如先生慨然承诺，问我卢老住院及手术费所需数目，他即照付，嘱我面交卢老。但是只有一个条件，即卢老所有准备出售的书籍，仍然留在自己家中，便于卢老继续使用，因为这是他的研究工作所必需的。我听了十分高兴，及时持款赶往卢老处，面告一切。但是卢老性情也很耿直，他说冰如先生济人之难，感激不尽，但是既已收下书款就医，一定要把十数箱藏书交给冰如先生才是，绝不能再留在自己家中，因为自己年已老迈，已难再做学问。我听了也很感动，因即转告冰如先生。他考虑后对我说，他的目的只是资助卢老就医，实际上并不需要这批书籍，如果卢老坚持必须把书送交给他，他就请将这批书籍存放我的住处，也可便于我应用，我也只好从命了。这十数箱书中，多有善本，记得不乏元明刻本，主要是史集两类。当时为了节约运书费用，我找到我在私立达仁商学院兼课时的两位学生王金鼎（当时我并不知道他是由延安前来天津的我党地下工作者，现仍在天津。解放后曾任市委文教部长。现已离休，仍为市委顾问）和邵淑惠（后来与王金鼎结婚），帮助我用排子车，亲自把书笈从民园附近的卢老家运到海大道我所寄居的岳父家。1946年夏，我赴英留学，必须另找地方暂时存放这批书籍，因又商之冰如先生，允予运往河东寿丰面粉公司暂存。这次仍然是由王金鼎同志帮助搬运到寿丰的。1949年夏，我留英归来，仍回北京燕京大学任教。时值建国之初，百废待兴。中国科学院历史研究所（现在改名中国社会科学院历史研究所）也在建立中，十分缺乏图书。当时王金鼎同志已到南开大学担任领导工作，经过和他商量之后，建议冰如先生是否可将这批书籍捐献给中国科学院历史研究所。他欣然同意，于是由历史研究所派车前往天津把这批书籍运来北京，作为冰如先生的赠品，专柜存放。事后还请冰如先生亲自来到历史研究所看这批书籍的存放情况。

1945年8月日寇投降的消息在尚未公开之前，是冰如先生得到消息后，就在清早跑到我家告诉我。他当时那种高度兴奋愉快的表情，至今还留在我的印象中。随后，燕京大学在北平重新复学。我的老师洪业（煨莲）教授是燕大元老之一，极力主张除接受美国教会捐款外，还应该在国内发起募捐运动，争取爱国的工商界人士，捐资再建燕京大学。当时在天津积极赞助燕京大学的募捐工作的，冰如先生是最积极的人士之一。其他还有周叔弢先生、李烛尘先生、沙泳沧先生等人。

以上是我所能回忆的关于冰如先生最重要的事迹。

匆匆写于北京大学燕南园
1988年5月20日夜

唯有书香传后人*

抗日战争爆发之初，我正在北平燕京大学研究院学习。毕业后，留校任教，并兼任学生生活辅导委员会副主席。1941年12月7日，太平洋战争爆发，燕京大学立即被日军查封，师生二十余人先后遭日军宪兵逮捕，我也在其中。转年2月，我因以"以心传心，抗日反日"的"罪名"，由日本宪兵队本部，转送到日本监狱候审。

6月，日本军事法庭判我徒刑一年，缓刑三年，取保开释，附加条件是"无迁居旅行自由，随传随到"。实际上，我当时已是无家可归，随妻子张玮瑛寄居天津旧法租界海大道七十六号岳父母家。初不料日寇便衣每来住处查问，亦有一叛徒从北平来，心怀叵测。我因之考虑须有个工作地方，以避免干扰，乃决定到达仁商学院——这是由南开大学滞留天津的几位教授集资创办的。我于1943年春学期开始讲授"经济地理学"一课，亦在学生中结识了勤学好问的王金鼎。除教学外，我还在继续进行个人的研究工作，在1943年4月完成了我被日寇逮捕之前已在着手写作的《北平金水河考》，又开始研究天津城市的历史地理。

1944年暑假的一天，担任学生会主席的王金鼎同学前来，神情严肃地传达给我一个消息：日伪政府对达仁商学院抱有政治上的怀疑，于是强迫其向伪政府立案。达仁商学院迫于压力，办理立案手续时，将我列为"教务长"上报。得到消息后，我断然决定立即辞职。这样秋季学期开始时，我转移到

---

* 这是侯仁之1998年的一篇旧作，由其长女侯馥兴整理并代拟标题。

法国天主教早已设立的天津工商学院。在 11 月完成的专题论文《天津聚落之起源》，决定交由工商学院出版的一个重要的原因是，我当时仍处于日本军事法庭判处的"三年缓刑"期间，而工商学院公然聘我为教授，使我在社会上有公开来往的可能。《天津聚落之起源》终于在日本战败投降后由天津工商学院作为"特刊"立即出版，封面上注明"民国三十四年八月天津工商学院印行"。我到工商学院任教后和在达仁商学院的王金鼎仍然保持联系。我们经常去日本书店采购日本出版社的各种地理书和地图之类。而由此引起我们共同开书店的设想，在平、津两地的书业界，做一些尽可能保存祖国文化遗产的事情。获益最大的是得到前辈学者、私人藏书家任振采先生和金梁（息侯）先生的支持，慷慨以珍贵藏书史料惠借，嘉惠后学。乱离之世，因缘有自。

那时在天津旧英租界的民园广场附近，住着一位致力于《三国志》研究的老学者——史学家、藏书家卢弼（慎之）先生。他是天津文化界颇有声誉的卢木斋的胞弟。家中藏书颇丰，我通过他的外孙女，原燕京大学的同学刘行宜，曾向他借阅书籍，因此得以相识。老先生待人以礼，和蔼可亲。我到工商学院教书之后，一天，行宜前来对我说，卢老患有重病，经有名的德国医院诊治，急需动外科手术，需预付大笔现款。卢老难以筹措。曾约书商来家中就藏书估价，其中虽有善本，而书商估价甚低。救助急迫，我自家财力有限，只得求援。幸而我移居天津后，我师燕京大学洪业教授写信介绍我认识一位慷慨好义的孙冰如：

> 天津孙冰如君 [名明鉴]，觉其人必为将来实业界重要领袖，而能热心于教育，尤为难能可贵。甚欲吾弟与交，用具介函于此，务持往见。伐木丁丁，求其友声，想亦吾弟所甚乐者也。[《〈洪业传〉读后题记》，《燕京学报》新二期，北京大学出版社，1996 年]

冰如先生问明情由，将所需款项如数筹得，嘱我代为送交卢老。又再三叮嘱，要卢老尽快住院治疗，准备出售的书籍，仍请留在卢老处备用。获此使命我极为高兴，可是当我把现款交给卢老时，他却毫不犹豫地说，感谢冰如先生，但书已出售，必须运走。"孙先生不肯要书，我宁可不治病也不要钱。"于是我将原话再转告孙冰如。而冰如先生说："我只是生意人，并不用书。书对于读书人比对我重要得多。"经再三考虑，最后决定把书暂时存在我的住处，待抗日战争胜利后再做安排。但是如此大量的线装书如何搬运，成了一个问题。我和王金鼎、邵淑惠两位学生，借来了一辆排子车，自己动手又推又拉，先后两趟，终于把这一大批线装书，包括若干珍本和全部书目在内，一直从英租界的民园拉到了法租界海大道我的岳父母家。

当时，日本侵略军在东南亚继续扩张其势力，并与法国在南洋的势力发生冲突。如果这一冲突继续发展，很可能促使日寇进一步掠取在侵略区内法国所属的物质财富。建筑规模相当可观的工商学院，可能要像燕京大学那样被日寇所占用。面对工商学院有可能被取缔，我不能不予筹划，考虑以开书店为名，来做我退身之处。这样，这一批书正可用来作为装点门面之用。我也曾为这计划中的书店取名"他山堂"——借用"他山之石，可以攻玉"之意。但是这一番设想，并没有成为事实。尽管风云变幻，工商学院却继续开办下来。

1945年8月15日，日本战败投降，举国欢腾。我立即被召返校，作为燕京大学复校委员会的五名成员之一，参加复学工作。10月10日燕大重新开学，我继续任教并兼任学生生活辅导委员会副主席，直至次年8月负笈英伦。三年之后的1949年9月底，在新中国成立前三天，我回到祖国。这时我才了解到，王金鼎是1941年直接从延安派来在敌伪区从事地下工作的。当与金鼎重新相见时，我们共同办理的一件事，就是把由孙冰如筹款为卢弼老治病而收存的那一批书籍，作为孙冰如先生赠书，全部捐送给了中国科学院历史研究所。如今回想，正是在抗日战争中个人处境最为困难的时候，幸与金鼎相遇津门。志同道合，终成莫逆之交。金鼎一直在天津工作，与邵淑惠结为伉俪，曾任中共天津市委文教部长、市委顾问委员会常委。1998年因病逝世。

五十多年后的1998年，我获识的一位新朋友李甡先生在北京的潘家园书摊上，发现了卢慎之先生给我的一封信。信末注明日期是"一九六一年国庆节后三日"。信中有这样几句话：

执事于十七年前为我奔走卖书与孙君，救我一条生命，此乃道义之交，不贫何以至此。

信中所说的正是此前十七年即1944年的往事。

孙君彬如就是孙冰如先生。不幸此信发出后五年，"文化大革命"爆发。毕业于北京大学的冰如先生是天津著名实业家，曾任原天津市寿丰面粉公司

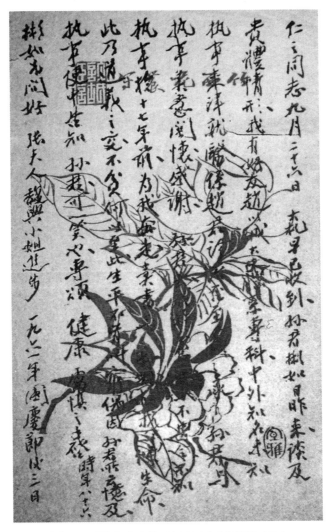

图54　卢慎之先生信（1961年国庆节后三日）

经理。新中国成立后，历任天津市财经委员会委员，天津市人民政府委员会委员，天津市粮食局副局长，天津市工商业联合会副主任委员，却在"文化大革命"中横遭不幸，1966年8月29日被害于狱中。而卢老写给我的这封信，也必然是在"文革"中抄家时，从我的收藏中被抄走的。

如今回想，昔日情景恍如眼前。卢弼老早已作古，冰如先生含冤离世，金鼎小我十岁，竟自先我而去。

唯有孙冰如先生所赠卢老珍藏书籍，得以保存无损，流传后人。

译文

史前期的环境、地理学与生态学[*]

导 论

在近东的第一个有文字记述的文明出现以前，人类在地球上已经居住了大约有一百万年了。这一漫长时期经历了气候上的一次又一次的变化，并给予自然环境以巨大的改变。在最初，人只是生物界中一个次要的因素。但是逐渐地由于社会组织和生产技术的发展，人类的重要性日益增加。这样，随着某些植物和动物的驯化，人就通过农业而在生物界中取得了统治地位。这一新的共生体的联合分布到世界的大部分，但在根本上还是由于人的关系使自然环境发生了普遍而深刻的变化。

对于史前环境的研究所涉及的不仅是自然和生物诸要素之间相互作用的复合体，它还增加了一个新的方面——时间。这一时间上的远景，包含了环境的自然变化和人为的改造。研究古环境的方法和技术，包括了一个宽广的领域：地理学、地质学、土壤学、生物学、动物学、气候学——这仅仅是有关的自然科学中的几个门类。至于古环境研究中那种需要精心从事的人类影响的一方面，则主要是史前考古学家的范围。因此这正是不同学科间的一个共同的研究领域。

对于古环境事物的许多学科间的著作，当然还只是近些年来所完成的。但令人失望的是还缺乏内容详赡的研究。关于更新世地质的标准著作如

---

[*] K.W. 布策尔写于1964年，侯仁之译于1973年。

P. Woldstedt 的《冰期》(*Das Eiszeitalter*, 1954-1958), J. K. Charlesworth 的《第四纪》(*The Quaternary Era*, 1957) 和 R. F. Flint 的《冰川地质与更新世地质》(*Glacial and Pleistocene Geology*, 1957), 对于其研究的主题极为注意, 但以地层学的考虑和冰期地貌学为主, 而几乎忽略了人类的存在。F. E. Zeuner 的《史前年龄的测定》(*Dating the Past*, 1958, 1946 第一版), 力图把有关的自然科学和史前史联系起来, 但又以年代学为主。这本书和它的更偏重于古环境研究的姊妹篇《更新世时期》(*The Pleistocene Period*, 1959, 1945 第一版) 一样, 所根据的文献, 都是 1945 年以前的。同样与此有关的是一些纲要性的著作, 如 A. Laming 的《过去时代的发现》(*La Découverte du Passé*, 1952), 或者如 D. R. Brothwell 和 E. S. Higgs 共同编辑的《考古学中的科学》(*Science in Archaeology*, 1963)。至于本书的主题并不一定是新的, 但是它企图从理论, 也从应用的观点上, 开辟一条新的道路来提供一个关于古环境研究的详细纲要。其次还要对于人类和环境之间的某些推论中的相互关系, 予以评论。

如果只是为了方便起见, 一个研究的领域也应该有个名称。学科间的研究, 很少具有方法论上的文献, 总要从不同的领域中借用技术和课题。这种困难对于以史前人类为中心的古环境的研究来说, 尤其突出。

"地理学"和"生态学"两词都表明了相互关系的含义。根据 M. Bates 的意见, "生态学"研究那些制约个体与群类的生存和繁多的外部诸因素, 而"地理学"则是关于人类所居住的大地的一种科学的描述和解释 (Hartshorne, 1959, 21, 172 页)。显然"生态学"是生物学家和人类学家所研究的, 至于"地理学", 则适用于广泛得多的研究, 是自然科学家所感兴趣的。因此"更新世地理学"(Pleistocene geography) 被认为是一个适当的名称, 它的研究就和"更新世地质学"(Pleistocene geology) 相反, 既着重于环境, 也着重于人类。①

由于多种学科和更新世有关, 因此对于更新世地理学的研究也就有多种

---

① 为方便起见, 这里所用"更新世"一词, 在时间上延续到现在, 包括了"现代"(Recent) 或"冰后期"(Postglacial) 或"全新世"(Holocene), 因此它应是"第四纪"的同义词。

不同的入手方法，基本上可以分为三类：

甲）不同自然科学各自对于更新世的研究，常常是由地质学家、地理学家、土壤学家、植物学家、动物学家和气象学家在野外或实验室中独立进行的。虽然特殊的目的和兴趣的范围可以有很大的差别，可是我们的基本技术和古环境的资料，绝大部分都是从这里得来的。

乙）自然科学家在考古学家协作之下，特别是在田野中所进行的学科间的研究工作。更新世地质学、地貌学、古生物学和孢子花粉分析大约是各有关科学工作者所共同具有的训练背景。这种学科间的工作，一般都是针对考古遗址的研究。这对于提供生态学和环境的资料，是特别有价值的。

丙）考古学家对于古人类学的研究，为了更全面地了解先史时期社群的人类生态学（见 Bates, 1953）——特别是关于文化地理与经济。

关于更新世的早期研究

一个多世纪以来，更新世的学者，无论是地学的还是生物的科学家，对于了解过去的环境，都有很大贡献。

在冰川地质的领域里，J. Venetz、J. de Charpentier 和 L. Agassiz 的著作树立了第一个里程碑。他们创立了在瑞士阿尔卑斯山一个早先存在的"冰期"的意见（1822-1847）。同样重要的是 O. Troell 在 1875 年对于欧洲的大陆冰川作用的证明，以及 A. Penck 在 1879 年对于间冰期的认识。J. Geikie 在 1874 年提供了第一次关于"冰期"的系统研究，同时地理学家 A.Penck 和 E. Brückner，《冰期的阿尔卑斯》（*Die Alpen im Eiszeitalter*）在 1909 年的重要研究，标志了更新世地质学现代时期的开始。①

在了解更新世和冰后期的气候变迁上，植物学方面的贡献是从 1841 年 J. Steenstrup 和 1844 年 A. Grisebach 关于大植物学的著作开始的。此后又二三十年，孢子花粉分析法终于使 A. G. Nathoret（瑞典）在 1870 年、A. Blytt

---

① 关于更新世地质学的历史发展，见 Woldstedt［1954］，Flint［1957］和 Charlesworth［1957］，附参考文献。

（挪威）在 1876 年和 E. Engler（法国）在 1879 年能够第一次进行系统的区域性的说明。C. A. Weber 和 L. Von Post 分别在 1906 年和 1916 年所进行的渊博的研究，对于古植物学所产生的影响，一如 A. Penck 和 Brückner 在他们各自的领域中所产生的影响是一样的。①

在地学各学科和古植物学前进的过程中，古生物学的研究也并没有落后太远。L. Rutimeyer（1862）关于瑞士湖上住处的兽类遗骸的研究，揭开了以生态学为主的古生物学研究的时代。

学科间更新世研究工作的成长

随着更新世地质学、孢子花粉分析和古生物学的建立，这些学科在大约五十年前已成为受人重视的科学研究的领域。继之而来的一个发展阶段，则更加注重于史前期人的研究。自从大约 1860 年以来，在法国和瑞士的一些史前时期的研究中，肯定是有一种学科间研究的倾向的。但是第一次树立了一种崭新的典范的或许要算 Grimaldi 洞穴（Boule, Cartailhac, Verneau 和 de Villeneuve, 1906-1919）和摩纳哥气象台洞穴（the Grotte de l'Observatoire, Boule 和 Villeneuve, 1927）的地质—古生物学的研究。这些工作代表了第一次主要的努力使训练有素的自然科学家和从事发掘的考古学家，在直接的田野工作中互相协作。遵循了这一传统的还有 Elinor W. Gardner（地质学家）和 Gertrude Caton-Thompson（考古学家）在埃及 Fayum 与 Kharga 绿洲（Caton-Thompson and Gardner, 1929, 1932），以及在南阿拉伯的 Hadhramant 的协作。类似的协作是 Dorothy M. A. Bate（古生物学家）和 Dorothy A. E. Garrod（考古学家）在巴勒斯坦对于几处 Mt. Carmel 洞穴的发掘。同样重要的是同一时期内英国芬兰研究委员会的植物学家和考古学家在 1932—1940 年的工作（Philips, 1951），中国新生代研究所在周口店的地质—考古学的发掘研究（德日进，1941，附参考文献）、H. de Terra 和 T. T. Paterson（1939）在印度以及

---

① 为了普通参考，见 Firbas［1949-1952，卷 1］与 Facgri 和 Iversen［1964］。

de Terra 和 H. L. Movius（1943）在缅甸的地质—考古学的协作。此外还有 R. Schütrumpf（1936，1938）在汉堡附近 A. Rust's Meiendorf 遗址的古植物学的研究。另一项重要的个人研究是 R. Lais（1932，1941）在中欧首创的洞穴沉积学。

第二次世界大战以后关于考古地点的地貌学和生物学的研究增多起来。同时自然科学家个人所作出的贡献和新发展的技术在数量上也大大地增加了。

上述半个多世纪以来学科间研究的回顾，必然是有选择性的，但是它有助于说明在过去的大约十五年左右学科间研究兴趣的增加程度和有关活动的明显地加速度发展。同样说明在更广泛的团体中兴趣日益增加的征兆，是下列各组织的建立：伦敦大学的环境考古研究所（Institute of Environmental Archaeology，在已故 Zeuner 教授领导下）、剑桥大学的大学附属第四纪研究系（University Sub-Department of Quaternary Research，H. Godwin 教授领导）、阿里佐纳大学（University of Arizona）的地质年代学实验室（Geochronological Laboratory）。

对于已有重要文献的分析说明地层学和对于气候的解释，成为自然科学家在学科间研究中最普遍的共同主题。自然科学中岩石学的、矿物学的，或不见于文献的动植物的鉴定，在考古学的报告中占了十分小的一部分。在地层学和环境之间通常缺乏区别的这种情况是可以理解的，因为研究地点的相对年龄的测定直接或间接依靠气候的相继变化，但是这一细小的混淆是严重的。许多联合的研究在偏重于讨论世界性的地层学方案和绝对年龄时，忽视了关于一处遗址的周围环境在其居住时期的全面说明。好像关于环境的复原是在研究上更高一级的目标。地层学和年代学确实很重要，但它们被看得过于重要了。

理论上的更新世地理学与自然科学

虽然有许多自然科学家在田野中与史前史学家合作，一如许多地学科学家和生物学家个人一样默默地或明显地对于人的研究感兴趣，但在把"自然的"与"文化的"事实结合为一个整体这一点上，则是十分沉默的。只要浏览一下在有限的方法论的文献中所表现的目的与兴趣，就证实了这一点。

地理学家对于一个完整的更新世地理学在方法论上的兴趣是最大的。A. H. Clark 在分析历史地理学的研究领域时曾经这样写道（1954，72页）：

> 坚持历史地理学的研究是从历史——相对于史前史——的起点才开始的，那就要假设在研究一个地区的过去时代的地理时，对于文字记载乃是绝对必要的。仅仅考古学上的复原就足以说明这种必要是不存在的。否认这样一种划分界线的正确性的原因，对于任何其他学科也几乎是同样有力的。在时间上确实是没有什么合理的年代或时期足以说明这种研究就可以从此开始了。如果自然地理学是比地质的、气候的、生态的以及诸如此类的事实的总和还要多一些的一种学科，那么一门自然历史地理学就必然存在。它所利用的那种事实，也同样是历史地质学家、古生物学家和古气候学家常常是在任意加以限制的范围内所从事研究的。诚然对于更新世以前的时期以及对更新世的大部分时期来说，这种研究[指历史地理学——译者]或者不存在，或者只是由上述系统领域中的某一学科的专家去试着进行。实际上，对于历史地理学家来说，他所从事研究的"黎明期"是很少早于更新世晚期的。他对于还没有人类文化存在的时期很少兴趣，但是从理论上讲，作为一个学者的特权来说，只要他有兴趣和能力，那么在时间上他愿意追溯多远就追溯多远。

Clark 进一步强调说这种兴趣在地理学家这一方面说来，确实是有所表现的，如 H. J. Fleure（Peake 和 Fleure，1927-1936）和 P. Deffontaines（1930，1933）的著作可以为例。这些著作专心致志于一种"史前期"的地理。地理学家有助于更好地了解史前史的另一个突出的例子是 C. O. Sauer 关于早期用火的重要性（1947）以及农业起源的地理背景（1952）的研究。

从另一个理论观点来看，文化地理的研究领域（见 Wagner 和 Mikesell，1926，1—24页）表现了明显的潜力，它注视着自然的史前期或人类出现以前的景观作为一种必要的基准线,从此来测量人类文化对于景观的"变形",(Grandmann,1906,1936;Sauer,1927)。这种自然景观,在农业开垦以前,正是一种背景,对它进行了解,乃是对于全面了解文化景观的必要条件。复原自然景观的这一目的确实是可以达到的,Firbas(1949-1952)、Iversen(1954,1960)、Godovin(1956)等对于欧洲史前期植被的研究,充分说明了这一点。在 Passarge(1946)的区域研究中,已经注意到古代埃及的自然景观。关于最初的农业聚落出现以前的环境所具有的自然情况,也在地理学研究的传统兴趣的领域之内。

其他的比较普通的写作,都是限于讨论自然科学家们对于考古学研究所能起的作用。H. E. Wright 罗列了地质学家的工作(1957,50 页),W. G. Reeder 则描述了古动物学家在学科间研究中的作用。

环境与古人类学

史前期的考古学家早已意识到自然科学提供了若干有用的技术。专门学科间的努力已经有半个世纪以上的传统这一事实,雄辩地说明了许多考古发掘者对于古生态学的兴趣。然而进一步的考察指出只有少数考古学家确切地认识到自然科学所能提供的是什么。作为一个史前史学者的发言,R. J. Braidwood(1957b)哀叹说:在考古学家这方面对于以下两点,"几乎是完全缺乏理解的":(甲)在能够作文化上的说明之前,对于作为一个有机能的实体的环境进行了解的必要性;(乙)对于非人工制造的资料予以充分解释的可能性。例如在史前遗址的发掘中,只有极少数即使在很有限的一段时间内利用了地貌学家在田野中的协助。又如在事后对于骨骼的鉴定虽然是习以为常的事,但是对于植物的资料进行研究的这种想法,常常是一如没有想到要有个生物学家在现场是一样的没有想到过。有些考古学家虽有地貌学家参加他们的发掘工作,也只是"雇用"他作为一个技术员,期待他对于草率形成的问题提供现成的答案。这种关系的必然结果,从考古学家这一方面来说在交换科学情报上,乃是一个损失。这种科学情报的单一方向的提供,对于一项学科间的研究来说,并非是特别有成效的，这样自然科学家也是不大可能"针对问题"的。

尽管有时缺乏这种有意识的真正的协作，但是关于古生态学的兴趣的突出事例，在实践上和在理论上都是很突出的。倒是 J. G. D.（Grahame）Clark（1957，20 页）坚决主张考古学家是愿意获得对于一个史前期社群的全部地理——生态学的也就是古环境的理解的，诸如它的资源的潜力、外界的限制，更重要的是在经济范围内所表现的人与环境的相互关系。Braidwood（1957a，15—16 页）特别针对自然科学家提出了如下的一种呼吁：

> 在少数生物和地学的自然科学家中正在迅速理解到在他们和考古学家之间，是共同存在着一些专门的但是引人入胜的问题的。如下的例外是很少的……有兴趣的少数善意的生物学家和地学科学家必须私下挤出时间来从事于那些共同感兴趣的计划，但是一般说来，生物学家和地学科学家趋向于从侧面来研究那些"文化—联结"着的问题。一旦人类接触到与之有关的那些生物种类时，也就带给它们一种难以估计的影响，而其结果似乎是并不符合人们的意愿的。

我以为要达到此目的，大约一个新的研究领域或许叫作"更新世生态学"，将会成为焦点，这与考古学（和人类古生物学）互相联合，但是要使考古学家更多地腾出手来去应付那些与文化有关的东西。这一研究领域或互相关联的各学科的轴心（或许叫"更新世生态学"或"古环境学"或"更新世地理学"——我并不企图来命名），一定会把人这样一个环境的因素同时又是作用于环境的一个因子包括在内的。

最近 J. Desmond Clark（1960，308 页）阐述在根本上需要一门更新世地理学时，他讲得特别好：

> ……十分必要的是关于文化的环境和生态学的背景……要尽可能正确地加以复原，因为如果没有这方面的知识，我们就几乎不可能着手去解释文化的事实。有必要去了解人们所能有的动物的、植被的和气候的

以及原料种类和式样的性质等。在这里，考古学家在很大程度上必须依靠其他学科的工作者——地质学家、古生物学家、生态学家、古植物学家、土壤化学家和地理学家等。现在已经完全清楚，除非和其他学科协作，我们就不能希望提取比起仅有的一点更为丰富一些的科学事实，而这种事实在很多情况下都是我们的遗址本来能够提供的。

Grahame Clark 的古生态学，如果可以这样称呼它，显然不仅仅是为自然科学家所从事的，而且是建议由考古学家在联系到的自然科学的事实时所做的全部说明。关于这一点，Clark 在《史前期的欧洲：经济基础》（*Prehistoric Europe: The Economic Basis*，1952）和《Star Carr 的发掘》（*Excavations at Star Carr*，1954）两书中所采用的研究方法，提供了很好的例证。Braidwood 和 Desmond Clark 都曾经特别求助于自然科学家，不过他们所要求的还不仅是环境的复原（不是年代学），而是进一步要求把地理背景的研究应用于史前史。如果这两位作者被认为是赞成学科间的协作和更广泛的人类学界的代言人的话，那么更新世地理学的最广阔的范围就能够被描述为对于环境的复原，而这一复原是应用于史前史的生态学背景的了解的。

自然科学对于人类学的关系，在人类学的文献中是被注意到了。1951 年 L. F. Zotz 已经提供了一个考古学家对于史前史研究中所应用的自然科学的技术的一种系统描述。随后又出现了一种科学方法的技术概要（Laming, 1952）。此后，大部分关于史前史或考古学方法的普通教科书中都包括了类似的段落或章节。关于这些学科在人类学研究中的地位的方法论的分析，出于 R. Pittioni（1961）之手，他把各辅助学科分成了若干类别：

1. 田野技术

甲，"可选择的"技术，包括沉积物的磷酸盐，洞穴的一般研究，微粒大小的分析，有机和无机化学。

乙，"必要的"技术，包括更新世的和经济的地质，还有孢子花粉分析。

2. 实验室技术

甲，可选择的：岩石学、织物原料的研究，食物—化学和放射性碳素年龄测定。

乙，必要的：自然人类学、古生物学、动物学、植物学、采矿工程、冶金、金相学和光谱分析。

Pittioni 强调上述每一种技术对于了解一处遗址的自然环境或一个史前社团的经济活动都是有贡献的。在所谓"必要的"技术中，更新世地质学和孢子花粉分析被挑选出来作为史前期解释的先修学科，并被认为是"史前期研究的独立的分支"（Pittioni，1961，21页）。但是由于其直接的研究对象只是间接与人类有关，这些辅助学科没有一门被认为是属于"人类学的"。

（译自 Karl W. Butzer 著 *Environment and Archaeology:*
An Introduction to Pleistocene Geography 第一章
"Prehistoric Environment Geography and Ecology"）

真实的、想象的和抽象的过去时代的世界*
——历史地理学的三个领域（摘要）

【摘要部分】

本文写作的目的：

（1）开拓历史地理学研究的广阔前景；

（2）指示研究历史地理的新途径；

（3）对于这类研究如何有助于历史地理学以外的专家扩大其领域提出建议。

关于"过去"的概念，可以从三个方面来考虑。这三个方面是武断地划分的，实际上则是不能分离的。（1）过去的真实世界的复原；（2）同时代的或后来的观察者对于过去时代的世界的映象；（3）理论工作者所创拟的关于过去时代的抽象世界的模型。

【[ ]方括号，译者加，以下摘译】

[1] 大多数专门的历史地理学家主要的研究对象，是过去时代在世界上确实存在过的面貌和足以论证的事实（Baker等，1969，49），由于他们的努力，许多地区过去时代的地理被描述了，而且在某种程度上被说明了。地理变化的事实论据被蒐集起来而且在某种程度上被解释了【举例，都属于经济地理范围】。此外还发展了关于复原过去的一些新方法。但是过去时代的真实世界的许多特点，还有待于描绘，许多变化还有待于考证。欧洲中世纪的公有土地（common fields）的地图还有待于绘制，公元1800年以前世界人口的分布还了解得很少，至于20世纪以前关于土地利用与土地所有制的变化情

---

* 休·普林斯（Hugh Prince）写于1971年，侯仁之译于1973年。

况，那就了解得更少了。这类研究所利用的资料，虽然都是拼凑出来的，而且常常是难以解释的，却还是值得注意的。

〔2〕当时人的眼中所看到的过去的世界，是根据他们在文化教养中形成的爱好与偏见所了解到的，也是由于他们主观上所需要的映象而形成的，现在被历史地理学家重新发现了（Kirk，1951；Lowenthal，1961b；Brookfield，1969）。对于资源、对于偶然事件、对于不同时代不同地区的开发或保留的可能性的不同估计，现在被加以比较和评价（Yi-Fu Tuan，1967），这并非易事，因为地理学家各有其文化背景，他们专心致力于证明的有关过去的问题，要受现在思想框框的局限，而且也是按照现在的需要和现在的问题而加以观察的。对于不同的观察者的记述，加以明敏地比较，就有可能把不同的地理上的态度和观念完全看透，目前沿着这一方向已经有了重要的进展。

〔3〕第三个研究的领域，乃是在从事理论研究的地理学家的头脑中所设想的（Harvey，1967，1969）。历史地理学家有一项重要的任务，就是去探讨秩序与规律性，去建立合理的相互联系的模型，以说明在时间过程中的变化，去深入所拟构的过去的模型中来描述近代的状况〔C. T. Smith，1967，vii，*An Historical Geography of Western Europe Before 1800*，London：Longman 604pp〕。逐渐地出现了这样一种可能性，即这种模型可以用来描述许多变化中的抽象的景观。在这一背景上，对现实世界的相应部分，可以进行衡量，并获得更全面的理解。根据设想与事实相反的情况——对于那些确实发生过和在另外一种条件下有可能发生的情况，来加以比较，那么新观念或新技术传播的影响，或者旧经济的衰落，或者旧社会秩序或政治制度的崩溃，可以得到阐发，或者至少是得到探索〔Gould，1969：Spatial Diffusion，Association of American Geographers，*Commission on College Geography*，*Resource Paper* 4.（72pp）〕。借助于模型，历史地理学家正在开始衡量变化的范围，验证不同的设想过程的运用和在事后解说（Gould，1969：A note on research into the diffusion of development，*Journal of Modern African Studies* 2，123-125）很少文献可征的不同时代的地理。

一 过去时代的真实世界

……地理学家与历史学家，共同致力于一些在命题上是属于历史地理的研究。早期的研究主要是确定一些历史事件发生的地点（Baker，1936），目的是对于这些地方的确定与描述，利用的是文献的、考古的和地名学的材料。……

19 世纪的学者成功地重新发现了古代世界，追踪了古代航海家的航线，考证了战争与和平废墟的遗址，确定了古代文献中的海岬海湾……（以下举例，从略，Herrmann，1935；Paullin，1932；E. A. Freeman，1881；L. Mirot，1929；E. G. R. Taylor，1930，1934，1954，1956，1966；J. N. L. Baker，1931，1963；Paul Wheatley，1959，1961，1964a，1964b，1964c。）

（一）过去时代的地理

1. 地志历史

为要了解过去日常生活的背景，历史学家往往试着复原那一时代的景观（举例，从略，Macaulay，1848-1961；Hanotaux，1913；Clapham，1926，1932；Trevelyan，1930；Rowse，1950；Bindoff，1950，9）。历史地理学者在时代上追溯越远，复原的工作也就越困难，但是对他了解过去人们赖以生活的地区的性质，也就越见重要。在时间上每向过去退一步，历史也就更多地成为地理的（描述）【是否加上（描述）二字更明白些？】，一直到开始的时候，就全部成为地理的（描述）。(With each step back in time, history becomes more geographical, until, in the beginning, it is all geographical. Michelet，1844.)（下略，举例，Fernand Braudel，1949；Camille Jullian，1909-1926。）

2. 原始景观

在人类历史回溯到最遥远之处，那里存在着原始景观（primitive landscape），Robert Gradmann 称为 Urlandschaft（1901，1939）。他关于 Swabian 阿尔卑斯（1898）的"原始"的植物地理的研究，不仅是在一种牢固的历史的基础上建立了植被的制图法，而且也在史前地理的研究中引进了历史研究的方法。这就引起了对于在历史黎明时期的景观特点的一种新兴趣。……A. G. Ogilvie 的《大不列颠：区域地理论丛》（1928）的很大一部分，是史前时代的描绘，但是关于不列颠最早期的景观的详细知识，还有待于考古学家的野外考察，突出的如 O. G. S. Crawford（1928，1953），Sir Cyril Fox（1923，1932）和 W. F. Grimes（1951）。Carl Sauer（1925，1941a）说明了在研究原始景观中地理学家所获得的两个概念。第一个是"测量变化所由开始的基准线，乃是这种景观的自然状态"。第二个是一处地方的主要特征，往往可以从"一个遥远的过去的成形时期"发生的。在 Sauer（1941b）看来，墨西哥的个性是"从它的史前期的地理和它的16世纪的地理"中得来的，这是在欧洲人来到以前和在西班牙统治时期的第一或第二个世纪中的事。……

在新大陆，原始景观距离现在很近，这种原始景观延续到近代，并为探险家所描述和制图表示。在某些地方，历史地理学家有极好的机会来利用文献资料再造原始景观（下略，举例，1925，Paul B. Sears 关于 Ohio "处女森林"的制图，Schafer, 1940; F. J. Marschner, 1958, 1960; Leslie Kenoyer, 1933; W. B. Dick, 1936; Hildegard Johnson, 1957; R.W. Finley, 1951; W. D. Pattison, 1957; Norman Thrower, 1966; Sternburg, 1969; Murton, 1968）。

在旧大陆，复原原始景观的工作，则有极大的困难。在广阔的地区内，原始景观是在什么时候第一次为人类所改变了，这是难以确定的。也没有足够的证据来描述那个不能确定的时代的自然地理。海岸形状、雪线高度、森林范围、沼泽与沙漠已经不是原来的那种样子了。那么究竟从哪一个确切的时刻开始来考虑人类活动的影响呢？（以下以美国的研究为例，从略，Fox, 1923; H. A. Wilcox, 1933; Otto Schluter, 1952, 1953, 1958）

3．静态的剖面

关于过去的一个真正的剖面，只能按照时间上的某个单一的片刻来绘制，这正像电影上的一个画面，如果曝光太慢，画面模糊，从纯粹的空间意义上来说，用它来进行说明的价值就减少了。……（Hettner, 1927; Hartshorne, 1939, 1959）空间的相互关系，在变化很小、社会制度稳定、经济平衡的时代，是可以很准确和最全面地来加以考察的。在变化剧烈和动荡不定的时代，对于相互关系只能从严格局限于当时事件中得到瞬息间的一瞥，一个单一的剖面是不能使我们了解变化的过程的。

4．资料来源与复原

（略，G. T. Trewartha, 1953; Wilber Zelinsky, 1966; Herman Friis, 1940; E. A. Wrigley, 1961, 1966; Richard Lawton, 1955, 1968; East, 1937; Lambert, 1955; Bull, 1956; Harley, 1968; Henderson, 1952; Thomas, 1958; Prince, 1959; Cox and Dittmer, 1965; Clout and Sutton, 1969）关于过去时代的一个剖面的最地道最精审的复原，见于《英格兰土地记录书》的地理（*The Domesday Geographies of England*, Darby, 1952 年及以后）。［译者按：《英格兰土地记录书》系威廉一世于 1086 年勘查英格兰土地所有权后编成的土地册，犹之我国明代的鱼鳞图册。］

第二次世界大战以后，在欧洲和北美洲历史地理学的一个显著的进展，是关于检阅文献的方法和文本的考订（Baker 等，1970）（下略，David Thomas, 1963; R. E. Glusscock, 1963）。……"在利用地图加以表现并且和地形土壤联系起来加以考虑时，事实就更加明显了。"（Darby, 1963, 6）……

5．变化的叙述

……为了提供一个历史的广度，曾企图对同一地区在不同时代的地理加以描述，并在其间进行比较。……这种［对于过去的］复原，无论如何真实，都未能描绘出发展的过程，对于变化原因未能加以说明。为了重建一种时间上的连续，Norman Thrower（1959）建议制作"电影胶卷连续"式的剖面，这种连续剖面是在频繁的有规则的间断中画出来的，这样就能够在静止的图片中把变化的情况扼要地加以叙述。但是这样一种连续的叙述，只能说明一种表面上的相似，而不是关于变化的一种解释【此即所谓"地理环境制图法"（geogram）】。

（二）地理的变化

尽管兴趣只是在一瞬间的那种状态，"也只有通过产生它的过程才能了解它"（Clark, 1954a, 71）。要知道事情是怎样达到它现在或过去某一个时候的那种样子，那就必须研究导致变化、发展和运动的原因。一句话，就是要遵循发生论的途径才行。

1. 连续的居住

一系列静止的画面，按照年代的次序排列起来，纵使不够充分，也能反映出变化发生的范围。其间的差异，可以每隔一段时间来加以测量，但是产生变化的过程或结构将不能说明——或者最多也不过是借着瞬息间的连续而予以暗示。为了企图更多地了解时间的推移，发展可以被想象为按阶段进行的【未涉及社会发展的实质】。（例，从略，Derwent Whittlesey，1929，162；R. B. Hall，1935； George Cressey【葛德石】，1935；和 Preston James，1935；Griffith Taylor，1949）在发生论地貌学的解释或关于植被演替的解释，与历史地理学的发生论的方法之间，是有明显的相似之处的。（下略）

2. 演化的连续

……在关于或多或少属于同一性质的小地区的研究中，由于性质的单纯，于是假定其变化在单位地区是一致的。剖面的连续性，被描述为一个剖面乃是直接从在它以前的那个剖面发展来的（Dodge，1931； Meyer，1935），但是即便是像 Prince Edward 岛那样一个小岛的地区，对于它的变化也是要求有一个更真实的解释的。

3. 插话式的变化

关于阶段（stage）的概念。……一个地区的发展被认为是一种不连贯的插话式事件相互连续的产物。成为问题的并不是在单一范畴，例如人口的密度、人种构成、经济活动、社会或政治组织的基础上的一种前后一贯的明确进展中的诸阶段，问题乃是在于从若干不同的范畴中选出一种，而这一范畴被假定是在时间的连续中造成中断的主要因素。这就要来寻找那些决定性的事件，历史上的转折点，例如罗马的陨落、新大陆发现、法兰西大革命、铁路的到来、石油的发现。中断的时机，为了方便起见，可以武断地选择在一个世纪的末尾，或者一个帝王死去的时候。但是，这也可以借着从一种社会文化整体的模式向另一种模式演变过程的中要【？】中断，而更加客观地来决定它。历史学家可以有理由认为 1614 年或 1788 年的法兰西、1086 年或

1685年的英格兰，正处于彻底改造的前夕或黎明——那种时刻的情况，正是对过去进行总结和对未来布置舞台。被选择为划时代的那些事件中，往往是与技术上的新发明有关的，其特征是农业上、工业上和交通运输上的革命，也有的是与发生在战争入侵、瘟疫流行、城市兴起或社会动乱之后人口的大变动或灾难有关的（下略，例，Simmons，1964； Harris，1965； Edward Ackerman，1941； Charles M. Davis，1935）。种族的、经济的和政治的范畴，依次标志了多个阶段，并且表明了连续的中断。这里只是简单地列举了一些不同的特点以说明历史与其被看作像河流那样的奔流不断，还不如看作像新奇事件的连绵不绝。

把一个阶段作为一个独立的实体脱离了它以前的事件来加以验证，"把扩张中的新奇事物和衰颓中的遗物，都压缩到一个平面"（Kniffen，1951，126，"Compresses expanding novelties together with fading relics into a common flatness"），阶段的分化分裂了历史的叙述，并产生了一种音节中断的结果。为了避免破裂不全和着重说明发生论的手段，使用了两种方法。第一种方法，正如几种法文的区域研究的专著中所表明的，如在 H. Spethmann（1933）的 *Das Ruhrgebeit* 一书中和在 Preston James（1941，401-409）关于巴西定居过程的叙述中，把各个阶段的时间范围扩大，使之首尾衔接。另一种方法，以 J. O. M. Broek（1932）的 *Santa Clara Valley, California* 一书为例，即提供介于中间的叙述来说明互相连续的剖面之间不断发展的社会经济的决定因素。……（Thompson，1968）又关于不列颠的占领，我们可以认为盎格鲁-撒克逊和斯堪的纳维亚的殖民时代，是一个突出的时代，罗马人留下的那个英格兰和六个世纪以后被诺曼人所征服的那个国家，是极不相同的。但是在广大地区内，其景象的某些方面，几乎没有什么改变。……（从略）

4．边疆的假说

把许多成分的活动及其相互影响拉在一种集合为一个整体的主题，见于 Frederick Jackson Turner（1891，1894，1920，1932）所阐述的边疆的假说，它影响到年代学和空间的两个方面。关于把地理和历史联合在一起的问题，它似乎是提供了一个答案。1893年，Turner 宣称："一个自由土地的地区之存在，以及它的不断缩小和美国居民点向西方的推进，说明了美国的发展。"（Edwards and Mood，1938，186）他观察了拓荒者像浪潮一样地向前推进，跨越了辽阔的土地，每一个相继而来的浪潮带来了它自己的技术和经济——狩猎、矿冶、伐木、自耕农场和城市化。这种边疆给人一种原始生活方式的印象，使它的短期逗留的人口从某种已经形成的秩序的束缚下解放出来，这种边疆标志了历史的一个新起点。在开发以前，这西部乃是"潜在的国家和帝国的一幅地图，每一个都要被征服和殖民，每一个都要达到一定的社会和工业上的统一"（Turner，1932，8）。在扩张的过程中，边疆上的社团把他们自己从旧大陆的联系中解放出来，成为没有历史的人民，被赋予创造新制度的权力。Turner（1932，6）断言"在美国历史上的时间因素在和空间因素以及社会演进的因素相比较时，乃是微不足道的"。实际上，和过去的中断并不像上述观点所声称的那样完全（Gulley，1959），拓荒者所进入的那些地方，并不是完全没有被早期居住在那里的人所影响的。每一个新的定居者的浪潮对于人为特点的积累，都有所增加。把拓荒者说成是从传说的社会中进入了一种原始的野蛮状态，也是不真实的（Shannon，1940；Osgood，1929；Smith，1964；Noble，1965）。远非归返于自然，那些拓荒者总是携带着他们的文化行装而俱来的（Berkhofer，1963）。他们最初是步行而来，其后是乘马车而来，再其后是乘火车来，这是由东部的人来修建和付费的。他们引进了但是并非创造了铁犁、左轮手枪、有倒刺的铁丝、拖拉机和机器（Webb，1931，1953，1960）。西部的出产进入了世界市场，矿工、猎人、伐木工人、大牧场工人是否获得了财富，要看其余世界不断变化的物价水平而定。作为原始生产者，边疆上的人们，比起新英格兰的创造商来说，是更多地依赖于旧大陆的制造商的。这一假说的最大缺点是把边疆的历史解释为从原始经济到先进经济的一个演化中的前进，在这一前进中，继狩猎和采集之后是定居的农业，最后是城市的建造。事实上这种连续性是不存在的。有些地方，一个堡垒或和印第安人交易的市场的建立，是在狩猎和大牧场开始之前。在其他地方，矿工进入了已经成为定居的农民所占有的土地（Billington，1949；Mikesell，1960）。这一边疆的假说，曾经在美国以外的其他地方、在加拿大、在拉丁美洲、在南非以及在中世纪的欧洲和亚洲，加以验证。它的缺点已经很明显。（Thompson, 1928; Meigs, 1935; Lattimore, 1937, 1951; Aubin, 1941; Sumner, 1944; Gordon, 1951; Neumark, 1957; Lewis, 1958; Allen, 1959; Mead, 1959; Meinig, 1962a; Perry, 1963; Bishko, 1956.）

5. 文化景观的形态起源

立即放弃把各种特征在空间上的相互关系同时加以研究的企图，我们可以否认自己是地理学家，而作为历史学家，我们可以转而在时间上一个一个地来考察某一特征在变化中的特点和范围。用 Marc Bloch（1954, 25）的话来说："一个社会的活动，按照它的需要来改造它所居住的土地，这是一个很杰出的历史事件。"也是在这一意义上，Carl Sauer（1941a, 13）愿意"把历史地理学看作文化历史的一部分"。历史学家和考古学家在解决写作说明的问题时，在企图划分时期或横断面之前，先按着年代表把各种特点排列起来（Gulley，1960）。在叙述变化中的英格兰的景观时，H. C. Darby（1951a）就采取了这一方法。他把每一种景观特征，分别加以讨论：森林被砍伐了，沼泽被排干了，荒地被开垦了，牧场园林化了，城市和工业扩展开来。对单一主题，从年代学上或纵的方面来加以处理，Darby 有关下列问题的写作，堪称典范：关于剑桥附近低湿地带的排干（1940a 与 b），森林地带的开拓（1951b），人口的移动（1943）。相继而来的是关于景观特征的许多研究。（历史学家中的写作如 C. S. Orwin, 1929, 1938; W. G. Hoskins, 1935, 1943, 1955; M. W. Beresford, 1948, 1954, 1957, 1958, 1961, 1967。地理学家的写作如 Willatts, 1933; Smith, 1949; Beaver, 1951; Coppock, 1957; Harrison 等，1965; Patmore, 1966; Roden, 1969; Williams, 1970.）至于景观特征研究的发生论的方法，从 Hartshorne 关于地理学性质的定义中，则很少得到鼓励。在北美洲，从纵的方面来加以研究的，为数极少（值得注意的例外，包括 Stanislawski, 1946; Marrens, 1964; Lemon, 1966; Denevan, 1967），然而，英国和美国的学者都曾把这一方法应用于拉丁美洲的题目上。例如，O. Schemeider（1927a 与 b），Momsen（1964），D. J. Robinson（1970）和 S. T.

Smith 等（1968）。变化中的俄罗斯景观的诸方面，曾为 R. A. French（1963，1964，1969）所追踪，同时，A. H. Clark（1949）和 K. B. Cumberland（1961）列举了人类的活动对于新西兰景观的影响［以下讲法国中世纪经济史家的研究，Debien，1952；Latouche，1948；Sclafert，1959；Clout，1969。寺院的殖民，Le Bras，1945；Donkin，1967。Bastides 的建立，Boutruche，1947a；Higounet，1948。Viticulture 的前进与后退，Dion，1959。堤防与排水的发展，Demangeon，1946； Dion，1934a］。关于这些问题进行综合研究的企图，Mase Black，1931； ……Helmut Jäger，1965，1969 列举了在讲法语的诸国中关于研究变化中的景观的贡献。许多德国地理学家成功地分析和说明了互相联系的特征的变化模式（pattern）——以更广泛的意义上来看定居的历史、复杂的土地结构的发展、文化景观的变化形成。欧洲学者对于土地格式的发展交换了不同的观点，其结果是发表了几种论文集，例如近来一次国际讨论会的会议记录，以下列题目刊印出来：*The Morphogenesis of the Agrarian Culture Landscape*（Helmfrid，1961）。"形态起源"（morphogenesis）一词，简洁扼要地但是有些不太文雅地说明了关于景观特点的变化形式这一类研究的性质。

6. 人的作用

在美国，下列的研究草原的开发（Malin，1948 与 1956； Clark，1956）、湿地的排水（Hewes 与 Frandson，1952； Kaatz，1955； Phillips，1969）、交通运输的扩展（Gates，1934； Ullman，1956），对于景观变化的性质和结果，已经提出了问题。从 George Perkins Marsh 的《人与自然》（*Man and Nature*，1864）一书发生的一长串的研究，探讨了"人的活动对地球的自然状态所产生的影响"。人作为地质的和气候的变化中的一个因素（Sherlock，1922；Doerr 与 Guernsey，1956； Sternberg，1968； Denevan，1967； Brown，1970），尤其是人作为改变大地上的植物区系和动物区系的因素（Anderson，1952； Sauer，1952 和 1956a； Harris，1967），成为许多研究的主题。对动物植物和矿产的破坏性的掠夺、用火放牧和种植的影响、土壤的侵蚀、空气和水的污染，为正在大量增长的环境保护工作，提供了课题。许多人从事关于植物和动物的驯化的研究，关于在世界不同地区引进新的生活方式的研究，关于在农业和工业中变更操作的研究，关于家庭生活和娱乐的变化中的习惯的研究，其中特别突出的是 Carl Sauer 和他的学生们。这一探讨在兴趣上和概念上的范围，W. L. Thoma 编辑的下列一书，可以作为说明：《人在改造大地面貌中的作用》(1956)。如果像 Jean Brunhes (1910) 所说的那样，"工作与工作的直接结果成为地理与历史之间的真正结合"（from "work and the direct consequence of work form the true connection between geographer and history"）。文化历史的研究指明了这一结合的宽度，或者这一结合的多重性。

7. 变化的速度

对于单一特征或一组特征的历史发展的有效研究，需要它们从所属的实体中孤立起来，其结果是对它们的空间结合不能同时加以研究。把分割开的时间因素复原到它们地理的范围中去，是一件细微的工作，要求"在地域之内或整个地方变化的格式和关系"（Clark，1960，611）的一个系统的重新构成。按照地域条件来表示单一方向的变化是一档简单的事。可以按照地域的基础去找出人口的增加或减少，一如找出人口密度的变化是一样的。许多研究，例如 E. C. Willatts，和 Marion Newson (1953) 以及 S. W. E.Vince (1952) 所做的那样，在说明人之实际变化的格式上，证明了这一初步程序的价值，但是关于变迁格式的结构，借助于把人口构成的几种不同成分的变化放在一起来进行研究，以及借助于对年龄、性别和职业特点的变化中的关系来加以考察，那就还有更多的东西可供学习（Lawton，1968）[下略，主要讲关于人口变迁的各种分析方法，例：D. J. M. Hooson，1958 和 J. M. Webb，1963。并提出关于人口变迁研究的一系列问题，例：Wrigley，1960；Brock 与 Webb，1968，428-457，以及其他数量变化的研究，Andrew，Clark，1962]。

[附图，英格兰与威尔士人口的变迁（编者按：参见图55），1921—1931，Webb，1963，又 Nova Scotia 猪羊比例的变迁，变迁速度图，1891/1871，1871/1851，1911/1891，1931/1911，1951/1931，Clark，1962（编者按：参见图56）。]

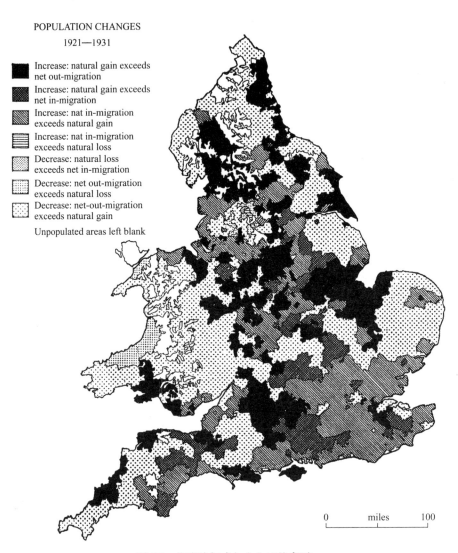

图 55 英格兰与威尔士人口的变迁

真实的、想象的和抽象的过去时代的世界

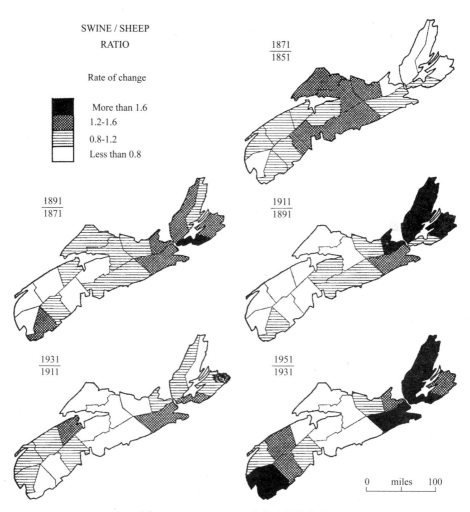

图 56 Nova Scotia 猪羊比例的变迁

(三) 变化的过程

1. 变化的动力

历史地理学的研究，在探索时间的连续时，尚有待于配备像在物质科学和经济学的研究中所发展起来的那种适当的研究方法（Harvey，1967）。当前面临着两个基本障碍。第一，过程的动力（the dynamics of processes）难于观察和测量，力和能的流动（forces and energy flows），绝大部分必须在施加了力或者在转移了能以前和以后，从两种或多种分离情况的比较中，或从多种剖面之间的比较中去推断。我们了解过程是从观察其效果中间接得到的。第二个障碍是类似的重要程度和类似的持续时间，产生极其不同的效果。认为历史的变化是一种插曲式的变化，其理由是某种短期的变化或者刹那间的事件，却有长期延续的后果。政治上的革命、战争、水灾和旱灾一类事件，可以使长期的变化中断，例如人口统计的变化、城市化、森林的生长或土壤的侵蚀。中断的方式是不均衡的，不仅对于一个地区在地理上的不同方面的关系是如此，而且对于所导致的结果在地点和时间上的关系，也是一样。正像短期的变化可以使长期的变化动起来或停下来，或改变方向那样，长期的变化也可以促成突然的变化。矿体的耗竭，农业的衰退，可以导致学校、铁路和公用事业的被迫关闭（Goldthwait，1927）……两种地理变化之间的相互关系是极其复杂的。森林地带特点的长期变化，在树木的生长和在土壤与下层林丛的逐渐改变方面是明显的，这些可以被如风暴或大火或砍伐等短期的变化所严重扰乱。但是在不同的方式互相竞争来利用一个地区中一片保留下来的土地时，这就要更多地取决于森林产品的价格以及这一价格和从这片土地上可能得到的其他出产的价格的关系，而这些都是看不见的变化。一片森林的长期远景也要受到管理费用、技术改进、机械化、病疫控制、排水，甚至于在产业税和继承税的负担上的比较小的浮动等等变化的影响。在长时期内关于制造业的变化中的地理（Warren，1970）或者土地价值的变化（Grigg，1962），还有待于系统的处理。当前关于在时间上塑造了空间格式的这种过程的性质，我们的知识还非常之零散不全。

2. 归纳法的失误（不足）

关于过程的研究，历史学家所熟练的，并为某些地理学家所耐心获得而且也只是近来才精通了的那种博学的技艺，如果不是毫无关系的，也是收获不大的。这类著作的长处，例如 Roger Dion（1934a 与 b，1947，1959）、H. C. Darby 等（1936，1940a 与 b，1952 年以后）和 Andrew Clark（1949，1959，1968）的著作，来自他们严格遵循文本鉴定以及文献学和古地理学的规范，在探讨地理的变化作为个案研究（case studies）来看，其价值还有待于检验。对于少数热情的老手来说，知识和对于论证的原始资料的重现，转而狭隘地热衷于档案，视为真理的最后宝库。坚信事实足以说明其本身，借着聚集大量的事实，连最小的细节都不漏过，那么过去的现实（reality）本身就会显示出来，并且说明它自己。这是在解决问题的新道路上的一种障碍。归纳法本身的表白以及细心规避去挑选事实来验证假设和理论，必然引向死胡同（Medawar，1969）。事实被了解得越充分越确切，那么没有解释将完全与之相符合【适应】的这一结论，也就越发确实可信。宣告一个权威性的陈述，将要受到一个把论证聚集起来予以反击以至把它驳倒的这一法则，就确定了不可能有什么最后的陈述。换言之，历史的学识是以阐明过去时代的真理的这种主张，是经常为它本身的方法所暗中损坏。只是到了近来，历史地理学家才开始利用一种方法来表示从幻想中解脱出来，这种方法要求建立对于文字陈述的最终的真实，但在实践中只能证明以前的解释是不正确的。

历史地理学家掌握原始资料的能力，不容再有怀疑，但是当文献可以是忠实的仆人时，它们乃是不适当的主人。借着文献的参考可以立即答复的大多数问题，在涉及特征的地点和范围方面，乃是属于一种形态学体系的问题，在涉及活动的格式及其作用方面，乃是属于一种功能体系的问题，在涉及形态和功能的组织与相互依赖方面，乃是属于一种结构体系的问题。这些范畴的知识对于分析静态的情况、对于在时间的诸点上作剖面的复原，是有用的。但是在对于通过时间的诸种变化进行分析时，就不那么受用了。除非是这诸种变化，只是在属于同一时间的不同点上的数量接着增加或减少，而可以测量出来的时候。关于过程（processes）的研究，即是关于那种使现象从一种情况变形或变质到另一种情况的特殊方法，我们寻求的是动态系统（dynamic order）的范畴、变化的范畴，而不是变化中的现象（categories of change rather than of phenomena in change）。这类问题包括了了解人口怎样（how）变化、移动、集聚、散开，商品怎样生产或消费，商业怎样流通，资本怎样积累，认识怎样被创造、传播、流通和吸收。关于变化的技术工具，促进变化的社会和经济力量，以及调和变化的政治和宗教制度，是走向了解拓殖、土地开辟、城市化、商业、投资、教育、环境卫生等这一类过程的第一步。也就是说，和历史地理有关的关于过程研究的进展，是从行为的和社会的科学工作者（behavioural and social scientists）的协同努力，以合乎逻辑地形成协调一致的暂定假设而开始的。

二　过去时代的想象世界

当历史地理学参与复原过去的地理和研究导致其形成的过程时，可以只是依靠关于外部世界的观察，依靠从经验中得来的资料。为了对于观察的事物更多地了解一些，观察者有意识地站开一些，以便取得一种客观立场以识辨事实和核对事实。但是一旦问到"为什么"这个问题时，全部答案就不能再从外部世界中去寻找了。因为动机、态度、嗜好和偏见必须像工作和事实一样去加以考察。观念的发展，对经验中新领域的正在增长的感知，问题的重新评价，解决问题的意见的形成，都是推求过去状况的主要问题。Marc Bloch（1954，151）写道："最后的分析说明，正是人类的意识，才是历史的主要内容。"（For in the last analysis, it is human consciousness which is the subject matter of history.）"人类意识的相互关系、混淆与传染，对历史来说，就是现实的本身。"（The interrelations, confusions and infections of human consciousness are, for history, reality itself.）近年来历史地理学中最重要的进展，或许是对于过去的一种新的看法（view），正如从当时观察者的眼中所看到的那样，以及严格考察他们对于观察对象的评估。实际上我们正在描绘关于过去的一些"感知的表面"（perceptual surfaces）（Brookfield，

1969，53）和发现同我们自己的环境不同的"行为的环境"（behavioural environments）（Kirk，1952）。对于别人在别的时代怎样去理解现实的一种新的了解，使我们能够得到关于我们现在所居住的这一世界的更全面的知识。对于许多古代的人来说，"'真实'的世界超越了性格上和几何空间上的武断的范围，并且被通过超世俗的神圣体验的字眼来理解的，只有神圣的才是'真实的'。至于那种纯粹世俗的——如果能够说它也是存在过的话——是永远不会比某些琐细的东西更多一点什么"（Wheatley，1969，9）。对许多宗教的信仰者来说，大地上的现实是只能通过仿效天上的原型，才能体验到的。

（一）历史记录的阅读

① 地图制作者的影像：Mathew Paris，Great Britain，C，AD 1250，不列颠博物馆，Cotton MS Claudius D. vi, f12v.〔编者按：参见图57〕

② 18世纪两幅风景画〔图略〕

1. 地图的阅读（略）
2. 古文字的翻译（略）
3. 文字与文化（略）

（二）历史的想象

1. 感觉景观的复原（略）
2. 地理感知学（Geosophy）

对欧洲人来说，史前史的寂静终结于希腊人的到来。他们观察过Etna山的喷发，推测过火山的性质，留给后人一批写作，其中关于西西里景观的理解是十分清楚的。具有一个被记录和保藏的那些观念的宝库，地理感知学——地理知识的研究，可以开始考察Whittlesey（1945）称为"人对于大地空间的感觉"（"Man's sense of terrestrial space"）。地理感知学的范围，J. K. Wright（1947，12）概括为"考虑到整个周围的领域，包括地理的观念，真实的和假造的，所有各种人的——不仅是地理学家的，还有农民的和渔民

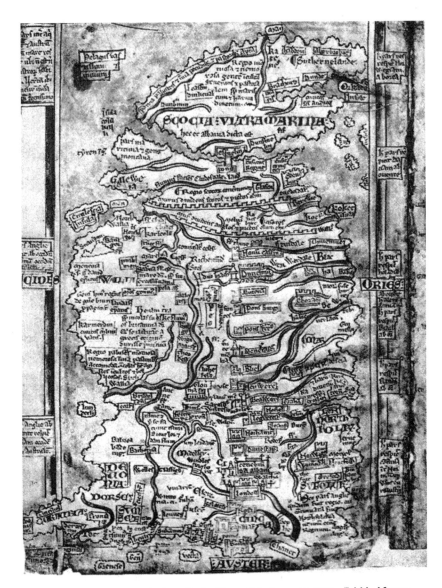

Map-maker's image: Matthew Paris, Great Britain c. AD 1250. *British Museum, Cotton MS. Claudius D. vi, f. 12v.*

图 57 地图制作者的影像

的，商业的总经理和诗人、小说家和画家，沙漠地带中以游牧为生的阿拉伯人【或吉卜赛人】（Bedouins）和南非洲的哈腾土特人（Hottentots）——为此原因，在很大程度上，必然是于主观上的概念有益的"。……［例：Clarence Glacken, 1967, *Traces on Rhodian Shore*，略］……形成于西方思想发展史上最活跃最有创造性和最费解的时代中的一个时代的宇宙论和地理学的观念，在下列著作中曾加以考察：J. K. Wright《十字军时代的地理谈丛》（1925）（*Geographical Lore of the Time of the Crusades*），H. C. Darby 关于英国农业区域的若干早期观念的论文（1954b），F. V. Emery 关于英国地志著作的评述（1958），W. R. Mead, Pehr Kalm，旅行家对于了解 17、18 世纪不列颠地理思想的贡献等。

3. 时间的镜子（略）

4. 异邦外地（略）

（三）价值的决定方针

1. 趣味中的潮流（略）

2. 好古癖（以下略）

3. 与过去的联合

4. 保存、愉快的损坏与复原

（四）文化的评价

1. 憎恶

2. 危险

3. 拥挤

4. 所有权

（五）我们曾居住过的世界

1. 作为文化评价的资源

2. 实用与知识

3. 两不相容的生活方式
4. 行为的环境与文化的环境

三　过去时代的抽象世界

关于研究过去的大多数单凭经验写成的著作，提供了个别的偶然事件的地名汇编和连续事件的编年记录，而行为（地理学）的研究，则有助于洞察过去世界是怎样被理解的，对它进行的种种改变又是在什么情况下决定的。但是无论只用哪一种方法，都不能了解到现象是怎样在空间上组织起来的，这些现象是怎样起作用的，或者它们是怎样从一种状态变到另外一种状态的。秩序是强加给（imposed on）感觉印象的杂乱无章的，对于世界的观察，也是借助于对它的能够了解的部分进行鉴定、分类、排比和联系。在记忆和运用大量数据方面，计算机大大扩展了运算者的能力，至于计算机在掌握巨大数量的人口资料、农业统计方面的潜力，已开始被一批人口统计学家、历史学家和地理学家所重视（Aydelotte，1966；Dyos 与 Baker，1968；Wrigley，1966；Rowney 与 Graham，1969），但是就是像收集和整理大量事实这样必不可少的工作，也只是把秩序和统一加于外部的和感知的世界的第一步。为了解这些事实的相互关系，理论工作者借助文字、数据、标志、符号来创造不存在的抽象的世界，随后再来看这和它们在现实中的相对物是不是同一的。

（一）空间相互作用的模式

1. 相互作用的模型

关于过去现实的剖面的复原，在理论上的同义语就是空间相互作用的模型，这种模型以在空间上的各种现象的功能关系为其特征。例如，网状（网络）模型（Network models），使得我们能够分析交通系统的运行，重力模型（gravity models）能够分析工业生产活动的位置和关联，中心区位模型（central place models）能够分析市镇的排列和层次。按着系统探索的程序，有可能从表面上不成形的混乱中变出井井有条的模式来，有可能从一大堆显然不协调的现象中发现出潜在的关系来（Harvey，1969，90-91）。在德意志南部，最难期望有规则性的地方，Walter Christaller（1933）在市镇的间隔、大小和功能方面，看出了几何图案的模式，并进而条理化为一种中心区位的理论，这种理论可以用于识别在过去时代的一些市镇的僧侣政治。中世纪德意志市镇的位置是为了一种混杂的、或多或少有独立性的一些公国的特殊利益服务的。这些公国的政治势力、经济力量和自然的处境，都有很大的差别。中心区位论可以用来衡量法国在1790—1791年间，关于重行组织行政区划的成就。［以下继续讨论此例，略］

由政府命令进行的变化，借着给予最适宜于执行其任务的那些中心以适当的任务，看来好像可以改进在一个现在系统之内的效率。但存在等次、功能和中心区位附属地区的大小上的一切根本性的变化，只能在运输方式的急剧变化中，在新资源的发现中，在提供新型的供应中，才能产生（Brush，1953；Carter，1965；Clark，1965；Janelle，1968）。假设在技术方面是已知的，那么给予一个开始的移殖和城市人口的增加或减少的尺度，中心区位的理论是可以用来预言市镇的分布的。

2．功能系统

［pp.46-48，略］

3．连续性的考验

关于过去的静态状况的考察，在位置的分析上，其最大的贡献就是提供了比较的基础，以比较在不同的文化条件下所出现的情况，另外也对于在当代模型建造中的理论模拟提供检验。E. A. Wrigley（1967）所拟在17世纪英吉利的社会和经济变化中伦敦的重要性的模型［1967：*A Simple Model of London's Importance in Changing English Society and Economy*，*1650-1750*，*Past and Present*，37，44-70］，F. R. Pitts's（1965）利用图解理论［graph theory］以检验在中世纪莫斯科经济中商业联系的重要性［1965："A Graph Theoretic Approach to Historical Geography"，*Professional Geography* 17，15-20］，指示了进一步研究过去情况的道路。F. W. Carter把Pitts的检验用在连接性上……［例，略］……

这种研究过去情况的模型的价值，就是它不仅能够分析在时间上某一个特定时刻的流通格式（Pattern of circulation），而且能够在互相连续的时期之间进行对比。Olof Lindberg（1951）分析了1830—1839年手工工场时期、1890—1899年 ground-wood 时期和1930—1939年化学纸浆时期，瑞典造纸工业的位置与把纸浆木材运到工厂和把成品运出工厂的费用的关系。这一研究说明，采用不同技术的工厂，其厂的选择是怎样和不同时期不同范围的木材供应地区有关的。也可以设计类似的模型，为了煤田不同部分的开发，或者是为了在交换流域（commuting catchments）的扩大中旅行时间的减少，或者是为了供应城市以食物或燃料的地区扩展中大量运输费用的降低（Olsson，1965），来检验运河开凿以及铁路公路建设的结果。总之，研究的目的从考察静态中功能的相互作用，转移到探寻导致空间关系的格式发生变化的过程。

（二）过程的决定论模型

1. 类推

动态的过程在现实中是不能直接观察到的：它们通过那些改变行为和文化的作用和媒介而间接影响知觉。只有通过模型，才能对动态过程进行测量和了解。在最一般的水平上，它们的作用是借着对进展、扩散、文化变迁和经济发展的理论或假说的解释而图解式地或隐喻式地代表出来（Bunge，1966）。[W. Bunge, 1966: Theoretical geography, *Lund Studies in Geography*, *Series C*, *General and Mathematical Geography*, Lund: Gleerup（Second edition）, 289pp.]

按照自然过程的类推来解释人文过程——例如以通过铜片传导热能来类推人口的迁移（Hotelling, 1921）[H. Hotelling, 1921: *A Mathematical Theory of Migration*, University of Washington: unpublished master's thesis]，利用气体动力学说来说明人口的聚集（Neymann and Scott, 1957）[J. Neyman, and E. Scott, 1957: On a mathematical theory of populations conceived or a conglomeration of clusters, *Cold Spring Harbor Symposia on Quantitative Biology* 22, 109-120]，以冰盖（ice caps）的移动来类比城市的散布（Garrison, 1962）

[W. L. Garrison, 1962: Toward simulation models of urban growth and development, *Lund Studies in Geography*, Series B, *Human Geography* 24, 92-108, Lund: Gleerup]，以波浪的运动来类比定居世界的推进（Wishart, Warren and Stoddard, 1969）[D. T. Wishart, Warren, and R. H. Stoddard, 1969: An attempted definition of a frontier using a wave analogy, *Rocky Mountain Social Science Journal* 6, 73-81]。在这些类比中，只有形式上的类似的推导表示和测量。例如在边界的类比中，只是前进波浪面的弯曲度支持了这一类比，而不是有关的能力的测量。作者所完成的乃是说明"在时间上的统计面（the statistical surfaces）在形式上的变化可以和波浪式的动作相比较"；它们没有去寻求建立作用于这两种运动的能力是等值的，他们也没有指出在边界上记录下来的宽阔的波浪所由产生的那种能力。对动作中的生态学过程的一个功能类比，见于 Ramon Margalef 的理论（1968）……[略]

生态学的类比说明工业和农业活动区位的变动，说明人口增加与减少的方向与速度的变化，说明城市化的方式所产生的变化，提供了广泛规定的简单的模型，它们指示何等巨大的现象的总计可以被变形，但是它们缺乏准确性。

2．环境决定论

历史地理学中最持久的隐喻中的一个，是从 19 世纪进化论中借来的，正像在有机体中的演化那样，自然力被认为是占据地方的选择原因，对于人的活动给以有限的界限，而且支配历史的进程。自然地理对于历史的多种影响，可以看到是通过土地与矿产资源的不平衡分布而起作用的，是通过农业的气候限制、通过道路的规定路线，而更加推断的是通过天然疆界而起作用的。【书被取走暂停于此，以后再续译】（以下讲 Friedrich Ratzel, 1882, 1891；以 R. Ellen Churchill Semple, 1903, 1911 关于地理环境决定论的著作为例。从略）人类的历史必须遵循自然地理所规定的行程的这种意见，已经被 Vidal de la Blache（1921），Jean Brunhes 和 Camill Vallaux（1921）所斟酌、减缓以及部分地倒转过来。在 1924 年，这种意见已被 Lucien Febvre 所放弃，其理由是历史从来是不重演的，而且地理环境的同一影响，还有在不同情况下产生不同结果的明显特点。Febvre（1925，364）所规定的历史地理学的中心问题是研究"在过去不同时代的人类社会和其同时期的地理环境的关系，只要是还能够加以复原的话"。集中着眼于社会和环境的不同社会评价的社会学家，把自然特征看作不同世界的文化评价的因素，而且也不是主导因素。（下述 Franklin Thomas，1925；A. C. Montefiore 与 W. M. Williams，1955，对决定论的反对意见，从略。）实际上环境决定论是一个循环的辩论，并没有独立的代理人。自由意志的使用本身必须服从于自然的决定因素，而所有的现象，都被认为是特定原因的结果。（The exercise of free will itself must be subject to physical determinants, and all phenomena are considered as the effects of specified causes.）当 Ellsworth Huntington（1945）和其他人从生物和自然因素的观点出发来继续讨论文明的推动力时，Harold 和 Margaret Sprout（1956）代之以一种文化方向，把环境看作行为现象。

3. 经济决定论

另外一种同样有偏见的历史观点，是从经济和技术的进展来解释历史。种种文化任务和成就，不是被漠视了就是被分配以幻想的成本或利润而编入预算之中。在实践中，即便是在今天的西方社会中，用金币的价值来估量从学习、生活和社交中所获得的个人的满足，是不现实的。把生产工作、消费、储蓄、投资这类经济活动，都归因于纯粹依靠经济收益的前景而做出的计算，也是不够的。人格的特性，道德的规范，自然使得某些团体去冒险、去为未来的报酬而延缓目前的享乐，去发明和试验新技术，但是并非所有的人都出于同类的动机。作为比较当代社会福利的工具，就是在现代西方世界中，经济和工艺的标准是不适当的。此外，它们大体上是不完全的（Steward，1955；Aagen，1962）。显然，把一个从很多方面来说是一种很例外的文化经验中得来的价值体系，应用于多样的过去情况，就是把历史强行纳入一种扭曲了的模子中去（Cochran，1969）。这种是非颠倒，首先是配合着企图把不同的特性转变为一种共同的系统，把一个独自的、单一方向的进展，强加于历史的进程；这又进一步被下列情况所歪曲，即企图把这些发展的系统划分成部门或阶段，把一个社会中的成就水平来和另一个社会中的成就水平相比较。这是滥用文献证据来寻求中世纪的商业盛衰的周期性，或者是在农民社会的城市的兴起和欧洲中世纪商业城市的建立之间寻求对等的东西。只有最广泛的概括可以包含历史的悠长跨度。Gordon Childe（1941）的技术革命的顺序描述了变化，其影响的深远足以包含并使文化变化的宽阔光谱弯曲。反之，W. W. Rostow（1960）勉强拟制的经济发展阶段的模型，只能产生在过去两万年中不列颠与中国情况的错误比较。至少是两位近来的作家（Cipolla, 1962; Hicks, 1969）集中对有限地区进行了研究，成功地提出了经济变化的理论，从而出现要考虑到人类社团之间在生理上、心理上和文化上的差异。（以下讲 Allan Pred, 1967, 1969; Julian Wolpert, 1964 等人的研究情况，从略）

4. 与事实相反的复原

（前略）

Allan Pred（1966 a 与 b）曾建立过这类的模型，来分析美国 1800—1914 年城市工业发展的空间动力 [1966a: *The Spatial Dynamics of United States Urban-industrial Growth, 1800-1914: Theoretical and Interpretive Essays*, MIT Press（225pp）. 1966b: Manufacturing in the American mercantile city, 1800-1840, *Annals of the Association of American Geographies*, 56, 307-338]。E. A. Wrigley（1967）也曾建立这类模型来测量伦敦在改变 17 世纪英国社会和经济上的重要性 [1967: *A Simple Model of London's Importance in Changing English Society and Economy, 1650-1750*, *Past and Present*, 37, 24-43]。这种臆想的复原，可以用记载中的实际情况加以校正。

5. 过程的决定论拟态模型

决定论的模型即在这种模型中，经过时间和空间的体系的发展，可以根据已知的整套的必要条件来完全预示出来。当作用中的过程被了解得最充分的时候，它们模拟实际也最近似。借着正确估计归因于三个老居民点、一个教堂、一条道路的吸引力的重量，Erik Bylund（1960）设计了一个重力模型（a gravity model），忠实地再现了瑞典北方一个地区移民的已知年代表，同时也说明了移来的人为什么在占据比较好的土壤之前先进入了产量差的土地（Fig. 9，另见）。类似的模型曾经正确地预示了聚落边界（Enequist, 1960）

的前进与后退，以及瑞典中部地方僧侣政治的出现（Morrill，1965）。这种方法也曾用来（Burghardt，1969）试验印第安小路和后来的城市焦点在形成1770—1851年安大略（Ontario）南部一个道路网的相对重要性。作为对于交替的假设的力量的一个试验，一个决定论的模型可以是决定的。

（三）过程的或然论模型

1. 法则与秩序

环境决定论的确实性的问题，在一个涉及方面很广的辩论过程中，曾被Hartshorne（1939）及其他人提出来进行讨论，讨论的是地理学是一门法则性的学科，还是一门会意性的学科（either a nomothetic or an idiographic discipline），在这一对立中，对于决定论的一个主要缺点，即它所主张说明的因果关系，缺少一般法则的力量。指出无保证的例外是没有什么困难的，也没有困难来推论在其他条件下也可以同样能够产生和在指明的决定条件下所产生出来的那种如果说有也是很少差别的结果。……［以下一句举Schaefer，1953的意见为例，从略］在主张法则性的观点和主张会意性的观点之间的长期无结果的辩论，对于决定论和特殊论都持怀疑态度。这在历史地理学中更为显著。但是这一矛盾的偏激化，模糊了一个最重要的争端（issue）。一种观点是世界为坚定不移的机械法则所控制，另一种是世界是一个无限量的分离着的事物没有规则的同时存在着的混合体。这种二分法是错误的，而且是不必要的。O. H. K. Spate（1952；1957）和Emrys Jones（1956）都曾指出，对地理学家来说，因果关系并不是唯一有效的解释法则。Fred Lukermann（1965，6）在对法国地理学奠基人的著作所做的深思熟虑的再评价中，曾经在法则性的和会意性的两者之间指出了一个有效的和解途径，即在追求在无规则的个别事物中去寻求秩序的时候，对于它们的一些例外的特性也无须惊奇（页134，以下引一段原文，从略）。照这样说法，或然论是一个巨大的解放力量。过去说是绝对可以预言的，因为活动是被预先注定的不可改变的，从气候、地带、头脑的遗传或作用所产生的环境来支配的。现在则不同了，我们可以放宽这些法则而说到处都有很多的或此或彼的可能性、不确定性和隐而不见的机会（Lukermann，1965 a）。借着检查大量的个别案例，我们可以寻求缩小环绕着过程的怀疑范围，这种过程很可能曾经是必要的和足够的，来产生所记录的结果的。而且我们可以对于发生的或在重复着的特殊例外事件的可能性的频率，做出估计。

2. 或然性的次序

（以人口移动为例来说明，从略）

3. 过程的或然论模拟

无定向模型，至少部分的是在偶然或任意的因素上来运用的，它们可产生文化史上许多情况的本来面目的映象。在许多不同过程的互相作用是如此复杂，以致它们的作用从一开始就是不能逐一列举的地方，这种无定向模型是特别有价值的。一个偶然过程的运行，其出发点就和一个决定论模型的出发点是不相同的（Curry，1966，40）（……以下引 Curry 语，从略），Torsten Hägerstrand（1952，1953）关于牧场管理和在防止牛的肺病方面的农业上新发明的传播的基本研究，假定这种传播会部分地经过一个偶然的过程。现在关于技术、制度和其他文化特性的传播，已有很大数量的文献材料（Brown，1968； Gould，1969）。博弈理论曾被用来模拟传播的效果、城市市区的蔓延、市场的扩展以及聚会与拓殖的过程。所有这些技术都曾被应用于和检验记录下来的情况（Gould，1960 与 1963；Harvey，1963 与 1966；Morrill，1962，1963 与 1965；Dacey，1966； Garrison，1962； Curry，1967；Hudson，1969），对于运输联络的发展、城市僧侣政治的出现，以及总的聚落形态，提供了极有启发性的分析。在所有这些模型中，偶然因素所起的作用是很大的，而且有的是最大的。

4. 事后效度

对历史地理学家来说，或然论提出了一个令人不安的问题。像 David Harvey（1967，549）所断言的那样，如果"在空间上的文化形式不是一个偶然的过程"，那么一种有目的的、但可能是轻率的或者是了解很不充分的一些活动的集合体所产生的联合效果，当在总的方面其结果是很少能够从偶然产生的格式中来加以区别的时候，又是如何被测量的呢？在集合体的什么样的水平上,选择和自由意志以及做出决定的运用,实际上影响到了景观变化的进程呢?在普遍化的什么样的等级上,反复无常的人类行为对于景观的冲击【?】影响,开始采取了一种有一定程度的规则性,而这种规则性可以确信是归因于特定过程的作用的呢?对于这些问题,没有一个能够给以绝对有限的答复,他是或然性的理论,确实提供了一种方法以测量这种可能性,即曾经起了作用的以供选择的可能过程的范围,或者是已经实现了的以供选择的可能结果的范围。更有甚者,这种程序可以倒转过来,从近期的基准线来还原可能的过去的事件,从而使得以供选择的可能的过去状况,得以重建。这种方法可以用来估定,在多大程度上好像是这种或那种事件的局面,在某一过去的时代曾经发生过。这一方法,Richard Morrill (1963) 称之为历史的预言的 [*方法*] (historical-predictive),而 K. J. Kansky (1963) 则称为 **postdictive**。它有很大的潜力来扩展我们关于过去的知识,从了解得比较多的现在,倒退到文献记录很缺乏的过去时代的朦胧中去 (Leontief, 1963)。新光亮可以投向城市化、森林的砍伐、动植物的引进、古代人们的游荡以及史前期的海上航行的早期历史上去——其远景几乎是无限的。[①] 逐渐出现了这种可能性,即模型可以用来创造变化中的抽象景观,在这以前,还是属于过去的未能的领域的。

四 致 谢

本文的第一部分,多承 H. C. Darby 和 A. H. Clark 的指教。第二部分是与 David Lowenthal 合作的。第三部分得自与 Fred Lukermann、Leslie 和 David Harvey 的简要谈话。历史地理学研究的三个方面的纲领,曾在为 *Trends in Geography* (1969) 一书所写的一部分中提到过,该书由 Ronald Cooke 与 James Johnson 编辑。我的意见也曾与 Alan Baker、Robin

---

① 重建在太平洋上的偶然漂流的海上航行的格式的试验,已经在伦敦大学 Birkbeck 学院计算机科学系,在 Gerard Ward 与 John Webb 的指导下进行中 (Levison 等,1969),其结果说明,好像波利尼西亚的不同岛屿曾经有航海者从太平洋的其他岛屿上以及从拉丁美洲和新西兰的海岸到达过。

Butlin 和 Tony Phillips 讨论过，其后也曾由伦敦大学大学学院［编者按：University College London，今译伦敦大学学院］的同事和学生在细节以及在总的方面给予批评。我特别感谢 Paul Wheatley、David Robinson、Hugh Clout、Tony French 和 John Adams，在写作的不同阶段，他们对部分的原稿提了意见。多劳 David Elton 和 Roger Kain 协助准备文献目录。Alick Newman 代为绘图，谨致谢意。

［译自 Hugh Prince, Real, imagined and abstract worlds of the past, in：C. Board, R. J. Chorley, P. Haggett and D. R. Stoddart（eds）, *Progress in Geography*, Vol. 3, London, 1971, 1-86］

编者按 *：

侯仁之先生这两篇译稿是先生的女儿侯馥兴女士在整理先生遗稿时发现的。两篇译稿都是 1973 年所做，那正是"文化大革命"期间。"文革"中，像很多北大教授一样，侯仁之先生衔冤负屈，并于 1969—1971 年间到干校"劳动改造"。1971 年先生虽然返回北大，但仍要在校内"监管劳动"。然而，回到校内，毕竟可以抽空进行学术工作了。

这两篇译稿，第一篇翻译的是著名环境考古学家布策尔（Karl W. Butzer）的文章。这篇文章的内容正是先生当时关注的问题，亟待参考。第二篇翻译的是普林斯（H. Prince）的文章，该文于 1971 年出版，在当时算是很新的文献了，内容是对西方历史地理学新近发展的评述。侯仁之先生不怠时日，倾心翻译，心情不难想象，那就是：我们不要在世界上太落后了。

这两篇译稿，是侯仁之先生后半生仅有的译作。先生自英伦归国，挟藏英文文献不少，而下手翻译的，仅此而已。在原译稿的页边，有许多先生的批注。可以看出，先生是边译边思考的。可惜，译稿虽成，却不得印行。

---

* 这两篇译稿最初刊载于《九州》（第五辑）（2014 年 12 月），"编者按"为发表时所加，今一并收入。

感谢商务印书馆积极联系版权，使这两篇译文在 40 年后终于得以发表。译稿的内容，在今天看来尚不乏参考价值。此外，在译稿文句之间，我们仍可感受到先生的韵度风范，更何况，那是在"文革"间忍辱负重而为之的。

我们完全按照原格式录入侯仁之先生的译稿，原文中译注用方括号（[ ]）表示。译稿侧边栏空白处和行间偶有作者小字说明，我们用黑括号（【 】）在正文相应处括注。凡是编者按语，皆加注"编者按"，特此说明。

国际获奖

在英国利物浦大学毕业典礼上
代表应届毕业生及荣誉学位获得者致辞

(1984年7月4日)

It is a rare honour to speak on behalf of the Graduates and Honorary Graduates to express our gratitude to the University of Liverpool for all we have received from her in training of our minds and increasing our awarenesses.

The young graduates among us will be discovering more and more of this debt as the years pass by.

Others of us must reminisce.

My membership of the University should have begun in 1940 or 1941. In 1939, Yenching University (a private university in Beijing now absorbed into the National Peking University) awarded me the Blue Funnel Scholarship, established by the Alfred Holt Shipping Company. All told, the scholarship has been held by six persons working in Physics, Statistics, Economics and Geography.

I remember clearly how one morning in the Spring of 1939, my professor, the distinguished Chinese historian, William Hung, summoned me to his office and said: "Choosing a teacher is more important than choosing a school. The happiest thing is when the good teacher you need is to be found in a good school." While I was wondering what he was talking about, he continued: "We have nominated you for a scholarship for advanced study in the School of Geography of Liverpool University. There you will find a world-renowned teacher of geography in a university of world-wide connections. He is Professor Percy Maude Roxby."

It was not to be, because the Second World War broke out. In 1941, instead of sitting in a Liverpool University lecture hall, I found myself in a Japanese army prison, along with Professor Hung and other colleagues (including Dr. Lin Chia-Tung, an earlier Blue Funneller who studied Statistics here).

The link between Liverpool University and Yenching University survived the war, and in 1946 my dream of coming to Liverpool University was realized, but seven years late. By this time Professor Roxby had retired after 40 years of service. Ironically, he had gone to China as representative of the British Council. Professor H. C. Darby succeeded him as Head of the School of Geography. His Inaugural Lecture "The Theory and Practice of Geography" made such an impression on me that I translated it into Chinese and it was published in Tientsin in the "History and Geography Weekly", a supplement of the famous Yi Shi Newspaper on March 18, 1947. Alas! that same issue also contained an essay I wrote commemorating Professor Roxby who had just died in China. I have brought a photograph of that issue of the Weekly together with an English version of my article, for presentation to the Library of the School of Geography.

The many new ideas on historical geography that Professor Darby developed in his teaching have been influential in China, producing a new school of study that has grown especially fast in the past decade. Just before I came abroad early this year, we established a new Research Centre on Historical Geography along these lines in Peking University.

There is a Chinese proverb 饮水思源: "When drinking water remember the water source." I published a book—a collection of my scientific papers which bear on some aspects of the socialist reconstruction of China—it was natural and proper for me to borrow the title of Professor Darby's Inaugural, simply adding the word "Historical": "The Theory and Practice of Historical Geography". I am giving a copy of the first edition of this little book to the Harold Cohen Library, which itself is a "water source" so ocean-like that I almost drowned in it nearly 40 years ago.

My key thought for this unforgettable day is pride and gratitude that

Liverpool University has been such a bounteous source of the living water of creative thought that flows from people to people and gives us all hope for the future.

Some 40 years ago, just after the 2nd World War, Professor Darby said it for his particular discipline, ending his Inaugural with the following words, with which I would like to end mine:

"As I stand here amid the devastation of war on Brownlow Hill, and in Liverpool, a city with contacts as world-wide as those of any city, I cannot help but think that the point of view of the Geographers both abroad and at home is not without some bearing on the New World we hope will be our future."

Thank you.

利物浦大学校方授予荣誉博士学位的颁奖词

MY LORD AND CHANCELLOR,

When, in the year A.D. 800 by our reckoning, the scholar Po Ju-i passed his examinations he wrote, according to the translation by Arthur Waley:

> For ten years I never left my books;
> I went up . . . and won unmerited praise.
> My high place I do not much prize;
> The joy of my parents will first make me proud.

Such, we may suppose, or similar were the sentiments of HOU REN-ZHI when, in 1949, he was awarded the degree of Ph.D. in this University. Now, after thirty-five years, when he returns to us to receive a second degree, the situation is reversed, and it is we, his Alma Mater, his fostering parent, who are proud as our son returns to us laden with academic honours from his own country, where he has for long been Professor of Geography at Beijing University, and active not only in the intellectual life of his University, but also, as scholars should, in the world, not only understanding it but changing it.

For he knows that, as the English Philosopher R.G. Collingwood put it, the past is encapsulated in the present. Just as the past can only be understood by the effect it has had on the present, so the present too only by seeing how it became what it is now: as the present was determined by past decisions, so we can mould the future by our present ones. More fortunate than many scholars, Hou Ren-Zhi has been given the opportunity to put his ideas into practice: when the Town Planning Commission of Beijing considered what to preserve of the old Imperial Palace, they decided to convert it into an Historical Museum and, by demolishing the walls of an outer courtyard, to convert the former Forbidden City into the People's Square. Thus, he says, 'we have abandoned the defects and preserved the good elements, signifying that we respect the past, but we also respect the achievement of the common people'.

So too, he studied the now desert area of Inner Mongolia, once, like Roman North Africa, a smiling plain of grass. It was destroyed by those nomads whose threat to the frontiers of the Middle Kingdom have been a recurring theme in the history of China, destroyed when their acceptance of the civilizing authority converted them into farmers, who exploited rather than respected the land. These studies can teach

在英国利物浦大学毕业典礼上代表应届毕业生及荣誉学位获得者致辞

us all how to avoid a similar fate for an environment that is increasingly the concern of us all—and one which Hou Ren-Zhi has made particularly his own—that of the whole earth. For no man is an island, and when the world and not simply a continent is diminished, we are all implicated in the catastrophe.

We in the West have received many benefits from China, even if we have not always employed them wisely. There gunpowder was used for fireworks, here in cannon, and the magnetic compass guided western vessels on voyages of discovery—and plunder. Let us rather consider the domestic benefits—for no-one who, clad in silk, imbibes the cup that cheers but not inebriates from a vessel the fabric of which proclaims its origin in its name, or nibbles ginger or a china orange from a lacquer spoon—can fail to appreciate how much the intercourse between our two countries has changed the ordinary life of our citizens, as they drink tea from china cups. The latest of our imports was Hou Ren-Zhi himself, who in his turn came to learn from us.

For the Republic of Letters also embraces the whole world, and the exchange of scholars widens their horizons and enlarges their sympathies. Professor Roxby, whose formative influence on our School of Geography is commemorated in the name of its new building, himself visited the old China of 1912, and Professor Hou is the last of a line of students whose presence derived from that visit. Now his return raises hopes that the tradition of exchanges may once again be revived. In any case, it will afford him the opportunity to carry out a personal study in historical geography, as he assesses the changes which time have wrought both in the precinct which he left a generation ago and also in himself: for 'the historical perspective provides the better understanding'. But one thing we may be confident he will find unchanged—the spirit of warm friendship which he encountered then and to which he himself contributed so much—not only in the School of Geography but also in the whole University, which now welcomes him home.

MY LORD AND CHANCELLOR, *In the name of the Senate and of the Council, I present to you* HOU REN-ZHI, *for admission to the degree of Doctor of Science,* honoris causa, *in this University.*

在美国地理学会（AGS）荣誉委员会授奖仪式上的致辞

（1999年11月11日）

When I was informed that the American Geographical society was going to award me The George Davidson Medal, I had not thought that in these late years of my life I would receive such a high international honor. This happy news has also brought a considerable and important attention on the part of many of my colleagues in the circle of Chinese geography. I wanted very much to come and to accept this prestigious award personally. Yet, because of my poor health, I cannot but request my good friend, Dr. Diane Obenchain, who is a Visiting Professor at Peking University and who is working with me cooperatively on a project, to represent me. However, if Dr. Murphy or any other member of The Honors Committee of The American Geographical Society has the opportunity to come to China, I ardently hope that we can meet each other at Peking University so that I may in person express my heartfelt gratitude for this award.

What I would like to first explain is that George Babcock Cressey, who, in 1952, was the first to receive The George Davidson Medal, had, in fact, great influence upon me from the very start. Sixty-three years ago, in 1936, the year I graduated from Yenching University, I was fortunate enough to read Cressey's book *China's Geographic Foundations*. This drew my profound interest and is one of the main reasons why I was moved to change from strictly historical studies to research in historical geography. However, because of the eight-year Anti-Japanese War, it was not until the summer of 1946, that I was able to go as planned to

Liverpool University in England to specialize in the study of historical geography under the expert guidance of Professor H. C. Darby.

In 1949, Professor G. B. Cressey, as the newly-elected President of the International Geographical Society, was invited to Liverpool University to give a guest lecture entitled "China's Prospects". This occasion remains quite distinctly in my memory. The day was April 27th, in the afternoon. A great many people came to hear the lecture, which indicated a tremendous interest in China's future. I also was very moved by the lecture. Professor Darby presided over the lecture and at his request I was invited to give a few words in gratitude on behalf of the audience at the end of the lecture. This was the first time that I had occasion to meet Professor Cressey and it has remained an unforgettable memory for the rest of my life.

What should be mentioned especially here is that it was only five months and three days after Professor Cressey's lecture that New China was born on October 1st, 1949. And it was just three days before the birth of New China that I returned to Beijing from England.

When New China established the "Beijing City Planning Committee" for new reconstruction of the capital, Beijing, I had the honor to be invited as a member of the committee. For research reference and for the purposes of planning construction, my first responsibility was to make geographical investigation of the newly designated cultural and educational region of the capital. This important region in the northwest suburbs of Beijing city, called the Haidian, was the famous terrain of the summer palaces of the Qing period, and has become today the location of Peking University, Qinghua University, the Chinese Academy of Sciences, People's University, the National Library, the National University of the Minorities, the Agricultural University and several others.

Since the days of those initial tasks on the "Beijing City Planning Committee", fifty years have passed. During these fifty years, except for the few years that I participated in investigations of China's North-Western desert areas, most of my research work has concentrated upon the historical geography of Beijing city. My intention has been to make a contribution to the planning and construction of the capital.

During the past fifty years, China has undergone enormous changes. Particularly during the last twenty years of reform and opening out to the larger world, cultural exchanges between China and other countries have increased daily. Now, as I look back over the past twenty years, during which I have had the opportunity to visit the United States twelve times, I feel greatly honored to have been invited as a Fulbright Scholar in Residence to give lectures at Illinois University during 1981-1982. I will always remember that significant time.

Following this, I received a letter of invitation from Dr. Alison Casarett, Vice Provost and Dean of the Graduate School of Cornell University, requesting that I be their Chinese Scholar in Residence during the year 1983-1984 under the Luce Foundation Program for China Studies. In her letter she said: "I note your recent strong interest in the comparative design and layout of the older city portions of Beijing and Washington, D. C." What she said was exactly true. Therefore, her invitation was indeed a precious opportunity for me. Not only did I spend one semester doing in house research on the campus of Cornell University, which is full of natural beauty, but I also, while on the "Cornell in Washington Program", was able to carry out on-location investigation of the central part of the city of Washington, D. C. In the end, I was able to complete my piece for Chinese readers entitled, "From Beijing to Washington, D. C. —Explorations into Thematic Design in City Planning".

To look back on the past is at the same time to look ahead to future developments. This year I am eighty-eight years old. As I look back to that year when G. B. Cressey gave his lecture "China's Prospects", a new picture now unfolds before my eyes. To have this high honor of receiving The George

Davidson Medal is truly a great encouragement to me. I will continue to work hard in carrying out research on the historical geography of Beijing. At the same time I join hands and go forward together with the next generation of excellent young scholars. I am very grateful to Professor Diane Obenchain who has represented me in reading my address to you today and extend once again my heartfelt respect and gratitude toward the Council of the American Geographical Society for awarding me this most precious honor. Thank you.

在美国国家地理学会（NGS）研究和探索委员会 2001年度主席奖授奖仪式上的致辞

（2001年10月25日）

Peking University President Dr. Xu Zhihong,

Dr. Martha Church,

Mr. Ward Platt,

and honored guests of the National Geographic Society,

Ambassador and Mrs. Koreshige Anami of Japan

Mrs. Olga Morel, the wife of the Ambassador of France

Mrs. Sarah Randt, the wife of the Ambassador of the United States,

and other distinguished guests and colleagues:

The National Geographic Society is a very well-known and highly respected world-wide organization. Its work has influenced people in many countries, including China, where their programs can be seen on national TV broadcast. I am therefore deeply honored to receive this award from the Committee for Research and Exploration at the National Geographic Society.

Today, as I consider it, this award is a very unusual one since it offers not only material support, but also spiritual encouragement to me and to my colleagues.

Twelve years ago, I was not able to carry out fieldwork that I planned to do at that time. Now, with this present encouragement and support from the National Geographic Society, I, together with my colleagues, can continue and bring to completion some even more important and interesting field studies of the desert of the Inner Mongolia District. I believe the Committee for Research and Exploration may have even more interest in these important field studies. Our purpose in this research is to discover when the desert was formed and why the formation of the desert took place. With the results of this field study we may contribute our knowledge towards helping to prevent further formation of such deserts in North China.

In addition, your present encouragement and support will enable us to carry out another very significant research project, using the methods of both historical geography and archeology, to explore the origins of ancient Chinese civilization in the Yellow Earth Plateau of North China in today's Shanxi Province.

At this time as well, all the faculty members and several graduate students of the Center for Historical Geography at Peking University are cooperating to complete one other very important research project, namely, the 3rd volume of *The Historical Atlas of Beijing*.

Here, to show my gratitude to the National Geographic Society, I would like to present the first and second volumes of *The Historical Atlas of Beijing*. As you may know, the first volume of this *Atlas* is now extremely rare. So I take this opportunity to present these two volumes to the National Geographic Society as a small token of my gratitude for your support and encouragement to our work.

In closing, I want to offer special thanks to Dr. Peter Raven, Chairman of the Committee for Research and Exploration, who so kindly praised my work in the recent news release from the National Geographic Society. I also wish to thank Dr. John Francis, Vice-Chairman of this Committee, who brought me this exciting news in his letter.

Here, I offer my personal thanks to Dr. Martha Church, Trustee of the National Geographic Society and Member of the Committee for Research and Exploration, and to Mr. Ward Platt, Managing Director of the National Geographic Channel in Asia. Thank you for coming today to Peking University to present this award to me. With heartfelt appreciation and best wishes to the Committee and the National Geographic Society, I am deeply honored to receive this award. Thank you very much.

侯仁之文集（四册）总目录

【1929—1931】18—20 岁

基甸救国（1929）

从欧战后印度民族的自治运动说到独立运动（1931）

民族的反省（1931）

【1934—1936】23—25 岁

最爱藏书的胡应麟事迹考略（1934）

读《房龙世界地理》（1934）

初中历史教材设计举例（1935）

记本年湘鄂赣皖四省水灾（1935）

燕京大学一九三六届班史（1936）

靳辅治河始末（1936）

【1937—1941】26—30 岁

陈潢治河（1937）

明代宣大山西三镇马市考（1938）

故都胜迹辑略（1940）

续《天下郡国利病书》山东之部（1940）

从旅行说起（1941）

【1942—1946】31—35 岁

北京的地理背景（1942）

黄河故事（1943）

《天津史表长编》拟例（1944）

乱世怀业师及诸同窗（1944）

给天津工商学院毕业班学生的临别赠言（1945）

天津聚落之起源（1945）

北平金水河考（1946）

沧海桑田（1946）

玉泉山（1946）

研究地理学应有之基本观念（1946）

近代地理学研究的中心趣味（1946）

【1947—1949】36—38 岁

地理学的理论与实践（1947）

悼罗士培教授（1947）

Historical Geography of Peiping（1949）

【1950—1965】39—54 岁

《宇宙之大》再版序（1950）

"中国沿革地理"课程商榷（1950）

北京是一座伟大美丽的城（1951）

北京海淀附近的地形、水道与聚落（1951）

迎接北京建都八百周年（1953）

我们学习在伟大祖国的原野上（1953）

从丰沙线到官厅水库（1955）

北京都市发展过程中的水源问题（1955）

我爱旅行（1957）

历史时期渤海湾西部海岸线的变迁（1957）

历史上海河流域的灌溉情况（1958）

积极参加改造沙漠的伟大事业（1958）

关于古代北京的几个问题（1959）

昆明湖的变迁（1959）

十年来中国的历史地理学（1959）

《中国古代地理名著选读》序言（1959）

郦道元与《水经注》（1959）

清代杰出的治河专家陈潢（1959）

说蓟（1961）

说燕（1961）

海淀镇的起源（1961）

海淀园林的兴替（1961）

颐和园话旧（一）（1961）

颐和园话旧（二）（1961）

颐和园话旧（三）（1961）

踪迹高梁河（1961）

古代高梁河之谜（1961）

戾陵偃与车箱渠（1961）

沙行小记（1961）

刘继庄的地理思想（1961）

徐霞客——石灰岩地貌的考察的先驱（1961）

明陵的水文（1962）

《中国古代地理学简史》序言（1962）

时代先进的地理学家刘继庄的地理思想，兼论顾祖禹和孙兰（1962）

历史地理学刍议（1962）

北京城和刘伯温的关系（1962）

现在的北京城最初是谁建造的?（1962）

顾炎武——把地理研究作为政治斗争工具的启蒙运动思想家（1962）

访徐霞客故乡（1962）

北京城的沿革（1962）

历史上的北京城（1962）

理科学生也应该注意写作（1962）

同记者同志谈谈地理学（1963）

从人类活动的遗迹探索宁夏河东沙区的变迁（1964）

在所谓新航路发现之前中国与东非之间的海上交通（1964）

沙行续记（1965）

卢沟桥与永定河（1965）

北京古代河流水道的复原和城市建设（1965）

北京地下湮废河道复原图说明书（1965）

历史地理学在沙漠考察中的任务（1965）

乌兰布和沙漠北部的汉代垦区（合著者俞伟超、李宝田）（1965）

【1966—1972】55—61 岁
【1973—1989】62—78 岁

历史地理学的研究与文物考古工作（1973）

北京旧城平面设计的改造（1973）

乌兰布和沙漠的考古发现与地理环境的变迁（合著者俞伟超）（1973）

从红柳河上的古城废墟看毛乌素沙漠的变迁（1973）

史前期的环境、地理学与生态学（译作）（1973）

真实的、想象的和抽象的过去时代的世界（译作）（1973）

邯郸城址的演变和城市兴衰的地理背景（1976）

从考古发现论证陕北榆林城的起源和地区开发（合著者袁樾方）（1976）

淄博市主要城镇的起源和发展（1977）

天安门广场：从宫廷广场到人民广场的演变和改造（1977）

塞上行（1978）

承德市城市发展的特点和它的改造（1978）

记燕园出土文物——有关地望考证的墓志石（1979）

我国西北风沙区的历史地理管窥（1979）

历史地理学的理论与实践（1979）

紫禁城——回顾与前瞻（1980）

北海公园与北京城（1980）

海淀附近地区的开发过程与地名演变（1980）

榆林城：从万里长城上的军事重镇到"绿色长城"上的治沙前哨（1981）

敦煌县南湖绿洲沙漠化蠡测（1981）

两方北京城砖远渡重洋记（1981）

《历史地理》创刊号发刊词（1981）

圆明园（1981）

纪念作为时代先驱的地理学家徐霞客（1982）

保护文物、建设首都人人有责（1982）

居延和阳关地区沙漠化的初步考察（1982）

论北京旧城的改造（1982）

关于在新修地方志中增加"地理变化"的一点意见（1983）

要看到建设"滨河公园"的历史意义（1984）

《北京的城墙和城门》序（1984）

一位患难中的良师益友（1984）

要真实，要发展——关于城市古建筑遗址的利用与开放问题的一封信（1984）

在英国利物浦大学毕业典礼上代表应届毕业生及荣誉学位获得者致辞（1984）

试论北京城市规划建设的两个基本原则（1985）

建议我国政府尽早参加《世界文化和自然遗产保护公约》的提案（1985）

元大都城（1985）

明清北京城（1985）

谊在师友之间（1986）

音容宛在（1986）

燕京大学被封前后的片断回忆（1986）

元大都城垣遗址公园碑记（1986）

卢沟桥与北京城（1987）

《北京历史地图集》前言（1987）

献身科学　尊重实践（1987）

关于京东考古和北京建城年代问题（1987）

畅春园的新篇章（1987）

从北京到华盛顿——城市设计主题思想试探（1987）

历史地理学概述（1988）

明北京城城墙遗址维修记（1988）

我的母亲（1988）

读冰心师《我和北京》（1988）

回忆孙冰如先生（1988）

在弘扬中华文化的道路上——怀念我师洪业教授（1989）

在教书育人的道路上——二记我师洪业教授（1989）

登高自卑行远自迩——三记我师洪业教授（1989）

从日寇监狱到人间炼狱——四记我师洪业教授（1989）

师承小记——忆我师颉刚教授（1989）

一次意外的收获——忆邓文如师（1989）

北京历代城市建设中的河湖水系及其利用（1989）

【1990—1999】79—88 岁

儿时的回忆（1990）

最后告别冰心师　永难忘怀的纪念（1990）

忆洪业师兼为《六君子歌》作注（1990）

白浮泉遗址整修记（1990）

什刹海记（1990）

论北京建城之始（1990）

迎接北京建城 3035 周年（1990）

什刹海与北京城址的演变（1990）

《中华古地图珍本选集》序（1990）

《北京考古四十年》序（1990）

记英国国家图书馆所藏清雍正北京城图（1990）

北京——知之愈深，爱之弥坚（1990）

祁连山水源涵养林的保护问题迫在眉睫（1991）

北京城的兴起——再论与北京建城有关的历史地理问题（1991）

购《尼罗河传》（*The Nile*）书题（1991）

再论历史地理学的理论与实践（1992）

保护北京历史文化名城要抓哪些问题（1992）

考察中轴线北延、西客站、西厢工程（1992）

学业成长自叙（1992）

历史地理学研究中的认识问题（1993）

北京紫禁城在城市规划设计上的继承和发展（1993）

北京城东南角楼记（1993）

金中都城鱼藻池遗址简介（1993）

记米万钟《勺园修禊图》（1993）

往事回忆——我为什么主编《黄河文化》（1994）

莲花池畔　再造京门（1994）

新《燕京学报》发刊词（1994）

北京建城记（1995 2002）

试论北京城市规划建设中的三个里程碑（1995）

从北京城市规划南北中轴线的延长看来自民间的"南顶"和"北顶"（1995）

学业历程自述（1995）

《洪业传》读后题记（1995）

喜在华荫下　情结日益深（1996）

我从燕京大学来（1996）

《北京历史地图集》二集前言（1996）

我所从事的历史地理学研究（1997）

试论元大都城的规划设计（1997）

小　传（1997）

深情怀念王金鼎同志（1998）

唯有书香传后人（1998）

亮出白塔　功德无量（1998）

从莲花池到后门桥（1998）

保护和力求恢复后门桥的历史面貌（1998）

关于保护海淀镇以西六郎庄一带城市绿地的建议（1998）

复制米万钟《勺园修禊图》略记（1998）

英译 The Reproduction of *Shao Yuan Xiu Xi Tu*（1998）

评西方学者论述北京城市规划建设四则（1998）

城市历史地理的研究与城市规划（1999）

海淀镇与北京城——历史发展过程中的地理关系与文化渊源（1999）

老牛自知黄昏晚（1999）

在美国地理学会（AGS）荣誉委员会授奖仪式上的致辞（1999）

永恒的怀念（2000）

【2001—2004】90—93 岁

未名湖溯源（2001）

莲花池畔再论古代西湖与北京城址的演变（2001）

北京大学校园本部在规划建设上的继往开来（2001）

《什刹海志》序（2002）

北京建都记（2002）

御河北段修复工程意义重大（2003）

山高水长何处寻——追忆颉刚师二三事（2003）

重觅石渠记（2003）

《东华图志》序（2004）

学如逆水行舟　不进则退（2004）

《中国古代地理名著选读》再版后记（2004）

后记

行舟瀚海　蠡测时空

侯馥兴

十年前，父亲的选集《北京城的生命印记》《历史地理学的视野》和《我从燕京大学来》由生活·读书·新知三联书店出版了。2010年中国科协牵头多部委联合启动了"老科学家学术成长资料采集工程"，对老一代科学家的学术成长资料进行搜集整理。父亲被列为首批采集对象（九十岁以上），北京大学城市与环境学院历史地理研究中心的师生参加了学术档案资料的整理，我也配合清理家中多年的积存。课题组按项目要求的采集规格标准提交了阶段成果，但是由于资料的数量超出预想，所以清理工作在继续进行，并将整理出来的有保存价值的资料陆续捐赠北京档案馆。

包括几年来的汇集在内，散篇文章归总起来有五百余篇，写作时间跨度达七十余年。由此我想到或许可以从中选择一些，成为补充前三部的第四部书。然而按这个想法操作起来，由于我自己的水平所限，文章取舍增减、决断都很费考虑。有些文章围绕着相近主题，内容有重复之处。故人故事、回忆自述的文章，多是应约而写。为了保持原样，编辑时未加精简。这本书不只内容涵盖宽泛，而且题材多样，有学术论文也有科普文章，还有散文、随笔、讲话报告等，增加了编排的难度。因而目录编辑采用以时间顺序为主线、以内容分类为辅线的方式，并于本书后提供四部书中所刊登的全部文章目录，希望能对读者查阅有所帮助。此外，还想借此第四部书弥补前三本书中的疏漏之处，例如《历史地理学的视野》一书收入《中国古代地理名著选读》的"序言"（科学出版社，1961年）时，遗漏了"再版后记"（学苑出版社，

2004年），就在这部书里补上了。

这四部书反映了父亲在激烈动荡的一个世纪中学业耕耘的轨迹。八十岁时父亲以"老牛自知黄昏晚，不待扬鞭自奋蹄"自励，虽然不敢懈怠，但毕竟是人生有限而学无止境。怀着对莘莘学子的舐犊之情，父亲将未竟之志期于头角峥嵘的新生力量。1996年父亲任教六十周年时，北京大学地质地理系1954级学生们赠送了贺幅：

    燕赵京畿 蠡测时空 评郡国利病
    朔方甘凉 行舟瀚海 探华夏迷踪

父亲对来自共同跋涉、志同道合的学生们的这首贺词很是喜爱，故取其中两句为本文命名。